江苏港航年鉴（2023）

JIANGSU GANGHANG YEARBOOK (2023)

《江苏港航年鉴》编委会　编

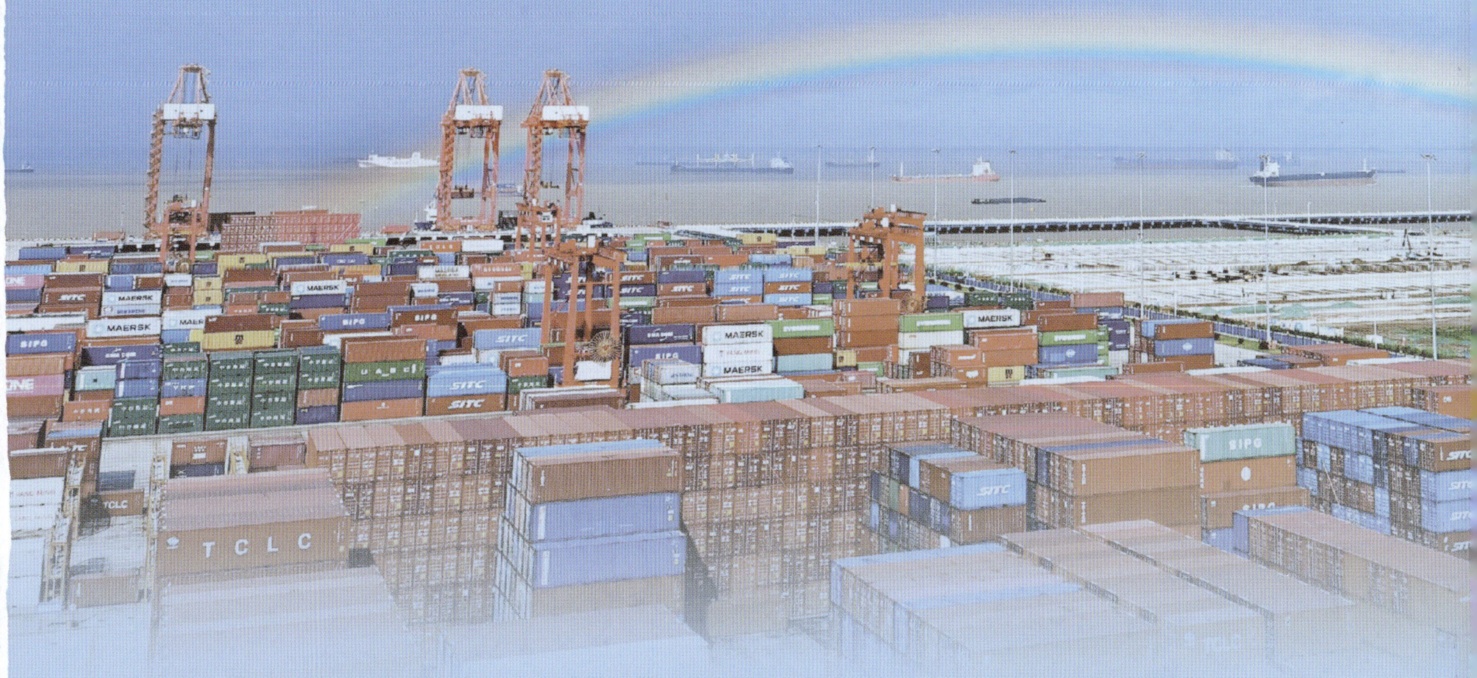

·南京·

图书在版编目(CIP)数据

江苏港航年鉴. 2023 /《江苏港航年鉴》编委会编
. -- 南京：河海大学出版社，2024.2
　　ISBN 978-7-5630-8820-1

Ⅰ. ①江… Ⅱ. ①江… Ⅲ. ①航运—江苏—2023—年鉴 Ⅳ. ①F552.9

中国国家版本馆 CIP 数据核字(2024)第 003243 号

书　　名	江苏港航年鉴(2023) JIANGSU GANGHANG NIANJIAN（2023）
书　　号	ISBN 978-7-5630-8820-1
责任编辑	龚　俊
特约编辑	梁顺弟　许金凤
特约校对	卞月眉　丁寿萍
装帧设计	徐娟娟
出版发行	河海大学出版社
地　　址	南京市西康路 1 号(邮编：210098)
电　　话	(025)83737852(总编室) (025)83722833(营销部)
经　　销	江苏省新华发行集团有限公司
排　　版	南京布克文化发展有限公司
印　　刷	南京凯德印刷有限公司
开　　本	880 毫米×1230 毫米　1/16
印　　张	19.5
插　　页	12
字　　数	610 千字
版　　次	2024 年 2 月第 1 版
印　　次	2024 年 2 月第 1 次印刷
定　　价	298.00 元

3月11日,丹金溧漕河溧阳段航道整治工程通过竣工验收

6月24日,南京洪蓝船闸正式通航

6月23日—24日,全省内河绿色港口建设推进会在徐州召开

7月14日,苏南运河常州段三级航道整治工程通过竣工验收

8月18日，江苏第二届港航高质量发展论坛在镇江召开

8月18日，连申线海安南段航道整治工程通过竣工验收

9月17日,连云港港30万吨级航道全线开通使用

10月20日,江苏在全国率先完成船舶碰撞桥梁隐患治理专项行动集中整治阶段工作

10月26日,南通港通州湾新出海口吕四起步港区集装箱码头开港

11月16日,江苏内河船舶手机导航系统开通仪式在扬州施桥船闸举行

11月26日,苏南运河苏州市区段三级航道整治工程通过竣工验收

12月29日,苏州港太仓港集装箱年吞吐量突破800万标箱

《江苏港航年鉴(2023)》编纂委员会

名誉主任　张　欣　侯建宇　王昌保

主　　任　陈胜武

副 主 任　杨　本　张爱华　杨　栋　高　莉　邓国权
　　　　　王元春

委　　员　金坚良　任　强　童新建　费　菲　王行宇
　　　　　蒋小旦　郎晓颋　胡　伟　王　东　罗衍庆
　　　　　徐　军　李　强　李　俊　朱怀荣　贾　锋

《江苏港航年鉴（2023）》编辑部

主　　编　杨　栋

副主编　邓绍新　王　栩

编　　辑　罗　静　程　旻　葛红群　蒋克东　李　巍
　　　　　岳巧红　杨义林　郭一凡　张　青　张金贤
　　　　　张巧生　解春红　孙荣霞

校　　审　徐业庄　王宗传　吉　旸　叶嘉宁　史　丹
　　　　　朱　永　毛　宁　刘步景　常　致　孙圣珺

编辑说明

一、为推动交通强省建设,由江苏省交通运输厅港航事业发展中心主编,江苏省综合交通运输学会港航分会编辑《江苏港航年鉴》(2023),由河海大学出版社出版发行。

二、《江苏港航年鉴》(2023)是全面记载2022年度全省港口、航道、船闸建设、管理、发展业绩,反映港航系统重大事项、重要举措,总结江苏港航事业发展经验规律的专业性年刊,为各级领导决策提供参考和依据,为社会各界提供港航资讯,是了解江苏交通、研究江苏港航的窗口。

三、《江苏港航年鉴》(2023)范围以江苏省行政区划为界。采用分类编辑法,内容以条目形式表达。全书设特载、港航概览、专记、大事记、港口、航道、荣誉、重要文件选编、附录、统计资料等类目。

四、《江苏港航年鉴》(2023)内容所用资料、图片、经济指标数据,均由有关单位撰写、提供,并经领导审核。个别部门数据由于统计口径不同而表述不尽相同,应以统计部门对外公布数为准。

五、《江苏港航年鉴》(2023)在编辑出版过程中,得到全省港航各部门、各有关单位及全体撰稿人员积极支持,在此一并致谢。

目录

特 载

担起"走在前、挑大梁、多作贡献"重大责任 在中国式现代化江苏新实践中贡献交通力量——省交通运输厅厅长、党组书记兼省铁路办主任吴永宏在2023年全省交通运输工作会议上的讲话（2023年1月10日）……… 003

把握机遇担当作为 稳中求进提质增效 为中国式现代化江苏新实践提供交通港航有力支撑——省交通运输厅港航事业发展中心主任陈胜武在2023年全省港航事业发展工作会议上的讲话（2023年1月13日）……… 015

港航概览

自然状况 ……………………………… 027
文化发展 ……………………………… 027
港航工作概述 江苏省交通运输厅港航事业发展中心 ……………………………… 028

专 记

江苏开通全国首个内河船舶手机导航系统 …………………………………………… 035
江苏省运用先进技术助力"绿色港航"建设 …………………………………………… 036
五彩水运入闸来——"我们这十年"江苏港航建设新成就写真 ……………………… 037
通江达海 梦圆宿连——宿迁22载通江达海梦 …………………………………… 041

大事记

1月 ……………………………………… 047
2月 ……………………………………… 047
3月 ……………………………………… 047
4月 ……………………………………… 047
5月 ……………………………………… 047
6月 ……………………………………… 048
7月 ……………………………………… 048
8月 ……………………………………… 049
9月 ……………………………………… 049
10月 …………………………………… 050
11月 …………………………………… 050
12月 …………………………………… 051

港 口

江苏省港口集团有限公司 ……………… 055
江苏太仓港口管理委员会 ……………… 060
南京市港口 ……………………………… 063
无锡市港口 ……………………………… 067
徐州市港口 ……………………………… 070
常州市港口 ……………………………… 072
苏州市港口 ……………………………… 074
南通市港口 ……………………………… 081
连云港市港口 …………………………… 085
淮安市港口 ……………………………… 091
盐城市港口 ……………………………… 093
扬州市港口 ……………………………… 099
镇江市港口 ……………………………… 102
泰州市港口 ……………………………… 107
宿迁市港口 ……………………………… 110

航 道

京杭运河江苏省交通运输厅苏北航务管理处 …………………………………………… 115

扬州航务中心 …………………… 118	太仓市港航事业发展中心 …………… 169
淮安航务中心 …………………… 119	常熟市港航事业发展中心 …………… 170
徐州航务中心 …………………… 121	张家港市港航事业发展中心 ………… 171
宿迁航务中心 …………………… 123	南通市港航事业发展中心 …………… 172
京杭运河江苏省船闸应急保障中心 … 126	南通船闸运行中心 …………………… 176
南京市航道事业发展中心 ………… 127	九圩港船闸运行中心 ………………… 177
南京市城区航道管养中心 ………… 129	焦港船闸运行中心 …………………… 178
江苏省秦淮河船闸管理所 ………… 130	海安船闸运行中心 …………………… 179
南京杨家湾船闸管理所 …………… 131	吕四船闸运行中心 …………………… 180
南京市玉带船闸管理所 …………… 132	南通市港航事业发展中心海安分中心 … 181
江苏省下坝船闸管理所 …………… 132	南通市港航事业发展中心如皋分中心 … 181
南京洪蓝船闸管理所 ……………… 133	南通市港航事业发展中心如东分中心 … 182
江宁区港航事业发展中心 ………… 134	南通市港航事业发展中心海门分中心 … 183
六合区航道管理站 ………………… 135	南通市港航事业发展中心启东分中心 … 184
溧水区港航事业发展中心 ………… 135	南通市港航事业发展中心通州分中心 … 184
高淳区港航事业发展中心 ………… 136	南通市港航事业发展中心市区分中心 … 185
浦口区航道事业发展中心 ………… 137	连云港市港航事业发展中心 ………… 186
无锡市港航事业发展中心 ………… 137	灌南县交通综合服务中心 …………… 188
江阴船闸管理所 …………………… 141	灌云县交通综合服务中心 …………… 189
锡山区港航事业发展中心 ………… 142	东海县交通综合服务中心 …………… 191
惠山区港航事业发展中心 ………… 142	盐灌船闸管理所 ……………………… 191
江阴市港航事业发展中心 ………… 143	新沂河枢纽船闸管理所 ……………… 192
宜兴市港航事业发展中心 ………… 144	善后河枢纽船闸管理所 ……………… 193
徐州市港航事业发展中心 ………… 145	淮安市港航事业发展中心 …………… 194
丰县港航事业发展中心 …………… 148	高良涧船闸管理所 …………………… 197
沛县港航事业发展中心 …………… 149	杨庄船闸管理所 ……………………… 198
铜山区港航事业发展中心 ………… 150	朱码船闸管理所 ……………………… 199
邳州市港航事业发展中心 ………… 151	淮安市市区航道管理站 ……………… 200
新沂市港航事业发展中心 ………… 152	淮阴区港航事业发展中心 …………… 200
睢宁县港航事业发展中心 ………… 152	淮安区港航事业发展中心 …………… 202
常州市港航事业发展中心 ………… 153	涟水县港航事业发展中心 …………… 202
常州市船闸管理中心 ……………… 156	洪泽区港航事业发展中心 …………… 203
溧阳市港航事业发展中心 ………… 157	金湖县港航事业发展中心 …………… 204
金坛区港航事业发展中心 ………… 158	盱眙县港航事业发展中心 …………… 204
武进区港航事业发展中心 ………… 158	盐城市港航事业发展中心 …………… 205
苏州市港航事业发展中心 ………… 160	盐城市港航事业发展中心东台中心 … 208
太仓杨林船闸管理处 ……………… 163	盐城市港航事业发展中心大丰中心 … 209
虞山船闸管理处 …………………… 164	盐城市港航事业发展中心建湖中心 … 210
张家港船闸管理处 ………………… 165	盐城市港航事业发展中心射阳中心 … 211
吴中区港航事业发展中心 ………… 166	盐城市港航事业发展中心阜宁中心 … 212
相城区港航事业发展中心 ………… 166	盐城市港航事业发展中心滨海中心 … 212
吴江区港航事业发展中心 ………… 167	盐城市港航事业发展中心响水中心 … 213
昆山市港航事业发展中心 ………… 168	刘庄船闸管理所 ……………………… 214

阜宁船闸管理所 …………………… 215
滨海船闸管理所 …………………… 215
运盐河船闸管理所 ………………… 216
扬州市港航事业发展中心 ………… 217
扬州市港航事业发展中心宝应分中心 …… 222
扬州市港航事业发展中心高邮分中心 …… 223
扬州市港航事业发展中心江都分中心 …… 224
扬州市港航事业发展中心仪征分中心 …… 224
扬州市港航事业发展中心邗江分中心 …… 225
扬州市港航事业发展中心城区分中心 …… 226
扬州市港航事业发展中心宝应船闸运行中心
　…………………………………… 227
扬州市港航事业发展中心运东船闸运行中心
　…………………………………… 228
扬州市港航事业发展中心运西船闸运行中心
　…………………………………… 229
扬州市港航事业发展中心樊川船闸运行中心
　…………………………………… 230
扬州市港航事业展中心盐邵船闸运行中心
　…………………………………… 231
扬州市港航事业发展中心芒稻船闸运行中心
　…………………………………… 231
扬州市港航事业发展中心航闸运行调度中心
　…………………………………… 232
扬州船闸应急保障中心 …………… 233
镇江市港航事业发展中心 ………… 234
江苏省谏壁船闸管理所 …………… 236
丹阳市港航事业发展中心 ………… 237
句容市港航事业发展中心 ………… 238
丹徒区港航事业发展中心 ………… 239
泰州市港航事业发展中心 ………… 239
口岸船闸管理所 …………………… 242
周山河船闸管理所 ………………… 244
泰州市港航事业发展中心市区分中心 …… 244
泰州市港航事业发展中心靖江分中心 …… 245
泰州市港航事业发展中心泰兴分中心 …… 246
泰州市港航事业发展中心兴化分中心 …… 246
泰州市港航事业发展中心姜堰分中心 …… 247
宿迁市港航事业发展中心 ………… 248
成子河船闸管理处 ………………… 250
大柳巷船闸管理处 ………………… 251
古泊河船闸管理处 ………………… 252
泗洪县港航事业发展中心 ………… 252

泗阳县港航事业发展中心 ………… 253
沭阳县港航事业发展中心 ………… 254

荣　誉

一、国家、省、部级先进集体和个人名录 … 257
　2022年度国家、省、部级先进集体和个人汇总表 …………………………………… 257
　科技进步奖、优质工程奖等获奖 …… 257
　品牌、宣传活动等其他获奖 ………… 258
二、厅、市级先进集体和个人名录 ………… 259
　2022年度厅、市级先进集体汇总表 …… 259
　2022年度厅、市级先进个人汇总表 …… 260
　科技进步奖、优质工程奖等获奖 …… 262
　品牌、宣传活动等其他获奖 ………… 262

重要文件选编

重要文件选编 ……………………… 267
　【交通运输部文件】 ……………… 267
　【江苏省政府文件】 ……………… 267
　【江苏省交通运输厅文件】 ……… 268

附　录

江苏省航道赔(补)偿标准 ………… 271
江苏省智慧港口建设行动方案(2022—2025年)
　…………………………………… 275
江苏省港口与船舶大气污染防治工作方案
　…………………………………… 279
省港口管理委员会印发《关于进一步推动港口岸线资源集约高效利用的指导意见》 …… 282
江苏省交通运输厅制定《关于加强沿海和内河港口航道规划建设进一步规范和强化资源要素保障的通知的实施方案》 ……………… 284

统计资料

一、全省港口泊位情况统计表 …… 289
二、全省港口泊位情况(分市) …… 289
三、沿江、沿海港口泊位情况统计表 …… 290
四、内河港口泊位情况统计表 …… 290
五、全省港口生产情况统计表 …… 290

003

六、全省分区域港口主要货类吞吐量统计表 …………………… 291

七、全省分港口吞吐量统计表 …………… 292

八、全省港口集团集装箱分航线港口吞吐量统计表 ………… 293

九、全省内河航道技术状况统计表 ……… 294

十、航道与船闸年报 …………… 295

十一、全省船闸使用情况表 …………… 296

十二、全省航道船闸基本建设工程投资完成情况表 …………… 296

十三、全省航道养护工程量完成情况统计表 …………… 297

十四、全省航道船闸养护投资完成情况统计表 …………… 298

特载

担起"走在前、挑大梁、多作贡献"重大责任 在中国式现代化江苏新实践中贡献交通力量
——省交通运输厅厅长、党组书记兼省铁路办主任吴永宏在 2023 年全省交通运输工作会议上的讲话

（2023 年 1 月 10 日）

同志们：

今年全省交通运输工作会议的主要任务是：以习近平新时代中国特色社会主义思想为指导，全面贯彻落实党的二十大精神，按照省委十四届三次全会、省委经济工作会议部署，总结 2022 年工作，深刻把握党的二十大对交通运输工作提出的更高要求，分析当前形势，部署 2023 年任务，为新征程上全面推进中国式现代化江苏新实践作出交通运输新的更大贡献。下面，我讲三个方面的内容。

一、2022 年的工作成效

2022 年，省委省政府、交通运输部一如既往对江苏交通运输工作给予了高度重视和大力支持，年初省委省政府召开交通运输现代化示范区建设推进会，时任省委书记吴政隆出席会议并讲话，李小鹏部长书面致辞，许昆林省长主持会议，对交通运输现代化示范区建设作出了全面部署。省铁路建设领导小组召开会议，许昆林省长讲话，进一步明确"十四五"铁路发展方向。一年来，省委省政府、交通运输部主要领导多次就江苏省交通运输工作作出批示；分管省领导多次专题研究推动交通运输工作；省各有关部门和单位、地方各级党委政府对重大交通项目、重点专项行动倾力支持。全系统圆满完成了以下各项年度目标任务，交通运输发展取得新成效。

——综合交通网络更加完善。铁路宁盐联络线建成运营，进一步提升高铁出行品质。高宣高速、溧宁高速、盐射高速、宁马高速扩建等建成通车，新增高速公路 65.6 公里；建成普通国省道 290 公里，新改建农村公路 2 950 公里，农村公路二级及以上公路占比居各省区第一。南京燕子矶长江隧道建成通车，过江通道累计建成 18 座，在建 9 座。连云港港 30 万吨级航道全线开通，南通港通州湾港区首批两个 10 万吨级集装箱码头启用，新增港口万吨级以上泊位 31 个，新增综合通过能力 0.8 亿吨/年，新增集装箱通过能力 340 万标箱/年。全省干线航道达标里程 2 488 公里，千吨级航道连通 85% 县级及以上节点。南京禄口机场入境航班专用航站区和 T1 航站楼南指廊工程建成。开展高速公路集中养护 215 公里、干线公路整线综合集中养护 145 公里；农村公路路况自动化检测比例突破 60%，11 个县（市、区）被确定为"四好农村路"全国示范县创建单位。开展五级以上航道水下地形扫测，完成船闸大修 7 座。

——货物运输结构持续优化。水路铁路货运量、货物周转量同比分别增长 10.4%、6.1%，占综合货运量、货运周转量比重提升至 42.3%、72.7%；沿海主要港口大宗货物铁路和水路集疏港比例达 95% 以上。新增 1 项国家多式联运示范工程，全省累计达 5 项，居全国前列；新增"南京—上海"海铁班列等 10 多条多式联运示范线路，累计开通示范线路 116 条，创新集装箱铁水联运"一单到底"模式。全省集装箱公铁联运量、铁水联运量达到 117 万、92 万标箱，分别增长 22% 和 30%。内河集装箱运输量达 110 万标箱，同比增长 20.9%。太仓港集装箱吞吐量突破 800 万标箱。全省新辟加密 6 条国际海运航线，近远洋航线基本覆盖重要贸易国家。新增稳定运行苏州至米兰等线路，全年累计开行中欧（亚）班列 1 973 列，开行数量再创新高。全省在飞国际客运航线 13 条、货运航线 10 条，首家本土货运航空公司京东航空投入运营。新建 2 个综合货运枢纽，总数达 32 个。

——公众出行品质不断提高。昆山成为继

南京、苏州之后,江苏省第三个获"国家公交都市建设示范城市"称号的城市。全省9个城市开通轨道交通,位居全国首位;轨道交通运营里程突破1 000公里,位居全国第二。南京、苏州等11个城市通过交通运输部绿色出行创建考核。连云港入选国家城市绿色货运配送示范工程。新增29个司机之家,总数达到85个。累计建成城市候机楼94个,共9个综合客运枢纽接入城市轨道交通。新辟省际毗邻公交7条、省内毗邻公交13条。省和13个设区市城乡交通运输一体化发展水平全部达到5A级,海门、盐都、太仓3个市(区)入选全国城乡交通运输一体化示范创建县。普通国省道服务区(停车区)达148个,充电桩覆盖率42.5%。

——智慧绿色转型有效推进。4个数字交通项目获评2022年度智慧江苏重点工程、数字江苏优秀实践成果。建成83公里数字化高速公路、135公里智能网联道路、275公里普通国省道"科技兴安"示范路。建成2 500公里内河干线航道电子航道图,启用全国首个内河船舶手机导航系统。高质量完成中央第二轮生态环保督察。印发实施《关于进一步推动港口岸线资源集约高效利用的指导意见》,沿江港口累计集约利用岸线110公里。全省29家港口企业获评"江苏省星级绿色港口"。全省船舶三类污染物接收转运处置率均在90%以上。沿江5座洗舱站洗舱作业417艘次,同比增长45.8%。累计改造内河船舶岸电受电设施534艘,累计建成港口岸电设施4 276套,覆盖泊位5 715个,覆盖率93.1%。全国首艘120标箱纯电动内河集装箱船正式投入运营,入选2022年度中国交通运输科技十大新闻。

——为民服务形象显著提升。全面完成2022年交通10件为民服务实事项目。新增高频政务服务"省内通办"事项18项、总数达42项,即办事项增加32项、总数达143项。办理大件运输许可26万余件,实施40项交通运输轻微违法行为免罚。落实中央和省各类优惠政策,全年合计减免各类费用超过60亿元。积极推进助企纾困,协调金融机构发放交通物流专项再贷款20多亿元,发放交通物流领域贷款45.83亿元;减免巡游车承包、管理费6 949万元,减免网约车佣金、抽成金额达2 436万元;下拨6 200万元省级交通发展专项资金,补助运输企业疫情防控支出。江苏省公共交通满意度得分连续三年位列全国第一。"交邮融合"扎实推进,110个乡镇客运站邮政快递服务和130条交邮融合示范线路稳定运营,全年服务农村居民快递收寄超过1 500万件。

一年来,面对远超预期的多重困难挑战,全省交通运输系统全面落实"疫情要防住、经济要稳住、发展要安全"的重大要求,切实担起"勇挑大梁"重大责任,为经济社会大局稳定作出了交通贡献。特别是面对今年疫情多点散发、多地频发局面,我们从严把好公路、运输场站和空港水路口岸"3个关口",构建了严密的交通防控网络;我们在全国率先研发应用"重点地区车辆预警系统",全面优化运输组织,畅通物流运输通道,努力为全省抗疫大局贡献力量。新冠疫情暴发三年来,全系统广大干部职工坚决贯彻各级部署要求,顶严寒、冒酷暑、加班加点,牢牢守住空港、水路口岸防线和"两站一场一码头"等关键节点,因时因势调整优化防控措施,以防控战略的稳定性、防控措施的灵活性,有效应对疫情形势的不确定性,最大程度确保疫情不通过交通运输渠道传播。加强与重点产业链供应链企业、民生保供企业、重大交通项目建设单位供需对接,全力保障医疗防护、能源、粮食、民生、外贸等各类重点物资安全高效运输。这三年的疫情防控,充分体现了全省交通运输行业敢打硬仗、能打硬仗的担当精神,充分说明了交通运输这支队伍是一支"拉得出、顶得上、打得赢"的有战斗力的队伍,涌现出了一大批全国、全省疫情防控先进集体和个人,大家作出了艰苦卓绝的努力,取得了来之不易的成绩,我代表省交通运输厅,向全省交通运输系统广大干部职工表示崇高的敬意!在此基础上,我们还重点抓了六个方面的工作。

(一)积极扩大重大交通项目有效投资,努力为稳住经济大盘多作贡献。将2022年确定为"重大项目建设攻坚年",全年完成交通建设投资1 820亿元,再创历史新高。根据省统计局反馈数据,前11个月全省铁路、公路、水上、航空运输业投资同比增长31.3%,为全省固定资产投资保持稳定作出了突出贡献。建立重大项目协调推进机制。对40余个项目进行清单化管理,强化每周调度、月度会商、月度汇报、考核督办,累计召开120多次调度会,解决各类重大问题95个。加大前期工作力度。全年开工重大交通项目17

个。北沿江高铁江苏段、通苏嘉甬高铁江苏段、仪禄高速、扬泰机场二期扩建等项目顺利开工，海太长江隧道、宁盐高速公路等一批总投资300亿元以上的重大项目提前半年左右开工建设。加快推进在建项目。常泰长江大桥、张靖皋长江大桥、沪苏湖铁路等在建项目加快建设。南沿江城际铁路主体工程基本建成。完成9个内河航道项目竣工验收，涉及里程约275公里。创新要素保障机制。主动配合推进国土空间规划和"三区三线"划定工作，1 000多个交通项目纳入省级国土空间规划，省级重大交通项目用地空间指标实现全额保障。积极承接国家政策性开发性金融工具支持政策，北沿江高铁等25个项目投放金额297.88亿元，占全省总量63.3%。争取国家预算内资金71.82亿元，较去年增长15.9%；新增地方政府债券用于交通项目560.51亿元，占全省新增债券份额27.7%。建立铁路运营补亏机制，推动地方铁路可持续发展。开展品质工程建设。推动平安百年品质工程建设，6个项目获2018—2020年度国家级"平安工程"冠名，37个项目获评省级"示范工程"、221个标段获评省级"示范工地"。18个项目获评"江苏交通优质工程"，首次实现公铁水空全覆盖。

（二）坚持以加快建设交通强国为统领，推动重大战略规划落地。交通运输现代化示范区落地推进。印发《江苏交通运输现代化示范区建设方案》。遴选具有较强先进性和代表性的设区市典型案例9个在全省推广。根据中国公路学会等智库编制的《中国交通运输2021》报告，江苏交通运输现代化指数排名全国第一。交通强国试点"三年出经验"成效初显。研究构建省域交通强国建设评价指标体系，14项试点任务稳步推进，其中"四好农村路"高质量发展和智慧交通关键技术攻关2项已报交通运输部审查。溧阳"1号公路"赋能乡村振兴典型案例入选中宣部2022年度重点课题。长三角一体化交通轮值稳步推进。发布携手推动长三角地区交通运输现代化建设共同宣言，签署并推动长三角"两客一危"联防联动、跨省市交通基础设施快联快通建设实施等三项合作协议。综合立体交通网络规划持续完善。《国家公路网规划（2022—2035年）》新增江苏省国家高速公路7条、约590公里，普通国道3条、约510公里。提请印发《江苏省综合立体交通网规划纲要》，13个设区市、71个县（市、区）综合立体交通网规划形成稳定成果。《南通港总体规划（2035年）》《徐州港总体规划（2035年）》《苏州港太仓港区浮桥作业区规划修订方案》获部省联合批复。

（三）深刻把握数字经济发展规律和趋势，大力推进数字交通建设。加强交通科技创新工作。召开数字交通产学研对接会，发布5大类别22项技术需求清单，实施"揭榜挂帅"技术攻关。南京紫东现代综合交通实验室获交通运输部批复建设，江苏省交通建筑低碳新能源工程研究中心获批省级工程研究中心。启动实施国家重点研发计划"超大跨径缆索承重桥梁智能化设计软件与核心技术标准研发"。南通数字交通产业园揭牌，"苏州城市出行服务与物流自动驾驶先导应用"成功入选交通运输部第一批智能交通先导应用试点。推动交通基础设施数字化赋能。出台《江苏数字公路发展行动计划（2022—2025）》《江苏省智慧港口建设行动方案（2022—2025）》。智慧路网云控平台一期工程投入运营；建成省级农村公路建管养运智能化、信息化管理服务平台。太仓港区集装箱四期码头建成全国内河及长江流域首个自动化码头。在全国率先发布《智慧航道建设技术指南》等4项技术指南；率先制定内河航道命名编号和电子里程桩布设规则。推进数字政府转型。出台《江苏交通运输推进数字政府建设实施方案》。推进省市县三级行业专网并入电子政务外网，实现全行业86个重点业务系统数据的全量汇聚，建成全国首家交通"数据超市"。

（四）坚决防范化解重大安全风险，提升交通运输本质安全水平。未发生重特大事故，内河水上、港口、交通工程建设领域保持低事故率，道路运输事故起数和死亡人数同比分别下降43.51%、38.33%。夯实安全发展基础。完成农村公路安防工程20 757公里，完成高速公路、普通国省道精细化提升550公里、492公里，改造普通公路危旧桥梁1 423座。提前完成3 461座桥梁6 800多项安全风险隐患治理，数量居全国第一。全省交通船闸全部实现安全生产标准化一级达标。推广应用驾驶员行前测评提示系统，已覆盖88%"两客一危"企业。开展常压液体危险货物罐车治理，淘汰1 794辆不合格车辆。成立全国首个省级城市轨道交通运营安全技术研究中心。强化重点领域监管。开展道路运输"天网"、水上交通"苏水安澜"、公路水运工程"蓝盾"

等专项执法行动,全年累计停业整顿交通运输企业1078家,吊销经营许可1183件。加快构建危货运输全链条、全过程安全监管机制,开发装货作业"五必查"功能,全省交通运输领域装货人"五必查"核验率达99.97%,累计抄告数据300多万条;在宿迁试点并在全省推广道路运输非法营运智能整治;盐城试点普货运输安全监管信息化平台。实施公路治超"三把关一执法",建成货车动态监测系统106套,全省干线公路平均超限率0.15%,高速公路入口检测超限率0.1%。镇江在全省首创"AR+电子巡航"监管模式。强化科技兴安支撑。在全国率先推广应用轻量化桥梁结构健康监测系统,年内建成桥梁健康监测系统81座。新建一类交调站点55套、视频监控设备442套。督促整改"两客一危"主动安全智能防控系统疑似"装而不用"车辆5089辆、"用而不管"车辆1813辆。全面启动重型载货车辆安装智能监控设备试点。扩大"平安守护"工程安全管控系统应用范围,累计完成14万名工人实名制登记。

(五)打造共建共治共享新格局,推动行业治理体系和治理能力现代化。统筹推进法治政府部门建设。出台《江苏省交通建设工程质量和安全生产监督管理条例》《江苏省治理公路超限超载运输办法》;及时废止与改革、发展要求不相适应的5件省政府规章和17件厅规范性文件。开展全省交通综合执法监督检查和质效评估,排查5类突出问题,逐一制定整改措施。全面深化行业改革。推动组建省港口管理委员会,厅机关增设港口管理处;提请省委编委明确省铁路办新"三定"方案。优化调整直属高速公路执法支队"三定",苏北处机构改革全部到位。开展综合执法改革评估,推进"一体化+智慧执法+信用监管"执法新模式,交通运输综合执法管理系统试运行,建成省级监测预警中心。探索跨省船检一体化,在泰州建成苏皖船检一体化工作站。深化投融资改革,江苏交通控股沪苏浙高速REIT项目成功上市发行;在张靖皋长江大桥、宁盐高速试行"施工+股权投资"招标。深化农村公路"路长制"建设,海安"路长制"经验做法被交通运输部作为典型案例向全国推广。深化"放管服"改革。建成推广一体化在线交通运输政务服务平台,省市县三级交通运输政务服务事项全部上线运行。完成"放管服"改革四项试点,出台《江苏省交通运输行政许可事项清单管理办法(试行)》《江苏省交通运输政务服务"好差评"工作管理办法》。推动实施7项"一件事"改革,实现交通运输政务服务一次告知、一家受理、一张表单、一次办结。出台《江苏省交通运输电子证照管理办法》,全年累计办理交通运输电子证照87.6万余件。加强信用监管机制建设。印发《江苏省交通运输行业信用管理办法》《江苏省"信用交通城市"建设实施方案》。推动长三角地区交通运输信用评价转换互认。上线省交通运输信用信息系统(二期)。推广"信易招投标""信易行""信易批"等"信易+"场景应用,激励诚实守信市场主体,全年根据信用评价结果减免建设市场参建方保证金48.5亿元。

(六)充分发挥党建引领优势,展现全行业拼搏进取、服务为民新形象。以政治建设统领发展全局。坚定拥护"两个确立",坚决做到"两个维护",在政治上思想上行动上始终同以习近平同志为核心的党中央保持高度一致。全面推进深化货车司机群体党建试点工作,创新实施"行业党委+网格化党支部"组织体系,推动货运企业党组织应建尽建、货车司机流动党员党支部全覆盖和"1+N"货车司机党群服务阵地全覆盖,人民日报内参分两期介绍江苏试点做法。举办新业态货运驾驶员安全行车劳动竞赛。加强党风廉政建设。深入推进"廉洁交通"建设,明确6方面21条具体工作措施。深入开展酒驾醉驾等突出问题专项整治。修订《党组巡察工作实施办法》,建立1厅1局3校的内部巡察网络,加强"巡审联动"。加强行业人才队伍建设。新增55名领军人才、10个创新团队进行培养。2名同志获评2022年度"交通运输青年科技英才"。实现交通五级职称体系全覆盖,新增交通民航工程和综合交通工程领域,新增工程高级职称1146人。省市联动开展职业技能竞赛33项,江苏省在全国交通运输行业职业技能大赛中总成绩位列第三,新增江苏大工匠1名、江苏工匠11名,新增省级以上技术能手42名、行业技能大师工作室20个。持续推进精神文明建设。全行业有近40个集体(个人)荣获全国、省五一劳动奖。江苏航院赵孔标同志、徐州"路网110"团队荣获交通运输部"感动交通年度人物"称号。评选出"最美交通人"10名,江苏交通巾帼建功标兵、江苏交通巾帼文明岗各10个。离退休干部处获评"全省老干部工作先进集体"。江苏交通文联正式成立。上线江苏交通抖音视频号,开展"新时代江苏交通""百姓眼中的江苏公交"等系列主题宣传活动。推动交通职业教育高质量发展。获全国职业院校技能竞赛一等奖4项,全国优秀教材建设奖4部,省级教学成果奖10项。进一步深化产教融合、校企合作,新建产业学院5个,新设校企协同创新平台8个,建成实训基地5个。此外,交通战备、工青妇和行业社会组织等工作围绕中心大局取得积极成效。

成绩的取得,是省委、省政府和交通运输部正确领导的结果,是各有关部门和单位大力支持的结果,也是全省交通运输系统广大干部职工努力拼搏的结果。在此,我代表省交通运输厅,向关心支持交通运输发展的各有关部门和单位表示衷心的感谢!向全省交通运输系统广大干部职工表示亲切的慰问和诚挚的敬意!

同时,我们也要清醒地认识到,面对建设中国式现代化更高要求,江苏交通运输依然存在一些与高质量发展不相适应的地方,存在一些发展不平衡不充分的环节,需要我们集中力量加以解决。一是综合交通网络需要加速完善。高速公路中八车道高速里程仅占7.8%,四车道高速里程占比55.3%,高速公路改扩建急需统筹谋划、加快建设。干线航道"成线成网成体系""建一条成一条"的理念仍须进一步深化,干线航道网规划中尚有1500公里未达标,"两纵五横"主骨架有"一纵""三横"未能全线贯通。轨道交通"多网融合"研究仍须深化,处于中间层次的城际铁路、市域(郊)铁路还相对薄弱。二是公路航道等基础设施养护压力日益加大。高速公路通车15年以上路段达到57%;普通国省道路龄15年以上达到30%,桥龄30年以上达到42%。全省84座交通船闸中,19座已建成使用逾40年,34座已逾30年,部分老旧船闸设计标准偏低。农村公路、支线航道市县养护责任落实不到位。部分公跨铁立交桥防撞护栏、防抛网等设施破损、老化。三是现代交通物流体系仍须进一步健全。海运综合实力不足,苏州港、连云港港集装箱吞吐量在全球仅为第22、第36位。全省247家海运企业船舶运力总和不及中远海运一家企业的七分之一。社会物流总费用与GDP比例2021年仅下降0.2个百分点,"十四五"规划实现率10%,后四年下降1.8个百分点完成难度较大。四是支持交通运输产业发展的意识仍须强化。施工企业缺乏在全国具有竞争力的龙头企业;传统道路客运企业转型艰难,生存压力较大;道路货运企业"小、散、弱"状况仍然存在,全省道路货运业户27.6万家,但拥有50辆及以上货车的道路货运企业占比仅为0.5%,远低于全国6%左右的平均值。五是交通运输综合治理仍须进一步规范。交通运输安全生产监管能力还须提升,跨行业、跨地区、跨系统安全监管衔接不紧、协同缺位等问题依旧存在,企业主体责任落实不到位的问题仍然突出。交通综合执法队伍的高效融合和执法效能提升仍须强化,执法力量配备、执法人员能力不能完全适应新形势下综合执法须要。行业"重文件制定、轻文件执行"现象较为明显,一些好不容易争取到的政策,没能真正落实到位。交通信息化建设的用户思维、用户导向还须增强,一些交通信息服务平台用户体验还须进一步提升。"管行业就要管党建"的要求还要进一步创新落实,江苏交通文化体系仍须进一步建立健全,文化感召力感染力仍须增强,等等。

面对这些难啃的"硬骨头",我们必须传承优良作风和好的工作方法,扎扎实实走好每一步。回顾近几年工作,全厅、全系统在工作中探索出很多卓有成效的方法路径,在发展思路、发展机制、发展保障方面积累了很多有益经验,需要我们继续继承和发扬,主要体现在以下"六个一":

——坚持省市规划协同一张图。"十三五"以来,省厅先后两轮与设区市党委政府逐一会商对接市域综合交通运输发展战略与规划,并创新构建省市县三级交通规划协同机制;去年又相继与南京等8市签订了交通运输现代化示范区共建协议,凝聚了发展共识。今后工作中,我们要进一步加强省市县工作协同,推动全省交通运输发展战略谋划与各地发展实际需求有机融合,发挥各方积极性,推动各项工作有效落地落实。今年,对于纳入投资计划的重大项目,省市县也要同心协力,能快则快,能早则早,原则上争取上半年开工。

——坚持问题导向一本账。坚持问题导向是推进高质量发展的重要方法路径。近年来,我们针对工作中的突出问题,坚持"发现一个解决一个",相继就铁路建设、干线航道建设、高速公路改扩建、公路水运基础设施养护、事中事后监管职责分工等问题进行了专题研究,提出具体工作方案。今后工作中，要努力适应新时代新要求，认真研究新的问题，瞄准国家战略需求和社会主要矛盾变化来加强系统性研究。有意识地主动发现问题，面对问题不惧怕、不回避、不放过，把工作的着力点放在解决最突出的矛盾和问题上，在解决一个个具体问题的过程中推动事业发展。

——坚持全行业工作推进一盘棋。为有效凝聚工作合力，省厅建立全省交通运输重点任务统筹联动工作机制，这是我们取得各项成绩的重要保证。今后工作中，我们要进一步围绕省委省政府、交通运输部重大决策部署和省厅重点工作，着力强化统筹、整合资源，充分运用好重点事项和奖补事项"两个清单"，持续改进工作作风、形成工作合力，确保全行业整体联动、步调一致，确保各项交通运输重点任务落地落实。

——坚持工作指挥调度一股绳。去年以来，省厅相继建立了重大交通项目协调推进制度、数字交通重点项目建设调度机制、安全生产调度会制度等工作调度机制，在加快推动各项工作落到实处过程中发挥了重要作用。我们要继续保持这一工作方法，今年还要在污染防治、运输结构调整、行政执法等专项工作建立指挥调度机制，充分发挥调度机制的横向协调作用，切实把各方力量拧成一股绳，提高工作效率，推动各项工作不断取得新突破。

——坚持线上线下联动一体化。近年来，随着各种新型信息技术的深入应用，交通政务服务、行政执法、安全生产等多个领域实现线上处理，有效提升了工作精准性和工作效率。但我们不能完全依托于线上工作、非现场执法等，要始终坚持以线下工作为主体，既要通过"线上"提升"线下"效率，更要以"线下"规范"线上"运转，实现"线上""线下"的良性互动。

——坚持党建引领发展一面旗。坚持党的领导是做好各项工作的根本保证。我们要持续深化党建引领"四个在前"，充分发挥党总揽全局、协调各方的领导核心作用，把党的领导贯穿交通运输现代化建设的全过程、各领域、各环节。充分发挥各级党组织战斗堡垒作用和党员先锋模范带头作用，培树一批交通运输现代化示范区建设先锋队擎旗手，不断提高交通运输贯彻新发展理念、构建新发展格局、推动高质量发展的能力和水平。

二、准确把握江苏交通运输发展新要求

党的二十大明确提出"加快建设交通强国"，为今后交通运输事业发展提供了根本遵循。中央经济工作会议对着力扩大国内需求、加快建设现代化产业体系、切实落实"两个毫不动摇"、更大力度吸引和利用外资、有效防范化解重大经济金融风险五个纲举目张的重大问题作出具体部署，要求"优势区域要走在前，经济大省要挑大梁，各地区都要多作贡献"。省委十四届三次全会提出，要推动交通运输结构等调整优化，提高绿色低碳发展水平。统筹推进现代化基础设施体系建设，推动形成功能互补、开放融合、协同联动的省域发展格局。省委经济工作会议要求，推动沿海港口更好融入长三角世界级港口群。完善现代综合交通运输体系，打造交通运输现代化示范区。

做好今年交通运输各项工作，必须全面系统贯彻落实党的二十大精神，统筹处理好六个方面的关系，努力实现更高质量发展。

一是贯彻落实党的二十大提出的"加快建设交通强国"部署，我们必须统筹处理好质量与速度的关系，全面推动交通运输高质量发展。党的二十大擘画了以中国式现代化推进中华民族伟大复兴的宏伟蓝图，明确高质量发展是全面建设社会主义现代化国家的首要任务。习近平总书记指出"高质量发展，就是能够很好满足人民日益增长的美好生活需要的发展，是体现新发展理念的发展""新时代新阶段的发展必须贯彻新发展理念，必须是高质量发展"。新征程上，我们必须完整、准确、全面贯彻新发展理念，将新发展理念体现在交通运输发展的每一个环节，真正将交通运输建设成为创新驱动、以创新为第一动力的发展，一体联动、协调有序的发展，生态优先、绿色低碳的发展，开放包容、兼容并包的发展，人民至上、满足人民美好出行需要的发展，着力实现质的有效提升和量的合理增长。

二是贯彻落实党的二十大提出的"把实施扩大内需战略同深化供给侧结构性改革有机结合起来"等要求，我们必须统筹处理好存量与增量的关系，加快建设现代综合立体交通网。交通基础设施建设既是扩大有效投资的重要领域，也是衔接供需两端的重要纽带。交通运输部去年专门印发《关于加快建设国家综合立体交通网主骨

架的意见》，提出要以深化供给侧结构性改革为主线，坚持优化存量、做优增量，加快建设国家综合立体交通网主骨架。我们必须坚持扩增量与优存量并重，把重大项目作为稳投资、调结构、促发展的重要抓手，按照建成一批、开工一批、推进一批、谋划一批的思路，以联网、补网、强链为重点，在加快城际铁路、过江通道等增量基础设施建设的同时，注重发挥既有基础设施的综合效益，重点加强高速公路改扩建和干线航道建设，推进公路水运基础设施养护现代化，始终保持基础设施良好运行状态。同时积极推进传统基础设施的数字化改造赋能，通过数字化手段提升存量基础设施效能。

三是贯彻落实党的二十大提出的"提高公共安全治理水平""推进安全生产风险专项整治，加强重点行业、重点领域安全监管"等要求，我们必须统筹处理好发展与安全的关系，努力建设更高水平的平安交通。党的二十大报告首次设置国家安全独立章节，将公共安全治理与社会治理置于该部分论述，体现了对国家安全的高度重视。交通运输是防范化解各类风险的重点领域。去年江苏刚刚结束国务院专项整治"一年小灶"和"三年大灶"，取得了良好成效。但安全工作只有起点，没有终点，任何时候、任何情况下都不能有松松劲、歇歇脚的想法。我们必须始终坚持总体国家安全观，牢牢守住安全发展底线，将安全发展贯穿于综合交通运输各领域、各环节。全面深化"一年小灶""三年大灶"工作成效，扎实开展安全生产风险专项整治，持续防范和化解影响交通运输现代化进程的各种风险，更好统筹发展与安全，不断提升交通运输行业意识形态安全、网络安全、信访安全、金融安全等领域综合治理能力，为高质量发展创造更加安全稳定条件。

四是贯彻落实党的二十大提出的"推进美丽中国建设""加快推动产业结构、能源结构、交通运输结构等调整优化"等要求，我们必须统筹处理好发展与生态的关系，加快建设节约集约、低碳环保的绿色交通。加快发展方式绿色转型，是党中央立足全面建成社会主义现代化强国、实现第二个百年奋斗目标，以中国式现代化全面推进中华民族伟大复兴作出的重大战略部署。交通运输是绿色低碳转型的重点领域。我们必须始终坚持"在发展中保护、在保护中发展"的理念，积极稳妥推进交通运输碳达峰碳中和。围绕"绿色化"深化运输结构调整，持续推动大宗货物运输公转铁、公转水和散改集，大力发展跨方式一体化服务，以"水运江苏"彰显"水韵江苏"之美；围绕"低碳化"推进交通装备转型，推广应用LNG、电能、氢能等新能源及清洁能源车船；围绕"集约化"推进基础设施建设，统筹交通线路、枢纽等设施布局，集约利用通道线位、岸线、土地等资源，加快建设美丽乡村路，助力美丽江苏、美丽中国建设。

五是贯彻落实党的二十大提出的"建设现代化产业体系""加快发展数字经济"等要求，我们必须统筹处理好交通与产业的关系，着力打造江苏交通运输产业新优势。中央经济工作会议再次强调"加快建设现代化产业体系"。交通运输产业既包括交通工程建设、客货运输服务等传统产业，也包括以数字交通为代表的新兴产业。包括数字交通在内的数字经济已成为我国经济增长的"新引擎"。我们必须在推动交通运输事业发展的同时，以行业需求为导向，优化行业治理效能，汇聚交通产业资源和创新要素，支持交通建设、运输等传统企业转型升级，做大做强江苏本土龙头企业，更大范围参与全国乃至国际竞争，并发挥龙头企业带动作用，优化产业布局，增强供应链产业链韧劲。在交通基础设施数字化赋能、数字交通产业发展、数字政府建设等方面全面发力、协同推进，更好培育数字交通新业态和生态圈，打造更多独角兽企业，实现交通自身发展与交通产业一体发展。

六是贯彻落实党的二十大提出的"以人民为中心"发展思想和"扎实推进共同富裕"等要求，我们必须统筹处理好行业发展与人的发展关系，不断提升全社会对交通运输的获得感。党的二十大报告把"必须坚持人民至上"列为习近平新时代中国特色社会主义思想的世界观和方法论的重要内容之一；中国式现代化的五大特征就包括全体人民共同富裕的现代化。交通运输是重要的民生行业，交通运输发展的最终目的是建设"人民满意交通"。我们必须着眼"人享其行、物畅其流"目标，着力解决交通运输发展不平衡不充分问题，大力推动交通运输基本公共服务均等化，扩大高品质出行比例；推动货运物流服务向全流程、全环节拓展，促进资源快速高效流通，强化运输对产业发展支撑；高质量建设"四好农村路"，深入推进"农村公路＋"融合发展模式，大力推进城乡交通运输一体化发展,全面支撑乡村振兴战略。同时更加注重交通运输干部职工队伍建设,加强交通文化建设,搭建更好平台,提升能力素养,培树先进典型,为个人成长营造良好环境,在推动事业发展的同时实现个人价值。

三、2023年交通运输工作目标任务

2023年是全面贯彻落实党的二十大精神的开局之年,是落实"十四五"规划承上启下之年,是交通强国试点和交通运输现代化示范区建设深入推进之年。今年全省交通运输工作的总体要求是:坚持以习近平新时代中国特色社会主义思想为指导,贯彻落实党的二十大以及省委十四届三次全会、省"两会"、全国交通运输工作会议精神,坚持稳中求进工作总基调,加快构建新发展格局,完整准确全面贯彻新发展理念,着力推动高质量发展,更好统筹疫情防控和经济社会发展,更好统筹发展和安全,把实施扩大内需战略同深化供给侧结构性改革相结合,推进交通强国试点和交通运输现代化示范区建设,全力以赴扩投资、强服务、增效能,加快构建现代综合交通运输体系,为全面推进中国式现代化江苏新实践、展现江苏"走在前、挑大梁、多作贡献"责任担当提供有力支撑和保障。

重点做好十个方面的工作,概括为"1234",即:贯穿一条主线、抓住两个重点、实施三大专项、实现四个提升。

(一)以学习贯彻落实党的二十大精神为贯穿全年工作的一条主线,统筹推进强国试点和现代化示范区建设。扎实推进交通强国试点。继续推进交通强国试点任务实施,出台省域交通强国建设指标体系,强化省级、市级指标体系考核,确保第一批试点任务全部完成交通运输部验收,总结形成一批具备良好示范带动效应的重大成果、典型案例。深入推进交通运输现代化示范区建设。围绕到2025年苏南地区率先基本实现交通运输现代化、全省交通基础设施基本实现现代化和"十四五"期间力争完成一万亿投资的目标,加快实施"十四五"规划确定的重大交通工程,加强交通基础设施联通,重点实施一批强枢纽、强通道、强网络的交通项目。积极做好"十四五"规划中期评估和调整。科学开展规划评估,研究提出"十四五"后三年发展重点、调整方案和政策保障建议;同步做好部、省公路、水运"十四五"项目库调整工作。开展国家综合立体交通网主骨架在江苏的适应性评估研究,建立完善主骨架建设项目库。持续深化专项规划编制。完成省道公路网规划报批工作,启动农村公路网规划修编工作;推动省支线航道网规划定级基本具备报批条件。持续加强交通运输与国土空间规划的协调衔接,进一步细化梳理"十四五"期间调出基本农田项目的推进计划。加快苏州港、镇江港等总体规划修编,以及内河港口总体规划局部调整工作。

"2",即牢牢抓住两个重点,高质量推进重大项目建设和高效能支撑国家重大战略实施。

(二)牢牢抓住高质量推进重大项目建设这个重点,进一步扩大交通有效投资。省政府已经研究确定今年的交通基础设施建设投资2 002亿元,同比增长10.7%。完善铁路网络。确保南沿江城际铁路建成通车,开工建设潍坊至宿迁铁路,力争开工建设合肥至宿迁铁路宿迁至泗县段。进一步推动铁路专(支)线进港口、进园区,建成滨海港铁路支线、运河宿迁港铁路专用线、连云港经济技术开发区加工装配工业园区铁路专用线。提升公路效能。着力推进国家高速公路瓶颈路段扩容,开工建设锡宜、扬溧高速公路扩建工程等项目。建成连宿高速公路沭阳至宿豫段以及京沪高速公路新沂至淮安段、淮安至江都段改扩建工程,全面推进沪武高速改扩建等建设。加快建设待贯通路、瓶颈路、省际衔接路等普通国省道项目,推进快速化改造、多种运输方式互联互通等,建成普通国省道250公里。放大水运优势。开工建设宿连航道二期工程连云港段、长湖申线京杭运河至苏沪省界段和通扬线南通市区段剩余段落,加快推进京杭运河淮安四线船闸前期工作。加快未竣工航道项目尾留工程建设,完成5个航道工程竣工验收。推动港口扩能升级,开工建设连云港港15万吨级集装箱码头、连云港港赣榆港区10万吨级粮油码头,建成张家港港区东沙作业区进港航道改扩建工程。加快建设规模化、挖入式内河港口,促进港产城融合发展。提升机场保障能力。建成盐城机场T1航站楼改造工程。续建苏南硕放机场改扩建工程、徐州观音国际机场T1航站楼改扩建工程等。推进通用机场建设,建成镇江大路水上机场,续建徐州新沂通用机场产教融合基地。提高工程建设和管养质量。修订出台《江苏省普通国

省道建设标准化指南》《江苏省普通国省道设计指南》。实施普通国省道养护大中修工程1 200公里。开展整线化养护示范建设和普通公路长周期养护机制试点。开展高速公路养护技术后评估。实施航道船闸安全与通航能力提升三年行动，开展淮阴二号船闸技术改造，完成施桥二号、邵伯二号等船闸大修。

（三）牢牢抓住高效能支撑国家战略这个重点，推动一批重大项目、重点事项落地实施。加快构建"一带一路"新亚欧陆海联运通道。建成徐圩港区30万吨级航道延伸段工程、连云港港旗台作业区40万吨级矿石码头改扩建工程，续建徐圩港区30万吨级原油码头、国家东中西区域合作示范区（徐圩新区）产业区专用铁路。加快通州湾港区网仓洪10万吨级航道一期、小庙洪5万吨级航道、通州湾港区—通海港区疏港航道等项目建设。全力提升中欧班列运行质效，全年力争开行2 000列；新开辟班列线路2条以上，确保新增1条稳定开行线路；新增2~3处海外仓；积极开行接续班列、企业专列、新能源汽车专列等各类特色班列。加快建设长江经济带综合立体交通走廊。加快建设北沿江高铁、通苏嘉甬高铁、沪苏湖铁路、宁淮城际铁路、沪苏通铁路二期、宁芜铁路扩能改造等工程，开工建设江阴靖江长江隧道南北接线、盐泰锡常宜铁路、上元门铁路过江通道、常泰铁路先开段。加快推进常泰长江大桥、龙潭长江大桥、张靖皋长江大桥、江阴靖江长江隧道、海太长江隧道等在建过江通道建设。进一步深挖12.5米深水航道效益，增强能源、粮食接卸能力。加快推进长三角交通运输一体化。打通长三角普通国省道省际通道，推进422省道江北大道至头桥东段等项目建设。打通碍航、瓶颈节点，续建中张线青阳港段、芜申线溧阳城区段航道整治工程等。推动沿海港口更好融入长三角世界级港口群，强化南通港、连云港港、盐城港与上海港的战略合作。做好长三角交通专题合作组第三年轮值工作。积极推进长三角道路运输联防联控。全力支撑"乡村振兴"。加快推进规划发展村庄双车道四级公路建设，新改建农村公路2 800公里；改造农村公路桥梁600座，提前两年实现全省"十三五"农村公路存量危桥清零。新增城乡公交一体化达标县15个，达标率60%以上；实现行政村到县城公交直达率60%以上、铁路客运站和3A级以上景区公交通达率100%等目标，力争省内毗邻县（市、区）公交化通达率达到65%。持续开展城乡物流服务一体化建设，新增12个以上农村物流达标县，申报第四批农村物流服务品牌，推进城市绿色货运配送示范工程创建，南京、无锡、徐州、南通、连云港等城市完成年度创建任务。

"3"，即实施运输结构调整、出行服务提升、数字交通赋能三大专项行动。

（四）实施运输结构调整攻坚专项行动，大力推进多式联运发展。全面推动4个运输结构调整示范市创建取得实效。建立省市工作协调机制，强化示范建设动态跟踪和绩效评估，形成一批可复制、可推广、可借鉴的经验。建设一批重点物流枢纽基础设施。继续完善南京龙潭港区、江苏（苏州）国际铁路物流中心、上合组织（连云港）国际物流园等多式联运货运枢纽项目功能。加快建设徐州淮海国际陆港公铁联运物流基地、陆家浜铁路货场等7个多式联运货运枢纽，力争建成新沂市公铁联运物流基地等2个多式联运货运枢纽。稳步提升重点指标运量。2023年水路和铁路货运量力争达12.5亿吨；集装箱多式联运量、内河集装箱运输量力争突破220万、130万标箱；沿海主要港口矿石、煤炭等大宗货物铁路和水路集疏港比例保持在95%以上。优化运输通道和线路。推进多式联运、国际海运、内河集装箱线路稳定开行和有序加密。全省年内开行海铁联运班列线路超过23条，实现所有设区市全覆盖，其中苏南地区全部实现海铁联运天天班，有条件的地区力争加密至一天多班；扩大连徐地区与陇海铁路沿线城市海铁联运覆盖面，加密开行班次，推进班列入图开行。稳定运行苏北至太仓（南京）、苏北至连云港、苏南至太仓运输通道的内河集装箱骨干航线；进一步培育内河集装箱精品航线。推进标准规则和运营"软联通"。开展全省大型多式联运货运枢纽评估，聚焦短板问题逐一提出有针对性的任务清单和发展举措；推动徐州内陆集装箱码头项目落地运营，苏州等地内陆集装箱码头项目提量增效，促进多枢纽区域协同联动；推动连云港、常州等地开展海铁联运"一单制"试点，加快海铁联运全物流链信息闭环，在联运服务产品、全程运输等方面打造全国示范。

（五）实施出行服务品质提升专项行动，持续提升公众体验感获得感。积极打造智慧出行服务。研究制定《"出行即服务"平台基本服务功能规范》，指导淮安加快推进"出行即服务"平台应用，实现一站式无缝化出行服务等功能；城乡公交实现统一智能化调度的县（市、区）比例达到50%以上。基本实现三级及以上道路客运站、定制客运线路电子客票全覆盖，推动道路客运网络平台与公交、网约车平台互联互通。推进江苏交通一卡通异地充值，实现南京、连云港市三代社保卡交通出行功能24小时充值服务。实施江苏省普通公路服务设施效能提升三年行动计划，新建普通国省道服务区（停车区）8个，建成204国道如皋、344国道银集等智慧服务区；出台农村公路驿站建设指导意见，推进洪泽区农村公路驿站"多站合一"资源整合试点。升级智慧路网云控平台，迭代优化监测、指挥、服务等功能。坚持城市公共交通优先发展战略。实施"轨道—公交—慢行"深度融合工程，制定《城市轨道交通、城市公交和慢行交通"三网融合"服务指南》，完成新辟调整公共交通线路300条以上，其中车辆小型化、班次高频化轨道高频接驳线50条以上；力争新增城市轨道交通线路3条，新增运营里程70公里。新增3个城市纳入国家公交都市创建名录。建立绿色出行指标监测机制，强化绿色出行和公交服务质量两项监测评估结果应用。注重水运服务质量提升。制定京杭运河江苏段船舶维修保障基地布局方案，解决运河船民"修船难"问题。发布《江苏省水运地图册》。再制成1 000公里电子航道图，形成全省干线航道管理服务"一张图"，完善船舶手机导航系统。加快航班航线恢复。持续优化完善国内客、货运航线网络，恢复、新开、加密国际客运航线5条以上、国际货运航线3条以上。

（六）实施数字交通赋能专项行动，增添交通高质量发展新动能。加强行业创新能力建设。指导"智能交通技术和设备""综合交通大数据"等国家、部省级科技平台强化创新能力建设，依托创新平台、交通产业等强化数字交通领军人才和创新团队培育，完善行业"创新链""产业链"，加快培育数字交通龙头企业，推进科技创新和产业协同发展。推进工程建设、装备制造、安全生产、运输组织等方面的自主创新和成果转化，打造无人化施工作业机组等"江苏经验""江苏产品"。加快智慧基础设施示范工程建设。持续推进常泰长江大桥"未来智慧大桥"等4项交通运输部新基建重点工程建设。升级农村公路建管养运"一网一平台"智能化信息化管理服务平台，强化APP模块应用和线上线下融合。在南京、扬州、徐州等试点城市实现全域路段三维数字化。建成交通建设管理平台。实现全省普通国省道新开工项目智慧工地全覆盖。建成全省干线航道运行调度与监测系统。加快谏壁船闸、魏村枢纽等自动化船闸建设。实施智慧港口项目29个，建设"港口综合信息系统"。编制《智慧航站楼建设技术指南》，争创"四型机场"建设国家级示范项目。加强数字政府建设。全面摸排梳理全厅信息系统应用现状，开展信息化建设成效评估。深入开展行业数据治理和大数据应用，建设基础数据库和专题数据库，完成综合数据查询、交通运行监测、综合执法大脑等3个大数据典型应用。拓展一体化交通运输政务服务系统功能，力争年内建成投用。构建全省交通综合执法数字化指挥中心体系。积极争取国家综合交通运输信息平台部省联动建设试点，加强部省数据共享和业务协同。持续加强网络安全保障。促进数字交通产业发展。持续推动政产学研对接，组织好"数字交通需求清单项目"2.0技术攻关。加大对省内数字交通产业园建设发展的支持，指导苏州相城数字交通示范区、南通数字交通产业园、南京江心洲自动驾驶先导区建设，推进数字交通产业进一步集聚提升。配合做好第29届智能交通世界大会、首届长三角智能交通创新大赛等各项工作。

"4"，即着力实现平安交通、绿色交通、治理能力、党建引领四个方面显著提升。

（七）全力以赴保安全，全面提升交通运输安全发展水平。压紧压实安全生产责任。开展"省、市、县交通运输管理部门安全生产权责清单"及配套制度研究。完善安全生产有奖举报制度。完善运输企业安全审计工作，基本实现3辆车以上普货运输企业"两类人员"安全考核全覆盖。推进"安全生产月"活动，开展"平安交通"创新案例评选、"安康杯"竞赛等活动。提升安全监管能力。建立分类分级监管模式，编制交通运输各领域安全监督检查手册。开展交通运输行业安全智能信用评价和动态赋码管理，实施差异化监管。强化交通运输新业态联合监管和新业态平台企业运营风险预警。研究制定规范互联网货运平台健康发展的指导意见。开展城市轨道交通运营安全相关规范研究，构建城市轨道交通运营安全标准体系。提高本质安全水平。完成农村公路混合交通流量大、事故多发的平交路口等重点路段安防工程1.5万公里。完成高速公路、普通国省道精细化提升工程510公里。选取一批普通公路创建"公路安全精品路",基本完成104国道、230省道部级精品路创建准备。打造10条"科技兴安"示范路。完成普通国省道桥梁抗震加固等安全提升专项工程,开展桥梁防船舶碰撞等专项整治行动"回头看"。持续推进铁路沿线环境治理和安全隐患治理。加大科技兴安建设力度。推进普通公路货车动态监测设施布局规划建设,构建"两客一危"、港口危险货物全链条全过程全要素智慧化监管,稳妥推进重型载货汽车安全应用智能监控设备试点工作。出台普通国省道桥梁结构监测系统建设和运维管理办法,建成高速公路、普通国省道、农村公路桥梁健康监测系统8座、270座、3座,建成隧道健康监测系统3座。提高装备安全技术性能,推进重点营运车辆技术状况智慧化监测,实现车辆技术"赋码管理"。完善应急管理机制。建立应急任务一张表,编制应急处置流程图和应急处置操作手册、指南。推进国家区域性公路应急装备物资储备中心和内河巡航救助一体化基地建设。依托大型骨干客货运输企业分级分类建设应急运力储备库,制定紧急运力储备台账。

(八)全力以赴促转型,全面提升交通运输绿色低碳发展水平。促进绿色低碳减排。推进《交通运输领域绿色低碳发展实施方案》落地实施。完成交通碳排放监测体系建设,常态化开展交通运输全领域能耗与碳排放统计监测和数据分析工作。推进"绿交云平台"碳监测功能模块的设计与开发,并上线运行。组织实施省双碳科技专项"综合交通枢纽绿色低碳技术研究及应用重大科技示范",带动行业减排3.2%,形成110万吨的降碳能力。发布《绿色港口等级评价指南》等绿色交通标准规范。深入推动港口岸线集约高效利用,加强岸线资源利用水平评估,督促各地出台贯彻落实细化方案和岸线资源利用指标,大力促进港口岸线资源整合、盘活。深化船舶港口污染防治。组织开展全省港口污染防治"回头看",巩固中央第二轮生态环保督察成效。推动全省具备条件的干散货码头封闭式运输和封仓式管理。引导航运企业按照团体标准要求进入洗舱站洗舱。推进绿色装备和能源应用。推动具备条件的普通国省道服务区充电设施全覆盖。深化绿色船舶试点示范,推动120标箱纯电动集装箱船舶稳定运营,推动纯电动运输船舶系统集成企业编制相关团体标准和企业标准。完成766艘船舶岸电受电实施标准化改造。推动实现全省干散货码头岸电设施全覆盖,建设全省港口岸电信息管理平台。推动油品码头对应的储油库、万吨级及以上油品装船码头按照强制性国家标准完成油气回收设施改造。

(九)全力以赴优治理,全面提升交通运输现代化治理能力。大力推进法治交通建设。推进《江苏省道路运输条例》修订工作,完成《江苏省民用航空条例》立法后评估,对各领域重点规范性文件实施情况进行综合评价,加强制度文件实施监督。持续加强执法规范化建设,推行"阳光下的执法",规范涉企行政检查和处罚行为。强化执法监督,深入开展执法质效评估,建立行政执法协调联席会议制度,修订交通运输行政执法监督办法和责任追究办法。设立交通运输行业法律服务站。推进法治交通专项工程建设,打造一批江苏法治交通品牌。持续优化营商环境。深入实施"一件事一次办"改革,持续推进"跨省通办"、"省内通办"、长三角"一网通办",进一步扩大即办件事项范围。开展交通运输政务服务质量动态监测,培育一批交通运输政务服务品牌,提升政务服务能力。编制《江苏省交通运输"放管服"改革评估指标体系》,开展"放管服"改革评估。推动跨省、跨市Ⅰ、Ⅱ类大件运输许可委托下放。严格规范全省交通运输行政许可,出台《江苏省交通运输行政许可监督管理办法》,编制交通运输行政许可工作规范和指导案例。完善优化营商环境工作机制,开展交通运输营商环境提升年专项行动。加强事中事后监管,强化审管衔接,完善交通运输监管事项清单、监管标准、监管方式。深入推进交通运输改革。进一步理顺职能职责界面,强化实施评估,提升行政运行效能。深化省级交通专项资金管理和交通投融资改革,推动《江苏省交通发展专项资金管理办法》加快修订出台,积极构建"政府主导、分级负责、多元筹资、规范高效"的交通运输投融资体制。深化"一体化+智慧执法+信用监管"江苏交通综合执法新模式建设,完成高速公路执法支队内设机构优化调整。完成全省农村公路管养体制改革试点。大力推进信用监管应用。扩大信用信息数据归集覆盖面,重点加强"两客一危"、超限治理、污染防治、港口经营等重点领域信用信息归集和相关应用。完成建设、运输、地方铁路、普通公路养护等领域的信用制度制修订工作。推进信用承诺制应用,落实交通运输信用承诺信息记录,建立履约践诺监管信息闭环管理机制。出台交通综合执法领域信用监管应用实施意见。

(十)全力以赴强引领,全面提升交通运输行业形象和社会影响力。着力构建行业党建新格局。把学习贯彻党的二十大精神作为首要政治任务,开展多形式、分层次、全覆盖的全员学习培训。贯彻党中央部署,扎实开展主题教育。深入推进党支部标准化规范化建设,提升基层党组织政治功能和组织功能。推动落实青年"建功示范区争当先行者"行动。全面推进货车司机网约车司机群体党建工作,引导货车司机网约车司机等新业态新就业群体成为交通基层治理的重要力量。深入推进全省交通综合执法"党建联盟"建设。驰而不息正风肃纪。强化政治监督,重点发现和推动解决贯彻落实党的路线方针政策和党中央省委重大决策部署不坚决等突出问题,强化党风廉政建设"一岗双责",建立厅属单位相关负责人述职、考核、约谈等制度。建立交通重点工程项目党风廉政建设巡查制度,加强对交通工程建设、交通运输执法、对外委托服务等违法违纪易多发领域的监督检查。推进"廉洁交通"建设,开展"廉洁文化示范点"培育。继续实施年度为民服务实事项目。全面提升干部人才素质。继续加强干部培训教育,深入开展学习宣传贯彻党的二十大精神干部轮训。加大人才招录和引进力度,开展厅属单位机构及岗位设置运行评估试点。强化表彰激励,做好全省交通运输系统先进集体、先进工作者和劳动模范的评选表彰工作。健全人才培养机制,依托科技创新平台、重点交通产业和重大交通工程项目等,加快高层次人才培养。提升从业人员素质素养与技能水平,聚焦重点领域开展职业技能竞赛。进一步重视交通职业教育,完善定点联系院校工作制度,扎实推进厅属院校高质量发展,深化产教融合、校企合作,建设"江苏交通工匠学院"。加强和改进离退休干部、群团、工会、信访、交通战备等工作。深入推进交通文化建设。持续推动交通运输行业文艺创作基地建设,启动江苏交通近代历史图书编撰。加强交通执法文化建设,打造"党旗红·交通蓝"品牌。积极支持交通文联工作。广泛开展"劳模工匠进校园思政教师进企业"、非公企业"三创争两提升"等活动。整合利用全媒体宣传矩阵平台资源,提升微信、微博、抖音等内容策划和宣传效果。

同志们,今年全省交通运输工作任务繁重而艰巨。我们要坚持艰苦奋斗、埋头苦干,始终以"人一之我十之、人十之我百之"的劲头真抓实干,坚定信心、同心同德,踔厉奋发、勇毅前行,不断开创交通运输现代化建设新局面,努力创造更多经得起历史、人民、实践检验的业绩,更好"扛起新使命、谱写新篇章",为中国式现代化江苏新实践作出更大贡献。

把握机遇担当作为　稳中求进提质增效
为中国式现代化江苏新实践提供交通港航有力支撑

——省交通运输厅港航事业发展中心主任陈胜武在 2023 年全省港航事业发展工作会议上的讲话

（2023 年 1 月 13 日）

同志们：

今年全省港航事业发展工作会议的主要任务是，以习近平新时代中国特色社会主义思想为指导，全面贯彻落实党的二十大精神，按照 2023 年全省交通运输工作会议精神，总结 2022 年港航事业发展工作，分析形势要求，部署工作任务，为推进中国式现代化江苏新实践提供交通港航有力支撑。下面，我先讲三个方面内容。

一、2022 年全省港航事业发展回顾

2022 年是党的二十大胜利召开之年，全党全军全国各族人民人心空前凝聚，开启了全面建设社会主义现代化国家的新征程。省委、省政府召开交通运输现代化示范区建设推进会议，对港航事业发展提出了新的要求。一年来，全省港航系统以习近平新时代中国特色社会主义思想为指导，在省交通运输厅坚强领导下，落实"疫情要防住、经济要稳住、发展要安全"重大要求，精准谋划，突出重点，攻坚克难，圆满完成各项目标任务。

一是引领全省港航发展，港航规划取得新成绩。增强港航规划对国家战略实施和全省高质量发展的支撑保障能力。服务通州湾新出海口建设、淮海国际陆港发展和沿江港口转型提升，《南通港总体规划（2035 年）》《徐州港总体规划（2035 年）》《苏州港太仓港区浮桥作业区规划修订方案》获得部省联合批复，完成《苏州港张家港港区东沙作业区规划调整方案》部省联合审查。支持内河港口集约规模发展，《宿迁港中心港区中心作业区规划局部调整》《淮安港淮阴港区规划局部调整》获批。推动支线航道规划定级，南通、宿迁、淮安、扬州、泰州、常州、无锡等市初步完成支线航道网规划研究。积极争取将张圩干渠等短支航道纳入《江苏省推进多式联运发展优化调整运输结构行动计划（2022—2025 年）》，强化与国土空间规划衔接，各市港航部门完成 29 个航道项目和 397 个港口项目纳规研究，经充分协调全部纳入省级国土空间规划，为全省港航发展打下坚实基础。

二是紧扣补齐短板要求，水运建设迈出加速度。全面落实省委省政府和省交通运输厅决策部署，优化全省水运基础设施建设思路，制定"连断点、畅干线、成网络、通长江、达海港"建设方案，突出重点补齐短板，得到省委、省政府主要领导肯定。提请省厅召开全省内河干线航道建设推进会，全面部署当前及今后一段时期全省航道建设工作。确定 15 条骨干航道、14 条联通航道前期工作清单，研究制定加快和规范干线航道前期工作有关措施，实施重点项目建设周调度、月会商制度，建立用地预审报批、省及以上补助资金执行、项目形象进度、农民工工资支付等督促推进机制，推动全省干线航道建设重点更加突出、程序更加规范、节奏明显加快。2022 年，完成水运建设投资 193.3 亿元，同比增长 9.2%，为年度计划 118.9%。其中，航道 45 亿元，同比增长 15.4%，为年度计划 106.3%；港口 148.3 亿元，同比增长 7.5%，为年度计划 123.3%。新开工宿连航道二期宿迁段、通海港区至通州湾港区疏港航道双桥枢纽、新江海河、连申线灌河至黄响河段等 4 个航道项目。完成丹金溧漕河溧阳段、苏南运河常州段和苏州市区段、连申线海安南段等 9 个项目竣工验收，涉及里程 275 公里，桥梁 95 座，概算投资 109.49 亿元，厅工作专班督办的 11 个尾留项目已完成 5 个。截至 2022 年底，全省三级及以上干线航道里程 2 488 公里，千吨级航道连通 85% 县（市、区）。实现连云港区 40 万

吨矿石码头、徐圩港区30万吨级原油码头、通州湾三港池1#～3#码头、徐州港区金山桥作业区公用码头一期等重大港口项目年内开工目标。江苏省首条30万吨级深水航道——连云港港30万吨级航道全线开通，徐圩港区实现30万吨级油船全天候常态化通航；长江流域首个堆场自动化集装箱码头太仓港四期和南通港首批两个10万吨级集装箱码头通过竣工验收；南通港三夹沙南航道基本建成；泰州靖江煤炭物流基地项目二期试投产，打造全省长江流域专业化煤炭中转基地和交易中心。丹金溧漕河金坛段及丹金船闸、京杭运河船闸扩容施桥三线船闸获评"国家优质工程奖"，河定大桥获评"中国钢结构金奖"。杨林塘杨林船闸、通扬线运东船闸、徐圩港区液体散货区公共配套起步工程、盛虹炼化一体化配套码头、仪征港区仪征港务公用码头一期工程被中国水运建设行业协会评为2022—2023年度第一批水运交通优质工程。

三是瞄准全国领先目标，航道管养取得新进步。圆满通过2022年养护"部检"，厅苏北处、扬州、淮安高质量完成现场检查保障，南通、盐城、常州扎实做好内业工作，得到检查组一致好评。全面完成部自然灾害水路承灾体普查。航道养护工作得到省领导关注。制定印发"十四五"航道养护管理高质量发展实施方案，开展全省内河航道水上服务区布局方案研究，引领江苏航道设施供给、养护质量、服务品质和管理水平保持全国前列。健全科学决策机制，历史上首次开展五级以上航道水下地形扫测，涉及里程3 057公里，为编制年度计划提供科学依据；改革专项资金分配模式，提高养护资金使用效益，全年投入8.55亿元，实施"百项养护专项工程"，完成航道疏浚439万方，大修船闸7座。推进养护规范化标准化建设，在全国率先制定内河航道命名编号和电子里程桩布设规则；开展《江苏省船舶过闸费征收和使用办法》和航道养护管理、内河航标管理、船闸大修工程管理等办法修订，完善养护技术核查、工作船艇管理等制度，新形势新要求得到贯彻落实。

四是服务社会生产生活，港航运行呈现新面貌。克服复杂严峻的国际环境和国内疫情散发多发、极端高温天气等多重超预期困难，全省港航运行总体实现稳中有增、增中有亮。2022年完成内河货运量9.99亿吨，货运周转量3 482亿吨公里，同比增长3.2%、3.7%，占综合货运量、货物周转量比重分别提升至39.3%、69.6%，有力保障了社会物流运输和区域经济发展。完成过闸货物量23.3亿吨，同比增长4.6%，减免过闸费3.36亿元。升级便捷过闸系统，增加集装箱船一站式预约、信用分兑换优先过闸资格、扫码缴费等四项功能，过闸效率进一步提升。全省港口完成货物吞吐量32.4亿吨，同比上升1.1%，盐城港货物吞吐量增速在全国沿海港口中位列前茅；全省完成外贸吞吐量5.6亿吨，徐州港实现外贸零的突破；全省完成集装箱吞吐量2 393.7万标箱，同比增长9.8%，太仓港集装箱吞吐量突破800万标箱。南京区域性航运物流中心加快集聚航运物流要素，累计引入机构及企业61家，2022年南京航运交易中心船舶交易额3.51亿元，稳定发布南京江海航运物流集装箱货量指数；上海港东北亚空箱调运中心太仓分中心揭牌运营，利用"沪太通＋太申快航＋商品空箱"定班期、定航线、运量强优势，构建了沪太高速水路转运通道。上海疫情期间，全省港航支援上海物资运输，实施绿色通道、优先服务，实现连云港—上海支线"天天班"，加密"沪盐专线"，通过太仓港水路中转外高桥、洋山港区进出口货物量同比分别增长190%、80%。加强沿江港口锚泊调度，镇江高资海轮锚地、泰州天星洲锚地纳入调度体系，全省可调度锚位从89个增至101个，新布设24处监控设施，实现沿江锚地视频监控全覆盖。全年全省沿江锚地接受申请2.69万艘次，锚地利用率100%。做好进口粮食压库疏港工作，各地新增仓容101.8万吨；通过优先引航、优先靠泊、优先接卸，减少长江口等待时间，全年完成80艘530.5万吨玉米船舶接卸任务。

五是深化污染防治攻坚，绿色发展迈上新台阶。落实污染防治从"坚决打好"转入"深入打好"要求，推动港航绿色发展方向不变、标准不降、力度不减。开展通扬线高邮段、宿连航道一期、芜申线溧阳城区段、通扬线通吕运河段生态航道建设，建成丹金溧漕河绿化工程，全省干线航道沿线可绿化区域绿化率保持95%以上，镇江谏壁水上服务区入选全国第一批绿色交通实践创新基地。提升港口码头与内河航道水和大气污染防治水平，编制《港口、船闸和水上服务区近零碳示范项目创建指南》和《江苏省绿色港口评价指标体系》地方标准，开展全省星级绿色港口评价,新增 6 个四星级港口,23 个三星级港口。推动港口污染防治设施应建尽建、应用尽用,5 座长江洗舱站优化规程、规范运行,全年洗舱 453 艘次,同比增长 48.5%。提高港口新能源利用比例,召开港口机械绿色改造现场推进会,全省更新清洁能源港作机械车辆 363 台,淘汰 525 台。印发《关于协同推进船舶靠港使用岸电常态化的函》,部署岸电设施建设、改造、常态化使用等工作任务。各市加快落实新三年建设计划,累计建成港口岸电设施 4 276 套,覆盖泊位 5 715 个,覆盖率 93.1%,超年度目标 13.1 个百分点。持续推进船舶靠港使用岸电,提升岸电设施与码头等级适配性、设备合规性、现场管理规范性,805 个码头泊位提前三个月实现低压岸电设施接插件匹配统一;对使用岸电船舶优先靠泊、优先接卸,规范岸电电价和服务费,合计不超过 1 元/度,实现船舶使用岸电成本低于燃油发电成本。2022 年全省靠港船舶接用岸电 44.9 万艘次,平均每次用电 85.7 度/艘,应接尽接率 96.9%,用电 3 847 万度,同比增长 27.7%,相当于替代柴油 8 151.5 吨,减少二氧化碳排放 2.6 万吨,接电艘次、用电量约占长江经济带总量 50% 以上,居沿江 11 省市首位。

六是聚力科技赋能应用,智慧港航实现新突破。率先发布智慧航道建设技术指南、内河电子航道图、航道外场感知设施 3 项省智慧交通行业标准。制成 2 500 公里内河电子航道图,实现京杭运河江苏段电子航道图全覆盖。举办内河船舶手机导航开通仪式,在全国率先提供"北斗+水上导航"伴随式服务,通过手机为船舶实现航道尺度查询、路径规划、用时预测、偏航预警、防碰撞提示等智能引导,"内河航道船舶北斗导航服务系统"入选 2022 年智慧江苏 50 项重点工程。目前船舶导航 APP 下载超 5.2 万人次,日均活跃用户约 1 000 人。构建航道智能感知体系,在全省干线航道布设摄像机、AIS 基站、北斗地基增强基站等外场感知设施,构建"水上—水下—空中"立体感知体系,已完成京杭运河江苏段安装调试,实现对各类航道要素自动化采集。开发京杭运河运行调度与监测系统,建设全省统一的航闸调度系统,以信息化手段缓解拥堵,提高航网通行效率。南京洪蓝船闸运用物联网、智能传感等技术,建成国内领先的"运控一体"运行系统并投入试运行。扬州施桥船闸至长江口门段 BIM 技术综合应用获中国公路学会"交通 BIM 工程特等奖"。苏州发布国内首个内河航道 3D 打印护岸工程质量检验标准,填补交通工程领域相关标准空白。积极推动自动化码头建设,攻坚克难实现连云港智能化集装箱码头一期工程开工目标。全省首个基于"车路云"一体化的智慧港口在南通港通州湾港区吕四作业区投入使用,部署省内首支自动驾驶集卡车队。徐州港顺堤河作业区智慧港口工程一期验收,散杂货码头信息化解决方案首次在内河港落地。

七是狠抓专项整治见效,本质安全得到新提升。深刻学习领会习近平总书记关于安全生产和应急管理工作重要论述,严格落实"三管三必须"要求,筑牢全省港航事业安全基础。坚持"外防输入、内防反弹"总策略和"动态清零"总方针,强化办公场所、船闸等重点部位防控,落实消毒通风、测温验码、佩戴口罩、核酸检测等措施,厅苏北处在全国率先制定内河船闸防疫指南,全系统最大限度降低了病毒对工作影响。将提升港航本质安全与强化年、专项整治三年行动巩固提升有机结合,研究制定南通港通州湾港区海门作业区二港池台风期口门管控措施,得到省领导批示;协调完善长江太仓港近岸冲刷应急抢护方案并报省政府。加强枯水期船舶过闸和危化品船舶过闸管理,与地方政府、水利、交通综合执法等部门完善"五保"机制,联合调度及时性和针对性进一步提升;研究危化品船舶过闸全过程安全管理措施,保障水路运输安全畅通。深入推进船舶碰撞桥梁隐患治理,专班专人专责,统筹协调、督促检查和跟踪问效,从航道保障、船舶航行、桥梁运行等六个方面全面排查治理隐患,规范桥区水域通航秩序,重点提升跨越长江干线、淮河出海航道、京杭运河、通扬线等长三角高等级航道防撞能力,10 月 20 日在全国率先提前完成"集中整治",全面转入"巩固提升"。完善安全风险分级管控和隐患排查治理双重预防机制,印发《江苏省航闸安全生产重大风险清单》。把大检查贯穿全年,制定航道、船闸、港口公用基础设施安全隐患监督检查计划,运用"四不两直"、明查暗访、举报查处、安全包保等方式,加强重大工程、重点部位、重要环节调度指导,对查出的 185 个问题"零容忍",督促整改责任、措施、资金、时限、预案"五到位"。加强安全生产基层基础基本功建设,全省交通船闸 100% 实现安全生产标准化一级达标。南通印发沿江沿海港口公共基础设施维护主体和监管单位责任清单(试行)。多渠道多方式加大安全投入,严格执行领导干部带班和24小时专人在岗值班制度,配强值班力量,实施安全生产事故日报告、零报告制度,保障了重大活动、重点时段全省港航安全形势稳定。联合南通航院打造的国内首个水上安全警示教育基地建成投用。

八是强化党建引领发展,队伍建设展现新气象。全系统迅速全面开展党的二十大精神,持续深入开展党的十九届历次全会精神学习,落实"第一议题"制度,建立省市"共学共建"机制,教育引导广大干部职工胸怀"两个大局"、牢记"国之大者",深刻领悟"两个确立"的决定性意义,增强做到"两个维护"的政治自觉、思想自觉、行动自觉,开展学习调研,把学习成果转化为谋划发展、推动落实、解决问题的思路举措。落实意识形态工作责任制,聚焦重点工作,加强正面发声,"江苏港航服务沿海高质量发展""我们这十年"喜迎二十大系列主题宣传活动顺利举办,集中报道了各市港航发展成效。围绕"三支点两主线、一地一特色",启动实施江苏港航"321"品牌创建工程。注重人才队伍建设,推荐2人成为省第六期"333高层次人才培养工程"第三层次培养对象;举办"道德讲堂——港航新青年"系列活动,累计12万余人次参与网络投票,在全系统引起强烈反响;省港口集团基层产业工人黄强当选党的二十大代表,盐城刘庄船闸被表彰为全国交通运输行业文明示范窗口;举办全省航道所(站)长培训以及2022年全省港口叉车司机职业技能竞赛,带动全省港航干部职工素质能力提升。驰而不息正风肃纪反腐,开展政府采购项目合规性自查,加强法治、纪律和廉洁文化教育,推行出差廉洁承诺、采购廉洁合同、节假日廉洁提醒"三项机制",努力营造按章办事、廉洁从业的工作环境。

成绩的取得离不开省委省政府、省交通运输厅党组的坚强领导。一年来,省主要领导高度重视水运发展,多次听取水运工作汇报;吴永宏厅长多次专题研究港航发展,两次出席港航重要活动并讲话;厅领导对全省港航发展给予悉心指导,对港航干部队伍建设、职工防疫生活等也给予亲切关怀,使港航事业得到前所未有的鼓励与支持。成绩的取得也离不开各市交通运输主管部门、厅机关各有关部门、厅属各单位、省市港航企业的大力支持,离不开全省港航干部职工的拼搏奋斗和真情奉献。在此,我谨代表省交通运输厅港航事业发展中心,向长期关心支持港航事业发展的各级领导、各有关部门和单位表示衷心的感谢!向全省港航广大干部职工致以诚挚的敬意!

二、2023年全省港航事业发展总体要求

习近平总书记高度重视水运发展,作出了"经济强国必定是海洋强国、航运强国"等重要指示;在中央财经委第十一次会议上强调要加强沿海和内河港口航道规划建设,优化提升全国水运设施网络,为港航发展指明了前进方向,提供了根本遵循。党的二十大强调"加快建设交通强国",并对交通运输等结构调整优化作出部署。水运运量大、成本低、污染少,在交通强国建设中的地位和作用进一步凸显。中央经济工作会议要求2023年要着力做到"六个更好统筹",把"稳"放在更加突出位置,充分发挥消费的基础性作用和投资的关键性作用,为既能拉动当前,又能支撑长远的水运建设项目带来新的机遇。省委十四届三次全会和省委经济工作会议对加快现代化基础设施建设,推动沿海港口更好融入长三角世界级港口群等提出要求,赋予全省港航重要的使命任务。2023年全省交通运输工作会议强调加强干线航道建设,推进水运基础设施养护现代化,并以相当篇幅对港航重点工作进行了部署安排。当前,随着疫情防控政策"走小步、不停步"的持续细致优化,经济社会生产生活秩序即将迎来蓬勃生机,越来越多省市和行业已开始抢抓时间,全面行动,努力补回疫情带来的损失。港航作为国民经济畅通循环的基础支撑,必须笃定信心,把握机遇,先行一步,担当作为,以质的有效提升和量的合理增长,在稳住宏观经济大盘、稳住社会心理预期、稳住社会经济大局中发挥更大作用。

同时,行业发展也面临一些矛盾与问题。一是内河航道对综合立体交通网支撑能力有待增强。《江苏省干线航道网规划(2017—2035年)》尚有1500公里未达标,按三级及以上通航标准,仅形成"一纵一横"主骨架;三级及以上航道里程占全省等级航道里程比例约为28%,明显低于美国、日本等发达国家,苏南三层内河集装箱运输网络衔接不畅。全省19座船闸建成使用已逾40

年，34座已逾30年，影响全省干线航道网整体效益发挥。二是世界一流强港建设步伐亟待加快。与新加坡港、上海港等世界领先港口以及鹿特丹港、宁波舟山港、釜山港等世界前列港口相比，江苏省港口在集装箱吞吐量规模、先进技术应用等方面还存在明显差距。对照《江苏省"十四五"综合交通运输体系发展规划》，江苏省沿海港口"432"体系（40万吨码头及航道、30万吨航道、20万吨集装箱泊位）尚未充分发挥效益，沿海、沿江、内河港口功能协同、一体化发展仍需深化，内河码头集约化、专业化水平亟待提高。三是绿色智慧发展水平有待提高。岸线资源集约利用仍需加强，长江洗舱站使用率有待提高，污染防治与绿色发展长效机制有待完善，节能减碳、智能化发展任重道远。符合绿色智慧等现代化特征的港航发展规则制度体系有待健全。多方协同的发展机制还需完善。这些问题必须引起我们高度重视，以不懈的努力和创新的办法，在今后工作中集中力量加以解决。

2023年是全面贯彻党的二十大精神的开局之年，是落实"十四五"规划承上启下之年，是交通强国试点和交通运输现代化示范区深入推进之年，也是全省港航加快高质量发展之年。做好2023年全省港航事业发展工作的总体要求是：坚持以习近平新时代中国特色社会主义思想为指导，全面贯彻落实党的二十大以及省委十四届三次全会、省"两会"、全省交通运输工作会议精神，把握水运发展机遇，坚持稳中求进工作总基调，锚定目标，担当作为，做到"两坚持，两加快，两提升"，着力提高港航发展质量，更好地发挥江苏水运优势，服务保障交通运输扩投资、强服务、增效能，为推进中国式现代化江苏新实践提供交通港航有力支撑。

——两坚持：一要坚持发挥港航战略性作用。面对百年变局和世纪疫情叠加考验，适应国际经济政治变局、区域经济社会布局、国土开发保护格局等深刻变化，紧紧围绕长三角一体化、长江经济带、"一带一路"、交通强国、沿海地区高质量发展等重大战略，突出发挥港航在经济社会发展和全方位对外开放中的战略支点和韧性通道功能，在自然灾害、事故灾难、公共卫生和社会安全事件中发挥关键保障作用，积极为能源石化、精品钢材、海洋工程、高端船舶制造、高端装备等临港产业提供优质港口物流服务，加强集装箱、矿石、煤炭、原油、LNG、粮食等民生和战略物资水运体系建设，为区域要素畅通流动、人民群众生产生活、产业链供应链安全稳定提供坚实支撑。二要坚持引领港航现代化发展。把港航作为中国式现代化江苏新实践交通运输工作的先行领域，以世界一流为目标，以高质量发展为主题，以深化供给侧结构性改革为主线，以建设人民满意交通为目的，科学把握发展规律，统筹增量与存量、传统与新型、投入与产出、效率与效益，加快完善港航基础设施布局和运输保障功能，在成本、品质、时间等维度不断提升江苏省水运服务水平，推动江苏水公铁、江海河联运优势有效发挥，加快形成"水运江苏"品牌，向世界一流强港和内河航运之窗持续迈进。

——两加快：一要加快推进航道网络化建设。落实"连断点、畅干线、成网络、通长江、达海港"要求，争取各级财政加大投入，按照"提高覆盖、突出重点、强化通道、注重衔接"思路，加快建成"两纵五横"千吨级航道网，积极研究推进二级航道网建设。完善"五年规划—三年滚动—年度计划"的"531"项目管理体系，加快前期工作节奏，深化建设方案、技术标准等论证，合理确定投资规模、建设工期，加大干线航道新开工项目征地拆迁省级核查力度，及时完成航道项目用地组卷报批，加强与各项审批要求衔接，确保前期工作每个环节一着不让、环环相扣，推动投资计划确定的项目尽早实质性开工。抢抓在建项目，紧盯目标，完善机制，倒排工期，挂图作战，及时统筹、协调和督办项目推进中重大事项，在确保质量和安全前提下，优化项目管理，科学组织施工，能快则快，力争早日建成。全力保障建成项目，依托工作专班，按照职责分工，做好航道竣工所需各项保障工作，确保建一条成一条。加强项目储备，动态调整更新，有序滚动实施，形成开工一批、推进一批、竣工一批、储备一批的良性循环。二要加快促进港口协同化发展。按照功能层次清晰、区域协同发展思路，统筹上下游、协调左右岸、衔接江海河、整合港航运、融合港产城，打造综合服务功能完善、集疏运体系畅通、港口间协同高效，具有全球竞争力和资源配置力的长三角北翼世界级港口群。科学定位沿海港口功能，加强港口与其他运输方式衔接，支持"一国际枢纽、一出海口、一门户"一体化发展，与上海港深化资本投资、航线航班等方面协作，增强错位发展优势。推动沿江港口明确定位、调整结构，跨区域协调融合，加大岸线、锚地资源整合力度，突出建设5～20万吨级专业化码头，加强集装箱、煤炭、矿石、粮食、商品汽车等专业化码头合理集中布局，发挥长江黄金水道效能，提高南京区域性航运物流中心以及太仓港、南京港、南通港等江海联运枢纽能级。推动内河港口码头资源整合、升级改造，建设规模化集中作业区，支持海港国际物流功能、通关服务等向内河港延伸，促进淮安港、徐州港、无锡内河港等特色内河集装箱港高质量发展，推动其他港口打造重要区域性物流枢纽，提升能力与运营质效。

——两提升：一要提升港航绿色化发展品质。坚持生态优先，绿色发展，减污降碳协同增效，构建与资源环境承载力相匹配、与生产生活生态相协调的港航发展格局。以落实"双碳"任务为引领，提高水路在综合运输中承运比重；推动港航在低碳绿色转型中保持力度、延伸深度、拓宽广度，加快港航建设全过程、全周期绿色化，集约科学利用通道线位、岸线、土地、水域等资源，充分挖掘结构、技术、管理节能降碳潜力，实现与耕地、永久基本农田、生态保护红线统筹协调。提高港航基础设施固碳能力和碳汇水平，开展港航设施生态化改造，提升航道文旅景观功能，打造生态绿色港航风景线；发挥船闸占地面积大、光照条件好等优势，试点光伏发电，完善实施内河集装箱船舶、新能源及清洁能源船舶优先过闸政策，打造近零碳船闸；建设低碳航道、近零碳港口、零碳服务区等绿色交通主题性和区域性项目。做好港航"治污、添绿、留白"文章，健全绿色港航建设指南、评价标准和地方标准体系，引导有条件的港口开展陆域、水域生态修复，持续评选星级绿色港口；巩固拓展长江经济带船舶和港口污染防治成果，堵漏洞、补短板、强弱项，完善长效机制，落实工作责任，转入常态运行，助推形成布局合理、衔接顺畅、运转高效、监管有力的船舶和港口污染防治格局。二要提升水运智慧化服务能力。强化创新核心地位，深化港航理念创新、体制机制创新、管理服务创新、科技创新和模式创新，促进港航发展提效能、扩功能、增动能。贯彻国家关于数字经济发展的决策部署，推进水运数字化、网联化、智能化转型，探索5G、物联网、人工智能、区块链、大数据等与港航业务深度融合的路径和举措，注重新科技赋能应用，提升港航基础设施规划、设计、建造、养护、运行、管理等全要素、全周期数字化水平；加强全天候监测、智能化检测、自动化预警、无人化养护、快速化处置等技术与装备应用；深入推动智慧大脑、船舶导航、船岸协同、自动化码头和堆场应用，提升辅助决策、运行监测、水路运输、安全应急等智能化、协同化水平，提供更多伴随式信息服务。

三、2023年港航事业发展主要任务

2023年要着力抓好六个方面的工作：

（一）以聚焦提速为导向，高效推进港航基础设施建设。积极扩大水运有效投资，形成航道、船闸、港口建设协同并进的良好格局，突出建设对国家战略实施、区域经济发展具有重要支撑作用的主骨架项目，在稳增长中发挥更大作用。2023年完成水运建设投资183亿元，其中：航道完成60亿元，港口完成123亿元。推进航道建设提速。配合做好全省二级航道网规划研究，加快推进京杭运河苏南段和宿连航道"三改二"前期工作，加快用地组卷，为尽快开工做好准备。基本建成京杭运河绿色现代航运综合整治工程主体工程，完成通扬线通吕运河段、芜申线溧阳城区段、德胜河等重要航道省市投资任务。加强内河航道对沿海开发支撑，开工宿连航道（京杭运河至盐河段）二期连云港段，通扬线南通市区段（通扬线—通栟线、幸福竖河—通吕运河）航道整治工程，加快宿连航道二期宿迁段、通海港区至通州湾港区疏港航道新江海河、双桥枢纽等建设，建成宿连航道一期军屯河、沭新河船闸，提升千吨级航道至沿海港区通达率，更好支撑江海联动、河海联通、湖海呼应。完善内河集装箱运输体系，围绕"畅通苏北、苏南三层集装箱核心运输通道，建成苏南二层集装箱运输网络"目标，推进内河碍航航段、桥梁改造，开工整治长湖申线（京杭运河—苏沪省界段）；加快申张线青阳港段、长湖申线（苏浙省界—京杭运河段）、苏申外港线、连申线（灌河—黄响河段）整治，为内河集装箱航线通达长三角主要城市提供支撑。积极推进遗留工程建设，完成九圩港船闸及通江连接线段、丹金溧漕河丹阳段等5个项目竣工验收。配合完成支线航道网规划研究。推动港口扩能升级。以国际一流海港标准提升沿海沿江港口能级，完善港口规划体系，配合做好连云港港、南京港、苏州港、镇江港、泰州港等港口规划修编。推动深

水化、专业化、规模化港口建设,加快建设徐圩港区30万吨级原油码头、连云港港15万吨级集装箱码头、通州湾港区三港池1♯～3♯码头等沿海深水码头建设,提升万吨级以上泊位占比;持续推动天生港区10万吨级粮油泊位、仪征港区610、611码头改建工程、靖江港区新港作业区深国际物流中心码头工程等专业化码头建设,提高集装箱、能源、粮食等接卸、存储、中转能力;加快徐州港区金山桥作业区公用码头一期、淮安市区港区新港作业区三期、溧阳港区溧城西作业区码头等规模化港池建设。加强港口公用基础设施建设,建成徐圩港区30万吨级航道延伸段、张家港港区东沙作业区进港航道改扩建工程;推进南通港小庙洪航道、滨海港区北港池防波堤一期、响水港区灌河口5万吨级航道、赣榆港区防波堤二期等续建工程;开工建设赣榆港区10万吨级航道南延伸段一期、通州湾港区网仓洪10万吨级航道一期(内航道段),力争开工建设网仓洪10万吨级航道二期(外航道段),增强连云港国际枢纽海港、盐城淮河生态经济带出海门户、通州湾新出海口功能,提升苏州、南京江海联运港区辐射范围。建设品质工程。强化平安百年品质工程引领,保障人员、设备、材料、资金、技术和管理等全要素投入,以标准化、工厂化、装配化为基础,积极应用新材料、新设备、新工艺、新技术,提高港航工程建管水平。总结京杭运河施桥船闸至长江口门段创建经验,推进魏村枢纽及长湖申线等部省平安百年品质工程建设。

(二)以科学精细为目标,切实加大航道养护管理力度。推动精细化养护。按照"服务优质化、设施数字化、管理智慧化、作业绿色化、市场规范化"的"苏式养护"品牌要求,大力提高江苏省航道养护管理水平。实施老旧船闸和淤积航道安全与通航能力提升三年行动,统筹使用基本建设、航道养护和航道建设结余资金,开展淮阴二号船闸技术改造,完成施桥二号、邵伯二号、丹金、海安、宝应、大柳巷、善南、云善船闸等大修工程,完成疏浚400余万方。注重预防性养护。研究内河航道交通量观测体系优化方案。开展干线航道水下地形测量分析。加强航道、船闸等重要基础设施养护检查、检测评估、技术状况评定和病害治理。定期监测船闸水工结构、机电设施设备和闸阀门运行状态,及时修保养,减少维修停航时间。强化标准化养护。修订完成《江苏省船闸大修工程管理办法》《江苏省内河航标管理办法》。建成航道、船闸养护管理平台并在全省推广应用。各市要足额安排资金,强化技术力量,切实做好支线航道养护工作。

(三)以安全惠民为基础,不断提升港航运行服务水平。夯实安全发展基础。深入系统学习习近平总书记关于安全生产重要指示精神,坚持总体国家安全观,以更实的举措统筹发展和安全,健全党政同责、专业监管、部门协同、网格管理的责任体系,发挥好安委会组织指挥、统筹协调、督查督办、评估考核职能,打造以制度管安全、以技术促安全、以应急救援保安全的现代化安全发展模式。因时因势统筹事业发展与疫情防控工作,科学精准执行优化措施和"乙类乙管"措施,确保宣传发动到位、教育引导到位、人员力量到位、防控措施到位、责任落实到位。提升港航基础设施安全防护能力,严格落实安全设施与主体工程"三同时"制度。深入开展"坚守公路水运工程质量安全红线"专项行动,压实建设、设计、施工、监理等参建各方安全生产责任。探索港航基础设施全寿命周期安全评估机制,构建现代化工程建设质量安全管理体系,确保排查风险全面、防范工作到位、化解措施有效。各市要定期开展港口公用基础设施安全检查,做好日常维护、监测等工作。南通市要加快落实通州湾港区海门作业区二港池台风期口门管控措施,确保人民群众生命财产安全。完善危险货物船舶过闸全过程安全管埋指南并在全省推广应用,实施专人全程跟踪监控,做到专区停泊、专门调度、严禁混合,确保危险货物运输船舶安全过闸。巩固提升三年专项整治成果,深化防范化解重大风险,采取随机抽查、"四不两直"、明察暗访等方式,常态开展巡查检查,动态更新完善问题隐患和制度措施"两个清单",完善风险隐患排查、整治、销号全过程闭环管理制度,坚决遏制重特大事故发生,确保安全生产形势稳定。持续改善服务质量。加强京杭运河江苏段加油和舆情监测,研究油价较高、个别时段保供不足等问题解决方案;制定京杭运河江苏段船舶维修保障基地布局方案,加快解决运河"修船难"问题。发布《江苏省水运地图册》,为船民提供便利。新建成6个沿江港口锚位,研究锚调工作效能评价体系,制定《江苏省沿江港口锚地锚泊调度管理办法》。做好沿江锚泊调度、进口粮食疏港、电煤等重要物资优先过闸以及内河集装箱船舶免费过闸工作。开展干线航道网运行效率提升研究,建设省市县三级航网运行中心,初步实现全省干线航道网"可视、可测、可控、可调度",探索打造服务大局的工作前台、快速反应的应急平台、联系基层的服务总台。试点制定船闸规范化服务标准。加强船闸运行调度管理,在苏北闸控地区、沿江口门地区、苏南平原水网地区应用典型干线航段水位预报技术,强化恶劣天气特殊通航环境航闸运行管理,及时发布待闸信息和安全提醒,维护好助航设施,保障位置正确,发光正常。

(四)以增绿添智为关键,全力推进港航发展转型升级。按照层次更深、举措更实要求,推动港航防治污染、绿色发展。在有条件的航道应用节能环保材料、清洁能源和低碳技术,实施疏浚土等材料资源化利用,建设集航运通道、绿化通道、景观通道、人文通道等多功能于一体的绿色生态人文航道。以绿色港口主题性项目建设为引领,创建更多星级绿色港口,支持全省港口申报中国绿色港口和亚太绿色港口。继续做到精准治污、科学治污、依法治污,开展港口防污染设施建设指南研究,配合加强港口船舶污染物接收、粉尘防治、水污染防治、油气回收治理等设施建设和升级改造,定期开展港口防污染设施技术核查。引导航运企业按照团体标准进入洗舱站洗舱,配合研究洗舱站运营奖补政策。制定沿海港口岸电建设实施方案,基本实现全省干散货码头岸电设施全覆盖;开展全省港口高压岸电设施建设奖补政策研究,力争以奖代补推动高压岸电建设;编制《江苏省低压小容量岸电检测指南》,指导低压岸电规范检测;实现全省港口岸电信息管理,在船舶岸电使用、港船协议、收费机制等方面探索可复制、可推广经验。研究整改提升油气回收设施,加强政策解读和技术指导,推动油品码头对应的储油库、万吨级及以上油品装船码头按国家标准完成油气回收设施改造;督促已建成设施加强维护保养和运行管理,防止闲置,促进使用;支持探索回收油品资源化定向利用。鼓励新增和更换的岸吊、场桥、吊车、叉车、牵引车等港口作业机械,采用新能源或清洁能源。坚持以技术创新为驱动,以数字化、网络化、智能化为主线,推动港航数字转型、智能升级。全面推进干线航道感知网络建设,对有条件的航道实现全要素数字化采集,提升全景式展现能力。

建成全省干线航道运行调度与监测系统,实现航道拥堵状态预警、船闸联合调度、协同运行。再制成1000公里电子航道图,完善内河船舶手机导航系统,整合便捷过闸与船讯通APP,形成全省干线航道管理服务"一张图""一标准""一系统"。探索建设谏壁自动化船闸,研究船闸设施智能快速诊断、故障预警、远程集控和统一调度。建设港口综合管理信息系统,掌握全省港口资源、基础信息、污染防治设施分布利用情况,为提高全省港口运行综合监管能力和统筹发展能力提供支撑。

(五)以强化自身为重点,持续提升港航系统治理能力。加强规划引领。全面贯彻中央、省委省政府和省厅对港航发展最新定位、最新要求,开展江苏交通运输现代化示范区港航实施方案、江苏内河港口岸线能力及承载资源、港口服务临港产业发展等研究;组织《"十四五"水运发展规划》中期评估和动态监测。加强全省港航经济运行分析,高质量编制分析报告,开展港航大数据与水运货物流量流向研究,为指导港航发展提供科学依据。总结京杭运河绿色现代航运交通强国建设试点工作,探索好的制度、办法、成果和可复制可推广经验,开展成果宣传推广。提高治理能力。研究制定全省港航法治顶层设计,完善中心内部管理制度、规则和基础台账,提高依法治理能力。提高港航符合性技术审查质量,探索沿海进港航道通航条件影响评价。坚持项目跟着规划走,资金等要素跟着项目进度走,依托省厅"双清单",对真抓实干、成效明显地方加强激励支持。发挥好中央预算内资金和车购税资金引导带动作用,强化资金使用绩效,为全省港航发展提供优质服务。

(六)以培根铸魂为核心,奋力开创行业党建崭新局面。深化党建引领。按照全面学习、全面把握、全面落实的要求,找准切入点和着力点,兴起学习宣传贯彻党的二十大精神热潮,坚定拥护"两个确立",坚决做到"两个维护",不断提高做好港航工作的政治判断力、政治领悟力、政治执行力。充分发挥党总揽全局、协调各方的领导核心作用,把党的领导贯穿港航事业发展全过程、各领域、各环节。发挥"先锋绿源通"等党建平台作用,与省有关部门建立协同工作机制,定期协商解决重大水运建设项目前期工作难题。激发全省港航各级党组织战斗堡垒和党员先锋模范作用,以正确用人导向引领干部干事,注重选拔工作中政治过硬、敢于负责、善于作为、实绩突出、清正廉洁的干部,按规定表彰先进单位和个人,加强对敢担当善作为干部激励。提升宣传创建工作水平。深入推进行业宣传,开展"水岸扬帆,跟着'航宝'走运河"、寻找"港航先进人物"等活动;依托水上安全警示教育基地,开展"看、教、学、练"一站式港航安全宣传教育。继续推进"321"品牌创建,建设具有强大感召力和影响力的港航文化,具有强大生命力和创造力的港航精神。打造航运特色鲜明的运河文化标杆,推动运河沿线船闸"一闸一景"建设,重点推动连云港、泰州等"交旅融合"船闸以及蔺家坝、刘老涧、谏壁、周山河船闸等特色航运文化展示点建设。强化廉政建设。坚持一刻不停推进全面从严治党,一体推进不敢腐、不能腐、不想腐,一以贯之防范不作为、慢作为、乱作为,锲而不舍落实中央八项规定精神,持续深化纠治"四风",见微知著、露头就打,靶向发力、标本兼治,常抓不懈、久久为功,持续建设廉洁港航,以铁的纪律打造铁的队伍,为推进港航现代化发展提供坚强保障。

同志们,新征程的号角已经吹响,现代化的前景催人奋进。让我们在省交通运输厅坚强领导下,以坚定的理想信念,昂扬的奋斗精神,优良的工作作风,把握机遇,一往无前,脚踏实地,埋头苦干,加快推动全省港航高质量发展,为中国式现代化江苏新实践作出交通港航应有贡献!

港航概览

自然状况

【水系】 江苏省境内水网密布，河湖众多，长江横穿东西 425 公里，大运河纵贯南北 718 公里，大小湖泊 290 多个，全国五大淡水湖，江苏得其二，太湖和洪泽湖分别镶嵌在水乡江南和苏北平原。江苏河流湖泊分属长江、淮河两大流域，水系分属长江、太湖、淮河、沂沭泗四大水系。通扬运河以南地区属长江和太湖流域，主要航道有苏申内外港线、芜太运河、申张线、丹金溧漕河、锡澄运河、锡十一圩线、锡溧漕河、苏浏线和长湖申线等。通扬运河以北、废黄河以南地区属淮河水系，主要航道有淮河干流部分航段、串场河、苏北灌溉总渠、通榆运河、通扬运河以及盐邵线、盐宝线、建口线、高东线、泰东线等。废黄河以北地区属沂沭泗水系，主要航道有盐河、宿连航道以及淮沭新河等。

【水资源】 2022 年，江苏省年降水量 813.3 毫米，折合降水总量 834.8 亿立方米，比上年下降 31.7%，比多年平均少 19.2%，属枯水年份。全省水资源总量 192.8 亿立方米，其中地表水资源量 142.5 亿立方米，地下水资源量 102.7 亿立方米，重复计算量 52.4 亿立方米。全省地表水资源年径流深 138.8 毫米，地表水资源量比上年下降 67.8%，比多年平均少 50.9%。全年从省外流入江苏省境内的水量（不含长江干流）332.8 亿立方米，从江苏流出省境的水量（不含长江干流）234.6 亿立方米，全省入海水量 277 亿立方米。全省地下水资源量 102.7 亿立方米，比上年下降 24.1%，比多年平均少 17.1%。其中平原区地下水资源量 98.2 亿立方米，山丘区地下水资源量 5.2 亿立方米，重复计算量 0.7 亿立方米。全省平均产水系数 0.23，平均产水模数为 18.8 万立方米/平方公里。

【海岸带资源】 江苏省海岸线北起苏鲁交界的绣针河口，南抵长江口，拥有海岸线 1 090 公里，海域面积约 3.5 万多平方公里，约占全省土地面积 37%。沿海连云港、盐城、南通 3 个设区市，沿海 15 个县级行政区。江苏海岸类型有基岩海岸、砂质海岸和淤泥质海岸等，以粉砂淤泥质海岸为主。近海是水浅底平型海床，浅海面积占全国浅海面积的五分之一。在江苏沿海中部，分布有全国首屈一指的海底沙脊群——辐射状沙洲，面积约 1 268.38 平方公里。江苏沿海滩涂总面积约 5 100 平方公里，占全国的 1/4 左右。近海大部分海域风功率密度超过 350 瓦/平方米，且强台风出现频率小，适合建设大规模风电场，2022 年江苏海上风电发电量已超 300 亿千瓦时，占江苏全省总发电量 5%。海洋资源的劣势是海岸线不长、管辖海域面积小、海岛数量少，海岛仅有 26 个。

文化发展

【史迹遗存】 江苏港航史迹遗存众多。泰伯渎、胥河、邗沟、徒阳运河（又名"丹徒水道"）、破冈渎、上容渎、胭脂河、新漕渠、蔷薇河、官河等，这些在史章典籍上记载的河名，不仅是京杭大运河、芜申运河等当今江苏水运大通道的雏形，也是秦淮河、盐河等当今通江达海河道的前身，凝聚着先祖们劈岭引水、改建河道、修建水渠、治理洪水的勇气和智慧。陈公塘、范公堤、黄楼，这些留存在江苏大地上的水利工程和建筑，记载陈登、范仲淹、苏轼"为官一方"期间，在兴修水利和防汛抗洪中为老百姓作出的贡献。为船舶航行，人们通过长期的实践，摸索出一整套从埭堰、斗门直至船闸等人工渠化河流的过船技术设施。"北神堰"是江苏造埭堰进行人工渠化河流的最早尝试，唐代扬州运河上的"斗门二所"是用来节制水流的水工设施，也是国内有据可考的关于斗门船闸的最早记录。宋代的二斗门船闸、真州闸替代原有的堰坝，改善漕运。"澳闸"的创建更是世界航运工程上的一个创举。随着时间推移，明代工部郎中郭升于仪征外河兴建的罗泗、通济、响水、东关"四闸"是一座著名的多级船闸。清代盐河闸（双金闸）、广济闸、旧草闸、永济闸、月河闸等大小船闸将各水系拦腰截住，达平缓水位，便利舟船航行。直至民国，江苏运河上的过船设施有的已经被新技术、新设施代替，但有的埭堰、斗门和船闸经过改造后仍在发挥作用。"水乡泽国"的江苏古桥千姿百态，各具一格，其数量之多，造型之美，结构之精巧，堪称一绝。留存至今的有：七桥瓮、蒲塘桥、宝带桥、枫桥、万年桥、清名桥、广济桥、五亭桥等。港口方面，千年古港瓜埠、几经兴衰刘家港、百年潮落青龙港、清代开埠的粼港、黄海明珠连云港等都先后镶嵌在江苏大地漫长海岸线上，有的至今仍然放射出灿烂的光辉。

【大运河文化带发展】中国大运河，沟通南北，贯通古今，是世界上开凿最早、规模最大、里程最长的人工河，是集文化、生态、运输、水利、建筑、旅游等多重功能于一体的"生命机体"。2014年6月22日，中国大运河被列入《世界遗产名录》。作为世界闻名的文化遗产，大运河在中国历史上对于促进地域文化交流交融交汇，助推中华文明传承发展，促进经济繁荣发挥了极其重要的作用。大运河江苏段，地跨南北地理分界线，纵贯长江、淮河、黄河三条河流，联通楚汉文化、淮扬文化、吴文化三大文化区，地理位置和条件优越，降水量丰富，成为经济和文化发展的运输动脉。随着大运河文化带建设上升为国家战略，江苏提出"走在全国前列"的目标，创建大运河文化带建设的先导段、示范段、样板段，2022年6月27日，江苏省政府以"运河城市遗产保护与可持续发展"为主题在扬州举行2022世界运河城市论坛，共商世界运河文化的保护传承，共谋世界运河城市的合作发展。2022年，交通强国江苏方案京杭运河现代航运综合整治工程建设全面开工，力争2025年全面建成绿色现代航运综合整治工程，并成为全国内河航运标杆。

港航工作概述
江苏省交通运输厅港航事业发展中心

【单位概况】江苏省交通运输厅港航事业发展中心位于南京市七家湾29号（邮编：210004，联系电话：025-52855800）。主要职责：贯彻执行国家和省有关港口、航道的方针、政策、法律、法规，参与编制港口、航道行业有关发展战略、发展规划、行业政策、法规规章、标准规范；参与编制并负责执行港口、航道建设计划，负责编制并监督实施港口、航道养护计划；负责指导全省港口公用基础设施建设、维护和管理工作；负责全省航道（不含长江）、省交通运输部门所属通航船闸的建设管理工作；承担全省航道（不含长江）、省交通运输部门所属通航船闸的养护工作；负责航道标志标牌的设置和管理工作；负责沿江港口锚地调度、航道船闸运行调度工作；负责全省航道网运行的监测、预警、信息服务和技术支持工作；承担全省船舶过闸费、航道赔（补）偿费的征收工作；承担港口、航道绿色发展工作；承担港口、航道的网络安全、信息化以及行业统计、信息调查工作；承担港口、航道行业技术交流、科技成果转化、科研项目实施管理、标准化等工作；承担港口公用基础设施和航道、船闸基础设施的安全管理和应急处置工作；承担水路运输事业发展工作；受省交通运输厅委托，承担有关行政审批前的符合性技术审查工作。内设机构12个：办公室、政工科、法制工作科、发展计划科、财务审计科、科技信息科、安全运行科（运输事务科）、港口管理科、航闸养护科、工程管理科、锚泊调度科、纪检监察室。

党委书记、主任　陈胜武
副主任　任强（1—6月）　杨　本　张爱华　杨　栋　高　莉（12月任）
六级职员　邓国权　杨先华

【港口基本情况】截至2022年底，全省港口中共有亿吨大港10个，占全国亿吨大港的23.8%，其中沿海亿吨大港2个，占全国25个沿海亿吨大港的8%；内河亿吨大港8个，占全国17个内河亿吨大港的47.1%。全省共有百万标箱大港4个，占全国百万标箱大港的11.1%。10个亿吨大港全年共计完成货物吞吐量30.1亿吨，占全省港口货物吞吐量的93%，占全国港口货物吞吐量的19.3%。4个百万标箱大港全年完成集装箱吞吐量2 007万标箱，占全省港口集装箱吞吐量的83.9%，占全国港口集装箱吞吐量的7.1%。

【航道基本情况】截至2022年底，全省共有内河航道总里程24 390.3公里，其中等级航道8 813.4公里，分别为：一级航道369.9公里，二级航道514.5公里，三级航道1 652.8公里，四级航道744.3公里，五级航道1 032.3公里，六级航道2 025.43公里，七级航道2 474.4公里；等外级航道15 576.9公里。全省设有通航船闸113个梯级，属于交通部门管理的有53个梯级。

【港口工作概况】港口建设。2022年，全省完成港口建设投资148.3亿元。新增投产沿江沿海万吨级以上泊位31个。至2022年底，全省累计拥有各类生产性泊位6 406个，其中万吨级以上泊位560个、5万吨级以上泊位215个，综合通过能力达26.2亿吨。全省首座40万吨矿石码头开工建设，接卸全球最大的LNG运输船舶的滨海LNG码头投产运营，通州湾新出海口10

万吨级集装箱码头开港运营。

绿色港口建设。在全国率先完成船舶受电设施改造试点，实施船舶受电设施改造534艘；至年底，共建成船舶水污染物接收设施设备11 383套，基本做到靠港船舶送交垃圾和污水的"应收尽收"；在全国率先完成港口企业100%接入长江经济带船舶污染物联合监管和信息服务平台，实现全流程信息化监管；辖区全年共接收船舶垃圾4 184.6吨，生活污水33.3万立方米，含油污水3.4万立方米，残油废油3.8万立方米；较上年同期均有较大幅度的提升；沿江5座化学品洗舱站在长江沿线第一批建成运行，接收处置洗舱水20 420.4立方米；全省2 089家企业建成码头粉尘在线监测系统4 320套；具备码头污水自处理能力的企业有196家，实现污水纳管的企业有601家；57个原油、成品油码头的装船泊位全部完成油气回收设施建设。持续推进港口岸电设施建设，全省已建成港口岸电设施4 276套，覆盖泊位5 715个，岸电泊位覆盖率为93.1%，沿江港口岸电泊位覆盖率为100%；靠港船舶用电量3 847万度，在长江流域省份位居第一。编制《江苏省绿色港口评价指标体系》地方标准，开展全省星级绿色港口评价，2022年评选出绿色港口共计29家，其中四星级6家、三星级23家。

运输结构。2022年，全省港口完成货物吞吐量32.4亿吨，同比增长1.1%，增速快于全国及长三角平均水平；完成外贸吞吐量5.6亿吨，同比下降6.6%；完成集装箱吞吐量2 393.7万标箱，同比增长9.8%，其中内河港口完成集装箱吞吐量120.4万标箱，同比增长48.6%。太仓港完成集装箱吞吐量802.6万标箱，同比增长14.0%。全省亿吨大港数达10个，其中7个港口吞吐量超过2亿吨，苏州港吞吐量位居全国第六位。

港口管理。全省从事易起尘货种装卸的码头以及货物堆场全部建设防风抑尘设施，粉尘综合防治率达100%，沿江及内河港口码头泊位及堆场各类粉尘在线监测系统覆盖率居全国首位，原油成品油装船泊位油气回收设施全部覆盖。印发《关于协同推进船舶靠港使用岸电常态化的函》，部署岸电设施建设、改造、常态化使用等工作任务，全省建成港口岸电设施4 276套，覆盖泊位5 715个，覆盖率93.1%，其中，建成沿江港口岸电设施1 095套，覆盖泊位954个，覆盖率100%；全年全省靠港船舶接用岸电44.9万艘次，同比增长96.6%，应接尽接率96.9%，用电3 847万度，同比增长27.7%，港口岸电使用量约占长江经济带总量50%以上，居沿江11省市首位，其中，沿江港口企业岸电使用量3 370.0万千瓦时，同比增长26.6%。港口能源结构进行调整，港口生产环节电力消费占比达71.5%。开展全省港口岸线资源整治，整治沿江非法码头117个。组织开展2021年度全省港口经营者信用等级评价工作，各地交通运输主管部门根据信用评分标准，以日常监督检查和行政处罚信息为基础，综合评定辖区内港口经营者信用得分，共对外公示2 652家港口经营者信用等级评定情况，其中，AAA级1670家，AA级821家，A级141家，B级20家。

【**航道工作概况**】航道基础设施建设。2022年，全年累计完成内河干线航道建设投资45亿元，为年度计划106.3%。完成三级航道69公里，桥梁15座，船闸1座，苏申外港线航道工程、申张线青阳港段航道工程、芜申线固城湖区段疏浚工程、宿连航道一期工程陆运河船闸及通扬线南通市区段（通枙线至幸福竖河段）航道工程等5个内河干线航道项目建成交工；连申线海安南段航道整治工程、丹金溧漕河溧阳段航道整治工程、苏南运河常州段航道整治工程、苏南运河苏州市区段航道整治工程、杨林塘金鸡河吴塘河段航道整治工程、淮河出海航道（红山头至京杭运河段）航道整治工程、杨林塘昆山段航道整治工程、芜申线高溧段（下坝船闸～南渡段）航道整治工程及芜申线高溧段（南渡～溧阳改线段）航道整治工程等9个内河干线航道项目通过竣工验收。开工建设通海港区-通州湾港区疏港航道双桥枢纽工程、新江海河段航道整治工程、宿连航道（京杭运河至盐河段）整治工程二期工程宿迁段、连申线灌河至黄响河段航道整治工程等4个干线航道项目。

船闸运行（过闸费征收）。全年船闸开启57.7万闸次，同比下降4.1%；累计运行共51.8万小时，同比增长1.6%；过闸船舶287.8万艘次（其中，过闸集装箱船舶共4.6万艘次），同比下降5.7%；ETC过闸船舶占比达97.4%，同比上升4.6个百分点；过闸货物量23.3亿吨，同比增长4.6%；保障电煤运输完成货运量1 739万吨，同比增长1.6%；保障农业生产资料和产品运输完成4 167吨，同比增长3.9%。全年完成过闸费收入11.3亿元，同比小幅下降1.9%；全年累计减免船舶过闸费3.36亿元，其中集装箱免费5 555万元。全省船闸平均待闸船舶数同比下降4%，船舶平均待闸时间7.9小时/艘。

运输结构。全年完成内河货运量9.99亿吨，货运周转量3 482亿吨公里，同比增长3.2%、3.7%，其中，矿建、煤炭货运量合计6.26亿吨，内河钢材和水泥货运量分别8 716万吨和5 286万吨（分别增长23.6%和27.9%），集装箱货运量83.3万标箱（同比增长11.3%）。完成省际、过境货运量3.93亿吨，占比提高2.3个百分点（其中过境货运量同比增长24.9%）；同时，京杭运河通道过闸船舶数和过闸货物量占比分别达69.3%和84.5%，占比同比分别上升3.9个和2个百分点。

航道养护工作。全年完成养护投资8.55亿元，安排养护重点任务90项，完成刘老涧二号、解台二号船闸等7座船闸大修工程，完成航道疏浚439万立方米。完成五级以上航道水下地形扫测工作，涉及里程3 057公里；开展桥区水域航道风险隐患全面治理工作，完成全省干线航道部分桥区水域航道维护尺度达标疏浚项目。编制2023—2025年三年航闸养护重点任务库，形成重点任务评估及滚动发展等工作机制；贯彻落实《关于加强"十四五"期全国航道养护与管理工作的意见》，制定印发《江苏省"十四五"航道养护与管理高质量发展实施方案》，开展江苏省内河航道水上服务区规划建设方案研究；为推进养护标准化和精细化建设，开展干线航道命名编号体系及里程桩布设方案规则研究。为规范全省交通运输船闸大修全过程管理工作流程，编制《江苏交通船闸大修工程标准化工作手册》。

航道管理工作。对全省25个船闸管理所、4家市级港航事业发展中心、22家基层港航事业发展中心或航道站（省干线航道管理范围覆盖20%以上）、1处航道整治工程和1处港口公共基础设施工程开展安全监督检查，共发现问题与隐患255个，均已整改完毕或落实管控措施。持续开展船闸安全生产标准化创建工作，保持安全管理制度化，安全体系标准化，安全运行规范化，全省船闸运行单位一级达标率100%。苏北运河低水位与待闸船舶较多期间，与有关部门建立信息联享、调度联合、应对联动的工作机制，提高航道服务水平。

绿色智慧航道建设。开展通扬线高邮段、宿连航道一期、芜申线溧阳城区段、通扬线通吕运河段生态航道建设，建成丹金溧漕河绿化工程，全省干线航道沿线可绿化区域绿化率保持95%以上；镇江谏壁水上服务区入选全国第一批绿色交通实践创新基地。累计23个水上服务区、36个船闸待闸区可提供过往船舶岸电接入服务。内河三级以上干线航道20个水上服务区和37个船闸管理所基本具备靠港船舶污染物接收能力。制成2 500公里内河电子航道图，实现京杭运河江苏段电子航道图全覆盖；开通内河船舶手机导航系统，提供"北斗＋水上导航"伴随式服务，船舶导航APP下载已超过6万次，日均活跃用户约1 000人，"内河航道船舶北斗导航服务系统"入选2022年智慧江苏50项重点工程。构建航道智能感知体系，实现对各类航道要素自动化采集，在全省干线航道布设摄像机、AIS基站、北斗地基增强基站等外场感知设施，完成"水上—水下—空中"立体感知体系京杭运河江苏段的安装调试。开发京杭运河运行调度与监测系统，建设全省统一的航闸调度系统。南京洪蓝船闸运用综合物联感知、三维数字仿真等技术，建成国内领先的"少人值守、自主运行"自动化船闸投入试运行；扬州施桥船闸至长江口门段BIM技术综合应用获中国公路学会"交通BIM工程特等奖"；苏州发布国内首个内河航道3D打印护岸工程质量检验标准，填补交通工程领域相关标准空白；开展基于北斗的船舶内河导航关键技术研究及示范应用等课题研究；QC活动在省交通行业保持领先，全省港航系统申报QC小组成果共40个，其中宿迁市港航事业发展中心的《提高闸室墙钢板护面平整度合格率》等30个成果获江苏省交通行业优秀质量管理小组称号，占比为75%；常州市港航事业发展中心的《降低太湖湖中航标工程桩基工作工期》等14个QC小组成果获省部级优秀质量管理小组称号，占比为36%。

【发展规划】《南通港总体规划（2035年）》《徐州港总体规划（2035年）》《苏州港太仓港区浮桥作业区规划修订方案》获部省联合批复，完成《苏州港张家港港区东沙作业区规划调整方案》

部省联合审查。《宿迁港中心港区中心作业区规划局部调整》《淮安港淮阴港区规划局部调整》获批。初步完成南通、宿迁、淮安、扬州、泰州、常州、无锡等市支线航道网规划研究。强化与国土空间规划衔接,各市港航部门完成29个航道项目和397个港口项目纳入省级国土空间规划。

【沿江锚泊调度管理】2022年新增锚位12个,高资海轮锚地、泰州天星洲锚地纳入调度体系,新布设监控设施24处。全年全省沿江锚地接受申请2.69万艘次,锚地利用率100%。新增粮食仓容101.8万吨,全年完成80艘530.5万吨玉米船舶接卸任务。

【党的建设】通过微党课、主题党日、动员会等形式,全系统开展党的二十大精神、党的十九届历次全会精神学习,落实"第一议题"制度,建立省市"共学共建"机制,教育引导广大干部职工胸怀"两个大局"、牢记"国之大者",深刻领悟"两个确立"的决定性意义,做到"两个维护"。开展政府采购项目合规性自查,加强法治、纪律和廉洁文化教育,推行出差廉洁承诺、采购廉洁合同、节假日廉洁提醒"三项机制"。注重人才队伍建设,推荐2人成为省第六期"333高层次人才培养工程"第三层次培养对象。

【文化建设】举办"江苏港航服务沿海高质量发展""我们这十年"喜迎二十大系列主题宣传活动,集中报道各市港航发展成效。围绕"三支点两主线、一地一特色",启动实施江苏港航"321"品牌创建工程。举办"道德讲堂——港航新青年"系列活动,累计12万余人次参与网络投票。开展"绿色港航"江苏省五星级绿色港口主题宣传活动,主要展现江苏港航在节能降碳、资源集约节约与循环利用、污染防治等方面的发展成绩。

专记

江苏开通全国首个内河船舶手机导航系统

人民日报 2022年11月16日

11月16日上午,江苏内河船舶手机导航系统开通仪式在扬州施桥船闸举行。

江苏作为水运大省,航道分布密集,水上交通状况错综复杂,通航船舶众多,内河船舶航行大多依靠经验驾驶,缺乏高精度定位和伴随式导航服务,既存在一定航行安全风险,也影响全省干线航道网通航效率。为消除航行安全隐患,提高内河航道服务品质,满足船民需求,2021年12月江苏省交通运输厅启动内河船舶手机导航系统建设。

"仅靠一部手机就可以在运河中安全行驶了!"船员老吴兴奋地向记者介绍着导航APP的各种功能。截至目前,该系统已完成对全省主要内河航道电子航道图制作,数据脱密脱敏并作为导航地图对外发布。基于现已初步建成的北斗地基增强系统,系统将为船舶航行提供高精度定位服务,与此同时,点击进入内河船舶导航APP之后,船员可以清晰快速地查询航道尺度,进行路径规划,并可以提供用时预测、偏航预警、防碰撞提示等伴随式服务。

江苏是全国首个建成并推广的内河船舶手机导航系统的省份,内河船舶手机导航系统的建成不仅能够及时提供临跨河建筑物、水上服务区等信息,提供科学航行路径规划,降低船舶航行成本,减少船舶碰撞等事故,改善内河航道服务;还将帮助航运企业和船员了解航道等级、航道尺度、通航能力,合理规划航行路线,避开断航航道、水下碍航物,合理选择锚地或者停泊水域,优化内河运输组织,提高全省内河航道基础设施服务能力。

(记者 白光迪)

江苏省运用先进技术助力"绿色港航"建设

央视新闻　2022 年 12 月 5 日

近年来,江苏省积极探索打造"绿色港航"品牌工程,运用先进技术助力港航的高质量绿色发展。码头是港口与航运事业的重要一环,提起码头,人们往往先想到的是码放整齐、五颜六色的集装箱,但是,木材、煤炭、矿石等形状没有规则的货物无法装在集装箱里,这就体现出了散杂货码头的重要性。

张家港港是中国最大的名贵木材集散基地、中国华东地区贸易煤炭集散基地,是典型的散杂货码头。因为货物类型繁多,经常会出现效率低下、资源浪费等问题,特别是由于煤炭等货物的特性,粉尘污染也是一大顽疾,为解决这些问题,张家港港务集团于 2016 年 12 月成功完成"港口要素系统"的自主开发和上线运行,这也是国内散杂货码头中首个实现电子化、图形化的生产管理系统。

系统以可视化的方式将"人员、机械、场地、船舶、货物、监控、照明、粉尘监测" 8 大要素集成一体,系统的最大亮点是全国首套"粉尘监测与智能控制系统"。系统将煤炭场地划分成 64 个区域,只要检测到某区域浓度超标,喷淋就会自动打开,改变了原来全范围定时打开的做法,更为低碳环保。

在先进技术的助力下,张家港港成为了第一批散杂货中国四星绿色港口。张家港港务集团副总经理邵红星表示,希望通过"绿色港航"的建设,改变公众对于港口"晴天一身灰,雨天一身泥"的看法。

据悉,自今年 9 月 2022 年度江苏省绿色港口评价工作启动至今,江苏省交通运输厅港航协会已赴多地开展省星级绿色港口评价工作。未来江苏港航将继续坚持"生态优先,绿色发展"理念,运用先进科技成果与高效管理模式推动"绿色港航"建设,助力江苏经济的高品质提升。

(总台记者　杨　光　张钰文　李丹妮)

五彩水运入闸来
——"我们这十年"江苏港航建设新成就写真

江南时报 2022年6月20日

红帆领航程，水运逞先锋。2022年6月13日，由江苏省交通运输厅港航事业发展中心组织的"红帆领航 水运先锋——我们这十年"喜迎二十大 江苏港航建设成就主题宣传活动拉开帷幕。来自各新闻媒体记者、自媒体大V，奔赴一线，聚焦船闸，深入常州、扬州、淮安、宿迁四地，在"五彩水运"中感受日月新天。

金色:丹金船闸——开启"3D幸福门"

我们采访的第一站，是地处常州金坛区的丹金船闸。

"通过10年的运行数据来看，我们的货物通过量有了一个大幅度的提升。"丹金船闸管理中心副主任谭瑞强告诉记者，常州的内河资源丰富，除了京杭大运河、锡溧漕河、丹金溧漕河、芜申运河等主要航道之外，还有不少内河支线。

丹金船闸从2013年11月份开闸，从最开始一年的360万吨通货量，到目前已达4360万吨，2022年有望突破5000万吨。如今，常州已建成了4条千吨级航道，贯通全市各个辖市区及主要港口，千吨级船舶可到达全市20多个乡镇。

3D幸福门，故事打动人。温馨接地气，先锋在丹金！丹金船闸"3D幸福门"服务品牌，以惠及船民、服务社会为方向，以"水、陆、空"为框架，提升业务水平、改进服务方法、优化服务质量，着力打造职工普遍参与、船民方便满意、社会高度认可的长效水上服务平台，被评选为"常州市第四批窗口行业十佳服务品牌"。同时，船闸各部门多次荣获市总工会"工人先锋号"市妇联"巾帼文明岗"团市委"青年文明号"市交通局"先进集体"等各项荣誉。

绿色:芒稻船闸——江南园林入画图

芒稻船闸位于扬州市江都区境内芒稻河上，是此次采访的第二站。地处江淮要冲，扼守南水北调东线咽喉，上连苏北京杭大运河，下接长江。她始建于1964年，长度为135米，宽12米，设计年船舶通过量仅为300万吨。自2014年扩容改造，新闸长180米，宽24米，闸室有效面积是老闸2.67倍。

扬州市航闸运调中心主任强斌介绍说，作为京杭运河通江达海的重要通道，扩容改造后的芒稻船闸船舶通过量逐年上升，历史最高年船舶通过量由扩容改造前2008年2 568.23万吨，猛增到扩容改造后2020年4 812.71万吨，并于2020

年创造日放行各类船舶261艘,日船舶通过量21.41万吨的历史新记录。

移步换景,曲径通幽,好一派江南园林。致力于打造南水北调清水走廊第一闸,芒稻船闸围绕"园林式"船闸目标,在总面积3.45万平米,建筑占地面积8 934平米的土地上精雕细琢。选择契合古城扬州城市文化和生态绿色航道文化的绿化品种,其中40余种乔木,20余种灌木,增加景墙、仿古亭等古典园林景观小品,邀请一批著名文化学者撰写楹联、牌匾和《芒稻船闸赋》等,进一步打造"江淮锁钥"扬州园林船闸名片,使得富有人文、历史、园林气息的闸区环境,与现代化的船闸设备设施交相辉映,相得益彰。近两年,芒稻船闸再添多项殊荣:被评为"2018—2020年度省交通运输厅行业文明示范窗口""龙川QC小组"被评为"江苏省交通运输行业优秀质量管理小组",在20多年蝉联"扬州市文明单位"基础上,成功创成"2019—2021年省级文明单位"。

亮粉色:运东船闸——千舟万楫荡古邮

世界上古老的颜色是亮粉色。在记者看来,这颜色加给运东船闸再恰当不过。古往今来,中国人的祈愿,全在一抹朱红里,如翩翩惊鸿舞,凝结着浓化不开的传统精髓,沿袭了各朝各代的无尽风华,伴随着时代的脚步,在古今文脉坚守传承与创新发展中碰撞出时代火花,谱写了一曲曲时代凯歌。

扬州高邮运东船闸,正承载了太多茫茫水运兴衰的记忆。始建于1983年,坐拥7 000多年新石器时代遗址的历史文化古城高邮,是省"两纵五横"干线航道网中连接京杭大运河和通扬线航道的重要节点枢纽,是京杭大运河通往里下河地区的重要门户,被誉为"里下河门户船闸",在沿线支线船闸中通过能力最强、辐射范围最广,长年有苏、皖、鲁、豫等省船舶通过。

大运河畔追古风,旧貌新颜水流声;千舟万楫南关坝,一鸥片羽高邮城;

铁犀曾铸安泰破,堤外哭嚎浊浪涌;新闸新治史犹记,稻菽盛世任纵横。

在高邮湖南关坝遗址"水鑑馆",以文字图片形式,讲述了悠久千年的水运今昔,令人感慨成诗。解放后,尤其是在改革开放后的这些年,积极推进科技兴航,大力推进船闸管理和养护标准化建设,兴修水利,综合治理,使得运东船闸当之无愧成为"黄金水道"。自1985年建成通航至今,累计放行各类船舶370余万艘、船舶通过量4.6亿吨、输送物资近2.8亿吨,为里下河地区经济和社会发展发挥了十分积极的作用。新船闸自2016年运行6年多来共开放3.1万闸次,累计放行各类船舶9.5万艘,船舶通过量1.3亿吨,货物通过量8 000万吨,征收过闸费近4 000万元,其中2021年船舶通过量2 200万吨,连续3年超2 000万吨。

特别值得一提的是,运东船闸扩容工程是江苏省内首座建设工期最短船闸、首座全长廊道输水船闸、首座全闸室钢板护面船闸、首座引航道驳岸采用钢板桩静压工艺施工的船闸。获评"江苏交通优质工程"、江苏最高质量奖"扬子杯"。

红色:杨庄船闸——伟人故乡淬火红

古运河水缓缓流淌过千年沧桑,"漕运之都"淮安宠辱不惊。这座人文荟萃的城市,自古及今,名人辈出,涌现出西游之父吴承恩、神帅名将韩信、辞赋大家枚乘、巾帼女英梁红玉、水师提督关天培……更有一代伟人周恩来。由此，在伟人故里，港航人传承红色基因，做恩来精神传人，一支素质过硬、作风正派的党员干部队伍淬火加钢，一茬茬交通港航人闪耀在古运河边，让古老的运河焕发着无限生机。

盐河航道是苏北地区一条重要干线航道，也是淮河出海航道重要组成部分。盐河航道整治工程于2012年底交工通航，最大通行船舶达1 000吨级，为苏北打通了一条"水上高速公路"，实现京杭大运河、淮河等内河航道和连云港疏港航道的直接对接。

杨庄船闸管理所所长俞涛介绍，淮安的煤、铁矿石，还有淮安新港的集装箱都可以从盐河航道直达连云港港，然后转运出境；虽然船闸日常工作纷繁复杂，而浓厚的党建工作氛围却为基层注入了青春活力，涤荡灵魂。缘于这份崇高的责任意识和创新意识，造就了港航人不忘初心的神圣使命和独特的人文气质。

党旗猎猎，党徽熠熠，在这里被浓郁的党建文化氛围所萦绕。党员突击队、青年志愿者将服务常态化，丰富多样的党日活动，为大家免费提供饮用水和生活用水，手机充电和电动车充电，常用药品和急救物品、周边生活指南、微波炉、爱心雨伞、智能垃圾站和油污回收站、岸电设备等，建成标准化的"党员之家"活动室，依托自有"盐河先风"党建品牌，推动党建工作取得明显成效。杨庄船闸管理所先后荣获省级文明单位、全省交通运输行业先进党支部、省交通运输厅"三个在一线"突击行动工作先进基层党组织等称号，工班二组被江苏省交通运输行业党委表彰为"江苏省交通运输行业青年建功标兵团队"。

黄色：大柳巷船闸——老区喜吼丰收号

"劳动号子嘛吼嘿，震天动地嘛吼嘿，盘古开天嘛吼嘿，唱到今天嘛吼嘿，不怕风儿嘛吼嘿，不怕雨来嘛吼嘿……"进入6月份，江苏北部地区的小麦进入成熟期，农户唱着劳动号子陆续开镰收割，田间地头一派"三夏"繁忙景象。如今的麦收场景，因为现代化农机联合参战，显得科技感十足。

素有"宿迁水上南大门"之称的大柳巷船闸，地处苏皖交界处，位于泗洪县双沟镇，南邻安徽省明光市泊岗乡，上游衔接淮河，下游为洪泽湖，是沟通淮河与洪泽湖的一座重要的五级通航建筑物。

随着目前江苏省内河干线航道网络主骨架基本成型，长远目标则是"通江达海"，大柳巷船闸正为苏北老区的大丰收奠定了深厚基础。始建于1970年的大柳巷船闸，年设计通行能力100万吨，通行能力低，2007年船闸通过量仅20万吨。乘着加快水运发展的东风，多方协调，2012年用"以养代建"模式对大柳巷船闸进行扩容改造。工程总投资7 886万元。新扩容改建的大柳巷船闸尺度130×18×4米，主要通行船舶为300吨级，兼顾500吨级船舶，正常水位下可通行千吨级船舶，船闸设计年通过量1 253万吨，高峰时期，2017年船闸通过量达1 030万吨，船闸通过量比改扩建前提高了51倍。

红船精神领航向，党旗猎猎映柳巷。据大柳

巷船闸管理处施道银主任介绍,他们依托陈毅元帅著名诗作《大柳巷春游》、名将彭雪枫修筑的"雪枫堤"为基础资料,率先打造宿迁市直交通系统党史学习教育示范点。他们还创新推动制度进步,通过方法创新和技术创新推动船闸相关制度的进步。船闸管理处在施主任的带领下,不仅服务于水上运输,船闸建设,而且积极投身驻地的新农村建设、助农助困、防洪抗疫,处处留下了他们的身影。

"心服务,船万家",大柳巷船闸取得丰硕的成果如同船闸两岸农户的稻菽千重,金黄的质感迎风摆动:自创了运调监管"五步法",有效提升服务船民的能力,在全市船闸推广应用。组建电气改造 QC 小组积极技术攻关,解决了船闸设备设施在运行过程中存在问题和不足,经过团结协作和不懈钻研,连续 6 年获得"江苏省交通行业优秀质量管理小组"荣誉称号。

蓝色:成子河船闸——通江达海向深蓝

江苏水网密布,水运资源得天独厚,承担着全省 90% 以上的能源和外贸物资运输。从内河干线航道网络主骨架基本成型,到开通国际航线和海铁联运,江苏水运也向"通江达海"蓝色梦想抵进。宿迁成子河船闸就是一个代表。

港航基础设施的发展,有力促进了重大项目落户,对地方经济发展起到了显著支撑作用。近两年来,盛虹集团、恒力集团、桐昆集团等项目接连落地宿迁,正是由于宿迁航道、港口的大发展,为企业降低物流成本、提升行业竞争力提供了优越条件。

眼下,宿连航道正在加快进行二期工程的建设。军屯河枢纽工程是宿连航道单体最大,工艺最为复杂的工程,闸室设置 54 个出水孔,出水段总长为 150.8 米,最大流量达到 179.9 米^3/秒,占闸室有效长度的 68%,船闸借鉴港珠澳大桥可收缩心模工艺。

酷暑中,建设者挥汗如雨,规划中智慧科技先导的船闸工程、闸站工程、上下游引航道、上下游导航墙、上下游靠船段、上下游停泊锚地及远调站、闸桥工程、房建工程、景观绿化、环保工程、信息化工程、大型临时工程等配套及附属工程已经开始显山露水,日臻完善。建成后,将打通宿迁市经沭阳县直达连云港港口的高等级航道,届时,宿迁将全面建成通江达海的高等级水运网络,成为新兴的苏北地区水运枢纽。

港航骄傲,水运五彩!如果说,丹金船闸是金色的,芒稻船闸是绿色的,运动船闸是亮粉色的,杨庄船闸是红色的,大柳巷船闸是黄色的,成子河船闸是蓝色的……千古绵延不绝的运河水,灵性非凡的闯进我们的生命:有通江达海的情怀,有劈波斩浪的憧憬,也有缤纷多姿的未来,更有属于港航人逐梦奋斗的青春之歌!

(记者 王成之 唐占军 孙海燕)

通江达海　梦圆宿连
——宿迁22载通江达海梦

江南时报　2022年6月23日

"世界上最宽广的是海,比海更高远的是天空,比天空更博大的是男人的情怀。"这是洋河蓝色经典的广告语,洋河蓝色经典是江苏洋河酒厂推出的高端品牌。洋河酒厂坐落于江苏宿迁市洋河镇境内。1996年7月,经国务院批准,撤销县级宿迁,辖沭阳、泗阳、泗洪、宿豫四县和宿城区,宿迁作为江苏全省最年轻的地级市成立。一个位于苏北腹地年轻的城市,在建市初期,一帮人就敢于做出通江达海的梦想,就如广告语中所言一样,处处显露出苏北男人的情怀,宿迁不仅产好酒,而且在这片广袤的土地上,走来了一帮敢打敢拼敢奋斗的苏北汉子,用奋斗、实干、汗水、坚守、笃定的意志唱响了一曲时代交响乐章。

一个梦想努力了二十二载

有水的地方就有了灵性,就有了生机。宿迁,这个不靠江、不临海的城市,敢于向命运叫板、向未来拼搏的苏北新城,拥有一条直达大海的水运通道一直是宿迁人民的梦想。斗转星移,岁月流转,二十二载,承载着宿迁人的梦想历程,一茬茬港航人的通江达海梦,一代代交通人勠力同心、矢志不渝,坚守着初心梦想,努力向着既定的目标笃定前行。从1998年6月,原属宿豫县航道管理站首次提出宿沭航道设想,到2020年5月,宿连航道一期工程军屯河枢纽和沭新河南船闸初步设计获批;2020年6月29日,宿连航道一期工程沭新河南船闸开工建设;2020年10月,宿连航道一期工程和陆运河船闸工程初步设计获批。宿迁人民整整等待了二十二年的通江达海梦,终于能够梦想成真,让梦想照进了现实。宿迁港航人也迎来了她的春天,伴随着这个必将浓墨重彩地载入史册的伟大时代奋勇向前。

宿连航道一期工程全长58.5公里,按照三级标准建设,设计最大船舶等级为1000吨级,新建陆运河船闸、军屯河枢纽,改建沭新河南船闸,新改、改建桥梁共17座,配套新建较大水利设施11处,工程计划总工期4年时间。一期工程累计完成投资17.8395亿元,占总投资的27.72%。军屯河枢纽工程完成船闸及闸站主体,沭新河南船闸工程完成船闸主体,陆运河船闸完成工程主体,桥梁和航道工程正在有序推进。

一项工程如获珍宝般珍惜

宿连航道作为江苏省干线航道网的重要组成部分,是苏北地区重要的水上集疏运通道,也是宿迁境内最便捷的出海航道,其建设对推进我省内河水运高质量发展、促进运输结构调整、加快构建现代综合交通运输体系、降低地方物流成本、支撑产业发展具有重要的作用。宿迁港航基础设施的发展,也有力促进了重大项目落户,对地方经济发展起到了显著支撑作用。近两年来,盛虹集团、恒力集团、桐昆集团等项目接连落地宿迁,正是由于宿迁航道、港口的大发展,为企业降低物流成本、提升行业竞争力提供了优越条件。

宿连航道的建成对于宿迁市打造现代化内河航运枢纽中心,高效协同"四港联动",落实"四化"同步集成示范改革要求,支撑全市"6+3+X

产业"发展，带动形成沿河港口群、产业经济带和城市生态走廊，走出一条"以水兴产""以水兴城"的外向型经济发展之路以及高效落实"四化"同步集成示范改革具有重大意义。宿迁市港航中心主任贾锋在工地向大家介绍宿连航道建设对于宿迁及整个苏北甚至整个江苏经济发展的重大意义。

眼下，宿连航道正在加快进行二期工程的建设。其中军屯河枢纽工程中的船闸设计还借鉴了港珠澳大桥可收缩心模工艺。建成后，将打通宿迁市经沭阳县直达连云港港口的高等级航道，届时，宿迁将全面建成通江达海的高等级水运网络，成为新兴的苏北地区水运枢纽。

一次走访如数家珍般讲述

走访中，我们正好在工地遇到了素有"工装玫瑰"之称的工程建设指挥部项目办主任王东英，她正带领技术人员在闸室内检查脱模后的闸壁。瘦弱的身躯，黝黑的脸颊，戴着宿连航道标的安全帽，见到我们到来，连忙将手上的资料交给了边上的同事，向我们走来打招呼，看到我们的安全帽标记不是宿连航道的LOGO，特意安排工作人员将我们的安全帽换成了宿连航道LOGO的安全帽，笑着说："这样你们照片刊发时，可以更多的展示宣传我们宿连航道项目工程，这项浩大的工程，这辈子估计也就只能遇到一个，是我们宿迁港航的骄傲，也是宿迁人民的福祉，我们视如珍宝，就像孕育着一个期待许久的婴儿般呵护着，我们必须要做好，将宿连航道打造成精品工程，不辜负时代、历史和人民。"

"1998年6月，原属宿豫县航道管理站首次提出宿沭航道设想，走向为二干渠-军屯河；2007年，《省政府关于加快水运发展的意见》（苏政发〔2007〕89号）将做好徐宿连运河前期研究工作纳入加快江苏省内河航道建设工作内容；2008年，《宿迁市人民政府关于加快水运发展的实施意见》（宿政发〔2008〕128号）将宿连航道工程列为2020年前重点实施工程之一；2014年，宿迁市委、市政府提出了'四海战略'：心向大海、接轨上海、融入沿海、联江通海，宿连航道作为连江通海战略的重要一环；2016年《江苏省国民经济和社会发展"十三五"规划纲要》，将宿连航道列为交通基础设施重大工程；《江苏省"十三五"综合运输体系发展规划》，将宿连航道工程列为重点工程；2018年10月《江苏省干线航道网规划（2017—2035）》获得省政府批复，宿连航道为全省航道网'两纵五横'中的'最北一横'；2019年12月工程可行性研究报告获批；2020年5月，宿连航道一期工程军屯河枢纽和沭新河南船闸初步设计获批；2020年6月29日，宿连航道一期工程沭新河南船闸开工建设；2020年10月，宿连航道一期工程和陆运河船闸工程初步设计获批。"这一整段长长的数据是宿迁市港航中心工程科科长鲍鸿鹄一口气向大家口述的，带着深情，娓娓道来，像是在讲述着自己的成长家事一样，自然、熟悉；赢得了在场所有人的雷鸣般的掌声。他在介绍智慧工地时，一边擦着汗水，一边用沙哑的嗓音如数家珍地介绍着工地上每一处细节，从智慧工地中建筑材料进场跟踪到人员、车辆的及时动态都实时展现的控制室大屏，工程项目上处处充满了智慧元素。

看着这群港航人如此热切的介绍着工程项目，早已忘记了身处气温高达35度的室外工地上……身上的衬衫早已湿透。

"宿连航道一期工程紧紧围绕'品质宿连，智慧航道'的建设目标全力打造安全、质量、创新及党建'四大工程'。航道工程建设指挥部荣获'2021年交通强省重点工程劳动竞赛优秀组织单位'、2021年'宿迁市工人先锋号''宿迁市工程竞赛有功集体'荣誉称号、中交一航局宿连航道军屯河枢纽船闸施工班组荣获'2021年江苏省工人先锋号'等诸多荣誉。"宿迁市港航中心主任贾锋向我们一一介绍宿连航道打造的"四大工程"及取得的荣誉。

"十三五"期间，宿迁市建设了"三闸一航"项目，即成子河船闸、大柳巷船闸、古泊河船闸和洪泽湖西南线航道。其中，成子河船闸在泗阳县打通京杭运河与洪泽湖，大柳巷船闸在泗洪县打通洪泽湖与淮河，古泊河船闸在沭阳县打通了往连云港方向的航道。

进入"十四五"，宿连航道工程正式上马，建成后将打通宿迁市直达连云港港口的高等级航道，不仅服务宿迁经济社会发展，还将直接服务山东、河南、安徽以及苏北的广大地区，届时宿迁将全面建成"内外成网、通江达海"的高等级水运网络，成为新兴的苏北地区水运枢纽。

近年来，我省一批重点港航工程建成并投入使用，国际航线和海铁联运渐次开通，大大提升了航运效率。江苏水运"通江达海"的愿景正日渐清晰。

如今，贾锋一有空就深入工程一线了解进展情况；东英副主任依然每天冲在建设一线，和一群工友们奋战在工程项目上。一朝成为港航人，全心只为"赶海梦"。他们期待着航道建成后，会有一条条满载货物的船舶畅行在航道上奔向大海、驶向远方，到那时，宿迁交通港航人会圆梦，宿迁百姓也会圆梦，怀揣这个梦想，宿迁交通港航人向海梦想的脚步不曾停歇。

（记者　王成之）

大事记

1月

6日

△2022·淮安大运河百里画廊项目在中国水工科技馆建设现场开工。

△刘大线航道浅段疏浚及泰东线、连申线东台段新增航标工程通过竣工验收。

11日

△长江口门船闸船舶待闸停泊区提升示范工程浮筒系泊工程通过交工验收。

12日

△江苏省港航安全警示教育基地（一期）正式启用。

14日

△省交通运输厅与淮安市政府签署战略合作协议。根据战略合作协议，省交通运输厅将从打造综合立体交通网络、现代综合运输服务体系、现代绿色交通体系和现代化交通治理体系等方面支持淮安交通运输现代化示范区建设。

△副省长储永宏一行莅临宿迁专题调研宿连航道项目建设。

19日

△《省政府办公厅关于成立江苏省港口管理委员会的通知》发布。

20日

△涟水新港作业区二期工程通过竣工验收。

△锡溧漕河宜兴部分段落航道整治工程交工验收。

21日

△苏南运河常州段三级航道整治工程通过竣工质量鉴定。

24日

△苏南运河望亭电厂段航道疏浚工程通过竣工验收。

△南京南部新城祥天桥（原冶修二路桥）和国淮桥（原国际路桥）通过竣工验收。

2月

16日

△《江苏省航道赔（补）偿标准》（修订）座谈会在常州召开。

17日

△锡溧漕河安桥段、直湖港部分航段整治工程施工图变更通过审查。

20日

△芜申线（高溧段）航道整治工程河定大桥在溧阳通过中国钢结构金奖现场核查。

22日

△南通通州区金沙湾大桥建成通车。

3月

14日

△中共江苏省委机构编制委员会批复《关于省交通运输厅增设港口管理处的批复》，同意交通运输厅增设港口管理处。

15日

△江苏省交通运输厅印发了《江苏省内河航道电子航道图要素分类与编码》《江苏省内河航道工程CAD制图技术要求》《江苏省智慧航道外场感知设施建设技术指南（试行）》。

25日

△新海丰水水中转外贸集装箱宿迁港报关放行实现"零"的突破。

4月

2日

△交通运输部、省政府联合批复《徐州港总体规划（2035年）》。

15日

△《淮安港淮阴港区规划局部调整方案》通过专家审查。

22日

△苏南运河吴江段三级航道整治工程航道尾留工程施工项目通过交（竣）工验收。

25日

△连云港市港航中心组织召开徐圩港区海河联运线路方案研究推进会。

5月

8日

△金坛区304县道唐王大桥重建正式通车，跨薛埠大河。桥梁高度比原先高出近2米，航道等级由六级提升为五级，通航跨径由25米增加到71米。

11日

△苏南运河常州段西口门—武宜运河段航道疏浚工程施工图设计通过审查。

13 日

△为贯彻落实许昆林省长在徐州、连云港两市调研指示精神和两市市委、市政府具体工作要求，推进徐州市与连云港市港口企业之间密切合作关系，促进双方共同在发挥枢纽功能、构建陆海内外联动、东西双向互济新格局方面达成高度一致，徐州港与连云港港签署《战略合作协议》。

△汊河大桥实现双向全幅通车。全长 510 米，分左右两幅，采用双向六车道，其中南京境内桥长 282 米。

19 日

△宿连航道创建水土保持示范工程。

21 日

△《鲁宁线怀洪新河至象山段管道改线工程穿越洪泽湖西南线航道通航条件影响评价报告》通过审查。

26 日

△南通港航在江苏龙源风力发电有限公司签订新能源项目战略合作框架协议，发挥双方资源优势、区位优势、资金优势、技术优势、产业优势，共同摸索创新港航领域的光伏、风电、储能等新能源场景应用。

△《无锡港口史》编纂工作大纲通过专家评审，为后续编史工作有序有力开展提供科学指南和工作依据，这是江苏省内首个通过评审的地级市港口史编纂工作大纲。

31 日

△京杭运河湖西航道三段桥桥区水域维护疏浚工程通过江苏省港航事业发展中心竣工验收。

6 月

1 日

△京杭运河宝应段绿色现代航运综合整治工程协调推进会召开。

△南通通州区九圩港英雄大桥重建工程交工验收，正式通车。

10 日

△扬州港航芒稻船闸运行中心开辟水上运输"绿色通道"，助力麦收颗粒归仓。

△淮安新港与盐城大丰港签订战略合作协议暨盐城大丰港至淮安港集装箱航线首航。

17 日

△镇江高资海轮锚地、定易洲锚地工程通过专项审计。

20 日

△京杭运河淮安段绿色现代航运综合整治工程监理、跟踪审计项目正式签约。

21 日

△京杭运河无锡段绿色现代航运综合整治工程首批分项工程完成签约。

22 日

△镇江高资海轮锚地正式开启使用。

△宿连航道（京杭运河—盐河段）二期工程宿迁段航道整治工程工可通过审查。

△丹金溧漕河金坛段向阳闸左岸驳岸工程通过竣（交）工验收。

23 日—24 日

△全省内河绿色港口建设推进会在徐州召开。

24 日

△南京洪蓝船闸正式通航，标志着秦淮河航道（溧水石臼湖至江宁彭福段）正式建成通航，秦淮河航道全线整治完成，对地方经济社会发展具有重要意义。

26 日

△沭阳新贤官大桥建成通车，横跨淮沭新河，东侧连接 245 省道，西侧连接 514 乡道，全长 374 米，主桥为 83 米跨度下承式系杆拱结构。

30 日

△京杭运河江苏段绿色现代航运综合整治工程（江南段）苏州段开工建设。

△高邮武安大桥建成通车。大桥全长 358 米，其中主桥长 142 米，采用无风撑钢箱系杆，一孔跨越通扬线盐河；引桥长 216 米，桥面宽 44～55 米。双向六车道，工程总投资 3.078 亿元。

7 月

1 日

△溧阳景詹沙河大桥正式通车。

5 日

△启东天汾大桥通车，主桥跨越通吕运河。位于老桥上游 104 米处，总长 341.32 米，总跨径 335 米，主跨达 95 米，为启东首座下承式钢管混凝土系杆拱桥。

12 日

芜申线（高溧段）航道整治工程——河定大桥获第十五届"中国钢结构金奖"。8 月 8 日，宝应东阳大桥正式通车，跨宝射河。大桥总长 510

米,桥面最宽处为57.6米,其中主桥采用斜靠式系杆拱结构,大桥跨径107.8米,拱肋高22米,桥梁钢结构总重3 258吨。引桥上部结构为预制空心板梁简支结构。

14日

△苏南运河常州段三级航道整治工程通过省交通运输厅组织的竣工验收。

16日

△绿色现代航运综合整治工程现场指挥部实体化运行暨工作推进会召开。

19日

△宿连航道(京杭运河—盐河段)二期工程宿迁段航道整治工程新长铁路桥改建工程初步设计通过审查。

21日

△高良涧船闸上游停泊锚地护岸应急修复工程方案设计通过审查。

29日

△无锡水上服务区智能供水设备安装项目竣工验收。

8月

4日

△淮河入海水道二期工程可行性研究报告获国家发展改革委批复。

8日

△通扬线通吕运河段航道整治工程施工项目TYXTL-DFHDQ标段东方红大桥首件4号墩4号桩开钻,标志通吕运河航道整治海门段桥梁改建工程正式拉开序幕。

10日

△宿连航道(京杭运河至盐河段)二期工程初步设计通过省发改委审查。

11日

△常熟七鲇线(白茆塘—东南大道)航道绿化工程通过竣(交)工验收。

△杨林塘金鸡河吴塘河段、昆山段航道整治工程遗留航道工程通过验收。

17日

△连云港港30万吨级航道二期工程徐圩航道通过交工验收,至此,连云港港30万吨级航道全面建成,主港区和徐圩港区航道均达30万吨级深水航道等级。

18日

△连申线海安南段航道整治工程通过竣工验收。

△宿连航道(京杭运河至盐河段)整治工程二期工程连云港段工可报告通过审查。

19日

△赣榆区海头镇海中路龙王河大桥建成通车。大桥全长196米,桥宽18米,跨越该镇新老镇区。

23日

△淮安市京杭运河淮海路大桥改建工程通过江苏优质工程现场核查。

△通扬线高邮段航道整治工程两项团体标准通过验收。

△徐州支线航道定级论证研究中间成果论证会召开。

24日

△通扬线南通市区段(通枡河口—通吕运河五岔河口)疏浚保通工程交(竣)工。

29日

△京杭运河宝应段绿色现代航运综合整治工程举行开工仪式。

30日

△芒稻船闸下游右侧护岸加固工程通过竣工验收,省内首例采用浮式系船柱船闸引航道护岸投入使用。

△淮安港市区港区新港作业区三期工程项目可行性研究报告获省发改委批复(苏发改基础发〔2022〕979号)。

31日

△省交通运输厅赴苏州调研航道建设项目竣工验收工作。

9月

1—2日

△省交通运输厅运输管理局赴苏州专题调研纯电动内河集装箱运输船舶试点工作。

2日

△淮安港与上港、省港成立合资公司签约暨举行揭牌仪式。

5日

△德胜河航道整治工程可行性研究报告获省发改委批复,为项目开工建设提供有利条件。

6日

△连申线大丰白驹大桥段护岸工程开工建设。

7日

△为深入了解省绿色低碳港口建设现状,研究"近零碳"港口创建工作思路,省交通运输厅港航中心带队赴无锡调研"近零碳"港口示范项目建设。

10日

△"淮安—淮滨"集装箱航线开航,此航线的开通进一步践行国家发展淮河生态经济带战略,巩固完善淮安枢纽港口航线网络布局,为聚焦打造"绿色高地、枢纽新城"贡献港口力量。

14日

△连云港市港航中心在全省首次开展船舶导航系统实船测试。

16日

△丹金溧漕河桥(左幅)等项目通过交工验收。

17日

△盐城港至南美杂货班轮航线开航,该航线开创盐城港杂货班轮装卸的先河,是盐城港开出的首条远洋航线。

18日

△盐城港航船舶导航系统第一阶段响水段试运行结束。

21日

△淮安国际粮食业务通过"淮安—建德"航线成功发运,此次航线的开通运营,标志着淮安港口集团区间物流业务已逐步向浙江中部地区辐射延伸。

△《连云港市内河航道船舶过闸信用管理实施细则》通过专家论证。

28日

△南京市高淳区环湖线主线工程花山大桥正式开通,跨越固城湖。主桥设计为"扬帆起航"斜拉桥,主塔采用斜靠式"心"型拱塔造型,其"四拱一塔"结构类型为国内首创。

29日

△申张线青阳港段航道整治工程航道施工项目通过交工验收。

△宿连航道二期工程航道1标首根预制混凝土空心板桩沉桩,标志着宿连航道二期工程正式启动。

△淮安港三期工程开工仪式在市港口物流集团举行,淮安市副市长张笑出席活动发表讲话并宣布工程开工。

30日

△纯电动内河集装箱船"江远百合"号从太仓港驶入杨林塘,并安全通过杨林船闸进入内河,圆满完成试航任务。

10月

1日

△徐洪河大桥建成通车。全长764.28米,由主桥和两个引桥组成,是徐州市第一座波形钢腹板桥。

8日

△京杭运河原无锡少年宫码头护岸修复工程完工投用,标志着又一项"我为群众办实事"项目落地见效,优化沿河岸容岸貌和滨水景观,助力大运河文化带建设和美丽河湖建设。

9日

△京杭运河宿迁段综合整治工程开工建设,是贯彻落实《交通强国江苏方案》、构建现代综合交通运输体系的具体体现。

11日

△省交通运输厅督查京杭运河淮安段绿色现代航运综合整治工程建设工作。

25日

△直湖港锡宜高速公路桥桥区水域疏浚工程通过竣工验收。

△锡十一圩线惠山区管理船舶停泊区疏浚工程通过竣工验收。

31日

△宿连航道桥梁1标宿泗路桥主桥首段系梁混凝土浇筑,为该桥通车奠定坚实基础。

△魏村枢纽扩容改建工程重大科研专项课题子题一和二完成结题验收。

11月

2日

△扬州港航开展船舶导航系统试运行工作,助力江苏水上交通智能化建设。

3日

△上港(淮安)国际集装箱码头有限公司正式启动运营。

△宿连航道军屯河枢纽完成全部浮式系船柱施工。

△苏州内河港白洋湾作业区江苏（苏州）国际铁路物流中心码头工程中港池项目通过交工验收。

11日

△京杭运河绿色现代航运综合整治工程"智慧运河"项目进入试运行。

15日

△通扬线市区段航道整治工程树北中心路桥圆满完成箱梁安装。

16日

△淮河出海航道（红山头—京杭运河段）航道整治工程项目档案通过专项验收。

△江苏内河船舶手机导航系统开通仪式在扬州施桥船闸举行，宿迁交通在全省首创内河船舶手机导航系统。

△芜申线溧阳城区段航道整治工程首座钢管混凝土系杆拱结构吊装工作圆满完成。

18日

△淮河出海航道（红山头—京杭运河段）航道整治工程通过竣工质量鉴定。

25日

△宜张线新街街道蒲墅段护岸工程通过竣工验收。

△苏南运河苏州市区段三级航道整治工程通过竣工验收。

12月

1日

△南京杨家湾船闸、下坝船闸高清视频监控系统改造工程通过（交）竣工验收。

△连申线如皋水上服务区锚地新增8台绿色岸电设施，实现锚地用电全覆盖。

7日

△芜申线高溧段（下坝船闸—南渡段）航道整治工程常州段项目档案通过专项验收。

13日

△南通加快推进通扬线市区段（通扬运河—通栟线、幸福竖河—通吕运河）航道整治工程征拆组卷。

16日

△淮河出海航道（红山头至京杭运河段）整治工程通过竣工验收。

19日

△一艘满载亿晶光电60个大柜的货轮，从金坛港起航驶往上海洋山港。这标志着金坛港至上海洋山港，"河海直达"班轮进入调试运营阶段。

21日

△魏村枢纽扩容改建工程航道施工项目WCSN-SG-HD1标通过交工质量核验。

23日

△杨林塘昆山段航道整治工程通过竣工验收。

28日

△由省交通运输厅港航中心、省综合交通运输学会港航分会组织开展的2022年"江苏省绿色港口"评比揭晓，共评选出星级绿色港口29家，其中四星级6家、三星级23家；沿江23家、沿海2家、内河4家。具体名单：

四星级：南京港江北港务有限公司、苏州现代货箱码头有限公司、太仓鑫海港口开发有限公司、太仓正和国际集装箱码头有限公司、江苏沙钢集团淮钢特钢股份有限公司、南通海螺水泥有限责任公司。

三星级：江苏丽天石化码头有限公司、江阴兴澄储运有限公司、江苏长达国际物流有限公司、江苏长宏国际港口有限公司、常州宏川石化仓储有限公司、常州启凯德胜港口物流有限公司、扬州恒基达鑫国际化工仓储有限公司、扬州华泰石化物流有限公司、江苏中燃油品储运有限公司、国能集团泰州发电有限公司、泰州市过船港务有限公司、连云港新荣泰码头有限公司、申华化学工业有限公司、宝钢物流（江苏）有限公司、启东中远海运海洋工程有限公司、淮安市港口物流集团集装箱分公司、南京港龙潭天辰码头有限公司、中国石化销售股份有限公司江苏镇江石油分公司、句容台泥水泥有限公司、宿迁市港口发展有限公司、江苏八菱海螺水泥有限公司、江苏响水港港务有限公司、常熟亨通港务有限公司。

△吕四鹤港大桥试通车，横跨通吕运河吕四段，东起延寿路、西接富港路，全长1561米。桥宽25米，主跨长120米，跨径为启东市交通建桥工程史上之最。

港口

江苏省港口集团有限公司

【单位概况】江苏省港口集团有限公司(简称"省港口集团")位于江苏省南京市建邺区江山大街70号南京国际博览中心三期B座21-28楼(邮编:210041,电话:025-58017811,传真:025-58017800),是经江苏省委省政府批准成立的省属大型国有企业,是实施江苏省沿江沿海港口、岸线及相关资源一体化整合和全省港口投资、建设、管理、运营一体化的主体平台,由江苏省和连云港、南京、苏州、南通、镇江、常州、泰州、扬州8市地方国有涉港资产共同出资,并整合省属3家航运企业组建而成,2017年5月挂牌成立,公司注册资本283.21亿元。自成立以来,集团响应"一带一路"建设、长江经济带发展、长三角一体化发展等国家战略,为交通运输部综合交通供给侧结构性改革先行先试,坚决落实省委省政府一系列重大部署要求,以打造全省港口投资、建设、管理、运营的一体化平台和实施主体为目标,以"区域一体化+专业化经营"为抓手,大力推进生产经营体系改革,先后成立长江集装箱事业部、大宗散货事业部和航运事业部,以及专业化的集装箱公司、物流公司、航运公司、水上综合服务公司和信息化公司,并正在加快构建港航协同高效的现代物流服务体系以及"大通道、大枢纽、大网络"的高效运输体系,各业务品牌不断强化,生产经营架构不断完善,区域间码头、岸线等资源要素的统筹利用质效不断攀升,有力推动和保障地方经济社会持续健康发展。集团经营范围涵盖港口运营管理,港口基础设施建设,远洋、沿海、长江及内河航运,陆上货物运输,仓储物流,大宗商品交易,港口和航运配套服务,沿江沿海岸线及陆域资源收储和开发利用,港口产业投资,涉江涉海涉港资产管理,股权和基金的投资、管理和运营。省港口集团总部设11个部门:办公室、党委组织部(人力资源部)、企业发展部、生产业务部(总调度室)、安全环保部(应急办公室)、科技工程部(大数据中心)、资产财务部(财务共享服务中心)、审计法务部(公司律师事务部)、采购管理部(集中采购中心)、党委宣传部(工会、团委)、党委巡察办公室(党委监督室)。

党委书记、董事长　陈　明(8月任)　王永安(1—8月)
总经理、党委副书记、董事　关永健
副总经理、党委委员　缪正宏
副总经理、党委委员　唐洪生
副总经理、党委委员　谭瑞兵
总会计师、党委委员　徐　敏

【港口总体情况概述】现有全资、控股(实际控股)二级企业10家,全级次全资及控股企业122家。截至2022年底,集团已全面完成南京、镇江、常州、苏州、泰州、扬州六市港口业务布局,集团涉用岸线约33.4公里,占江苏省沿江用300公里岸线的11%,码头泊位224个,其中万吨级泊位102个。

【集团所属企业】南京港(集团)有限公司。南京港辖区最大的公共码头经营企业,主要从事集装箱、油品液化、散杂货、汽车滚装等港口装卸仓储主业,拓展经营水上综合运输服务、港机制造与技术服务、港口工程建设、资产经营与管理、外轮理货、资本运营等关联产业。业务主要辐射南京及周边地区,环渤海湾、华东、华南、东南沿海地区,长江沿线及主要支流,苏北运河地区,主要铁路沿线及中西部地区。现有码头泊位61个,最大靠泊能力8万吨,泊位总通过能力7516万吨,使用长江岸线11公里,铁路专用线10.71公里,堆场123万平方米,码头主要分布在南京市的龙潭、新生圩、七坝、浦口、西坝和扬州市的仪征等港区,具有"跨江布局、跨市经营"的特点。

江苏苏州港集团有限公司。业务涉及港口运营、港口物流、港口金融、港口信息、港口服务等领域,形成以木材、煤炭、矿石、铜精砂、件杂货为主导的五大货种,是全球唯一的木材全材种进口港,中国最大的名贵木材集散基地;3000万吨级品牌的煤炭市场,中国华东地区贸易煤炭集散基地;中国长江进口矿石中转基地,CAPE型船舶作业基地;钢材、设备等"一带一路"重要物资出口港。在张家港、太仓、靖江投资的码头占有长江岸线5.707公里、内河岸线978米,陆域总面积443万平方米,其中堆场总面积240万平方米;码头泊位共41个,其中万吨级长江泊位23个,内河港池泊位16个,年吞吐能力超1.1亿吨。

镇江港务集团有限公司。主要提供江海直达、铁水联运、水陆换装、散杂货与集装箱换装、多式联运服务等货物中转装卸服务。长三角重要的江海河、铁公水联运综合性港口，国家一类开放口岸，全国43个主枢纽港之一，全国沿海25个主要港口之一，上海国际航运中心集装箱运输体系的重要组成部分和长江沿线内外贸物资江海转运的重要港口。共有生产性泊位25个，其中万吨以上泊位14个，设计通过能力2 694万吨（集装箱通过能力100万标箱）。码头总延长5 135米，库场面积200万平方米，静态堆存能力800万吨。主要提供江海直达、铁水联运、水陆换装、散杂货与集装箱换装、多式联运服务等货物中转装卸服务。

江苏远洋运输有限公司。专业从事干散货国际海上货物运输，日韩、东南亚集装箱航线外贸班轮服务，沿海内贸干线运输服务，长江内外贸集装箱支线运输服务以及国际货运代理、国际船舶代理、船员劳务外派、外轮供应等航运相关业务。公司注册资本6.6亿元，资产总额40亿元，全资拥有33艘船舶，散货船队总载重130多万吨，集装箱控制运力92艘，航区覆盖世界100多个国家和地区的1 000多个港口。公司现有远洋船员1 000余名，80%以上毕业于各专业航海院校，是一支技术业务娴熟、综合素质优良、工作经验丰富的专业海员队伍。

江苏省港口集团物流有限公司。注册资金4.081 6亿元，从事现代港口物流业务的专业化企业、国家"AAAA"级物流企业。经营范围包括全程物流、物流贸易、基地物流、供应链金融、现代仓储、综合服务、港产互联网等现代港口物流业务。拥有江苏欣海国际物流有限公司、江苏嵘海国际物流有限公司、江苏长江砂石有限公司、多式联运分公司等多家企业。

江苏省港口集团集装箱有限公司。省港口集团实施集装箱板块一体化规划、投资、建设、运营和管理的平台载体，是推进省港口集团集装箱板块一体化、集约化、专业化发展的实施主体。公司业务范围主要涵盖11家集装箱码头企业，分布在南京、镇江、扬州、常州、苏州、徐州等长江下游区域及运河沿岸，码头设计通过能力928万标箱。江苏省第一个自动化集装箱码头、省重点工程太仓四期建设项目于2021年7月达投产条件并正式投入试运营，完全投产后新增通过能力200万标箱；另外还有直接管理包含港口物流、危险品仓储、集装箱查验、理货、船舶拖带等10家全资、控参股企业。公司已基本建成包括外贸近洋航线、沿海内贸干线、内外贸支线、内河航线以及港内穿巴等在内的"内外并举、干支协同、高效衔接"航线网络体系；开辟有外贸近洋航线20余条，覆盖日本、韩国、越南、泰国以及我国台湾省等多个国家和地区；内贸干线10余条，覆盖北方和南方主要沿海港口

江苏省港口集团信息科技有限公司。江苏省港口集团有限公司旗下的全资子公司，服务江苏港口一体化、信息化的重要平台。于2018年1月10日注册成立，注册资本金7 400万元，主营软件开发、信息系统集成与运行维护，信息工程设计安装技术咨询服务，物联网技术、大数据及人工智能技术、信息技术研发、孵化、转化及咨询服务等。下属有苏州分公司、重庆融流科技发展有限公司、红锋数字科技（南京）有限公司等。公司已通过ISO9001：2015质量管理体系认证、科技型中小企业认定，取得JSDP-永-集装箱码头操作系统软件V1.0、JSDP-永-散杂货生产系统软件V1.0、JSDP-永-集装箱综合信息平台软件V1.0等35个自主研发产品的计算机软件著作权登记证书。

江苏苏港航务工程有限公司。致力于为沿江沿海客户提供专业化的水上综合服务保障。护航警戒业务主要服务于安全护航海轮进出长江重点水域和重要桥梁。港口拖轮服务主要为进出港海轮提供协靠离和拖轮护航。江海大重件拖带作业可全方位、全过程提供"从长江走向沿海，从沿海进入长江"双向循环作业服务，其中成功拖带的中国首艘中深水半潜式钻井平台、大型半潜式重吊生活平台，其船队拖航总长度和作业难度不断刷新长江江苏段拖带纪录；拖带的半成品集装箱船开创倒拖大型半成品船舶进江先例；拖带的江南造船厂钢结构分段船舶更是开启大重件水陆联运新模式。提供海上风电维护、驻守等服务。同时根据省政府对加强沿江沿海水上应急救援能力建设的要求，专门配置大马力应急救援船舶，为沿江沿海企业提供更全面、更优质、更专业的应急救援服务。

常州录安洲长江码头有限公司。经营范围包括：码头和其他港口设施经营；在港区内从事货物装卸，驳运，仓储经营；港口机械，设施，设备

租赁经营;在港区从事集装箱经营。公司港区长江泊位全长983米,建成1座5万吨级集装箱专用泊位,2座7万吨级多用途泊位,1座10万吨级散货专用泊位。建成集装箱堆场15万平方米,件杂货堆场5万平方米,散货堆场40万平方米,室内仓库5万平方米。在场集装箱最大堆存量可达2万标箱,散货150万吨,件杂货5万吨。

扬州港务集团有限公司。位于京杭运河与长江交汇处,主要经营港口装卸、仓储物流、公铁水联运、国内外货运、船舶代理、国际理货等综合物流业务。拥有各类岸线4 640米,万吨级以上泊位11个,货物吞吐能力可达5 000万吨,集装箱80万标箱。

泰州高港港务有限公司。主要从事砂石、焦炭、钢材等散杂货港口装卸业务。现有码头泊位4个,两个万吨级泊位及内档建设两个1 000吨级,泊位长度337米,码头前沿水深达11.36米,经批准靠泊能力升至5万吨级。可用货场200亩左右,可同时堆存40万吨散杂货。拥有5 600平方米封闭式仓库1座,拥有25吨门座式起重机5台,装载机16台,挖掘机4台,岸电设施1座。

【年度工作概况】港口建设。2022年,苏州港太仓港区四期工程完成项目竣工验收,该工程是长江流域首个堆场自动化码头,是江苏省重点工程,是江苏省港口集团成立以来投资最大、技术含量最高的项目。除此之外,完成新生圩港区2个泊位的升级改造;建成镇江大港405库,面积6 012平方米;完成张家港港务集团10#泊位场地(占地面积约91 110平方米)改造项目、苏州港扬子江港务雨污水收集处理系统改造项目。

启动大港三期工程3、4、5号堆取料机流程线项目建设、启动港区环境治理提升工程、扬州港临江路以东配套堆场(一期)建设项目以及扬州港扬州港区六圩作业区内港池改建工程。

港口运营。全年集团港口板块完成货物吞吐量5.1亿吨,同比增长4.54%,完成集装箱吞吐量843.41万标箱,同比增长6.02%。装卸自然吨3.19亿吨,同比增长2.43%。完成外贸吞吐量1.2亿吨,同比下降3.24%。完成煤炭1.37亿吨,同比增长23.52%;完成金属矿石1.36亿吨,同比下降2.26%。

港口管理。一是强化主业经营。集团聚焦资源战略重组和专业化经营,一体化市场主体不断做强做优做大。2022年集团新增20个码头泊位,新增散杂货通过能力2 245万吨、集装箱通过能力200万标箱,港口基础设施能级不断提升;用11%的岸线资源贡献长江江苏段23.1%的货物吞吐量,港口岸线利用效率是江苏省沿江港口平均水平的2倍,港口岸线资源利用效率明显增强。二是提升全员劳动生产率。建立经理层成员任期制和契约化改革、市场化薪酬分配机制等一批现代企业运营机制,2022年集团全员劳动生产率达204万元/人,同比增长15%,活力动力明显增强。三是优化国有资产质态。加强非主业、非优势业务和低效无效资产的处置,至年底,清理55户"四类企业"、25户"三类参股投资"、16户小微企业,主责主业更加突出。四是提升治理体系和治理能力。制定党的领导融入公司治理各环节、三重一大决策机制等各类现代化企业制度近200项,中国特色现代企业制度建设取得新成效。

绿色港口。全年预计投入8亿元推动绿色港口建设,全国首艘内河纯电动船舶投入运营,建设长江流域首个气膜大棚散货堆场,绿色低碳水平稳步提升。累计投入15亿元用于绿色港口建设,太仓港武港码头获评"亚太绿色港口",13家所属企业建成全国及省级三星级以上绿色港口,2家所属企业建成长江流域标志性园林式港口。

平安港口。港口企业疫情防控操作指南被交通运输部在全国港口行业推广应用,安全生产目视化标准和全员安全生产职责清单在全省国资系统作为示范推广。

智慧港口。建成太仓港四期集装箱自动化码头、张家港港智能化散杂货码头、南京港液体化工智慧管控平台等数字化港口项目,并成为江苏省交通强国科技示范样板。

党的建设。一是压实管党治党责任,优化全面从严治党责任清单,做到职责明确、履责有依、问责有据。贯彻落实意识形态工作责任制,将意识形态工作纳入集团工作督查重要内容,全年未发生意识形态领域的突出矛盾、重大问题或舆情事件。二是加强精神文明建设,成立集团文明单位创建工作领导小组,向国资委预申报2022—2024年文明单位,全方位开展文明单位创建工作。坚持党建带工建,集团党建带工建优秀案例在省部属企事业工会2022年度工作会议作经验交流。三是加强改革创新推动生产发展。2022年获"全国工人先锋号""全国五四红旗团委""全国青年文明号""全国青年安全生产示范岗""江苏省五一劳动奖状""江苏省工人先锋号"等多项集体荣誉，以及"江苏省优秀共青团员""2022年'最美交通人'"等多项个人荣誉。

（俞 洋）

【省港口集团首次实现区块链无纸化进口放货】元旦前夕，在省港口集团与中远海运集团共同努力下，基于区块链技术的无纸化放货系统首票业务在南京港龙潭集装箱码头落地实施。江苏省港口集团通过自有的一体化服务平台加入GSBN（全球航运商业网络公司）平台，实现与中远海运集团的数据对接，所属南京港也成为省内第一个实现进口无纸化放货的港口。

【省港口集团"太仓港—衢州东"点到点集装箱班列航线开通运行】3月，装载进口纸浆的集装箱班列从太仓港站发往衢州东站，标志着"太仓港—衢州东"点到点集装箱班列正式开通。

该批纸浆在国外经散货船进口至国内相关港口，再转运至疏港铁路场站装箱后发往浙江衢州，铁路运输48小时内即可到达目的地。此次集装箱班列的开通运行，丰富进口纸浆的物流通道，实现货物快装快运，提高运输效率，降低综合物流成本。

【省港口集团集装箱一体化运营服务平台在徐州国际集装箱码头上线】5月，江苏省港口集团集装箱一体化运营服务平台在徐州国际集装箱码头正式上线运行。这也是该系统首次在集团内河港上线。

省港口集团一体化运营服务平台由省港口集团信息科技有限公司自主研发，是省港口集团统一数据出入口及一体化服务客户的重要平台。平台用户涵盖集装箱码头、船公司、船代、货代、集卡车队等集装箱领域所涉及到的主要业务伙伴，实现业务伙伴与集装箱生产系统（TOS）的数据共享和信息推送，同时实现业务伙伴、各码头单位与海关、海事等监管单位的数据共享和业务协同。

此次在徐州的上线运行，为徐州国际集装箱码头进一步融入江苏长江港口群、实现一体化经营提供技术保障，为实现"智能化、自动化、无纸化"港口奠定基础，助力推动徐州国际集装箱码头迈向数字化转型发展的道路。

【苏州港鑫海码头"散货作业远程智能控制系统"上线】5月，省港口集团苏州港鑫海公司"散货作业远程智能控制系统"上线，开启鑫海码头现代散货码头智能化改造的全新模式，提供无人化建设的成功案例。

散货作业远程智能控制系统集成"激光扫描、三维成像、物联网、视频监控、智能算法"等信息技术，对装卸设备进行硬件改造和控制系统升级，突破"卸船策略、装船策略、抓斗防摇、船倾保护、衡流量控制"等技术瓶颈，实现单机设备的智能控制、流程设备的自动监测和生产组织的智慧管理，在全国港口中率先解决散货码头无人化自动化改造难题。

【省港口集团江苏远洋与连云港港口集团签订战略合作协议】5月17日，省港口集团江苏远洋运输有限公司与连云港港口控股集团有限公司签订战略合作协议，双方将发挥各自优势，开展港航、航运企业联盟合作，建立长期战略合作伙伴关系，既用好港口的区位优势，为集装箱班轮航线、散杂货船舶、货物等提供优质高效的港口服务，培育航线货源、稳定航线运营，也发挥江苏远洋的船舶、航运资源，开展铁路、公路、仓储、全程物流等服务，共同实现双方战略发展目标。

【省港口集团与中兴通讯股份有限公司签署战略合作协议】5月25日，省港口集团与中兴通讯股份有限公司签署战略合作协议。

根据协议，双方将按照"开放公平、优势互补、互利共赢、市场主导"原则，在第五代通信技术创新应用、云网基础设施、企业数字化转型、数字生态共建、课题研究、专业人才培育以及品牌宣传等方面加强合作，共同推进江苏省港口集团科技创新发展，助力江苏港口数字化、智慧化转型。

【省港口集团集装箱码头TOS系统核心算法获发明专利证书】6月，省港口集团信息科技有限公司自主研发的集装箱码头TOS系统核心算法"一种二段式集装箱自动派位方法和系统"获国家知识产权局颁发的发明专利证书。

该系统以满足集装箱码头复杂的业务需求为基础，以实现整体生产业务流程统一管控为核心，以优化港口生产业务流程为目标，形成覆盖集装箱码头作业计划、生产全过程信息化的解决方案。该系统适用于传统码头、内河集装箱码头以及自动化码头生产作业管理，不仅能满足单一码头的管理需求，也能支持集团型企业码头间的业务协作。

【省港口集团1个案列获全国交通企业智慧建设创新实践案例】8月16—18日，2021年度全国交通企业智慧建设创新实践案例暨绿智交通百人库发布会举行，省港口集团苏港智能公司申报的"带斗门机全自动化控制系统的研究与应用"入选"2021年度全国交通企业智慧建设创新实践案例名单"。

门机自动化控制系统是苏港智能公司核心主导产品，具备高度自主知识产权，与之关联的3件发明专利已进入实质审查阶段，5件实用新型专利已受理。该系统通过实时激光扫描技术建立船体、物料、岸上设施的空间三维模型，结合对各机构位姿信息的准确检测，研究抓斗防摇定位和空间防碰撞技术，实现门机作业全自动和智能远程控制。该系统已在泰州过船港务1台MQ2535门机上实现科技成果转化。

【江苏苏港智能公司入库科技型中小企业】6月，江苏苏港智能装备产业创新中心有限公司入库江苏省2022年第三批"科技型中小企业"。

江苏苏港智能公司成立以来，坚持以市场需求为导向，以科技政策为指引，以知识产权为支撑，整合产业链、政策链、创新链资源，逐步构建以港机装备自动化控制系统为核心，以港机装备全生命周期管理平台为顶层数据中台，以智能安全防护系统、智能状态监测系统、智能作业统计系统、智能环境感知系统、能源管理系统为基础板块的产品体系，着力打造智慧港机生态系统。

【徐州港顺堤河作业区智慧港口工程一期项目验收】8月，徐州港顺堤河作业区智慧港口工程一期项目正式验收，标志着江苏省港口集团散杂货码头信息化解决方案首次在内河港成功落地。

徐州港顺堤河作业区智慧港口工程一期项目的应用软件由省港口集团信息科技有限公司自主研发，主要包含智慧仓储及监管、无人值守地磅、港口生产指挥中心等项目，通过三维建模、数字孪生、5G、移动互联网等技术应用，结合信息系统建设，优化港口生产资源配置，实现生产调度等港口业务的信息化管理，助力港口生产作业提质增效。

项目建设完成后，在指挥大厅通过大屏幕就可以总览全港口，并进行指挥管理，同时实现对港口海量生产信息数据的存储、提取、清洗、转换、分析，使港口数据不仅仅是静态的生产数据，更可以实现内部各相关业务部门的资源共享，以及港口、物流等上下游信息资源整合，通过数据的积累和应用，提升业务效率，增强客户黏性，助力徐州港港口信息化建设升级。

【省港口集团"苏港拖6"轮交付】8月19日，省港口集团"苏港拖6"轮在镇江船厂交付。该轮为消拖两用全回转拖轮，船长37.5米、型宽11米，主机功率6 400马力，装载10立方米高倍泡沫，对外消防能力达1 800立方/时。该轮最大拖力80吨，倒车拖力72吨，静水航速为13.8节，是内河投入运营的最大功率全回转拖轮。

【全国首艘120标箱纯电动内河集装箱船"江远百合"轮首航】10月10日，全国首艘120标箱纯电动内河集装箱船"江远百合"轮首航，满载80个标箱货物驶离太仓港码头，通过杨林塘、青杨港等航道，当天抵达苏州工业园区港码头。标志着江苏内河水运正式开启"纯电动时代"。获评2022年度中国交通运输科技十大新闻。

"江远百合"轮总长79.92米、宽12.66米，航速17公里/时，续航力可达220公里，以高安全性磷酸铁锂电池为能源载体，在艉部装配3个20英尺标准集装箱高箱大小的船舶动力电池集装箱，采用"即插即拔"式换电模式，换电时间仅需20分钟。据测算，该船正常运营时，每年可替代燃油消耗160吨左右、降低二氧化碳排放500吨左右。

"江远百合"轮项目由省交通运输厅和省港口集团联合推进，在镇江船厂完成建造。

【省港口集团信息科技公司入库南京市创新型中小企业】9月21日，南京市工业和信息化局发布2022年度南京市创新型中小企业名单,省港口集团信息科技公司入选。

省港口集团信息科技公司自2018年成立以来,专业聚焦港航信息化发展,引进、吸收国内外先进技术并开展自主研发创新,围绕新基建、大数据、数字孪生、泛在感知、智慧港航等新技术,努力搭建智慧港口系统生态圈,先后通过高新技术企业认定、科技型中小企业认定、入选南京市专精特新中小企业库,在知识产权的输出和转化上也取得出色成绩。

【南京—钦州航线开通】7月22日,省港口集团江苏远洋通海航运南京至钦州航线开通,首航"新润晨8"轮从南京龙潭港驶离前往广西钦州。该轮本航次挂港南京至黄埔至钦州,装载574标箱重箱,单航次往返16天。11月,通海公司瞄准时机,升级钦州航线船型,将原有单船载重1.4万吨运力放大至2.2万吨,进一步降低单箱成本,提升航线服务能力。

【省港口集团"徐州—上海"班轮航线运营】2月11日,安通控股"徐州——上海"班轮航线正式开通运营,这是苏北内河航运融入上海航运中心建设的又一重要举措,也是省港口集团集装箱有限公司自成立以来开行的又一条航线,初步实现"通江达海"航线网络布局。

【省港口集团1个案列入选交通运输廉洁文化建设创新案例】12月26日,省港口集团集装箱公司《打造特色廉洁文化为国企强"根"铸"魂"》廉洁文化建设案例经过申报、初选、互评、专家评审、公示等环节,获评由中国交通报社和中国交通报刊协会联合主办的交通运输廉洁文化建设创新案例。

省港口集团集装箱公司发挥廉洁文化的教育引导和激励浸润作用,将廉洁文化建设融入企业生产经营各个环节,贯穿于一体化改革和高质量发展全过程,着力打造政治清明、作风清廉、队伍清正、治理清源、文化清朗的廉洁港口企业,为助力实现全省港口可持续一体化高质量发展提供强大的思想保证和文化支撑。

【省港口集团苏港航务3次完成大型集装箱海轮拖带任务】1月7日,省港口集团苏港航务组织6艘大马力拖轮,将集装箱船"鑫福90"轮拖离泰兴扬子鑫福码头,组成编队下水航行,历经10多个小时、125公里航行,平稳靠泊太仓扬子三井码头。

8月29日,历经24小时,苏港航务将大型海工油气平台"TRUNOJOYO01"从通州湾长风码头拖航至上海绿华山锚地,由中交国际航运有限公司"创新之路"半潜船潜装出口(目的港雅加达)。

12月12日,省港口集团苏港航务组织6艘大马力拖轮,将集装箱船"鑫福102"轮从泰兴扬子鑫福码头拖离,组成编队,克服困难,历经10多个小时、125公里航行,靠泊太仓扬子三井码头。

3次拖带航程远、耗时长,途径水域船舶密度大、通航环境复杂,既检验"苏海01"多用途拖轮(2021年底入列)的功能,也锻炼队伍。

(省国资委)

江苏太仓港口管理委员会

【单位概况】中共江苏太仓港口工作委员会、江苏太仓港口管理委员会位于太仓市港口开发区北环路8号(邮编:205400,电话:0512-53186572),成立于2005年11月,为江苏省委、省政府的派出机构,副厅级建制,委托苏州市委、市政府管理,承担太仓港口建设和发展等管理职能。主要职责为:贯彻落实国家有关法律法规、方针、政策,编制太仓港发展规划、总体规划和控制性详细规划并组织实施;依据有关法律、法规,对太仓港岸线实施统一的行政管理;负责对外联络,协调各项要素资源向太仓港集聚的工作;负责组织太仓港公用基础设施的建设、维护和管理工作,承担太仓港建设项目及其配套设施建设项目的安全监管;负责太仓港经营许可及监督管理,负责港口规费的征收和代征;负责太仓港码头企业安全生产、港口设施保安履约工作监督管理和港口码头企业突发事件应急管理;负责码头泊位对外开放的验收工作,协调口岸各查验部门并做好服务工作;承担苏州市委、市政府交办的其他工作。内设办(局)6个,分别是:党政办公室、发展服务局、港政服务局、口岸委办公室、科技与信息化建设办公室、安全生产监督与港政执法局。下设正科级事业编制太仓港发展服务中心。

党工委

书　记　汪香元（7月任）

副书记　邵建林

委　员　徐卫强　董济文（1—8月）　周晓荷　浦利兵　孙达成

管委会

主　任　邵建林

副主任　徐卫强　董济文（1—8月）　周晓荷　浦利兵　孙达成

纪检监察工委

书　记　孙达成

【港口总体情况概述】太仓港建有泊位95个，其中万吨级以上泊位40个，集装箱泊位14个。太仓港区划分为五个作业区，分别是鹿河、新泾、荡茜、浮桥和茜泾作业区，各作业区的岸线范围和功能分工如下：

鹿河作业区：由新太海汽渡至新泾塘口，主要为太仓市装备制造等临港工业开发服务。

新泾作业区：由新泾塘口至荡茜河口，以集装箱运输为主，兼顾部分杂货运输功能和为临港工业开发服务的综合性港区。

荡茜作业区：由荡茜河口至华能电厂，以服务于长江沿线的铁矿石、煤炭中转运输为主的大型散货作业区，兼有临港工业开发功能。

浮桥作业区：由华能电厂下游至杨林塘，是太仓港区发展集装箱运输的专用作业区。

茜泾作业区：由杨林塘至浏河水库上游200米，主要为后方石化、电力、造纸、装备制造等临港产业发展服务，兼有石油、化工和液化气的中转储运和汽车滚装运输功能。

【年度工作概况】港口建设。完成港口项目投资4.8亿元。集装箱四期工程获评江苏交通优质工程，武港防尘网工程获评"姑苏杯"优质工程奖。华能港务二期项目加快推进，扬子江码头出运平台验收及玖龙码头3000吨级泊位重新启用等历史遗留问题得以解决。玖龙码头集装箱化改造结束，进入试验性生产木片中转项目开工建设，集装箱三期尾留81米岸线、海通码头先导段正式开工。鑫海散货码头、集装箱三期9#~10#泊位完成泊位等级提升。长江太仓港近岸冲刷整体防护方案编制完成。

港口管理。成立"苏货苏运服务联盟"，"苏货苏运"箱量同比增长11％。推动"船边直提""抵港直装"，完成全省首票"离港确认"转关模式，进口整体通关时间压缩比保持在50％以上。建立"水上红绿灯"机制，增设临时停泊区和临时停泊点，推进香港籍国际航行集装箱船舶自引自靠，全力保障船舶靠离效率。与苏州自贸片区签订深化战略合作协议，与上合组织国家多功能经贸平台及7家进口贸易商签订合作协议。进境冰鲜水产品指定监管场所完成省级验收，日本进境食用水生动物业务进入常态化。12家公用码头企业全年营业收入、利润总额同比分别增长5％、16％。

港口运营。2022年，太仓港港区完成货物吞吐量2.66亿吨，同比增长9％；外贸运量9736.85万吨，增长5.7％；集装箱运量802.6万标箱，增长14％，居全国第8位。疏港铁路实现到发445列、3.58万标箱。商品车整车业务完成吞吐量36万辆，总量位居华东第2位、全国第6位。建有泊位95个，其中万吨级以上泊位40个，集装箱泊位14个，新辟集装箱班轮航线8条；新辟越南、印尼、中远海特等外贸干线4条，国际航线覆盖RCEP协议签订国和"一带一路"沿线地区24个主要港口。新开海口、汕头等沿海内贸干线2条，与北部湾集团签署战略合作协议，与辽宁港口成功牵手，国内干线覆盖沿海21个主要港口。新增湖州、园区等内河支线2条，支线网络覆盖长江、内河50个港口，"苏太快航"与太仓港航线网络实现无缝对接。完成集装箱远洋定制航线466航次、31万标箱。疏港铁路与苏州中欧班列平台实现联动发展，与西安国际陆港携手开辟海铁联运新通道，开设郑州、衢州、平湖固定班列3条，服务网络覆盖16个省34个站点。

平安港口。建设投用储罐安全仪表系统、车辆出港超载系统、雷电预警系统，推动车辆主动安防系统在港内广泛应用，试行现场作业全过程视频记录，探索安全生产全链条信息化管理。成立件杂货码头安全标准化联盟，梳理编制件杂货标准化作业工艺192项。

绿色港口。新建和改造污水处理池6座，新增清洁能源港作机械92台，新建光伏发电1.4万平方米，新增绿化10.3万平方米，港口岸电用量同比提升21%，船舶污染物收集转运处置率达100%。武港码头获评2022年度亚太绿色港口，现代货箱、正和国际、鑫海码头获评2022年度省级四星级绿色港口。

智慧港口。启动苏州港综合运输服务平台项目，首次建立太仓港集装箱支线业务标准流程。推进太仓港智慧水运口岸平台建设，在省内率先试点取消人工提交查验申请信息环节，推动口岸查验和通关效率大幅提升。建成投用太仓港疏港铁路信息化调度系统，打通疏港铁路场站与集装箱码头和港外堆场的数据交换通道，场站平均生产作业效率提升50%以上，为太仓港中欧班列与铁水联运业务的开展提供有力支撑。港口数字人民币试点成效明显，成功落地华东地区港航物流领域首个数字人民币应用场景。

（任春艳）

【太仓港集装箱吞吐量突破800万标箱】12月29日，太仓港集装箱吞吐量突破800万标箱，全年完成集装箱吞吐量802.6万标箱，同比增长14%。集装箱吞吐量连续5年位居江苏第1位，连续13年领跑长江，全国集装箱港口排名居第8位。根据全球航运权威媒体《劳氏日报》公布的2022年全球100大集装箱港口排名，27个中国港口榜上有名，太仓港排名上升3位，位列全球第22位。

一体化发展再上新台阶。2022年，太仓港"沪太通"业务完成计费箱量9.5万标箱，同比增长15%。沪太联动运输箱量完成150万标箱，同比增长31%。以太仓港为蓝本的"联动接卸"模式，成功复制推广至长三角12个港口。省内"点对点"支线覆盖率达90%，长江中上游"调头班"占比70%，全港江海中转箱量占比接近60%。同时，太仓港主动参与苏州市域港航一体化改革创新发展工作，印有"苏州港"标识的集装箱首次走出国门。

双循环格局再获新突破。太仓港开拓近洋外贸、沿海内贸集装箱班轮航线，国际航线覆盖RCEP协议签订国和"一带一路"沿线地区24个主要港口，国内干线覆盖沿海21个主要港口，内河支线网络覆盖长江、内河50个港口，成为长江沿线航线数量最多、密度最大、覆盖最广的港口。疏港铁路与苏州中欧班列平台实现联动发展，与西安国际陆港携手开辟海铁联运新通道，开设郑州、衢州、平湖固定班列3条，服务网络覆盖16个省34个站点。

围绕港产城一体化目标，太仓港联合市委、市政府制定《太仓建设港口型国家物流枢纽城市行动计划》和《关于促进港航物流业高质量发展的实施意见》。同时，与苏州自贸片区签订深化战略合作协议，与上合组织国家多功能经贸平台及7家进口贸易商签订合作协议。配合太仓港区签约范斯特新能源汽车核心材料、爱乐买华东冷链电商平台等34个重点产业项目。12家公用码头企业全年营业收入、利润总额同比分别增长5%、16%。

【太仓港四期项目通过竣工验收】6月22日，太仓港区四期项目水工标段和陆域标段召开竣工验收会，交工验收相关专家在对工程现场查验和综合评审后，一致认为该项目按照合同内容已完成全部项目建设，工程质量合格，同意通过竣工验收。

太仓港四期项目位于长江下游南支河段上段白茆沙水道南岸，与崇明岛隔江相望，港区水路距吴淞口约38公里，陆路距上海市中心约50公里，距苏州市区约75公里。太仓港四期项目建设主要包括水工段和陆域段，其中水工标段码头长度1292米，建成4个5万吨级集装箱泊位（水工结构按靠泊10万吨级集装箱船设计）及相关配套设施，设计年通过能力200万标箱，合同总造价4.62亿元人民币，2018年4月28日开工建设，2020年9月28日通过交工验收；陆域标段纵深约547米至807米，面积约91.4万平方米，主要布置重空箱堆场、道路、生产辅助区等，合同总造价7.94亿元人民币，2019年9月28日开工，2021年6月26日通过交工验收。四期项目陆域标段是江苏省及长江流域第一个堆场自动化集装箱码头工程。

【太仓港汽车吞吐量突破36万辆】2022年，太仓港汽车吞吐量达到36万辆以上，较同期增长142%，总量位居华东第2位、全国第6位。其中整车出口汽车数量突破20万辆。

汽车作为苏州的一个主导产业，1至11月，苏州汽车全产业链规上企业1006家，实现产值4382亿元，同比增长15.2%，占规上工业总产值比重达11%。其中，新能源汽车相关规上企业

284家,实现产值1749亿元,占汽车全产业链产值比重达39.9%。而苏州代管的太仓市多年来集聚联合汽车电子、舍弗勒、博世等一批新能源汽车产业核心供应商,构成涵盖动力总成系统、转向系统等产品的相对完整的产业链。

(任春艳)

南京市港口

【单位概况】南京市交通运输局(南京市玄武区珠江路63号)承担全市港口行政管理职责,其中具体承担相应职能的内设处(室)有两个:一是港航发展处,牵头组织研究港航发展战略和政策并监督实施;参与指导协调全市港口法规、规章及规范性文件的起草工作;负责全市港口经营许可(含港口危险货物作业附证)和港口经营秩序的指导监督工作;指导监督港口年度经营计划的制订和实施;参与指导全市港口行业统计工作;负责协调军事及抢险救灾等重点物资的港口作业管理工作;指导港口行业从业人员培训工作;负责南京海港枢纽经济区和南京区域性航运物流中心建设发展总体协调推进工作。二是港口建设处,承担全市港口规划、专项规划及建设计划的编制工作,指导各港区港口建设工作;承担港口建设市场综合管理工作;承担港口岸线与港口建设行业管理工作;参与港口公用基础设施建设项目的前期工作,组织指导并参与港口公用基础设施的建设、维护、管理工作。

市交通运输局局长、党委书记　王承江(7月任)
市交通运输局副局长　薛　海(11月任)
港航发展处处长　符　俊
港航发展处副处长　刘小奇
港口建设处处长　黄河清

【港口总体情况概述】南京港是国家规划建设的沿海主要港口和对外开放一类口岸(2006年《全国沿海港口布局规划》);是长江经济带发展规划纲要(2016年印发)重点建设的五个枢纽港口之一;是国家综合运输体系的重要枢纽和区域性航运物流中心建设的核心载体(《南京港总体规划(2019—2035)》)。

长江南京段岸线总长298公里。其中干流岸线总长186.9公里,北岸岸线自乌江口到宁扬市界,长89公里;南岸岸线自慈湖河口到大道河口,长97.9公里。江心洲(新生洲、新济洲、子母洲、新潜洲、梅子洲和八卦洲)岸线总长111.1公里。

规划情况:交通运输部、省政府联合审查通过的《南京港总体规划(2019—2035年)》明确,南京港规划港口岸线62.5公里,规划生产性泊位211个,年设计通过能力3.045亿吨,其中集装箱960万标箱。规划新生圩、龙潭、西坝、马渡、七坝、铜井、板桥、大厂、栖霞等9个货运港区和浦口、上元门、下关、栖霞山等4个客运港区。其中,新生圩、龙潭、西坝、马渡、七坝、铜井等6个港区规划为发展综合运输的公共运输港区;板桥、大厂、栖霞规划为服务临港工业为主港区;其他港区规划为客运运输为主的港区。

发展情况:至2022年底,南京沿江港口已建成生产性货运泊位188个,客运泊位1个,其中万吨级以上58个,年设计通过能力1.99亿吨,其中集装箱183万标箱。南京内河港共有已建和在建码头14个,泊位数56个,泊位总长度3526米、总通过能力1350万吨。其中已建码头9个,泊位26个,泊位总长度1502米、通过能力565万吨;在建码头2个、泊位26个,泊位总长度1799米、通过能力754万吨。码头主要分布在秦淮河、芜申线、句容河、八佰河以及滁河航道沿线。

南京内河港规划:对芜申运河、秦淮河、滁河、新桥河、句容河、八百河、向阳河等等级航道上的公用港口岸线,共规划货运公用码头岸线15.3公里,形成通过能力4500万吨。划分为江宁、溧水、高淳、六合、浦口共5个港区。共包含15个内河公用作业区,其中主要作业区5个,包括:禄口作业区、柘塘作业区、瓜埠作业区、固城作业区、小花作业区;10个一般作业区,包括:桠溪工业园作业区、水阳作业区、洪蓝作业区、石臼湖作业区、新材料产业园作业区、湖熟作业区、八百作业区、程桥作业区、石桥作业区、杨东作业区。现有生产性泊位22个,泊位总长度1196米、通过能力289万吨。

沿江和内河重点港区
沿江重点港区:龙潭港区

龙潭港区位于长江南岸,是南京长江大桥以下较好的深水港址,岸线顺直,水深好,陆域宽阔。规划港口岸线由七乡河口至龙潭过江通道上游0.2公里,形成码头岸线9 480米。规划西气东输管道下游0.2公里-纲要河口段、双纲河口至大棚河口为装备制造及支持系统岸线,岸线4.7公里。

港区划分为散货泊位区、集装箱泊位区、通用泊位区、滚装泊位区、中小泊位区和装备制造及支持系统发展区。规划形成码头岸线9 480米,可布置泊位29个,形成码头通过能力8 500万吨、滚装通过能力50万辆,其中集装箱通过能力360万标箱。

散货泊位区:位于七乡河口至龙潭河口,规划码头岸线2 040米,可布置7万吨级及以下散货泊位8个,通过能力4 000万吨,陆域纵深800米,陆域面积220万平方米。

集装箱泊位区:位于龙潭河口至集装箱一期工程,规划码头岸线3 865米。其中,布置7万吨级及以下集装箱专业化泊位13个,形成码头岸线3 675米,通过能力360万标箱,陆域纵深1 000米,陆域面积365万平方米。龙潭河口处,规划形成码头岸线190米,布置挖入式港口支持系统泊位,具体方案可在工程阶段细化。

通用泊位区:位于集装箱泊位区向下游至三江口,规划码头岸线1 065米,规划布置7万吨级及以下通用泊位4个,形成码头通过能力600万吨,陆域纵深700米,陆域面积205万平方米。

滚装泊位区:位于通用泊位区下游,规划码头岸线455米,布置5万吨级及以下滚装泊位2个,通过能力50万辆。

通用泊位区:位于滚装泊位区下游,规划形成码头岸线455米,布置3万吨级及以下泊位2个,通过能力300万吨。

中小泊位区:位于三江河口下游至龙潭过江通道,规划码头岸线1 600米,布置万吨级及以下泊位。

装备制造及支持系统发展区:西气东输管道下游0.2公里-纲要河口段2.0公里和双纲河口-大棚河口段2.7公里港口岸线,为临港装备制造业发展和洗舱站支持系统功能服务。

内河重点港区:高淳港区小花作业区

南京港高淳港区小花作业区码头工程,新建12个1 000吨级散货泊位和2个1 000吨级待泊泊位,设计年通过能力436万吨,总投资26 721万元,2022年度完成投资2 400万元,基本完成码头主体结构施工,进行后方堆场和专用道路桥梁上部结构、路面施工。南京内河港高淳港区固城作业区码头工程,新建10个1 000吨级泊位,设计通过能力为241万吨,形成码头泊位长度668米,总投资86 700万元。

【年度工作概况】港口建设。完成龙潭集装箱锂电池堆场初步设计、施工图设计审批,固城作业区码头一期工程取得用地批复;推进新生圩码头改建工程、明州码头4#泊位及工艺流程化改造、固城作业区码头一期工程建设,全年完成投资4.6亿元;完成新生圩码头改建工程4个泊位、滨江远锦码头技改工程、龙潭港区洗舱站及保障基地码头交工验收;推进南钢码头整体提升工作,完成原材料码头2#泊位竣工验收;指导扬子石化、南京油运两座洗舱站配套工程建设及竣工验收。

港口运营。2022年南京全社会港口完成货物吞吐量2.72亿吨,同比增长1.1%,其中长江港口完成2.7亿吨,同比增长1.2%;集装箱吞吐量完成320万标箱,同比增长2.9%。完成水路货运量1.95亿吨,同比增长2.5%;完成水路货物周转量3 509亿吨公里,同比增长1.3%;完成铁水联运量774万吨,其中:集装箱铁水联运10.47万标箱,居全国内河港口首位。煤炭及制品、金属矿石、石油天然气及制品、集装箱、矿建材料、化工原料及制品、钢铁等七大货种吞吐量占吞吐总量的93.3%。

全港共有港口经营68家(长江59家、内河9家),开行集装箱航线每周232班,月航班数达926班。其中:近洋航线每周10班(日本线5班,韩国线4班,东南亚线1班),月航班数达40班。外贸内支线每周67班,内贸干线每周4班,始发中转航线每周112班,过路中转航线35班。

港口管理。市交通运输局就省挂牌督办生态环境项目涉及内容,牵头制订工作计划,明确具体目标任务和责任单位。建立推进工作机制,做好跟踪指导服务,定期召开联席会议,研究推进具体任务事项。牵头建立完善码头长效管理机制,完成船舶污染物接收能力评估及码头污染防治设施使用效果综合评估,动态完善转运处置及污染防治设备设施。强化船舶污染物信息系统运用监管,梳理排查系统使用情况,打通"接收-上岸-转运"通道,提升船舶污染物接收转运处置效率。加强现场监管和联合检查，督促港口船舶落实污染防治主体责任。推动实现信息系统中注册登记率达 95% 以上，各类船舶污染物转运处置率均达 95% 以上；提升沿江公共接收设施配套能力。南京结合港口船舶实际需求和未来发展趋势，超前谋划并提前实施新生圩船舶生活污水公共接收转运上岸点收集系统能力提升改造，投资 300 余万元，通过新增调蓄池及污水处理罐、改造现有处理装置等方式，将新生圩公共接收上岸点处理能力在原 100 立方/日基础上翻一倍，远期也能满足船舶生活污水上岸需求。扬子洗舱站投入 470 万元完成预处理装置提升流程，龙潭洗舱站完成兜底化学品处理设施建设。

绿色港口。2 家港口企业分别获评省级"四星""三星"绿色港口，全市累计 11 家港口企业获评江苏省星级绿色港口。开展"净港增绿"行动，推动全港对治水、治尘、治气、治废再攻坚，做好港区绿化及港容港貌提升。运用港口粉尘在线监测系统加强对散货作业现场的扬尘管控；建设使用港口岸电。实施港口岸电设施提升改造和低压岸电设施接插件标准化更新工作，到 2022 年底，南京港共建成岸电设施 185 套，实现港口岸电设施全覆盖。常态化实现港口码头依法提供岸电、到港船舶按规使用岸电。全年船舶接用岸电 460 万余度，同比增长 33.8%。

智慧港口。编制智慧港口建设实施方案，推动"生产智能化"，实施龙潭集装箱堆场自动化改造，完成集装箱轨道吊及部分散货斗轮堆取料机远程控制智能改造，推广集装箱码头操作系统，实现作业流程全面优化；推动"管理数字化"，推广码头生产管理系统，开发运用能耗监测系统，危货码头基本完成气体报警、仪表及安全控制系统推广应用，集成融合统一管理；推动"服务一体化"，完成集装箱关港协同平台、电子单证系统等开发运用，完善多式联运信息系统，实现票据"一单制"。推进"技术先进化"，整合提升现有水上运输疫情防控监管信息系统，推进交通、海事、边检、海关、引航等相关信息互联共享。在新生圩码头和梅钢原料码头首创启用靠泊能力在线监测预警系统，对老码头结构应力、应变、位移进行实时监测。

（刘娜婷 马伟东）

【南京内河港总体规划（2021—2035 年）通过审查】 6 月 23 日，南京市交通运输局组织编制的《南京内河港总体规划（2021—2035 年）》及规划环评报告书通过生态环境局审查。本轮南京内河港规划落实"生态优先，绿色发展"要求，以"共抓大保护，不搞大开发"为导向，结合新时期芜申线、秦淮河、驷马山干渠、水阳江等高等级航道网资源、内河沿线地区发展需求，在原规划基础上，进一步优化全港岸线布局，提高港口岸线资源集约化利用水平。共规划高淳、溧水、江宁、六合和浦口 5 个港区，规划港口岸线 15.32 公里。

（刘娜婷 马伟东）

【南京龙潭港—上海芦潮集装箱铁路货运专线开通】 2 月 21 日，南京龙潭港至上海芦潮集装箱铁路货运专线正式开通。

长期以来，南京及周边企业集装箱出口运输方式是通过水路或公路直拖至上海。水运物流成本低但运输时间长，公路直拖运输时间短但物流成本高。龙潭港至芦潮沿江班列开通后，南京及周边地区集装箱货物经水运或公路到龙潭港，通过龙潭至芦潮沿江班列到达上海，再由海运出口世界各地。该物流方式将企业货物周转效率较水运提高近 2 倍，物流成本较公路降低近 1 倍。

【南京港"一站式全流程智慧岸电系统"正式上线】 3 月，南京港龙集公司 2 310 米码头岸线 24 套"一站式全流程智慧岸电设施"全部上线运行，为靠港船舶提供"自助式、零接触、全流程、智慧化"岸电服务。自 2021 年 11 月 15 日智慧岸电一期项目投入使用以来，龙集公司提供智慧岸电服务 2 159 艘次，累计用电 8.65 万千瓦时。

该套系统具有自助接电、自动停送申、自动计量、线上结算等功能，实现"船 E 行"一码通，系统后台可以收集用户接电数据，自动生成相应的统计报表。岸电服务时间从原来的 40 分钟/艘次，缩短到 10 分钟/艘次，等待时间下降 87%，全年可节约船舶作业时间 6 000 小时以上。智慧岸电不仅可以提供全天候 24 小时不间断安全高质量岸电服务，而且操作便捷，1 名船员即可自行完成，有效减少船岸人员接触，为码头安全防疫提供技术保障。

【南京港新生圩码头改建工程交工验收】 3 月，省港口集团南京港新生圩港区 404 号、405 号泊位改建工程交工验收。9月16日，南京市交通综合执法局六支队对南京港新生圩港码头改造工程(709♯～710♯泊位)开展交工质量核验。

南京港新生圩港区码头位于长江南岸栖霞区燕子矶，八卦洲右汊。20世纪80年代投用，至今已运行30多年，主要设施设备已无法适应船舶大型化发展和靠泊需要。为兼顾港区正常运营与改建工作，按照"整体考虑，分期实施"原则，已完成404♯～405♯和709♯～710♯泊位的交工，后期将按照设计方案继续对两泊位进行改造，改建岸线总长度为1415米，改建内容为码头前平台和附属设施，同时对引桥进行满足工艺需求的改建。

(市交运局)

【南京晟海多式联运公司首单"水铁联运＋集散转换"业务落地】5月，运载着100个35吨敞顶煤炭集装箱专列驶入龙潭港区，标志着南京晟海多式联运有限公司成立后首单"水铁联运＋集散转换"业务正式落地。

南京晟海是集团所属物流公司与南京港合资成立的多式联运公司，是省港口集团贯彻落实交通强国战略，加快港口物流枢纽体系建设的重要举措之一，旨在提高运输效率、降低运输成本，全力保障物流链、产业链、供应链稳定畅通，构建安全、便捷、高效、绿色、经济的港口枢纽体系搭建专业化运营平台。

【南京至上海海铁联运"天天班"运行】5月31日，满载45个集装箱光伏组件的列车从南京港龙潭铁路出发，以"铁、公、水"联运的方式，途经上海芦潮站、上海港发往欧美等地，标志着南京至上海海铁联运"天天班"正式运行。

该"铁、公、水"联运的方式将实现企业货物周转效率较水运提高近2倍，物流成本较公路降低近1倍。同时，南京至上海海铁班列"天天班"的开通，将发挥铁路在大宗货物运输中的安全经济、绿色低碳、运力稳定等比较优势，进一步打开港口货物品类空间，推动"公转铁""铁水联运"实现新发展、新跨越，加快推进港产城深度融合。

【南京港新开辟东南亚航线】7月13日，省港口集团"南京—太仓—海防—胡志明"东南亚集装箱外贸航线正式开通。航线班期密度为每周1班，单程运行时间约为7天，能够为广大外贸客户提供中国南京到越南胡志明的直航航班，有效解决南京及周边区域面向越泰等主要贸易区域直航舱位不足的短板，同时也为江苏经济腹地客户开辟一条低成本、高效率的出海大通道。9月，南京港东南亚航线再次拓展服务功能，与太仓港东南亚航线并线运行，增长对泰国曼谷、林查班的直航服务，进一步助力南京外贸企业更加深度融入RCEP贸易体系。

【南京港机产品联网管理平台项目验收】7月，省港口集团南京港机产品联网管理平台项目正式验收。该项目通过物联网、大数据、人工智能等技术，实现对港机产品的全面管理。一是提供完善的产品设备实时监控系统，分区域、分业务，多维度呈现港机产品的实时情况，同时能够对产品故障进行远程诊断，视频辅助判断故障，实现产品设备全生命周期维护，提高利用效率。二是监控超载、应力等产品运行数据，为安全监管、设备更迭和管理升级提供可靠的数据支撑，助力提前规避风险，下降不必要的投入。三是构建基础产品设备联网环境，搭载设备远程控制、远程OTA升级等前沿技术，实现远程管理，为产品设备"智能网联"和港口智能化建设提供技术支持。

【南京港一体化运营服务中心(二期)项目验收】7月，由江苏省港口集团信息科技公司自主研发的南京港一体化运营服务中心(二期)项目正式验收。

该项目围绕一站式客户服务理念，以信息化手段为支撑，与省港口集团散杂货生产系统进行数据对接，建立"一船一档一票"的单船备案机制，通过完善生产现场监控布点、录像存储，辅以生产过程前、中、后期适时拍照留存等手段，将海轮进出港作业全过程按照时间、数量、效率、关键节点照片、视频以及异常情况记录等维度进行统计备案，制成规范、完整的单船档案发送给客户，并定期邀请客户进行服务评价。客户通过服务平台，就能及时了解到自己的船舶、货物在港动态数据，实现定制化查询、全程记录可追溯、可评价。

(省国资委)

【大唐南京发电厂卸煤码头首次靠泊5万吨级货轮】8月11日，一艘5万吨级货轮浙海519

靠泊大唐南京发电厂卸煤码头，这是该厂码头首次靠泊 5 万吨级货轮，靠泊能力实现历史性突破，不仅可以有效适应船舶大型化发展需求，发挥现有码头能力，每年下降燃料运输成本近 3 000 余万元，更有助于实现系统内燃煤企业之间煤源协同管理、统一调剂，提高电煤保供能力，实现整体效益最大化。

（王惊惊）

【**南京中理公司获两化融合管理体系评定证书**】8 月，省港口集团南京中理公司通过国家工业和信息化部《信息化和工业化融合管理体系要求》（GB/T 23001—2017）及 T/AIITRE10003—2021《信息化和工业化融合管理体系新型能力分级要求》体系评定，获两化融合管理体系评定证书，成为全国理货行业首家获此认证单位。

【**南京港 5 万立方米储罐改造工程投用**】9 月，巴陵石化液化原油输入省港口集团南京港股份公司 5 万立方米 F522 储罐，标志 F522 罐改造工程完成。

F522 罐改造工程主要包括罐体、安全附件等部位更新改造，旨在消除旧设备安全隐患，延长储罐使用寿命，保障储罐运行安全。项目工作组克服疫情影响，积极作为，首次采用机械清罐代替传统人工清罐模式，产生的油泥比传统清罐下降 90%，整体质量得到好评。

【**南京港 1 项目获中国港口协会科技进步奖一等奖**】12 月 13 日，中国港口协会在官网发布 2022 年度中国港口协会科学技术奖评审结果公告，南京港《江海联运一体化全程物流供应链港口智慧物流示范工程》获 2022 年度中国港口协会科技进步奖一等奖。

该项目围绕"一中心、四平台"（面向全程物流服务的区域性一体化运营中心；铁水联运集成应用与协同平台、基于"互联网＋"的江海转运一体化服务与运作平台、危险货物全流程动态监控与智能化管理平台、以港口为核心枢纽的全程物流与供应链服务平台）开展系统规划，在区域性物流信息枢纽、铁水联运集成应用、危险货物管理方面形成示范，取得 7 项软件著作权，受理 4 件发明专利，打通港口与铁路数据交换通道，建成"一站式"区域性港口物流信息枢纽，打造便捷、高效的物流生态圈，取得较好的经济效益和社会效益。

（省国资委）

【**省港口集团投资总部项目落户南京江北新区中央商务区**】12 月，江苏省港口集团投资板块总部江苏省港口集团投资管理有限公司（简称"投资公司"）成功落户南京江北新区中央商务区，注册资金 10 亿元。

投资公司将围绕省港口集团"五个一流""四个服务商"的远景目标，服务集团可持续一体化高质量发展，主要承担省港口集团战略投资任务和股权投资管理，后续逐步以集团内部重组和资产运营、港航物流产业投资布局、专业化资本运作为主线，为集团港口、航运、物流、水上综合服务四大板块和上市公司培育、孵化成长性业务，布局创新型业务，形成投资发展平台、资本运作平台、资产运营平台等三大平台。

中央商务区作为"产融结合"的特色区域，已引入包括中交投资南京有限公司、盛航海运、中国铁建华中区域总部、长江南京航道工程局、江苏省国际货运班列有限公司、南京深国际港口发展有限公司等 10 余家重点总部企业。

（赵雅惠）

【**南京港滚装车辆作业创历史新高**】12 月 28 日，随着滚装船"安吉 205"号载着 280 台来自武汉的上汽通用商品车卸船上岸，南京港累计完成全年 17.3 万台滚装车辆作业，较上年同期实现逆势增长 29.6%，创开港以来年业务量历史新高。

（南京海事）

无锡市港口

【**单位概况**】无锡市交通运输局位于无锡市新金匮路 1 号市民中心 8 号楼（邮编：214131，电话：0510-82728110），设有承担港口管理职能的内设处（室）港航管理处。无锡市交通运输局港航管理处负责拟订并组织实施全市港口、航道行业的地方性法规、规章草案及有关管理办法；指导并监督全市港口、航道行业管理工作；协助做好港口、航道许可工作。

交通运输局党委书记、局长　俞　刚

交通运输局党委副书记　尹南方

交通运输局党委委员、副局长　刘永强　徐锡良　华向阳　施　阳　刘震宇

交通运输局二级调研员　丁满琪(协助分管港航)

交通运输局港航管理处副处长　孙迅亦

【**港口总体情况概述**】无锡港由无锡(江阴)港及无锡内河港组成。至2022年底,全市共有港口经营企业481个(无锡内河港450个、无锡(江阴)港31个),共拥有生产性泊位866个(其中无锡内河港748个、无锡(江阴)港118个),码头总长度约74公里,形成年通过能力约2.48亿吨(无锡内河港1.44亿吨、无锡(江阴)港1.04亿吨),其中万吨级以上泊位48个(含8个舾装泊位),10万吨级以上码头泊位5个,最大靠泊能力15万吨。

无锡(江阴)沿江自然岸线为长江干流,岸线总长35.7公里。根据《无锡(江阴)港总体规划(修编)》,现规划港口岸线全长16.85公里,实际使用长江岸线约13.35公里。无锡市内河航道自然岸线总长约1 674.1公里,根据《无锡内河港总体规划》,共规划港口岸线23.2公里,已利用港口岸线约13.4公里。

无锡(江阴)港位于长江下游江苏省无锡市长江南岸的江阴市境内,南邻无锡市区,西通常州、南京,东接张家港、苏州、上海,素有"江尾海头、江海门户"的美誉。无锡(江阴)港是江苏省地区性重要港口和无锡市唯一沿江港口,是无锡市经济发展、沿江产业布局的重要依托,也是长江干线江海河转运的重要枢纽之一,在地区经济发展中发挥重要作用。

《无锡(江阴)港总体规划》于2008年获省政府批复施行,确定"一港四区"发展格局。2022年,无锡市交通运输局开展《无锡(江阴)港总体规划》修编,全港布局石利、申夏、黄田港、长山4个港区,其中石利港区以化工原料和产成品运输中转为主,申夏港区为重点港区,主要发展散货、杂货、集装箱专业化运输,黄田港港区调整为生活性岸线,长山港区以为临港工业服务及石油制品运输中转为主。

无锡内河港是《国家综合立体交通网规划纲要》明确的全国36个内河主要港口之一,港口所依托的无锡市经济基础雄厚,紧邻我国经济、金融、贸易和航运中心的上海市,综合交通发达,区位优势明显。无锡内河港发展历史悠久,作为中国民族工商业和乡镇企业发祥地,内河港伴随着经济的发展而逐步发展壮大,货种构成也发生明显变化,从最初的米行而泊的零散物资运输,逐渐发展到煤炭、矿建、钢铁、粮食等大宗货物运输,同时随着二类口岸正式开放,内河集装箱运输亦开始起步。

无锡内河港现有城郊(含梁溪区、新吴区、滨湖区)、惠山、锡山、宜兴、江阴5个港区。城郊港区主要为无锡市全市范围的内河集装箱运输、大宗货物铁公水转运、散杂货集散服务。同时还承担无锡市的城市发展和工业园区的部分原材料、产成品的运输服务任务,为环太湖水上旅游提供旅游客运服务;惠山港区历史悠久,所建港口规模化和集约化程度较高,资源利用效率和港口装卸效率较高,运输货种以矿建材料、钢材、煤炭及石油天然气制品为主;锡山港区由分散的许多小码头组成,腹地内临企业为便于运输、节约成本,均大量自建码头,造成锡山港区货主码头数量众多,主要服务于锡山地区、无锡市部分区域以及沿河企业,货物种类以矿建材料、钢铁、煤炭及制品为主;宜兴港区是宜兴市对外物资交流的重要口岸和地区综合运输的交通枢纽,是宜兴市建设长江三角洲生态旅游城市的重要载体。随着腹地经济社会发展和港口功能的逐步拓展,其发展方向是以能源、原材料、工业产品、内外贸集装箱运输及旅游服务为主的多功能、综合性港口;江阴港区的发展伴随着江阴经济的发展而变化。江阴是近代民族工商业和企业发祥地,随着江阴经济的发展,江阴内河港口经历萌芽、雏形、发展壮大等多个阶段,货种构成逐渐发展到以煤炭、矿建、钢材、水泥等大宗散杂货物运输为主。

【**年度工作概况**】港口建设。2022年,无锡(江阴)港水上化学品洗舱站通过竣工验收,正式投入运营。无锡(江阴)港3号码头内港池岸线获省交通运输厅批复。无锡(江阴)港申夏港区5号、6号码头提档升级项目及石利港区扬子嘉盛LNG码头工程前期工作稳步推进,岸线批复手续上报待批,助力无锡(江阴)港高效、绿色发展。无锡内河港新安大桥作业区码头二期工程(一阶

段)上半年通过竣工验收,为高效推进上海ICT项目落地提供保障。无锡内河港宜兴港区新港作业区旺达集装箱码头扩建工程完成投资约7 800万元,完成主体结构施工,正在进行设备的安装调试。

港口运营。2022年全市累计完成货物吞吐量4.25亿吨,同比增长3.52%,外贸吞吐量6 414.61万吨,同比下降4.26%,集装箱吞吐量59.51万标准箱,同比下降9.39%。主要作业货种:金属矿石1.31亿吨,煤炭及制品1.21亿吨,矿建材料8 266.49万吨,钢材4 406.53万吨,化工原料及制品1 239.52万吨。无锡(江阴)港完成货物吞吐量3.51亿吨,外贸吞吐量6 364.05万吨,集装箱吞吐量53万标准箱。主要作业货种:金属矿石1.28亿吨,煤炭及制品1.11亿吨,矿建材料5 440.11万吨,钢材2 574.62万吨,化工原料及制品1 111.95万吨。无锡内河港完成吞吐量0.74亿吨,外贸吞吐量50.56万吨,集装箱吞吐量6.51万标准箱。主要作业货种:矿建材料2 826.38万吨,钢材1 831.91万吨,煤炭及制品1 014.93万吨,水泥675.78万吨,金属矿石360.45万吨。

港口管理。一是完善规划体系。在推进《无锡(江阴)港总体规划》修编上,一方面已协调属地政府及相关部门将石利港区部分码头调整出红线范围;另一方面加强与部、省沟通汇报,完成2个局部调整的专项规划。《无锡内河港总体规划》修编已形成初步成果并广泛征求意见。根据无锡市"美丽河湖"一号工程要求,无锡市交通局编制完成《京杭大运河(无锡段)港口码头专项整治规划方案》,在前几年码头整治的基础上,将沿线69个港口企业继续压缩至23个,向洛社、石塘湾、旺庄、新安大桥、硕放5个主要作业区集聚,大力推动港口岸线集约高效利用。二是完善港口信用体系。推进港口经营诚信体系建设,打造港口企业"红黑榜"。全年累计发布港口企业规范经营"红黑榜"名单4次,红榜31家次,黑榜16家次。同时,通过报纸、微信公众号等多种媒体渠道进行公布,激励全行业规范化、绿色化、安全化经营。三是推进港口规范管理。推进《内河港口货物码头经营人规范管理指南》标准研究,全面理清港口企业实现依规经营必须在设施设备、人员、安全、环保等诸方面的主体责任。

绿色港口。港口绿色发展提升,一是巩固整改整治工作成效。建立完善码头整治长效监管机制,明确各地、各部门在港口码头规划建设、拆除取缔、日常监管等方面合力巩固整治成果。联合市生态环境局对所有港口码头进行污染防治"回头看",加大执法力度,对查出问题逐一整改销号,通过中央第二轮生态环保督查。二是突出做好港口扬尘治理。督促企业落实港口粉尘污染防治措施,全市各干散货码头通过采取建设防风抑尘网、堆场封闭、堆物苫盖、配备雾炮等固定或移动喷淋等抑尘控制措施,做好港口码头粉尘综合防治工作。有序推进港口粉尘在线监测系统建设,全市所有327家干散货码头按文件要求完成港口粉尘在线监测系统建设,并接入市级生态环境监测平台。三是强化岸电建设使用。全市累计建设船舶岸用交流电设施671套,共覆盖泊位数699个,覆盖企业416个,企业覆盖率达100%。2022年,全市港口码头累计使用岸电船舶艘次5.55万次,累计使用岸电503.54万千瓦时。四是积极打造绿色港口。2022年,江苏丽天石化码头等4家港口企业获评江苏省"三星级绿色港口"。无锡(江阴)港水上化学品洗舱站通过竣工验收,正式投入运营,全年共洗舱船舶130艘次,接收洗舱水2 733.65立方米。

平安港口。一是开展安全监督检查。压实部门监管责任,制定下发2022年度港口安全工作重点任务清单。市局层面通过第三方检查、专家检查和日常检查相结合的方式,对全市在产港口危货企业实行全覆盖式检查,共组织开展安全督查28次,下发整改交办单15件次,均已督促抓好整改。全市港口安全生产"零事故",港口危货企业安全标准化达标率100%。二是推进本质安全。开展危货码头本质安全诊断治理专项行动,12家沿江危货码头及1家内河港口重大危险源企业均已完成HAZOP分析和SIL定级;对5家危化品企业的14个危化品常压储罐进行抽检,共计总容量4.8万立方米;江阴沿江共3个应急物资库完成对688件应急物资更新维保;举办全市港航系统安全应急技能大比武。三是抓紧抓牢水路口岸疫情防控。2022年,口岸专班共出动1 246人次对21家沿江开放码头、14家代理公司、12家油污水接收企业以及3家拖轮公司进行检查,共计约谈8家第三方服务企业和15家码头企业,熔断11家第三方服务企业和2家码头企业,累计排查船舶数量60 367艘,涉外船舶

1 439 艘，未发生一起疫情扩散。

　　智慧港口。推进智慧港口建设，强化"智慧港口"顶层设计，正在与国内领先、有成功经验的设计团队进行对接，结合无锡港特点，提出"智慧化、数字化""一港一方案"的整体方案；推动示范企业先行新试，依据"江苏省智慧港口建设三年行动方案"，推动江阴港口集团将投资8 000万元对现有码头进行"智慧化"改造。重点围绕省厅下达的"制定江苏省件杂货码头智慧化建设指南"的工作任务，已完成《江苏省件杂货码头智慧化建设指南总体方案大纲》。

【无锡（江阴）港水上化学品洗舱站通过竣工验收】1月25日，由江苏丽天石化码头有限公司承建的江苏省无锡市江阴港洗舱站通过竣工验收，正式投入运营。该洗舱站设计年洗舱能力600艘次，填补长江江阴段船舶洗舱能力的空白，更满足周边船舶的洗舱需求。江阴港洗舱站可有效处理油、醇、酮、酯、芳烃等5大类超百余个石化产品，洗舱废水经"中水回用"装置处理后可达纯净水指标循环使用。同时，企业还对洗舱业务进行全流程跟踪，针对每一艘船舶建立洗舱运营日志，并通过"一船一核算、一船一定价、一船一总结"的服务优化客户体验。

【无锡内河港新安大桥作业区码头二期工程（一阶段）通过竣工验收】5月30日，无锡内河港新安大桥作业区码头二期工程（一阶段）通过竣工验收，正式投入运营，为高效推进上港ICT项目落地提供保障。该工程建设内容为6个1 000吨级件杂货泊位和2个1 000吨级多用途泊位及相关配套设施，岸线长度564米，靠泊等级为1 000吨，设计通过能力433万吨，其中集装箱9.8万标箱。

【无锡市出台《内河港口货物码头经营人规范管理指南》市级地方标准】为推动无锡市内河港口码头发展适应新形势、新任务、新要求，助力"强富美高"新无锡建设，无锡市交通运输局在全省率先启动《内河港口货物码头经营人规范管理指南》课题研究工作，并于2022年推动《指南》作为无锡市级地方标准发布实施。《指南》全面理清港口企业实现依规经营必须在设施设备、人员、安全、环保等诸方面的主体责任，不断调整和完善码头行业管理，体现政府在行政管理方面的创新和改革。

（孙　隽）

【《无锡港口史》工作大纲通过专家评审】5月26日，《无锡港口史》编纂工作大纲通过专家评审，为后续编史工作有序有力开展提供科学指南和工作依据，这是江苏省内首个通过评审的地级市港口史编纂工作大纲。《无锡港口史》编纂课题组根据专家意见进一步完善大纲，并按时序进度着手编史，潜心梳理研究无锡港口从发端至2020年的发展历史，坚持高起点、高标准、高质量推进工作，全力把《无锡港口史》编纂工作打造成全省乃至全国港口史编纂工作的精品和示范。

（蒋　蔚　孔思予）

【2022年无锡市港作机械、车辆使用清洁化能源改造计划完成】11月4日，江阴市长江港埠有限公司已新增2台CPD型电动叉车，对1台轮胎式起重机进行电气化改造；江苏江阴港港口集团股份有限公司已淘汰30台排放未达国三标准的柴油装载机，至此，无锡市2022年港作机械清洁化能源改造计划按期完成。

（徐秋石）

徐州市港口

【单位概况】徐州市港航事业发展中心位于徐州市泉山区泰山路76号（邮编：221008，电话：0516-83799802）。根据《中共徐州市委机构编制委员会关于印发〈徐州市港航事业发展中心机构职能编制规定〉的通知》（徐编发〔2021〕49号），徐州市港航事业发展中心为徐州市交通运输局管理的公益一类事业单位，机构规格为副处级，事业编制160人，经费渠道为财政全额拨款。

徐州市港航事业发展中心贯彻落实党中央关于港口、航道工作的方针政策和省委、市委决策部署。主要职责是：承担全市港航行业有关发展战略、发展规划、行业政策、法规规章、标准规范编制的行政辅助工作。承担港口、航道相关行政审批事前的符合性技术审查工作；参与全市港口公用基础设施、航道、公共锚地、水上服务区建设养护等工作。承担全市港航行业安全管理和应急处置、交通战备的行政辅助工作;负责航道船闸运行调度,承担航道网运行的监测、预警、信息服务等技术支撑工作;承担船舶过闸费、航道赔(补)偿费征收的经办工作。承担全市港航行业生态环保、绿色发展的行政辅助工作;承担港口、航道的网络安全、信息化建设、行业统计、信息调查的技术支撑工作。完成徐州市交通运输局交办的其他任务。

徐州市港航事业发展中心内设科室12个,分别是:办公室、法制科、发展计划科、科技信息科、安全运行科、港口科、航闸工程科、养护管理科、蔺家坝船闸运行中心、刘集船闸运行中心、沙集船闸运行中心、组织人事科。

党委书记、主任　王行宇
副主任　孙向举　白良成　谢青　李岩红

【港口总体情况概述】至2022年底,徐州港共有码头61座,生产性泊位223个,码头总长度15 506米,设计年通过能力7 357万吨。

【年度工作概况】港口建设。2022年,徐州港全力推进港口项目建设,全年完成总投资3.55亿元。主要项目是新建徐州港徐州港区金山桥作业区公用码头一期工程A区,全年开工并完成投资3.55亿元。

港口运营。全年徐州港完成货物吞吐量5 015.08万吨,同比增长7.3%。主要货种:煤炭2 690.61万吨,同比增长0.54%;钢铁355.29万吨,同比增长147.1%;非金属矿石354.23万吨,同比增长166.3%;粮食146.53万吨,同比增长36.95%。木材129.52万吨,同比增长102.22%;矿建材料970.44万吨,同比下降22.99%。

2022年徐州港集装箱吞吐量突破20万标箱。开通徐州至太仓、连云港、南通、南京、济宁、扬州、上海、宿迁等集装箱运输航线,全年累计完成20.23万标箱,同比增长13.65%。其中重箱15.2万标箱,占比75.14%。累计完成外贸箱605标箱。

港口管理。规划修编报批工作圆满完成。徐州港总体规划修编工作于2015年启动,修编最终成果《徐州港总体规划(2035年)》已获交通运输部、省人民政府联合批复。完成对辖区内58家港口企业的年度信用评定考核工作。对港口经营者在完成基础信息、完成信用信息归集、上报信用自检后,依据省港口经营者信用评分标准,以日常监督检查和行政处罚信息为基础,综合评定考核得分,形成港口经营者信用等级评定初步结果。全市58家港口码头企业中44家企业信用评定等级为AAA,14家企业信用评定等级为AA,无企业列入"失信企业黑名单"。

绿色港口。组织开展《徐州港绿色港口发展规划》编制工作。编制绿色港口发展规划,对促进徐州港绿色低碳和可持续发展、助力江苏交通强国建设具有重要意义,11月中旬规划中期成果通过评审;开展港口岸电设施改造提升工作。结合船舶受电设施改造标准,推进全市港口岸电设施的改造提升工作。印发《关于推进船舶靠港使用岸电常态化的通知》,研究制定相关适应性标准,确保改造后的港口岸电设施与船舶受电设施相匹配。全年岸电用电量12.3万千瓦时,同比增长6.8%,岸电应接尽接率达92.6%;持续推进港作机械清洁化改造,下降大气污染物排放,新沂港区完成10台港作机械使用清洁能源改造。

平安港口。建立健全安全责任体系、落实安全工作措施,根据中心机构职能编制规定,印发《港航中心安全生产责任制》,明确中心领导和各部门的安全责任,建立健全全员安全生产责任制。印发《港航中心安全生产管理十项制度》。构建安全风险分级管控和隐患排查治理双重预防机制,健全风险防范化解机制。开展应急管理体系研究项目,修订完善港航应急预案体系,包括1项综合预案、6项专项预案、6项现场处置方案,编制2项港口应急预案。

智慧港口。徐港集团智慧港口一期工程,围绕港口的生产、管理、物流、服务四个方面,基本建成大宗商品交易平台、管控一体化平台、铁水联运平台、揽货平台等多个应用、支撑系统。铁水联运平台顺堤河港港前站点扩容、船舶与铁水平台对接已完成,全港区的三维建模已进行无人机扫描,完成模型初设。

【《徐州港总体规划(2035年)》获批】3月20日,交通运输部、江苏省政府联合批复《徐州港总体规划(2035年)》。明确徐州港是全国内河主要港口和国家煤炭运输体系的重要转运港,是徐州建设淮海经济区中心城市和全国重要综合性交通枢纽的基础支撑，是建设徐州淮海国际陆港、连云港国际枢纽海港、淮安空港"三港联动"的重要组成部分，是徐州市及周边地区经济发展、沿河产业布局、城市建设、对外贸易的重要依托。确立徐州港"一港六区"的总体格局，其中，徐州港区为核心港区，邳州港区、丰县港区、沛县港区、新沂港区和睢宁港区为一般港区。

【徐州港顺堤河作业区二期码头工程使用港口岸线获批】6月24日，徐州港顺堤河作业区二期码头工程使用港口岸线获省交通运输厅批复；10月26日，徐州港徐州港区顺堤河作业区二期码头工程可行性研究报告获省发改委批复。该项目拟建设12个2 000吨级泊位，其中，4个多用途泊位，2个散货泊位和6个集装箱专用装卸泊位，岸线总长度1 094.6米，设计年通过能力947万吨，其中集装箱54万标箱。顺堤河作业区为徐州港的核心作业区，一期码头工程2013年11月建成投产。

【《徐州市港口岸线整合利用五年规划(2021—2025年)》通过审查】9月26日，《徐州市港口岸线整合利用五年规划(2021—2025年)》通过徐州市港航事业发展中心的审查。该《规划》的编制实施，进一步有效保护和合理利用徐州市的港口岸线，促进港口岸线资源的有序整合，提高港口岸线利用效率，促进徐州市港口向高质量发展转变，为地方经济和社会可持续发展提供坚实保障。

(李思睿)

常州市港口

【单位概况】常州市交通运输局位于常州市新北区龙城大道1280号(邮编：213000，电话：0519-85682125)，承担全市港口行政管理职责，具体承担相应职能的内设处(室)为港航管理处。2019年3月，《常州市交通运输局职能配置、内设机构和人员编制规定》印发实施，港航管理处作为市交通运输局管理港口的处室，拟定全市港口、航道建设、养护、运营相关政策、制度并监督实施；负责航道行政、港口行政、地方海事行政管理工作；承担港口岸线管理有关工作。

常州市港航事业发展中心(常州市天宁区丽华北路2号)承担全市港口事务性工作。2019年3月，中共常州市委机构编制委员会办公室《关于印发〈常州市港航事业发展中心职能配置、内设机构和人员编制规定〉的通知》(常编办[2019]6号)明确，港口方面主要职能包括：贯彻执行国家和省、市有关港口、航道的方针政策和法律法规，参与编制港口、航道行业有关发展战略、发展规划、行业政策、法规规章、标准规范；参与编制港口建设计划；负责管辖范围内港口、航道基础设施建设、养护和管理工作；指导全市港口工程建设工作；负责管辖范围内港口、航道信息化以及行业统计调查工作；承担全市港口、航道绿色发展、科研、标准化等工作；承担管辖范围内港口公用基础设施和航道船闸基础设施的安全管理和应急处置工作；承担管辖范围内港口、航道有关行政许可事项前的事务性工作。

市交通运输局党委书记　　沈小勇
市交通运输局局长　　薛　晔
市交通运输局分管副局长　　季小明
市交通运输局港航管理处处长　　史香君
市交通运输局港航管理处副处长　　刘荣建
市港航事业发展中心党委书记、主任　　马恒
市港航事业发展中心分管副主任　　周志方
市港航事业发展中心港口科科长　　汪祝洪

【港口总体情况概述】常州港东临江阴港，西靠镇江港，北与泰兴市隔江相望，是国家一类开放口岸和地区性重要港口，也是常州地区重要的出海门户。常州港水道顺直、水深槽宽，自然水深达15米以上。长江干流码头前方航道宽度约800~960米，航道中心水域距离码头前沿约500米左右。常州港现有锚地2个；临时停泊区1个，分别分布于泰兴水道长江♯75黑浮左侧、长江♯76黑浮左侧、长江♯77黑浮至T♯1黑浮北侧，锚地和临时停泊区面积合计5.2平方公里。常州港由录安洲港区、圩塘港区和夹江港区形成"一港三区"及德胜河口预留未来发展空间的总体格局。随着京杭运河改线工程、京杭运河、丹金溧漕河等干线航道的升级改造，常州内河港口进入提档升级的阶段。这期间，共实施常州内河港市区港区京杭运河东、西港区工程、常州内河港金坛港区金城作业区码头工程等项目，内河港

口进入集约化、规模化发展轨道。

截至2022年,常州港已建成生产性泊位27个,其中,万吨级泊位9个。港口通过能力2 974万吨,集装箱能力20万标箱。常州港以公用码头为主,拥有公用码头泊位23个,通过能力2 389万吨。常州内河港现拥有生产性泊位549个,设计年通过能力13 931.8万吨,集装箱能力10万标箱。

【年度工作概况】港口规划。2022年,常州市开展《港口岸线整合利用五年规划》研究,在完成规划成果专家审查的基础上,组织开展重点作业区规划方案研究,编制各重点作业区转型发展方案,形成全市"东西南北中"内河港口重点作业区全覆盖的布局。全面完成水路承灾体普查和港口岸线资源调查,根据部、省对承灾体普查工作要求,建立全市自然灾害综合风险水路承灾体普查组织架构,完成水路承灾体(港口)排查、信息录入和数据验收。贯彻落实部、省港口岸线资源使用情况调查要求,完成沿江和省干线航道沿线的内河港口岸线普查工作。

港口建设。全面开工建设溧阳港区溧城西作业区码头工程,水工建筑物主体结构和附属设施全面建成,道路堆场完成主体结构施工,港机设备制造安装标段门机、岸桥设备进场安装完成工程量的20%。1—10月,项目完成投资3.2亿元,占年度计划投资的86%。建成运河东港集装箱堆场项目,通过与上港集团开展业务合作,开通内河集装箱航线。

港口运营。2022年,常州港口完成货物吞吐量1.28亿吨,同比下降10.0%。其中,沿江港口货物吞吐量为4 672万吨,同比下降10.2%;内河港口货物吞吐量为8 161万吨,同比下降9.9%。港口外贸货物吞吐量为1 149万吨,同比下降4.7%;集装箱吞吐量达33.9万标箱,同比下降4.7%。其中,沿江集装箱吞吐量达31.2万标箱,同比下降12.1%;内河集装箱吞吐量达2.6万标箱。2022年常州录安洲共开通航线8条,其中近洋航线(日本直航)1条、内贸外支线1条、内贸航线6条,月度营运航班总数为229个。发挥丹金溧漕河、京杭运河等内河航道网优势,依托金坛港开辟太仓内河集装箱航线,该航线共投入运输船舶7艘,班期密度达4班/周,常州市金坛区金城港投资建设有限公司完成集装箱吞吐量22 210标箱。2022年,交通运输企业联网直报一套表系统共纳入183家码头企业,全年吞吐量为12 832.77万吨,其中沿江码头吞吐量4 672.261万吨,内河码头8 160.51万吨。

港口管理。实施港口信用管理,结合港口专项整治和规范提升现场核查工作,深入港口企业开展信用宣传月活动,完成2022年度港口企业信用评定工作。其中,AAA级企业155家、AA级企业35家,A级企业6家,B级企业1家,共对197家企业扣除1 030分。常州市交通运输局建立港口信用联合检查工作机制,市港航事业中心和市交通运输综合行政执法支队等部门共同参与,共完成市区35家港口企业台账检查,开展2022年度信用评定等级较低的10家企业集中督查回访,指导企业补齐信用建设短板,行业信用迈向新台阶。强化港口名录库管理。及时动态更新维护名录库,细化各辖市区维护节点对港口企业的维护工作流程,按照先进库、后统计原则,严格执行港口企业的新增、变更、注销审核流程,及时提供新增、变更和注销单位的名录资料。2022年名录库系统全市新增港口企业10家,其中:市本级2家,钟楼区1家,新北区4家,武进区1家、金坛区2家。

平安港口。加强港口行业系统治理,巩固并完善长效管理机制,深化提升港口安全生产三年专项整治。推进港口危化品安全风险集中治理,全面加强危险货物港口企业危险作业管理,成立港口安全专家库,组织完成安全监管人员和企业负责人安全培训,按要求完成年度常压储罐抽检以及定量装车系统和独立安全仪表系统(SIS系统)建设,及时部署落实安全生产大检查、百日攻坚行动,开展第三方专项督查检查。严格执行监督检查计划,全市共计出动检查组759组次,出动检查人员2 081人次(其中聘请第三方专家150人次),检查港口企业1 261家次(其中危化品港口企业164家次),发现各类问题隐患1 473条(其中危化品港口企业454条),各执法部门办理执法案件15件,处罚金额59.83万元,对所有问题隐患均进行交底讲评,还有78条正在按计划整改,其余均已完成整改落实。

绿色港口。2家沿江港口企业获评省三星级绿色港口,储备5家内河港口企业申报绿色港口;常州市码头企业共建成船舶污染物接收设施629套,具备"应收尽收"能力,内河服务区和交通船闸共建成船舶污染物接收设施19套,并实现智能化。全市港口码头企业均与合规的船舶污染物转运处置单位签订协议并使用"船E行"系统,各转运、处置单位在"船E行"系统的注册登记率达95%以上,系统中转运和处置量也已达90%以上,实现船舶水污染物从产生、接收、转运到处置的全链条、闭环管理;完成码头岸电三年改造计划要求,提升码头岸电标准化程度。落实靠泊超过2小时必须使用岸电规定,用电量同比增长33%;加快粉尘在线监测系统建设,全市从事易起尘货种装卸散货码头完成粉尘系统安装。

【常州录安洲码头省内沿江首个气膜大棚起膜成功】5月25日,经过4个月的施工建设,常州市"532"重点项目,由中成空间建造的常州录安洲长江码头有限公司散货堆场气膜大棚项目中的D号大棚起膜成功。这是江苏省内沿江港口首家对散货堆场实施全封闭全覆盖改造的气膜项目,也是国内首个内河码头散货堆场气膜仓储项目,该气膜大棚长度为635米,跨度为124.5米,高度为49.5米,投影面积为79 058平方米。

【常州东港集装箱物流中心开通至上海港首条河海集装箱直达航线】7月建成开通"常州—上海外高桥"集装箱河海联运班轮,项目岸线长630米,一期用地面积102.2亩,规划建设3个多用途泊位,设计集装箱吞吐量10万标箱/年。陆域范围按功能进行分区布置,由水向陆依次布置码头作业带和后方集装箱重箱堆场,可提供660标箱重箱箱位,140标箱空箱箱位。当年接卸204艘船舶,完成吞吐量8 457标箱。常州东港将围绕"港口+集疏运+临港产业区"的全新业态,打造以"陆运+水运""装卸+仓储""物流+金融"为特征的现代物流中心,努力构建全市国际物流通道新支点,助力全市外向型经济发展和物流业转型升级。

(管佳新)

苏州市港口

【单位概况】苏州市交通运输局(苏州市桐泾南路298号)(邮编:215007,电话:0512-68125789)承担全市港口行政管理职责,根据苏州市委办公室、市政府办公室印发的《苏州市交通运输局职能配置、内设机构和人员编制规定》,具体承担相应职能的内设处(室)有4个:港航管理处、综合计划处、建设管理处、安全保卫处(应急办公室)。

港航管理处的主要职责:负责港口、航道发展和监管工作;拟订港口、航道行业发展战略、行业政策并监督实施;监督检查港口、航道年度建设养护计划的落实;负责港口与航道岸线利用、绿色发展、行业统计、信用管理、经济信息发布工作;指导国内外港口间的经济合作与对外交流并参与重大涉外活动;承担港口与航道、船舶检验、水上交通安全等行政许可相关工作,并限时办结。综合计划处的主要职责:组织拟订港口等交通行业的发展规划和实施计划;组织拟订港口规划;拟订港口建设的固定资产投资计划和年度计划;承担公路、水路建设前期工作协调和管理、概预算管理。建设管理处的主要职责:承担公路、水路建设和维护的行业管理工作,负责交通建设工程建设实施阶段程序管理。安全保卫处(应急办公室)的主要职责:组织拟订并监督实施公路、水路、城市公共交通安全生产政策和应急预案。

市交通运输局党组书记、局长　焦亚飞
市交通运输局分管副局长　周建华
港航管理处处长　陈仕荣
综合计划处副处长　陈　敏(挂职)
建设管理处处长　蒋莹玉
安全保卫处处长　石常宝

【港口总体情况概述】苏州港地处长江入海口的咽喉地带,主要发展内贸航线、近洋支线和外贸内支线三类航线,是中国重要集装箱干线港之一。苏州港的内贸航线覆盖中国沿海地区大部分港口,近洋支线覆盖东南亚"一带一路"沿线20余个国家,外贸内支线主要喂给上海港、宁波港等主要港口。自2002年组建苏州港以来,是苏州对外开放发展速度最快、质量最好的时期,苏州港的港口货物吞吐量也随之连年攀升。

苏州市拥有长江自然岸线156.7公里,其中主江岸线139.9公里,洲岛岸线16.8公里。苏州港共规划建港岸线86.9公里,其中深水岸线83.7公里。到2022年底,已开发利用岸线53公里,占规划港口岸线的61%(全省沿江港口岸线平均开发利用率68%）。

截至2022年底，苏州港共有港口码头企业58个，码头总长度47 167.0米；苏州内河港共有港口码头企业526个，码头泊位数1 203个，码头总长度66 816.1米。苏州港共建成各类生产性泊位301个（其中集装箱泊位20个），其中万吨级以上泊位135个，年设计通过能力3.81亿吨、746万标箱，基本形成以20万吨级为龙头、5～7万吨级为骨干、万吨级以上泊位为主体的高等级码头群。

苏州内河港是全省的重要港口，主要承担矿建、煤炭、钢材、非金属矿石等大宗物资运输任务，发展方向以能源、矿建材料、原材料、工业产品和内外贸物资运输为主。随着内河集装箱运输的推进，逐步发展成为具备装卸仓储、中转换装、运输组织、临港工业、现代物流、商贸旅游等服务功能的综合性港口。

苏州港是由原国家一类开放口岸太仓港、常熟港、张家港港三港合一组建而成的国家沿海主要港口。

苏州港规划为张家港、常熟和太仓三个港区，形成"一港三区、各具特色"的苏州港空间布局。规划今后苏州港集装箱运输功能主要集中在太仓港区新泾、浮桥作业区，发展集装箱干、支线运输、喂给运输和内贸运输，张家港港区张家港作业区和常熟港区兴华作业区将以集装箱支线和喂给运输为主；煤炭中转运输主要集中在张家港港区冶金工业园作业区和太仓港区荡茜作业区，张家港港区段山港作业区和常熟港区金泾塘作业区以及太仓港区鹿河作业区以为后方临港企业服务为主；金属矿石中转运输主要集中在张家港港区冶金工业园作业区和太仓港区荡茜作业区完成，在太仓港区新泾作业区适当发展；油气化工品运输逐步集中到张家港化学工业园作业区、常熟港区金泾塘作业区和太仓港区茜泾作业区，在张家港港区东沙作业区布局LNG泊位区1处，在化学工业园作业区远期资源预留LNG泊位区；钢材运输主要在张家港港区冶金工业园作业区、常熟港区兴华作业区、金泾塘作业区和太仓港区荡茜作业区完成，木材运输主要在张家港港区张家港作业区、常熟港区兴华作业区和太仓港区新泾作业区完成，粮油运输主要在张家港港区张家港作业区；商品车滚装码头主要布局在太仓港区浮桥作业区和常熟港区金泾塘作业区，张家港港区张家港作业区兼顾商品车滚装运输功能；旅游客运港点主要在张家港港区张家港作业区双山航运站、常熟港区海洋泾、太仓港区郑和公园。规划张家港、冶金工业园、兴华、新泾、荡茜和浮桥作业区为综合性枢纽作业区；规划长山、化学工业园、段山、东沙、金泾塘、茜泾为一般作业区。

苏州内河港规划为市区港区、张家港港区、常熟港区、太仓港区、昆山港区、吴江港区共6个港区。并结合各港区运输需求、城市总体规划、经济发展和产业布局，将苏州内河港各港区的作业区进一步细化，共规划20个重要作业区，包括：高新区作业、白洋湾作业区、工业园南作业区、吴中作业区、渭塘作业区、松陵作业区、平望作业区、吴江城南作业区、盛泽作业区、汾湖作业区、城东作业区、城南作业区、吴淞江作业区、牌楼作业区、岳王作业区、东南作业区、新港作业区、锦丰作业区、凤凰作业区、南沙作业区。19个一般作业区，包括：望亭作业区、工业园北作业区、元和作业区、屯村作业区、震泽作业区、横扇作业区、玉山作业区、周市作业区、金鸡河作业区、张浦作业区、城厢作业区、浒河作业区、双凤作业区、大义作业区、支塘作业区、沙家浜作业区、常浒作业区、杨舍作业区、塘市作业区。

沿江重点港区：张家港港区。地处长江下游南岸，处在江阴市与张家港两市交界处的张家港市境内。规划港口岸线长度40.1公里。至2022年底，张家港港区共有沿江港口码头企业26家，建有泊位146个，万吨级以上泊位78个，对外开放泊位为86个。张家港港区共有长山、张家港、化学工业园、段山港、冶金工业园、东沙6个作业区，各个作业区的岸线范围和主要功能分工如下：长山作业区由张家港江阴交界处至巫山港口，以船舶制造和件杂货运输为主，主要为后方的船舶等装备制造业发展服务；张家港作业区包括巫山港口至保税港区码头和双山岛客运及其支持系统码头，以木材等散杂货江海物资转运和集装箱支线、喂给运输为主，兼顾商品汽车滚装、旅游客运的综合性枢纽作业区；化学工业园作业区由长江国际码头至老沙码头下400米，以化工品和粮食运输为主，为后方扬子江化学工业园服务，兼有部分化工品的中转储运和LNG接卸功能；段山港作业区由太字圩至海螺水泥码头，以重大件、钢铁等件杂货和水泥等散货运输为主，主要为张家港市机械装备制造业的开发，以及后方临港工业的原材料和产成品运输服务；冶金工业园作业区由一干河口至十三圩上400米，以铁矿石、钢铁、煤炭等通用散杂货运输为主的综合性枢纽作业区，主要为后方扬子江国际冶金工业园服务，逐步发展江海河联运；东沙作业区由六干河上游3公里至六干河和七干河口下100米至福山塘两部分组成，其中七干河口下100米至福山塘，以散杂货运输为主，主要为后方临港工业的能源、原材料和产成品运输服务，兼顾部分公共运输和LNG功能。

常熟港区。常熟港位于常熟市境内，水路距长江口70公里，沿长江上溯沟通长江中上游沿线地区，经申张线、望虞河、常浒河、白茆塘等航道与长江三角洲内河水网相连。规划港口岸线长度18.6公里。至2022年底，通过港口岸线整合利用，常熟港现有泊位57个，其中万吨级以上泊位21个，对外开放泊位26个，泊位总长7 998.4米。常熟港共有51个生产性泊位，港口综合通过能力5 156.4万吨。常熟港区共有兴华、金泾塘2个作业区，各作业区的岸线范围和功能分工如下：兴华作业区由常浒河口至徐六泾口，以钢材、纸浆、木材等件杂货江海物资转运和集装箱支线、喂给运输为主，内外贸相结合的综合性作业区；金泾塘作业区由徐六泾口至白茆河口，主要为后方常熟经济开发区的电力、化工、造纸、钢铁、装备制造等产业发展提供能源、原材料和产成品运输服务。

太仓港区。地处长江和沿海开放交汇处，长江入海口南岸，具有通江达海的区位优势。规划港口岸线长度28.2公里。建有泊位95个，其中万吨级以上泊位40个，集装箱泊位14个。太仓港区划分为5个作业区，分别是鹿河、新泾、荡茜、浮桥和茜泾作业区，各作业区的岸线范围和功能分工如下：鹿河作业区由新太海汽渡至新泾塘口，主要为太仓市装备制造等临港工业开发服务；新泾作业区由新泾塘口至荡茜河口，以集装箱运输为主，是一个兼顾部分杂货运输功能和为临港工业开发服务的综合性港区；荡茜作业区由荡茜河口至华能电厂，是以服务于长江沿线的铁矿石、煤炭中转运输为主的大型散货作业区，兼有临港工业开发功能；浮桥作业区由华能电厂下游至杨林塘，是太仓港区发展集装箱运输的专用作业区；茜泾作业区由杨林塘至浏河水库上游200米，主要为后方石化、电力、造纸、装备制造等临港产业发展服务，兼有石油、化工和液化气的中转储运和汽车滚装运输功能。

内河重点港区有市区港区高新区作业区、市区港区白洋湾作业区和太仓内河港区牌楼作业区。

高新区作业区位于苏钢大桥下游，京杭运河苏州段8K+500附近西岸，由方正集团及苏钢集团共同投资成立江苏方正苏高新港有限公司。码头岸线总长687米，待泊区岸线总长400米。已完成11个泊位建设，其中港池北侧布置1 000吨级散货泊位3个，港池南侧布置6个500吨级件杂货泊位和2个1 000吨级件杂货泊位，设计年通过能力429万吨。

白洋湾作业区位于京杭运河苏州段16K+000附近东岸，拟建设3座挖入式港池，共建设13个1 000吨级集装箱专用泊位，其中北港池北侧布置3个1 000吨级集装箱泊位，中港池南侧布置2个1 000吨级集装箱泊位，南港池南、北两侧共布置8个1 000吨级集装箱泊位。设计年吞吐能力44.2万标箱。港池外侧陆域纵深约800米，整个作业区占地面积约2 000亩。其中中港池已完成交工验收，投入试验性生产。

牌楼作业区位于太仓市牌楼镇附近，杨林塘北岸，定位为市域综合性公用港口作业区、太仓港区集疏运作业区，承担江河转运功能，规划布局1 000吨级散货泊位4个、件杂货泊位2个、集装箱泊位5个，设计通过能力440万吨/年（其中集装箱设计通过能力22.5万标箱/年）。码头采用顺岸式布置，泊位长度1 374米，港区占地总面积505亩。

【年度工作概况】 港口建设。2022年，苏州加快推进港口项目建设，港口建设完成投资1.33亿元，占年度投资计划3.45亿元的38.7%。苏州港张家港港区东沙作业区锚地工程完成投资435万元，已完成交工验收。苏州港张家港港区东沙作业区进港航道工程完成投资6 298万元，基建性疏浚施工已经完成交工验收。江苏（苏州）国际铁路物流中心码头工程中港池项目完成投资7 096万元，已于2022年11月完成交工验收，正在投入试验性生产。投资占比最大的南港池（1.83亿）因供地原因没有开工。太仓港区锚地改扩建一期工程已完工，受北沿江高铁和苏州港总规调整影响,二期工程建设方案在沟通协调中。

港口运营。2022年苏州港完成货物吞吐量5.73亿吨,同比上升1.21%,位列全国第六位;完成外贸吞吐量1.73亿吨,同比增长1.28%;完成集装箱吞吐量907.99万标箱,同比上升11.89%,位列全国第八位。苏州港是以能源类产品、工业基础产品为主的资源消耗类港口,煤炭及制品和金属矿石合计占到全港吞吐量的近一半。另外几大主要货种排名依次为集装箱、矿建材料、钢铁、化工原料及制品和粮食,其中,太仓港港区已完成货物吞吐量2.66亿吨,同比增长9%;外贸运量9 736.85万吨,增长5.7%;集装箱运量802.6万标箱,增长14%,稳居全国第8位。张家港港区已完成货物吞吐量2.44亿吨,同比下降5.28%;外贸吞吐量6 427.68万吨,同比下降2.52%;集装箱吞吐量84.54万标箱,同比下降2.65%,整车进口317辆,出口0辆,总计317辆。金属矿石完成吞吐量7 850.56万吨,同比下降8.41%;煤炭及制品完成吞吐量6 191.67万吨,同比下降2.94%;钢铁完成吞吐量2 487.54万吨,同比下降18.96%;化工原料及制品完成吞吐量1 597.94万吨,同比增长20.33%;粮食完成吞吐量1 241.52万吨,同比增长6.31%;木材完成吞吐量504.26万吨,同比增长3.4%。2022年9月,保税港务新增一条张家港—太仓、韩国釜山-俄罗斯海参崴近洋航线,每2周一班。张家港口岸已开辟集装箱班轮航线44条,其中外贸近洋航线8条,外贸内支线21条,内贸航线15条。常熟港港区2022年已完成货物吞吐量6 351.9万吨,其中外贸量1 153.7万吨,集装箱208 617标箱,同比分别增长-2.8%、-11.1%、0.03%。2022年苏州港航线总数达290条,其中张家港港区44条、常熟港港区28条、太仓港区218条。2022年太仓港区新辟加密8条集装箱班轮航线,集装箱远洋定制航线服务网络延伸至欧洲、美洲、大洋洲、非洲等13个国家26个港口,为企业节约成本近20亿元,同时深化"沪太同港"效应,两港联动运输箱量突破150万标箱,强化"甬太联动"效应,升级"甬太快航"至天天班。张家港港区新增1条到俄罗斯的航线。2022年苏州内河港加密至上海洋山港、外高桥、太仓港等3条内河集装箱航线。全市港口辐射能力进一步增强,港口集散网络进一步完善,对推进运输结构、调整"公转水"起到较好的示范引领作用。2022年,内河集装箱吞吐量共14.15万标箱、同比增长35.57%。

港口管理。推进苏州港一体化创新发展。报请市委市政府制定出台《关于推进苏州港改革创新发展的意见》,推进优化苏州港管理体制,提升苏州港服务新发展能力。组建苏州市港航投资发展集团,加快建设现代港航物流体系,优化调整运输结构,推动港产城融合发展。根据省港口管理委员会《关于进一步推动港口岸线资源集约高效利用的指导意见》,结合苏州市实际,研究制定苏州港口岸线资源集约高效利用整合方案。排查效率效益低的港口岸线,清理整治不符合港口规划、安全、环保要求的码头,整合手续不完备码头占用的港口岸线,整合集约化程度不高的港口岸线。加快在用港口岸线的效率提升。优先保障产业转型升级项目的岸线使用。提升内河港口集约化、专业化水平。加强港口岸线利用全过程监管,推动港口岸线资源集约高效利用。完成718家港口企业2022年度信用评定工作,考核结果为AAA 411家,AA 235家,A 60家,B 5家,另有7家暂停经营。对于信用评定结果为AAA的市区港口企业,在港口经营许可证延续时免现场核查,直接由窗口审核材料发证。

绿色港口。认真做好省挂牌督办生态环境项目整改工作,制定苏州市内河绿色港口创建指南,落实港口企业环保专员责任,建立港口企业环境保护源头管理机制,落实企业环境保护主体责任。推进省生态环境保护例行督察反馈问题整改工作,已完成相关问题整改并提请市污防攻坚办进行销号。委托第三方单位开展港口环保设施建设及使用评估工作,对评估发现的问题督促企业立即改正。联合生态环境部门完成沿江、内河码头生态环境问题"回头看"联合检查,排查问题426项,已全部完成整改。开展全市港口码头粉尘污染联合检查。共检查港口企业1 531家次,出动1 962人次,发现扬尘问题数122个,已督促企业落实整改。加大港口环保执法检查和处罚力度,共处罚港口企业环保违法案件33起,罚款金额37万元。推进岸电建设,列入年计划的78套岸电设施已全部完成建设,全年累计用电量达996.8万千瓦时(度),同比增长30.4%。推进港口水平运输机械治理工作,全年完成261台国Ⅲ水平运输车辆淘汰工作,新增清洁能源新能源港作机械72台。在2022年全省绿色港口评级中,苏州共有4家企业获评绿色星级港口。

平安港口。苏州市2022年港口安全生产形势持续稳定,未发生一般及以上等级港口生产安全事故。港口年度安全检查计划和履职标准精细化,制定港口安全工作要点、港口重大危险源企业安全监督检查计划和第三方监火管理实施意见等文件,结合港口安全生产大检查、夏季高温港口专项督查、百日攻坚等行动,全面深化细化安全监管。港口码头企业从业人员素质稳步提升,委托港口行业安全专家对"三类人员"160家单位、570余人次开展培训教育,落实对38名主要安全管理人员、156名装卸管理人员的考核考试工作,以及对283名装卸管理人员的证书延续换发。港口重大危险源企业安全诊断系统化,开展14家港口重大危险源企业深度全面诊断,摸清企业存在的潜在风险点;开展港口储罐分类分级监管体系研究,推动建立储罐风险研判、预警、报告与监督、协同、联动机制。持续强化港口危险货物装货环节安全管控,督促15家港口危险货物装货人企业落实"五必查",建立健全并严格执行充装或者装载查验、记录制度,苏州市港口装货人"五必查"系统核验率达100%。大型油品储罐本质安全水平显著提升,苏州市现有港口大型油气储存企业3家,已全面完成"一库一策"问题整改和紧急切断阀等系统改造提升,初步建成油气储存企业安全风险智能化管控平台。

智慧港口。认真落实《江苏省智慧港口建设行动方案(2022—2025年)》,推进智慧港口建设,全面提高港口设计、建设、运营全环节的精细化、智能化管理。太仓港集装箱四期智慧码头项目于2018年开工建设,配置无人双悬臂梁自动化轨道吊和基于5G的远控岸桥等智能化设备,提高堆场的作业效率,相较传统设备可节约作业人员70%,可提升作业效率20%。该项目于2022年6月22日通过竣工验收,现整体运行平稳,月作业能力超11万标箱。推进张家港港务集团智慧港口建设工程建设。通过智能操作中心提升港口现场操作的数字化、智慧化水平,提升港口运营一体化协同效应。10月,省厅港航中心在张家港市组织召开全省港口机械绿色改造现场推进会,交流、探索江苏省港口企业对港口机械进行清洁化、智能化改造转型发展新方向,持续提升港口机械绿色智能水平。

疫情防控。严格落实《江苏水路口岸新冠肺炎疫情防控相关操作指南》和《港口及其一线人员新冠肺炎疫情防控工作指南》等水路口岸疫情防控相关政策措施。2022年,苏州港平均每天新增驶入外轮16艘次。落实国际航行船舶船员换班工作,共换班船员5792人次,其中下船入境3103人次,上船出境2689人次。高风险岗位人员1320人,严格落实人员闭环管理、核酸检测、健康监测等措施。制定落实水路口岸企业自查、属地检查和市级督查的三级排查机制,会同相关部门每月2次开展市级水路口岸疫情防控监督检查,共开展检查45次,发现问题64个,发现问题均已落实整改。省厅组织在太仓港开展全省水路口岸应急演练。精准做好水路口岸和水路运输疫情防控工作。落实码头人员和靠港船员核酸检测全覆盖。加强船闸、水上服务区和省界查验点疫情防控,督促做好个人防护工作。

(陈仕荣　袁梦)

【常熟港亨通港务2万吨级泊位岸线使用申请获批】 2月,常熟港金泾塘作业区亨通港务2万吨级泊位岸线使用申请获省交通运输厅许可批准。常熟港新增1个2万吨级件杂货泊位,进一步扩充港区万吨级泊位规模。

【上海港空箱中心太仓港分中心揭牌运营】 5月7日,上海港空箱中心太仓港分中心揭牌运营,沪太两港将共同协调相关船公司、货运代理,保障苏州本地及长江沿线企业空箱用箱需求,降低空箱用箱成本,解决因进出口箱量不平衡所导致的"一箱难求"问题,提升太仓港港航物流资源整体配置能力和港口综合服务水平。

【2022年全省港口企业叉车司机职业技能竞赛举行】 10月28日,省交通运输厅、省总工会在苏州张家港港务集团成功举办全省港口企业叉车司机职业技能竞赛。来自全省13个市和省港口集团的14支代表队42名选手参加比赛,本次大赛共分理论知识考试、技能操作考核两阶段赛程,旨在通过理论加技能对抗比赛引导培养知识型、技能型、创新型人才。经过激烈角逐,苏州代表队获个人第六名、第八名、第九名,团体第三名的好成绩,选手个人获1个二等奖、2个三等奖,苏州代表队获团体二等奖和优秀组织奖。

港口

【江苏(苏州)国际铁路物流中心码头工程中港池项目通过交工验收】 11月3日,苏州内河港白洋湾作业区江苏(苏州)国际铁路物流中心码头工程中港池项目通过交工验收。江苏(苏州)国际铁路物流中心位于大运河畔、苏州中心城区西北侧、金阊新城西南角,由苏州市政府与国铁上海局集团合作共建。工程被列为中欧班列枢纽节点、铁路场站对外开放项目,是交通运输部、国家发改委确定的全国第三批多式联运示范工程"苏南公铁水集装箱多式联运示范工程"的重要载体。本次交工验收范围为中港池,于2021年6月开工建设,建设内容包含1 000吨级集装箱泊位2个,泊位总长度134米,年设计通过能力6.8万标箱。该工程有助于进一步提升苏州内河港作业能力,发挥多式联运优势,构建区域性货物快速通关的集散高地。

【太仓港武港码头被授予2022年度"亚太绿色港口"称号】 太仓港武港码头始终坚持生态优先、绿色发展,不断强化污染防治,持续深化节能减排。围绕"高中低"三个维度,武港码头打造立体扬尘防治体系:利用苫盖防风抑尘网、矿堆防尘网,做好地面防风抑尘;在生产流程中应用干雾抑尘、雾炮系统等装备,做好空中物理降尘;在重点位置建设粉尘在线监测系统,实现24小时"云"上在线监测。通过建设污水处理设施、完善雨水收集系统,有效收集、处理和利用各类污水,实现含矿污水零外排,构建码头生态水循环体系。10月18日,在亚太港口服务组织(APSN)与菲律宾港务局共同主办的"亚太港口安全和包容性复苏"论坛上,太仓港武港码头被授予2022年度"亚太绿色港口"称号。

(任春艳)

【2022年全省港口机械绿色改造推进会在苏州张家港召开】 省交通运输厅、省厅港航中心、省交通综合执法监督局有关部门负责人,各市(区)交通局港口部门负责人、港航中心分管领导和企业代表参加会议。与会人员现场观摩张家港港务集团港口机械绿色改造成果,参观黄强门机工作室、港盛码头散货作业现场及智能控制中心。港口企业代表汇报交流港口机械绿色改造经验。交通运输部水运科学研究院专家交流分享港口机械能源优化应用前沿技术。

【2022年江苏省智慧港口建设推进现场会在苏州太仓召开】 10月28日,江苏省智慧港口建设推进现场会在苏州太仓召开。与会人员观摩太仓港集装箱智慧化码头和堆场运营情况,了解港口防疫安全、污染防治等治理管控系统以及多式联运信息系统、物流服务平台等智能化系统和平台建设情况。周建华副局长就苏州市智慧港口建设情况及下一步工作计划作相关汇报。

(沈至淳)

【张家港港能源供给体系跨入光伏时代】 11月27日,张家港港装机容量达2.7兆瓦的光伏电站成功并网发电,年发电量约为300万度,平均每年可节约标准煤约817.5吨,减少二氧化碳排放约2 230.76吨,标志着张家港港能源供给体系正式跨入光伏时代。

张家港港将绿色发展贯穿到港口规划、建设和运营全过程,系统构建能源管理、环境管理的"2E"绿色港口建设体系,生产经营与资源环境之间协调有序,深推绿色、低碳、可持续、一体化高质量发展。实现可绿化区域100%覆盖,投入560多万元实施沿江大环境的再整治、再提升,配合海事部门率先在全省范围内实现"一零两全四免费"并上升为"江苏模式"予以推广;投入2 500多万元实现雨污水全收集处理,年节水20多万吨。改造年限长、排放不达标的49台燃油港作机械,建成2套变频岸电系统和8套市电岸电供电箱,运用"油气回收"技术改造加油站,引进混合动力轮胎式起重机、电动通勤车等清洁能源车辆,创新应用"能量回馈"技术对17台门机改造后,年节电150万度,实现节能照明全港区覆盖并接入PORTS系统联网管控,年节电近130万度。

(蒋 利 王 峰)

【重点港口企业-江苏苏州港集团有限公司】 江苏苏州港集团有限公司(简称苏州港集团)位于苏州市相城区青龙港60号,邮编:215021,电话:0512-67603981。经营范围主要涉及"港口装卸、港口物流、港口服务、港口工程、港口金融"五大板块。苏州港集团在张家港、太仓、靖江投资的码头占有长江散杂货码头岸线5.7公里、内河岸线2 180米,陆域总面积491万平方米,其中堆场总面积257万平方米;码头泊位共44个,其中万吨级长江泊位23个,内河港池泊位19个。立足长江出海口"江海联运枢纽"定位,全力建设"水水中转示范区、木材市场核心区、港产城融合引领区、长江贸易煤炭集聚区、大宗散货战略支点"的"四区一支点",打造"煤炭、木材、矿石、铜精砂、砂石、件杂货"等六大支柱货种齐头并进的综合型、多功能、国际化的港口物流企业。

港口建设。2022年总投资7.272亿元的张家港港务集团18#泊位项目(长江泊位码头靠泊等级3万吨,港池泊位码头靠泊等级2000吨,通过能力37万标箱)通过专项验收;鑫海码头5#泊位完成对外开放、靠泊等级提升至7万吨级、内港池升至3000吨。

港口运营。全年苏州港集团累计完成吞吐量1.5亿吨,装卸自然吨7892万吨;实现营收20.5亿元。其中,煤炭经营发挥水水中转优势,完成自然吨4374万吨,首次突破4000万吨大关;木材经营加强联动互补,完成442万立方米;矿石经营坚持"大船深水"战略,作业CAPE船137艘次,完成1492万吨;件杂货经营与中远海特、厦门远洋成功开辟航线,完成325万吨;铜精矿经营打造"张家港—南美"航线,完成232万吨;砂石中转业务完成1027万吨。

港口管理。国企改革阶段收官,年内完成5家小微企业和4家亏损企业的清理治理任务,小微企业占比降至30%以下;建立健全经理层成员任期制和契约化管理常态化机制,覆盖率、签约率100%;持续深化三项制度改革,通过"AAA"绩效考核体系(全覆盖的组织绩效考核、全过程的工班生产力核算、全员的个人绩效量化),增强压力传导、强化绩效管理,并成功入选省国企改革三年行动典型案例汇编,并作为国务院国企改革典型案例。疫情防控精准加温度,成立国际航行船舶风险研判中心,严守门卫卡口、船岸梯口、船上警戒隔离"三道防线",严格专班管理,以精准的"水陆同防"举措,守住守牢疫情防控底线。

绿色港口。用能体系低碳化上,推广应用电网无功补偿,2.3万平方米屋顶建设2.7兆瓦分布式光伏电站,完成并网发电,首年度发电量约300万千瓦时,平均每年节约煤炭818吨,碳排放下降约2231吨,能源供给体系正式进入绿色时代。作业机械清洁化上,淘汰改造港作燃油机械、引进清洁能源车辆设备、实施流程化改造替代柴油自卸卡车和挖掘机作业,持续优化港内车辆、设备能源使用结构,推进清洁用能。环境治理精准化上,上线运行"生态环境综合管理平台",以"空气质量管理、岸电使用管理、能源综合管理、雨水收集处理、绿化植物管理、危废转运处置、船舶污染防治"七大模块,实现港口生态环境平台化精准治理。深推"一零两全四免费",实现船舶污染物"应收尽收";建设10套高低压变频岸电系统、45套低压智能岸电系统,实现码头岸电设施全覆盖,年均下降碳排放约415吨。现场业态景观化上,按照"省级工业景区"标准,通过主干道黑化、绿化、美化整体提升,全力打造最美港口。运输结构合理化上,完成1个泊位流程化改造、2个泊位水水直取工艺流程改造,助力"水水中转"再放量。此外,张家港港务集团港盛分公司通过全国四星级绿色港口评审,成为长江港口首批散货全国四星级码头;太仓鑫海港口开发有限公司通过江苏省四星级绿色港口评审。

平安港口。坚持"动态抓难点、静态抓重点",制定安全生产专项整治任务清单及安全生产专项大检查方案,着重对责任落实、安全教育、危险作业、消防等18个大项、51个小项开展大检查;围绕防台防汛、大型机械和船舶防风、变电所停送电、港口设施保安等项目开展演练80次。完善全员岗位安全责任清单,针对8个重大风险(港区加油站火灾爆炸风险;靠港船舶船舱、港区雨污水收集池等封闭或半封闭空间作业中毒、窒息风险;煤炭装卸粉尘火灾爆炸风险;大型装卸机械倾覆风险;拖轮、拖带船舶火灾、倾覆风险;水上拖带作业碰撞风险;交通船、班车、公务用车及港内通勤车等运载3人以上多乘员设备风险;高层建筑、宿舍、食堂、电梯等3人以上人员密集区消防风险)制定相应管控措施并明确责任到人。

智慧港口。围绕"门机操作自动化、流程无人化、理货远程化、单证电子化、监控智能化"的"蝶变五化"全面推进数改智转,发挥科技创新的战略支撑作用。年内获知识产权8项,实用新型专利12项,其中"门机自动化""理货远程化""散货作业远程智能控制"3个项目分别获2022年度中国港口科技进步二等、三等奖;自主研发的允涛高精度电子皮带秤完成市场化推广,成功实现曹妃甸港、镇江港等产品化输出。完成7台门机操作自动化改造,6台斗轮堆取料机自动化、3台长江装船机自动化以及6台内河装船机半自动远控改造,初步建成传统散货码头全流程自动化系统。完成阔叶林木材 AI 智能理货系统和件杂货智能理货系统上线运行。

党的建设。坚持党建铸魂、固本强基，引领保障作用彰显。严格落实"第一议题"制度，坚持党委理论中心组学习制度，对党的二十大精神、十九届六中全会精神、《习近平谈治国理政》第四卷、安全生产等内容进行专题学习。常态化开展日常廉洁教育，精准运用"四种形态"执纪问责，对工作中存在苗头性、倾向性问题的，运用第一种形态抓早抓小、约谈提醒。进一步规范党建工作写入各级企业公司章程，19 家全资、控股企业全部完成党建进章程的修订工作。编制民主评议党员、民主生活会、发展党员等党建操作指南，坚持"围绕中心抓党建，抓好党建促发展"的理念，组织开展"高质量先锋行""两在两同"建新功行动。在持续推进精神文明建设的同时，涌现出一批以全国劳动模范、全国优秀共产党员黄强同志为代表的国家级、省级先进个人，2022 年 6 月黄强同志更成功当选党的二十大代表，进一步放大江苏港口的影响力。

（苏州港集团）

南通市港口

【单位概况】南通市交通运输局（南通市崇川区工农南路 150 号）（邮编：226000，电话：0513-59003700）承担全市港口行政管理职责，其中具体承担相应职能的内设处（室）有 5 个：一是港口处，负责全市沿江沿海及内河港口发展、改革、管理工作；拟订全市港口发展政策和管理制度，统筹推进现代化港口体系建设和港口资源利用研究；负责全市港口岸线、陆域、水域管理和经营市场秩序监管；负责港口设施保安履约管理工作；负责指导航道、锚地、过驳区等公用基础设施管理工作；负责沿海港区引航行政管理；负责港口对外合作及港际交流。二是生态环保处，牵头负责研究部署推进港口污染防治工作，督促落实在港口码头依法配套建设环境保护设施以及按要求建设船舶污染物接受设施，并负责设施运行管理工作。三是安全监督处（应急办公室）。组织拟订并监督实施港口安全生产政策和应急预案；负责港口安全生产综合监督，监督所属单位和县（市）区交通运输部门港口安全监管工作；承担港口突发公共事件应急管理工作。四是基础设施处。组织和指导港口工程初步设计审查等工作。五是建设管理处。组织和指导港口工程施工图设计审查、建设市场监管等工作。

市交通运输局党委书记、局长　周建飞

市交通运输局分管领导　陈　宁（分管港口处）

市交通运输局分管领导　顾才群（分管生态环保处、安全监管处、应急办公室）

市交通运输局分管领导　俞金生（分管建设管理处）

市交通运输局分管领导　曹晓见（分管基础设施处）

港口处处长　张建强

生态环保处处长　陈　翔

安全监督处处长　葛迎峰

基础设施处处长　朱新辉

建设管理处处长　朱建华

【港口总体情况概述】南通位于"一带一路"、长江经济带的交汇点，滨江临海，港口发展的资源条件得天独厚，是全省唯一涵盖沿江、沿海、内河的港口。至 2022 年底，南通港共有生产性泊位 154 个（沿海 29 个、沿江 125 个），综合通过能力 1.9 亿吨。共有万吨级及以上泊位 73 个（沿海 27 个、沿江 46 个），形成综合通过能力 1.55 亿吨，5 万吨级及以上泊位 36 个（沿海 16 个、沿江 20 个），形成综合通过能力 0.99 亿吨。

南通港规划港口岸线 122.2 公里，其中，沿江 82.8 公里、沿海 39.4 公里，规划泊位 677 个，其中沿江 369 个、沿海 308 个。南通境内现有航道里程总计 3 521.6 公里（不含长江），其中等级以上内河航道里程 820.27 公里，等级航道占航道总里程的 23.3%。五级及以上航道里程 188.77 公里，占等级航道里程的 23%，南通内河港共规划港口岸线 159.8 公里。

沿海重点港区：通州湾港区。通州湾港区位于江苏省沿海地区南部、长江入海口北侧，具有通江达海的区位条件。通州湾港区包括洋口作业区、通州湾作业区、三夹沙作业区、海门作业区及吕四作业区，规划用地 87 平方公里、泊位 308 个。通州湾港区是南通港未来发展的重要港区和实现可持续发展的重要战略资源，其定位为长江经济带战略支点、长三角港口群核心枢纽之一、长江经济带新出海口;是落实系列国家战略和推动江苏高质量发展的重要支撑。通州湾港区以服务临港工业起步,以集装箱、干散货、液体散货、LNG和件杂货等货类为主。逐步发展成为大型现代化综合性港区。洋口作业区主要为石化、能源运输和临港产业发展服务。通州湾作业区以服务临港工业起步,逐步发展成为为腹地地区提供物资中转运输服务的大型现代化综合性港区,港区运输以集装箱、干散货、液体散货和散杂货等货类为主。三夹沙作业区和海门作业区主要以服务后方临港产业发展所需各类物资运输为主。吕四作业区以通用散杂货、煤炭、液体散货、油气品及集装箱等物资运输为主,主要为临港工业发展服务,兼顾满足地方物资运输需求。

沿江重点港区:通海港区。通海港区是海轮进入12.5米深水航道后北岸的第一个港区,是南通沿江重点发展港区。南通港整合沿江原通海港区和启海港区为通海港区,整合后的通海港区包括通海作业区、启海作业区,规划泊位158个。通海港区是南通港沿江集装箱运输发展的核心港区,以集装箱运输为主,兼顾服务后方临港产业发展,其中通海作业区重点发展集装箱运输,兼顾临港产业发展;启海作业区位于长江口北支,主要为沿江修造船、海工装备制造等临港产业服务。

内河重点港区:

海安港区中心作业区。位于连申线改线段,作业区依托航道为连申线,公路利用现状及规划的疏港道路、环城线、凤山路、丹虹路、仇海线等公路,可与S353、老G328、G15、S430、G204及新G328连通。规划设置1个挖入式港池、2个顺岸凹入式港池,可布置22个1 000吨级泊位,通过能力约870万吨,其中集装箱通过能力15万标箱。主要为海安物流以及海安经济开发区产业服务。作业区占用岸线约2 050米,陆域纵深270～500米,占地1 152亩。现状凤山港务已建成4个泊位,码头岸线296米,通过能力80万吨。

【年度工作概况】港口建设。2022年,南通市完成港口建设投资42.9亿元。通州作业区华驹港务码头工程、通海港区招商局邮轮制造基地项目配套码头工程、海门作业区海门海螺新材料项目码头工程开工建设;南通内河港东灶港作业区中天钢铁码头工程、南通港通海港区招商局重工2#船坞项目、洋口作业区大重件码头扩建工程交工验收;南通港海门作业区一港池通用码头一期工程、洋口作业区液体化工码头二期工程(G2、G3、G4、G5泊位)工程、吕四作业区西港池8#~9#码头改扩建工程、如皋港区永友物流配套码头工程、南通内河港吕四作业区内河转运码头一期工程、南通内河港洋口港经济开发区作业区北区码头工程建成运营。小庙洪上延航道(一阶段)、三夹沙南航道已建成通航。网仓洪10万吨级航道一期工程(内航道段)获省发改委批复,推进初步设计报批。网仓洪10万吨级航道二期工程(外航道段)加快推进用海报批。

港口运营。2022年,南通港完成货物吞吐量28 508万吨,同比下降7.6%,其中沿江港区完成货物吞吐量26 506万吨,比上年下降8.61%;沿海港区完成货物吞吐量2 002万吨,比上年增长8.4%;外贸吞吐量4 037万吨,同比下降25%;集装箱吞吐量完成224万标箱,同比增长10.5%。分货种吞吐量:矿建材料完成9 463万吨,同比下降3.9%;煤炭完成5 203万吨,同比下降2.7%;金属矿石完成2 802万吨,同比增长0.3%,石油天然气及制品完成2 500万吨,同比下降4.3%;粮食完成1 852万吨,同比下降7.5%。南通内河港完成货物吞吐量2 912万吨,同比下降10.8%,集装箱完成吞吐量2.17万标箱,同比增长17.2%。

港口管理。2022年1月,《南通港总体规划(2035年)》获交通运输部、江苏省人民政府批复。南通港形成"一港四区"的总体格局,其中沿江港区整合为如皋、南通和通海等3个港区,沿海港区整合为通州湾港区。南通港是全国沿海主要港口和长三角区域综合交通运输体系的重要枢纽;是推进长江经济带建设的重要战略支点,建设长江集装箱运输新出海口的重要依托,长三角共建辐射全球航运枢纽的重要支撑;是长江沿线能源、原材料等大宗物资江海转运运输体系的重要节点;是长江经济带对外开放的重要门户,江苏省、南通市推进产业结构调整、实现高质量发展的重要保障。

南通市内河港口总体规划修编加快推进,《南通市内河港口总体规划(2035年)》形成报审稿,规划环评已完成二次公示。南通内河港是江苏省内河港口重要组成；是南通通州湾长江集装箱运输新出海口的内陆延伸；是南通打造畅联全国、通达世界的现代综合交通枢纽，构建江海河联运体系的重要保障；是促进沿海产业高质量发展和承接沿江产业转移的重要支撑；是南通打造长三角一体化支点城市和美丽江苏南通样板的重要环节。

加快交通运输信用体系建设，开展港口经营者信用评定，按信用得分评定信用等级，评出AAA级港口经营者461家，AA级港口经营者81家，A级港口经营者39家，并实行动态管理。2022年9月上港集团、省港口集团、南通港口集团三方组建合资公司，共同运营吕四起步港区集装箱码头。洋口作业区中石油LNG码头2022年接卸量696万吨位，居全国第二。支持集装箱运输发展，市政府印发《关于支持集装箱运输发展的若干政策意见》。

绿色港口。完成全市船舶污染物接收转运处置能力、港口污染防治能力评估。从评估结论看，南通市各类船舶污染物接收能力远大于年实际接收量，转运处置衔接顺畅，船舶污染物能得到有效处置，港口码头大气、水、固体废物污染防治能力均已具备并能较好运行。港口码头水污染防治方面，全市港口码头已按要求完善港口自身环保设施，全面应用长江经济带船舶水污染联合监管与服务系统，通过电子联单进行船舶污染物的接收转运处置，2022年，共接收船舶垃圾559吨、生活污水43 365立方米、含油污水8 147立方米，船舶污染物转运率、处置率均稳定在95%以上。港口码头扬尘污染防治方面，辖区内所有从事煤炭、矿石等易起尘货种作业的码头作业区、堆场已全部建设防风抑尘设施或实现封闭储存，共建设粉尘在线监测系统899套，实现全市从事易起尘货种作业的港口码头粉尘在线监测全覆盖，并接入省市平台。码头岸电使用方面，实现辖区内沿江沿海非危码头泊位岸电设施全覆盖，推进内河小容量岸电智能标准化改造，沿江沿海港口码头已全部使用长江江苏段港口船舶岸电管理信息系统，全年岸电使用电量1 160万度，基本实现靠港船舶岸电使用应接尽接。长效监管能力建设提升方面，市交通运输局联合市生态环境局、市行政审批局印发《关于加强港口码头环境保护长效监管的通知》，建立港口码头环境保护长效监管机制，加强港口码头环保联合执法，市交通运输局与生态环境局联合召开港口码头环保专题会议，通过双随机方式共抽取101家港口码头开展港口污染防治联合执法检查。

平安港口。开展港口危化品及油气储存安全风险管控和隐患排查治理、港口百日攻坚、大型油气储存基地等专项整治活动。实施《交通运输系统安全隐患排查报备制度（试行）》，推动港口企业隐患排查整改责任由"行业督查向企业自查"转变。完成"港口关键设备在线监测预警技术要求"课题，研究制定《南通市港口企业安全生产分类分级监管办法》。在阳鸿石化组织开展"港口安全事故应急救援暨港口设施保安演练"，在东方石化试行重大危险源企业网格化管理模式，在阳鸿石化开展库区机器人智能化巡检工作。

智慧港口。吕四起步港区集装箱码头采用5G新技术实现全自动化作业，已完成限定区域内的自动驾驶和路径规划，5辆集卡规模的自动驾驶集卡车队已投入运营。

党的建设。一是加强政治建设。将政治建设放在首位，落实好"第一议题"制度，及时学习传达习近平总书记重要指示、批示精神，确保上级决策部署落到实处。持续深化党史学习教育，系统深入学习党的十九届五中、六中全会和党的二十大精神，不断强化党的理论武装。二是把牢意识形态。制定《局党委意识形态（网络意识形态）工作责任制2022年度任务清单》，将意识形态工作纳入党委重要议事日程和年度工作要点，作为领导班子、领导干部目标管理和考核，民主生活会和年度述职报告以及支部"三会一课"的重要内容。聚焦疫情防控和交通重点工程建设，全方位向社会宣传报道，凝聚正能量。高度重视系统内的信访工作，主要领导对重要信访件做到亲自批示、亲自督办，落实信访工作责任，尽力化解矛盾，防止产生负面舆情。三是加强组织建设。推进党支部"标准＋示范"建设，发挥党支部基本阵地作用。选派27名党员骨干分赴重点工程一线，开展"五比五看"竞赛，激发干事创业劲头。四是加强党风廉政作风建设。开展"机关作风建设提升年"行动，组织开展作风建设大讨论大排查，以好作风开新局。落实全面从严治党"两个责任"，研究制定全系统全面从严治党工作清单，明确"第一责任人"责任清单，年初召开全面从严治党工作会议,明确工作计划、目标以及具体措施。局党委每半年对全面从严治党进行专题研究,年底由局领导带队对各基层单位落实全面从严治党责任情况进行检查考核。常态化做好警示教育,开展领导干部违规经商办企业等专项治理,完善政府采购、合同管理等内部制度,防范廉政风险。

(闫 力 何春飞)

【《南通港总体规划(2035年)》获部省联合批复】1月19日,《南通港总体规划(2035年)》获交通运输部和江苏省人民政府联合批复。《规划》以"共抓大保护、不搞大开发"为导向,体现特色错位、转型提升、集约高效、绿色低碳发展理念,提出南通港发展方向"优江拓海、江海联动"。规划"一港四区"的总体格局,其中,沿江3个港区(如皋、南通、通海港区),沿海1个港区(通州湾港区)。规划港口岸线185.4公里(沿江82.8公里、沿海102.6公里)、泊位677个(沿江369个、沿海308个)。

(闫 力)

【江苏首个沿海内港池安全管理办法出台】9月1日,《南通海门东灶港作业区内港池安全管理办法(试行)》发布施行,这是江苏首个沿海内港池安全管理办法,为通州湾新出海口开发建设提供坚实保障。

该办法旨在进一步加强东灶港港池安全管理,规范船舶进出港池及在港池期间停泊、作业行为,主要包括三个方面内容:一是明确经营主体,由国有企业南通蛎岈山旅游开发有限公司作为东灶港作业区内港池的安全管理主体,负责港池建设和运行管理;二是理清管理模式,明确港池管理单位牵头负责、码头管理单位配合管理、进出港池船舶具体执行的总体思路,说明港池管理单位、码头管理单位的主要职责和进出船舶注意事项;三是创新功能区划,港池功能区划分日常状态和防风状态,除浅水区外,各港池分别划定"五区一通道",即门口警戒区、码头生产区、海轮掉头区、海轮待泊区(临时)、渔船待闸区和进出通道等功能区域,及相关船舶船型种类、抛锚方式和具体容量。

海门东灶港作业区作为通州湾新出海口建设的重要板块,主要包括东灶港一号、二号、三号港池,已建成8个5万吨级泊位、3个2万吨级泊位和多个万吨级以下泊位。

(郁 林)

【南通港通海港区迎来最大集装箱船】9月19日,集装箱船"新丹东"号靠泊南通港通海港区码头,这是通海港区开港以来作业的首艘最大集装箱船。通海港区是海轮进入长江12.5米深水航道后北岸的第一个港区,是南通重点打造的现代化集装箱港区和江海联运枢纽港。1—8月累计完成集装箱吞吐量107.6万标箱,同比增长9.33%。

(许丛军)

【吕四港区东灶港作业区一港池通用码头一期工程通过竣工验收】9月28日,南通港吕四港区东灶港作业区一港池通用码头一期工程通过竣工验收。该工程是中天绿色精品钢项目配套海港码头工程。总投资18.1亿元,主要建设8个5万吨级通用泊位,码头泊位总长度2 034米,设计年通过能力2 027万吨,货种主要为煤炭、矿石、辅料等散货及钢材、废钢、预制件等件杂货。该项目2020年11月开工,2021年11月完工。

【通州湾作业区三港池1号至3号泊位码头改建工程获批】10月20日,南通港通州湾港区通州湾作业区三港池1号至3号泊位码头改建工程使用港口岸线获交通运输部批复。该工程主要对原三港池1#~3#码头进行提升改建,将原1座10万吨级通用码头(布置2个10万吨级和1个5万吨级通用泊位)改建为1座20万吨级散货码头(布置2个20万吨级散货泊位),泊位长度能够满足1艘20万吨级散货船和2艘5万吨级散货船同时靠泊,泊位总长度保持923米不变,设计年吞吐量由2 270万吨提升为2 810万吨。

【江苏洋口港LNG接卸量实现再突破】10月25日,一艘马绍尔群岛籍LNG(液化天然气)运输船"阿尔达夫娜"轮靠泊江苏如东洋口港。至此,洋口港2022年累计安全接靠LNG运输船64艘,LNG接卸量突破560万吨,在国内投产运营的24座LNG接收站中排名升至第一。

"阿尔达夫娜"轮总长345.33米,宽53.8

米,此次装载25.6万立方米、11.2万吨LNG,可满足3亿户家庭一天的用气量。

【通州湾新出海口吕四起步港区集装箱码头开港】 10月26日,吕四起步港区集装箱码头开港运营。吕四起步港区8#～9#集装箱码头是南通沿海首个10万吨级集装箱码头,江苏首个全自动化、智能化、智慧化集装箱码头,项目6月获交通运输部港口岸线使用批复,8月完成所有建设手续。9月30日,上港集团、省港口集团、南通港集团三方签署合资协议,正式成立江苏沪通集装箱码头有限公司,携手运营吕四起步港区集装箱码头,推进长三角一体化发展国家战略。

(闫 力)

连云港市港口

【单位概况】 连云港市交通运输局(港口管理局)位于连云港市海州区海连东路15号(邮编:222002,电话:0518-85817270),承担全市港口行政管理职责,其中具体承担相应职能的内设处(室)有4个:综合计划处、建设管理处、港航处、港务管理处。

综合计划处的主要职责:组织拟订连云港港口总体规划和港口发展规划;组织拟订港口基础设施固定资产投资计划;负责港口建设前期工作的组织协调和管理;负责港口统计分析和信息发布工作。建设管理处的主要职责:拟订港口工程建设质量发展目标和政策并组织实施;承担港口建设市场监管和基础设施建设管理工作;监督管理港口项目招标投标工作;协调港口重大项目建设,负责港口建设工程的程序管理,负责全市港口建设工程设计、施工、监理、试验检测等监督管理工作,负责港口建设工程的交竣工验收工作;组织开展港口工程质量审查审核;承担港口建设市场主体的资质资格和信用管理;依法处理港口建设过程中利益关系人的投诉。港航处的主要职责:组织拟订全市港航发展政策并监督实施;负责全市港口岸线、陆域、水域的监督管理工作;牵头推进现代化港航建设、航运要素集聚和集装箱干线港建设;负责港航重大工程前期工作推进;负责港航资源整合、功能构建等港航重大发展事项的协调推进;承办"一带一路"等国家重点战略涉及港航发展的相关工作。港务管理处的主要职责:组织拟订全市港口经营相关的政策并监督实施,指导港口年度生产计划编制并监督实施,负责全市港口经营市场的监管;负责审核港口船舶进出港计划和引航服务的行业监管;组织港口设施安保评估,监督港口设施安保计划的实施;负责危险货物港口从业人员的考核和从业资格管理工作;负责生态港口建设工作;组织全市港口物流业运行及发展研究;负责港口生产业务信息统计、分析和报送工作。

市交通运输局党委书记、局长　毛善通
市交通运输局分管副局长　吴亚东　王国超
综合计划处处长　王丁
建设管理处处长　李增勇
港航处处长　王保斌
港务管理处处长　梁家山

【港口总体情况概述】 连云港港主要由沿海港口和内河港口组成,现拥有生产性泊位92个,万吨级以上85个,赣榆4个,徐圩25个,灌河6个,连云50个。主港区航道最深达22米,可接卸满载32.5万吨矿石船和1.7万标箱集装箱船。

连云港市沿海岸线北起苏鲁交界的绣针河口,南至灌河口,岸线全长约211.587公里,其中北段赣榆区45.382公里、中段连云港市区118.408公里、灌云县39.077公里、灌南县8.72公里。连云港市的港口岸线包括连云港港湾内连云港区和南、北两翼新港区、灌河内及部分河口处港口岸线,总长约70.2公里,其中沿海已利用27.4公里,灌河内已利用3.5公里港口岸线。连云港市沿海已利用的港口岸线约30.9公里,主要分布于云台山旗台嘴至东西连岛东端连线以里的湾内墟沟、庙岭、马腰和旗台作业区,占用岸线约13.6公里,以及北翼赣榆港区起步的绣针河口以西约1.2公里、南翼徐圩港区所占用的埒子口以西约12.6公里。此外,灌河已利用的港口岸线约3.5公里,主要分布在灌河口燕尾、堆沟区域。

连云港港作为中国中西部乃至中亚诸国最便捷经济的进出海口岸,依托码头装卸、现代物流、港口建设、临港工业、综合服务五大板块的协调发展,加速由货物吞吐港向发展带动港、要素聚集港、产业支撑港、绿色和谐港的转变,港口基本实现航道深水化、码头专业化、集疏网络化、园区特色化、装备现代化、应用信息化,并被国家明确为哈萨克斯坦粮食过境唯一中国离境口岸。

连云港港口按照交通运输部、江苏省人民政府"一体两翼"发展规划和连云港市委市政府港产城协同发展的要求,整体布局呈现一港四区的布局型式,分别为连云港区、徐圩港区、赣榆港区和灌河港区。

根据连云港内河港口(2016年版)规划,对盐河、烧香河、老烧香河、灌河、通榆河北延段、善后河、东门河、南六塘河、柴米河、淮沭新河、车轴河等等级航道上的公用港口岸线,共规划货运公用码头岸线50.7公里。将连云港内河港按照行政区划分为连云港区、新海港区、灌云港区、灌南港区、赣榆港区和东海港区六大港区。其中主要作业区8个,包括:中云台作业区、西港河作业区、老烧香河作业区、板浦作业区、裕丰作业区、城区新港作业区、海头作业区、青口作业区;18个一般作业区,包括:纵一路作业区、徐圩作业区、群英作业区、新坝作业区、同兴作业区、鲁河作业区、下车作业区、伊芦作业区、杨集作业区、伊山作业区、五灌河作业区、张店作业区、汤沟作业区、城北作业区、三口作业区、长茂作业区、新集作业区和罗阳作业区。2022年底泊位数73个(含新云台21个),年设计通过能力1 654.8万吨。

沿海重点港区:连云港区、徐圩港区、赣榆港区、灌河港区。

连云港区。位于海洲湾西南岸,地处东西连岛、西大堤、后云台山形成的向东开口海湾内,是散杂集并举、客货兼顾的大型综合性港区,连云港港大型专业化码头全部位于连云港区。现已形成东部旗台作业区以大型散货为主、中部马腰和庙岭作业区以集装箱和通用散货为主、西部墟沟作业区以通用散货和杂货为主的格局。截至2022年底,连云港区共有千吨级以上经营性生产性泊位51个,综合通过能力1.1亿吨,其中集装箱通过能力309万标箱。旗台作业区位于港区东侧,主要从事铁矿石、散化肥、氧化铝运输,兼顾液体散货作业,共有5万吨级以上泊位7个,综合通过能力3 478万吨,其中外贸进口铁矿石接卸能力2 230万吨。马腰作业区位于旗台西侧,建设较早,采用突堤与港池相间布置形式,泊位等级较低,共有5 000吨级以上泊位14个,综合通过能力584万吨,主要从事干散货、件杂货作业。庙岭作业区位于港区中部,共有2万吨级以上泊位15个,综合通过能力4 990万吨,其中集装箱通过能力309万标箱、煤炭装船能力900万吨,主要经营集装箱,全港集装箱泊位全部位于庙岭作业区,兼顾煤炭装船、粮食运输。墟沟作业区位于港区西侧,以城市排洪口为界分为东西两部分,共有5万吨级以上泊位14个,综合通过能力1 808万吨,主要经营杂货、干散货、液体散货。连岛南岸现有中燃集团成品油泊位1个。

徐圩港区。位于连云港市南部小丁港至灌河口之间,东西防波堤已建成,为港区形成良好的掩护条件,港区已具备30万吨级船舶通航条件,盛虹炼化一体化30万吨级原油码头及配套4个5万吨级液体化工品码头、卫星石化2个5万及1个3万吨级液体化工品码头、四港池46#～47#液体散货泊位2个5万吨级液体化工品码头、四港池48#～49#液体散货泊位2个5万吨级液体散货泊位、六港池64#～65#液体散货泊位工程1个10万吨级液体散货泊位和1个8万吨级液体散货泊位已建成投用。配套建设30万吨航道二期工程、四、六港池支航道工程、徐圩港区公共管廊工程、四港池支管廊工程、集装箱泊位区围堤工程等公共配套设施。通过近几年的开发建设,徐圩港区已成为临港产业发展的重要引擎和服务丝绸之路经济带沿线国家和地区的重要出海通道。截至2022年底,共有万吨级以上经营性生产性泊位25个,综合通过能力1亿吨。

赣榆港区。位于连云港市北部绣针河口与龙王河口之间,起步工程已经投产,截至2022年底,共有万吨级以上经营性生产性泊位4个,综合通过能力880万吨,赣榆港区10万吨级航道已于2015年4月开通使用。

灌河港区。位于连云港市南部灌河的北岸,包括燕尾、堆沟、九队、五队、田楼和长茂等作业区,截至2022年底灌河港区共有万吨级及以上生产性泊位12个,其中万吨级以上泊位6个,通过能力1 077万吨,主要服务于后方临港企业,以散杂货、粮食运输为主。

内河重点港区:连云港区、新海港区、灌云港区、灌南港区、赣榆港区、东海港区。

连云港区。连云港区包括连云港市连云区

境内所有内河港口码头,将主要承担连云港港货物的内河集疏运功能和周边城镇、产业园区、物流园区等货物集散功能。港口内共规划公用作业区6个,分别为:中云台作业区、西港河作业区、老烧香河作业区、纵一路作业区、徐圩作业区和群英作业区,其中中云台作业区、西港河作业区、老烧香河作业区是连云港内河港的主要作业区。中云台作业区规划位于连云港港疏港航道连云区段两岸,主要为连云港港内河集疏运、金港湾物流园区、徐圩新区北部及板桥工业园等地区的综合物流需求服务,成为集海河联运、物流集散、仓储贸易等多种功能于一体的大型综合性作业区。西港河作业区规划位于连云港港徐圩港区内,以服务徐圩港区内河集疏运,实现徐圩港区海河联运为主要功能的大型综合性作业区。老烧香河作业区规划位于正在开发的徐圩新区老烧香河南端东西两岸,将主要服务于未来徐圩新区产业区内各企业的内河水运需求,承担以散杂货为主的货物运输,是为徐圩新区产业服务的大型公用作业区。连云港区的其他规划公用作业区主要为周边的乡镇建设和工业开发提供运输服务。

新海港区。新海港区包括连云港市新浦区和海州区境内的所有内河港口码头,主要为新浦区和海州区的城市发展和工业园区的部分原材料、产成品的水路运输提供装卸、仓储和物流服务。港区内规划公用作业区两个,即板浦作业区和新坝作业区,其中板浦作业区是连云港内河港的主要作业区。板浦作业区规划位于连云港港疏港航道云善船闸和善南船闸中间段北岸,204国道大桥东西两侧,将主要承担大宗散杂货、工业原材料及产成品等的运输,为海州区的城市建设、板浦镇后方工业园区的发展提供水运服务的综合性作业区。新坝作业区主要为新坝镇建设、工业开发以及为海州区城市建设提供运输服务。

灌云港区。灌云港区包括灌云县境内所有内河港口码头,主要为连云港港南翼燕尾港作业区货物的内河集疏运提供中转服务,依托正在建设的燕尾港海河联运枢纽中心,打造五灌河——盐河内河港口群,为临港产业、县城工业园区及城市发展提供运输服务。共规划公用作业区8个,分别为裕丰作业区、同兴作业区、鲁河作业区、下车作业区、伊芦作业区、杨集作业区、伊山作业区和五灌河作业区。其中裕丰作业区为主要作业区,规划位于连云港疏港航道灌云经济技术开发区段西岸,主要为灌云县城市及开发区发展所需的矿建材料、工业原材料及产成品的运输服务,承担包括矿建材料、煤炭、钢材、木材等散杂货为主,依托后方省级开发区逐步发展成为集装卸、物流、贸易等多种功能于一体的综合性作业区。灌云港区的其他规划公用作业区主要为周边的乡镇建设和工业开发提供运输服务。

灌南港区。灌南港区包括灌南县境内所有内河港口码头,主要为灌南县的城镇、开发区、产业园区等提供货物运输服务。共规划公用作业区7个,分别为城区新港作业区、张店作业区、汤沟作业区、城北作业区、三口作业区、长茂作业区和新集作业区(规划的城北作业区和三口作业区位于灌河武障河闸下游段,该段航道属于潮汐影响河道,闸下淤积较为严重,未来建港应做好河势相关研究工作)。其中城区新港作业区为主要作业区,规划位于灌南经济技术开发区老六塘河北岸,为灌南县城市建设及灌南经济技术开发区的产业发展提供矿建材料、工业原材料、产成品等货物的运输服务。依托后方经济开发区,逐步发展成为具备货物运输、商贸物流等多种功能的综合性作业区。灌南港区的其他规划公用作业区主要为周边的乡镇建设和工业开发提供运输服务。

赣榆港区。赣榆港区包括赣榆县境内所有内河港口码头,主要为赣榆县的城镇、开发区、产业园区等提供货物运输服务,以及为连云港港赣榆港区提供内河集疏运服务。港区内共规划公用作业区3个,分别为海头作业区、青口作业区和罗阳作业区。其中海头作业区和青口作业区为主要作业区。海头作业区规划位于通榆河北延段东岸海头镇北部,为连云港港赣榆港区提供内河集疏运配套服务,依托赣榆港区开发,逐步发展成为以散杂货运输为主的综合性海河联运作业区;青口作业区规划位于通榆河北延段西岸,赣榆县城南侧,是主要为赣榆县城及赣榆经济技术开发区发展提供建材、工业原材料及产成品运输服务的综合性作业区。罗阳作业区规划位于通榆河北延段罗阳镇境内主要为罗阳镇及其周边地区的城镇建设和工业开发提供运输服务。

东海港区。东海港区包括东海县境内所有内河港口码头,主要为东海县的城镇、开发区、产业园区等提供货物运输服务。共规划公用作业区 2 个,分别为白塔埠作业区和房山作业区,规划分别位于淮沭新河白塔埠镇段和房山镇段,主要为乡镇及周边地区的城镇建设和工业开发提供运输服务。

【年度工作概况】港口建设。2022 年,推进 13 个港口航道项目,为连云港区新东方集装箱危货码头扩建项目、国际石化仓储新建罐区项目、赣榆港区液化烃码头、华电 LNG 码头、通港粮油码头、徐圩港区方虹港储新建液散码头等做好政策指导、业务咨询和协调工作,为虹洋港储码头、中化连云港产业园配套码头、宝港码头等快速建成投用做好服务保障、监督指导和安全把关工作,虹洋港储等一批新建码头建成投用。港口建设取得重大突破,30 万吨级航道二期工程、徐圩港区 30 万吨级航道延伸段全面建成投用,世界最高标准的 40 万吨级矿石码头、30 万吨级原油码头、20 万吨级智能化集装箱码头一期工程等项目开工建设,宿连航道(京杭运河至盐河段)整治工程二期工程连云港段初步设计获批。2022 年共完成投资 36 亿元。

港口运营。2022 年全市港口完成吞吐量 3 亿吨,全市港口内贸吞吐量 1.7 亿吨,其中,液化天然气、化肥及农药、机械设备、非金属矿石、金属矿石、煤炭及制品显著增长,同比增速均超 30%。铁水联运铁路装车发运日均完成 2 198 车,最高达 2 888 车,全年运量首次突破 6 000 万吨。由于海外需求收缩,全市外贸吞吐量 1.4 亿吨,同比下降 2.6%。全年完成集装箱吞吐量 556.8 万标箱,同比上升 10.6%。本年新开俄罗斯、韩国、泰国等集装箱航线,新辟至兰州、淮安、成都、敦煌等国内海铁联运通道,海铁联运量完成 78 万标箱、增长 12%。国际班列新辟"连云港-满洲里-俄罗斯"运输通道,开行乌兹别克斯坦棉纱、哈萨克斯坦卷钢等回程班列,全年累计开行班列 728 列,增长 17.7%。中哈物流基地完成集装箱进出场量 22.1 万标箱,增幅 10.7%。

港口管理。着眼优化营商环境、推动港口高质量发展,制定《连云港市全面规范港口经营市场秩序实施方案》,组织实施"严格实施港口经营许可、全面规范港口经营市场、全面规范港口经营收费、开展违规收费自查自纠、落实国家减并收费政策、加强港口拖轮经营管理、持续做好港口基础设施维护、完善港口公共服务体系"八项专项整治行动,进一步强化全市港口经营市场监管,督促港口经营人严格执行法规标准,"三个全面"规范港口经营市场秩序,打造"连心港"服务品牌。一是全面规范《港口经营许可证》管理。开展港口企业经营资质条件复核,完善"一企一档"工作台账。共办理 35 件港口经营许可事项(含 24 件危货作业附证、11 件经营许可证)、38 件备案业务审批。二是全面规范港口经营行为。全覆盖检查辖区内"一体两翼"港口企业经营行为,严格执行价格政策、港口经营服务性收费目录清单和公示制度,全面开展港口领域违规收费自查自纠,从严从实纠正违规港口经营和收费行为,对检查发现的问题挂牌督办、实行销号管理。三是全面规范港口公共服务体系。建立连云港港拖轮服务公共信息平台,实现拖轮信息查询、使用状态、在线预约、政策查询一站式服务,促进港口拖轮市场规范发展,拖轮服务高质高效。加强和规范港口基础设施维护管理,采取"双随机、一公开"方式进行监督检查,督促指导港口经营人制定维护计划,定期检查和检测评估,保障港口安全稳定运行。统筹规划主港区和两翼港区港口工作船泊位,规范燃料油供应、船舶污染物接收、船员海上交通服务、海上清污应急处置等工作船舶日常管理。

绿色港口。一是强化港口扬尘管控。沿海港口粉尘在线监测系统覆盖"一体两翼"港区和中云台海河联运区合计 510 万平方米的易起尘货种作业区域,督查港口企业做好粉尘在线监测系统维护使用和数据应用管理,要求各易起尘货种经营企业密切关注监测数据,及时采取有效的防控措施降低粉尘浓度。开展扬尘管控常态化专项检查,落实重污染天气管控相关工作,检查港口码头及仓储企业散货堆场货垛苫盖、作业喷淋、车辆清洗、道路清扫等粉尘管控措施。全面推进干散货码头封闭式料场和封闭式皮带廊道运输系统建设。二是加强船舶污染物防治。完善沿海港口船舶污染物产生、接收、转移、处置的全闭环管理,加强对船舶污染物接收第三方专业机构的督查检查,确保港口具备靠港船舶送交的各类污染物"应收尽收"的能力。加强与连云港海事局配合和协作,督促自身无接收设施的沿海码头签订船舶垃圾和船舶含油污水的接收委托协议,督促落实好连云港市船舶污染物接收转运处置监管联单制度和联合监管制度,确保船舶污染物接收转运处置的闭环管理。三是推进生态港口建设。推进全港一体两翼港区易起尘货种的码头堆场实现防风抑尘设施全覆盖。推进庙岭污水处理厂提标改造工程、墟沟作业区东区配套堆场污水处理厂改造项目,提升对港口自身煤炭码头和堆场的雨污水的处置能力。四是推动建立港口码头长效管理机制。落实江苏省重点行业堆场扬尘污染防治指导意见等文件要求,联合交通执法部门建立港口粉尘污染防治常态化巡查检查机制,加强检查结果应用,对重点单位加大频次和力度,对问题突出的单位加大执法惩戒力度。

平安港口。一是监督全港20个港口设施保安单位根据制定的《港口设施保安计划》内容,按时完成港口设施保安季度训练任务。按期做好港口设施的设施保安符合证书年度核验,并对核验结果进行通报,要求企业对设施保安"五大系统"设施设备管理维护不到位等问题进行整改。督促港口设施经营单位新取证、证书到期换证人员参加培训学习,具备履行保安职责方面的知识和能力。按照港口设施保安规则要求交通(港口)行政管理部门每年至少组织一次港口设施保安演习,9月28日在连云港新东方集装箱码头公司圆满完成2022年度港口设施保安演习任务。二是持续加强港口应急体系建设,提升应急处置能力,督促港口危险货物企业持续完善事故应急救援预案,配备应急救援人员和必要的应急救援器材、设备,并定期组织演练。加强港口危化品应急演习,规范港口公共应急物资储备库的管理和更新维护,推进提升港口专业化应急队伍的业务水平,加强特殊时点、恶劣天气等情况的应急值守、应急保障和安全防范管控工作。三是牵头做好港口水域碍航行为综合治理工作,会同连云港海事局、市农业农村局及局属有关单位加强水上运输和渔业船舶安全风险防控,参与市"三无"船舶专项整治和长效治理,维护港口通航及码头生产作业的良好环境;加强港口危险货物作业安全监管,严格港口危险货物作业许可,加强港口堆场、仓库、罐区等港口危险化学品作业场所安全管理,严格执行动火、受限空间、临时用电等特殊作业安全管理制度,加强风险辨识,落实全流程管控措施,共办理4 800多次危货作业审批(全部通过平台系统不见面审批)。

开展以百日攻坚专项检查、"春节、冬奥"安全检查、夏季防台防汛专项检查、常态化源头治超、危货季度查、普货半年查为主,"四不两直"、整改督查和海事、消防等多部门联合执法为辅的方式,全覆盖全方位地开展港口安全检查。主要内容涵盖:一是开展安全百日攻坚专项检查。会同市交通执法支队按照百日攻坚行动方案明确的内容,以"四不两直"、企业互查、"执法+专家"等方式,对港口危险货物安全管理工作关于危货作业申报、特殊作业管理、特殊作业现场管控、储罐维护保养、安全仪表系统和自动化控制系统建设、应急管理和值班值守、双重预防机制建设、重大风险防范化解、防火防雷电、防台防汛等方面做到全覆盖、零死角检查。共发现的一般问题隐患117条,已督促企业整改闭环。二是开展油气储存安全管理。督促市交通执法支队结合港口重大风险专项防范工作,对相关企业开展专项检查。突出港口企业危险货物罐区、码头装卸作业、液体危险货物装卸车作业、危险货物罐区检修作业泄露中毒和火灾爆炸风险防控,突出港口企业大型装卸机械倾覆风险防控,突出危险货物港口企业"五必查"工作落实等,着力防范化解港口安全重大风险。8月24日、25日,联合港口消防等部门,邀请有关行业专家参与,成立督查检查组,对全市6家油气储存企业进行督查检查,9月初对存在的30个问题进行通报,已由市交通运输综合行政执法支队督促整改闭环。三是开展装货人"五必查"专项安全督查。对10家涉及危货装货人"五必查"企业进行专项检查,重点检查企业是否建立充装或者装载查验、记录制度,是否通过"江苏交通云"APP"装货人五必查"功能模块进行确认,形成装货电子记录,装货人是否在每次充装或者装载前,查验车辆、人员的有效证件以及实际装载货物的品名、种类、数量等是否与运单一致等。对涉及省厅通报6家未落实企业进行约谈,督促企业严格落实重大风险防控主体责任,对车辆、人员不符合要求、运单与实际装货不一致的不得进行充装或者装载。装货人"五必查"核验率为98.58%。全年共发现并督促整改隐患637项。

智慧港口。完成连云港市生态港口信息化管理系统,建设1个平台和6个子系统的生态港口信息一体化系统,同时建设船舶污染物接收设施和港口粉尘监测设施;应用港口设施数字化综合管理平台,完成航道维护以及水深动态监测,提升航道监管的准确性;建设陆桥沿线境内各端点场站生产管理系统,打通与海关、铁路部门、码头、船公司之间的信息壁垒,实现铁路装载信息实时共享和业务协同;开发运行铁水联运信息系统,实现集装箱铁水联运"一次填单、一口报价、一次委托、一次结算"的业务新模式;以连云港港口集团为核心的港口企业建成投用一批数字化系统,全港一卡通系统实现港口生产、辅助生产车辆的有序、有任务进港管理,"三一三互"系统实现连云港口岸的申报、查验、放行的一次性操作,提升通关效率。

党的建设。组织全系统学习贯彻习近平总书记重要讲话精神、党的二十大会议报告及省、市级党代会会议精神,制定局党委"书记项目"实施方案、党组织书记抓基层党建工作责任清单、机关党建三级责任清单,开展"情系民生 交通先锋"系列党建品牌创建和"先锋绿源通"党建联盟、连云港港航物流产业党建联盟结对共建活动。开展深化党建引领"转作风、提效能、树形象""交通运输现代化示范区建设先锋队擎旗手"双创活动。印发《全面从严治党责任清单》《"廉洁交通"建设实施方案》,组织全系统开展"廉内助"警示教育座谈会以及"廉洁教育月"活动,召开全系统以案促改工作会议,编印《2019—2021年全市各县区交通运输局党员干部违纪违法案件典型案例选编》,拍摄警示教育宣传片《筑牢清廉"交通线"》。强化监督执纪问责,联合派驻第十一纪检监察组开展4项专项整治行动。用好监督执纪"四种形态",开展提醒谈话2人,诫勉谈话1人,给予党纪处分6人。常态化长效推进全国文明城市创建,加大对"与雷锋车同行"志愿服务品牌的培育提升和宣传推介力度,组织开展2022年度全市"最美交通人"评选活动。《连云港市交通运输志(1984—2016)》获2022年度全省史志作品质量评定优秀成果。始终坚持党管意识形态不动摇,多次专题研究部署意识形态工作,组织开展交通领域意识形态风险点排查和意识形态工作年度督查,推动意识形态工作落地落实。开展交通运输行业舆情实时监测、报警和应对工作,编制专题舆情报告12期,及时回复连云港交通微信公众号后台咨询留言4 000余条,全年未发生重大交通舆情。

(陶 维)

【"连申快航"投入运行】2月24日,连云港港与上海港结盟发展,作为双方战略合作的首个成果,"连申快航"正式投入运行。至年底,该航线已稳定实现每周5班开行。

【连云港港开通直航秘鲁滚装航线】6月5日,"海王星"轮靠泊东方公司69泊位,393台汽车即将搭乘该轮前往南美洲的秘鲁。这是连云港港首次与新的船公司合作,也是首次开通直航秘鲁滚装航线,进一步加密连云港—南美洲的滚装航线。

(张新语)

【连云港港30万吨级航道全线开通】9月17日零时起,连云港港30万吨级航道全线正式开通使用。

连云港港30万吨级航道工程2009年获批,一期工程、二期工程主港区航道分别于2016年和2020年建成投用,二期工程徐圩航道于2022年8月18日通过交工验收,9月6日通过通航安全核查,具备开通使用条件。航道全长70.5公里,外航道外段满足30万吨级散货船和油船乘潮单向通航要求,外航道内段满足30万吨级散货船乘潮单向通航要求,徐圩航道满足30万吨级油船乘潮单向通航要求。

(李瑞丽)

【江苏首条北冰洋航线首航】10月27日,装载各类机械设备的"MONCHEGORSK"轮从连云港新东方集装箱码头离泊,经白令海峡,穿越北冰洋,直达俄罗斯圣彼得堡,标志着连云港港北冰洋航线首航。

该航线系中联运通公司"太仓-连云港-圣彼得堡"航线,也是江苏省开通的首条北冰洋航线。运营初期,该航线将投入1条650标箱海洋破冰船,月班运营。该航线的开通,打破固有物流路径将货物运输时间由60天缩短到30天。减少中转及换箱概率,节省运输成本的同时,也极大提升运输效率。开辟中欧经贸新通道,丰富完善中欧经贸合作新版图。

【连云港港年度车辆出口突破20万台】11月26日10时18分,随着第20万台车辆穿过拱门驶上"芬浓"号滚装船,连云港港年度车辆出口历史纪录再次被刷新,也标志着该港区域性滚装件杂货进出口集散中心建设迈上新台阶,成为船东、货主优先选择挂靠的国内主要滚装港口之一。

（新华报）

【赣榆港累计货物吞吐量突破1.1亿吨】
9月13日,"奋进新港城 建功新时代"系列主题发布会赣榆专场召开。连云港港赣榆港区2012年12月25日正式开港运营,10年来,通过深化"放管服"改革、聚焦实际需求、擦亮服务品牌,在持续优化营商环境、激发市场主体活力方面取得明显成就。2022年,赣榆港区4♯～6♯散货泊位开始发挥效能。10年来,赣榆港累计货物吞吐量突破1.1亿吨。

（赣榆资讯）

淮安市港口

【单位概况】 淮安市港航事业发展中心位于淮安市漕运西路96号(邮编:223001,电话:0517-83996891),中心编制66名。中心主要职能包括承担港航公益服务和事业发展职责,负责指导全市港口公用基础设施建设、维护和管理工作,承担港口公用基础设施和航道、船闸基础设施的安全管理和应急处置工作。

内设13个科室:办公室、监察室、组织宣传科、财务审计科、法制工作科、发展计划科、科技环保科、安全监督科、船闸管理科、港口管理科、航闸养护科、工程管理科、运行调度科;下辖高良涧、杨庄、朱码3个船闸管理所和市区航道管理站等4个直属单位。

市港航中心主任　罗衍庆(8月任)
市港航中心副主任　张继龙　潘伟明
岳忠文　朱轶群　沈虹

【港口总体情况概述】 淮安港作为国家内河主要港口之一,已利用岸线总长28公里,现有港区7个、码头116座、泊位389个,其中千吨级以上泊位92个,综合通过能力达1.1亿吨,其中集装箱通过能力达50万标箱。《淮安港总体规划(2020—2035年)》初步形成以市区港区为核心的7大港区和以淮安新港、黄码为核心的11个主要作业区。

淮安港共有市区、淮阴、淮安、涟水、洪泽、盱眙、金湖七个港区,主要分布在京杭大运河、盐河、淮河出海航道等河段。设计年通过能力达400万吨以上的规模码头共有9座,分别为:淮安新港、苏淮通用码头、淮钢、淮阴区城东港、许渡作业区、井神盐业、楚州海螺水泥、实联化工、盱眙园区港口运营有限公司码头,年通过能力合计5 275万吨,占淮安市港口总通过能力的48%。主要货种包括矿建材料、饲料、粮食、盐产品、化肥、钢材、煤炭及甲苯、元明粉、原糖、成品油(汽油、柴油)等。

重点作业区:淮安新港作业区三期、市区港区黄码作业区、淮安港区上河作业区、工业园区危化品码头。

淮安新港作业区三期。位于淮安经济技术开发区、京杭大运河和里运河交汇处,占地面积约1 415亩,总投资约25.87亿元,主要包括自动化码头项目、铁水联运提升项目、现代物流服务配套项目。采用挖入式港池布置型式,港池两侧共布置16个2 000吨级泊位,其中6个集装箱泊位(含1个铁水联运泊位)、6个多用途泊位及4个待泊泊位,泊位总长度1 328米,年设计通过能力862万吨,其中集装箱45万标箱。项目于2022年9月开工,工期34个月。

市区港区黄码作业区。位于黄码乡境内、京杭运河右岸,设计年通过能力为1 624万吨,泊位总长度2 867米(其中码头泊位长度2 207米,待泊泊位长度660米),新建29个泊位,概算总投资11.44亿元。2022年完成投资2.68亿元,完成港池土方开挖、益海嘉里泊位桩台施工、顺岸式泊位打桩施工、堆场高真空地基处理、混凝土地板浇筑。

淮安港区上河作业区。位于淮安区上河镇境内,京杭运河左岸。设计年通过能力655万吨,码头泊位总长度1 426米(其中码头装卸泊位总长987米,待泊泊位总长439米),拟建14个泊位,包括5个2 000吨级散货泊位、5个1 000吨级散货泊位、4个1 000吨级件杂货泊位(水工结构均兼顾2 000吨),概算总投资5.868 1亿元。2022年完成投资1.53亿元,完成码头主体部位土方开挖,开展桩基检测,码头主体结构施工78段,垫层78段,码头前沿水上水下土方疏浚,设备生产制造。

工业园区危化品码头。位于淮安工业园区、苏北灌溉总渠右岸，紧邻苏淮通用码头，按挖入式布置型式建设 25 个泊位，其中 17 个装卸泊位、7 个待泊泊位、1 个装卸船泊位，估算总投资约 9 亿元，设计年通过能力 510 万吨。2022 年完成工可报告初稿编制、项目备案、安全条件审查、稳评、规划选址、环评审查等前期工作，完成使用港口岸线申请网上申报等前期工作。

【年度工作概况】港口建设。2022 年，淮安港口建设累计完成投资 6.53 万元。加快推进淮安港三期、工业园区危化品码头、黄码作业区、上河作业区、洪泽新港产业园码头、盱眙港口产业园码头、金湖港口物流园码头等 7 个公用码头，同时统筹季桥作业区、范集作业区等公用作业区，以及中天钢铁、涟水国能热电、巨石高性能波纤、淮安区国信电厂等重大项目配套码头的前期工作。

港口运营。2022 年完成货物吞吐量 7 543.93 万吨（外贸未单独统计），同比增长 2.32％；完成集装箱吞吐量 47.3 万标箱，同比增长 52.18％，其中外贸集装箱 5 223 标箱。主要货种完成情况：矿建材料 2 781.78 万吨，煤炭及制品 936.50 万吨，铁矿石 695.74 万吨，非金属矿石 638.07 万吨，化工原料及制品 626.70 万吨，盐 476.92 万吨，钢铁 311.48 万吨，粮食 288.95 万吨。

淮安港开通运行内河集装箱航线 18 条，航线数量居全省内河前列，形成辐射上游湖北、河南、安徽、山东等地，下游通达衔接江苏沿江沿海、上海等地的航线体系。2022 年新开辟航线 4 条：1 月 11 日，上海郁州海运有限公司开通淮安—连云港中云台作业区（试运营）；6 月 1 日，江苏江淮通集装箱航运有限公司开通淮安—盐城大丰（试运营）；6 月 1 日，淮安国际集装箱物流有限公司开通淮安—浙江建德（试运营）；9 月 12 日，江苏江淮通集装箱航运有限公司开通淮安—信阳淮滨，0.5 班/周（已"五定"）。加快培育龙头型企业，2022 年，淮安市润兴集装箱运输有限公司完成集装箱运量 11.18 万标箱，淮安国际集装箱有限公司完成集装箱货运代理 3.9 万标箱。

港口管理。优化调整港口总体规划，服务地方经济发展，《淮安港淮阴港区规划修订》在征得环保部、交通部同意后，获省政府批复，新增盐河航道淮安高新区岸线 1 000 米用于中天钢铁码头工程建设，为中天钢铁特大项目落地淮安提供支撑。加强散小码头清理整治，编制完成"十四五"淮安港岸线整合利用五年规划，拆除非法码头和非法作业点 431 座（处），清理岸线 37.6 公里，复垦绿化面积超过 20 余万平方米。启动危化品码头整合迁建，按照省化工企业搬迁入园要求，淮安市大运河沿线清江石化、安邦电化等 7 家化工企业，拟统一迁建至灌溉总渠南侧化工园区，采用挖入式港池加闸门方案。

绿色港口。完成岸电设施建设改造 56 套，占年计划 167.7％，实现规模以上港口岸电全覆盖；支持港口岸电"应用尽用"，全年接电 2 828 次，用电 7.17 万度。《绿色港口发展规划研究》通过专题验收，将评价指标纳入新建港口审查项目，建设生态友好、能源低碳、排放清洁、资源集约和运行高效的现代化港口系统。2 家码头创成省级绿色港口。

智慧港口。引导企业打造智慧港口，实施自动化集装箱码头的工程技术与运行管理，加快形成集口岸管理、集装箱运营、装卸服务、货物代理等功能的港口物流平台。一是加快推进集装箱智能操作系统建设，淮安新港现已完成 TOS4.5 集装箱操作系统升级，实现生产设备终端指令由生产中控系统统一调度，促进港口的生产作业向标准化、系统化、规范化方向发展。二是推进淮安港三期自动化码头项目，淮安港三期工程已于 9 月 29 日正式开工，为推进港口信息化建设，淮安港口集团联合华为，初步形成《淮安港智慧港口信息化建设白皮书》，并会同南京大学技术专家对《白皮书》进行分解和项目设计，提前规划融合到三期建设方案中。通过以淮安港三期建设为中心，以《淮安港智慧港口建设白皮书》为基础，推动"统一规划、统一平台、统一架构、统一数据"的港口智慧化平台建设，完成生产数据、流程的标准化，企业管控、业务管理的一体化。

【淮安市港口物流集团推出上海港进出口新通道"陆改水"项目】4 月 12 日，淮安市交通港航部门克服新冠肺炎疫情带来的不利影响，推出上海港进出口新通道"陆改水"项目，综合运费降低近 50％，助力企业运回滞留上海港货物，消除企业停产风险。

【上港(淮安)国际集装箱码头有限公司正式成立】9月2日,淮安港与上港、省港成立合资公司签约暨揭牌仪式举行,标志着上港(淮安)国际集装箱码头有限公司正式成立,三方合作迈进新阶段。通过携手合作,将进一步放大淮安内河航运枢纽优势,更好向"通江达海、江海河联运"拓展和跃升,为推动淮安高质量跨越发展注入强劲动能。

【《淮安港淮阴港区规划(修订)》获批】11月25日,《淮安港淮阴港区规划(修订)》获省人民政府批准。根据《规划(修订)》,新增盐河航道淮安高新区段岸线1 000米,调减京杭运河吴城作业区岸线500米、淮沭新河徐宋路上游段岸线500米,本次调整后淮阴港区共规划港口岸线15 020米,规划岸线总规模维持不变。

(张　质)

盐城市港口

【单位概况】盐城市交通运输局(盐城市港口管理局)位于盐城市青年中路8号(邮编:224001,电话:0515-88886611),盐城市交通局主要承担港口工作职能的处室2个,分别为:1.港口发展处,指导全市港口发展工作,参与编制盐城港口总体规划及各类专项规划;参与拟订全市港口建设年度投资计划;负责全市港口岸线资源管理工作;组织港口建设项目相关报批工作;参与港口建设项目设计审查、竣工验收等建设管理工作;指导并参与全市港口工程建设质量安全监管工作;承担港口重大发展政策、重大发展战略的研究工作。2.港务管理处,负责港口经营市场和船舶引航管理工作;负责港口行业统计分析工作;监督港口收费计费政策的执行,规范港口经营服务性收费行为;组织对外开放港口设施保安评估,监督港口设施保安计划的实施;承担港口经营信用管理工作;指导推进绿色港口、智慧港口建设工作;指导全市港口行业国内外技术交流与合作;协调港口资源整合及江海河、陆海、海铁联运等工作。

市交通运输局分管副局长　　赵　飞
市交通运输局港口发展处处长　　储骏骅（1月止）
市交通运输局港口发展处处长　　刘俊华（1月任）
市交通运输局港务管理处处长　　王海兵
市交通运输局港务管理处副处长　　徐志清

承担港口行业发展工作职能的单位为盐城市港航事业发展中心,中心工作职责为负责辖区等级航道通航设施建设与养护、运行调度及过闸费征收,参与编制港航发展战略、发展规划、行业政策、标准规范。承担港口发展职能的3个主要科室分别为:1.港口发展科,参与全市管辖范围内港口公用基础设施的建设、维护工作;参与政府投资的港口工程建设项目的安全、质量、进度、环保和交竣工验收工作,协助做好港口污染防治相关工作;参与港口企业、港口建设项目的施工、监理、建设等单位的履约考核等信用管理工作;参与绿色港口建设规划和组织实施等工作;参与管辖范围内港口锚地调度管理相关工作。2.安全监督科,参与全市管辖范围内港口公用基础设施安全管理和应急处置工作。3.综合计划科,参与港口的发展规划、建设计划编制工作,参与港口基本建设前期工作。

中心主任　　徐　军
纪委书记(分管领导)　　蒋卫民(9月任)
港口发展科科长　　单以超(8月任)
安全监督科科长　　黄金友
综合计划科科长　　曹　岚

【港口总体情况概述】盐城港是江苏省沿海地区性重要港口,是区域综合交通运输体系的重要枢纽,是苏北地区及淮河流域经济社会发展和对外开放的重要口岸,是盐城市临港产业发展的重要依托。盐城港以大宗散货、石油化工和杂货运输为主,兼顾集装箱运输,逐步提升区域物质转运功能,发展成为特色鲜明的新型产业港、功能齐备的现代物流港、服务高效的区域枢纽港。盐城内河港是江苏省内河港口的重要组成部分,是盐城市城乡社会经济发展的重要依托和建设社会主义新农村的重要基础设施,是盐城市加快沿河产业布局的重要支撑和发展现代物流业的重要平台,是盐城市综合交通体系的重要组成部分和地区内外贸易运输的重要枢纽;是盐城市沿海港口的有效延伸和海河中转联运的重要纽带。未来,盐城内河港将承担包括能源物资、普通散杂货和集装箱在内的货物运输,发展综合物流、内外贸易、临港开发和海河联运等多种功能,逐步建设成为布局合理、功能完善、分工协作、绿色环保的现代化内河港口。

盐城市港口主要由盐城港和盐城内河港组成。至2022年底盐城港沿海港区4个,码头泊位82个(其中万吨级以上泊位26个),码头总长度12 015米,码头泊位年设计通过能力12 303.9万吨,集装箱8.7万标箱,滚装汽车20万辆;内河港区8个,码头泊位517个(其中集装箱泊位8个),码头总长度40.7公里,码头泊位年设计通过能力10 684.96万吨。

沿海主要港区按照行政区划分有大丰港区、射阳港区、滨海港区、响水港区。

大丰港区。大丰港区是盐城港的主港区,依托临港产业形成专业化物流和综合物流体系,以散货、杂货、粮油、石化、集装箱和汽车滚装运输为主,发挥多式联运优势,发展成为具备装卸、中转、储备、商贸等功能的区域综合性枢纽港区。至2022年底,共建成生产性码头泊位37个(其中万吨级以上泊位10个),泊位总长度5 117米,泊位年设计通过能力3 617.4万吨,集装箱4.7万标箱,滚装汽车20万辆。

射阳港区。射阳港区重点依托风电设备、机械装备、新能源等产业,发展特色临港产业基地和特色港口仓储物流交易市场,成为以散货、杂货、机械装备运输为主的重要港区,拓展海河联运功能。至2022年底,射阳港区码头泊位15个(其中万吨级以上泊位4个),泊位总长度1 675米,泊位年设计通过能力928万吨,集装箱4万标箱。

滨海港区。滨海港区是盐城港的重要组成部分,主要为临港工业开发服务,成为打造临港产业集聚区的基础平台,逐步拓展为淮河流域腹地物资运输以及物流服务功能,发展成为规模化、集约化、专业化的现代化港区。至2022年底,共建成生产性码头泊位8个(万吨级以上泊位7个),泊位总长度2 202米,泊位年设计通过能力4 966.5万吨。

响水港区。响水港区以散货、杂货、钢材、海工产品运输为主,加快港口资源整合和海河联运型物流体系构建,结合灌河口开发和两岸统筹协调布局,发展成为灌河流域重要口岸和盐城港重要港区。至2022年底,响水港区共有码头泊位22个(万吨级以上泊位5个),泊位总长度3 021米,泊位年设计通过能力2 792万吨。

内河主要港区按照行政区划分有市区港区、响水港区、滨海港区、阜宁港区、射阳港区、建湖港区、大丰港区、东台港区。

市区港区。盐城内河港市区港区包括盐城市亭湖区、盐都区和开发区境内所有内河港口码头,主要为盐城市区及其周边地区的城镇建设、园区开发、产业发展服务,提供包括矿建材料、能源物资、大宗货种、工业原料及产成品和集装箱在内的装卸仓储和物流集散服务。市区港区持证码头44家,至2022年底,共建成生产性码头泊位84个,码头泊位总长度7 752米,年设计通过能力3 610.4万吨。

滨海港区。主要功能:为滨海县及其周边地区的城镇建设、园区开发、产业发展服务,并为盐城港滨海港区提供内河集疏运服务,主要货种包括矿建材料、能源物资、大宗货种、工业原材料及产成品等。滨海港区持证码头1家,截至2022年底,共建成内河生产性码头泊位6个,码头泊位总长度500米,年设计通过能力190万吨。

阜宁港区。主要功能:为阜宁县及其周边地区的城镇建设、园区开发、产业发展服务,提供包括矿建材料、能源物资、大宗货种、工业原料及产成品和集装箱在内的装卸仓储和物流集散服务。阜宁东港作业区已建成国家二类水路口岸。阜宁港区持证码头33家,截至2022年底,共建成内河生产性码头泊位73个,码头泊位总长度4 803米,年设计通过能力约1 086万吨。生产性码头主要分布于射阳河、通榆河、苏北灌溉总渠、恒河、大沙河、小中河等河流上,其他的支线航道上也分布着一些码头。

射阳港区。主要功能:为射阳县及其周边地区的城镇建设、园区开发、产业发展服务,提供包括矿建材料、能源物资、大宗货种、工业原料及产成品在内的装卸仓储和物流集散服务。截至2022年底,射阳港区持证码头26家,共建成内河生产性码头泊位47个,码头泊位总长度3 229米,设计年通过能力660.3万吨,以企业自备码头为主,主要货种为砂石、煤炭、管桩、粮食等。

建湖港区。主要功能:为建湖县及其周边地区的城镇建设、园区开发、产业发展服务,提供包括矿建材料、能源物资、大宗货种、工业原料及产成品在内的装卸仓储和物流集散服务。截至2022年底,建湖港区持证码头15家,共建成内河生产性码头泊位36个,泊位总长度3674米,设计年通过能力760.96万吨。

大丰港区。主要功能:为大丰区及其周边地区的城镇建设、园区开发、产业发展服务,提供包括矿建材料、能源物资、大宗货种、工业原料及产成品在内的装卸仓储和物流集散服务。截至2022年底,大丰内河港区持证码头有48家,共建成内河生产性码头泊位93个,泊位长度7585米,设计通过能力1692.8万吨。现有码头分布在刘大线、川东港、串场河等航道沿线,多为300~500吨级泊位。

东台港区。主要功能:为东台市及其周边地区的城镇建设、园区开发、产业发展服务,提供包括矿建材料、能源物资、大宗货种、工业原料及产成品在内的装卸仓储和物流集散服务。东台港区持证码头有46家,共建成内河生产性码头泊位178个,泊位长度13146.2米,年设计通过能力2684.5万吨。

【年度工作概况】港口建设。2022年,盐城市港口基础设施建设计划投资12.4亿元,完成投资18.139亿元,占年度计划的146.28%。通过竣工验收的7个项目:1月20日,盐城港大丰港区深水航道一期工程;5月25日,盐城内河港市区港口步凤作业区码头工程南侧9~16号泊位;6月17日,盐城港响水港区小蟒牛作业区码头二期工程(4#5#泊位)堆场及辅建区;6月27日,盐城港响水港区现代物流园一期工程;8月16日,江苏滨海液化天然气(LNG)项目码头工程;9月4日,盐城内河港射阳港区汤始建华建材(盐城)有限公司码头工程;9月29日,盐城内河港东台港区时堰作业区。12月1日,《盐城内河港总体规划(2035年)》通过专家审查。

港口运营。2022年,盐城全港完成吞吐量18444.1万吨,同比增长16.6%,集装箱完成576507标箱,同比增长39.52%;外贸吞吐量完成2351.32万吨,同比降低22.39%。其中,沿海港口全年完成吞吐量13542.86万吨,同比增长20.82%;集装箱完成526484标箱,同比增长40.16%;外贸吞吐量完成2351.32万吨,同比降幅22.39%。盐城沿海港口进出港货物仍以大宗干散货为主,五大类货物占比89%,其中矿建材料、煤炭、金属矿石、粮食为主要货源。矿建材料5259.29万吨,煤炭2219.6万吨,金属矿石2482.53万吨,机械设备1548.71万吨,粮食530.74万吨。内河港口全年完成吞吐量4901.24万吨,同比增长6.33%;集装箱完成50023标箱,同比增长33.15%。主要货种是矿建材料、钢材、水泥、煤炭及制品、粮食等矿建材料2468.35万吨,占总量的50.4%,同比增长31.1%;水泥1500.74万吨,占总量的30.6%,同比下降1.7%;钢铁294.18万吨,占总量的6%,同比下降47.6%;木材263.88万吨,占总量的5.4%,同比增长41.5%;粮食89.96万吨,占总量的1.8%,同比增长47.1%。全年共开辟集装箱航线9条,其中国际集装箱航线1条,分别为大丰港区至日本、南通吕四港,大丰港区内港池至上海港宜东港、宿迁港、淮安港、武汉阳逻港、南京龙潭港、信阳滨淮港,射阳内河港至太仓港等。

港口管理。港口规划工作取得新进展。一是开展《盐城内河港总体规划》修编。年初通过政府采购公开招标确定编制单位为华设设计集团,经过实地调研、两轮意见征集、多次内部审查,规划文本于12月1日通过专家评审。同时该规划的环评工作正在有序开展。二是组织开展《盐城港总体规划》相关港区的调整工作,强化港口规划与产业发展适配性。推进滨海港区主港池通用码头区港口岸线布置优化调整,形成初步方案。强化港口岸线管理。严格按照《江苏省水路交通运输条例》《港口岸线使用审批管理办法》,使用江苏省一体化在线交通运输政务服务平台办理港口岸线审批业务。全年共受理射阳港区通用码头五期、内河港大丰港区博汇纸业码头等5个项目岸线使用申请,其中1项正在审查,3项获省交通运输厅批复,1项获市局批复;受理响水港区小蟒牛作业区重件码头、射阳港区通用码头等5个项目岸线使用人变更申请,其中3项获交通运输部批复,1项获省交通运输厅批复,1项待批。研究交通运输部深水岸线标准调整、岸线审批管理办法修订等政策法规以及省港口管理委员会《关于进一步推动港口岸线资源集约高效利用的指导意见》要求,吃透"放管服"改革精神,加强港口岸线的高效整合和集约利用,履行管理职责。规范开展履约考核及信用评价。推进公路水运从业单位信用评价结果与地方信用信息平台的互联互通,定期将履约考核结果、信用承诺信息及合同履约情况等归集录入到盐城市县一体化公共信用信息系统等平台,为信用监管提供精准依据。

水路疫情防控有效。在市"外防输入"联防联控机制水路口岸工作协调组的领导下,及时制定水路口岸疫情防控工作方案,成立工作专班,健全组织体系,建立会议、通报、会商、协调、督查等工作机制,下发《港口一线作业人员疫情防控工作流程》《引航员防疫工作流程》等5个水路口岸工作防疫流程图,召开专班成员单位联席会议,会办防控重点事项,突出引航员、登船作业人员疫情防控重点,坚持人、物、环境同防,实行内外贸分开作业,外贸作业人员实行专班闭环管理。全年共保障国际航行船舶1598艘次,组织国际航行船舶中国籍船员换班23批次,换班船员669人。

绿色港口。打好港口污染防治攻坚战,推动建立港口码头长效管理机制并评估完善。港口船舶污染物处置系统高效运转,共接收船舶污染物53 674单,同比增长109%。全市218家涉尘港口企业扬尘治理设施全覆盖,完成481套粉尘在线监测系统建设,全部接入省监管平台,有效开展监测,并获省港口粉尘在线监测系统项目专项资金补助285.5万元,大丰港区50万平方米全封闭式料仓开工建设。完成25艘600总吨以上内河船舶受电设施改造任务,304套港口岸电系统累计使用电量21万度,同比增长570%。创成省三星级绿色港口2家。

平安港口。港口"三年大灶"圆满收官,全力防范化解港口领域安全风险,完成大型油品储罐"一库一策"评估辨识,督导重大危险源港口危险货物企业建设"视频监控、紧急切断、气体检测、雷电预警"四个系统。全面推广应用"海江河"安全监管平台,全市15家港口危货企业相关视频监控、罐区监控数据接入,接入率达100%,实现实时监测、动态评估、及时预警。全年共开展安全监督检查1 073次,发现问题隐患721条,制发《港口安全隐患整改通知书》88份,立案处罚7起,全部完成整改闭环管理。危化品码头储存企业均通过二级以上安全生产标准化考核,6家通过一级标准化考核。加强应急管理体系建设,规范预案修订和开展应急演练,做好盐城港应急物资储备库维护保养。

智慧港口。紧紧围绕"智慧赋能、质效提升"目标,推进智慧建港、科创强港,持续提升港口信息化、智能化水平。推动智慧港口一期工程建设,建成集安防监控、生产调度、应急指挥以及电子口岸平台于一体的"三中心一平台",推广部署一体化TOS、EA米系统在全港运用;10月15日,大丰港区自动化集装箱堆场工程成功运行,散货码头自动化试点改造正在推进,港口发展初步实现由主要依靠增加资源投入向主要依靠科技进步转变。

党的建设。狠抓党风廉政教育培训。一是开展党风廉政知识竞赛活动。5月14日,局党委联合派驻组举办全市交通系统第二届党风廉政知识竞赛活动,共92人次直接参加比赛,先后30人次获奖项。二是加强基层廉政文化建设。局党委修订印发《盐城交通廉政文化基地建设标准》,调研指导阜宁港航中心廉政文化基地建设。组织全系统各单位现场观摩阜宁港航中心"廉政教育实践展厅",对首个交通"廉政文化建设基地"授牌。三是组织开展纪检和财务干部培训。市局协同派驻组举办市直交通系统纪检、财务干部业务培训班,集中观摩市港航事业发展中心"清廉港航、清正家风"廉政讲堂,局财务处负责人进行交通财经纪律授课,派驻组戴组长对与会人员进行纪检业务专题培训。四是组织举办"全市交通运输系统廉政书画摄影展评"。结合展评活动,向省厅推荐报送廉政文化比赛作品,展示盐城交通职工勤廉风貌。五是编印党风廉政教育学习资料。先后编印5期《廉文荐读》,发放《习近平关于坚持和完善党和国家监督体系论述摘编》《江苏历代贤吏为官之道》等廉政书籍,进一步增强廉政教育效果。

做好"廉洁交通"建设。根据中共中央《关于加强新时代廉洁文化建设的意见》和省厅《关于"廉洁交通"建设的实施意见》精神,市局制定出台《"廉洁交通"建设实施意见》,对全市交通系统"廉洁交通"建设作部署安排,明确2025年和2035年建设目标以及6方面22项主要建设任务,将廉洁思想、廉洁制度、廉洁纪律和廉洁文化全面融入交通运输工作全过程,努力建设"政治坚定、思想纯粹、治理严明、作风强实、干部清正、监督有力"的高水平"廉洁交通"。市港航阜宁中心"廉洁工地提醒卡"工作经验被省厅第三季度"廉洁交通"建设专刊采用。

【大丰港区至南通吕四港集装箱班轮航线首航】3月11日，盐城港"申丰之春"轮满载集装箱从大丰港区启航，执行盐城港大丰港区至南通吕四港集装箱班轮航线首航任务。同时，盐城港航运集团与吕四港正式签订战略合作协议，标志着盐城港与江苏新出海口通州湾之间的合作序幕正式拉开。

【盐城港"沪盐专线"（海港）第五班完成首航】4月5日，满载货物的"长江新星"轮船从大丰港区出发，历经30小时后抵达上海港外高桥港区。至此，盐城港至上海港集装箱班轮航线已实现一周8班，其中，沿海航线一周5班，内河航线一周3班。

【盐城港大丰港区至淮安港内河集装箱班轮航线首航】6月10日，盐城港"大港集003"集装箱船舶驶离盐城港内港池码头，执行盐城港大丰港区至淮安港内河集装箱班轮航线首航任务，该航班一周2班。与此同时，盐城港控股集团与淮安港战略合作协议也正式签订，拉开盐城港与淮河生态经济带沿线又一重要港口的合作序幕。

【盐城港至南美的杂货班轮航线开航】9月17日，装载聚酯切片、化工类等货物的"伯乐"号件杂货船舶从大丰港区出港开往南美，标志盐城港至南美的杂货班轮航线开航。该航线为盐城港首条远洋航线，开航初期为每月1班，后期将根据运营情况进行航线加密。

【盐城港大丰港区—亭湖港区—南京龙潭港集装箱班轮航线开航】10月13日，盐城港集团与南京港集团、江苏远洋公司签约，盐城港大丰港区—亭湖港区—南京龙潭港集装箱班轮航线正式开航。该航线开始为一周2班，后期将根据货源组织和航线运行情况，逐渐增加航次密度。

【江苏沿海地区首个自动化集装箱堆场投运】10月15日，盐城港自动化集装箱堆场启用仪式举行，标志着江苏沿海地区首个自动化集装箱堆场投入运营。

盐城港自动化集装箱堆场项目具有自动化无人轨道吊、智能一体化操作系统、5G＋北斗融合网络、强弱电智能化系统等4项核心技术，综合运用自动化控制、数字孪生等先进手段，实现整个堆场作业区域的无人化，并将作业效率提升30%以上。

【盐城港至日本国际直达集装箱班轮航线开航】10月27号，盐城港至日本国际直达集装箱班轮航线正式开航。航线开通初期为一周1班，后期根据货源情况逐步加密。该航线的开通仅需2天即可抵达日本的大阪、神户等地，与原先的物流模式相比，大大缩短物流周期，提升物流效率。

【盐城港至南非德班港航线首航】11月3日7时，盐城港滚装码头载着2 350辆长城自主新型汽车的"大丰港黎明号"轮启程开往南非德班港。这是盐城港至南非德班港国际直达汽车滚装航线首航，也是盐城港籍在巴拿马注册的汽车滚装船首次驶出国门。

此次运送的汽车主要是皮卡、SUV车型，货值约3.53亿元。当天，盐城出入境边防检查站开通"快捷通道"，助力国产汽车出口。至此，该站已服务保障盐城港完成12 640辆次整车出口业务。

11月28日，盐城港滨海港区1号码头，搭载2 401辆国产新型汽车的"和顺号"滚装轮启程驶向南非德班港，开启滨海港区至南非德班港国际直达汽车滚装首条航线。

（谭友琪）

【重点港口企业-盐城港控股集团】盐城港控股集团成立于2020年6月16日，是市属一档国有企业，注册资金50.5亿元，成建制整合盐城沿海"一港四区"和市域内河港区，下辖16家二级公司和1家事业单位。集团的组建恰逢两个五年规划的交替点和新一轮江苏沿海发展战略发布实施，在推动海河联运一体化发展过程中，集团责任重大、使命光荣。集团成立以来，坚持改革与发展"双轮驱动"，按照规划、投资、建设、管理、运营一体化要求，严格规范人财物、投融资、招投标、防风险等各种内控管理，全面加快推进整合-磨合-融合发展进程，始终坚持"在企言企，从商言商；效益优先，利润为王"，全力抓好生产运营，在2021年首次跻身全国亿吨大港行列，2022年货物吞吐量和集装箱增幅位列全国54个沿海港口的第1和第2位,13项核心数据全部实现两年翻番目标,在发挥港口的社会效益和经济效益上展示国企担当。与此同时,集团紧抓江苏沿海发展等契机,聚焦"十四五"末达2亿吨吞吐量和1.5亿吨能级的目标,按照不搞"三无一不"投资的要求,持续在港口、航道、堆场、仓储等领域加大投资,系统性推进实施港口基础设施建设,为集团实现高质量发展夯实基础。

基础设施。盐城港共建成生产性泊位81个,其中万吨级以上泊位18个,主要生产作业区包括沿海4个港口、内河5个港口,其中沿海的大丰港区、射阳港区、滨海港区、响水港区均获批国家一类开放口岸;内河的阜宁港区和建湖港区为国家二类开放口岸;建有B型保税物流中心,拥有全省唯一的国家级进口木材熏蒸中心,是进口粮食指定口岸、全国沿海第二个进口粮食海进江减载口岸、进境肉类和水果综合型指定监管场地、中国风电叶片出口三大基本港之一。

港口建设。完成《盐城市域海河联运一体化布局总体规划》等编制工作;推进实施盐城港淮河战略,设立淮河多式联运公司。全年完成项目投资30.72亿元,37个列市城乡重点项目全部按序时开工建设,其中已完工9个。招商引资有实效。成功签约射阳港区通用码头四期、海上风电、金光纸业大丰产业基地等优质项目,全年完成招商引资协议资金104.34亿元,到账资金24.51亿元,其中外资实际到账3 000万美元,提前一个月完成年度目标任务,获市国资委通报表扬。

港口运营。2022年完成自营货物吞吐量1.26亿吨,同比增长25%,集装箱55.1万标箱,同比增长37.75%。推进"经营兴航年"活动,13项主要经济指标全部实现两年翻番目标。开展新时代"百团大战"活动,累计拜访客户超万家,新签订协议264份,淮河流域大运河上游宿豫港正式开港并完成吞吐量超80万吨,获市政府主要领导肯定并在全市国企进行推广。2022年累计开辟至南美、日本、南非等国际国内航线13条,形成33条国际国内航线的通航网络,比2020年提升近6倍。聚焦优势货种开展错位化经营,大丰港区实现粮食吞吐量499.7万吨,占全市粮食吞吐量的76.4%;滨海港区首次实现2 401辆滚装汽车直达南非,集团滚装汽车货重同比上升364.81%;射阳港区成功完成全球首套123米风电叶片装船;响水港区创建港口型国家级物流示范园,完成海河联运货物吞吐量342.38万吨,同比增长77.22%;保税物流中心进出口货值达3.36亿美元,在全国保税中心排名第22,较上年跃升23名,省内排名前三。

港口管理。国企改革三年行动规定任务完成率达100%,"六个调优""十大改革"自选动作获市国资委经验交流推广。制定集团全系统"三定"方案,健全市场化经营机制,试行经理层成员任期制和契约化管理,签订两书一协议161份;建立全系统统一的薪酬等级挂钩制度,初步形成"上不封顶,下不保底"的考核机制。平均融资成本下降81个BP;响水、射阳港区获评AA评级;9月末首单10亿元中票发行成功,盐城港大丰港区综合仓储物流等5个项目获批政策性开发性金融工具项目,总金额3.7亿元,占全市获批总数的23%,列全市国企第一。落实市政府2022年第13号专题会议纪要,年内到账股本、置换"两非"资产、落实应收政府往来总计14.42亿元;全年销号历史遗留问题40项,涉诉案件结案251件,盘活闲置低效资产4.09亿元,清收有问题往来8 100万元;通过"两非两资"的全面清理,压降企业35户;完成补办证18.92万平方米,持续提升资产资源质效。

安全生产。全年累计召开"三位一体"调度会22次,全力以赴筑牢底线不放松。全系统累计排查疫情防控风险点38处并即时整改到位,累计投入8 800万元建设1.74万平方米的港口防疫专班隔离用房,实现海港"三区两通道"全覆盖;组建15个专项督查队伍形成"一对一"督查机制。常抓不懈保平安。全年投入安全生产资金1 811.12万元,开展应急演练300次,聚焦港口码头、堆场仓储、建筑工程等关键领域,紧盯危化品、航运船舶等重点部位,全年整改闭环安全生产隐患1 353项,实现"安全稳定零风险"目标。多措并举强治理。建成38个粉尘在线监测点,213套堆场喷淋系统,88套船舶污染物接收设施,全面强化环保基础设施建设。

党的建设。盐城港集团在全系统开展"双体检"活动,结合市委巡察反馈问题整改,通过政治体检和经济体检,消除一切影响企业健康运行的不利因素,为集团"改革攻坚年""经营兴航年"两个主题年活动提供坚强政治保证。5月4日至6月16日,集团举行第二届职工文化艺术节,通过开展主题演讲、合唱比赛等文体活动,并对2021年度跻身全国亿吨大港行列、集装箱突破30万标箱保本点先进集体和个人及新时代"百团大战"优秀组织奖和先进个人,"最美盐城港人"进行颁奖,进一步凝聚干部职工干事创业激情,提升干部职工"六感"。

(盐城港控股集团)

扬州市港口

【单位概况】扬州市交通运输局位于邗江区扬子江中路551号(邮编:225000,电话:0514-80989535)承担全市港口行政管理职责,其中具体承担相应职能的内设处(室)为港航处,负责拟订全市港口、航道建设、养护、运营相关政策、制度并监督实施;协同拟订全市港口、航道规划、固定资产投资计划和年度计划;审核全市航道建设、养护计划;指导全市并负责管辖范围内的港口行政、航道行政、地方海事行政管理工作;承担港口岸线管理和港口设施保安监督管理工作;指导船型标准化和船舶防污染监督管理工作;指导港口公用基础设施和航道、船闸基础设施的安全管理和应急处置工作,负责港口企业信用管理工作。

市交通运输局局长　夏正东

市交通运输局党委委员,机关党委书记　张岳斌

市交通运输局港航处处长　何宇

扬州市港航事业发展中心位于扬州市江都路596号(邮编:225000,电话:0514-87901581),根据扬州市交通运输局《关于印发承担行政职能事业单位改革机构职能编制规定的通知》(扬交人〔2020〕8号),中心涉及港口方面主要职责:指导辖区内港口公用基础设施的建设、维护工作;指导全市港口工程项目建设管理工作;参与管辖范围内港口工程项目的港口岸线使用、建设程序、建设实施、验收工作;参与港口企业信用管理工作,参与制定绿色港口建设方案等工作。

中心主任　李强

中心副主任　高新

【港口总体情况概述】至2022年底,扬州共有港口经营企业46家,生产性泊位157个,(其中对外开放泊位25个,集装箱泊位2个),码头总长度18.42公里,全市港口年通过能力13 262万吨。其中,长江港口共有生产性泊位79个(万吨级及以上泊位36个),年通过能力约10 194万吨;内河港口共有泊位78个,年通过能力3 068万吨。

扬州长江岸线总长86.7公里(含夹江10公里),共规划港口岸线42.59公里,其中深水岸线38.74公里,已开发利用35.29公里。扬州内河共规划港口岸线18.09公里,主要集中在京杭运河沿线。

扬州港是江苏省地区性重要港口,是长江、京杭运河水运大通道的重要支点和苏中地区的重要枢纽;是扬州市建设沿江产业带、发展外向型经济的重要依托;是苏中地区全面建成小康社会、扩大对外开放的重要支撑。

扬州内河港是江苏省地区性重要港口,是扬州市综合交通运输体系的重要枢纽;是策应"一带一路"、长江经济带建设及"1+3"重点功能区等国家和省发展战略、服务沿江沿海港口集疏运的重要环节;是扬州市经济社会发展和沿河产业布局的重要依托。

扬州港规划为仪征、扬州、江都等3个港区,其中仪征港区以石油及制品、液体化工品和散、杂货运输为主,兼有部分石油及制品和液体化工品的中转、储存功能;扬州港区是以集装箱、件杂货和大宗散货运输为主的综合性港区,兼顾城市旅游客运功能;江都港区以大宗散货、件杂货运输为主,兼顾LNG加注。

扬州内河港共规划"五个港区、十五个作业区",分别为扬城港区(汤汪作业区、城北作业区)、高邮港区(城北作业区、城东作业区、界首作业区、三垛作业区、八桥作业区)、宝应港区(城北作业区、望直作业区)、江都港区(城北作业区、邵伯作业区、真武作业区、樊川作业区、小纪作业区)和仪征港区(新城作业区)。

沿江重点港区:扬州港区。扬州港区位于长江镇扬河段中部,其综合性功能作用明显,公用码头除为本地企业服务外,还为长江中上游及京杭运河沿线等地提供中转服务,是以集装箱、件杂货和大宗散货运输为主的综合性港区。扬州港区分为六圩作业区和新坝作业区,其中六圩作业区是以集装箱、木材、钢材、煤炭、建材等运输

为主的综合性作业区,主要为扬州市及苏中地区经济发展、江海物资中转和临港工业开发服务,兼顾长江与京杭运河的中转联运功能;新坝作业区主要服务于后方船舶修造、钢结构制造等临港工业的发展。扬州港区规划港口岸线12.84公里,其中深水岸线8.99公里,主要包括扬州港务集团码头、扬州二电厂码头等,至2022年底,扬州港区共有生产性泊位33个,年通过能力2 353万吨、28万标箱。

内河重点港区:扬城港区城北作业区。扬城港区城北作业区位于京杭运河西岸,宁启铁路桥下游方向约920米~1 741米,坐落在扬州电厂北侧,拟依托现有运河南锚地,适度开发港口公共运输服务,主要为扬州市城北建设及当地居民所需物资提供运输服务。扬城港区城北岸线共1 500米,其中679米为企业专用码头岸线。规划城北作业区利用城北岸线821米,自上游向下游布置2个挖入式港池,顺岸布置8个1 000~2 000吨级泊位,共形成通过能力250万吨的规模。结合后方土地现状,作业区控制陆域纵深约130~250米,陆域用地面积250亩,从码头前沿至后方分别布置前方作业区、堆场、仓库和生活辅助区。主要包括扬州新港物流、新盟物流、扬州华电码头等,至2022年底,扬城港区城北作业区共有生产性泊位17个,全年货物吞吐量541万吨。

【年度工作概况】港口建设。2022年,扬州强化规划引领,全面启动《扬州港总体规划》《扬州内河港高邮港区规划方案》修编调整工作。扬州港区内港池改建工程、仪征港区南京港股份610-611码头改建工程和内河港高邮港区城东作业区码头工程开工建设,全年共完成港口建设投资2.4亿元。中铁宝桥码头完成竣工验收。仪征港区万江物流码头取得省厅岸线使用许可;宝应港区城北作业区码头通过通航影响评价审查。

港口运营。2022年全市港口完成货物吞吐量15 022万吨,同比增长0.03%,其中煤炭3 443万吨,金属矿石2 337万吨,矿建材料3 494万吨,石油及天然气1 719万吨,其中沿江港口完成13 221万吨,同比增长1.09%;内河港口完成1 801万吨;全市外贸吞吐量累计1 377万吨,同比增长0.7%;集装箱吞吐量累计60.91万标箱,其中外贸出口重箱11.1万标箱,增长13.55%。扩展加密航线航班,新增1条扬州—上海洋山五定班轮航线,以及扬州—九江、扬州—济宁、扬州—凤阳3条内贸航线。

港口管理。水路口岸疫情防控。一是建立完善常态化疫情防控机制。制定下发水路口岸疫情防控相关工作方案,进一步完善工作机制,明确属地政府、主管部门、港口企业和员工个人"四方"责任,压紧压实联防联控工作举措。二是严格落实港口码头疫情管控。督促港口企业落实主体责任,严格落实专班管理、船岸界面管理、核酸检测和疫苗接种等管控措施,确保港口内外贸作业人员固定岗位,严禁交叉作业、混合作业。三是全面强化督查监管。建立市级督查、属地检查和企业自查制度,开展"四不两直"现场暗访,并实施红黑榜通报,并督促即行即改。2022年共核查靠泊作业国际航行船舶432艘次,船员8 624人次,港口企业登轮作业17 385人次,全年未发生一起水路疫情输入扩散事件;开展2021年度全市港口经营信用评定工作,全市47家港口经营企业中AAA级21家,AA级18家,A级8家。

绿色港口。研究制定港口船舶长效管理工作计划和实施方案,推进港口船舶污染物接收设施更新提质,8家港口企业更新配置船舶垃圾接收设施17套、生活污水接收设施11套、含油污水接收设施11套;"长江干线船舶水污染物联合监管与服务信息系统"全面应用,全市港口船舶污染物接收转运处置率达95%以上;加强港口大气污染防治,扬州二电厂建成15万立方米全封闭煤炭堆场;南京港股份新建1套油气回收设施,全市原油成品油油码头油气回收设施配备率达100%;新港物流和江都远扬码头分别新建3套岸电和1套岸电设施,2022年全市港口岸电使用量96.8万度,同比增长33.7%。组织开展省级星级绿色港口创建工作,恒基达鑫、华泰石化获评三星级绿色港口。

平安港口。仪征港区3家港口危化品仓储企业按照《油气储存企业安全风险评估指南》完成自查评估,共发现问题35项,已全部完成整改;3家港口危化品仓储企业全部完成气体检测系统、紧急切断系统、视频监控系统、雷电预警系统建设,并建成双重预防机制数字化系统,与化工园区、市应急局、江苏省应急厅实现数据互联互通,本质安全水平不断提升;委托第三方完成对扬州市罐龄20年以上的危化品常压储罐抽检，南京港股份危化品常压储罐安全风险管控智慧化工程完成升级改造；督促相关企业按照最新标准对重大危险源进行重新辨识，组织对3家港口重大危险源企业和属地监管部门开展联合检查，共发现主要问题隐患14条，均已完成整改；开展液化烃码头及配套储罐安全风险和隐患排查，共发现问题6条，已全部完成整改。

智慧港口。推动智慧港口建设，南京港油气化工码头实施智慧管控平台提升项目，以油气化工平台为基础，深度开发和应用新技术新方法，实现双重预防机制的数字化，生产应急流程自动化等，试点智慧管控新模式。

（曹　骅）

【中铁宝桥码头完成竣工验收】1月14日，扬州港扬州港区新坝作业区中铁宝桥（扬州）有限公司码头工程通过竣工验收。该工程为未批先建补办手续项目，建有4个3 000吨级件杂货泊位，泊位总长度479米，年通过能力73.8万吨，主要装卸货种为产品原材料（钢板、型钢）、产品（重钢结构）等钢材。

【仪征沿江海事监管事权划转】2月25日，仪征沿江海事监管事权划转协议签署暨长江引航中心扬州办事处揭牌仪式举行。自2022年3月1日起，扬州仪征化工园区二期码头上端至小河口下口沿江陆域海事监管事权由南京海事局划转至扬州海事局。招商局金陵船厂（江苏）海事口岸监管职能由南京海事局划转至扬州海事局。

【长江引航中心扬州办事处揭牌】2月25日，仪征沿江海事监管事权划转协议签署暨长江引航中心扬州办事处揭牌仪式举行，标志着长江引航中心扬州办事处正式成立。船舶引航是港口口岸建设的重要组成部分，这将有力推动引航站的相关筹备工作，进一步发挥引航技术优势，提升港口口岸综合服务效能。

【市长专题调研扬州港口并成立集装箱枢纽港规划建设工作领导小组】8月25日，市长王进健专题调研港口发展工作，要求加强资源整合，不断优化布局、完善功能、壮大产业，加快推动港产城融合发展，为发展外向型经济，助推全市高质量发展提供坚实支撑。9月25日，市政府正式成立江淮区域集装箱枢纽港规划建设工作领导小组，市政府主要领导担任组长，进一步强化港口综合枢纽地位和腹地产业集聚功能，着力构建港口、物流、产业、城市一体化发展新格局的发展目标。

【扬州港区内港池改建工程开工建设】9月21日，扬州港扬州港区六圩作业区内港池改建工程正式开工，该工程建设单位为江苏省扬州港务集团有限公司，项目总投资1.7亿元，拟在内港池西侧建设1个5 000吨级杂货泊位，北侧建设1个2 000吨级杂货泊位，东侧建设2个3 000吨级杂货泊位，泊位总长度526米，项目建成后能够更好地服务扬州和运河腹地经济发展。

【高邮港区城东作业区码头工程开工建设】11月15日，扬州内河港高邮港区城东作业区码头工程开工建设。该工程建设单位为高邮市东方港务有限公司，项目总投资4.5亿元，拟新建1 000吨散货泊位7个，共占用岸线长度565米，设计年通过能力367万吨。

【南京港股份610-611码头改建工程开工建设】11月22日，扬州港仪征港区南京港股份有限公司610-611码头改建工程打下第一根桩，标志着该工程正式开工建设。该工程位于扬州化工园区，建设单位为江苏油港国际港务有限公司，总投资约2.49亿元，将现有两座老旧浮式码头拆除，改建为5万吨级液体散货码头，含5万吨级和2万吨级泊位各1个（水工结构均按靠泊5万吨级船舶设计），泊位长度460米，年设计通过能力430万吨，预计2023年底前完工。

【扬州港口开发有限公司揭牌成立】11月30日，扬州港口开发有限公司揭牌暨首发项目开工仪式举行。省港口集团与扬州经开区合资成立扬州港口开发有限公司。新公司注册资本10亿元，将发挥国有资本主导作用，完善市场化运作机制，以区域岸线、码头及临港土地资源整合、港口基础设施建设、港产城融合、供应链物流等为重点经营方向，放大港口对扬州产业经济的基础性、引领性、枢纽性作用，进一步推动港城合作迈上新台阶，为扬州开发园区"二次创业"高质量注入新动能。

【"福航顺"轮首次采用"直取过驳+转运装船双线运转"的作业方案】4月25日10时40分，在扬州港3#泊位，2028件/2.68万吨/119票多种类钢材轮"福航顺"完成90多个小时的高强度过驳作业。这是集团与日照钢铁控股集团有限公司首次合作"海进江"钢材过驳业务，为集团钢材业务板块开启崭新局面。

【扬州港刷新大型设备作业效率新纪录-风电叶片模具装船】11月17日，历时24小时完成首艘27件/3360方的风电叶片模具装船作业，创造集团大型设备作业效率新纪录。并致力探索风电相关的绿色低碳货源，不断沿产业链延伸发展，以转型升级推进"花园式"绿色生态港口建设。

(曹骅 周灵)

【重点港口企业-江苏省扬州港务集团有限公司】江苏省扬州港务集团有限公司成立于1966年，主要经营港口装卸、仓储物流、公铁水联运、国内外货运、船舶代理、国际理货等综合物流业务，注册资本4.107亿元，现为江苏省港口集团有限公司的全资子公司。公司共有万吨级以上泊位11个，货物吞吐能力5 000万吨，集装箱80万标箱，占用岸线长度4 640米。经过两年多的提质增效改革，扬州港绿色港口建设全面升级，经营质态全面向好，管理能力显著提升。

2022年，集团完成货物吞吐量3 144万吨，同比增长12.6%。外贸完成448万吨，同比增长28%，完成集装箱吞吐量58.92万标箱。

(扬州港务集团)

镇江市港口

【单位概况】镇江市交通运输局位于南徐大道67号（邮编：212004，电话：0511-84422097），内设承担港口管理职能的处(室)有3个：一是港航处，负责全市港口岸线、陆域、水域管理工作，负责港口、航道行业监督管理工作，拟订港口和航道发展专项规划，承担全市港口、航道、锚地及相关公共基础设施管理工作，负责协调重点物资港口作业，负责港口和航道行业统计、信息发布工作；二是安全环保监督处，负责港口运输安全生产综合监督工作，拟订并监督实施港口安全生产政策和应急预案；三是行政审批处，承担港口等交通运输行政许可工作，并限时办结。

  交通运输局党委书记、局长　　余国根
  市交通运输局副局长、民建市委主委　　夏军
  港航处副处长　　仇诚
  安全环保监督处处长　　王友红
  行政审批处处长　　严海峰

【港口总体情况概述】镇江港共建有生产性码头泊位176个，设计通过能力总计1.59亿吨。按泊位性质分，公用码头87个，设计通过能力8 916万吨；货主码头89个，设计通过能力7 071万吨。按靠泊能力分，万吨级以上泊位58个，其中，5万吨级以上泊位37个；专业化集装箱5万吨级泊位3个，设计通过能力100万标箱。在装卸设备、后方堆场、仓储设施等码头配套设施方面，镇江港拥有堆场约400万平方米，集装箱堆存能力5万标箱，装卸线4个。

镇江港拥有的沿江港口岸线总长度126公里、占全省6.5%，其中深水岸线75公里、占全省12.3%，水深条件和岸线的稳定性非常有利于建设5～7万吨级大型港口码头。其中，具备建设10万吨级码头的岸线3.5公里。

镇江港是长江三角洲地区综合运输体系的重要枢纽和我国沿海主要港口之一，是上海国际航运中心集装箱运输体系的重要组成部分和集装箱支线港，是长江沿线能源、原材料海进江运输的主要中转港之一和长江中上游地区内外贸物资江海转运的重要口岸，是镇江市发展临港产业和现代物流的重要基础，是长江经济带战略实施和苏南现代化建设示范区发展的重要支撑。

镇江港呈大港、谏壁、龙门、高资、高桥、扬中和新民洲等"一港七区"的港口布局，其中高资、龙门、谏壁、大港港区开发利用程度较高，以整合港口资源、提高岸线利用效率、提升港口功能为主。镇江港空间拓展的主要方向是北向和东向，规划利用扬中、高桥和新民洲优良深水岸线资源，为镇江港的进一步发展以及既有港区部分货类的转移提供空间。高资、谏壁和新民洲港区以服务临港工业为主；龙门、大港和高桥港区以公共运输服务为主，兼顾临港工业发展；扬中港区

近期以服务临港工业为主,逐步发展腹地中转运输。高资港区:以煤炭、建材、重大件等运输为主,主要服务于电力、建材、水泥、装备制造等产业发展。龙门港区:以钢材、件杂货等运输为主,依托产业优势和物流基地,发展现代物流功能及增值服务。谏壁港区:以煤炭、粮食、液体化工品等运输为主,主要服务于电力、化工、粮油加工等产业发展。大港港区:以集装箱运输为主,兼顾液体散货和大宗散货中转运输。扬中港区:近期主要服务于装备制造业等临港工业的发展,以件杂货运输为主,远期兼顾临港工业和腹地物资中转,适时发展集装箱运输。高桥港区:以煤炭、金属矿石等大宗干散货和液体散货运输为主,服务于长江中上游和水网地区物资中转,承接长江南岸货类功能转移。新民洲港区:以木材等杂货运输为主,发展仓储、物流等功能,辐射江苏及长江中上游地区,打造国家级木材战略储备基地。

沿江重点港区:大港港区。大港港区位于长江南岸,自孩溪河—夹江上口自然岸线长112 270米,除五峰山、王家山附近陆域纵深受限,以及捆山河下游河势条件较差外,其余均为优良深水岸线。大港港区岸线大部分已开发,以煤炭和金属矿石等大宗干散货、液体散货、集装箱及件杂货运输为主,是镇江港公用泊位最为集中的港区。

规划大港港区码头岸线总长7.3公里,陆域面积4.5平方公里,年综合通过能力可达7 300万吨,其中集装箱410万标箱。规划形成集装箱码头区、通用码头区、干散货码头区、液体散货码头区四个功能区。

集装箱码头区:集装箱码头区位于孩溪河口下游,包括镇江港务集团大港三期、四期集装箱和多用途码头,已建3～5万吨级集装箱和多用途深水泊位4个。规划集装箱码头区码头岸线约3 160米,可形成1～5万吨级泊位12个,陆域面积约205万平方米,年综合通过能力约410万标箱。通用码头区:通用码头区主要位于大港汽渡以东,包括镇江港务集团大港一期、二期、道达尔、金东纸业等企业,已建万吨级以上深水泊位10个。规划该区现有液体散货泊位改造为通用泊位,今后逐步退出干散货及液体散货运输功能,以通用件杂货运输为主,服务城市生活物资运输需要。捆山河口—夹江上口自然岸线长约650米,有一定陆域纵深,但地处夹江上口凸岸,水流较差、边滩向下逐渐淤长,应适度控制发展规模,结合港口开发现状,规划通用码头岸线500米,均为千吨级及以下泊位。规划两处通用码头区共可形成码头岸线约3 005米,陆域面积约173万平方米,可布置码头泊位19个,年综合通过能力约1 700万吨。干散货码头区:通用码头区位于北山路以东,主要为镇江港务集团大港三期矿石泊位范围,已建专业化矿石泊位3个,其中7万吨级专业化泊位1个。干散货码头区应加快周边绿化隔离带建设,优化工艺流程,采取有效的防污染措施,尽量降低对城市环境的影响。规划干散货码头区码头岸线约510米,陆域面积约36万平方米,年综合通过能力约1 200万吨。液体散货码头区:液体散货码头区位于拟建镇江长江大桥保护区上游,包括奇美化工、国亨化工等企业,已建有码头泊位3个,其中深水泊位1个。规划液体散货码头区近期维持现状,控制发展规模,远期条件具备时启动功能调整。液体散货码头区码头岸线约495米,陆域面积约32万平方米,年综合通过能力约300万吨。

【年度工作概况】 港口建设。2022年,镇江完成港口项目投资计划7.4亿元。高桥港区LNG加注站码头建成并投入运营,接收站码头主体结构完工;高桥港区荷花池作业区一期散货码头3个5万吨级泊位建成;扬中港区联合动力码头1#泊位建成;扬中港区华和粮食码头开工建设。持续推进《镇江港总体规划》修编工作,《镇江港总体规划(修编)》环评报告上报至生态环境部。

港口运营。2022年,镇江港口完成货物吞吐量2.33亿吨,同比下降5.38%,降幅连续8个月呈收窄趋势。分沿江和内河来看,沿江港口完成货物吞吐量2.25亿吨,占全港的96.6%,同比下降4.91%;内河港口完成货物吞吐量796万吨,同比下降16.91%。12月,镇江港口完成货物吞吐量2153万吨,其中沿江港口完成2 071.93万吨,分别同比下降4.48%、4.14%。外贸吞吐量增幅仍处于负值区间。2022年,全市港口完成外贸吞吐量4 054.49万吨,同比下降17.12%,连续9个月呈收窄趋势。12月,镇江港完成外贸吞吐量450.48万吨,同比上升15.8%。集装箱运量降幅持续增大。全年全市港口完成集装箱运量37.85万标箱,同比下降13.08%,降幅呈持续增大趋势。12月，镇江港完成集装箱29 004标箱，同比下降37%。

港口管理。9月，市局下发镇交(2022)199号《关于进一步优化港口管理有关职责分工的通知》，将港口管理有关职能进一步优化明确。在港口建设中，中心承担岸线使用、施工设计等许可的符合型技术审查；在港口经营许可中，中心承担港口积分管理，开展港口企业换证许可的符合性审查；在港口污染防治中，中心承担港口企业治污和降碳的重任，以及绿色港口创建工作；在应急管理中，中心承担港口公用基础设施维护、应急物资储备、应急培训和演练等工作。为落实好此项工作，中心组建"港口职责承接工作专班"，建立港口专家咨询顾问制度。

推进《镇江港总体规划》修编工作，《镇江港总体规划（修编）》环评报告上报至生态环境部。扬中港区华和粮食码头开工建设。深入打好污染防治攻坚战，开展镇江港口码头扬尘治理，全面提升船舶水污染物的接收转运处置能力，推动建立港口码头长效管理机制，国家和省交办的长江经济带生态环境突出问题按期销号，镇江港生态环境进一步改观，第二轮中央环保督察组对镇江港口环保工作给予肯定。加快推进港口环保基础设施建设，建设防风抑尘网3万余米、岸电设备174套、粉尘在线监测系统155套，实现岸电、粉尘监测、船舶水污染物接收转运处置全覆盖。

绿色港口。坚持系统治理，联合4部门印发《镇江市港口船舶污染防治长效管理办法》，与镇江海事签署《战略合作备忘录》，开展碧水蓝天系列行动，加大岸电推广使用，船舶岸电用电量同比增长32%，船舶污染物处置闭环率超95%。谏壁电厂的松林山灰场光伏、宝堰渔光农光互补光伏2个项目110兆瓦开工建设。镇江新区丁岗镇农光互补综合示范项目（134兆瓦）进入省新能源管理平台贮备库。镇江高新区整县制屋顶分布式光伏项目开发试点方案通过省能源局专家评审。分散式风电开发取得突破，惠龙港源网荷储一体化"近零碳"港口示范工程启动建设，宝堰镇风电项目推进。清洁能源供应系统利用长江港区风力大、阳光足的特点，兴隆港建设3台4兆瓦共计容量12兆瓦大型风力发电机，年发电量2 900万度，为港区生活、生产以及岸电供给提供充足电力，该风电系统项目应用可使年二氧化碳排放量下降2.36万吨，节约标准煤1.17万吨，同时优化港区能源消费结构，满足港口用电，促进港区成为近零碳港口。

智慧港口。利用船舶污染物电子联系监管平台，实现船舶污染物接收转运处置全过程多部门联合监管；粉尘在线监测监管平台实现干散货码头全覆盖，实时监控干散货码头扬尘数值，达限值，自动预警；龙门港务港口3D可视化监测平台建设落地，运营状况良好，实现港口基础信息整合，作业流程实时监控。

平安港口。7月22日，在镇江奇美化工有限公司举行"2022年度镇江市危险化学品事故综合应急演练"。在本次综合应急演练中，市交通运输局承担码头水域应急演练项目。码头水域应急演练以"奇美化工有限公司码头苯乙烯泄漏事故"为背景，事故模拟因不法分子破坏，致码头苯乙烯管线泄漏。应急处置共分为公司级应急处置、区级应急处置及市级应急处置三个阶段，分别设置综合保障、治安警戒、水上及码头救援、医疗救护、环境监测等多个科目。演练中，市交通运输局统一指挥，根据事态，及时提升全港港口设施保安等级，联合多部门开展救援，事故得到有效处置。

锚地建设运营情况。2022年，累计收到船舶申请2 372艘次，核准1 907艘次，核准率达80.4%。核准本港船舶1 509艘次，过境船舶398艘次，过境船舶占比20.8%。其中镇江海轮锚地锚泊利用率达114%，高资海轮锚地锚泊利用率71%，危化品锚地锚泊利用率66%；共停靠300米大型试航船9艘。

主要工程完成情况：完成《京杭运河长江口门船闸船舶待闸停泊区提升示范工程》浮筒系泊工程，1月11日完成交工验收并投入使用，定易洲锚地锚泊容量得到大幅提升，锚泊秩序得到明显改善；完成高资锚地开通事宜，已于6月22日完成正式投用，有效缓解高资港区的船舶锚泊压力；镇江危险品锚地疏浚采砂工程完成施工，5月15日开放使用，锚地水深基本达设计要求，保证危险品船舶的锚泊需求。

【长江口门船闸船舶待闸停泊区提升示范工程浮筒系泊工程通过交工验收】1月11日，镇江市港航事业发展中心在镇江港政执法基地组织召开京杭运河长江口门船闸船舶待闸停泊区提升示范工程浮筒系泊工程施工项目交工验收会。

该工程为在镇江定易洲锚地建设9座系船浮筒和25座小型定位浮。每个系船浮筒可满足3个8 000吨级船队系泊要求，整个锚地南侧设置25个小型定位浮，标识待闸货船与过境货船的锚泊位置。

【镇江港智慧港口建设成效渐显】8月，镇江港"5G智慧云脑助力散杂货港口数字化转型"项目获2022年世界5G大会三等奖。

12月，镇江港务集团、中国电信江苏分公司、天翼物联5G物联网联合开放实验室、华为redcap技术团队在镇江港共同完成全球首个5G专网RedCap测试。

RedCap(Reduced Capability)，译为降低能力，是最受关注的物联网领域创新技术。这次测试基于5G港口定制专网解决方案，验证RedCap能满足运输环节中的无人下料斗、远程堆取料、智能理货、垛位识别等应用需求。

"5G智慧云脑助力散杂货港口数字化转型"项目已获发明专利2件，实用新型专利201件。

（镇江港航）

【镇江疏浚砂智慧管控平台启用】8月31日，国内首款针对长江疏浚砂综合利用工作开发的专用管控平台——镇江疏浚砂智慧管控平台正式启用，实现疏浚砂从开采、装船、进港，到港口出入库、物流跟踪、收货确认等全流程监管。

长江航道疏浚出的砂子上岸后"变废为宝"，可用于满足基础民生工程用砂需求。此前疏浚砂综合利用各环节管控多以线下操作为主，不仅不利于项目主体单位对项目进度的把控，也在一定程度上增加人力、物力消耗，延长每个管理环节的处理时间。

智慧平台针对疏浚砂综合利用过程中作业船舶动态、作业过程、作业数据等流程进行重点管控，并拥有电脑端、移动端"双端"，使用便捷。板块功能包含系统管理、数据管理、生产作业管理、数据查询统计等，一方面为项目的监管工作提供准确信息和技术支撑，另一方面也能够更好地为疏浚砂综合利用的客户单位提供便利，增加项目实施过程的透明度。

（新华报业）

【重点港口企业-镇江港务集团有限公司】镇江港务集团有限公司是镇江港的主体，也是镇江港最大的公共码头经营人。公司由原镇江港务管理局改制而成，成立于2004年5月，2018年12月成为江苏省港口集团全资子公司，注册资本18.52亿元。公司拥有生产性泊位21个，其中万吨级泊位12个，岸线总长近4公里，为国家对外开放一类口岸，大港港区有铁路专用线和国铁瑞山站，被江苏省港口集团定位为宁镇扬组合港散杂货作业中心和大宗生产资料交易中心。

公司与50多个国家和地区的128个港口建立货物运输往来业务，培植铁矿石、煤炭、元明粉、化肥等一批品牌货种，现已成为长江重要的铁矿石和煤炭中转港、长江最大的非主流铁矿石贸易港、长江最大的化肥出口港、长江最大的钾肥进口港、全国最大的元明粉出口港，辐射能力覆盖全国，为大宗生产资料水路保供保通保畅发挥着重要作用。

绿色港口。编制《镇江港务集团绿色港口建设总体规划(2022—2025年)》，为"减污降碳、绿色发展"提供战略支撑。实现港区高、低压岸电的全覆盖，全年使用岸电600万千瓦时(度)，减排二氧化碳518吨，综合单耗同比下降13.6%。硬化堆场30.88万平方米，硬化黑化道路8.34万平方米，清理改造排水沟5 065米，改造抑尘设备设施41项，新建绿化带5.97万平方米，新建扩建雨污水收集池4.30万立方米。流程线建设完成入港三期6流程作业线，3、4、5流程线正在建设中。库棚化建设完成大港405库，全港库棚化面积累计达16万平方米。

智慧港口。散杂货生产业务系统全面加快建设、推广与应用。数字化转型加快步伐，5G技术得到广泛运用。建成金港公司粉尘多维度在线云监测系统并成功与堆场喷淋智能联动，实现港口环保管控智能化。智慧港口数字化装备工程技术研究中心被评为江苏省工程技术研究中心，获世界5G大会企业组三等奖、中国港口协会科技进步二等奖，入选全国5G应用解决方案智慧港口唯一供应商。与华为、电信联合在镇江港成功完成全球首个5G专网RedCap测试。

内控管理。严格成本费用审核，刚性执行"财务预审"制度，强化交叉复核。设备设施"5+4"持续推进。继续加强设备"5S"基础管理，全年设备故障率同比下降47.50%，单位吞吐量物料消耗同比下降9.4%，万吨吞吐量综合能耗同比下降13.10%。单位吞吐量修理费设备同比下降22.56%，设施同比下降16%。项目风险严格控制。2022年，对投资项目实行负面清单管理，组织完成项目论证171项。公司未发生一起责任性重大诉讼纠纷，公司合规管理被评为省国资委法治建设优秀案例之一。

安全管理。深入贯彻新《安全生产法》，修订完善《全员安全生产责任清单》《安全生产责任追究制度》《安全事故管理办法》等制度，将这些制度与落实全员安全生产责任制同部署，与重大安全生产风险防控同推进，明确安全"人人皆有责，人人必履责，失责必追责"。四大安全责任体系不断完善。强化双重预防机制，对照省港口集团18条重大安全风险清单进行风险再评估，梳理镇江港安全管控要点20项，基层单位重大风险清单92项、高风险作业活动182项；建立每日从调度会到班组工前会的风险辨识、预控、讲评机制，见人见事见责任。

疫情防控。公司制定疫情防控专项文件33件，细化229项评价检查标准，涵盖港口疫情管控所有重点环节。强化疫情防控专班建设。设立3个专班指挥组，专人专责，与原岗位完全脱钩，轮流进驻；同时进一步改善专班基地条件，增加78个单人套间，常年保持150人左右的稳定专班作业队伍。精准疫情防控管控措施。建立疫情风险等级研判机制，制定一船一策，确定一船一责任人，强化船岸界面和船舶界面管控、强化"队长带班制"、强化"三区两通道"消毒流程管控、强化外来车辆和人员管理。

党建引领。严格落实第一议题制度，公司党委全年共完成第一议题学习25次。制定公司党委理论学习中心组学习年度计划和清单，延续"主讲＋副讲"学习形式，全年完成中心组学习9次。发挥党性主题教育馆沉浸式作用，弘扬伟大建党精神，全年开展教育169场2 490人次。持续开展"学党史办实事"实践，解决职工群众急难愁盼实事。制定《公司2022年政工清单》每月开展工作督查指导；党委书记带队到7家基层党组织开展党建调研，推进规范化建设；制定党员发展对象预审制度；创建党建管理平台；16个基层党组织完成换届选举或委员增补；二级支部书记党务实操线上培训82人次；创建本级党建品牌及12个基层党组织党建品牌，3个党建创新案例。

班组建设。深化"五给"工作机制。全年投入431.22万元用于一线班组硬件配置和候工环境改善；2022年共有13名一线员工被提拔为班组长，17名优秀班组长走上分（子）公司中层副职或生产、安全、技术等管理岗位。加强班组学习阵地建设，通过班组"两会一课""导师带徒""多级轮值"等平台，"五小"创新改善和"五比"劳动竞赛活动，发挥班组安全基础阵地作用。

（镇江港务集团）

【**重点港口企业-镇江港口发展集团有限公司**】镇江市港口发展集团于2017年12月18日工商注册，2018年1月正式挂牌运作，主要承担全市涉港资源整合、港口码头和配套基础设施建设、港口产业投融资、港口运营等职责，负责长江镇江段航道疏浚砂综合利用、全市港口码头疏浚清淤项目，同时，镇江市政府赋予港发集团相关港口岸线"特许经营权"，对全市沿江沿河岸线及陆域资源享有优先开发权。集团内设综合办公室、党群工作部（人力资源部）、投资发展部（工程管理部）、资产财务部、生产营运部、安全环保监督部、审计法务部（招投标办公室）、商务管理部等职能部门8个；集团纪委下设监审室；拥有财务会计中心、商务中心、运营管理分公司等3个分公司（中心），镇江市龙门港务有限公司、镇江市港发绿色资源有限公司、镇江市润港港务有限公司、镇江市环宇集装箱有限责任公司4个全资子公司，镇江市港发大路港务有限公司、镇江新通科技有限公司2个控股子公司，镇江市港龙石化有限公司、镇江市港发二重港务有限公司、镇江市港发新材料有限公司、中交港发（江苏）建筑科技有限公司4个参股子公司。2022年，集团完成港口吞吐量1 885万吨，实现疏浚砂上岸量420万吨，实现营业收入8亿元。

经营管理。稳步推进国资系统危化品仓储物流码头资源整合，为做大做强主营板块夯实基础。与中交一公局合资建设隧道盾构管片项目，一期工程全面启动建设，涉港产业集聚效应不断扩大。广泛寻求优质企业进行合作，努力盘活新通科技资源。二是提升主业核心竞争力，全面完成"港口码头板块逆势破冰、绿色建材板块强势领跑、物流供应板块顺势前行"的年度生产经营目标。

绿色港口建设。夯实环保生产基础，加大环

保费用投入，完善防风抑尘网、雨污分流等基础设施。创新设备工艺，完成大路作业区技改一期工程，新增2台25吨固定吊，全力保障疏浚砂应卸尽卸。强化项目监管，启用疏浚砂智慧管控平台，进一步规范细化疏浚砂管理流程。

内部管理。集团改革三年行动112项任务全部完成，在市国企改革办的评估考核中被评为A级，2022年国企改革三年行动实现收官。规范决策流程，不断加强关键领域、关键环节设计和管理，防范重大风险发生。完善"大法务"体系，不断加强生产经营过程风险把控力度，提高内部审计监督实效。牢固树立"大财务"理念，强化全面预算管理，提升资产管理精细化水平。加强信息化应用，以智能设备规避安全生产风险，整合码头监控系统，生产调度、统筹协调能力显著提高。落实疫情防控措施，严格规范执行防疫"123"工作法。压实安全主体责任，构建特色安全风险预控体系，启动第二个"安全三年攀登计划"。

从严治党。严格落实中央八项规定精神，引导党员干部时刻自重自省，严守纪法规矩。实施党建品牌升级工程，聚焦"十大提升行动"，不断深化崇善价值体系品牌内涵。依托"警醒屋"等阵地常态化开展"五必醒"党风廉政教育，逢双月开展"廉政日"主题教育活动。构建"大监督"体系，开展"1+X"协同化监督模式，持续加大疏浚砂等产品交易、招投标等领域、基础设施建设等项目日常监管，稳固风清气正政治生态。

文化建设。集团创成省文明单位，龙门公司、绿色资源公司创成市文明单位；绿色资源公司党支部获评全省国资系统"国企党建'新'调研优秀成果"三等奖；集团党委"港城先锋、绿色启航"党建品牌获市国资系统"优秀党建品牌"三等奖；绿色资源公司获市总工会五一劳动奖状；龙门公司"裴云锋工作室"获评市劳模工匠创新工作室；龙门公司和财务会计中心员工获评市"五一技术标兵"。

【重点港口企业-镇江港国际集装箱码头有限公司】镇江港国际集装箱码头有限公司成立于2009年6月25日，是江苏省政府批示对外开放码头，注册资本10.9亿元。公司是江苏省港口集团集装箱板块一体化成员之一，是上海国际航运中心的集装箱支线港，是长江下游重要的集装箱内支线中转港，是长江沿线规模最大的集装箱散集联运码头。公司位于镇江市区东20公里金港大道出口处，交通便利，沪宁、京沪高铁、镇大铁路串联港区；坐拥长江干流、京杭大运河及其支流形成"十字水系"，具有独特的区位优势，集疏运条件优越，铁、公、水、空联运优势明显。公司总投资约11.66亿元，建有2个5万吨级集装箱泊位，码头岸线长度为707米，平台宽度为42米，码头前沿水深－13米～－15米，设计年吞吐能力60万标箱；后方集装箱堆场面积24万平方米，库棚面积1.48万平方米，件杂货堆场面积6万平方米，堆场通过能力80余万标箱。下设综合管理部、市场开发部、财务部、运营操作部、装备工艺部、安全监督部、货运站七个部门。2022年，公司集装箱吞吐量完成37.8万标箱；件杂货、重大件吞吐量111.8万吨，同比增长36.3%，创历史最高水平；拆装箱量7.25万标箱，同比增长3.3%。公司落实"疫情要防住、经济要稳住、发展要安全"总体要求，在做好疫情防控的同时持续优化经营质态，创建"润集先锋"党建品牌，营造安全生产稳定发展环境；提档升级"联运通"散集联运品牌，形成铁矿等四大支柱性货种业务，创新打造无纸化"五福智能平台"特色服务品牌和倾斜吊具配套生产工艺线，提升绿色智能生产服务水平。

（蔡玉菁）

泰州市港口

【单位概况】泰州市交通运输局位于泰州市鼓楼南路303号（邮编：225300，电话：0523-86882688），内设承担港口管理职能的处（室）2个及事业单位2个；一是港航管理处，指导并监督全市港口、航道行业管理工作，承担全市港口岸线、陆域、水域统一管理工作，承担全市港口规划（含港口岸线使用审批）工作；二是综合计划处，负责组织拟订水路发展规划，组织拟订港口枢纽等规划，参与拟订交通运输行业发展战略、投资政策和筹融资政策，组织编制港口建设的固定资产投资计划和年度计划，承担或者参与水路建设前期工作协调和管理、概预算管理，组织编制有关交通重点工程建设项目的项目建议书、可行性研究报告，负责初步设计审批，负责交通运输行业统计分析和信息发布工作；三是港航事业发展中心,负责贯彻执行国家、省、市有关港口的方针政策、法律法规和规章,参与编制港口行业有关发展战略、发展规划、行业政策、法规规章和标准规范,执行省下达的港口建设计划,辅助编制全市港口建设计划,负责指导和实施全市港口公用基础设施建设、维护和管理工作,配合指导全市港口工程建设工作,承担港口的网络安全、信息化、绿色发展及行业统计、信息调查工作,承担港口行业技术交流、科技成果转化、科研项目实施管理、标准化等工作,配合做好港口公用基础设施安全管理和应急处置工作;四是综合行政执法支队,负责港口经营许可证发放、港口危险货物作业附证发放,港口信用体系建设、港口危险货物项目管理、施工许可、作业审批、监管能力建设、港口设施保安、监督检查、应急管理、人员资质认定及港口大气污染防治、水污染防治等工作。

　　交通运输局党组书记、局长　潘爱民
　　交通运输局分管副局长　刘成峰
　　综合计划处处长　戚　勇
　　港航管理处处长　鲍玦仑
　　港航事业发展中心主任　朱怀荣
　　综合行政执法支队　卞爱玲

【港口总体情况概述】泰州港是江苏省地区性重要港口,是长江北岸综合运输的重要节点,是泰州市全面建设小康社会、加快沿江开发、推进工业化进程的重要基础,是苏中地区扩大对外开放、促进外向型经济发展的重要依托。泰州港将以泰州市及周边地区所需的能源、矿建材料、液体化工品和临港产业的原料及产品运输为主,加快发展集装箱喂给运输,带动临港工业、现代物流业发展,适当兼顾为长江中上游地区提供中转运输服务,逐步成为现代化、多功能的综合性港口。

　　泰州共拥有长江自然岸线 97.8 公里(不含天星洲洲岛岸线 18.52 公里),泰州港正在经营的生产性泊位 156 个,其中万吨级以上泊位 67 个(具备 5 万吨级以上靠泊能力的泊位 26 个),综合通过能力 1.7 亿吨。泰州港规划形成"一港三区、港园结合"的发展格局。各港区功能定位如下:高港港区是为地区经济社会发展服务的综合性港区,主要以城市经济和人民生活所需的散货、杂货和集装箱运输为主;泰兴港区主要为泰兴地方经济和沿江开发服务,以化工品运输为主,兼顾部分散货和杂货运输;靖江港区是发展现代物流业和规模化临港工业,以件杂货和临港产业所需的能源、原材料运输为主的多功能、综合性港区。

　　重点港区:靖江港区。靖江港区范围上起靖泰界河,下至靖如交界的四号港,规划港口岸线长约 40 100 米,划分为夹港、八圩、新港 3 个作业区。夹港作业区港口岸线长约 9 400 米,自上向下依次划分为通用泊位区(一)、通用泊位区(二)、临港工业发展区,可布置泊位 25 个,形成通过能力 1 600 万吨,陆域面积 760 万平方米。八圩作业区港口岸线长约 10 000 米,自上向下依次划分为船舶工业区、通用泊位区、临港工业发展区,可布置泊位 24 个,形成通过能力 5 000 万吨,陆域面积 1 630 万平方米。新港作业区港口岸线长约 20 700 米,自上向下依次划分为通用泊位区(一)、散货泊位区、通用泊位区(二)、船舶工业区、液体散货泊位区、通用泊位区(三),可布置泊位 54 个,形成通过能力 9 200 万吨,陆域面积 2 705 万平方米。

　　泰州内河港划分为市区港区、兴化港区、姜堰港区、泰兴港区、靖江港区五大港区,形成港口布局与区域开发相协调,五大港区共同发展的空间格局。泰州内河港规划 49 个作业区,其中主要作业区 17 个,一般作业区 32 个,重点发展城北物流园作业区和兴化城南作业区。泰州内河港生产性码头主要分布在通扬线、建口线、兴东线、如泰运河等几条航道上。

　　重点港区:姜堰港区。主要为姜堰区及其周边地区的城镇建设、园区开发、产业发展服务,提供包括矿建材料、能源物资、大宗货种、工业原料及产成品在内的装卸、仓储和物流集散服务。共规划公用作业区 11 个,分别为:姜堰城西作业区、姜堰城东作业区、姜堰城北作业区、溱潼作业区、许陆河作业区、淤溪城东作业区、淤溪城西作业区、俞垛作业区、华港作业区、梁徐作业区和兴泰作业区。其中主要作业区为姜堰城西作业区、溱潼作业区和许陆河作业区。

【年度工作概况】港口建设。2022 年,泰州完成投资 20.83 亿元,同比增长 80.5%,重点推进包含 7 个万吨级泊位、6 个 5 万吨级泊位及 3 个 10 万吨级泊位的 8 个港口工程建设,其中,泰州港高港港区永安作业区一、二期改造工程完成水工施工项目所有PHC管桩沉桩,灌注桩完成76%,5#泊位现浇平台、靠船构件安装已完成,水平撑安装完成9个,纵梁完成安装3个,前边梁完成安装3个,走道板完成安装2个,下横梁浇筑28个,部分护岸垫层已完成。4#泊位靠船构件完成安装6个。泰兴港区七圩作业区虹桥公用码头工程已进入收尾工作,民生港务散货码头工程中控设备已进场,皮带机廊道正在建设中。靖江港区新港作业区江苏省煤炭物流靖江基地项目二期工程已竣工,深国际物流中心码头工程水工码头主体结构、地基处理已完成;陆域堆场标段,完成桩基施工、1#轨道梁结构,2#、3#轨道梁结构完成30%;其他辅助建筑同步施工中。八圩作业区大明物流有限公司码头工程在桩基施工中,水上试桩沉桩已完成51根,陆域部分已完成土方回填、场地平整。博联码头改扩建工程基本完工,进入调试运行阶段。泰州内河港兴化港区城南作业区渭水河米业码头工程临时工程、码头工程、道路堆场工程、防洪墙全部完成;港机设备完成85%、防尘网完成50%、园林绿化完成30%、连锁块完成85%。

港口运营。沿江港口货物吞吐量3.64亿吨,同比增长3.27%,完成集装箱吞吐量32.69万标箱,同比增长2.12%;其中,前五大货种是矿建材料(占34.89%)、煤炭及制品(占23.4%)、金属矿石(占20.69%)、粮食(占6.75%)、石油、大然气及制品(占3.23%),合计占88.96%。泰州内河港吞吐量达2312万吨。

港口管理。开展泰州市沿江港口高质量发展课题研究,成立工作专班,先后赴沿江各市(区)政府、园区管委会,分场次邀请50余家港口、货代船代和航运企业,开展全链条、多环节调研,形成《泰州市沿江港口高质量发展调研报告及实施意见》(建议稿)、《泰州市沿江港口高质发展评价指标体系》等多项成果。

绿色港口。泰州港现有岸电设施150套,其中沿江码头36个,已实现岸电系统全覆盖;泰州内河港已有222家码头安装岸电设施,内河码头岸电覆盖率达58%。全市靠港船舶应接岸电艘次65813次,实接岸电艘次65212次,岸电实接船舶占应接船舶的比例为99.09%,岸电用电量245.86万度,同比增长56.95%,减少二氧化碳排放量约4311吨。应建油气回收装置的码头企业11家(其中有2家企业已停产),均完成油气回收装置建设,回收油气57.82吨。

智慧港口。项目化推进港口数字化转型,中交(兴化)港口开发有限公司完成TOS平台和智能闸口建设,靖江国信电厂完成江苏省煤炭物流靖江基地智慧港口方案设计,江苏兴旺物流公司已完成智慧港口需求调研、功能设计、实施范围和方案的论证及评审。特别是项目总投资5.7亿元的泰兴港区智慧港口平台正式开工建设,该项目已入选国家发改委"科技示范类项目"。

【泰州港深国际物流中心码头工程应用新技术】4月23日,泰州港靖江港区新港作业区深国际物流中心码头工程下横梁预制安装设计施工方案专家论证会以视频会议形式召开,会议通过下横梁"现浇"改"预制安装"的设计方案,成为长江首个采用装配式技术建设的港口工程项目。

深国际物流中心码头工程是在不新增长江码头岸线的基础上,建设的一座高水平的环保化、智能化、专业化煤炭码头。该技术的应用,主要通过码头构件的标准化、模块化、现场易于拼装的特点,大幅度减少现场作业船机和人员数量,降低作业人员水上工作的安全风险、提升建设功效,实现高桩码头构件制作单位与安装施工单位的分离,在工程总造价不显著增加的前提下,克服疫情期间原材料不能持续及时进场的困难,同时更加利于港口工程施工现场减少环境污染,提高泰州港口建设过程中的绿色化。

(刘田野)

【2022年靖江港货物吞吐量创历史新高】2022年,得益于疫情期间水路货运量的大幅增长、长江水上非法过驳全面取缔以及专业化砂石码头的承接优势的有力加持,靖江港完成货物吞吐量2.4亿吨,占泰州港总吞吐量的65.7%,继续稳居泰州第一位。其中沿江港口货物吞吐量23741.8万吨,同比增长2.35%;内河港口货物吞吐量300.9万吨,同比增长24.2%。

从货种看,矿建材料、煤炭及制品、金属矿石是靖江沿江港口的主要货种,分别占沿江港口货物吞吐量的33.5%、26.9%、24.4%,其中,矿建材料7954.7万吨,同比增长8.19%、煤炭及制品6378.1万吨,同比下降2.5%、金属矿石5787.7万吨,同比增长13.5%。

2022年，靖江港外贸吞吐量1133.3万吨，同比下降20.6%，其中，进口完成1012.4万吨，同比下降20%，出口完成120.9万吨，同比下降24.8%。

（新华报业）

宿迁市港口

【**单位概况**】宿迁市港航事业发展中心位于宿迁市宿城区洪泽湖路151号（邮编：223800，电话：0527-84355064），是宿迁市交通运输局所属公益一类事业单位，规格相当于副处级，核定编制55人，经费渠道为全额拨款。主要职责：参与编制港口、航道行业有关发展战略、发展规划、行业标准；参与编制并负责执行港口、航道建设、养护计划；负责指导和实施全市港口公用基础设施建设、维护和管理工作；负责全市航道（不含京杭运河）、市交通运输部门所属通航船闸的建设管理、养护工作；负责航道标志标牌的设置和管理工作；负责全省航道网（宿迁部分）运行的监测、预警、信息服务和技术支持工作；承担全市交通运输部门所属船闸船舶过闸费、航道赔（补）偿费的征收工作；承担港口、航道绿色发展工作；承担港口、航道的网络安全、信息化以及行业统计、信息调查工作；承担港口公用基础设施和航道、船闸基础设施的安全管理和应急处置工作；承担市区航道及其设施的运行及维护管理工作，承担水上船舶服务区的管理工作；承担有关行政审批前的符合性技术审查工作。内设科室10个：综合科、政工科、发展计划科、科技信息科、财务审计科、安全运行科、港口业务科、航道养护科、工程建设科、船闸事务科，均为副科级。下属基层单位6个，分别是成子河船闸、古泊河船闸、大柳巷船闸、沭阳县港航事业中心、泗阳县港航事业发展中心、泗洪县港航事业发展中心。

主　任　贾锋
副主任　侍孝通　马成刚（10月任）　王东英　徐雷（1—9月）　傅饶

【**港口总体情况概述**】全港现有码头企业22家，码头22个，共有泊位128个，码头岸线利用长度11979米，综合通过能力5000万吨。其中，千吨级以上泊位69个，综合通过能力约3000万吨。

京杭运河宿迁段长110公里，京杭运河岸线总长174公里，其中徐州交界处—二湾长5.667公里，骆马湖段28.3公里，中运河宿迁—泗阳段岸线长140公里。京杭运河上规划港口岸线12段共15.642公里，有7段岸线已部分或全部开发利用，共使用岸线约8.623公里，剩余未利用岸线约7.019公里。其他航道总长870公里，规划港口岸线长度为21.188公里，已使用岸线2.786公里。

宿迁港是江苏省内河重要港口，是宿迁市综合交通运输体系的重要枢纽，是宿迁市经济社会发展和实施"四海"战略的重要依托。宿迁港发展定位和总体规划是承担以原材料、能源等大宗散杂货运输为主，大力发展集装箱运输，拓展港口物流、商贸服务和江海河联运等功能，逐步建成布局合理、功能完善、绿色安全的现代化内河港口。随着港口的发展，宿迁港应具有现代化的装卸储存、中转换装功能，科学的运输组织管理功能，综合物流服务功能，临港产业开发功能，商贸服务功能等。

宿迁港分为中心港区、沭阳港区、泗阳港区和泗洪港区4个港区。结合各港区运输需求、城市总体规划、经济发展和产业布局，全港共规划15个港口作业区，其中，主要作业区7个、一般作业区8个，规划岸线43段，规划岸线总长度为36 830米。中心港区共规划岸线11段，规划岸线总长度为15 252米。沭阳港区共规划岸线17段，规划岸线总长度为11 250米。泗阳港区共规划岸线11段，规划岸线总长度为7 090米。泗洪港区共规划岸线7段，规划岸线总长度为4 390米。中心港区是宿迁港的核心港区，依托京杭运河，以矿建材料、煤炭、件杂货、化工原料及制品、集装箱运输为主，将发展成为宿迁港重要的综合性港区和铁、公、水多式联运枢纽港区，为宿迁市经济发展、城市建设和临港产业发展服务。其他3个港区以散货和杂货运输为主，主要为周边地区的城镇建设、产业发展服务。

重点作业区：中心港区中心作业区、泗阳港区城东作业区。

中心港区中心作业区共规划35个2 000吨级泊位，分三期建设基本完成。中心作业区一期码头因环保设施处于关停状态，二期码头由宿迁市港口有限公司经营，2022年吞吐量1 067万吨，集装箱吞吐量突破15万标箱。中心作业区三期码头基本建成，共布置11个2 000吨级泊位，包括3个集装箱泊位、5个件杂货泊位和3个待泊泊位。中心作业区主要承担煤炭、件杂货、矿建材料、化工原料及制品、集装箱等货物的中转运输、仓储和多式联运等业务，以满足临港工业生产需求。

泗阳港区城东作业区。泗阳港区城东作业区码头于2011年建成，共有8个500～2 000吨级泊位，以散货、杂货和集装箱运输为主，主要为当地及周边地区的城镇建设、产业发展服务，满足泗阳经济发展及物资水运需求。由泗阳县交运港务有限公司经营，2022年吞吐量300万吨，集装箱吞吐量2.3万标箱。

【年度工作概况】港口建设。2022年，宿迁中心港区中心作业区三期码头工程及续建的泗阳港区城西码头已建成，泗阳港区成子河作业区码头完成80%，泗阳港区国望高科码头工程基本完工。此外，沭阳港区恒阳码头未列入年度投资任务，但该码头推进建设，工程已基本完成，港机设备已安装调试完毕，完成投资约1.2亿元。中心港区中心作业区三期码头概算投资8.1亿元，新建2 000吨级泊位11个，泊位总长897米，项目总占地面积75.5万平方米，设计年通过能力364万吨；泗阳港区城西码头新建9个2 000吨级泊位，设计年吞吐能力为401万吨，泊位总长719米，总投资约3.2亿元；泗阳港区成子河作业区码头新建6个1 000吨级泊位，设计年吞吐能力为175万吨，泊位总长601米，总投资约1.8亿元；泗阳港区国望高科码头新建7个1 000吨级泊位，设计年吞吐能力为284万吨，泊位总长458米，总投资约1.1亿元；沭阳港区恒阳码头新建13个1 000吨级泊位，设计年吞吐能力为435万吨，泊位总长1 140米，总投资约2.3亿元。

港口运营。2022年，累计完成内河港口货物吞吐量2 436万吨，吞吐货物以矿建材料、煤炭、石油及制品、钢铁、化工原料及制品等货种为主，同比增长31%。全市累计完成集装箱吞吐量17.6万标箱，同比增长28%。吞吐量主要来自宿迁港中心港区洋北作业区码头工程（运河宿迁港）和泗阳港区城东作业区码头（泗阳港）。其中，运河宿迁港完成15.2万标箱。运河宿迁港已与5家内河驳船公司、62家内外贸货代公司、13家内贸干线船公司、8家外贸干线船公司和400余家生产企业建立常态合作关系。开通宿迁至太仓、宿迁至南京、宿迁至南通、宿迁至连云港、宿迁至济宁5条集装箱航线，每周航次达40个以上。中远海、中谷海运、中外运等20余家箱公司已在宿迁港设立还箱点。

港口管理。依托港口申报二类水路口岸，口岸项目占地6.8万平方米，其中监管场所面积4万平方米，集装箱泊位和堆场扩建预留用地2.8万平方米，场所已有海关、商检、海事3家单位入驻。根据全省内河集装箱发展行动计划，围绕如何发展宿迁港集装箱运输开展专题研究，继续执行支持运河宿迁港集装箱发展的若干政策，把宿迁港打造成全省内河重点集装箱港口，使其成为宿迁市优质项目的承载区和产业发展的全新平台。

绿色港口。成品油码头装船泊位全部安装油气回收系统，实现码头泊位油气回收全覆盖。重点散货码头全部建设防风抑尘设施或实现封闭存储，所有散货码头均安装粉尘在线监测设备，实现实时监测。推进港口生产生活污水、雨污水循环利用，污水未纳入市政管网的码头按要求建设污水处理设备。所有码头均设置船舶垃圾接收装置，配备有吸污车或船舶污水收集箱。新建码头同步规划、设计、建设岸基供电设施，对已建港口进行岸基供电设施有序改造，全港正在经营的13个普货码头共70个泊位，已建成岸电75个，岸电泊位覆盖率已超过100%。宿迁市港口发展有限公司被评定为2022年度省三星级绿色港口，宿迁市16个码头中，已有2个省三星级绿色港口。

【运河宿迁港完成10万标箱吞吐量】2022年8月28日7时16分，宿迁港完成第10万个集装箱，吞吐量较上年8月28日7万余标箱，增长40.28%；较上年完成10万标箱时间节点提前77天。

自2018年8月28日开港运营以来，宿迁港集装箱业务突飞猛进，实现每年3万标箱的递增。已开通宿迁至太仓、南京、连云港等5条集装箱航线，每周班次达40个以上，保障全市400余家生产企业的原材料和产品运输。宿迁港服务功能已形成"立足三县两区、辐射苏鲁豫皖"的格局，辐射半径达200公里。

【重点港口企业-宿迁市港口集团有限公司】 宿迁市港口集团有限公司于2022年8月31日成立,前身为宿迁市港口发展有限公司,于2016年6月成立,注册资金5 000万元,公司设立综合办、财务部、市场部等8个部门,现有员工160余人。公司先后被评为"全国AAA级物流企业""江苏省重点物流企业"。宿迁市港口集团有限公司已与5家内河驳船公司、54家内外贸货代公司、13家内贸干线船公司、8家外贸干线船公司和400余家生产企业建立常态化合作关系。开通宿迁至太仓、宿迁至南京、宿迁至南通、宿迁至连云港、宿迁至济宁5条集装箱航线,每周航次达40个以上。中远海、中谷海运、中外运等20余家集装箱公司已在宿迁港设立还箱点。2022年集装箱吞吐量突破15万标箱。

(丁 猛)

航道

京杭运河江苏省交通运输厅苏北航务管理处

【单位概况】京杭运河江苏省交通运输厅苏北航务管理处（简称"苏北航务管理处"）位于淮安市延安东路68号（邮编：223002，电话：0517-83530065）。苏北航务管理处行政关系隶属江苏省交通运输厅，正处级规格，在编人数76人，经费渠道自收自支。主要职责：负责苏北运河航道维护和管理，依法保护运河航道、通航和助航设施等航产航权；负责苏北运河船闸运行管理，维护船舶过闸通航秩序，提供过闸通航保障服务；负责苏北运河过闸费征收管理及服务工作；负责制定苏北运河航道船闸设施建设发展规划建议方案，承担航道船闸设施建设任务；负责苏北运河航道船闸养护管理和数字运河建设工作；负责苏北运河航道船闸运行、养护、建设过程中的安全生产管理和应急处置工作；承担京杭运河苏北段绿色现代航运发展规划、建设相关工作。内设科室13个：办公室、组织人事科、纪律检查室、宣传教育科、安全应急科、法制工作科、财务科（审计科）、规划计划科、航闸养护科、运调征稽科、科技信息科、工程管理科、机关党委；下属基层单位5个：扬州航务中心、淮安航务中心、宿迁航务中心、徐州航务中心、京杭运河江苏省船闸应急保障中心。

党委书记　金坚良（7月任）
处长、党委副书记　金坚良（1—6月）
处　长　任　强（7月任）
副处长　牛恩斌　龙寅生（1—8月）
纪委书记　史代章
六级职员　薛　森

【苏北运河基本情况】京杭大运河苏北段（又称苏北运河），北起徐州蔺家坝，南至扬州长江六圩口，途经徐州、宿迁、淮安、扬州四市14个县（区），全程475公里（苏北处管辖干线404公里，中运河13.5公里，湖西航道57.5公里）南北水位落差34米，沿线建有10个航运梯级28座大型船闸。京杭运河苏北段为国家二级航道，是京杭大运河中航道等级最高、渠化条件最好、船闸设施最为完善、发挥社会效益最佳，集航运、防洪、灌溉、排涝、南水北调等多项功能于一体的综合性航道。

【年度工作概况】基础设施建设。2022年，沿线四市绿色现代航运综合整治工程所有项目均进入招投标、开工建设阶段，全年完成工程投资4.49亿元。完成智慧运河、绿色航运示范区"两河三闸"信息化项目年度任务。淮安四线船闸建设前期工作除水利、国土部分规划未批复外，其余手续已全部完成。2022年完成全部电子航道图数据测绘工作，包括GPS点和水准点埋设500个、GPS测量和水准测量390个、GPS点的平面、高程控制测量110个；完成1∶2 000水下地形测量71.5公里；完成陆上摄影测量475.5公里1∶2 000正射影像采集和数据处理；完成全线航测地形图调绘与绘制；完成全线物标信息采集建库；电子航道图制作完成占比52%；电子航道图服务应用完成占比67%；完成电子航道图数据存储设备的安装、部署、调试；完成费用支付616.7万元，占比60%。航道外场感知设施建设项目：基本完成省厅信息中心机房设备安装和调试，完成费用支付83.8万元，占比10%。航道感知设施：完成具备施工条件的线缆敷设30处，合同量126处，完成占比24%，完成具备施工条件的新建立杆基础浇筑8处，其中扬州段、宿迁泗阳段全部完成，完成占比22%。

航道养护。2022年共实施中修工程82项、专项养护5项、实施3项大修工程及3项大修准备工程，累计投资9 663万元。年内第一、二批57个船闸中修工程和航道养护工程，已完成39个，另外18个及第三批17个正在实施过程中；2021年结转的4个航道船闸专项养护工程在2022年中全部完成，通过省港航事业发展中心组织的验收；施桥三号船闸、刘老涧二号船闸大修工程上半年竣工并通过验收；解台二号船闸2022年大修工程已于7月4日完工；2022年先后对宿迁三号船闸下游闸门顶枢拉杆、淮安二号船闸上游闸门水下限位、施桥二号船闸下游闸门顶平车、解台变压器、施桥一号船闸上游底平车进行抢修。累计实施技术保障61次，完成应急抢修17次，100闸次水下检查一次抢修成功率100%。参编的《船闸信息系统设计规范》《内河航道公共服务信息发布指南》2个国家行业标准，已由交通运输部正式发布;《江苏省交通船闸大修调试技术规程》《江苏省交通船闸阀门吊检维护作业规范》两项团体标准已编制出版;船闸电气1+3新控制模式被列为全省优秀QC成果进行推广。

船闸运行(过闸费征收)。全年10个梯级开放闸次35.6万次,放行船队5.7万组,放行货轮82.4万艘,货物通过量3.39亿吨,同比增长4.2%,货物周转量687.5亿吨公里,同比增长5.2%,征收过闸费6.12亿元,累计优惠、减免过闸费1.99亿元,其中减免集装箱船过闸费4574万元。

管理工作。落实新《安全生产法》,制定《安全生产举报管理办法(试行)》《应急值班管理办法》等,开辟危化品船舶专用通道,开展安全生产专项整治三年行动巩固提升、百日攻坚、船舶碰撞桥梁整治等专项行动,实行专人跟踪,销号管理,全处累计督促整改47处安全隐患和致险因素;推进安全标准化建设,10个梯级船闸全部通过一级达标复查验收。2022年车(船)航政巡航2237次,巡航里程4.9万余公里;组织与航道有关工程航道通航条件影响评价审核12件,开展与航道有关工程监管457次,制止纠正违法行为310次,清除航道堆砌物300立方米、网簖51处;实施行政处罚37件,其中适用免予处罚案件30件、普通程序处罚7件,罚款1.95万元;完成全线航道扫床任务,清除水下碍航物270余吨,弃置农杂船3艘;纠正船舶乱停乱靠行为907艘次,发出《不安全行为告知书》15份;签订《航道赔(补)偿协议》9份。落实助企纾困,走访调研沿线重点骨干企业和港口码头27家,制定针对性办法措施13项;制定容错放行、轻微违法免罚两项"清单",分别免除18起船舶非主观失误、92起轻微违法。做好锚地、驿站以及垃圾回收、免费交通船等便民项目,累计提供快递服务2903件次、船舶岸电12.7万度、自助加水3600余吨。苏北航务管理处"在全国首创'信用＋船舶过闸管理'的基础上,《苏北运河船舶信用管理办法》的出台支撑起京杭运河苏北段'信用2.0'时代,与京杭运河山东段联合实施船舶信用管理,首创水运跨省合作模式"被列入《江苏省交通运输信用体系建设白皮书(2021)》。

航道赔(补)偿费征收。全年征收航道赔(补)偿费115.7万元。

疫情防控。面对疫情防控新形势,苏北航务管理处积极部署,科学调度,规范水上防疫措施,修订内河船闸防疫指南,共查验船舶3.75万艘次,并多次封闭居闸管理,保证运河24小时不间断运行。

智慧绿色航道。完成苏北运河绿色航运示范区建设项目(淮安船闸-九龙湖公园段、邵伯船闸-古运河口段)信息化项目投入试运行,完成费用支付1550万元,占比85%。京杭运河宝应段(41.73公里)绿色现代航运综合整治工程正式开工。苏北航务管理处宿迁航务中心运行调度服务大厅正式投入使用,实现对下辖泗阳、刘老涧、宿迁和皂河4座船闸的远程集中调度管理和线上线下24小时"一站式"服务全覆盖。完成京杭运河江苏段绿色现代航运综合整治工程(江北段)徐州段施工图设计审查。

科技创新。为全线实现多方信息共享与联合处置,研发"一航多方"协同平台,在六圩口水域成功试点。淮安航务中心率先开发船闸智能在线监测与巡检系统;宿迁航务中心建成标准化养护中心设备运行智能监测、数据管理和智慧养护多场景落地应用;徐州航务中心开展"精致船闸"精细养护建设;应急保障中心完成12座船闸大修图纸电子化,开展安全与自主可控PLC国产化替代研究,并通过国产PLC数字孪生系统实现船舶进出闸全过程、闸阀门八步控制流程等三维展现。《京杭运河苏北段养护管理现代化关键技术研究》被中国水运建设行业协会授予年度科技进步二等奖。

党的建设。年内完成全处24个基层党组织选举;推进基层党支部规范化、党支部分类达标定级,淮安航务中心第三党支部被省厅表彰为"优秀党支部"。印发《全面从严治党重点工作任务责任清单》《党风廉政建设工作考核细则》《纪检工作要点》等,落实"全面从严治党十五条措施",集中观看《零容忍》《代价》警示教育专题片,在"运河先锋讲党课"中开设专题廉政课,聚焦重点工程建设项目开展廉洁教育,全年考核一般性违反制度规定行为64起68人次。以"喜迎二十大·廉韵话运河""砥砺奋进新时代·廉洁运河我先行"为主题,组织开展主题演讲、征文、书画作品征集等系列廉洁文化建设活动。

文化建设。围绕迎接党的二十大胜利召开、综合整治工程、智慧运河建设等重点工作,开展"强国复兴有我"等24个主题宣传活动;全处开展"运河先锋讲党课""安全生产大讲堂""扬帆讲堂""周五大讲堂"等具有运河航务特色的培训活动。印发《进一步贯彻落实大运河文化带建设指示精神的实施意见》，建成"脉通南北""运河卫士"等文化品牌。唱响高质量发展主旋律，频频亮相新闻联播、央视网等央媒平台，2022年，配合新华社《古运河再润两岸人家》拍摄组就运河航运转型提升进行采拍；配合中央广播电视总台《足迹》报道组就运河保护传承利用措施、成效进行策划采访，6月2日在《新闻联播》播出；配合完成中宣部《江河奔腾看中国》大型宣传策划活动，对接央视、红星新闻、澎湃新闻等主流媒体进行采拍，新闻联播、CCTV-1、CCTV-13、央视新闻客户端、央视网等平台密集报道苏北运河绿色现代航运发展成果。全年在中央电视台亮相10次，在新华社、《中国交通报》《中国水运报》、江苏卫视、《新华日报》、省厅新媒体平台等主流媒体平台刊发刊播2 029篇(次)；微信公众号推送文章1396篇，累计关注人数20 295人；全处4篇新闻报道稿件获评"江苏交通好新闻"。编发《运河航务》报10期。

【京杭运河淮安四线船闸工程可行性研究报告审查会在宁召开】3月7日，省发展改革委、省交通运输厅在南京联合组织召开京杭运河淮安四线船闸工程可行性研究报告审查会。省自然资源厅、省生态环境厅、省水利厅(含苏北灌溉总渠管理处)、淮安市发展改革委、淮安市自然资源和规划局、淮安市生态环境局、淮安市水利局、淮安市交通运输局(含港航中心)、苏北航务管理处，特邀专家以及设计单位代表参加会议。会议讨论并通过淮安四线船闸工程工可报告，同时就本工程土地规划、涉及水利专题、生态环境保护等诸多前置事项达成一致。该会议成功召开标志着淮安四线船闸建设工程前期工作取得重要阶段性成果，为工程项目后续推进创造良好条件。

【京杭运河江苏段绿色现代航运综合整治工程(江北段)徐州段施工图设计通过审查】6月28日，京杭运河江苏段绿色现代航运综合整治工程(江北段)徐州段施工图设计通过审查。京杭运河江苏段绿色现代航运综合整治工程(江北段)整治提升航道总里程475公里，主要建设内容包括护岸工程、土方工程、航标工程、船闸工程、桥梁工程、智慧运河工程，以及锚地、水上服务区功能提升、保障体系建设等配套工程。航道工程按二级航道标准整治，设计船舶等级为2 000吨级，航道设计底宽不小于60米，航宽不小于90米、最小水深4米，最小弯曲半径540米。提交审查的徐州段施工图内容包括护岸生态化提升工程、土方工程、水上服务区功能提升工程、桥梁提升工程等，审查专家听取设计单位、咨询单位的汇报，经认真评审讨论，一致认为该施工图设计的建设规模、标准和主要内容符合初步设计批复文件，内容和深度达施工图编制规定的要求，满足相关规范标准，经修改完善后可作为施工图报批的依据。

【京杭运河宝应段绿色现代航运综合整治工程举行开工仪式】8月29日，京杭运河宝应段绿色现代航运综合整治工程开工仪式在扬州市宝应县氾水镇举行，苏北航务管理处、扬州航务中心、扬州市交通运输局、扬州市港航事业发展中心、宝应县政府及相关部门、各参建单位代表参加。京杭运河宝应段绿色现代航运综合整治工程全长41.73公里，按二级航道标准整治，工程主要建设内容包括护岸生态化提升、航道疏浚、景观打造、桥梁提升等重点项目，将新建生态护岸9.65公里、修护护岸1.36公里并开展航道疏浚近100万方，全面提升京杭运河宝应段通航品质，打造畅通、标准、宽敞的通航环境；同时，将新建氾水古镇、泾河御码头等重要景观节点，建设景观亭、文化长廊、文化地雕等可以展现运河文化元素的构造物，并对宝应运河大桥、宝应二桥等桥梁进行亮化提升，打造运河沿线文化精品。项目总投资约3.36亿元，其中航道整治项目1.65亿元，京杭运河大桥1.71亿元。

【苏北运河第一艘30米航标工作船投入使用】8月30日，京杭运河施桥船闸至长江口门段航道整治工程30米航标工作船竣工验收会及交接仪式在扬州航务中心扬州航道站举行。验收组查阅船舶建造资料并现场登临试航，经讨论一致同意该船通过竣工验收，并现场签订管理及养护移交协议，正式将航标工作船移交苏北航务管理处扬州航务中心。船舶总长29.46米、宽8.7米，航速达17公里/小时，配备液压起重机，能在跨距8米时吊重5吨。工作船还搭载最先进的

ADCP流速测量仪,同时配备最新型的智能管理系统。

(孙荣霞)

扬州航务中心

【单位概况】扬州航务中心位于扬州市经济开发区吴州东路1号(邮编:225101,电话:0514-82773285),隶属京杭运河江苏省交通运输厅苏北航务管理处,副处级规格,在编人数199人,经费渠道为自收自支。主要职责:负责本行政区域内苏北运河及所辖航段的航务管理及运行维护等工作,承担船闸及引航区内设施的建设、管理、养护和船闸过闸费征收工作,承担行政区域内绿色现代航运发展具体工作。内设机构7个:综合部、党群工作部(纪委办公室)、运行调度部(安全航政部)、计划养护部、施桥船闸管理所、邵伯船闸管理所、扬州航道管理站。

主　任　党委书记　刘卫东
党委副书记　纪委书记　刘开宝
副主任　蒋赟

【航道设施基本情况】管辖里程范围从京杭运河苏北段(苏北运河)长江六圩口至宝应北运西闸122公里航道。整个辖区航道穿过邵伯湖,毗邻高邮湖,共有跨运河桥梁21座,码头16处,临时装卸点6处,示位标、侧面标、横流标等助航标志51座,其中高66.9米的六圩灯塔(灯光射程可达10公里左右),是苏北运河1号航标,位于苏北运河与长江交汇的口门处,于2008年1月建成投入使用,被誉为"全国内河航标第一灯塔",2019年入选"江苏最美地标"。位于邵伯船闸下游的邵伯湖畔的邵伯湖灯塔,总高度达40.40米(灯光射程可达5公里左右),于2021年11月建成投入使用。

【船闸基本情况】施桥船闸基本情况。施桥船闸下辖三线船闸,按二级船闸标准建设,承受双向水头。一号船闸:规模230×20×5(米)(闸室长×口门宽×最小槛上水深,下同),年设计通过能力2 100万吨。二号船闸:规模230×23×5(米),年设计通过能力3 740万吨,闸门为钢质横拉门,齿条式启闭机启闭,阀门为钢质平板门提升门,启闭机采用液压直推式启闭机,电气控制采用在上下闸首分散控制。三号船闸:规模260×23×5(米),年设计最大通过能力5 800万吨,上游设计最高通航水位7.3米,最低通航水位3.5米;下游设计最高通航水位7.0米,最低通航水位0.4米,最大正向设计水头6.19米,反向设计水头2.86米;闸门为钢质三角闸门,阀门为钢质平板门提升门,启闭机均采用液压直推式启闭机,电气控制采用集散型控制系统。

邵伯船闸基本情况。邵伯船闸下辖三线船闸,按二级船闸标准建设。一号船闸:规模为230×20×5(米),年设计通过能力为2 100万吨;船闸闸门承受双向水头,闸门采用钢质横拉门型式,上游闸门尺度为9×20.7米,重90吨;下游闸门尺度为11.5×20.7(米),重110吨;上下游阀门均为钢质平板门,尺度均为4.3×3.2(米),重4.5吨;电气控制采用在上下闸首分散控制。二号船闸:规模230×23×5(米),年设计通过能力为4 200万吨;船闸承受双向水头,闸门采用钢质横拉门,上游闸门尺度23.632×9.1(米),重98.9吨;下游闸门尺度为23.632×11.6(米),重124.8吨;上下游阀门尺度为4.5×4(米),每扇重7.8吨。三号船闸:为Ⅱ级通航建筑物,船闸规模为260×23×5(米),年设计通过能力6 200万吨;闸首采用钢筋混凝土整体结构,闸室采用钢筋混凝土扶壁式结构,上下游主辅导航墙为钢筋混凝土沉井结构和扶壁结构;上下游闸门均采用钢质三角门,可承受双向水头;阀门采用钢质平板提升门,闸阀门启闭机均采用直推式液压启闭机;船闸上游最高通航水位为8.5米,最低通航水位为6.0米;下游最高通航水位为8.3米,最低通航水位为3.5米;船闸控制系统采用计算机集散控制系统结构。

【年度工作概况】航道养护。2022年完成处下达工程项目12项,抢修项目2项。制定《航闸日常养护经费使用及项目管理暂行规定》等制度规定,对中心所有2万元以上养护工程全部实施项目化管理;推动"绿色船闸"建设和养护技术创新,完成邵伯船闸新型"光伏树"项目建设;开展绿色船闸建设专题研究并形成研究报告,邵伯船闸绿色船闸建设获评"绿色交通"实践创新基地。

船闸检修。施桥三号船闸大修工程2月10

日开始到 3 月 15 日竣工,比原来计划提早 6 天。

船闸运行(过闸费征收)。2022 年两个船闸共安全开放 78 117 闸次,安全放行货轮 233 396 艘,船队 10 019 个;船舶通过量 62 127.7 万吨,同比增长 1.5%;货物通过量 51 710.2 万吨,同比增长 6.3%;危化品通过量 394.8 万吨,同比下降 12.65%;其中集装箱 717 946 标箱,同比增长 4.94%。全年共完成过闸费征收 18 887.9 万元,占年计划 100.4%,共免征集装箱过闸费 1 230.3 万元,补征过闸费 88 323 元。其中,施桥船闸:全年共安全开放 37 073 闸次,安全放行货轮 120 093 艘,船队 4 937 个;船舶通过量 32 068.5 万吨,同比增长 1.6%;货物通过量 26 337.4 万吨,同比下降 6.1%;危化品通过量 194.4 万吨,同比下降 12.5%;其中集装箱 359 108 标箱,同比增长 2.9%。全年共完成过闸费征收 9 771.2 万元,占年计划 100.4%,共免征集装箱过闸费 615.3 万元,补征过闸费 70 796 元。邵伯船闸:全年共安全开放 41 044 闸次,安全放行货轮 113 303 艘,船队 5 082 个;船舶通过量 30 059.26 万吨,同比增长 1.3%;货物通过量 25 372.87 万吨,同比增长 6.5%;危化品通过量 200.4 万吨,同比下降 12.8%;其中集装箱 358 838 标箱,同比增长 5.2%。全年共完成过闸费征收 9 116.72 万元,占年计划 100.4%,共免征集装箱过闸费 614.99 万元,补征过闸费 17 527 元。

管理工作。完善安全保障机制,制定《安全生产重要事项报告规定》《安全生产举报管理实施办法》等,编制中心突发事件综合应急预案、防汛防旱防台应急预案。创新研发职工岗位安全操作技能学习考核仿真模拟平台,在施桥船闸下游率先建成应急消防功能性危化品船舶停泊区并投入使用。围绕"15 条硬措施"的落实,落实安全生产大检查,开展安全生产专项整治三年攻坚、安全生产强化年、"安全生产月"、安全生产"包保"等各项活动,加强京杭运河绿色现代航运综合整治工程(高邮段)施工过程中的安全专项检查。全年共组织安全督查 21 次、安全检查 118 次,排查问题隐患 162 条,全部整改到位;开展综合整治工程安全监管 140 次、专项检查 17 次。共实施行政处罚 11 起,轻微违法行为容错免罚 5 起;核减诚信分 227 船次,9740 分,核加诚信分 18 船次,660 分。落实"船证不符"专项整治要求,累计查处并整治完成"船证不符"船舶 20 艘。

疫情期间,为船员提供"不上岸""不见面"线上服务,共查验货轮 5 703 艘,船队 64 个,配合地方政府设立物资保供点、核酸检测点。成立特殊时期维持基本运转预备队,并在施桥、邵伯船闸设立 2 处便民抗疫服务站。

绿色智慧船闸建设。完成邵伯船闸新型光伏树清洁能源试点建设项目方案、选型等工作,新建 3 棵 10 千瓦新型"光伏树",年发电量约 3.5 万度。以施桥船闸三号闸为试点,开展岗位优化设置和职责调整研究,推进探索船闸"无人值守、少人应急"运行管理模式。"一航多方"管控平台已进入试运行阶段,初步实现信息展示、航道部分感知等功能。创新研发职工岗位安全操作技能学习考核仿真模拟平台。

党的建设。出台《中心党委落实全面从严治党主体责任实施办法》和责任清单,制定《中心基层党支部政治生活监督实施办法》《经费支出内控审批工作指引》,编制"两张清单"共 38 项监督事项。强化党建引领,谋划打造"扬帆远航"党建品牌,推出"扬帆讲堂"特色党建课堂,开通"扬州航务中心"微信公众号。

文化建设。拓展深化中心"脉通南北"文化品牌建设,初步形成品牌效应;策划设计并推动建设"扬帆远航"党建广场等文化景观小品,推动文化影响力不断提升。中心获"交通运输文化建设卓越单位"称号,邵伯船闸获"交通运输十佳明星船闸"及"绿色船闸""文化船闸"称号,施桥船闸"引航桥"青年志愿服务站被命名为第一批全省交通运输志愿服务标准化站点,扬州航道管理站"航标灯"QC 小组获"2022 年度江苏省交通行业优秀质量管理小组"称号。

(陈晓佳)

淮安航务中心

【单位概况】淮安航务中心位于淮安市西郊河堤路 288 号(邮编:223000,电话:0517-8351182),隶属于江苏省交通运输厅京杭运河苏北航务管理处,副处级规格,在编人数 245 人,经费渠道为自收自支。主要职责:负责本行政区域内苏北运河及所辖航段的航务管理及运行维护等工作,承担船闸及引航区内设施的建设、管理、养护和船闸过闸费征收工作,承担行政区域内绿色现代航运发展具体工作。内设机构7个:综合部、党群工作部(纪委办公室)、运行调度部(安全航政部)、计划养护部、淮安船闸管理所、淮阴船闸管理所、淮安航道管理站。

  主　任　党委书记　李　雷
  党委副书记　纪委书记　李　华(1—11月)　熊士强(12月任)
  副主任　计卫华　臧广宏　郭哲昊(4月任)

【**航道设施基本情况**】辖区管辖里程92公里,其中干线航道全长67.5公里,南起扬州宝应北运西闸(苏北运河K122)至宿迁泗阳李口高速公路大桥(苏北运河K189.5),贯穿淮安市淮安区、清江浦区、生态文旅区和淮阴区,为二级航道。辖区航道有淮安、淮阴二道三线闸,设有助航标志13座,桥梁22座(含船闸公路桥和淮河入海水道人行桥),大型工矿企业码头6座,水上服务区1处,船舶停泊锚地1处,架空管道3处,取水口2处,水下管道地涵16处;其中,两淮段里运河全长24.5公里为五级航道,桥梁27座,工矿企业码头3座。

【**船闸基本情况**】淮安船闸基本情况。淮安老船闸位于现闸区东约300米,规模为100×10×2.5(米),设计年通过能力194万吨;其他三线船闸,按二级船闸标准建设。一号船闸:规模为230×20×5(米),设计年通过能力2 100万吨;二号船闸:规模为230×23×5(米),设计年通过能力3 200万吨。三号船闸:规模为260×23×5(米),设计年通过能力5 362万吨。上游设计最高通航水位10.8米,最低通航水位8.5米;下游设计最高通航水位9.0米,最低通航水位6米。一号船闸闸门为钢质平板人字门,阀门为钢质平板门提升门,启闭机均采用四连杆式,电气控制系统为PLC可编程控制器控制;二号船闸闸门为钢质平板人字门,阀门为钢质平板门提升门,启闭机均采用液压直推式启闭机,电气控制也为PLC可编程控制器控制;三号船闸闸门为钢质平板人字门,阀门为钢质平板门提升门,启闭机均采用液压直推式启闭机,电气控制采用集散型控制系统。

  淮阴船闸基本情况。船闸下辖三线船闸,按二级船闸标准建设。一号船闸:规模230×20×5.0(米),设计年通过能力2 100万吨。闸门为钢质平板人字门,阀门为钢质平板门提升门,启闭机均采用液压直推式启闭机,电气控制采用触点步进顺序控制系统。二号船闸:规模230×23×5(米),设计年通过能力2 100万吨;闸门为钢质平板人字门,液压四连杆启闭机启闭,阀门为钢质平板门提升门,液压直推式启闭机,电气控制为步进式程序控制。三号船闸:规模260×23×5(米),设计年最大通过能力5 800万吨;闸门为钢质平板人字门,阀门为钢质平板门提升门,启闭机均采用液压直推式启闭机,电气控制采用集散型控制系统。上游设计最高通航水位15.4米,最低通航水位10.5米;下游设计最高通航水位10.8米,最低通航水位8.5米。

【**年度工作概况**】航道养护。2022年,完成淮阴二号船闸上游靠船墩改造(2021年项目)的审计及结算工作;完成中修工程9项,正在实施的中修工程有6项(进入政府采购阶段的有1项,方案设计、审查及项目立项研究阶段1项)。完成淮安段绿色航运示范区建设项目的施工图设计,其中,淮安段水工建筑标段4个标段已全部开工。全年开展航标失常应急处置方案桌面推演和低水位通航保畅实战演练,组织实战应急救援处置4次。组织航道扫床2次,累计清扫航道370公里,清除块石、皮靠把163余吨,清理渔网鱼簖62处,约1 540米。完成固定断面测量20个。累计巡航10 835公里,联合巡航15次,维护航标1 169座次,临时设标9座,清扫航道370公里,拆除老许渡大桥1座,整改不规范桥梁通航净高标牌6个,实现辖区通航保证率100%,航标正常率100%。实施与航道有关工程监管177次,纠正403艘船舶不安全停靠行为。

  船闸运行(过闸费征收)。2022年,两道船闸共安全开放72 953闸次,安全放行货轮205 929艘,船队12 279个;船舶通过量50 290.22万吨,同比下降3.6%;货物通过量41 785.65万吨,同比增长6.4%;危化品通过量370.9万吨,同比下降23.6%;其中集装箱598 984标箱,同比增长7.9%。全年共完成过闸费征收15 213.6万元,占年度计划的100.4%,共免征过闸费1 042.7万元。共复核船队172个、货轮711艘,核加2 108总吨,补征过闸费121 753元。其中,淮安船闸运行(过闸费征收):2022年共安全开放37 570闸次,安全放行货轮125 594艘,船队6 373个;船舶通过量29 376.62万吨,同比下降2.3%;货物通过量25 560.95万吨,同比增长7.5%;危化品通过量258.2万吨,同比下降14.9%;集装箱360 808标箱,同比增长7.4%。全年共完成过闸费征收9 031.1万元,共免征过闸费620.2万元,共复核船队156个、货轮607艘,核加1 468总吨,补征过闸费105 288元。淮阴船闸运行(过闸费征收):2022年共安全开放35 383闸次,安全放行货轮80 335艘,船队5 906个;船舶通过量20 913.6万吨,同比下降5.51%;货物通过量16 224.7万吨,同比增长4.56%;危化品通过量112.7万吨,同比下降38.02%;集装箱标箱数238 176,同比增长8.63%。全年共完成过闸费征收6 182.5万元,共免征过闸费422.5万元,共复核船队16个、驳船71条、货轮104艘,核加640总吨,补征过闸费16 465元。

管理工作。2022年,开展安全检查108次,发现安全隐患32个,下发隐患整改通知书10份,整改率达100%;组织安全知识考试20次,安全教育专题培训8期,安全生产重点工作研究4次;印发《安全生产举报管理办法(试行)实施细则》;举办"安全生产大讲堂"、编印安全生产大检查工作计划和《安全警示教育案例汇编》;开展桌面推演和实战演练2次,安全教育培训5期,182人次参加。成立专项整治工作领导小组,推进全面从严治党向纵深发展15条措施,明确28项整治任务;开展违纪违法案件分析,重点分析违纪违法人员岗位特点、违纪违法环节、发案重点领域、违纪违法手段等;完善修订船舶延时、过号、注销、冻结、船舶信息复核、优先过闸办理、运调模式变更、违章处理等业务实施细则;全年共复核船队172个、货轮711艘,核加2 108总吨,补征过闸费121 753元。

疫情防控。2022年印发《新冠肺炎疫情防控专项应急预案》,与地方村委会签订《淮安锚地疫情管控工作共管协议书》。配合地方政府设立核酸采样检测点,累计核酸检测16 780人次。

绿色智慧航道。推进京杭运河淮安段绿色航运示范区建设。组建现场管理组,全面参与施工图设计调研及图纸审查、施工管理等工作,对接地方政府"百里画廊"规划及环境设计工作、做好各施工标段的配合及检查督导工作,完成年度投资计划1.4亿元的任务。完成淮阴二号闸闸室管涌处置研究和零碳船闸建设研究;开发应用淮阴三号船闸智能在线监测与巡检系统。完成淮安二号船闸实施压力式消防泡沫罐项目。

党的建设。落实"三会一课"、民主评议党员等工作要求,开展"两保一强""三个在一线"等主题活动,完成"领航大讲堂"培训6次,并利用学习强国、每日一题平台,强化党员职工教育培训,打造"指尖上课堂""全天候"学习模式,全年各级中心组集中学习48次、主题党日活动48次,支部大会17次,党课17次,民主生活会2次,支部组织生活会8次、支委会50次、党小组交流会59次。每月组织党内知识法规学习测试,开展"镜鉴自省"警示教育,学习违反中央八项规定精神典型问题、酒驾醉驾典型案例,集中观看《围猎—行贿者说》等4部警示教育片,征集廉洁文化作品10件;参加处"砥砺奋进新时代,廉洁运河我先行"演讲比赛,获第二名。

文化建设。制定《党建联盟活动制度》和《文化服务手册》纲要,开展4次"互查互学强责任、互帮互促铸品牌"主题党建活动,初步建成"领航·向未来"党建品牌、"书香·润运河"文化品牌、"畅享运河"志愿者服务品牌和"锦鲤闪送"服务品牌和标识。新增运河文化传承展示栏、公示栏及导向牌,划定专用泊位2个,修复加水设备6台、智能垃圾柜及污水收集柜4个,全力打造"淮安锚地·安心顺驿"江苏港航服务品牌。搭建文明创建平台,与新闸村开展结对帮扶活动,签订《清江浦区2022年度文明单位联系村(社区)结对共建活动协议》。2022年,淮安航务中心被表彰为2019—2021年度江苏省文明单位;淮安航务中心党建案例被厅机关党委评为优秀奖;中心第三党支部被厅党组表彰为"全省交通运输行业先进基层党组织";中心第三党支部"五强四融合"工作法被厅机关党委评为二等奖;"畅享运河"志愿者站点被省厅命名为第二批标准化站点;淮阴船闸获全国交通行业"十佳明星船闸"称号;运河越千年历史文化展厅获第三批江苏省综合交通运输学会交通科普教育基地。

(陈 慧)

徐州航务中心

【单位概况】徐州航务中心位于徐州市经济

开发区荆山路9号(邮编:221000,电话:0516-87732537),隶属于京杭运河江苏省交通运输厅苏北航务管理处,副处级建制,编制155人,经费渠道为自收自支。主要职责:负责本行政区域内苏北运河及所辖航段的航务管理及运行维护等工作,承担船闸及引航区内设施的建设、管理、养护和船闸过闸费征收工作,承担行政区域内绿色现代航运发展具体工作。内设机构7个:综合部、党群工作部(纪委办公室)、运行调度部(安全航政部)、计划养护部、刘山船闸管理所、解台船闸管理所、徐州航道站。

主　任　党委书记　徐建昌

纪委书记　彭　雷

副主任　何　沈(挂职)

【航道设施基本情况】管辖航道130.5公里,共设置3个航政管理大队。徐州航政管理大队管辖自蔺家坝船闸(桩号:K404)至塔山运河大桥(桩号:K359+100)44.9公里航道;刘山航政管理大队管辖塔山运河大桥至邳州滩上运河大桥段(桩号:K328+900)、中运河(黄道桥至大王庙)共计43.7公里航道;邳州航政管理大队管辖邳州滩上运河大桥至宿徐交界民便闸(桩号:K293+500)35.4公里航道,以及邳州城区运河老航道(约3.5公里)、张楼地涵运河老航道(约2公里)、邳州徐塘河汊河1公里。辖区航道内共有航标44座,通航建筑物4座及解台、刘山复线船闸,航政艇专用码头2座,水上服务区2座。

【船闸基本情况】解台船闸基本情况。船闸下辖二线船闸,按二级船闸标准建设。一号船闸:规模为230×20×5(米),设计年通过能力2 100万吨;上游设计最高通航水位32.5米,最低通航水位31.0米;下游设计最高通航水位29.6米,最低通航水位26.0米,最大水级差6.5米。闸门为钢质平板人字门,阀门为提升式钢质平板门,启闭机均采用液压四连杆式启闭机,电气设计采用以集中控制为主、分散控制为辅的模式。二号船闸:规模为230×23×5(米),设计年通过能力2 500万吨。上游设计最高通航水位32.5米,最低通航水位31.0米,下游设计最高通航水位29.6米;最低通航水位26.0米,最大水级差6.5米。闸门为钢质平板人字门,阀门为钢质平板提升门,启闭机均采用液压直推式启闭机。电气设计采用以集中控制为主、分散控制为辅的模式。解台一、二号船闸上游公用引航道,下游靠近闸首段则通过一号船闸主导航段分隔为各自独立引航道。

刘山船闸基本情况。船闸下辖二线船闸,按二级船闸标准建设,船闸系双向水头,最大水级差7.5米。一号船闸:规模为230×20.4×5(米),设计年通过能力2 100万吨;上游设计最高通航水位29.62米,最低通航水位26.0米;下游设计最高通航水位28.84米,最低通航水位20.5米,闸门采用钢质横拉门,卷扬式启闭机启闭。阀门为钢质平板门,启闭机为液压启闭机,电气设备采用集中控制。二号船闸:规模为230×23×5(米),设计年通过能力2 300万吨;上游设计最高通航水位29.2米,最低通航水位26.0米;下游设计最高通航水位28.5米,最低通航水位20.5米,闸门采用钢质横拉门,齿条式启闭机启闭。阀门为钢质平板门,启闭机为液压启闭机,电气设备采用集中控制。

【年度工作概况】航道养护。2022年,中心大、中、小修计划项目38项,累计完成投资2 017.7万元。全年处下达中心发展类计划经费2 685.9万元,日常养护及养护工程共支出2 559.97万元,全年中心预算执行率98.35%,请款执行率达100%。

船闸检修。完成解台船闸二号闸大修,于6月4日停航开工,7月4日通过竣工验收,大修质量综合评定为优良,历时30天,7月7日正式恢复通航。

船闸运行(过闸费征收)。2022年,刘山、解台两船闸货物通过能力1.05亿吨,集装箱218 845标箱,征收过闸费4 784.11万元,累计完成年度征收计划4 770万元的100.30%,免征过闸费401.8万元。

其中,刘山船闸运行:共开放18 242闸次,通过船队2 565个,通过货轮29 294艘。过闸船舶通过能力8 935.03万吨,货物通过量为5 834.29万吨,重载比率为65.30%。通过集装箱123 089标箱,征收过闸费2 607.79万元,免征过闸费218.82万元。

解台船闸运行:共开放15 419闸次,放行船队2 301个,货轮24 495艘,船舶通过量7 626.24万吨,货物通过量4 629.13万吨,通过集装箱

95 756标箱,征收过闸费2 176.32万元,免征集装箱船舶过闸费182.98万元。

管理工作。出台《安全生产奖惩制度》等4项制度,中心、闸站两级共修订相关制度33项、操作规程20项;编审《航道突发事件应急预案》;持续推进安全标准化建设,制定2022年度安全生产标准化达标建设实施方案,刘山、解台两闸均完成安全生产一级达标评审、复审工作;全年共组织各类检查28次,下达隐患整改通知书21份,安全工作建议书6份,查找安全隐患57项,已整改57项。邀请海事、消防、电力行业专家对船艇、消防、高低压配电柜等进行查验检测和安全防范指导3次。组织开展安全生产专项整治三年行动等专项行动、活动共11项,落实安全自查自改12次,信用惩戒35家;开展实战演练5次、非预设场景演练3次,救护、消防等应急处置能力演练、培训5次;全年完成航评审核事项4项;实施行政处罚案件6起,罚款2.22万元,实施免处罚案件12起,收取航道赔(补)偿费24.4万元。

疫情防控。制定《新冠肺炎疫情影响船闸运行应急处置预案》,组织各站所成立特殊时期维持基本运转预备队。协调地方,设立解台船闸免费核酸检测点,开通菜篮子"绿色通道",有效解决船员核酸检测难、生活补给难"两大难题",免费为船员提供核酸检测208人次。

科技创新。利用钉钉软件,创建船舶信用管理APP,进一步规范信用管理流程;刘山船闸开发辅助调度程序,实现补水费自动操作及不饱和调度规则下自动调度提醒,建成"运调管理业务云平台"。解台船闸机电设备实现在线监测、徐州站和刘山船闸完成配电间智能托管,推进智慧运河建设在中心落地。

党的建设。对标推进党建标准化建设,制定党支部互查互促工作方案,开展互查互学活动,中心党委与中国移动徐州分公司党委签订"党建和创"协议并开展学习交流。健全完善制度机制,抓住运调、航管和养护工程、执法等重点领域关键节点,出台制度、细则29项。开展运河大讲堂、道德讲堂、青年讲坛等宣传教育活动,组织"廉洁运河"主题演讲比赛和作品创作,参加苏北航务管理处"喜迎二十大·奋进新征程——我身边的榜样事迹分享会"宣讲活动。

文化建设。印发《徐州航务中心2022年度文化建设工作计划》,打造刘山船闸德育文化长廊、徐州站"运河卫士"服务品牌。开展"周五大讲堂"学习活动,通过"现场+网络直播"的形式开展学习,参学人员近900人次。编印《文化兴航——先进职工典型事迹汇》,培育"无私无畏"典型杨桐柏、"敬业奉献"典型李小宝、解台大修10对"夫妻档"等一批先进职工事迹。开展"小航"宣讲活动,成立中心宣讲队,在春运、汛期、"五一"、国庆等节假日和"学雷锋日"等时期组织宣讲员走上船头、走进码头,宣讲生态运河、诚信过闸、安全航行等文化理念,宣讲对象达900余人次。中心创建成第五批全省交通运输行业文化建设示范单位,"运河卫士"品牌获第四届全国交通运输"最具成长力文化品牌",解台船闸职工书屋被评为2022年江苏省总工会职工书屋示范点。

(季钰轩)

宿迁航务中心

【单位概况】宿迁航务中心位于宿迁市湖滨新区井头街30号(邮编:223800,电话:0527-84254615),隶属于京杭运河江苏省交通运输厅苏北航务管理处,副处级建制,编制318人,经费渠道为自收自支。主要职责:负责本行政区域内苏北运河及所辖航段的航务管理及运行维护等工作,承担船闸及引航区内设施的建设、管理、养护和船闸过闸费征收工作,承担行政区域内绿色现代航运发展具体工作。内设机构9个:综合部、党群工作部(纪委办公室)、运行调度部(安全航政部)、计划养护部、泗阳船闸管理所、刘老涧船闸管理所、宿迁船闸管理所、皂河船闸管理所、宿迁航道管理站。

主　任　党委书记　侯东光

党委副书记　纪委书记　肖来喜

副主任　张　跃　张东玲　朱岱明(12月任)

【航道基本情况】管辖里程从京杭运河苏北段民便闸至徐淮盐高速李口大桥段共计105.5公里。辖区航道条件比较复杂,共有五个梯级,第一梯级为民便闸—皂河船闸,第二梯级为皂河船闸—宿迁船闸,第三梯级为宿迁船闸-刘老涧船闸,第四梯级为刘老涧船闸—泗阳船闸(常水位低于最低通航水位),第五梯级为泗阳船闸—徐淮盐高速李口大桥。下辖3个航政大队,泗阳大队管辖范围为:徐淮盐高速李口大桥K189+500—刘老涧船闸K232+000,加57#~58#航标复线1.5公里,共44公里;宿迁大队管辖范围为:刘老涧船闸K232+000—宿迁船闸K259+000,共27公里;宿豫大队管辖范围为:宿迁船闸K259+000—民便闸K293+500,共34.5公里。辖区共有航标28座,其中浮鼓航标12座,柱形灯桩14座,杆形灯桩1座(59#横流标),灯塔1座(71#示位标)。

【船闸基本情况】泗阳船闸基本情况。船闸下辖三线船闸,按二级船闸标准建设。一号船闸1961年2月建成投入使用,规模230×20×4(米),设计年通过能力2 100万吨;闸门为钢质平板人字门,阀门为钢质平板门提升门,启闭机均采用液压四连杆启闭机,电气控制为PLC可编程集散控制系统。二号船闸1988年11月建成投入使用,规模230×23×5(米),设计年通过能力2 300万吨;闸门为钢质平板人字门,液压直推式启闭机启闭,阀门为钢质平板门提升门,液压直推式启闭机,电气控制为PLC可编程集散控制系统。三号船闸2009年5月建成投入使用,规模260×23×5(米),设计年通过能力5 800万吨,闸门为钢质平板人字门,阀门为钢质平板门提升门,启闭机均采用液压直推式启闭机,电气控制为PLC可编程集散控制系统。上游设计最高通航水位18.65米,最低通航水位16.0米;下游设计最高通航水位14.6米,最低通航水位10.5米,最大水级差8.15米。

刘老涧船闸基本情况。船闸下辖三线船闸,按二级船闸标准建设。一号船闸1978年9月建成投入使用,规模230×20×5(米),设计年通过能力2 100万吨;闸门为钢质平板人字门,阀门为钢质平板门提升门,启闭机均采用滚珠丝杆启闭机,电气控制为PLC可编程集散控制系统。二号船闸1987年7月建成投入使用,规模230×23×5(米),设计年通过能力2 300万吨;闸门为钢质平板人字门,阀门为钢质平板门提升门,启闭机均采用液压直推式启闭机,电气控制为PLC可编程集散控制系统。三号船闸2008年10月建成投入使用,规模260×23×5(米),设计年通过能力5 800万吨,闸门为钢质平板人字门,阀门为钢质平板门提升门,启闭机均采用液压直推式启闭机,电气控制为PLC可编程集散控制系统。上游设计最高通航水位19.5米,最低通航水位18.0米;下游设计最高通航水位18.65米,最低通航水位16.0米,最大水级差3.5米。

宿迁船闸基本情况。船闸下辖三线船闸,按二级船闸标准建设。一号船闸1958年7月建成投入使用,规模210×15×3.2(米),设计年通过能力1 400万吨;闸门为钢质平板人字门,阀门为钢质平板门提升门,启闭机均采用液压四连杆启闭机,电气控制为PLC可编程集散控制系统。二号船闸1986年11月建成投入使用,规模230×23×5(米),设计年通过能力2 300万吨;闸门为钢质平板人字门,阀门为钢质平板门提升门,启闭机均采用液压直推式启闭机,电气控制为PLC可编程集散控制系统。三号船闸2004年5月建成投入使用,规模260×23×5(米),设计年通过能力5 800万吨,闸门为钢质平板人字门,阀门为钢质平板门提升门,启闭机均采用液压直推式启闭机,电气控制为PLC可编程集散控制系统。上游设计最高通航水位24.0米,最低通航水位18.5米;下游设计最高通航水位19.5米,最低通航水位18.0米,最大水级差6米。

皂河船闸基本情况。船闸下辖三线船闸,按二级船闸标准建设。一号船闸1973年8月建成投入使用,规模230×20×4(米),设计年通过能力2 100万吨;闸门为钢质平板人字门,阀门为钢质平板门提升门,启闭机均采用液压四连杆启闭机,电气控制为PLC可编程集散控制系统。二号船闸1988年12月建成投入使用:规模为230×23×5(米),设计年通过能力2 300万吨;闸门为钢质平板人字门,阀门为钢质平板门提升门,启闭机均采用液压直推式启闭机,电气控制为PLC可编程集散控制系统。三号船闸2007年6月建成投入使用,规模为260×23×5(米),设计年通过能力5 800万吨,闸门为钢质平板人字门,阀门为钢质平板门提升门,启闭机均采用液压直推式启闭机,电气控制为PLC可编程集散控制系统。上游设计最高通航水位26.8米,最低通航水位20.5米;下游设计最高通航水位24米,最低通航水位18.5米,最大水级差8.3米。

【年度工作概况】航道养护。2022年,处下达养护经费2 863.38万元,截至12月底,累计完成支付2 796万元,占全年计划的97.6%。全年共开展航道扫床工作2次,扫床里程共计254.1公里,共计清理辖区航道内杂物2 375公斤,泥沙块石约67.2吨;开展航道设施常态化巡查,航道日常巡航里程达16 021.5公里,维护航标1 470座次,全年共计巡查光缆285次,巡航里程6 970公里,组织光缆抢修20次,保证辖区内光纤网络的正常运行。

船闸检修。全年共完成船闸大修工程1项,专项工程1项,中修工程20项,二类小修工程27项,均通过竣工验收。刘老涧二号船闸2月10日开工,3月17日竣工,较原计划提前4天完成;完成泗阳船闸配电间供电柜改造工程、刘老涧三号船闸下游引航道改善性疏浚项目、皂河三号船闸油缸拆检工程等一批中修项目,项目均通过竣工验收。

船闸运行。2022年"四闸"征收过闸费2.237亿元,同比增长1.4%,完成调整后2.226亿元征收任务的100.49%,按优惠政策免征过闸费984.24万元。其中,泗阳船闸运行:共开放32 174闸次,通过船队7 204个,通过货轮72 766艘,船舶通过量21 228.9万吨,货物通过量为16 208.3万吨,通过集装箱222 216标箱;征收过闸费4 880.8万元,免征过闸费309.92万元。刘老涧船闸共开放35 873闸次,通过船队8 058个,通过货轮81 527艘,船舶通过量23 822.09万吨,货物通过量为16 339.61万吨,通过集装箱222 519标箱;征收过闸费5 499.19万元,免征过闸费310.38万元。宿迁船闸共开放39 096闸次,通过船队8 024个,通过货轮88 432艘,船舶通过量25 313万吨,货物通过量为15 623万吨,通过集装箱123 665标箱;征收过闸费5 981.57万元,免征过闸费182万元。皂河船闸共开放36 654闸次,通过船队7 886个,机船88 530艘,船舶通过量25 306.52万吨,货物通过量15 559.5万吨,通过集装箱127 486标箱;征收过闸费6 011.76万元,免征过闸费181.94万元。

管理工作。设立"安全生产宣传学习室",印发《中心领导及部门负责人安全生产重点工作清单》,全员签订"岗位安全责任书",在船闸运行现场推行"341"安全管理法,即"三查四抓一放",并严格执行"1+2+3"签到巡查模式;深化安全风险管控,制定15项安全应急预案,开展"逢九"安全检查、夏季用电及消防安全检查、助航设施专项安全检查等,各类安全检查260次,查改问题121个。根据《开展重点领域突出问题专项整治推进全面从严治党向纵深发展15条措施》要求,研究制定重点领域突出问题专项整治实施方案,将15条措施细化为40项工作任务清单。

疫情防控。印发《关于深化党旗飘在一线堡垒筑在一线党员冲在一线突击行动坚决打赢水上疫情防控阻击战的通知》,细化"三个在一线"突击行动。

绿色智慧航道建设。京杭运河江苏段绿色现代航运综合整治工程(宿迁段)全面开工建设,航道提升工程、运河外湾景观节点工程、桥梁工程等施工、监理单位全部进场,项目累计完成投资4 152万元。

科技创新。全年共实施创新项目4项,分别为人字门错位智能识别与自动锁止装置、防夹船闸检测装置、宿迁片区AIS建设与应用、宿迁船闸标准化养护等。6月中旬,在刘老涧调度岗试运行"自动选船调度"功能。实行区域集中调度和集中控制,调度人员和控制人员较之前减少50%,运行效率大幅提升。

党的建设。制定《学习宣传贯彻党的二十大精神工作计划》,邀请党校教授专题讲解二十大精神;印发《关于认真落实处加强廉洁运河建设意见的通知》,制定细化40项责任清单;组织学习《中国共产党纪律检查委员会工作条例》等,并组织知识闭卷测试。组织观看专题片《零容忍》,结合《廉文荐读》、"清廉江苏"APP、违纪违法典型案例学习,制定《作风建设年活动任务清单》,明确具体内容、责任主体等并签订承诺书。印发《中心干部职工网络行为规范》《关于强化"五一"和端午节日期间纪律作风建设的有关通知》等,召开党风廉政和纪律作风建设提醒谈话会。开展党史学习教育公益广告集中学习展播28次,900多人次集中观看。组织"互查互学强基础、互帮互促铸品牌"主题党建活动,年内发展7名新党员。

文化建设。开展"党建品牌年"建设活动,以党委"党旗领航"品牌建设为统领,按照"一支部一品牌,一支部一特色"工作计划,完成7个支部党建品牌建设框架和中心党委"党旗领航"品牌logo设计和品牌创建方案。全年用稿2 000余篇,其中被中央电视台、人民网、中国新闻网、江苏省电视台、新华日报、中国交通报、中国水运网等多家国家级、省级和市级媒体用稿1008篇。组织参加"我是新时代交通人——喜迎党的二十大、加快建设交通强国好故事"宣讲比赛活动,参赛作品"大河壮歌"获"百强好故事"。在刘老涧二号船闸大修期间,制作5期"小航带你看运河"船闸大修科教短视频。全年面向船员共组织开展200多批次"小航"水上讲堂宣讲活动,超3000位船员接受宣讲教育。开展第一届"我与中心共成长"系列主题活动,共评选首届"宿航好人"5人、"岗位能手"5人、优秀征文18篇。参加文明委组织的"城乡结对、文明共建"活动,将宿豫区曹家集社区作为挂村帮促对象,与泗阳县葛圩村结对共建,联合开展3次主题活动;开展社会主义核心价值观主题教育月实践活动,承办处第一期"爱敬诚善 践行使命"道德讲堂,并启动"宿航新风"道德讲堂建设,推动德育实践。

(杜　欢)

京杭运河江苏省船闸应急保障中心

【单位概况】京杭运河江苏省船闸应急保障中心位于淮安市运北东路66号(邮编:223002,电话:0517-83787622),隶属于京杭运河江苏省交通运输厅苏北航务管理处,正科级建制,编制124名。主要职责:负责和承担全省干线航道上近80多座大中型船闸的应急保障任务,同时承担全省二、三级以上航道其他船闸机械、电气、水下检查、检测测量和专项技术改造等综合保障任务。内设部门9个:办公室、计划财务室、纪检监察室、应急调度室、机械保障部、电气保障部、潜水保障部、航闸检测部及质量安全部(技术发展部)。

主任、党支部书记　朱岱明(1—12月)　张殿余(12月任)

副主任　朱旭亚　姚桂华　郑玉虎　陈建　蒋潇

【年度工作概况】2022年,完成应急抢修18次(其中机械抢修7次,潜水抢修11次)承诺时限内应急响应100%,一次抢修成功率100%。共完成处内外技术保障61次(其中机械保障9次,电气保障4次,检测保障36次,潜水保障12次)。共完成水下检查100个闸次,出动617人次。完成处内航道测量里程30公里,绘制航道平面图30幅,断面图90幅。组织实施全省内河干线航道水下地形扫测工程(区域二)项目,摸清1685.88公里干线航道的整体水下地形情况并系统梳理分析出航道淤积量,形成航道水下地形图、航道断面技术状况、扫床障碍物分布情况等成果,为智慧航道、电子航道图建设及航道养护提供可靠的基础数据支撑。完成全处12座船闸大修图纸电子化建设,实现船闸重点设备设施电子图纸全覆盖。做好全处460公里光缆维护工作,共完成40次光缆抢修、开展6次月度光缆维护督查,为保障通信网络安全运行提供有力支撑。

管理工作。定期开展安全检查,确保隐患问题整改率100%。全年共开展各类安全检查39次,下发安全隐患整改通知书7份,完成整改16项,整改率100%。组织开展消防应急救援演练、防汛防台风桌面演练、起重机事故应急救援桌面演练共3次,更新灭火器140具、消防水带60米、安全帽100顶,实现全年安全生产无事故。

科技创新。开展船闸PLC控制系统国产化替代研究,依托船闸电气模拟调试台,利用国产自主可控PLC对船闸运行进行模拟控制,并通过国产PLC数字孪生系统实现船舶进出闸全过程、闸阀门八步控制流程等三维展现,推进国产PLC项目研究成果在苏北运河落地应用。完成船闸检测数据采集系统开发应用,提高检测数据的录入效率和准确性,提升检测报告质量;完成《耐磨铸铁应用于阀门主滚轮轴套可行性研究》《船闸液压油缸密封系统模块化设计》《一种提高电力电缆安全监测与预警的方法》等创新课题研究。完成《江苏省交通船闸大修调试技术规程》《江苏省交通船闸阀门吊检作业规程》两项团体标准编写与立项申报;让科技为交通安全赋能,应用无人测量船完成老许渡大桥桥墩拆除后水深测量、扬州大队段航道断面测量等保障任务。

党的建设。共开展理论中心组学习12次、"汲取革命力量·建功检测事业""加强党风廉政建设的六个着力点"等专题党课9次,理论学习专题会48次。中心第二党支部"水下蛟龙应急先锋"班组职工思想政治工作创新案例在省厅组织的案例征集活动中获二等奖。全年共开展"主题党日"活动18次、总支委员会36次、支部委员会36次。开展党建品牌创建,实现"一支部一品牌一特色",打造"铸梦运河·应急先锋"党建主品牌和"检测尖兵·服务先锋""水下卫士·保障先锋""金服务·健航闸"等3个特色党建子品牌矩阵,以品牌强服务促发展。在中国交通报社主办的交通运输行业基层党建创新案例展播活动中,对"水下卫士·保障先锋"党建品牌进行宣讲;开展"作风建设年"活动,全年共召开全面从严治党组织生活会4次、作风建设年组织生活会4次、党风廉政建设专题学习会30次,组织和转发《廉文荐读》25期、组织观看《零容忍》等警示教育片5次、印发《作风建设学习读本》40册、开展"转作风、强服务、树形象、当表率"等党风廉政主题教育日活动3次。全年共开展各类纪律作风督查69次,开展好各类专项整治活动,推进全面从严治党向纵深发展。

文化建设。以文化建设为抓手,全面提高组织、业务、创新和队伍建设的水平,全力保障全省大中型船闸安全畅通,具有鲜明的船闸应急保障特点和行业文化。开展党建品牌创建,第二党支部"水下卫士·保障先锋——让党旗高高飘扬在船闸应急保障阵地上"获全国交通运输行业基层党建创新"行政事业类十佳案例",第一党支部"四融"工作法被省交通运输机关委员会评为优秀奖,实现"一支部一品牌一特色"。开展"青年学堂:马克思主义·青年说""开路先锋奋斗有'她'"等文明创建活动,"船闸应急120"团队被省厅表彰为"2022年最美交通人"提名奖,中心被表彰为2019—2021年度江苏省文明单位;"水下蛟龙应急先锋"班组职工思想政治工作创新案例被省厅评为二等奖;"运河守护人"短视频被省厅表彰为"百年奋斗 青春有我"江苏交通青年短视频优秀作品。

(马 艳)

南京市航道事业发展中心

【单位概况】南京市航道事业发展中心位于南京市鼓楼区江东北路397号(邮编:210003,电话:025-86274982),行政管理隶属于南京市交通运输局,行业管理隶属江苏省交通运输厅港航事业发展中心,属全额拨款正处级事业单位,核定全额拨款事业编制120名。主要职责:贯彻执行国家和省市有关航道的方针、政策、法律、法规,参与编制并执行全市航道、船闸建设养护计划;负责南京市域内航道(不含长江)、交通运输部门所属通航船闸的养护和改扩建,船舶过闸费征收等工作;承担全市航道绿色发展、网络安全、信息化以及行业统计等工作;承担航道、船闸基础设施的应急安全工作;承担市局委托的港口工程(含锚地)建设项目组织、实施、管理职责,配合市局承担其他投资主体港口工程(含锚地)建设项目协调推进工作;完成上级交办的其他工作。内设科室13个:办公室、组织人事科(团总支)、纪检监察室、宣传教育科、工会、财务审计科、规划计划科、安全应急科、船闸管理科(船闸运行保障中心)、养护管理科、工程管理科、科技信息科、港口建设科。直属基层单位6个:秦淮河船闸管理所、下坝船闸管理所、杨家湾船闸管理所、玉带船闸管理所;洪蓝船闸管理所;城区航道管养中心。行业管理单位5个:江宁区港航事业发展中心、溧水区港航事业发展中心、高淳区港航事业发展中心、六合区港航事业发展中心、浦口区航道事业发展中心。临时机构:芜申线遗留项目组、秦淮河航道整治工程现场指挥部。

主　任　党委书记　童新建
党委副书记　袁书霞
副主任　张久洪　童　亮

【航道基本情况】南京地处长江下游、濒江近海,河网密布,水运资源丰富。中心管辖芜申运河南京段、秦淮河、滁河、马汊河、八百河等53条内河航道,其中芜申运河南京段、滁河及秦淮(新)河等内河航道与长江一起构成"三横一纵"的"王"字形南京干线航道网。南京市内河航道总里程644公里,其中三级航道62.3公里,四级航道62.15公里,五级航道29.26公里,六级航道108.9公里,七级航道74.92公里,等外级航道306.47公里。根据《江苏省干线航道网规划(2017—2035年)》,南京市芜申线南京段(62公里)、秦淮河(97公里)、水阳江(5公里)、驷马山干渠(9公里)4条共计173公里航道列入省干线航道网规划,规划等级为三级。

【年度工作概况】 基础设施建设。完成秦淮河（溧水石臼湖～江宁彭福段）21.074公里航道整治工程；洪蓝船闸投入运行，水上服务区洪蓝服务区投入运行。芜申线（下坝船闸～南渡段）17.95公里航道整治工程通过竣工验收；完成固城湖湖区段7.97公里航道整治和新襟湖桥改建工程交工验收；完成东坝古滑坡段和杨家湾土建2标两段尾留项目施工图设计变更审查工作。完成秦淮河航道整治二期工程（江宁彭福～长江段）初步设计审批相关工作。

航道船闸养护。编制2022—2023年航道船闸日常养护项目库，制定航道养护技术核查实施细则（试行）；运用航道多波束监测装备，扫干线航道280公里；编制《南京交通船闸运行设备管养手册》和《船闸安全风险防控与设备管养信息系统》。完成桥区水域范围航道维护疏浚工程4个养护项目，完成47个日常养护项目，年度项目完成率100%。

航道规划。配合市局推进《南京市综合立体交通网规划》和《南京内河港总体规划（2021—2035年）》编制等相关工作。配合市局推进水阳江和驷马山干渠两条省际干线航道整治工程可行性研究，推进滁河航道整治工程可行性研究报告编制工作。启动芜申线下坝一线船闸改造、杨家湾复线船闸新建工程可行性研究工作。配合市局推进支线航道定级论证研究工作，同步开展水路（航道）货运情况调研分析，形成《南京过闸船舶流量流向分析》报告，为内河支线航道定级论证提供参考依据。

船闸运行（过闸费征收）。全年所辖过闸船舶9.3万艘次，过闸船舶通过量8077万吨，过闸货物通过量3770万吨，征收过闸费3585.6万元，完成年度征收任务105.5%；全年累计为船舶降低运输成本899.65万元，其中优惠过闸费896.40万元，集装箱船舶减免过闸费3.25万元。

管理工作。完成南京联检锚地扩能改造工程项目政府审计，配合做好龙潭抛泥区弃砂处置工作；配合市局跟踪新生圩港区码头改建、高淳港区小花码头以及固城作业区项目进程；配合做好其他港口建设项目协调推进。统筹安排年度安全生产工作，修订《中心安全管理体系》《内河航道基础设施（工程建设）突发事件应急预案》，印发安全生产工作要点、安全监督检查计划、安全生产大检查实施方案等。开展安全生产大检查、"安全生产强化年""百日安全攻坚行动"、航闸基础设施隐患排查等专项活动，召开安委会4次，安全例会8次，安全生产专题学习4次，完成自然灾害综合风险水路承灾体普查和船舶碰撞桥梁隐患专项治理，全年共排查各类问题隐患209条。推广使用交通船闸运行服务评价规范，4座交通船闸全部通过省中心安全生产标准化一级达标考评。落实"放管服"要求，开展船舶过闸信用管理，全年签订信用承诺书413份，招投标和政府采购环节应用信用查询124件；累计进行信用加分超4.57万艘次，信用减分超110艘次。

党的建设。印发党建工作指南和实施细则，新成立2个基层党支部，1个基层党支部完成换届选举，召开第一届中心工会会员代表暨职工代表大会。开展"喜迎二十大奋进新航程"中层干部学习提升班、"忆入党初心扬奋进之帆"主题党日、党员"政治生日"等活动。推进干部人才梯队建设，推荐1名副处职干部，选拔2名正科职干部，完成13名事编人员公开招聘。与派驻第一书记高淳区阳江镇临湖村开展结对共建，助力乡村振兴。

文化建设。落实江苏港航"321"品牌创建要求，配合"大运河"文化带建设，完成南京航道工程建设展示中心和胥河水运文化展示馆改扩建的建设。推进廉洁航道文化建设，中心通过全省交通运输文化建设示范单位复核认定。多篇航道工作新闻宣传稿件被《人民日报》《南京日报》等新闻媒体刊载报道。承办"扬帆逐梦 通向未来"道德讲堂——港航新浪潮活动暨洪蓝船闸通航仪式，通过举办道德讲堂，讲述江苏交通港航和南京交通航道的发展成就及感人事迹，彰显交通港航人攻坚克难、奋发有为的精神风貌。南京水运文化展示中心获2022年江苏省综合交通运输学会"优秀科普教育基地"。

【洪蓝船闸正式通航】 6月24日，位于南京溧水区的洪蓝船闸正式通航，标志着秦淮河航道正式恢复全线通航功能。洪蓝船闸位于秦淮河流域与石臼湖流域分水岭的南侧，是秦淮河航道上的第二座船闸，也是南京内河流域的第五座交通船闸，设计最大通航船舶等级500吨级，洪蓝船闸通航后，高淳和溧水的船舶可以直接经由航线驶入长江。2017年4月，秦淮河航道整治工程按四级航道标准开工建设，整治沿线97公里航道,其中一期工程建设溧水石臼湖至江宁彭福段,整治航道里程21.074公里,新建洪蓝船闸1座,改(新)建桥梁15座,建设停泊锚地和水上服务区各1处。

【"扬帆逐梦·通向未来—港航新浪潮"为主题的道德讲堂活动举行】6月24日,由省交通运输厅主办,南京市交通运输局和省厅港航中心承办的以"扬帆逐梦·通向未来—港航新浪潮"为主题的道德讲堂活动在秦淮河航道洪蓝服务区举行。全省各市港航部门、苏北航务处及南京市交通运输系统各单位有关负责人出席此次活动。此次道德讲堂活动以自编、自导、自演的方式,采取诗朗诵、情景剧及演讲展示等多种形式,讲述江苏港航和南京航道的发展历程及感人事迹,彰显交通人攻坚克难,勇往直前,向上,奋发有为的精神风貌。

【洪蓝水上服务区投入运行】11月18日,秦淮河首个水上服务区洪蓝服务区近日正式对外运营。洪蓝水上服务区位于秦淮河航道溧水段洪蓝街道毛家村东侧的航道右岸,按Ⅳ级航道500吨级船型设计,岸线长400米,设计水深2.5米,距航道中心线60米,设置16个系船柱,为过往船舶和船员提供锚泊、生活生产补给等服务。服务区采取"行业监管+平台运行+购买服务"的创新模式,由主管部门对服务区的运营进行监管,由平台公司负责服务区日常运行、标准化管理和服务功能拓展,物业通过购买服务进行专业维护。

【芜申线高溧段下坝船闸至南渡段航道整治工程(南京段)通过竣工环境保护验收】11月2日,芜申线高溧段下坝船闸至南渡段航道整治工程(南京段)通过竣工环境保护验收,标志着工程竣工验收工作完成一项重要节点目标任务。芜申线航道既是江苏省"两纵五横"干线航道的重要组成部分,也是长三角高等级航道网的重要组成部分,航道按三级标准进行整治。下坝船闸—南渡段航道起于下坝船闸,讫于南渡镇南渡西桥上游,其中,南京段航道整治里程共计17.73公里,新建下坝复线船闸1座,改建、新建桥梁6座。

(王 研)

南京市城区航道管养中心

【单位概况】南京市城区航道管养中心位于南京市建邺区秦淮新河1号(邮编:210041,电话:025-86274993),为事业单位,编制5个。主要职责:落实通航建筑物运行管理相关规定要求;承担城区范围内管辖航道养护、船艇养护、航标管理、航道赔(补)偿费征收等工作;负责联合党支部党建和群团工作;负责单位安全生产、作风行风、新闻宣传和文化建设等工作;完成中心交办的其他工作。管养中心暂无内设机构,领导班子成员3人。

主　任　李　剑
副主任　杨　晗　徐　翔

【航道基本情况】辖区航道共有6条,总里程33.2公里,等级航道14.2公里,其中六级航道秦淮新河11.02公里,七级航道秦淮河3.18公里;等外级航道19公里(板桥河6.5公里,九乡河3.0公里,七乡河2.5公里,三江河7.0公里)。

【年度工作概况】航道养护。2022年,实行"全员参与、轮流上岗"的工作机制,开展辖区航道巡查,采用车辆、船艇、步行等方式实施航道技术状况监测,对发现的问题及时记录,联系责任单位消除隐患,确保航道安全畅通。在台风、汛期、枯水等特殊时期,加大巡查力度,对发现的各类问题和隐患及时处理,精准把好安全关。全年,管养中心共计开展航道巡查50次,巡查里程累计约542公里,其中16次艇巡,34次车巡。采用监控遥测系统和实地查看相结合的方式开展,航标巡查42次。完成鱼嘴公园示位标顶部灯房碎玻璃拆除、新玻璃安装,同时对示位标网络、监控设备进行升级。

管理工作。使用多波束系统对全市干线航道、重要支线航道及南京航道直属5个船闸闸室、引航道等水下地形全貌和碍航物分布、航道断面尺度开展水下地形扫测,全年扫测总里程279.22公里,覆盖全市80%等级内航道。印发《城区航道管养中心2022年工作要点》,从党建工作、业务工作、管理工作三个方面明确7项重点工作。

党建工作。按照新时代党的建设总要求,推进支部建设,明确支部建设重点任务,建立支部书记抓党建工作责任清单、支部委员一岗双责工作清单,落实"三会一课"制度,开展主题党日活动11次,支部委员上党课6次。配合相关职能部门,以文化阵地升级为依托,推进江苏港航"321"品牌创建工程,增添航道文化宣传新阵地,扩大航道文化社会影响力。

(李 剑)

江苏省秦淮河船闸管理所

【单位概况】江苏省秦淮河船闸管理所位于南京市建邺区秦淮新河1号(邮编:210041,电话:025-86808838),为全额拨款事业单位,隶属于南京市航道事业发展中心,事业编制28名。主要职责:贯彻执行国家和省、市有关船闸的方针、政策、法律、法规,落实通航建筑物运行管理相关规定要求;承担船闸运行管理、工程养护和船舶过闸费征收等工作;负责单位党建和群团工作;负责单位安全生产、作风行风、新闻宣传和文化建设等工作。内设部门3个:综合办公室、养护部和运行部。领导班子成员3人,其中正科级1人,副科级2人。

所　长　陈　列
副所长　石青秀　董家有

【船闸基本情况】秦淮河船闸位于秦淮新河下游入江口,西距长江入江口1.5公里,是沟通上游江宁、溧水、高淳、句容的水上交通要道。秦淮河船闸级别为Ⅳ级,规模为165×18×4(米),设计年通过能力1 080万吨,最大通过船舶吨级为500吨(兼顾1 000吨)。船闸上游最高通航水位为10.17米,最低通航水位为4.5米;下游最高通航水位为10.29米,最低通航水位为2.5米。

【年度工作概况】船闸养护工程。2022年,共计开展一级保养567台次,二级保养189台次,闸阀门水下检查1次,防雷检测1次,断面测量1次。累计开展小修养护工程8项,涉及闸阀门保养、电气机械设备保养、土建维护出新、绿化维护管养等工作。完成日常养护2项:即远调站码头环境整治工程和秦淮河船闸办公场地及闸区透水混凝土路面改造出新工程。

船闸运行(过闸费征收)。全年开放3 598闸次,过闸船舶4 398艘次,过闸船舶通过量613.33万吨,过闸货物通过量308.7万吨,征收过闸费256.34万元。全年新增安装"便捷过闸"APP12艘次,船闸累计安装"便捷过闸"APP319艘次,ETC使用率达99.7%。

管理工作。配合水上交通执法部门做好超载运输船舶、"三无"船舶、浮吊等特殊船舶的管理工作。围绕国务院安委会关于加强安全生产工作的"十五条硬措施",将安全生产强化年和专项整治巩固提升年等工作紧密结合,有序推动船闸安全生产各项任务措施落地见效。一是针对性开展好全员安全教育;二是坚持疫情常态化管理不松懈;三是多措并举有效应对异常天气;四是严格落实"应急值班规范年"活动要求;五是巩固交通运输船闸安全生产标准化一级达标成果。全年累计开展检查督查31次,第三方安全检查4次,解决电控柜、柴油发电机、UPS电源、监控等故障隐患30起。

党的建设。严格按照新时代党的建设总要求,落实"三会一课"制度,建立支部书记抓党建工作责任清单、支部委员一岗双责工作清单,全年开展主题党日活动11次,支部委员上党课6次。配合相关职能部门,推进江苏港航"321"品牌创建工程,增添航道文化宣传新阵地。

文化建设。依托"四步曲"模式,创建"水运学堂",繁荣水运文化。打造的"水运学堂"获南京市总工会"南京市职工宣传思想文化三等奖创新项目"称号。

(石青秀)

南京杨家湾船闸管理所

【单位概况】杨家湾船闸管理所位于南京市高淳区阳江镇高墩村66号（邮编：211313，电话：025-56811299），隶属于南京市航道事业发展中心，单位规格正科级，核定编制数为70人，现有在职职工27人，其中在编人员11人，劳务派遣人员9人。主要职责：落实通航建筑物运行管理相关规定要求；承担杨家湾船闸运行管理、工程养护和船舶过闸费征收等工作；负责单位党建和群团工作；负责单位安全生产、作风行风、新闻宣传和文化建设等工作；完成中心交办的其他工作。内设职能部门3个：综合办公室（含财务室）、运行管理中心、养护管理中心，实行四班三运转模式。

所　　长　薛艳中

党支部书记　周志宏

副所长　　马玉华

【船闸基本情况】杨家湾船闸是芜申线航道自上而下的第一个通航梯级，位于南京市高淳区高墩村，船闸级别为Ⅲ级，规模为230×23×4（米），设计年通过能力为2 200万吨，设计最大通航船舶为1 000吨级。船闸承受双向水头，最大正向设计水头为5.17米，最大反向设计水头为6.3米，船闸上下游闸门均采用钢质弧形三角门。船闸上游最高通航水位为12.10米，最低通航水位为3.7米；下游最高通航水位为12.13米，最低通航水位为6.5米。

【年度工作概况】船闸养护工程。2022年，船闸养护投资计划146.9万元，实际完成投资148万元，占年度计划的100.1%。完成闸区金属结构及防腐木设施出新工程，完成投资19.8万元；完成杨家湾船闸密封件和液压油更换项目，完成投资17.6万元。年度水下检查2次，断面测量及沉降观测2次，柴油发电机专业保养1次，对闸区全部建筑物、机电设施设备等进行一次防雷检测。

船闸运行（过闸费征收）。2022年共开放7 176闸次，放行船舶40 683艘，船舶通过量3 336万吨，征收过闸费1 492.97万元。

管理工作。健全安全管理网络，层层签订年度安全生产责任书、安全生产"一岗双责"责任书，年内通过省港航系统安全生产一级达标单位复查工作。开展"平安交通三年攻坚行动""重点领域安全工作检查工作"和"安全生产月"等活动。实施"234运行工作法"，完善"船闸安全风险防控及设备管养系统"及场景应用，保障船闸安全畅通。落实防汛防台应急处置各项措施，组织机电设备故障应急抢修桌面演练，做好各类应急物资的储备。执行《船闸运行管理精细化方案》，做好机电设备养护工作。开展诚信过闸体系建设，深化廉洁诚信过闸环境建设。强化危险品船舶过闸管理，与海事联动，对船舶进行严格核查，防止发生泄漏，营造安全稳定畅通的过闸环境。全年组织各类日常培训12次，完成工班人员转岗岗前培训。

党的建设。坚持以习近平新时代中国特色社会主义思想为指导，深入学习宣传贯彻党的二十大精神，深刻领悟"两个确立"的决定性意义，增强"四个意识"、坚定"四个自信"、做到"两个维护"。坚持党建引领，争创"交通运输现代化示范区建设先锋队"，促进各项工作取得良好成效，以"活力杨闸三强增效"工作法为抓手，强化党支部规范化建设。全面落实党风廉政建设各项工作，增强党员干部纪律规矩意识，坚持不懈贯彻落实中央八项规定精神，严明作风纪律，严纠"四风"，落实"三重一大"制度规定，实行安全和廉政一票否决，营造风清气正的工作氛围。

文化建设。完善出新"家文化宣传室"展板内容，深化"杨闸亦家"家文化理念宣贯。贯彻落实《江苏省交通运输厅港航事业发展中心关于实施江苏港航品牌创建"321"工程的通知》精神，以及市航道中心工作部署，开展"一闸一特色"家园文化建设，总结杨家湾船闸家文化建设成就，完成《杨闸亦家》申报江苏港航"321"品牌的汇报视频等申报材料；持续深化和坚持"过闸如到家""船闸即家庭、同事如手足"和"杨闸是我家，建好为大家"等理念，务实践行"乐水畅水、勤业精业"的家风和"以闸为家、服务到家"的家训，促进各项工作的开展。2022年在"南京市航道事业发展中心""南京交通""江苏港航"微信公众号上发布信息24篇，政务信息12篇，党建信息12篇，纪检信息12篇。

（马玉华）

南京市玉带船闸管理所

【单位概况】南京市玉带船闸管理所位于南京市六合区玉带村农场99号(邮编:211512,电话:025-66087178),隶属于南京市航道事业发展中心,单位规格相当于正科级,核定编制42人,现有在职职工22人,其中在编人员14人,劳务派遣人员2人,服务外包人员6人。主要职责:对玉带船闸及其附属设施进行管理和船舶过闸的组织管理工作;承担船舶过闸登记、调度、过闸费征收工作;负责闸门,阀门以及船闸机电设施保养、维护工作。内设职能部门3个:综合办公室(含财务室)、运行中心及养护中心,实行三班三运转模式。

　　所长、书记　夏厚智
　　副所长　黄文林

【船闸基本情况】玉带船闸位于南京市六合区龙袍镇和玉带镇交汇处,按照Ⅴ级通航建筑物标准,工程建设规模为160×18×4(米),设计年通过能力897万吨,设计最大通过船舶为300吨级。船闸上游最高通航水位为7.5米,最低通航水位为2.1米;下游最高通航水位为7.7米,最低通航水位为0.6米。

【年度工作概况】船闸养护工程。2022年,累计拨付养护资金580万元(含大修工程及道路工程尾款)。其中办公楼宿舍楼阳台封闭工程投资51.4万元,完成投资50.9万元;阀门阳光房修缮工程投资19.5万元,完成投资19.18万元;闸室两侧花箱及喷淋系统安装工程投资14.2万元,完成投资14.1万元,供水水路升级改造工程计划投资15万元,完成投资14.8万元。年度水下检查一次,断面测量一次,柴油发电机专业保养一次,对闸区全部建筑物、机电设备进行一次防雷检测。

　　船闸运行(过闸费征收)。全年累计开放闸5 166次,过闸船舶7 210艘,船舶通过量782万吨,货物通过量396.6万吨,全年征收过闸费340.94万元。

　　管理工作。按照专项整治三年行动目标要求,对运行现场、机电设备、车辆、食堂、工程建设等环节部位定期开展安全专项检查,全年累计排查一般隐患28起,所有隐患均已上报181平台,实现闭环处理。组织消防应急演练一次、高温中暑应急演练一次。在上下游远调站机房及上下游PLC控制机柜安装可远程报警的光电式感烟火灾探测器。开展QC小组活动,《降低玉带船闸照明系统故障率》QC课题获评全国及江苏省交通行业优秀质量管理小组称号。

　　党的建设。坚持以习近平新时代中国特色社会主义思想为指导,贯彻落实党的二十大精神,按照2022年市航道事业发展中心党委工作要点,推进党建工作,全年党支部集中学习21次,集中研讨8次,对照处"三重一大"制度要求,共商议11件大事。落实从严治党主体责任,所领导班子成员之间专题谈话2次,所领导班子成员与分管股室负责人之间谈话2次。

　　文化建设。结合玉带船闸"门户"的定位和地理位置等特点,多方借阅历史文献,查阅地理人文资料,稳步推进"红领玉带　闸通江河"的品牌创建。

(刘慧姊)

江苏省下坝船闸管理所

【单位概况】江苏省下坝船闸管理所位于南京高淳区东坝街道双下路7号(邮编:211318,电话:025-57876648),全民事业单位,科级建制,隶属于南京市航道事业发展中心,核定编制34人,现有职工25人,在编在岗16人(在岗15人,外借1人),劳务派遣9人。主要职责:负责过闸船舶的组织管理;负责过闸费的征收和解交;负责船闸的管理、使用、维修保养;负责编报年度计划和中小修工程的预算并组织实施。内设职能部门3个:办公室、运行管理部(下设四个运行工班,实行四班二运转)、养护管理部。

　　所　长　叶荣
　　书　记　黄定勤
　　副所长　王江

【船闸基本情况】船闸下辖二线船闸。一号闸和二号闸之间相距140米。一号闸为Ⅴ级标准通航建筑物,规模160×14×2.5(米),设计通航船舶300吨级,设计年通过能力600万吨;上游设计最高通航水位11.57米,最低通航水位6米;下游设计最高通航水位5.83米,最低通航水位2.5米,最大水头为9.07米,闸门为钢质平板人字门,阀门为钢质平板门提升门,启闭机采用滚珠丝杆启闭机,电气控制采用集中程控系统。二号船闸2010年11月26日开工,2015年1月12日通航,按三级标准进行建设,规模230×23×4(米),设计最大通航船舶1 000吨级,设计年通过能力1 890万吨;上游设计最高通航水位11.26米,最低通航水位8米;下游设计最高通航水位6.3米,最低通航水位2.72米,最大水头为9.43米,闸门为钢质平板人字门,阀门为钢质平板门提升门,启闭机采用液压直推式启闭机,电气控制采用集散控制系统。

【年度工作概况】船闸养护管理。2022年,实施机电一级保养1 500台次,二级保养530台次,实现船闸机电设备完好率100%。开展船闸专业养护及检测工作,对防雷设施、配电柜、变压器、柴油发电机组、架空线路等设备进行年度检测、保养,邀请苏北处应急保障中心对二号闸进行专业检查。完成"下坝船闸二号启闭机站房修缮""下坝船闸中心机房网络柜标准化改造工程""下坝船闸一号闸老围墙修缮工程"等养护项目。对暂不运行的一号闸进行日常性保养,并每月对闸阀门设备进行调试。

船闸运行(过闸费征收)。全年开放闸7 025次,通过船舶40 729艘,船舶通过量3 337.21万吨,货物通过量1 569.72万吨,征收过闸费1 494.97万元。

管理工作。获交通运输船闸安全生产一级达标单位。组织安全教育、学习和演练活动,全年累计组织安全教育、学习12次,参培人员达200余人次。开展航道、船闸及其附属设施安全专项整治三年行动、"安全生产月"等系列活动,全年共组织所安全检查105人次,整改隐患27处。采取自查、上级领导检查及第三方安全检查等形式,对所内安全工作进行全面体检。同时做好防汛防台等恶劣天气的准备及值班值守工作,筹备防汛防台物资,保障船闸安全畅通。利用高频、便民微信群、视频监控、新版水上ETC等信息化手段,实行远程调度,确保引航道停靠及船舶进出闸安全运行。

党的建设。贯彻执行中央"八项规定"和省市各项作风建设规定,严明作风纪律,落实"两个责任",抓好廉政风险防控手册的贯彻落实,深化纪律和规矩意识,持之以恒纠正"四风"。全年开展6次"专题党日活动"、党员组织生活会和党员干部民主生活会等活动。综合运用"四种形态",严格监督执纪问责,建设一支风清气正纪律严明的党员干部队伍。

文化建设。建成"胥河水运文化展示馆"和水运文化长廊,续写2 500年历史的胥河文化新篇章。谋划党建品牌特色活动,建成"胥河明珠 水上驿站"并投入运营。先后被评为省级"模范职工小家"、市级"廉政文化示范点""模范职工小家"、市总工会优秀职工阅读组织、"安康杯"竞赛优胜班组、"城市标准化建设达标单位""AAA级文明窗口单位"、省交通系统"先进堡垒党支部"、省交通行业"学习型先进班组"、省航道系统"建功立业先进单位"、市交通系统基层党组织"达标创先活动示范党支部""廉政文化示范窗口"、全省交通船闸安全一级达标单位、江苏省交通行业优秀质量管理小组等称号。

(陈小五)

南京洪蓝船闸管理所

【单位概况】洪蓝船闸位于秦淮河流域与石臼湖流域分水岭南侧、秦淮河溧水石臼湖-江宁彭福段洪蓝街道马塘坝(邮编:211219,电话:025-56218261),为全额拨款事业单位,隶属于南京市航道事业发展中心。根据《关于同意成立南京洪蓝船闸管理所的批复》(宁交委〔2021〕107号),洪蓝船闸管理所于2022年4月成立。主要职责:贯彻执行国家和省、市有关船闸的方针、政策、法律、法规,参与编制船闸有关发展战略、发展规划、行业政策、法规规章、标准规范;参与编制并负责执行船闸养护计划;承担船闸管辖范围内航道基础设施、标志标牌的维护和管理工作;承担过闸船舶的组织管理,船舶过闸费的征收、解缴工作;承担船闸绿色发展科研、信息化、标准化等工作;承担管辖范围内船闸基础设施的安全管理和应急处置工作。内设职能部门3个：综合办公室、养护管理中心和运行管理中心。

　　所长、书记　夏厚智
　　副所长　董家有

【船闸基本情况】2017年4月开工建设，2020年12月底通过交工验收，2022年6月24日正式通航。洪蓝船闸为单线单级Ⅳ级船闸（兼顾1 000吨级船型），纵轴线呈南北方向，船闸规模180×18×4.0（米）。上、下游设计最高通航水位分别为11.06米和10.13米，上、下游设计最低通航水位分别为5.35米和5.79米；承受双向水头作用，正向最大水头5.06米，反向最大水头4.13米。

【年度工作概况】2022年，在准备通航阶段，全员参与设备试运行，坚持每天设备活车，掌握设备动态，排查安全隐患，发现问题及时反馈给施工单位，并督促其及时落实整改，保证设备性能完好，确保船闸6月24日通航。及时在公共信息平台发布水位天气信息；组织相关人员赴胭脂河码头调研货运情况，并与码头负责人就通航水位状况、码头运转方式、码头调度计划和需求以及双方互联互通等方面进行交流探讨。

　　管理工作。成立安全生产领导小组，落实安全管理目标责任制。全面开展隐患排查，严格闭环管理；微型消防站配置到位，补充消防水带220米；更换18个异常灭火器，新购置2个灭火器；配合做好集控中心建设工作，督促施工单位对外墙渗水问题进行修复；在181平台上上报隐患6处，全部整改到位。2022年11月，通过安全生产标准化一级达标验收。健全应急管理体系，落实应急预案，置备应急物资。组织开展设备操作、船舶丈量、流量统计等业务培训工作。

　　船闸运行（过闸费征收）。全年放行船舶273艘（货船8艘，工程船265艘）。

　　党的建设。制定廉政教育计划，落实"三重一大"等民主集中制度。严格执行中央八项规定，深入整治"四风"，坚持做到正面引导不放松，教育干部职工树牢廉洁从业红线、高压线、警戒线、政治生命线"四线"意识。

（董家有）

江宁区港航事业发展中心

【单位概况】江宁区港航事业发展中心位于南京市天元中路109号（邮编：211100，电话：025-52192290）。主要职责：贯彻执行国家、省、市有关航道法律、法规，保护航道及航道设施；负责辖区内航道的日常养护和内设航标维护管理；组织实施航道赔（补）偿费的查征工作；负责辖区内临、跨过航道设施航评（技术性审查）工作；对在辖区内航道从事疏浚、清障、打捞等施工作业的社会工程船舶实施管理。内设科室2个：综合科、工程养护管理科。

　　主任　高辉
　　副主任　张正祥

【航道基本情况】辖区航道里程计133.21公里，其中，等级航道60.21公里（秦淮河四级航道11.21公里，六级航道20.43公里；秦淮新河四级航道5.96公里；句容河五级航道7.52公里，六级航道15.09公里）；等外级航道73公里。航道设标里程12.72公里（秦淮河西北村—乌刹桥），共设航标12座。包括左右通航标1座、侧面标11座。

【年度工作概况】2022年，完成江宁区部分桥区水域范围航道维护疏浚工程，工程按Ⅵ级航道标准进行设计，维护疏浚长度约2.3公里，设计底宽20米，边坡1∶3，其中乌刹桥等3座桥梁桥区水域设计水深不小于2.5米，宏运大道桥等4座桥梁桥区水域设计水深不小于2.0米，总疏浚土方4.34万立方米（不含超深超宽）。

　　管理工作。完成句容河航道标志标牌更新维护工程，对句容河8座标牌标志进行更新维护。完成句容河航道焦公渡涵下游土质围埂消险清障及句容河大陆渡桥下游航道消险清障工程。5月及10月对辖区内四级、六级航道实施两次航段典型断面的测量，共实测19个航道断面，并将取得的数据与2013年公布的养护范围和维护标准相比对。

（邰卫华）

六合区航道管理站

【单位概况】南京市六合区航道管理站位于南京市六合区马鞍街道黄赵村汪杨188号(邮编:211599,电话:025-57759775)。主要职责:依据国家、省市有关航道法律、法规、规章及通航技术标准,按照航道发展需要,组织实施航道建设、养护,审查批准与通航有关设施的通航标准和技术要求,负责航道及航道设施的保护,查处航道管理范围内的一切违法、违章行为。内设股室7个:站长室、书记室、副站长室、办公室、航政工程股、安全股、财务室。

站长(代书记)　王德禄

副站长　成　原　谢福云

【航道基本情况】辖区航道总里程137.75公里,其中,五级航道8.07公里,六级航道39.74公里,七级航道28.54公里,等外级航道61.1公里。通航船闸1座。

【年度工作概况】基础设施建设。2022年,配合省港航中心完成内河9座航标遥测遥控终端改造工程;配合市航道中心完成内河干线航道水下地形扫测工程。

航道养护。对向阳河大桥等6座桥梁桥区水域实施维护性疏浚,疏浚土方1.46万立方米,工程自5月6日开工,5月31日完工并通过市航道中心验收。完成划子河航道入江口门疏浚工程,疏浚里程1.5公里,疏浚土方量3.044万立方米,工程于2022年11月22日开工,12月2日完工,12月4日通过市航道中心验收。

管理工作。结合安全生产专项整治三年行动,开展百日攻坚行动和安全生产大检查等专项活动,完成马汊河示位标标体基础隐患整治项目,全年检查发现隐患12处,其中办公区域隐患6处,防撞工程施工现场隐患5处,已全部完成整改;推进桥梁隐患治理,根据省、市工作部署,认真对照时间节点与任务要求,5月完成六合区部分桥区水域范围航道维护疏浚工程,11月完成六合区通航水域冶山铁路桥等4座桥梁防撞设施工程,工程质量等级评定为优良,消除桥区水域航道维护尺度不足的隐患。做好疫情防控监督,要求施工、监理单位按要求开展防控管理并完成核酸检测及风险地区旅经史排查,并安排人员参加宁连高速竹镇卡口值守。

党的建设。贯彻习近平新时代中国特色社会主义思想及党的二十大精神,通过"三会一课"、座谈会等形式开展集中理论学习,重点学习《习近平谈治国理政(第四卷)》《习近平新时代中国特色社会主义思想学习问答》《党的二十大报告学习辅导百问》等,全年开展集中理论学习10余次,学习心得交流研讨1次,班子成员为党员上党课4次;按照《中国共产党党内监督条例》和党风廉政建设责任制工作要求,修订完善党风廉政建设方面的制度,在节假日等重要节点以及敏感时期通过航道站微信群及廉政谈话形式,适时开展廉政提醒教育。

(张　乐)

溧水区港航事业发展中心

【单位概况】南京市溧水区港航事业发展中心位于南京市溧水区交通运输综合行政执法大队院内(邮编:211200,电话:025-57214464),为溧水区交通运输局所属全额拨款事业单位,公益一类,正科级建制。主要职责为:参与编制全区港口、航道行业发展规划、行业政策;负责全区港航公益服务和事业发展有关事务性工作;负责全区航道的建设、养护与管理,承担航道规费征收等工作;负责指导全区港口基础设施建设、维护与管理;承担水路运输事业发展工作等。内设股室2个:办公室,养护股,在编人员6人。

主　任　张国根

副主任　王春路

【航道基本情况】溧水区有秦淮河、新桥河、二干河、三干河、中山河、石臼湖湖区段航道6条,总里程108.11公里。其中,四级航道32.82公里(彭福村—方家村、方家村—洪蓝船闸、洪蓝船闸—毛家村、毛家村—石臼湖口、石臼湖口—17、18号灯桩),六级航道10.18公里(乌刹桥—彭福村),七级航道17.81公里(彭福村—沙河口、沙河口—洪蓝作业区、洪蓝作业区—天生桥闸),等外级航道47.3公里。现有航标40座。

【年度工作概况】2022年4月、10月分别对辖区航道开展扫床工作,扫床里程85.56公里,清除航道内各类碍航物约1.5吨。按照四级航道每年测量2次、六级航道每年测量1次的要求,分别于4月、11月组织人员对辖区四级航道石臼湖口—17、18号标、六级航道乌刹桥—下旺渡、毛家村—洪昌河口3个航段上12个典型断面进行测量,累计测量典型断面15个。做好航标的常规检查及航标失常修复,汛期及枯水期航标检查维护工作,完成航道巡航2186公里,航标常规检查736座次,航标出水维护打漆24座,航标正位1座次,配合市中心更换航标灯40盏,并对航标及航道标牌建档立卡,做到"一标一档"。测绘形成辖区航道航标配布电子图并设计制作实物沙盘。做好船艇日常定期维保,完善维保及耗材使用等登记台账。完成航政101艇上坡大修,9月21日船舶进厂,船体船名已按要求由"苏航政宁101"变更为"苏港航宁301"。

管理工作。组织学习"员工习惯性违章及纠正办法""安全生产十五条措施"等内容,开展洪蓝码头营运前机械伤害演练,全年参与安全活动单位6家、人员97人,发放宣传手册55份,悬挂宣传横幅3条,制作宣传展板5块。完成南京市防范船舶碰撞桥梁隐患整治专项行动,桥梁增设防撞设施2座,拆除隐患桥梁2座,疏浚桥梁桥区水域7座,有效消除辖区桥区水域的通航隐患,为水上交通安全筑基立柱。疫情防控期间,抽调人员支援道路卡口、社区核酸检测点,累计投入卡口防疫人员606人次。

智慧航道。建成水运VHF及AIS系统小茅山基站、向阳村基站,实现辖区甚高频、AIS信号的全面覆盖,为智慧交运的良好发展再添一笔。

党的建设。组织开展党章、《习近平谈治国理政》、习近平重要讲话精神等理论学习,完成党支部换届改选,发展预备党员1名。利用"四基四化"建设契机,完成支部党员活动室的建设。组织开展美溧先锋战'疫'先行、迎"七一"联系服务船民安全宣传咨询、救生衣就是保命衣宣传、信用交通宣传等主题党日活动,让党员干部真正为群众办好事、办实事。

(黄 亮)

高淳区港航事业发展中心

【单位概况】南京市高淳区港航事业发展中心位于高淳区淳溪镇汶溪路3号(邮编:211300,电话:025-57312266)。成立于1979年,2021年9月更名为南京市高淳区港航事业发展中心,公益一类,相当于副处级,现有职工18人,在编人员12人,编外人员6人。主要职责:贯彻执行国家和省、市、有关港口、航道、水运发展的方针政策和法律法规,参与编制港口、航道行业有关发展规划、行业政策、标准规范;参与编制港口建设计划;负责编制并监督实施港口、航道养护计划。负责管辖范围内港口公用基础设施建设、维护和管理工作;负责管辖范围航道的建设、养护工作;负责航道标志标牌的设置和管理工作。负责管辖范围内港口锚地调度工作,负责全区航道网运行的监测、预警、信息服务和技术支持工作。负责管辖范围内港口、航道信息化以及行业统计、信息调查等工作;承担港口、航道、水运绿色发展工作;承担管辖范围内航道赔(补)偿费的收缴工作。承担管辖范围内港口及航道环境保护、航道安全和应急处置工作。内设科室3个:办公室、建设养护科、港口管理科。

主　任　刘有红
党支部书记、副主任　张华平

【航道基本情况】辖区航道总里程164.94公里,其中,等级航道86.94公里(芜申线三级航道61.77公里,水阳江六级航道14.37公里,秦淮河航道高淳段四级航道2.8公里,六级航道8公里),等外级航道78公里。航标66座。

【年度工作概况】2022年,根据《江苏省船舶碰撞桥梁隐患治理专项行动实施方案》要求,开展桥区水域航道安全风险隐患排查治理活动。完成××航道疏浚工程,工程于4月18日开工,5月20日完工,疏浚标准为:航道底宽45米,局部特殊航段按照底宽不小于25米设置,航道水深不小于3.2米,总疏浚土方11.89万立方米,完成经费支出678.1万元。

管理工作。全年完成辖区内航道的清障扫

床工作,扫床里程164公里,清除沉石0.4吨,拔除暗桩7根,清除网簖7道,清除漂浮垃圾0.9吨。全年共开展21次安全专项检查活动,把安全生产贯穿在项目施工、航道养护、日常管理的各个环节。按照"百日行动"方案要求,组织专人按时报送进展情况,运用"181"信息化平台,及时登记相关信息,逐条处理,形成闭环。举办安全知识竞赛和安全应急预案演练活动,开展节前安全检查,对单位房屋进行检查;对船艇机械设备进行检查维护和保养,保证船艇出行安全。疫情防控期间,值守下坝船闸水上防疫点、溧芜高速高淳卡口防疫点、S360阳江卡口防疫点239天,执勤876班次,全体职工人均执勤79次,筑牢疫情防控的交通防线。

党的建设。开展党史学习教育,执行"三会一课"制度,加强对党员的教育管理和监督。组织开展党员冬训、分管局长上党课、党支部组织生活会、民主评议党员活动和党员统一活动日,进行2次意识形态教育和2次党风廉政警示教育。集中收看中国共产党第二十次全国代表大会开幕仪式,并组织党员干部认真学习党的二十大精神。全年接收4名员工的入党申请,并在6月接受1人转正成为中共正式党员。

(张思源)

浦口区航道事业发展中心

【单位概况】南京市浦口区航道事业发展中心位于浦口区江浦街道公园北路40号交通局大院内(邮编:211800,电话:025-58883617),隶属于浦口区交通运输局,为公益一类事业全额拨款单位,正科级建制,核定编制6人。主要职责:贯彻执行国家和省市有关航道的方针、政策、法律、法规,参与编制并执行辖区航道养护计划;负责区域内航道(不含长江)养护和改扩建等工作;承担辖区航道绿色发展、网络安全、信息化以及行业统计等工作;承担航道基础设施的应急安全工作;承办上级部门交办的其他事项。内设科室4个:办公室、安全科、行业管理科和财务科。

主　任　张赛斌
副主任　吴益华

【航道基本情况】辖区航道总里程69.96公里。其中,三级航道9.43公里(驷马山干渠江苏段),五级航道38.14公里(滁河),六级航道4.68公里;七级航道12.42公里。

【年度工作概况】2022年,完成境内12座水上浮标提档升级工程,总投资约35万元。完成滁河标牌立柱出新及滁河永宁河口侧面标的灯桩和栈桥出新工程,总投资约3万元。完成驷马山干渠航道应急消险工程,总投资约36万元。

管理工作。日常管理全年巡航3 200公里;航标常规巡查230座次;实施清障扫床116公里;对重点航道进行典型断面测量;完成驷马山干渠乌江船闸间隙点流量观测工作。推进交通运输安全生产专项整治工作,落实安全生产主体责任,全年组织各类专项安全检查12次;制定抢险应急预案,成立应急抢险队伍,储备应急物资。

党的建设。落实党建主体责任,规范"三会一课"和各项规章制度,对重点环节、重点岗位廉政进行风险评估。同时加强公务用车管理,对节假日不用的公车一律封存,每周五或节日前向全员推送廉政短信。

(张　宜)

无锡市港航事业发展中心

【单位概况】无锡市港航事业发展中心位于无锡市运河东路128号(邮编:214031,电话:0510-82810442),是市交通运输局所属公益一类事业单位,为副处级,核定编制60人,经费渠道为全额拨款。主要职责:负责贯彻落实国家和省、市有关港口、航道事业发展的法规政策,推进全市港口、航道行业公共服务体系建设;负责长江以外航道及市交通运输部门所属通航船闸的建设管理和养护工作;负责指导港口公用基础设施建设、维护和管理;参与编制并负责执行航道建设计划,负责编制并监督实施航道养护计划,参与编制并监督实施港口建设计划;负责市交通运输部门所属船闸的运行调度;负责航道网运行的监测、预警、信息服务和技术支持;负责航道标志标牌的设置和管理;承担船舶过闸费、航道赔(补)偿费的征收;负责港口公用基础设施和航道、船闸基础设施的安全管理和应急处置；承担港航科研、信息化、标准化、绿色发展以及行业统计、信息调查工作；负责港航行政审批事项前事务性工作。内设科室12个：办公室、政工科、财务科、法制科、发展计划科、科技信息科、安全监督科、养护管理科、工程管理科、港口管理科、水运服务科、船闸管理科。下属基层单位7个：宜兴市港航事业发展中心、江阴市港航事业发展中心、锡山市港航事业发展中心、惠山港航事业发展中心、滨湖港航事业发展中心、新吴港航事业发展中心、江阴船闸管理所。

党总支书记、主任　谈军伟（1—11月）　费菲（12月任）

党总支副书记、副主任　俞海荣（退居二线）

副主任　张建国　杜圣康（6月任）　尤力（6月任）

【航道基本情况】无锡市南濒太湖,北枕长江,京杭运河横跨全境,境内河道纵横,水网密布,有内河航道204条计1 687.16公里,是江苏省乃至长三角内河航运最为发达的地区之一。至2022年末,无锡航道总里程为1 577.97公里,达等级航道里程为481.09公里。其中,三级航道103.68公里、四级航道61.44公里、五级航道95.79公里、六级航道90.57公里、七级航道129.61公里。

【年度工作概况】前期工作。2022年,完成《无锡内河港总体规划》修编初稿。首次编纂《无锡港口史》,初稿已完成50％编写进度。出台《无锡市水运"十四五"发展规划》。《无锡（江阴）港总体规划（修编）》已上报至省人民政府。支线航道定级论证完成市级报告（中间成果）的编制,处于征求省厅意见阶段。

基础设施建设。推进境内4条省干线航道升级整治,无锡航道建设投资1.39亿元。完成京杭运河无锡段绿色现代航运综合整治工程新安和洛社水上服务区综合提升及航运文化标识项目、智慧航道外场感知设施项目。锡澄运河市区段黄石大桥完成南半幅新桥建设及北半幅下部结构工程。申张线纺织大桥完成老桥拆除,新桥实现贯通；剩余华西段、新桥段6.2公里航道和北国大桥、陆家桥完成施工图编制。完成锡溧漕河无锡段航道疏浚及局部护岸项目；锡溧漕河

桥梁2标归美桥完成老桥拆除和下部结构施工；开工建设迎宾桥、白巷桥。锡北线航道工程完成竣工审计现场核查。芜申线宜兴段完成工程用地范围内基本农田的调整手续,取得环境影响评价批复,完成环评等工作。

航道船闸养护工程。对20处桥区水域不达标航段疏浚,完成苏南运河无锡段和惠山段疏浚工程。推动新安水上服务区完善提升工程。编制《江阴船闸运行方案》。

管理工作。强化安全监督检查,对全市286个常压储罐按照5％的比例抽检,全年累计安全检查159次,检查单位174家次,推动111个隐患整改闭环。举办全市港航安全应急技能大比武,全年累计开展安全生产警示教育和专题培训78次。完成全市自然灾害综合风险水路承灾体普查,健全以桥梁工程为代表的工程安全风险隐患治理长效机制。疫情防控期间,印发《港航中心防疫手册》,2022年协助市局、江阴海事局、江阴专班开展疫情防控督查27家次,形成通报10次,发现问题49个,已全部整改闭环；组织专业机构赴航道工地核酸检测11 700余人次,配合在新安服务区为船民核酸采样1 932人次；全年组织6次志愿防疫活动,年内港航志愿者约1 100余人次。

船闸运行（过闸费征收）。全年安全放行船舶17.1万艘,货物通过量7 431万吨,征收过闸费6 450万元,减免1 645万元。

航道赔（补）偿费征收。全年收取航道赔补偿费446.0万元。

智慧港航建设。推广应用京杭运河无锡段外场感知设施项目——"广电5G＋视播云控系统",京杭运河无锡段全长39公里的重点航段、水上服务区、码头与航道交汇处等重点部位全面覆盖。利用多波束测深仪等新型扫测设备,对无锡市境内航道进行水下扫床测量,为航道养护提供基础依据。同时,推广应用基于激光传感器的船舶交通量自动观测系统,无锡干线航道共有12个船舶流量观测点,为业务管理提供科学依据。

党的建设。学习贯彻党的二十大精神、学习习近平新时代中国特色社会主义思想,组织学习13次、研讨6次、领导班子上党课6次,撰写学习宣传贯彻党的二十大精神心得体会10篇。推进党史学习教育常态,学习《习近平谈治国理政（第四卷）》等新思想新理论,共开展各类政治教育活

动 14 期约 400 余人次参加,发放各类政治学习辅导书籍约 350 余册,完成学习心得 40 余篇。加强对党章党纪条规的学习,规范召开 24 次党总支会议;强化重要节日的廉政提醒教育,开展一把手上廉政专题党课、召开警示教育大会、观看警示教育片等形式多样的学习教育活动,完成廉政谈话约 120 人次。

文化建设。发布"红港湾"服务品牌,形成全市港航"1+N"服务品牌矩阵;打造水上党群服务中心;启动建设无锡港航水上法治文化公园。

(周 涵)

【锡溧漕河无锡段航道整治工程(屺亭镇段、和桥部分航段)通过交工验收】1 月 20 日,锡溧漕河无锡段航道整治工程(屺亭镇段、和桥部分航段)通过交工验收。工程项目共整治航道 2.359 公里,其中,和桥段航段整治总里程长 0.905 公里,屺亭镇段整治里程总长 1.454 公里,按照三级航道整治标准进行扩容整治,共新建护岸 2 265 米,加固老驳岸 1 277 米,疏浚土方 24.86 万立方米。

【锡澄运河新夏港船闸工程获水运交通优质工程奖】1 月 18 日,锡澄运河航道整治工程新夏港船闸工程获 2020—2021 年度水运交通优质工程奖。新夏港船闸是锡澄运河航道入江的口门船闸,距离长江主航道仅 1.5 公里,是无锡地区唯一能通航千吨级单船的现代化复线船闸。锡澄运河航道整治工程新夏港船闸工程于 2020 年 6 月通过省交通运输厅竣工验收,先后获中国水运建设行业协会科学技术奖、江苏交通优质工程、"中建杯"优质工程金质奖等 5 项荣誉,在施工工程中推广应用新技术 9 大项、22 小项,申请获 8 件实用新型专利。

【《无锡市水运"十四五"发展规划》通过专家评审】1 月 19 日,《无锡市水运"十四五"发展规划》通过专家评审。这是无锡历史上第一个水运综合发展规划,标志着无锡在新时代新起点上开启水运现代化建设的新征程。评审专家指出,《无锡市水运"十四五"发展规划》系统总结"十三五"水运发展成就和存在问题,全面分析水运发展的阶段特点和面临的新形势新要求,提出"十四五"时期无锡水运发展的指导思想、发展目标、重点任务、行动计划以及保障措施,具有前瞻性、针对性和操作性,可作为指导"十四五"时期无锡水运发展的纲领性文件。

(孔思予)

【无锡干线航道部分桥区水域航道疏浚工程通过竣工验收】4 月 12 日,无锡市桥区水域航道维护尺度达标疏浚工程通过竣工验收,工程综合评定为优良等级,标志着船舶碰撞桥梁隐患治理行动取得阶段性的胜利成果。推进船舶碰撞桥梁隐患治理三年行动,组织对锡山区锡十一圩线范围芙蓉桥、昆村桥、红旗桥、陈家桥、晃山桥等 5 座桥梁的桥区水域以及惠山区锡澄运河锡宜高速公路桥的桥区水域航道进行维护疏浚,疏浚范围遵循自桥梁上游 340 米至下游 170 米标准,共疏浚土方 2.6 万立方米,疏浚总里程 3.31 公里。

(陈 纯 王 卉 华志军)

【京杭运河江苏段绿色现代航运综合整治工程(江南段)无锡施工图(生态提升工程)审查通过】4 月 22 日,京杭运河江苏段绿色现代化综合整治工程(江南段)无锡施工图(生态提升工程)审查通过。京杭运河绿色现代航运综合整治工程是大运河文化带建设的先行示范工程,也是无锡"美丽河湖"行动的"一号工程",水上服务区提升是该工程的重要节点。此次评审主要涉及无锡洛社、新安两个水上服务区的功能提升,施工图设计按照打造高品质现代化综合服务区的要求精心谋划布局,增加航运文化传承弘扬、集中展示、船民休闲互动等功能,并对服务区生态绿化和景观环境进行完善提升。

(阮强蓓 孔思予)

【无锡港航组织参加中国交通报新闻宣传业务网络培训】5月11日—12日,无锡市港航事业发展中心组织举办全市港航系统新闻宣传业务培训班。参加培训人员为全系统各单位的宣传业务骨干和青年干部职工。培训班依托中国交通报举办的2022年第二期新闻宣传业务,通过网络授课方式开展,由交通运输行业权威专家、资深记者以及中国交通报有关采编部门负责人进行授课,内容为交通运输行业发展形势的分析研究、重大主题宣传活动的策划、微电影和短视频拍摄的方法、优秀媒体作品案例。

(孔思予)

【《无锡港口史》编纂工作大纲通过专家评审】5月26日,《无锡港口史》编纂工作大纲通过专家评审,为后续编史工作有序有力开展提供科学指南和工作依据,这是江苏省内首个通过评审的地级市港口史编纂工作大纲。

(蒋 蔚 孔思予)

【京杭运河无锡段智慧运河升级换新"眼"】9月初,京杭运河无锡段智慧运河工程航道外场感知设施项目进入监控系统安装阶段,高清智能摄像机的安装为京杭运河无锡段智慧运河升级换新"眼"。此次监控系统安装项目涉及对京杭运河无锡段航道外场共计25处点位设备的更新换代,共计安装50套400万像素高清高速球形摄像机和3套2 400万高空全景智能摄像机。其中,球形摄像机用于航道沿线监控,全景摄像机用于重点区域的全景监控。

(徐 渲 孔思予)

【无锡港航中心开展内河船舶导航系统试运行工作】10月中旬,无锡市港航事业发展中心开展船舶导航系统试运行工作。本次试运行工作出动船艇3艘次,以京杭运河无锡段、锡北线、锡澄运河为主要范围开展。主要测试内容为网络环境测试、规划航线测试、语音播报测试、离线导航测试。内河船舶导航系统是江苏"智慧港航"建设的重点项目,是促进内河航运转型升级、提升水运服务水平的重要举措之一。

(徐 渲)

【无锡港航中心举办"喜迎二十大 逐梦强港航"主题演讲活动】10月18日,无锡市港航事业发展中心在六楼会议室举办"喜迎二十大 逐梦强港航"主题演讲活动,本次演讲同步采用线上直播形式进行,无锡市交通运输局、全市港航系统各单位、航道工程党建联盟各党支部在线观看此次演讲活动。

(孔思予)

【京杭运河无锡段智慧运河工程航道外场感知设施项目在全国首推应用广电5G+视播云控系统】11月初,在京杭运河无锡段智慧运河工程航道外场感知设施项目中,无锡港航事业发展中心利用前沿信息化技术,创新管理方式,在京杭运河无锡段运河沿岸安装8套"广电5G+视播云控系统设备",对沿河码头航运进行实时管理。该系统前端摄像机全天候进行电子巡查,通过后端平台对摄像机实时视频进行深度智能分析,及时发现码头区域违规行为,并通过广电5G网络控制前端播报设备及时进行提示、制止,系统广播内容审核严格,安全性较高。项目在水上服务区、港口、航道、码头等重点区域内8个点位进行试点建设,覆盖京杭运河无锡段39公里的重点部位,提供更加全面、准确的监控巡查信息,为京杭大运河的安全畅通保驾护航。

(徐 渲 孔思予)

【无锡港航"红港湾"服务品牌发布】11月15日,无锡市港航事业发展中心正式发布"红港湾"服务品牌。深化"党员先锋示范岗"争创活动,建立党员突击队、青年先锋队、志愿服务队三支"领航"队伍。依托各级党组织、党建联盟等,凝聚共识,聚力建设优质港航工程。

【无锡市首个水上党群服务中心揭牌】11月15日，无锡港航水上党群服务中心揭牌启用，开辟零距离联系服务船员党员群众的新天地，为水运一线学习宣传贯彻党的二十大精神提供水上红色家园。这是无锡市港航事业发展中心响应市委组织部、市交通运输局"党建提质增效行动"部署，以"红港湾"品牌为引领，结合水运行业特色打造的全市乃至全省首个港航水上党群服务中心。

（孔思予）

【苏南运河无锡城区段、惠山段航道疏浚工程（三期）通过竣工验收】12月30日，苏南运河无锡城区段、惠山段航道疏浚工程（三期）养护专项工程通过竣工验收。苏南运河无锡城区段、惠山段航道疏浚工程（三期）养护专项工程总投资约1 252万元，项目分为2个标段，2022年9月开工，11月完工，共疏浚土方9.3万立方米。通过此次清淤疏浚，消除大运河的水运安全隐患，改善大运河的通航条件和水环境质量，为大运河文化带建设和美丽河湖建设作出贡献。

（邹刚涛）

江阴船闸管理所

【单位概况】江苏省江阴船闸管理所位于江阴市滨江西路356号（邮编：214400，电话：0510-86800028）。主要职责：为航运通畅提供航务管理保障，负责船舶过闸调度，负责船闸运行与维护管理和过闸费的征收。内设科室6个：综合科、运行调度科、财务征收科、工程技术科、信息科、安全科。

支部书记 赵 峰（主持工作）
副所长 单洪炳 杜炯 周颖 陈力

【船闸基本情况】1953年9月，江阴一线船闸竣工通航，规模为92×12×2.5（米），设计年通过能力420万吨，为建国后江苏省第一个大型水利交通工程。1985年4月，二线船闸建成通航，规模为98×16×2.5（米），设计年通过能力1 650万吨，常年有"苏、皖、浙、鲁、赣、沪"等13个省（直辖市）船舶经过江阴船闸。2012年11月开工建设Ⅲ级复线船闸-新夏港船闸，2016年5月通航试运营，2020年6月24日竣工验收，规模为180×23×4.0（米），单线船闸设计年通过能力4 173万吨。

【年度工作概况】2022年，江阴船闸中修项目安排3个，计划经费90万元。完成综合管理平台建设；完成监控服务器和磁盘阵列更新；编制江阴船闸运行方案。船闸日常养护经费支出367万元，其中专项工程（2021年引航道疏浚工程完工验收）经费支出125万元（2022年付清资金）。

管理工作。船闸共维护设备设施一级、二级保养680多台次，专业保养20多台次；完成接地电阻检测、闸阀门运行检测、引航道断面测量、土工建筑物沉降观测、防雷检测等类检测10次。落实养护项目全过程的质量、安全生产管理，实行质量监理，与施工单位签订安全生产合同、安全生产风险告知书和廉政合同，各养护工程根据要求投保安全生产责任保险。开展船闸电气信息设备、土建设施、助航设施、辅助设施、船艇设施、操作设备等14个大类，98个设备设施的安全专项检查。组织各科室开展月度检查11次,共计出动117人次,下发隐患整改通知书7份。

船闸运行(过闸费征收)。全年通过船舶171 058艘,船舶通过量7 431万吨,全年闸费征收6 450.83万元,全年累计优惠及减免过闸费1 645.41万元。

党的建设。严格按照"三会一课"制度,落实党员教育工作,始终坚持学习党的理论著作,读原本、学原文、悟原理。利用好"无锡先锋"党建公众号平台推动党建台账数字化、党员管理信息化。设立党员先锋岗、党员示范窗口,成立青年党员志愿者服务队,累计开展各类活动10余次。

(吴鹏飞)

锡山区港航事业发展中心

【单位概况】无锡市锡山区港航事业发展中心位于无锡市锡山区东亭街道华夏南路1号(邮编:214101,电话:0510-88206320),为锡山区交通运输局下属公益一类事业单位。主要职责:负责贯彻落实国家和省、市、区有关港口、航道事业发展的法规政策,推进全区港口、航道行业公共服务体系建设;负责指导港口公用基础设施建设、维护和管理;参与编制并负责执行航道建设计划,负责编制并监督实施航道养护计划,参与编制和监督实施港口建设计划;负责航道网运行的监测、预警、信息服务和技术支持;负责全区航道标志标牌的设置和管理;负责全区航道赔(补)偿费征收工作;负责港口公用基础设施和航道基础设施的安全管理和应急处置;负责港航科研、信息化、标准化、绿色发展以及行业统计、信息调查工作;承担区内港口、航道行政许可(审批)前行政辅助性工作。内设科室4个:综合科、港口管理科、建设养护科、安全发展科。

党支部书记、主任 杨育军

【航道基本情况】辖区航道总里程236.49公里。其中,四级航道1.84公里,五级航道33.28公里,六级航道7.03公里,七级航道12.97公里,等外级航道181.37公里。

【年度工作概况】航道养护。2022年,完成锡十一圩线八士浜东侧约140米损毁护岸修理加固工程;按五级航道标准对锡十一圩线芙蓉桥、昆村桥、红旗桥、陈家桥、晁山桥5座桥的桥区水域范围进行航道疏浚,疏浚长度2 700米,疏浚土方1.2万立方米;实施锡北运河桥区水域疏浚工程,按六级航道标准,对锡北运河中窑桥、河东桥、港下西桥、兴港大桥4座桥梁桥区水域进行航道维护疏浚,疏浚土方约5 041立方米;开展锡十一圩线航道保洁工作,全年累计保洁考核检查36次,清除水草、白色垃圾等水面漂浮物及岸脚垃圾1 740余吨。

管理工作。完成锡山区船舶碰撞桥梁隐患治理工作,完成辖区38座桥梁的治理任务;组织召开各类安全会议共计17次,制定并实施"安全生产月"、安全生产大检查等活动方案。开展安全生产大检查行动、安全生产百日攻坚行动,以联合检查、科室自查等多种形式,对航道基础设施和水上服务区进行检查。完成锡山区支线航道定级论证的区级论证工作;依托水上服务区创建"锡畅港湾"品牌,实施锡山水上服务品质提升行动,完成服务区智能供水设备安装,委托专业第三方对靠泊船舶的油污水、生活垃圾实施接收、转运、处置的全过程闭环管理;实施橡胶护舷修复工程;对全区港口码头开展实地调研,研讨航道赔(补)偿费收取原则,制定全区55家码头赔(补)偿费的征收标准。加强水上服务区疫情防控,制定完成水上服务区疫情防控应急预案、督促完成水上服务区进出口的双码查验、登记、值班值守、工作区域的消杀工作。

党的建设。依托"无锡先锋"平台,严格落实"三会一课"、组织生活会、民主评议党员等基础党建制度,全年共组织专题党课4次,支部党员大会6次,支部委员会12次,主题党日活动12次;强化廉政纪律,通过集中学习、主题党日活动、谈心谈话等形式强化党纪党规的学习和遵循,开展"5·10"思廉月活动,增强全体干部职工廉洁意识。

(王凯丽)

惠山区港航事业发展中心

【单位概况】无锡市惠山区港航事业发展中心隶属于无锡市惠山区交通运输局,位于无锡市惠山区堰桥街道西漳西新路100号（邮编：214147，电话：0510-83572777）。主要职责：贯彻执行国家、省、市、区有关港口、航道管理的方针、政策、法律、法规；参与编制港口、航道行业发展规划、行业政策、标准规范；参与编制并负责执行航道建设计划，负责编制并监督实施航道养护计划；参与编制和监督实施港口建设计划，负责、指导港口公用基础设施建设、维护和管理工作；负责航道网运行的监测、预警、信息服务和技术支持工作；负责航道标志标牌的设置和管理工作；负责航道赔（补）偿费收取工作；负责水上服务区的管理；负责港口公用基础设施和航道基础设施的安全管理和应急处置工作；负责港口、航道科研、信息化、标准化、绿色发展以及行业统计调查等工作；负责港航行政审批事项前的事务性工作。内设科室4个：综合科、航道管理科、港口管理科、安全监督科。

  主　任　唐炜宇
  副主任　方海成　王　晴　芮维娜

【**航道基本情况**】辖区航道总里程151.31公里。其中，三级航道32.2公里，四级航道6.1公里，五级航道6.73公里，六级航道6.27公里，七级航道13.51公里，等外级航道86.5公里。

【**年度工作概况**】基础设施建设。2022年实施京杭运河江苏段绿色现代航运综合整治工程——洛社水上服务区综合提升及航运文化标识项目。工程于2022年8月14日开工，11月21日完工。工程主要包括生态环境提升、文化提升、外立面整治出新、道路管网改造、航运文化标识设置等内容，投资520万元。

  航道养护。完成无锡市部分桥区水域范围航道维护疏浚工程（惠山区锡澄运河S48锡宜高速公路桥），工程按三级航道标准实施，疏浚长度约610米，疏浚土方约1.4万立方米，4月13日通过竣（交）工验收。完成直湖港锡宜高速公路桥桥区水域疏浚工程，工程按六级航道标准实施，疏浚长度约500米，疏浚土方约1 089.75立方米，10月25日通过竣（交）工验收。完成锡十一圩线管理船舶停泊区疏浚工程，疏浚范围面积约1.42万平方米，疏浚土方约1.33万立方米，10月25日通过竣（交）工验收。完成苏南运河无锡惠山段航道疏浚工程（三期），工程按三级航道标准实施，疏浚长度约2.45公里，疏浚土方约11.29万立方米，2022年12月30日通过竣（交）工验收。

  管理工作。5月，对辖区四级以上航道进行一次航道扫测，扫测航道里程30.25公里；11月，对辖区七级以上航道进行一次航道扫测，扫测航道里程69公里。对惠山大桥2号标、3号标加装遥感遥测设备，按规范对辖区3座航标进行日常维护。

  党的建设。坚持以习近平新时代中国特色社会主义思想为指导，落实"三会一课""组织生活会""民主评议党员"以及每月主题党日制度。开展"廉润惠山"教育月活动，落实"一把手"上廉政党课制度，组织职工参观惠山古镇省级廉政文化教育基地，签订党员干部党风廉政建设责任书。推进"惠畅港湾"党建品牌建设，依托京杭运河洛社水上服务区升级改造，建设党员活动室、阅览室及船员之家。推进党建联盟，加强沟通交流，与华新社区结对共建；开展社区疫情防控、门铃行动、文明典范城市宣传等微服务活动；引导国有企业创建江苏港航港口服务品牌，展现惠山港口企业形象。

（李晓旦）

江阴市港航事业发展中心

【**单位概况**】江阴市港航事业发展中心位于江阴市通江南路69号（邮编：214400，电话：0510-86886845），核定事业编制35人。主要职责：贯彻执行国家和省市有关港口、航道的方针政策和法律法规，推进全市港口、航道行业公共服务体系建设；参与编制并实施港口、航道（以下均指长江以外）建设和养护计划；承担全市航道的建设管理和养护工作；承担全市港口公用基础设施建设、维护和管理工作，参与全市港口行业管理和服务工作；负责航道标志标牌的设置和管理工作；负责全市内河水上服务区的日常管理工作；承担港口、航道绿色发展的相关工作；承担港航科研、信息化、标准化以及行业统计、信息调查工作；承担全市航道赔（补）偿费的征收工作，负责有关行政审批前符合性技术审查等相关工作。内设科室有7个：综合科、财务审计科、工程科、养护科、水运服务科、安全科、港口科（生态环境保护科）。

主　任　郁学鸣
副主任　朱友松　吕春峰　张　俊　刘新华

【航道基本情况】辖区航道总里程394.55公里。其中,三级航道25.39公里,四级航道8.33公里,五级航道42.61公里,六级航道4.52公里,七级航道36.29公里,等外级航道277.41公里。

【年度工作概况】2022年,完成申港河口段航道年度维护性疏浚工程、澄虞线桥区水域、锡澄运河水上服务区锚地及申张线周庄应天河口锚地土方疏浚工程；完成锡澄运河水上服务区、锡澄运河青阳段及江阴市港航事业发展中心站区2022—2023年绿化维护项目；完成航标、断面测量等航道日常养护项目。完成江阴市船舶碰撞桥梁隐患治理工程（增设标牌）。华西纺织大桥改建工程完成合同价的67%。

赔（补）偿费征收。全年收取航道赔（补）偿费255万元。

管理工作。对航道、水上服务区及船艇定期开展安全检查,共计开展航道巡航90余次,出动300余人次；对水上服务区岸电使用、小型消防站、应急物资储备等进行全方位检查,确保各类消防设施有效使用,物资储备满足应急所需；对华西纺织大桥改建工程制定检查计划并开展安全检查；组织全体职工观看《安全生产"十五条措施"解读》公益直播节目,开展职工安全生产知识测验,举办职工消防安全知识培训,在水上服务区、办公行政区域,悬挂横幅和通过电子大屏宣传安全生产,向水上服务区船民发放最新安全生产手册。配合局港航科及镇街交通综合执法中队,开展内河码头"碧水蓝天"环保专项检查。疫情防控期间,江阴水上服务区黄码船留置点实行24小时领导带班值守制度,服务区共投入防疫人员690人次,监管"黄码"船舶38艘、"黄码"船民65人,劝返上岸船民202人；组织志愿执勤,共计派出266人次参加公路交通卡口、无锡火车站、欧亚口岸专班隔离酒店防疫执勤、方仓建设交通执勤。

党的建设。依托党员冬训、每月主题党日,坚持集中学习和自主学习相结合,线下学习和线上学习相结合,组织开展《习近平谈治国理政》第四卷读书打卡活动。严格执行"三会一课"制度,召开组织生活会,完成支部班子换届选举工作。组织观看警示教育片,开展节假日前廉政谈话,确保反腐警钟长鸣。探索"芙蓉港湾"党建品牌新内涵,与港口企业开展党建结对共建活动,推动港航业务发展与党建工作的深度融合。

（包柳燕）

宜兴市港航事业发展中心

【单位概况】宜兴市港航事业发展中心位于宜兴市庆源大道201号（邮编:214200,电话:0510-80703018）,是市交通运输局所属公益一类事业单位,规格相当于副科级,核定编制29人,经费渠道为全额拨款。主要职责:贯彻执行国家和省、市有关港口、航道的方针政策和法律法规,参与编制港口、航道行业有关发展战略、发展规划、行业政策、法规规章、标准规范；参与编制并负责执行航道建设、养护计划；负责管辖范围内航道基础设施建设、养护和管理工作；负责管辖范围内航道标志标牌的设置和管理工作；承担管辖范围内航道赔（补）偿费征收工作；承担全市航道绿色发展、科研、标准化等工作；承担管辖范围内航道有关行政许可事项前的事务性工作。内设科室5个:综合科、财务科、工程养护科、港航服务科、安全科。

书记、主任　李　进
副书记、副主任　曹　云
副主任　邵红阳

【航道基本情况】辖区航道总里程604.6公里,其中,四级航道45.17公里、五级航道25.51公里、六级航道53.8公里、七级航道66.84公里、等外级航道413.28公里。

【年度工作概况】基础设施建设。2022年,完成锡溧漕河航道疏浚及局部护岸工程。完成船舶碰撞桥梁隐患专项整治行动一期工程。锡溧漕河桥梁2标（迎宾大桥、归美桥、白巷桥）:归美桥下部结构基本完成,上部结构正在预制,完成总工程量的70%；迎宾桥施工队伍进场,桩基完成84%,完成工程量30%;白巷桥完成道路封闭,完成工程量10%。锡溧漕河文庄服务区工程完成施工、监理、检测招标工作。

航道养护。完成锡澄线桥区水域疏浚工程和宜张线徐舍镇南星村段护岸修复工程;完成中心公务艇船坞围挡工程;中心公务艇实现技术使用服务外包;5月完成省干线航道电子航道图测量工作;完成航道扫床及典型断面测量。

赔(补)偿费征收。全年收取航道赔(补)偿费436.438万元。

管理工作。完成船舶碰撞桥梁隐患专项整治行动;上航巡查900余人次,艇车巡航达9 000多公里;完成航道通航条件影响评价前置工作10起;更换航标灯器8座、遥感遥测设备7套;对航道、航标以及临跨河设施的开展巡查,及时发现、制止损坏航道基础设施行为,确保通航保证率100%、航标发光率达99.9%;做好对涉航工程、港口码头和管线设施的技术符合性审查,抓好技术标准、对应措施落实的验收工作。开展航道基础设施、航标管理维护、水上服务区及航道施工现场进行高密度安全巡查,巡查500余人次,检查施工现场260余处,检查发现安全隐患9起并全部整改到位。

党的建设。学习贯彻习近平新时代中国特色社会主义思想,通过支部书记讲党课等形式,开展党员学习教育工作。发挥党员先锋模范和支部战斗堡垒作用,开展"门铃行动"、路段巡查、卡口支援等各类防疫、志愿活动。督促配合正兴公司做好江苏港航"321"品牌创建工作。全员签订廉洁勤政承诺书,通过"5·10"思廉月活动、专题党课等形式,筑牢防腐拒变的防线。严格落实意识形态工作责任,开展意识形态领域情况分析研判联席会议和专题学习2次。落实法治学习宣传,每月开展习近平法治思想专题学习,强化一线工作中的法治宣传。

(张伟一)

徐州市港航事业发展中心

【单位概况】徐州市港航事业发展中心位于徐州市泉山区泰山路76号(邮编:221008,电话:0516-83799802),为徐州市交通运输局管理的公益一类事业单位,机构建制为副处级,核定编制160人,经费渠道为财政全额拨款。主要职责:承担全市港航行业有关发展战略、发展规划、行业政策、法规规章、标准规范编制的行政辅助工作;承担港口、航道相关行政审批事前的符合性技术审查工作;参与全市港口公用基础设施、航道、公共锚地、水上服务区建设养护等工作;承担全市港航行业安全管理和应急处置、交通战备的行政辅助工作;负责航道船闸运行调度,承担航道网运行的监测、预警、信息服务等技术支撑工作;承担船舶过闸费、航道赔(补)偿费征收的经办工作;承担全市港航行业生态环保、绿色发展的行政辅助工作;承担港口、航道的网络安全、信息化建设、行业统计、信息调查的技术支撑工作。内设机构12个:办公室、法制科、发展计划科、科技信息科、安全运行科、港口科、航闸工程科、养护管理科、蔺家坝船闸运行中心、刘集船闸运行中心、沙集船闸运行中心、组织人事科。

党委书记、主任　王行宇

副主任　孙向举　白良成　谢青　李岩红

【航道基本情况】辖区航道总里程934.08公里。其中,二级航道85.37公里,三级航道51.86公里,四级航道6.95公里,五级航道89.00公里,六级航道133.17公里,七级航道103.05公里,等外级航道464.68公里。通航船闸5座。

【船闸基本情况】蔺家坝船闸。蔺家坝船闸位于江苏省徐州市蔺家坝西侧,距节制闸315米,上接微山湖湖西航道,下连不牢河航道。船闸运行中心下辖二线船闸,按二级船闸标准建设。一号船闸1989年4月建成投入使用,规模为230×23×5(米);二号船闸2013年12月建成投用,规模为260×23×5(米)。一号、二号船闸上游设计最高、最低通航水位分别为35.84米、31.34米,下游设计最高、最低通航水位分别为33.34米、30.84米,最大水头为2.5米,上下闸首均采用钢质人字门,输水阀门为钢质平板门,启闭机采用液压直推式启闭机,电气控制采用集—散型控制系统。

沙集船闸。沙集船闸运行中心下辖船闸两座,分别为徐洪河沙集船闸和徐沙河沙集船闸。徐洪河沙集船闸为单线船闸,按三级船闸标准建设,规模为160×16(12)×2.7(米),设计最大通航船舶为 300 吨级，船闸上游最高通航水位为 22.5 米，最低通航水位为 18.5 米；下游最高通航水位为 15.0 米，最低通航水位为 10.5 米。徐沙河沙集船闸为单线船闸，按四级船闸标准建设，规模为 160×12(10)×2.5(米)，船闸上游最高通航水位为 21.5 米，最低通航水位为 18.5 米；下游最高通航水位为 19.5 米，最低通航水位为 18.5 米。

刘集船闸。刘集船闸于 2006 年 12 月建成通航，五级船闸标准，规模为 160×16×3(米)，上游设计最高、最低通航水位分别为 26.0 米、20.5 米；下游设计最高、最低通航水位分别为 22.5 米、19.00 米，最大水级差 3 米。上、下闸首工作闸门均采用人字闸门，输水系统上闸首采用封闭式消能室短廊道输水系统，下闸首采用环形短廊道输水，利用水流对冲消能并配合布置消力槛。上、下闸首工作闸门为钢质平板人字门，阀门为钢质平板提升门，闸、阀门启闭机采用液压直推式启闭机，电气控制采用集-散控制系统。

【年度工作概况】基础设施建设。2022 年，结合徐州水运发展需求和大运河文化带建设总体布局，完成京杭运河徐州段绿色现代航运综合整治工程的施工图设计报批、蔺家坝船闸景观提升和航道一标、二标施工招标、监理、洪评报告编制和跟踪审计公开招标工作，以及施工单位驻地建设和各项开工报批手续等，完成投资 3 600 万元。开工建设蔺家坝船闸生态环境提升工程中的主体工程施工。

航闸养护。全年航道养护专项资金完成投资 4 737 万元，完成支付 4 304 万元，完成支付率 96.3%。航道年通航保证率 98.4%，船闸年通航时间保证率 100%。实施蔺家坝一号船闸大修工程、京杭运河湖西航道三段桥桥区水域维护疏浚工程、刘集船闸上游引航道护岸加固改造工程、刘集船闸业务用房修缮及闸管区整治工程、船闸养护管理平台建设一期及推广等工程。采用多波束水下探测仪技术，完成航道扫床 32 条共计 941 公里，及时消除安全隐患，保障航道安全畅通。制定《徐州市港航事业发展中心船闸养护管理实施细则(试行)》，规范船闸养护管理标准，船闸设施、设备处于良好运行状态。

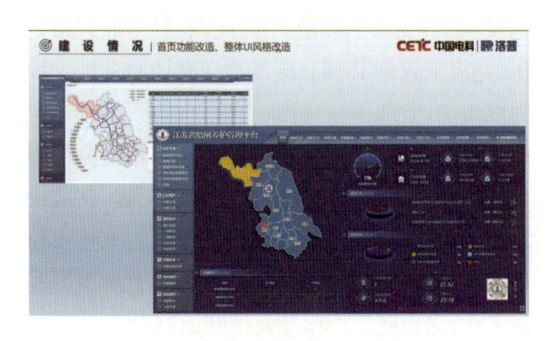

船闸运行(过闸费征收)。全年过闸单机船 23 454 艘，同比下降 14.81%，船队 2 118 拖 10 726 驳，同比下降 38.79%；过闸货物量 3 229.20 万吨，同比下降 16.27%；船舶通过量 4 716.14 万吨，较上年同期船舶通过量(5 879.32 万吨)下降 20%；全年累计征收 1 820.07 万元，完成年度计划的 101%，闸费征收较上年同期(2 184.14 万元)下降 17%；减免航运企业及船民运营费用 455.02 万元，集装箱免征过闸费收入 82.593 1 万元。

管理工作。年内与水上相关单位共同印发《关于加强水路交通运输管理强化执法联动的通知》，加强联动，采取通报信息、先行协查、限制放行等措施。组建徐州航务中心、市(县)水上交通执法、运河船闸、淮委蔺家坝水利枢纽管理局、南水北调邳州站、睢宁站等人员参加的交通水利工作协调群，每日通报水位信息、船舶待闸等信息。完成安全防控专网三级等保加固改造，投入 90 万元。实行特殊时段联合管理、联合调度，保障特殊时段航道安全畅通。徐州港航中心共为 116 艘次船舶进行信用分自动减分，56 条船舶手动减分。建立全员安全生产责任制，开展"百日攻坚行动""安全生产强化年""专项整治三年行动巩固提升"等各类安全活动，其中，专项整治三年行动从 2020 年 2 月 24 日开始到 2022 年 12 月底结束，共排查纳入整治范围的桥梁 88 座，存在隐患桥梁 72 座，隐患 164 处；完成全部桥梁自查，对 39 座桥梁进行综合评估，完善桥梁标志标识 67 处，加装主动预警装置 25 处，设置或加固防撞设施 28 处，拆除隐患桥梁 2 座，共投资 2 308 万元。落实疫情防控"外防输入、内防反弹""动态清零"总要求，做好办公区域、公共场所清洁、通风和消毒工作。部署船闸和水上服务区疫情常态化防控工作，全系统党员领导干部和群众齐心协力，确保全系统疫情防控工作精准可控，各项措施落实到位。

绿色航道。京杭运河江苏段绿色现代航运综合整治工程（江北段）徐州段工程范围为徐州境内181.2公里京杭运河航道,工程概算总投资为3.68亿元。2022年完成京杭运河江苏段绿色现代航运综合整治工程（江北段）徐州段施工图设计及报批,完成蔺家坝船闸生态环境提升工程和航道整治工程施工、监理等招标及合同签订工作。12月蔺家坝船闸生态环境提升工程开工建设并开展临时设施建设,完成新建值班楼基础施工；航道1标、2标施工单位进场,基本完成临时设施建设。2022年完成工程总投资约4 000万元。

科技创新。配合省中心完成刘集、蔺家坝船闸北斗地基增强基站建设、船舶导航系统试运行、徐州市辖区省干线航道电子航道图数据采集和更新。配合市局完成交通运输行业专网整合优化,推进专网与电子政务外网归并整合工作。完成"一中心＋三船闸"信息化及网络安全大运维机制建设,网络安全应急响应和处置能力得到进一步提升。完成8个QC小组活动成果申报,沙集船闸研发的"便携式水平位移觇标"课题,在全市交通运输系统QC成果发布会中获一等奖。

党的建设。一是加强思想政治建设,坚持"第一议题"制度,贯彻党的二十大精神、党的十九届历次全会精神,深刻领悟"两个确立"的决定性意义,发挥党建引领作用。二是坚持"党建＋业务"同频共振,开展"京杭运河绿色现代航运综合整治工程党旗红"书记项目,与施工单位组建"党建联盟",组织机关支部开展"党建＋工程""党建＋安全"项目,组织船闸运行中心持续打造"苏北运河第一窗　党旗伴你万里行""五优船闸红色先锋""船民之家"特色党建品牌。三是深化"我为群众办实事"实践活动,助推乡村振兴,与丰县宋楼镇黄楼村开展"城乡结对、文明共建"活动,为黄楼村提供、安装150盏太阳能路灯,解决照明难题。四是开展党员活动,组织党员干部300余人次下沉社区参与疫情防控工作。五是全面推进港航特色文化品牌建设,实施江苏港航"321"品牌创建,开展"弘扬两汉文化 打造文化船闸""织好多式联运枢纽网 铸造运河煤炭第一港""绿色智慧疏港航道"品牌创建。六是落实意识形态工作责任制,围绕党的二十大、港航发展等主题,开展专题宣传和舆情引导,全年完成市级以上宣传报道87篇；开展"迎接党的二十大,永远跟党走"系列活动,7个作品获"道德讲堂—港航新青年"优秀奖,6个作品获"见证精彩—时代印记"文学摄影奖。

（田　野）

【**开展《徐州支线航道规划定级论证研究》**】8月23日,徐州市港航中心组织召开《徐州支线航道规划定级论证研究》中间成果论证会,市港航中心王行宇书记、中心分管领导、相关科室及各县（市）、区交通局分管领导、部门负责人参会,市交通局综计处王俊涛主任受邀参会。会议认为,多年来徐州市航道规划工作引领徐州水运发展,有效支撑市域产业经济。随着产业布局调整和城镇建设发展,徐州有些航道已不适应发展需要,甚至丧失航运功能；也有些航道原有规划等级不适应现实发展前景。为此,此次支线航道定级论证工作抓住省支线航道新一轮规划的契机,更好指导未来徐州水运发展。

【**《徐洪河航道（房亭河至七咀段）船闸扩容改建工程方案研究》验收**】8月30日,徐州市港航中心组织召开《徐洪河航道（房亭河至七咀段）船闸扩容改建工程方案研究》成果验收会,省港航事业发展中心发展计划科王宗传科长、市交通运输局综合计划处李阳处长、市港航中心王行宇书记、中心分管领导、相关科室及各县（市）、区交通局部门负责人参会,会议还邀请相关专家。会议认为,作为京杭运河分流航道及省干线航道,徐洪河水运潜力巨大,当前配合南水北调东线二期工程前期步伐,对徐洪河航道船闸扩容改建及配套通航工程的研究恰逢其时,《方案》通过验收。

【**航标遥测遥控终端改造工程完工**】徐州市辖区内49座航标的老旧灯器更换为具有遥测遥控功能的一体化4G物联网航标灯器,推进航标管理全面进入智能化模式。

【**《徐州市港口岸线整合利用五年规划（2021—2025年）》通过审查**】9月26日,徐州市港航事业发展中心召开《徐州市港口岸线整合利用五年规划（2021—2025年）》（简称《规划》）审查会。市交通运输局相关处室、市交通运输综合执法支队、各县（市、区）交通管理部门等单位代表参加会议。《规划》的编制实施,将进一步有效保护和合理利用徐州市的港口岸线,促进港口岸线资源的有序整合,提高港口岸线利用效率,促进徐州市港口向高质量发展转变,为地方经济和社会可持续发展提供坚实保障。会议同意《规划》通过审查。

【开展"321"品牌创建工程】9月14日、22日、10月20日,徐州市港航中心分别三次召开"321"品牌创建工程研讨会,参会领导和代表听取设计单位汇报品牌策划方案的总体思路。设计单位重点就船闸品牌进行深入研讨,通过视频短片、PPT演示对"弘扬两汉文化、打造文化船闸"品牌进行成果展示。从蔺家坝船闸基础优、环境美、效能高、服务强等模块,展示以蔺家坝船闸为代表的徐州水运历史文化、特色风土人情、当地红色文化等多方面文化特点。同时,对"徐州顺堤河港"港口品牌和"顺堤河疏港航道"航道品牌进行深入讨论,确定港口、航道品牌策划方案。会议要求:一是加快收集资料按照方案简介内容和相关要求进行梳理。二是按时间节点,抓紧时间进行现场调研和申报片的拍摄,加快推进创建工作。三是加强与省港航中心和设计单位的沟通对接。四是进一步对品牌创建的进展情况进行统筹调度,对照厅港航事业发展中心出台的评选要点,做好申报工作。

【京杭运河江苏段绿色现代航运综合整治工程(江北段)徐州段工程全面进入施工阶段】11月17日,京杭运河徐州段绿色现代航运综合整治工程项目管理办公室与中建筑港集团有限公司、中交一航局第一工程有限公司在徐州分别签署京杭运河江苏段绿色现代航运综合整治工程(江北段)徐州段航道工程施工项目1标段、2标段施工合同,同时与江苏科兴项目管理有限公司签订施工监理合同。主要工程内容有航道护岸生态修复工程、航道植被护岸工程、文化节点景观工程、执法站点提升工程、桥梁亮化提升工程等配套建设。航道1标段和2标段计划工期均为18个月,预计2024年6月建设完成。这次施工和监理合同的签订标志着京杭运河江苏段绿色现代航运综合整治工程(江北段)徐州段工程全面进入施工阶段。

【蔺家坝1号船闸大修工程竣工验收】12月6日,蔺家坝1号船闸大修工程竣工验收会在蔺家坝船闸运行中心召开。参加会议的有省港航事业发展中心、徐州市港航事业发展中心、江苏省交通工程集团有限公司、华设设计集团股份有限公司、南通市顺通公路交通工程检测有限公司、江苏安达工程管理有限公司的代表等。此次大修解决蔺家坝1号闸运行中存在的隐患和缺陷,船舶过闸等待时间缩短,船闸设备设施的技术性能极大提升,为船闸的安全、高效运行奠定良好基础。验收组专家一致认为本次验收符合要求,同意蔺家坝船闸2022年大修工程通过竣工验收。

(田 野)

丰县港航事业发展中心

【单位概况】丰县港航事业发展中心位于丰县南环路与西环路交汇处中国交通办公大楼三楼(邮编:221700,电话:0516-67552866),隶属于丰县交通运输局,相当于副科级全额拨款事业单位,事业人员编制为10名。主要职责:承担全县港航行业有关发展战略、发展规划、行业政策、法规规章、标准规范编制的行政辅助工作;承担港口、航道相关行政审批事前的符合性技术审查工作;参与全县港口公用基础设施、航道、公共锚地、水上服务区建设养护等工作;承担全县港航行业安全管理和应急处置、交通战备的行政辅助工作;负责航道运行调度,承担航道网运行的监测、预警、信息服务等技术支撑工作;协助丰县交通运输局承担航道赔(补)偿费征收的经办工作;承担全县港航行业生态环保、绿色发展的行政辅助工作;承担港口、航道的网络安全、信息化建设、行业统计、信息调查的技术支撑工作;完成上级交办的其他任务。内设机构3个,分别是办公室、安全信息科、发展和管理科。

站　长　刘尊纪(主持工作)
副站长、副书记　赵莹(负责党务)

【航道基本情况】丰县航道总体等级较低,通航条件较差。辖区内航道规划总里程120.24公里,其中五级航道53.22公里,七级航道1公里,等外级航道67.02公里,通航船闸1座,发光航标3座(其中侧面标2座,示位标1座)。

【年度工作概况】基础设施建设。2022年,配合县政府做好复新河航道升级工作,完成沙庄大桥和欢顺桥的改建工程,完成航道疏浚段的测量工作。完成山东省境内张堰(埝)桥、刘寨桥三级航道整治工程的工可编制和稳评备案及土地预审手续。徐济高速顺河互通复新河欢顺大桥建成通车。

航道养护。完成辖区航道汛前、汛后两次扫床工作,扫床总里程189.5公里,清除渔网3处,虾笼6处,清除杂物1 200公斤,清理树木3棵,发现沉船6艘,发现浅滩2处(大营子河水闸处浅滩1 572立方米,欢顺桥处浅滩3 245立方米)并实施清除措施,通过验收。完成3座遥测航标(李楼船闸上、下游侧面标、大营子河口示位标)的灯器和遥测控制单元的升级。

管理工作。开展船舶碰撞桥梁专项整治行动,7月完成前大营桥、东营子河桥、邱庄桥的桥梁桥涵标及警示标志安装,9月完成邱庄桥防撞设施的设置,沙庄老桥已完成招标,施工机械已进场。推进"安全生产专项整治三年行动",落实"强化安全生产责任落实深化航道安全生产强化年"的各项要求,开展"安全生产月"活动,制作宣贯条幅10条,发放安全宣传材料400余份。加强辖区航道巡航力度,采取车船结合的方式巡航,全年累计上航88天,累计巡航8 300公里。

党的建设。全年组织人员参与开展"走、转、聚"(走基层、转作风、聚民心)活动,召开二十大精神专题报告会,并依托"统一活动日""固定学习日""学习强国"等平台,集中学习研讨党的二十大精神,11月至12月开展集中学习2次、专题讲座4次。

(徐国庆　张　伟)

沛县港航事业发展中心

【单位概况】沛县港航事业发展中心位于沛县香城路265号(邮编:221600,电话:0516-89648532),隶属于沛县交通运输局,相当于股级全额拨款事业单位,事业人员编制为17名。主要职责:承担全县港航行业有关发展战略、发展规划、行业政策、法规规章、标准规范编制的行政辅助工作;承担港口、航道相关行政审批事前的符合性技术审查工作;参与全县港口公用基础设施、航道、公共锚地、水上服务区建设养护等工作;承担全县港航行业安全管理和应急处置、交通战备的行政辅助工作;负责航道船闸运行调度,承担航道网运行的监测、预警、信息服务等技术支撑工作;承担航道赔(补)偿费征收的经办工作;承担全县港航行业生态环保、绿色发展的行政辅助工作;承担港口、航道的网络安全、信息化建设、行业统计、信息调查的技术支撑工作。内设机构7个:办公室、财务科、科技信息科、安全运行法制科、港口科、工程养护科、政工人事科(工会)。

站　长　王　林(主持工作)
副站长　张亚鹏　刘延刚　刘忠华

【航道基本情况】辖区航道总里程179.67公里。其中,京杭运河湖西航道为二级航道39.3公里,大沙河为五级航道28.5公里,杨屯河为五级航道13.8公里,沿河为五级航道9.9公里,徐沛运河为六级航道47.5公里,丰沛河为六级航道20.67公里,鹿口河为等外级航道20公里,设置航标9座,大沙河口、杨屯河口、徐沛运河和杨屯河交界处、湖西航道陈楼段、沿河河口、鹿口河河口、大屯丰乐3座。

【年度工作概况】基础设施建设。2022年，京杭运河湖西航道三段桥桥区水域维护疏浚工程通过竣工验收。

航道养护。完成2次航道清障扫床任务，对辖区水域内的京杭运河湖西航道、大沙河、杨屯河、徐沛运河、鹿口河共5条计173公里开展清障扫床，共打捞清理无主水泥沉船2艘、清除碍航水植360公斤，清除航道网簖15处，暗桩10根，清理树木21棵，确保航道安全畅通。

管理工作。落实《巡航检查制度》，对重点航道实行不间断巡查，全年出动车、船累计300余次，巡航12 000多公里。配合市港航中心做好涉航项目的前期工作，完成国恒热力穿越徐沛运河管道航道通航条件影响评价。对辖区9座航标累计巡查432座次，遥测730次，航标正位率100％。开展"遵守安全生产法当好第一责任人""安全生产月"等多项活动，开展安全专项检查，组织安全培训2次，消防专题培训一期；开展防范船舶碰撞桥梁隐患专项治理工作，对辖区干支线航道桥梁情况进行梳理统计。落实网络安全主体体系，成立网络安全领导小组。

党的建设。围绕"学习宣传贯彻党的二十大精神，推动全面贯彻实施宪法"主题，开展"宪法宣传周"活动，通过悬挂横幅、标语、海报等多种形式，在港口、码头、船闸、办公场所等地进行宪法宣传，通过派发宣传手册等方式向涉水企业人员及沿途群众进行普法宣传。开展"质量月"活动，召开"质量月"动员大会，制订实施方案，进行"质量月"活动动员和部署，在工地现场及办公场所悬挂"质量月"活动宣传标语、制作"质量月"宣传展板。

（庞文婷）

铜山区港航事业发展中心

【单位概况】铜山区港航事业发展中心位于徐州市泰山路21号（邮编：221009，电话：0516-67072906），公益一类事业单位，下设综合科、港航发展科、工程管理科。主要职责：承担全区港航行业有关发展战略、发展规划、行业政策、法规规章、标准规范编制的行政辅助工作；承担港口、航道相关行政审批事前的符合性技术审查工作；参与全区港口公用基础设施、航道、公用锚地、水上服务区建设养护等工作；承担全区港航行业安全管理和应急处置、交通战备的行政辅助工作；负责航道运行调度，承担航道网运行的监测、预警、信息服务等技术支撑工作；承担航道赔（补）偿费征收经办工作；承担全区港航行业生态环保、绿色发展的行政辅助工作；承担港口、航道的网络安全、信息化建设、行业统计、信息调查的技术支撑工作。内设科室4个：航政科、工程科、政秘科、财务征收科。

主　任　金大海

支部书记　史海红

【航道基本情况】辖区有京杭运河湖西航线、郑集河、徐沛运河、顺堤河、不老河、利国河、徐洪河、盐河湖东线8条航道，通航里程共计86.57公里。其中二级航道24.6公里，五级航道25.23公里，六级航道18.81公里，七级航道11.11公里，等外级航道6.82公里。

【年度工作概况】2022年，关注涉航工程，维护航产航权，对铜山区沿湖京杭运河大桥、八段京杭运河大桥撤渡建桥工程及徐洪河航道（房亭河）新建东部绕越高速公路房亭河大桥等工程占用航道边坡、通航水域的行为及时取证、跟进，全年共达成航道补偿协议3例。使用多波束测深仪分别于6月和10月对辖区湖西航道、郑集河、顺堤河、不老河航道共计46.8公里的等级航道进行两次汛期全面清障扫床，共清除暗桩3根，杂物4 500余公斤。完成郑集河航道的航标灯升级改造工作。利用无人机、车、船等手段对湖西航道、顺堤河航道等重要航段进行巡查，全年共上航巡查160余天，巡航里程3 600公里。全面完成5座桥梁的隐患治理专项整治工作，设置安装梁桥涵标12块、桥名牌12块，警示标牌2处，共设置各类标牌74块。配合市港航中心做好东部绕越高速公路房亭河特大桥桥墩设计变更方案，以及310国道柳泉至郑集段跨湖西航道和顺堤河航道桥梁、市区供水提质增量小沿河原水工程航道通航条件影响评价报告的航评审查工作。

赔（补）偿费征收。全年收取航道赔（补）偿费131.76万元。

管理工作。开展"建设平安交通""春运"

"五一""清明"小长假安全检查、"安全生产月""网络安全专项培训"等各项安全专题活动。层层签定安全责任状,制定安全工作奖惩措施、开展多形式全方位安全生产业务培训。采取安全生产"大讲堂"云课堂等方式培训24人次;印制200份水上安全知识宣传资料,制作安全宣传图片板2块,派出工作人员向广大群众宣传安全知识。共发放水上安全知识宣传单200份,接受相关法律、法规咨询40人次,受到社会的好评。

党的建设。开展党建主题教育、"三会一课"、党建品牌创建活动,新冠疫情期间,党员冲在一线,对每一辆车的司乘人员宣讲防疫政策,并引导他们进行核酸检测、两码查验。

(张　昆)

邳州市港航事业发展中心

【单位概况】邳州市港航事业发展中心位于邳州市沿河路89号(邮编:221300,电话:0516-67061306),按照邳州市委机构编制委员会下发的《关于设立邳州市交通运输综合行政执法大队、邳州市港航事业发展中心、邳州市公共交通服务中心的通知(邳编办〔2020〕4号),核定编制11人,副科级单位,人员隶属于邳州市交通运输局,业务归徐州市港航事业发展中心指导。主要职责:承担全市港航行业有关发展战略、发展规划、行业政策、标准规范编制的行政辅助工作;承担港口、航道相关行政审批事前的符合性技术审查工作;参与全市港口公用基础设施、航道、公共锚地、水上服务区建设养护等工作;承担全市港航行业安全管理和应急处置、交通战备的行政辅助工作;负责航道运行调度,承担航道网运行的监测、预警、信息服务等技术支撑工作;协助邳州市交通运输局承担航道赔(补)偿费征收的经办工作;承担全市港航行业生态环保、绿色发展的行政辅助工作;承担港口、航道的网络安全、信息化建设、行业统计、信息调查的技术支撑工作。内设科室6个:办公室、财务科、工程养护科、发展计划科、安全环保科、工会。

主　任　张成飞
党支部副书记　黄　勇

副主任　高　源　马继成

【航道基本情况】辖区9条航道通航里程117.65公里,其中,三级航道18.06公里(徐洪河邳睢界—刘集地涵11.54公里、房亭河刘集闸—京杭运河6.52公里);五级航道29公里(徐洪河铜邳界—民便河);六级航道4条48.45公里(西泇河岔河港—中运河11.4公里、邳城河邳城闸—京杭运河12.37公里、绷河吴楼闸—邳城闸15.56公里、燕子河徐连公路—邳城节制闸9.12公里);等外级航道22.14公里(民便河民便节制闸—京杭运河,9.96公里)、八义集航道(八义集港—徐洪河,4.04公里)、混泥沟(房顶闸—徐洪河,8.14公里)。通航船闸徐洪河刘集船闸1座。

【年度工作概况】2022年,完成所辖西泇河、徐洪河等6条航道的汛前、汛后两次扫床,共计扫床里程169.32公里,清除垃圾、杂草、杂物等380公斤,发现沉船9艘,并函告邳州市交通运输综合行政执法大队。

管理工作。定期组织安全生产大检查,及时发现处理安全隐患,全年共开展安全检查20余次,出动检查人员80余人次,对查出的安全隐患立查立改,不能立即整改的专人盯守,限期整改。对全市28家港口企业开展一轮港口经营许可资质核查工作;完成6家港口企业许可延续初审,28家港口企业的信用考评。疫情防控期间,设置水上服务区疫情防控服务点,坚持24小时值守。

党的建设。全面贯彻党的二十大精神,以规范化、标准化、品牌化建设为手段,争当三问四有典型;通过"三会一课"、组织生活会等形式开展交流讨论,将干部职工思想统一到党的二十大精神上来。完善"廉洁港航""风险防控"各项机制,落实"一岗双责",突出"说理式"工作,将"约谈"前置,夯实管党治党责任;规范权力运行,严格执行公务接待、公车、办公用房等各项规定。学习贯彻习近平法治思想,全年共组织领导班子学法4次;探索"普法＋服务"新模式,利用"4·15"国家安全日、"12·4"宪法宣传日等重要时间节点,向港口企业、港口经营人组织专题法治宣传活动及"我为群众办实事"活动。

文明创建。参与争创"全国文明典范城市";开展春节送温暖以及党员妈妈等活动;组织开展"博爱在邳州,人道万人捐"以及99公益日"大爱彭城益起来"项目网络募捐等活动。

(于 静)

新沂市港航事业发展中心

【单位概况】新沂市港航事业发展中心位于新沂市窑湾镇五墩村二湾口处（邮编：221434，联系电话：0516-88551039），成立时间2022年8月5日。主要职责：一是承担新沂市港航行业有关发展战略、发展规划、行业政策、标准规范编制的行政辅助工作；二是承担港口、航道相关行政审批事前的符合性技术审查工作；三是参与新沂市港口公用基础设施、航道、公共锚地、水上服务区建设养护等工作；四是承担新沂市港航行业安全管理和应急处置、交通战备的行政辅助工作；五是负责航道运行调度，承担航道网运行的监测、预警、信息服务等技术支撑工作；六是协助新沂市交通运输局承担航道赔（补）偿费征收的经办工作；七是承担全市港航行业生态环保、绿色发展的行政辅助工作；八是承担港口、航道的网络安全、信息化建设、行业统计、信息调查的技术支撑工作。内设机构4个：综合科、发展计划科、养护管理科、安全环保科。

主任、书记 韩　文
副主任 巩洪路
副主任 张宝宗

【航道基本情况】辖区航道总里程为123.34公里。其中，二级航道33.40公里，五级航道6.19公里，六级航道45.23公里，七级航道38.52公里。航标30座。

【年度工作概况】2022年，对湖区二级航道骆北新线23.74公里航段进行调研。分别于6月1日至6月8日、10月11日至18日，对辖区新戴运河、骆马湖北航线新线等5条共计79.15公里航道进行汛前、汛后清障扫床，清除戴运河纪滩处和后行处两座废弃翻水站，清除渔网1处。对所辖30座航标一体式灯器（岸标9座、浮标21座）进行物联网功能更新、改造。

流量观测。分别在3月1日至3月15日、6月1日至6月15日、8月1日至8月15日、11月1日至11月15日，在二湾口处开展船舶货源流量观测工作；全年船舶日流量40.47艘，其中上行20.65艘，下行19.82艘；全年船舶流量合计14 771艘，上年船舶流量合计6 957.81艘，同比增长112.30%；全年船舶通过量合计2 890.80万吨，上年船舶通过量合计1 317.65万吨，同比增长119.39%；全年货物通过量合计1 506.23万吨，上年货物通过量合计664.30万吨，同比增长126.74%。

管理工作。对现有航政艇、航标工程船进行日常维护和保养，为苏航政C106更换蓄电瓶。采取车船结合的方式对辖区航道进行巡航，全年累计上航96天，累计巡航9 700公里。落实"三管三必须"要求，开展航道、航标、船艇和办公场所等重点区域安全隐患排查，累计巡查整改安全隐患12处，完成6座桥梁防碰撞工程建设；开展航标移位和船舶碰撞等应急演练，全年未发生一起安全事故。疫情防控期间，参加新沂西高速路口、205国道新沂北郊收费站、马陵山高速路口的防疫检查。

党的建设。贯彻落实"敢为善为、务实落实"作风大提升行动。以"三不三实"对治懒政庸政，以"三个强化"对治在岗不履职，以"三个前沿服务"对治不担当；采取"请进来"和"走进去""一线工作法""先进技术"，为社会提供最优质服务。开展宪法学习宣传教育，及"宪法进企业"宣讲活动。

(张海峰)

睢宁县港航事业发展中心

【单位概况】睢宁县港航事业发展中心位于睢宁县青年东路133号（邮编：221200，电话：0516-88332082），副科级建制，核定编制为6人，经费渠道为上级补助。主要职责：承担港航公益服务和事业发展职责；对内河航道及航道设施实行管理、养护和建设；审批与通航有关的过河、临跨河建筑物的通航标准和技术要求；负责对航道及航道设施的保护；查纠侵占、损坏航道的违法行为，依法对违反法律法规的行为进行处罚等；航道赔（补）偿费的收取。内设科室4个：工程养护科、港口水运科、安全运行科、综合科。

主　任　王　振

党支部书记　吴　倩

副主任　张　鹏

【航道基本情况】 辖区内共有定级航道14条（段），总里程达314.4公里。其中，三级航道37公里，五级航道14.9公里，六级航道31公里，七级航道52公里，等外级航道179.5公里。通航船闸徐洪河沙集船闸1座、徐沙河沙集船闸1座，航标3座。

【年度工作概况】 港航发展规划。2022年，配合市中心和设计单位开展徐洪河航道整治前期研究工作，已经完成前期研究报告编制和评审工作。配合市港航中心完成徐州港总规的修改报批。

航道养护。全年完成徐洪河航道标志标牌更新整治项目，投资12万元；做好航标日常维护，所辖航标3座正常率达99%以上。配合水利部门完成小闫河地涵施工的航评和验收工作。对辖区徐洪河等80多公里通航航道进行扫床，共清理杂草杂物400多公斤，砍伐航道中小型树木3棵，清理破旧渔网2张，钢筋水泥块2块等。苏港航徐102航标船投入使用。完成徐洪河航道闫庄涵洞、沙集船闸下游三岔口的疏浚项目，疏浚土方8 760立方米。

管理工作。签订《2022年度安全生产目标责任书》，做好辖区航道网运行监测，开展航道巡航，全年累计巡航车巡10 000多公里，艇巡1 400多公里。参与县局组织的船舶碰撞桥梁专项治理行动，明确专人负责，并定期组织人员参加业务培训，辖区15座桥梁全部按要求完成防撞设施设置。疫情防控期间，组织人员24小时坚守在古邳交通管控查验点。

赔（补）偿费征收。全年收取航道赔（补）偿费3.5万元。

党的建设。单位党支部常态化、制度化开展"三会一课"制度，每月开展党日主题活动，开展二十大精神学习宣贯活动。同时定期开展岗位业务培训，通过自我学习和集中学习，单位整体业务水平得到提升。

(韦石丽)

常州市港航事业发展中心

【单位概况】 常州市港航事业发展中心位于常州市天宁区丽华北路2号（邮编：213000，电话：0519-89607778），是市交通运输局所属公益一类事业单位，规格相当于副处级，核定编制55人，经费渠道为全额拨款。主要职责：贯彻执行国家和省、市有关港口、航道的方针政策和法律法规，参与编制港口、航道行业有关发展战略、发展规划、行业政策、法规规章、标准规范；参与编制港口建设计划；参与编制并负责执行航道建设、养护计划；负责管辖范围内港口、航道基础设施建设、养护和管理工作；指导全市港口工程建设工作；负责管辖范围内航道标志标牌的设置和管理工作，负责全市航道网运行的监测、预警、信息服务和技术支持工作；承担管辖范围内航道赔（补）偿费征收和船舶过闸费稽征工作；负责管辖范围内港口、航道信息化以及行业统计调查工作；承担全市港口、航道绿色发展、科研、标准化等工作；承担管辖范围内港口公用基础设施和航道闸基础设施的安全管理和应急处置工作；指导并监督管辖范围内船闸的安全管理和养护工作；承担管辖范围内港口、航道有关行政许可事项前的事务性工作。内设科室9个：办公室、政工科、财务科、综合计划科、科技信息科、安全科、养护科、工程科、港口科。下属基层单位4个：常州市船闸管理中心、溧阳市港航事业发展中心、金坛区港航事业发展中心、武进区港航事业发展中心。

党委书记、主任　马　恒

纪委书记、副主任　顾小安（1—10月）　殷笋（10月任）

副主任　嵇旭红　周志方　饶志刚（10月任）

【航道基本情况】 常州市拥有航道总里程1 155.69公里。其中，等级航道385.04公里，含三级航道148.14公里，四级航道0.95公里，五级航道13.61公里，六级航道91.56公里，七级航道130.78公里；等外级航道770.65公里。通航交通船闸2座，航标39座。

【年度工作概况】 基础设施建设。2022年，航道船闸建设项目完成投资 7.52 亿元,完成率 120.6%。芜申线溧阳城区段航道整治工程完成投资 3.8 亿元,全线完成航道老驳岸加固,新建护岸完成 80%,宗村大桥建成通车,3 座桥梁完成主体施工。魏村枢纽扩容改建工程大力推进"平安百年品质工程"建设,全年完成投资 3.32 亿元,船闸主体完成 80%,节制闸和泵站主体完工,房建基础完工,德胜河桥和滨江桥完成主桥施工。京杭运河绿色现代航运综合整治工程(江南段)常州段完成投资 0.4 亿元,完成航道主体、信息化外场感知以及水上服务区功能提升工程。德胜河航道整治工程工可已获省发改委批复,完成初步设计各项审查。丹金溧漕河溧阳段、苏南运河常州段和芜申线(高溧段)航道整治工程均通过竣工验收,涉及里程 87.31 公里,桥梁 35 座,完成投资 44.86 亿元;前黄枢纽工程完成调概报批,与省水利厅、治太局协调对接竣工验收各项工作。

养护工程。航闸养护完成年度投资 6 274 万元,实现通航保证率、船闸设备完好率、航标正常率均达 100%。首次采用"多波束探测技术",完成省干线航道水下地形扫测。全年累计新建、加固护岸 1 567 米,疏浚土方 96.96 万立方米。完成常宜线坊前桥北侧驳岸抢修等 5 项养护专项工程,所有项目均通过验收,质量优良。养护内业工作通过交通运输部检查。常州市船舶碰撞桥梁隐患治理专项行动全面完成"收官之年"各项工作,形成长效机制。配合完成自然灾害综合风险水路承灾体普查。支线航道定级论证最终研究成果上报省厅。

船闸运行(过闸费征收)。全年丹金船闸通过单船 63 977 艘次,船队 448 组,货物通过量 2 889 万吨,收取过闸费 1 480.86 万元;前黄船闸通过单船 182 855 艘次,船队 1 092 组,货物通过量 6 090 万吨,收取过闸费 4 232.41 万元。两座船闸 ETC 船舶占比达 99% 以上。

管理工作。强化疫情防控措施,加强船闸、港口码头等重点区域管控,组织 50 余名职工参加邹区、薛家高速道口疫情联防联控执勤。安全生产"三年大灶"高标准收官,在工程建设、航道船闸等重点领域强化安全隐患排查、整改,开展安全专项整治检查 101 次,发现一般问题隐患 395 处。推进双重预防机制建设,持续提升本质安全水平。强化安全应急能力提升,组织开展应急演练 7 次、防汛安全检查 24 次。加强安全生产基本功建设,船闸安全生产标准化均实现一级达标。推进信用体系建设,规范港口企业经营行为。规范征收港口企业赔(补)偿费,全市共签订协议 215 份。

赔(补)偿费征收。全年征收航道赔(补)偿费 1 062.47 万元。

科技创新。省厅立项"数字化水下快速检测平台"完成工作大纲评审及任务书编制。"航道护岸生态化修复及水上作业一体化船"通过省厅验收鉴定。魏村枢纽完成"船闸建设质量与品质提升"重大科研专项 6 个子题结题验收。丹金溧漕河金坛段及丹金船闸获"国家优质工程奖";河定大桥获"中国钢结构金奖";魏村枢纽"跨泄洪通航航道自动提升式钢便桥施工"获中国水运建设协会鉴定;"管桩沉桩定位导向架"课题获中国交通建设"微创新"成果,成为全省交通推广项目。QC 延续良好势头,"智航小组"和"武进航标灯"QC 小组获评全国优秀质量管理小组,5 个 QC 小组被评为省交通行业优秀质量管理小组。省地方标准《工业化装配式箱型护岸质量检验规程》已正式实施。编制《常州市"智慧港航"发展规划》报告,促进航运综合治理和运输服务能力提升;芜申线溧阳城区段一体化智慧管控系统通过交工验收。完成干线电子航道图制作,船舶导航系统第二阶段测试完成。

党的建设。学习贯彻党的二十大精神,推进全面从严治党,落实常州市委巡察整改,各项反馈问题在规定时限见底清零。强化人才队伍建设,注重年轻干部选拔任用和人才储备。与省厅港航中心开展"勇当建设先锋,让党旗在一线飘扬"党建共建活动,组织开展"青山绿水 关爱自然 爱航护航"、港航"志愿红"守护运河"生态绿"等志愿服务活动,参加省厅港航中心共四期的"道德讲堂——港航新青年"活动。

文化建设。做好新时代意识形态工作,配合省厅港航中心开展央、省媒体聚焦水运建设成就宣传,全年在各类媒体发布稿件 472 篇次,政务信息市局考核全年总得分 792 分。深化精神文明建设内涵,推动"321"品牌创建。市港航中心获 2019—2021 年度江苏省文明单位称号,芜申线溧阳城区段"红色党建 绿色芜申"现场党总支命名为市交通运输系统"特色支部"。

(储云燕)

【丹金溧漕河溧阳段航道整治工程通过竣工验收】3月11日,丹金溧漕河溧阳段航道整治工程通过省交通运输厅组织的竣工验收。丹金溧漕河溧阳段航道整治工程长14.764公里,起于金坛区与溧阳交界处,止于丹金溧漕河和芜申线运河交汇处,全程按三级航道标准设计进行建设,共新建、改建桥梁7座,新建驳岸25.6公里,配套建设锚地1个。航道工程、桥梁工程已于2018年7月前陆续完成交工验收。

【芜申线(高溧段)航道整治工程桥梁施工项目河定大桥获第十五届"中国钢结构金奖"】7月12日,由常州市港航事业发展中心、中铁二十局集团第一工程有限公司联合申报的芜申线(高溧段)航道整治工程桥梁施工项目河定大桥,获荣中国建筑金属结构协会第十五届"中国钢结构金奖"。河定大桥主桥为126米钢管混凝土系杆拱桥,拱肋采用哑铃型钢管混凝土,钢管外径100厘米,壁厚1.6厘米,内充C40自密实微膨胀混凝土,主跨纵桥向共设8道风撑,横梁、系梁均为预应力混凝土结构。该规模钢管混凝土无支架整体吊装在国内外内河航道施工中尚属首例,无成功经验借鉴,项目此前受到中央电视台、新华社等媒体多方关注报道,得到社会各界广泛认可。

【苏南运河常州段三级航道整治工程通过竣工验收】7月14日,苏南运河常州段三级航道整治工程通过省交通运输厅组织的竣工验收。苏南运河常州段三级航道整治工程分为东、西两段,航道整治里程23.052公里,按三级航道标准建设,新、改建桥梁12座,概算投资16.85亿元。工程于2009年10月正式开工,2014年12月整体通过交工验收。常州市三级航道网整治工程建设指挥部办公室在建设过程中开展施工工艺和管理创新,运用冷弯钢板桩护岸、疏浚船舶GPS定位管理系统、钢桁架三浮吊协同吊装、水上旋挖钻孔平台、水上移动砼工作站等新设备、新工艺,保证工程优质高效开展。

【京杭运河江苏段绿色现代航运综合整治工程(江南段)常州段全面开工建设】8月16日,京杭运河江苏段绿色现代航运综合整治工程(江南段)常州段全面开工建设。项目主要建设内容包括护岸工程、土方工程、航标工程、桥梁工程、智慧运河工程(常州运行中心、外场感知设施),以及锚地、水上服务区功能提升、保障体系建设等配套工程,整治里程49.372公里,概算总投资1.93亿元。工程推进"依托大运河文化带建设,推动绿色航运发展"试点示范建设,着力打造航运设施尽显绿色生态之美、航运装备尽显低碳环保之美、航运组织尽显高效顺畅之美、航运服务尽显人文智慧之美的"四美运河"。

【德胜河航道整治工程可行性研究报告获批】9月5日,德胜河航道整治工程可行性研究报告获省发展改革委批复,为项目开工建设提供有利条件。德胜河航道整治工程全线按三级航道标准建设,航道起于魏村枢纽下游引航道末端,止于京杭运河口,整治航道里程17.7公里。航道设计最大船舶等级为1 000吨级,航道底宽不小于45米,航道水深不小于3.2米,弯曲半径不小于480米(终点京杭运河口向镇江方向局部困难段为280米);改建桥梁15座(含京沪铁路桥1座),通航净空不小于60×7(米),项目估算投资67.97亿元。德胜河航道是《长江三角洲地区交通运输更高质量一体化发展规划》的重要支线航道,是江苏省"二纵五横"干线航道网中"一纵"京杭运河通道的重要组成部分,是常州市境内唯一的入江口门。

【魏村枢纽扩容改建工程航道施工项目通过交工验收】12月27日，魏村枢纽扩容改建工程首个标段航道施工项目通过交工验收，投入运行。该项目共分为上游引航道、下游引航道和下游锚地服务区三个部分，分为钢板桩护岸、模袋护坡护岸及服务区重力式挡墙护岸三类结构型式。项目于2020年8月开工建设，2022年11月完工。

（储云燕）

常州市船闸管理中心

【单位概况】常州市船闸管理中心位于常州市丽华北路2号（邮编：213000，电话：0519-89607716），是市交通运输局所属公益一类事业单位，规格相当于正科级，经费渠道为财政全额拨款。主要职责：参与编制船闸有关发展战略、发展规划、行业政策、法规规章、标准规范；参与编制并负责执行船闸养护计划。承担船闸管辖范围内航道基础设施、标志标牌的维护和管理工作。承担过闸船舶的组织管理，船舶过闸费的征收、解缴工作；承担管辖范围内航道赔（补）偿费征收。承担船闸信息化以及行业统计调查工作；承担船闸绿色发展、科研、标准化等工作。承担船闸管辖范围内基础设施的安全管理和应急处置工作。内设科室6个：综合科、财务科、科技信息科、运行调度科、工程技术科、安全机务科；分支机构2个：丹金船闸管理所、前黄船闸管理所。编制为64名，社会化用工指标60名。

主　任　谭瑞强
副主任　邓新财　洪伟（1—10月）　邓磊

【船闸基本情况】丹金船闸基本情况。丹金船闸位于常州市金坛区内，船闸级别为Ⅲ级，规模为180×23×4（米），最大设计通航船舶1 000吨级，上游设计最高通航水位为4.38米，最低通航水位为0.84米；下游设计最高通航水位为4.36米，最低通航水位为0.84米。闸门为升卧式平板钢闸门，启闭机采用双吊点卷扬式启闭机。电气控制为PLC控制系统。

前黄船闸基本情况。前黄船闸位于常州市武进区内锡溧漕河上，作为新孟河延伸拓浚工程的重要环节之一，前黄船闸的主要功能为"引江济太"保证太湖水环境和保障锡溧漕河船舶安全有效过闸，管辖范围共计1.8公里航道，新建新坊浜6米节制闸1座。船闸为双线船闸，按三级船闸标准建设，规模为230×23×4（米），设计年通过能力9 900万吨，设计最大船舶为1 000吨级，闸门采用三角门。前黄船闸于2021年6月29日完成项目交工验收，11月18日正式运行。

【年度工作概况】养护工程。2022年，完成丹金、前黄船闸引航道清障扫床工作各2次，管辖段航道固定断面测量2次，沉降位移观测2次，开展常规水下检测4次，完成专业设备的专业检测，完成前黄船闸工作桥桥梁检测，建立船闸工作桥技术状况相关档案，组织航道日常巡查，在梅汛期及低水位期增加巡航频次，及时发现并处理航道周边安全隐患。推动丹金船闸大修，聘请专业检测单位对丹金船闸的闸况进行全面检测，组织召开省中心丹金船闸闸况评估会议，确定丹金船闸大修的范围。组织召开大修设计方案和大修设计施工图审查会。

船闸运行（过闸费征收）。全年丹金船闸通过单船63 977艘次，船队448组，货物通过量2 889万吨，收取过闸费1 480.86万元。前黄船闸常规情况下采用通闸模式运行，在新孟河常态引水期间，锡溧漕河水质不满足引水条件按照套闸运行，前黄船闸通过单船182 855艘次，船队1 092组，货物通过量6 090万吨，收取过闸费4 232.41万元。两座船闸ETC船舶占比达99%以上。

管理工作。联合金坛区港航执法中队深入金坛辖区航运企业，向相关航运企业发放告知书和宣传手册；联合金坛区交通运输综合行政执法部门开展为期一个月的通航秩序专项整治暨诚信过闸宣传行动；与金坛区交通运输综合行政执法大队举办水上交通突发事件应急搜救演习。加强安全组织机构和制度体系建设，丹金船闸通过第三方安全生产标准化达标创建复评，前黄船闸完成第三方安全生产标准化达标创建考评工作。建立健全安全生产责任制，重新修订安全生产责任制度，全员签订安全目标责任书，层层落实安全生产责任；成立安全风险管控领导小组和风险防控评估小组，完成丹金、前黄船闸安全风险分析评估工作；制定2022年安全生产检查计划,定期开展安全生产检查,全年共整改安全隐患33处,实行闭环管理。开展安全生产专项整治百日攻坚行动,加强危化品过闸管理。局部微调《丹金船闸突发事件应急预案》,修订完善《前黄船闸突发事件应急预案》。与金坛区航道有限公司及江苏路航建设有限公司分别签订丹金船闸和前黄船闸防汛协议,全方位提高船闸汛期应急保障能力,确保船闸畅通和安全度汛。

科技创新。开展QC活动,形成QC课题——《船闸三角门润滑回油系统的研制》:在闸门进油口,增加回油管并在管口下安放容器回收多余的润滑油,避免对闸门设备和水体造成二次污染,为同类型交通船闸三角闸门回油系统提供经验遵循,为后续养护工作提供创新先例。

党的建设。落实"三会一课",开好党小组会议,组织全员观看《学习领会党的十九届六中全会精神公开课》等系列视频,开展交流研讨,支委会每月安排专题学习。推进组织建设,着力推进党支部标准化、规范化、严肃化工作,分析薄弱环节,建立健全制度,加快推动整改措施落实。加强防腐拒变,坚持多措并举,开展"廉政电教月"活动,按照巡视整改工作部署,党支部对自身党建和纪检工作情况进行全面自查、整改;强化执行监督,持续加强作风建设。

文化建设。打造丹金船闸"3D幸福门"和前黄船闸"5C护航＋"两个服务品牌,以及"赤诚"支部党建品牌。前黄船闸与蓝天救援队携手,挂牌成立"常州市前黄船闸管理所青年志愿服务应急分队",志愿服务队参加西太湖马拉松赛事保障、西太湖景区保障等社会活动。与河海大学、江苏科技大学签订"校企共建"协议,成立"前黄船闸大学生教学实践基地"。

(盛 雯)

溧阳市港航事业发展中心

【单位概况】溧阳市港航事业发展中心位于溧阳市濑江路66号(邮编:213300,电话:0519-87387002),是溧阳市交通运输局下属公益一类事业单位,机构规格相当于副科级,经费渠道为全额拨款。主要职责:负责编制港口、航道行业有关发展规划、政策等;参与编制港口建设计划;参与编制航道养护计划;负责管辖范围内港口公用基础设施、航道建设、养护和保护工作;指导全市港口工程建设工作;负责管辖范围内航道标志标牌的设置维护,负责全市航道网运行监测、预警、信息服务和技术支持工作;负责管辖范围内港口、航道信息化以及行业统计调查工作;承担全市港口、航道、水运绿色发展、科研、标准化等工作;负责管辖范围内航道安全和应急处置工作;承担管辖范围内港口、航道、水运有关行政许可事项前的事务性工作;承担管辖范围内航道赔(补)偿费收缴工作。内设科室4个:综合科、安全运行科、规划建设科、养护保障科。

主　任　狄　赟

党支部书记　陈　军(1—4月)　狄　赟(4月任)

副主任　史　昊　罗吉平　沈新科

【航道基本情况】辖区航道39条,总里程323.016公里;其中三级航道两条62.396公里(芜申线37.6公里(下坝船闸—溧阳改线段)、城区段9.53公里(在建)、丹金溧漕河15.266公里);规划四级航道11.29公里(溧梅河),五级及七级航道7条,里程97.92公里;等外级航道29条,里程151.41公里

【年度工作概况】2022年,完成芜申线溧阳城区航道整治工程前期征用地745.44亩,完成航道用地交付8 670米;拆除民房36户、10 161.68平方米,企业征迁4家、4 643.97平方米。完成芜申线落蓬湾养护基地建设,2022年12月20日完工,本项目区域面积约1公顷,主要建设应急养护业务综合用房及仓储用房,用于应急物资仓储、调度、监控、应急值班等。完成"公转水"项目研究报告。完成桥梁防碰撞安保工程的项目立项。完成芜申线堑口桥至淤西桥段航道疏浚工程的项目测量、设计工作。

管理工作。完成航道养护总投入约850万元。常态化开展丹金溧漕河、芜申线、中河水环境整治、河面保洁工作;做好干线航道断面测量、清障扫床、船舶流量观察,做好航道整治建筑物、助航标志、航道标牌设施维护等。建立健全"党政同责、一岗双责"安全管理机制,签订安全生产责任书,开展"我是党员,我为安全生产做表率""平安航道"活动。完成德龙不锈钢项目、中关村

供电线路迁改、丹金溧快速路建设项目临跨河航评;协助常州局完成在籍船舶营运证件审核年检工作。

赔(补)偿费征收。全年征收航道赔(补)偿费268.2万元。

党的建设。落实党内政治生活,规范开展"三会一课"等活动,组织全体党员干部观看党的二十大开幕会直播盛况、撰写心得体会。常态化制度化开展理论学习,"线上+线下"分类开展读书分享、培训座谈研讨等。持续开展好"我为群众办实事"实践活动。

（凌 一）

金坛区港航事业发展中心

【单位概况】金坛区港航事业发展中心位于常州市金坛区金城镇航海路1号(邮编:213200,电话:0519-82821504),是常州市金坛区交通运输局所属全民事业单位,规格相当于副科级,核定编制33人,经费渠道为全额拨款。主要职责:贯彻执行国家和省、市有关港口、航道的方针政策和法律法规,参与编制港口、航道行业有关发展战略、发展规划、行业政策、标准规范;参与编制港口、航道建设养护计划,负责全区航道港口基础设施建设、航道养护、航产航权保护、航道设施保护、航道港口行政许可和对负责全区航道网运行的监测、预警、信息服务和技术支持工作,负责管辖范围内港口、航道信息化以及行业统计调查工作;承担全区港口、航道绿色发展、科研、标准化等工作,承担辖区内港口和航道基础设施安全管理和应急处置工作。内设科室6个:综合科、财务科、科技信息科、安全监管科、工程养护科、港口科。

党支部书记、主任　张恒

副主任　王立群　谭小东　徐军华

【航道基本情况】辖区共有航道37条,航道总里程300.444公里。其中,三级航道丹金溧漕河(含船闸段)31.884公里,六级航道42.57公里,七级航道64.26公里,等外级航道161.73公里。航标5座。

【年度工作概况】航道养护工作。2022年,完成丹金溧漕河金塔大桥段养护疏浚工程8万立方米和丹金溧漕河白龙荡段驳岸工程94米;完成丹金溧漕河金坛段高速公路大桥下游段驳岸工程450米,完成通尧线通济桥段倒塌驳岸应急抢修工程27米。完成船舶碰撞桥梁隐患治理专项行动项目,项目主要建设内容包括:金坛辖区主要通航航道(通尧线、薛埠河、通济南河、西阳河)中的14座跨河桥梁安装助航标志、防撞设施以及预警装置(桥梁净高不足)。

管理工作。全年开展巡查152次,共出动人员399人次,出动巡查车辆152车次,发现安全隐患64项,均整改到位。建立航道巡查制度,通过每天2次航标遥测、每月1次现场巡查和每季度1次夜查,及时掌握航标、标志标牌等助航设施和航道护坡的完好情况。完成5座航标的升级改造,确保发光率达标。落实安全生产责任,全年开展安全检查35次,组织应急急救技能培训、应急逃生疏散演练以及水上服务区船舶失火、人员落水应急演练;制作宣传横幅16条、宣传橱窗海报3张、制作发放新安全生产法、反有组织犯罪法宣传册400余份。成立先锋队,制定防汛应急预案,制定春运保畅通应急方案。办理行政许可事项前的事务性工作4起。

赔(补)偿费征收。全年征收航道赔(补)偿费89.23万元。

党的建设。落实党建主体责任,层层签订党风廉政建设责任书,开展组织生活会、廉政建设专题会、书记领学等系列活动。继续深化支部"三色港航"党建品牌内涵,开展"主题党日"活动,进行以"落实安全责任、推动安全发展"为主题的宣传。年内接收预备党员1名,确定入党积极分子4名。7月,党支部被省交通运输行业委员会授予"先进基层党组织"称号。

文化建设。开设"港航讲堂",成立新闻宣传报道小组,报道信息45篇、政研文章5篇。

（王小花）

武进区港航事业发展中心

【单位概况】武进区港航事业发展中心位于武进区湖塘镇府东路7号(邮编:213161,电话:0519-86503518),中心是武进区交通运输局下属公益一类事业单位，机构规格相当于副科级，经费渠道为全额拨款，在编人员22人。主要职责：贯彻执行国家、省、市、区有关港航事业发展工作的方针政策和法律法规，参与拟订全区港航事业发展战略、发展规划、行业政策、标准规范；参与编制港口建设计划；参与编制并负责执行航道建设、养护计划；负责管辖范围内公用港口、航道基础设施的建设、养护和管理工作；负责管辖范围内航标及航道标志标牌的设置、维护和管理工作；配合做好航道临跨过河设施监督管理工作；承担管辖范围内港口、航道基础设施建设的安全管理和应急处置工作，指导管辖范围内港口、航道建设养护行业安全生产工作；负责管辖范围内港口航道科研、绿色发展、行业统计和信息化、标准化管理工作；承担管辖范围内航道赔（补）偿和港政、航政事务性工作；完成区交通运输局及上级交办的其他工作。内设科室5个：综合科（财务科）、工程科、航道科、港口科、法规安全科。

主　任　杨新宇

副主任　顾东平（1—3月）　吕朝晖　王敏华

【**航道基本情况**】辖区航道总里程327.66公里。其中，三级航道21.8公里，六级航道70.46公里，七级航道86.99公里，等外级航道148.41公里。辖区内有航标10座。

【**年度工作概况**】2022年，完成常宜线坊前桥北侧驳岸抢修工程，抢修驳岸296米，其中老驳岸加固238米，修复倒塌驳岸58米，完成投资约560万元。完成常宜线南夏墅段护岸工程，六级航道标准，新建护岸253.8米；新建常宜线坊前段护岸工程，六级航道标准，新建护岸25米，右岸加固护岸98.4米，以上2个日常维护工程共投资314.6万元。完成常宜线坊前集镇北段安全隐患整治工程，新建护岸220米，完成投资230万元。对辖区六级以上航道进行固定断面测量，共测量断面137个，完成投资5.2万元。完成2023年—2025年三年航闸设施改造专项项目上报工作。

赔（补）偿费征收。全年征收航道赔（补）偿费103.34万元。

管理工作。加强重点涉航项目的行业监管，参与8个相关项目的航道通航条件影响评价会议。开展锡溧漕河日常管护，清除生活垃圾36.5吨、水中漂浮物4.9吨、清理种植物39345平方米、管护里程21.8公里、航道设施维护保养2处。开展清障与扫床工作，完成锡溧漕河、常宜线、常溧线、扁担河、通尧线（郯村河）等5条干线航道92.26公里，雪堰河、西流河等31条支线航道229.5公里，合计414.02公里的扫床工作，清除纺织袋155只、废钢丝绳65条、拆除残存网簖5处、捞起水上漂浮等杂物10吨、清理航道沉碎石2吨、拔除航道暗桩（木桩）2根。完成船舶碰撞桥梁隐患治理专项整治，20座干线航道桥梁和95座其他等级航道桥梁共计增设甲类标志44套、乙类标志45套、标尺13套、桥涵标92套、桥柱灯58套、桥名牌40套、附着式防撞设施27套、防撞墩9套、主动预警装置44套（含锡溧漕河4套），共投入整治经费约3000万元。完成支线航道定级论证成果。完成辖区4个船舶流量观测点的流量观测，完成数据汇总并形成相关报告。完成辖区10座航标的物联网卡改造。做好安全生产大检查，全年共组织、参与各类安全检查13次，发现隐患8处，完成整改8处。新冠肺炎疫情防控期间，组织18人赴苏锡常南部高速太湖湾道口、沪宜高速漕桥道口、S39江宜高速（武进）等卡口参与交通查验工作。

党的建设。在节假日等重要时间点，推送"政风肃纪警示台"、廉政短信、廉洁屏保等宣传内容，开展"云学廉政""书信送廉""以莲喻廉"活动，组织正风肃纪反腐大事"我知道"线上答题活动。创建"畅安吾航"服务项目，项目以"党建引领方向、凝聚各方力量、打造畅安吾航"为目标，运用"一二三四"工作法（打造一个船民驿站、两大服务区间、三个宣传维度、四季服务体系）助力水上党建，2022年在华渡水上服务区改造完成1间船民活动室。参与省港航中心"道德讲堂—港航新青年"活动，作品《创新扬吾航之帆 港好有制度护航》被评选为优秀作品。

文化建设。开展"书香港湾 悦读远航"之好书荐读活动，利用"航标灯引领"微信公众号、微信视频号进行新闻传播。全年微信公众号共发布文章约150条，制作1期港航文化墙，创作2个防疫人物访谈的美篇，策划拍摄3个宣传视频。各类信息中，省厅微信公众号"江苏港航"共录用3篇，常州日报和武进日报共刊登3篇。

（谈伊琳）

苏州市港航事业发展中心

【单位概况】苏州市港航事业发展中心位于苏州市姑苏区桐泾南路296号(邮编：215007,电话：0512-68150687)，为行政管理类事业单位，副处级建制，内设机构为正科级建制，经费来源为全额拨款，核定编制85人，现有在编人员76人。主要职责：贯彻执行国家、省、市有关港口、航道（长江航道除外，下同）的方针、政策、法律、法规和相关行业标准；参与编制全市港口、航道行业有关发展战略、发展规划、行业政策、地方性法规、规章及规范性文件、标准规范；参与编制并负责执行港口、航道建设计划，负责编制并监督组织实施港口、航道养护计划；负责指导全市港口公用基础设施的建设、维护及重点工程建设项目的行业管理工作；负责航道、船闸（交通船闸，下同）重点建设项目的建设管理工作，承担航道、船闸的养护工作；负责内河助航标志和航道标志标牌设置和管理；负责内河港口锚地调度、船闸运行调度工作；做好航道网运行的监测、预警、信息服务和技术支持工作；承担船舶过闸费、航道赔（补）偿费的收取工作；承担港口、航道的绿色发展工作；承担港口、航道的网络安全、信息化以及行业统计、信息调查工作；承担港口、航道行业技术交流、技术创新、科技成果转化、科研项目实施管理、标准化等工作；承担港口公用基础设施和航道、船闸基础设施的安全管理和应急处置工作；承担水路运输事业发展工作；承担有关行政审批前的符合性技术审查工作；承担大运河国家文化公园建设及河长制相关工作；指导各市、区港航事业发展相关工作。内设科室14个：办公室、政工科、法制工作科、财务审计科、发展计划科、科技信息科、安全运行科、港口管理科、养护管理科、工程管理科、锚泊调度科、航闸航标科、水运事务科、直属港航管理站（市港航应急处置中心）；下属基层单位10个：吴江区港航事业发展中心、吴中区港航事业发展中心、相城区交通运输管理服务中心、昆山市港航事业发展中心、太仓市港航事业发展中心、常熟市港航事业发展中心、张家港市港航事业发展中心、张家港船闸管理处、虞山船闸管理处、杨林船闸管理处。

主任、书记　郎晓顿
副主任、副书记　潘建国
副主任　陈广杰　龚凯军　严　锴

【航道基本情况】苏州境内共有航道287条，通航总里程2 786.31公里，其中达等级航道里程843.04公里，包括三级航道210.2公里、四级航道65.53公里、五级航道152.07公里、六级航道234.55公里、七级航道180.69公里；等外级航道里程1 943.27公里。与上年相比，通航总里程下降0.14公里。由于申张线青阳港段航道整治，局部裁弯取直，使航道中心线发生变化，原通航里程下降0.14公里，整治后8公里六级航道提升为三级航道。省干线航道交通船闸共3座、水上服务区3处。航标总数181座，较上年总数增长14座。

【船闸基本情况】苏州境内共有交通船闸3座，张家港船闸位于省干线航道申张线入江口门，一线船闸按六级通航标准建设、二线船闸按三级通航标准建设；虞山船闸位于省干线航道申张线中部，一线船闸按五级通航标准建设、二线船闸按五级通航标准建设；杨林船闸位于省干线航道杨林塘入江口门，单线船闸按三级通航标准建设。

【年度工作概况】基础设施建设。2022年，苏州市完成航道船闸建设投资7.87亿元。京杭运河绿色现代航运综合整治工程开工建设；苏南运河苏州市区段、杨林塘金鸡河吴塘河段、杨林塘昆山段通过竣工验收；申张线青阳港段航道工程交工；杨林塘航道整治工程苏昆太高速公路桥半幅具备交工验收条件，车坊大桥主桥建成，胜浦大桥主桥主体完工；长湖申线（苏浙省界至京杭运河段）、申张线张澄段、苏申外港线、苏申内港线等项目按计划时序平稳推进。苏南运河吴江段获江苏省"扬子杯"优质工程奖，杨林塘航道整治工程杨林船闸工程获水运交通优质工程奖。

航道养护。航闸养护完成年度投资7 472万元，完成苏州市部分桥区水域范围航道维护疏浚工程、申张线（巴城湖～七浦塘）航道养护工程等8项，新建、维修护岸6 679米，疏浚土方46.6万立方米；完成日常养护工程11项，维修护岸245米，疏浚土方2.2万立方米，新增航道绿化里程

1.6公里，绿化面积1.5万平方米，改建航标3座。全年养护巡查里程5.14万公里，多波束扫测里程1 380公里，清障扫床里程2 226公里，维护航标2 663座次，实现干线航道、船闸通航保证率达100%，航标正常率达100%。

船闸检修。实施虞山二号船闸大修工程、杨林船闸附属设施维修工程，完成船闸大修（含机电改造）1座，维修加固业务用房6处；全年船闸完成一级保养72次、二级保养36次，水下检查9次，发电机组专业保养6次，土建建筑物沉降变形观测6次，闸门运行情况检查28次，引航道护岸及助导航设施巡查48次，机电维修、应急维修30次，护岸应急处置1次，防雷检测3次。

船闸运行（过闸费征收）。全年累计开放闸41 232次，船舶通过量1.62亿吨，征收过闸费5 747万元，占计划的114%，减免过闸费1 510万元，其中免收集装箱船舶过闸费74万元，优惠单机船17.16万艘、船队837拖，优惠收费总吨7 536万吨。

管理工作。开展船舶过闸信用评价，为过闸船舶累计加分182 647次、减分5 666次。推进船闸安全生产标准化建设，张家港、虞山、杨林3座交通船闸全部达安全生产标准化一级。推进三年专项整治"巩固提升年"行动，开展"安全生产大检查""2022年百日攻坚"等各类安全专项活动，强化行业安全监管，全年航闸基础设施领域共计开展检查59次，发现问题67项，均已完成整改闭环工作；水运工程建设领域共计开展检查86次，发现问题142项，均已完成整改闭环工作。推进船舶碰撞桥梁隐患治理，完成省干线航道18处、市干线航道21处桥区水域范围航道疏浚工程。申张线凤凰镇段航道工程、苏申内港线胜浦大桥改建工程、长湖申线苏浙省界-京杭运河段航道工程共3个标段获2022年度江苏省"省级示范平安工地"，苏州市水运工程建设指挥部获苏州市公路水运工程安全员职业技能竞赛团体三等奖。开展内河船舶应急靠泊区布局规划研究，张家港船闸新增两处危险品船舶待闸区。落实"放管服"改革，完成65项行政审批符合性技术审查。强化信用管理整体推进，开展水运建设工程和航道养护工程履约考核。建立健全港航疫情防控责任体系，做好疫情防控常态化工作，有效筑牢港航疫情防控安全屏障。

绿色航道。推动内河水运绿色智慧发展，京杭运河（江苏段）绿色现代航运综合整治工程苏州段完成护岸2 558米，疏浚18万立方米，外场感知设备调试完成，进入试运行阶段。在水运工程建设领域推进资源节约集约利用，进一步规范总结内河航道工程建设使用3D打印二级护岸的验收工作，2022年1月，发布国内首个内河航道3D打印护岸工程质量检验标准，为相应工程的交竣工验收工作提供规范指导。

科技创新。在全省率先发布年度内河水运发展报告，并完成苏州内河水运高质量发展监测指标体系研究。省交通运输厅科技项目《钢桁梁桥高强螺栓脱落机理及防坠落控制技术研究》完成结题验收，市科技项目《航道三维实景监管平台技术应用研究》通过验收。持续开展QC活动，2项获交通部优秀、1项获江苏省优秀、7项获省厅优秀，其中张家港港航QC小组的《提高内河港口码头污染物接收设施建设达标率》获部优，张家港船闸QC小组的《船闸水位测流系统的研发》获省优、省厅优秀成果发布二等奖和苏州市质量提升微创新成果竞赛三等奖并被全省推广，昆山港航QC小组的《分体式桥涵标装置的研制》被全省推广。胜浦大桥结合智慧工地建设，应用要素智能识别、船舶AI预警等技术，完成桥区水域航道改移，节省工期近6个月，节约成本约150万元。长湖申线航道整治工程"装配式帽梁施工工艺"获苏州交通建设项目施工技术"微创新"大赛一等奖。

党的建设。坚持以习近平新时代中国特色社会主义思想为指导，围绕学习贯彻党的二十大精神，深化"港航连心桥"党建品牌矩阵建设，推动6处红色地标创建，建强"党建＋工地"阵地，实施"长湖申线（苏浙省界-京杭运河段）航道整治工程"书记项目，以党建赋能水运重点工程建设。自觉践行"两在两同"，投身疫情防控、防汛抗灾、运输保畅、安全生产一线，发挥基层党组织战斗堡垒和党员先锋模范作用。深化廉政风险防控，强化内控制度管理，及时更新干部职工的廉政档案，实时更新《苏州市水运工程建设指挥部廉政建设风险防控体系》。多渠道、全方位宣传苏州港航，全年对外新闻宣传100多次，省级媒体及以上录用率达50%，其中"90后跑船夫妻档""永不停歇的京杭大运河：亲情、爱情与运河情"登上央视平台"奔腾江河看中国"栏目，绿色港航发展成果宣传登上中国交通报。加强精神文明建设和文化建设,苏州市港航事业发展中心获江苏省交通运输行业青年建功标兵团队、"交通强省"重点工程劳动竞赛优秀组织单位、苏州市水运工程建设指挥部获江苏省交通建设有功集体、江苏省交通运输行业青年建功标兵团队、2022年苏州市工人先锋号。

(桑叶飞)

【《交通工程 3D 打印护岸工程和声屏障工程质量检验标准》出版发行】《交通工程 3D 打印护岸工程和声屏障工程质量检验标准》由苏州港航中心和绕城高速公司联合主编,于 3 月正式发行,是国内第一个内河航道 3D 打印护岸工程和声屏障工程质量检验依据,填补交通工程领域 3D 打印相关质量检测标准的空白。不仅为相应工程的交竣工验收工作提供规范指导,也将有助于在交通工程建设中进一步推广应用 3D 打印技术,为促进行业低碳绿色可持续发展提供有力支撑。

(谢亿秦)

【《苏州市内河水运发展报告(2021 年)》正式发布】8 月 1 日,苏州港航中心发布《苏州市内河水运发展报告(2021 年)》。《报告》全面分析 2021 年度苏州内河水运发展状况,科学评判成绩与不足,并针对当前发展中存在的问题提出 12 项对策建议。《报告》指出,苏州内河基础设施规模居全省前列,港口能级位居全省第一,沿河企业实力强、分布密。2021 年,苏州市内河区域货运量 2.51 亿吨,占全市货运量的 14.8%。内河集装箱近三年年均增速 81.59%。内河港口吞吐量 1.77 亿吨,水路旅客周转量 3 012 万人公里,位居全省第一。

(刘 刚)

【申张线青阳港段航道整治工程航道施工项目通过交工验收】9 月 29 日,申张线青阳港段航道整治工程航道施工项目通过交工验收。项目全长 7.646 公里,是苏南地区至太仓港内河集装箱运输核心通道的重要航段,也是联系苏州南、北航道网的关键航段。该项目完善提升航道基础设施,核心区段采用高湖石和花岗岩镶面,实现航运、水利、景观功能的有机融合,同时创新应用水上移动混凝土搅拌一体化平台,形成一系列可推广的城市核心区施工经验。

(杨娱琦)

【杨林塘金鸡河吴塘河段航道整治工程通过竣工验收】11 月 25 日,杨林塘金鸡河吴塘河段航道整治工程通过省交通运输厅组织的竣工验收,竣工质量等级获评优良。工程于 2013 年 3 月开工建设,金鸡河段按照三级航道标准整治航道 11.63 公里,吴塘河段按照五级航道标准整治航道 10.15 公里。共新建护岸 35.58 公里,改建桥梁 20 座。

【苏南运河苏州市区段三级航道整治工程通过竣工验收】11 月 26 日,苏南运河苏州市区段三级航道整治工程通过省交通运输厅组织的竣工验收,竣工质量等级获评优良。工程于 2007 年 8 月开工建设,按三级航道标准整治航道 40 公里,新(改)建桥梁 11 座,概算投资 16.4 亿元。整治后航道可通行 1 000 吨级船舶。2021 年,苏州市区段断面船舶通过量为 3.06 亿吨,是启动整治工作前的 1.7 倍。同时新建水上服务区,改造增设助航设施,整治提标沿线码头,打造便捷温馨的船民港湾。至此,苏南运河苏州段航道三级整治提升工作画上圆满的句号。

(张安蜜)

【虞山二号船闸大修工程通过竣工验收】11 月 4 日,虞山二号船闸大修工程通过竣工验收,工程综合评定为优良。二号闸自2000年建成投运以来,至今已开放15万余闸次。10月17日启动大修工程,11月11日,虞山二号船闸全面恢复通航。

(张 婷)

【杨林塘昆山段航道整治工程通过竣工验收】 12月22—23日,省交通运输厅在苏州组织召开杨林塘昆山段航道整治工程竣工验收会。会议成立竣工验收核查组,验收核查组听取工程建设管理情况和航道试运行情况的汇报,查阅工程相关内业资料,并踏勘工程现场,一致认为杨林塘昆山段航道整治工程较好地完成了各项建设任务,同意工程通过竣工验收,竣工质量等级为优良。杨林塘昆山段原为七级航道,工程按三级航道标准整治航道16.23公里,新建护岸29.77公里,新(改)建桥梁14座,提升绿化面积约90万平方米,概算总投资14.53亿元。工程于2012年4月开工,历经十年建设,杨林塘航道可通行1 000吨级船舶,2021年5月,"苏太快航"精品航线正式开通;2021年,杨林塘航道断面船舶通过量为1 989万吨;2022年10月,全国首艘纯电动内河集装船在杨林塘航道完成首航。较整治前,杨林塘航道通航能力实现质的飞跃,岸线得到集约节约利用,沿线风貌得到改善提升,生态效益、社会效益和经济效益逐步凸显。

(张安蜜)

【大运河苏州段"宋韵"灯塔提升工程完工】 12月10日,大运河苏州段"宋韵"灯塔提升工程完工。该项工程凝聚街道、交通、文保等多部门力量,改造提升京杭运河苏州段宝带桥畔航标灯塔2座。新灯塔设计为八面体石塔形制,5层塔身,高度约6米。灯塔外立面采用锻铜敲塑制作工艺,内部使用钢结构,配置一体化4G物联网航标灯器。不仅保障原有的交通警示作用,其古朴自然的外形与千年宝带桥相得益彰,成功打造古运河新地标。

(黄金星)

太仓杨林船闸管理处

【单位概况】 太仓杨林船闸管理处位于苏州市太仓市浮桥镇七丫村(邮编:215434,电话:0512-33065015),为自收自支事业单位,隶属太仓市交通运输局,单位规格相当于正股级,核定编制75名。主要职责:贯彻执行国家和省、市有关船闸的方针、政策、法律、法规,参与编制船闸有关发展战略、发展规划、行业政策、法规规章、标准规范;参与编制并负责执行船闸养护计划;承担船闸管辖范围内航道基础设施、标志标牌的维护和管理工作;承担过闸船舶的组织管理,船舶过闸费的征收、解缴工作;承担船闸信息化以及行业统计调查工作;承担船闸绿色发展科研、标准化等工作;承担管辖范围内船闸基础设施的安全管理和应急处置工作;承担节制闸基础设施和下游长江堤岸的维护、管理等工作;承担防汛排水、调节引水等工作。内设科室3个:办公室、运行调度科、安全养护科。共有干部职工38人,其中,事业编制30人,编外8人。

主任、书记　龚　健
副主任　王　瑱　祝延丰
副书记　陈　洁

【船闸基本情况】 杨林船闸为太仓港疏港航道的入江口门船闸,也是省干线航道网中连接苏南运河和长江的重要节点枢纽。杨林船闸按三级船闸标准建设,设计通航船舶1 000吨级,规模为230×23×4(米),年设计通过能力4 890万吨。船闸范围总里程4.302公里。船闸上游最高通航水位为1.68米（85高程），最低通航水位为0.68米；下游最高通航水位为4.34米，最低通航水位为-0.95米。杨林塘船闸处于长江口潮汐变化区，船闸承受双向水头作用，上、下游工作闸门均采用钢质三角门；阀门采用钢质平板提升门，实腹式板梁结构；上、下闸首采用整体刚度大的钢筋混凝土坞式结构；闸室推荐采用钢筋混凝土坞式结构，闸室系船设备采用浮式系船柱。

【年度工作概况】2022年，完成杨林船闸上游引航道南岸护岸整治工程项目，按三级航道标准新建U型板桩护岸898米；完成杨林左盘头护坡加固工程，对下游引航道大堤端部，杨林左盘头处险工段按照Ⅱ级Ⅱ等堤防设计进行加固，共加固护坡40米，设置扭工体240枚。例行开展机电保养，每月定期进行安全大检查、土建设施巡查和安全设施设备检测，全年开展安全生产大检查12次，土建设施巡查12次和安全设施设备检测12次，防雷检测1次，供配电设施预防性试验1次，组织应急演练3次。

船闸运行（过闸费征收）。全年安全开放6 039闸次，放行各类单机船31 866艘次，船舶通过量3 955.61万吨，征收过闸费1 470.18万余元，过闸船舶ETC使用率达99.9%。为过往船舶优惠、减免过闸费441.44万余元，其中免收集装箱运输船舶过闸费73.9万余元。按照苏州市防汛办的调度指令引排水，全年共引排水235潮次。

党的建设。学习贯彻党的二十大报告、《党的二十大报告学习辅导百问》《中国共产党章程（修正案）》，学习延安精神，开展支部书记讲党课活动。从扇面作品中感受清正廉洁。参加"走基地、看变化、聚力量"沉浸式主题实践活动，赴沙家浜瞻仰革命先辈、追溯红色记忆。创建"先锋书屋"，参观"怀袖清风——江海君扇面作品展"、"献礼二十大，奋进新征程"2022年太仓市职工书画摄影展。

（蔡富贵）

虞山船闸管理处

【单位概况】虞山船闸管理处位于常熟市虞山南路91号（邮编：215500，电话：0512-52779716），为常熟市交通运输局下属事业单位，副科级规格，经费渠道为差额拨款。根据中共常熟市委机构编制委员会《关于同意市交通运输局下属事业单位机构编制事项调整的批复》（常编〔2020〕83号），核定人员编制为65人。主要职责：负责贯彻执行《中华人民共和国航道法》《通航建筑物运行管理办法》《江苏省水路交通运输条例》和有关法规；负责过闸船舶的组织管理；负责过闸费的征收和解缴；负责船闸的管理、使用、维修保养；负责编报年度计划和中小修工程的预算并组织实施；负责按期准确报送各项统计报表、财务决算和年度总结；负责各项规章制度的建立和执行。内设科室6个：人事秘书科、财务科、工程科、法制安全科、运行调度科、信息机务科。

　　书记、主任　　杨　伟（1—3月）　樊荣林（4月任）

　　副主任　　高雪峰

　　副书记　　周雪芳

【船闸基本情况】船闸下设二线船闸，按五级船闸标准建设。一号船闸1959年7月建成投入使用，2006年5月完成改建，改建后规模为180×15.5×3.4（米），最大设计通过船舶300吨级；二号船闸2000年7月建成投入使用，规模为180×16×3（米），最大设计通过船舶300吨级。船闸上游设计最高通航水位为4.2米，设计最低通航水位为2.63米；下游设计最高通航水位为3.73米，设计最低通航水位为2.5米。船闸闸门均为钢质弧形三角门，启闭机均采用液压直推式启闭机，电气控制均采用集散型控制系统。

【年度工作概况】基础设施建设。2022年虞山二号船闸大修工程于11月4日通过竣工验收，工程综合评定为优良，完成经费793万元；推进虞山二号船闸机电改造工程，计划经费289万元。完成船闸定期保养36次，水下检查4次，沉降位移观测2次，闸门运行情况检查12次，引航道护岸及助导航设施巡查24次，机电维修应急维修6次，完成一线闸下游南侧油缸更换和应急发电机组更新，以及导航墙、挡浪墙等助航设施维修保养，共计完成维修经费约273.24万元。其中中修工程"下游引航道疏浚工程"，完成经费59.93万元。

船闸运行（过闸费征收）。全年累计开放

15 125 闸次,通过单船 41 554 艘次,船队 63 拖 487 驳,货物通过量 1 097 万吨,船舶通过量 2 660 万吨。ETC 申报单船 41 151 艘次,ETC 使用率达 99.03%。共计征收船舶过闸费 830 余万元,减免过闸费 207 万元,闸费征收同比下降 13.8%。

管理工作。通过省厅港航事业发展中心安全生产标准化一级达标抽查。组织开展安全教育培训、应急演练,定期开展班子成员谈安全发展、说安全活动,全员签订安全生产目标责任书,全年开展各类安全检查 23 次,隐患整改率达 100%。加强危险品船舶专用停泊区管理,实施危险品船舶全程监管、单独放行。修订《虞山船闸突发事件应急预案》,落实《江苏省交通运输船闸运行调度管理办法》,开展"三无"船舶专项整治行动。强化过闸船舶信用管理,规范船舶过闸行为,全年共计为过闸船舶加分 41 967 次,减分 367 次,享受优先过闸船舶 1 次。

科技创新。虞山船闸 QC 小组开展《降低重载船舶搁浅次数》课题研究,课题对重载船舶过闸情况进行长时间的观察和记录,摸清造成重载船舶搁浅的主要原因,采取疏浚清淤、老驳岸拆除等方式对闸区航道进行修复,最终降低重载船舶的搁浅次数,消除搁浅隐患。该研究成果获评 2022 年度常熟市职工"五小"创新成果。虞山船闸 QC 小组获 2022 年度江苏省交通行业优秀质量管理小组称号。

党的建设。学习贯彻党的二十大精神,激励党员干部扛起"争当表率、争做示范、走在前列"光荣使命。巩固和深化市级"廉政文化示范点"的创建成果,多种形式筑牢党员干部拒腐防变的思想堤坝。抓好党员日常教育,开展党员冬训。与苏州港航中心第二、三党支部联合开展"党建融 聚力量 促提升"主题党日活动;与宝岩村党总支共同开展"学习党的二十大精神 结对共建促发展"联学联建主题党日活动。与船民心贴心、手拉手,为建设和畅船闸打下基础。

(张 婷)

张家港船闸管理处

【单位概况】张家港船闸管理处位于张家港市金港街道长江西路 39 号(邮编:215633,电话:0512-58332698),为公益一类事业单位,现有编制 76 名。主要职责:负责船闸的管理、使用、维修保养和过闸船舶的组织管理;负责过闸费的征收和解缴;负责编报年度计划和中小修工程的预算并组织实施;负责按期准确报送各项统计报表、财务决算和年度总结。内设股室 7 个:人秘股、运调股、法制安全股、工程股、稽查股、财务股、科技信息股。

书记、处长　黄胜华

副书记、副处长　陈　平

副处长　朱　勇　周志强　沈丽娟

【船闸基本情况】张家港船闸地处张家港市金港镇,坐落在申张线的入江口处,船闸下辖二线船闸,下游(内河侧)引航道 1 200 米,上游(长江侧)引航道 1 500 米。一号船闸 1970 年 10 月建成,按Ⅵ级航道配套船闸建设,规模为 130×13(10)×2.5(米),年设计通航能力 450 万吨;上、下闸首均为钢筋混凝土整体坞式结构,闸室为钢筋混凝土双铰底板结构。二号船闸 2012 年底建成,船闸级别Ⅲ级,规模为 230×23×4(米),年设计通过能力为 3 853 万吨;上、下闸首均采用整体式结构、大门库的空箱边墩型式,闸室采用钢筋混凝土整体式结构。一号、二号船闸上、下游闸门均采用钢质三角门型,阀门采用钢质平板提升门,闸、阀门启闭机采用直推式液压机型,电气控制采用集散型控制系统。船闸上游(长江侧)最高通航水位为 4.3 米,最低通航水位为 −0.55 米;下游(内河侧)最高通航水位为 2.9 米,最低通航水位为 0.5 米;船闸承受双向水头,最大设计水头 3.2 米。

【年度工作概况】2022 年,完成张家港船闸船舶临时停泊区工程、上游引航道西侧护岸维修工程(一期)以及二号船闸大修工程,提升船闸上下游引航道通航环境。实施危险品船舶集中停泊、统一管理,单独放行。推进安全生产标准化体系建设,全年共接受上级安全督查(含第三方)12 次,组织开展处级安全检查 19 次,共发现一般安全隐患 18 项,隐患整改定人定期,隐患整改率达 100%。推行《江苏省内河航道船舶过闸信用管理办法》,对船舶过闸行为进行诚信计分考评,全年共采集过闸船舶信用信息记录 113 021 条,其中有 108 356 艘次船舶得到加分,4 665 艘次船舶(含手动减分49条)被扣分。使用水上ETC登记过闸的船舶达99.8%。

船闸运行(过闸费征收)。全年开放闸次20 068次,放行单机船9.71万艘,船队770拖,船舶通过量9 526.76万吨,征收过闸费3 446.5万元,完成年目标的123.1%。

党的建设。贯彻全市作风建设会议及局党委廉政建设责任制工作要点,定期开展廉政警示教育、职工教育座谈会。推进廉政风险排查及防控工作,梳理船闸廉政风险点,制定张家港船闸廉政风险防控手册。着力增强单位文化建设,开展各类创建活动,如道德讲堂、志愿项目、惠民服务等。

(濮君莉)

吴中区港航事业发展中心

【单位概况】吴中区港航事业发展中心位于吴中区郭巷街道东环南路2015号(邮编:215124,电话:0512-65252144),是吴中区交通运输局下属事业单位,副科级,经费渠道为全额拨款,核定编制11人。主要职责:参与编制辖区港口、航道行业有关发展战略、发展规划;参与编制并负责执行辖区港口、航道建设计划;负责辖区航道、港口公用基础设施的建设、养护、安全管理和应急处置工作;负责辖区港航绿色发展工作;负责内河航标设置和管理;负责辖区航道(赔)补偿费征收工作;承担有关行政审批事项的指导检查工作;承担港航系统的财务管理和内部审计工作等。内设科室2个:工程养护科、综合业务科。

  书记、主任 刘晓峰
  副主任 史永青 杨莉萍

【航道基本情况】辖区共有航道29条,通航里程352.87公里。其中三级航道49.86公里、五级航道33.78公里、六级航道22.34公里,等外级航道246.89公里。辖区航标共59座(包括镬底潭临时浮标6座),设标里程142.41公里。

【年度工作概况】航道养护工程。2022年,对省干线航道18座桥梁的桥区水域实施维护疏浚,疏浚土方12.2万立方米;同时完成苏南运河与苏申外港线交叉口疏浚工程、吴中水上服务区公务船坞引航道护岸维护工程的竣(交)工验收。完成辖区高等级航道6座桥梁的桥区水域标牌设置工程。完成辖区(市干线)航道桥区水域疏浚工程,疏浚土方约9.42万立方米,工程造价约450万元;苏南运河吴中水上服务区锚地疏浚工程完成质监站验收,总计疏浚土方约5.68万立方米;全年新建(维修)护岸230米。此外,在汛期及枯水期分别完成两次多波束扫测,扫测里程224.3公里,排除水下障碍目标物3处。

管理工作。全年检查航标858座次,查标里程3 220公里。对辖区59座航标(含6座高垫湖临时浮标)进行汛期前维护检查,并对部分航标进行物联网航标灯器更新。全年组织安全大检查8次,共排查出隐患18处,全部整改到位;开展"安全生产月"活动,组织职工安全教育培训,落实预防雨雪天气、汛期等相关安全措施,完成《中心安全管理制度》及《安全操作规程》的初步编制及审核。

航道赔(补)偿费征收。全年收取航道赔(补)偿费3.2万元。

绿色航道。实施吴中区三级航道水面保洁项目,累计清理水面垃圾、水生植物约3 725吨,累计保洁里程38 018公里。

党的建设。坚持党日活动每月一主题、党支部每月一学习,开展学习党的二十大、十三届全国人大五次会议,苏州市两会等重要会议精神及《党的二十大报告学习辅导百问》《习近平谈治国理政》第四卷等书籍。层层签订党风廉政建设责任书,做好岗位风险防控相关措施。严格执行中央"八项规定"和省、市、区委相关规定,严格执行"三公"经费支出等标准。定期传达纪委(监委)相关文件精神,引导党员干部加强自我约束,保持清醒的头脑和健康的人际关系。获评"苏州市吴中区交通运输工作先进单位""苏州市吴中区交通运输局2021—2022年度先进基层党组织"。

(金雅岚)

相城区港航事业发展中心

【单位概况】相城区港航事业发展中心位于相城区润南大厦(邮编:215100,电话:0512-

66108060），于2022年7月设立，全额拨款、公益一类事业单位，机构规格相当于正股级，人员编制9名。中心现有干部职工10名，包括在编人员6名，编外人员4名。主要职责：负责辖区内港口、航道建设计划的编制，承担港口、航道的公用基础设施建设、管理、维护以及相应的安全管理、应急处置等公共事务性工作。内设科室2个：工程养护科、综合业务科。

书记、主任　徐　瑛

副主任　李　涛　时　丰

【航道基本情况】辖区航道22条，通航总里程194.17公里。其中，省干线航道1条（苏南运河），里程6.53公里；市干线航道2条（望虞河、苏虞线），里程17.53公里；其他航道19条，里程170.11公里。辖区共设7座航标为发光标，均为侧面标，设置于苏虞线、苏虞东线、消泾线。

【年度工作概况】航道养护。2022年，实施航道养护项目2个。完成苏虞线航道疏浚工程，完成疏浚土方约25万立方米。完成航道隐患整治工程，增设防撞墩30个、桥涵标33块、倒水尺30块、禁航标44块、智能碰撞系统4套。

管理工作。落实日常巡航检查，全年开展航道日常养护巡查7 707公里，航道通航率100％，航标维护252座次，巡标里程1 692公里，航标正位率100％，发光率100％。实施航道水面保洁项目1个。在京杭运河、望虞河、苏虞线和苏张线四条五级以上（含规划）航道开展水面保洁作业，保洁里程44.1公里；配合河长办、水务局等相关单位做好航道水面保洁，完成蓝藻、水葫芦打捞任务。完成内河码头47套岸电检测工作。完成2021年度全区37家码头企业的信用评定工作，并进行网上公示。每月在交通运输企业一套表联网直报系统中进行相城区内河码头吞吐量统计上报工作，以对港口经济运行进行分析，掌握港口发展的质态和趋势。健全安全管理制度，开展"春运""防灾减灾宣传周""安全生产月"等各项专项活动。

党的建设。学习贯彻落实党的二十大精神，把学习成果转化为谋划发展、推动落实、解决问题的思路举措，深入服务企业，帮助化解一批发展难题，持续优化营商环境。全面规范组织生活，严格贯彻落实"三会一课"、主题党日、周三午间一小时等制度，共召开支委会12次（集中学习7次），主题党日活动12次（集中学习7次），午间学习11次。开展党风廉政建设，强化党的纪律，压实党风廉政建设主体责任。

（黄　沁）

吴江区港航事业发展中心

【单位概况】苏州市吴江区港航事业发展中心位于吴江区油车路33号（邮编：215200，电话：63423842），是区交通运输局所属事业单位，副科级规格，核定编制18人，经费渠道为全额拨款，分类定性为公益一类。主要职责：参与编制并负责执行全区公用港口、航道建设计划；负责编制并组织实施全区公用港口、航道及基础设施的养护计划；做好全区航道赔（补）偿费的使用和管理工作；协助做好有关行政审批前的符合性技术审查工作。内设4个科室：综合科、航道科、港口科、工程科。

党支部书记、主任　庄志强

副主任　周卫其　施伟忠　王敬扬

【航道基本情况】辖区航道总里程450公里（扣除重复里程后）。全区共有水运通道42条，其中三级航道1条（京杭运河），四级航道3条（长湖申线、太浦河和苏申外港线），五级航道1条（乍嘉苏线），六级航道1条（申湖复线），七级航道4条（吴芦线、麻溪港、严墓塘、紫荇塘）；等外级航道32条。全区共有航标42座，全部采用环保、节能一体化航标灯，具备遥测功能。

【年度工作概况】基础设施建设。2022年，长湖申线（苏浙省界-京杭运河段）航道整治工程累计完成投资46 252万元，占总投资规模的56.7％。开工建设京杭运河江苏段绿色现代航运综合整治工程（江南段）苏州段航道施工项目，累计打桩549根，完成护岸260米，完成疏浚15.9万立方米，完成外场感知项目吴江段监控系统安装。推进长湖申线（太浦河段）航道整治工程施工图设计。乍嘉苏线三级航道整治工程可行性研究（中间成果）通过省港航事业发展中心内部审查。

航道养护工程。完成申湖复线4号航标改建工程，改建后航标位置由雪湖荡北岸调整至航道附近水域，标体高度由原先的7.5米提高至8米，为申湖复线航道最高航标。完成苏南运河吴江段水下清障工程，清除平望大桥老桥桥墩基础、排架墩及新运河大桥、南三环大桥附近共4处水下障碍物。完成申湖复线驳岸维修工程，将护岸维修与绿化工程相结合，维修加固护岸202.43米。对辖区内等级航道开展两次水下多波束扫测，共计完成扫测航道里程384.44公里。新建1艘13米港航工作保障艇。

管理工作。强化安全巡航，巡航里程累计6894公里，保养航标515座次，新增航标1座，航标正常率、航道通航保证率均为100%。落实"三管三必须"要求，逐级签订安全生产目标管理责任书，明确分工，层层压实安全责任。建立包括安全生产责任制、风险分级管控、隐患排查治理等的14项安全管理制度。制定包括汽车驾驶员、船艇驾驶员和轮机员、助航标志维护等6项操作规程。组织开展"春运和疫情防控""安全生产月""安全生产大检查""秋季百日攻坚"等安全生产专项活动。

航道赔（补）偿费征收。全年收取航道赔（补）偿费110.32万元。

党的建设。依托"学习强国"APP、党日活动等，开展政治理论学习，并要求全体党员做好学习记录。持续加强对干部职工作风建设和廉政教育，加强重点环节、重点岗位廉政风险评估和防范，通过查找廉政风险点、布置风险防控措施、签订廉洁自律承诺书，由一把手亲自上一堂党风廉政建设专题党课等方式，巩固党风廉政阵地建设。

文化建设。开展QC小组活动，参与编写《新常态下航道管理的若干思考》《内河航道预防性养护管理措施研究》《关于"简支工况浮拖施工工艺"的研究》《提高港航服务满意度》研究课题，其中《关于"简支工况浮拖施工工艺"的研究》获全市港航系统优秀QC成果发布二等奖。参加疫情防控服务、文明城市创建等服务，累计出动400余人次。开展"一日捐""慈善募捐"等献爱心活动，帮困扶贫，传达社会关爱。完善信访制度，做好信访解释，做到有专人接待，在规定时间内答复处理，做到信访受理率100%、答复率100%。

（张芬芳）

昆山市港航事业发展中心

【单位概况】昆山市港航事业发展中心位于昆山市虹桥路109号交通大厦三楼（邮编：215300，电话：0512-50325751），副科级建制机构，核定编制35人。主要职责：贯彻执行国家、省、市有关港口、航道的方针、政策、法律、法规；负责编制港口、航道养护计划，并监督组织实施；负责内河助航标志和航道标志标牌设置和管理，负责指导全市港口公用基础设施建设；负责航道赔补偿费的收取工作；承担港口和航道绿色发展工作；承担港口和航道的网络安全、信息化以及行业统计、信息调查工作；承担港口和航道行业技术交流、科技成果转化、科研项目实施管理、标准化等工作；承担有关行政审批前的符合性技术审查工作；参与和编制港口和航道行业发展规划、行业政策、标准规范；参与港口和航道智能化建设；完成市交通运输局交办的其他事项。内设科室10个：办公室、组织人事科、财务管理科、法制宣教科、发展计划科、港航服务科、工程养护科、安全环保科、应急装备科、科技信息科，在职职工34人（10人外借）。

党支部书记、主任　　王结实

党支部副书记、副主任　陶　岚

副主任　　沈健远　计敏明　赵庆磊

【航道基本情况】境内共有航道50条，内河航道总里程383.87公里，其中三级航道26.13公里，四级航道4.48公里，五级航道32.98公里，六级航道52.28公里，七级航道27.93公里，等外级航道240.07公里。航标32座。

【年度工作概况】基础设施建设。2022年，申张线青阳港段航道整治工程完成投资4.43亿元，项目累计完成16.6亿元，占总投资的67%。全年完成工程前期迁改42项，高速公路桥北半幅建成通车，中华园路桥基本完成桥梁主体施工，同丰路桥、孔巷大桥完成下部结构施工，震川桥开展下部结构施工。杨林塘金鸡河航道整治工程、杨林塘昆山段航道整治工程、青阳港航道整治工程航道标完成交（竣）工验收。完成《昆山市支线航道定级论证研究》中期成果。完成"畅行昆山 智慧交通"水上服务区信息化项目建设。

航道养护工程。全年完成投资2 435.71万元,开展航道养护项目10项。新建、维修护岸1 195米,维护各类助航标志653块(套),测量航道典型断面1 376个,清淤土方1.89万立方米。境内航道多波束扫测全覆盖,等级航道清障扫床里程281.69公里。完成辖区内30座航标灯一体化改建,46个桥涵标遥测改造,2处重要航道标识标牌亮化改造,增设5处船舶碰撞桥梁信息化预警设备。

管理工作。全年完成航评审查19件。召开安全生产工作会议和专题会议11次,形成并落实会议决议49条。开展安全"四进四排查"、安全生产专项整治、夏季安全生产"百日攻坚"等专项行动。全年巡查航道里程6 829.54公里,出动航道巡查和安全检查人员共415人次,巡航检查航标768标次,检查桥梁3 377座次,发现并督促整改隐患41处。全面完成船舶碰撞桥梁隐患治理专项行动,协助制定全市防范化解船舶碰撞桥梁风险长效管理机制。开展航道清障、火情自救、桌面推演等应急演练活动。启动杨林塘(昆山)水上服务区的运营,全年共停靠约4 735艘次。完成杨林塘(昆山)水上服务区交通普法阵地建设。

航道赔(补)偿费征收。全年收取航道赔(补)偿费180.4万元。

科技创新。"分体式桥涵标项目"获实用新型国家专利,并被确定为2022年度省航道管养类推广项目。申报《一种桥墩防撞警示设施的安装辅助装置》《一种桥墩弧角定位打孔装置两项》《一种U型护岸板桩安装辅助定位装置》3项国家专利。

党的建设。实施"党建+"工程,开展书记项目,创新实施委员工程。贯彻落实党的二十大精神,深化运用"港航8:30"学习机制、党史学习站学习平台,围绕党风廉政、法治宣教、技能培训,开展各类学习50余次。开展"背街小巷、垃圾分类、春运暖冬、舒美乡村畅安与共"结对共建,以及"青爱童行"等活动和志愿服务70余次。组建航道"清朗侠"队伍,回复"12345"、民生"110"等办件。

(姜 婷)

太仓市港航事业发展中心

【单位概况】太仓市港航事业发展中心位于太仓市城厢镇城西南路58号(邮编:215400,电话:53377985),为太仓市交通运输局下属全额财政拨款事业单位,副科级建制,核定编制21人。主要职责:负责编制航道养护计划、实施建设、养护等工作;负责内河航标设置和管理;负责指导全市港口公用基础设施建设;负责航道赔(补)偿费的收取工作;承担港口和航道行业技术交流、标准化等工作;承担有关行政审批前的符合性技术审查工作。内设科室4个:综合科、规划养护科、安全科、港航事务科。

主任、书记 周 宏
副主任 顾凌英

【航道基本情况】太仓境内内河航道42条、航道总里程共计372.04公里。其中三级航道1条(杨林塘)27.76公里、五级航道3条(苏浏线、吴塘河、荡茜河)合计33.09公里、六级航道1条(盐铁塘)24.89公里、七级航道3条(七浦塘、南石头塘、蒲华塘)合计44.62公里、等外级航道34条合计241.68公里。通航船闸1座。跨河桥梁共计117座。航标共计4座。

【年度工作概况】2022年,共计开展航道养护项目5项,新建、修复护岸约5 065米。基本完成盐铁塘航道护岸维修整治工程主体结构,盐铁塘城区段按照六级航道标准进行整治。完成船舶碰撞桥梁隐患治理工程,对辖区内部分存在隐患的桥梁采取安装防碰撞预警系统、增设钢管防撞桩和限高桁架等治理措施。完成苏浏线航道(沪通铁路桥-浏河水闸桥段)护岸修建整治工程前期报批手续和招标文件编制工作。完成杨林塘1号航标标体改造。

航道赔(补)偿费征收。全年收取航道赔(补)偿费17.68万元。

管理工作。开展职工安全教育培训,全年累计举办安全生产教育学习4期,召开安全会议12次、悬挂安全宣传横幅4条、利用电子屏幕滚动播放安全警示标语10次。全年开展专项巡查61次,巡查里程2 722公里,检查航标47标次,航标正常率99%以上。落实安全生产专项整治三年行动,建立健全工作长效机制,巩固整治成果。加强安全巡航,发现碍航隐患能及时清除,全年清障扫床里程184.26公里。完善应急救援体系建设,做好应急物资的储备。完成航评审查13件。

党的建设。学习贯彻党的二十大精神、"两会"精神,以及习近平总书记系列重要讲话重要指示,开展《习近平谈治国理政》第四卷专题学习研讨、江苏先锋党员大学习,观看《刑警谈锋》《足迹》《如何正确认识我国的数字经济发展战略》等电教片,规范"三会一课"制度,严格党的组织生活,全年累计开展党员集中学习(含线上学习)12次,开展《党的二十大报告》宣讲等支部书记上党课2次。修订完善《太仓市港航事业发展中心廉政风险防控手册》,印发《太仓市港航事业发展中心招标评审制度》,开展党员谈心谈话共计13人次。疫情防控期间,全体党员参与卡口执勤志愿服务,全力保畅通。

文化建设。创建"娄城航标灯"党建品牌,开展形式多样的品牌宣传活动,完成安全生产、法治建设、创文典范等各类主题宣传共计30余条次,在江苏港航、苏州市交通运输局、太仓市交通运输局等平台和中国水运、现代快报、联播苏州、太仓融媒等媒体发表各类新闻报道共计46篇。结合志愿服务、结对共建和文明创建等工作,开展迎新春、庆元宵、安全生产月、信用交通、宪法宣传周等一系列主题活动。获2022年度苏州市港航系统优秀QC成果三等奖。

(范雨婷)

常熟市港航事业发展中心

【单位概况】常熟市港航事业发展中心位于常熟市鑫顺路8号(邮编:215500,电话:0512-52770239),为公益一类事业单位,副科级建制,经费渠道为全额拨款,核定编制38人。主要职责:贯彻执行国家、省、市有关港口、航道(长江除外,下同)的方针、政策、法律、法规和相关行业标准;参与编制全市港口、航道行业有关发展战略、发展规划、行业政策及规范性文件、标准规范;负责编制并组织实施航道及港口公用基础设施养护计划;负责全市港口公用基础设施的建设、维护;负责内河助航标志和航道标志标牌设置和管理;负责内河港口锚地调度工作;负责航道赔(补)偿费的收取工作;承担港口、航道的绿色发展相关工作;承担港口、航道的网络安全、信息化以及行业统计、信息调查工作;承担港口、航道行业技术交流、技术创新、科技成果转化、科研项目实施管理、标准化等工作;承担港口公用基础设施和航道基础设施的安全管理和应急处置工作;承担有关行政审批前的符合性技术审查工作。内设科室6个:综合管理科、安全环保科、发展计划科、港口管理科、航道管理科、工程养护科。

主任、书记　樊荣林(1—3月)　杨　伟(4月任)

副主任　钱世东　唐建文

副书记　朱伟芳

【航道基本情况】辖区通航里程共计527.29公里,其中五级航道37.36公里,六级航道77.36公里,七级航道71.87公里,等外级航道340.7公里。航标21座。

【年度工作概况】2022年,完成七鲇线(白茆塘-东南大道)航道绿化工程。推进苏虞线(唐家宅基河-界泾河)航道整治工程前期工作。开展《常熟市支线航道网规划定级研究》编制工作。配合推进《苏州内河港常熟港区港口总体规划及岸线整合利用五年规划》编制工作,并于11月10日通过审查。

航道赔(补)偿费征收。全年收取航道赔

(补)偿费90.176万元。

管理工作。2022年度完成2次清障扫床工作。完成常浒线(梅李大桥航段)水下应急清障工程,工程于9月29日通过验收。全年共办结航评项目7项,协助苏州港航中心完成本辖区航评项目13项。落实日常巡航检查,年度完成巡航里程计4 572公里,共出动车船198航次,检查人员792人次。安装航标遥测系统,完成11座航标更新工作;完成申张线7号、8号航标及申张线、七鲇线航道标志牌改造工程,该工程于11月16日施工,12月12日交工,航标正常率达100％。全年共完成82家内河码头港口经营许可证(延续)申请的审核及发证工作;完成60套岸电建设工作,内河码头岸电改造及检测工作全面完成。健全安全管理制度,开展"春运""防灾减灾宣传周""安全生产月"等各项专项活动,做到有计划、有部署、有小结。

党的建设。落实"三会一课"制度,开展党员冬训活动。开展"5·10训廉日"主题教育活动,组织"走基地、看变化、聚力量"沉浸式主题实践以及参观主题展览。完善党风廉政建设责任体系,层层签订党风廉政建设责任书,明确工作目标和职责;深化作风效能建设,及时处理和答复社会诉求8起。创建"绿水红韵"党建品牌;与龙腾特钢炼铁分公司党支部开展结对共建合作。组建"疫情防控行动支部",17名党员及志愿者勇挑重担,坚守在高速卡口、铁路常熟站以及苏州站疫情防控一线。

文明创建。开展"信用交通主题宣传日""宪法宣传周"活动,提高船员及码头企业遵纪守法的自觉性。组织志愿人员参加"虞城无诈""创建文明城市"等志愿者活动。

(陈 倩)

张家港市港航事业发展中心

【单位概况】张家港市港航事业发展中心位于张家港市杨舍镇蒋乘路200号(邮编:215617,联系电话:0512-58299961),是张家港市交通运输局下属事业单位,副科级建制,分类定性为公益一类,经费渠道为全额拨款。主要职责:贯彻执行国家、省、市有关港口、航道的方针、政策、法律、法规和相关行业标准,参与港口、航道行业发展战略和发展规划的编制工作,推进全市港口、航道行业公共服务体系建设;参与编制并执行港口、航道(长江航道除外,下同)建设和养护计划,配合做好航道重点项目的建设管理工作,承担航道的管理和养护工作;负责指导全市港口公用基础设施的建设、维护和管理工作,承担全市港口行业相关管理和服务具体工作;承担和指导航道基础设施和港口公用基础设施的安全管理及应急处置工作,负责航道标志标牌的设置和管理工作;负责港口锚地调度工作,承担航道网运行的监测、预警、信息服务和技术支持工作;承担航道赔(补)偿费的收取工作,承担有关行政审批前的符合性技术审查工作。承担港口、航道的绿色发展相关工作,承担港口防污染设施建设推进工作;承担港航科研、网络安全、信息化、标准化以及行业统计、信息调查工作,承担行业相关信用评定工作;承担水路运输发展相关工作,承担河长制相关工作。内设科室5个:综合科、养护工程科、水运事务科、安全运行科、港口管理科。

党支部书记、主任　沈　军
党支部副书记、副主任　夏惠娟
副主任　李志刚　钱登锋

【航道基本情况】辖区航道总里程424.6公里。其中,三级航道8.85公里、五级航道34.58公里、六级航道42.84公里、七级航道34.93公里、等外级航道303.4公里。通航船闸1座。张家港市内河港口主要分布于申张线、锡十一圩线、澄杨线、虞十一圩线、六干河、七干河等级航道两岸。

【年度工作概况】2022年,申张线凤凰段航道整治工程前期建设用地、林地征占用等获省政府、省林业厅等部门批复,完成项目拆迁工作,推进管线迁改和地面附着物清理,落实疏浚土方堆土区;航道标项目累计完成护岸建设9 128米,其中新建护岸4 713米、老驳岸加固4 415米,累计完成产值1.56亿元。完成上塘桥重建工程的桥面和接线施工,完成投资1 794万元。启动周家码头桥重建工程项目设计和征地拆迁等前期工作,完成航评审批。启动袁家桥东引桥尾留项目,完成梁桥吊装。开展长江福南水道12.5米深水航道常态化维护。

航道赔（补）偿费征收。全年收取航道赔（补）偿费21.59万元。

管理工作。对全市主干航道141公里进行两次多波束扫测和清障扫床工作；完成申张线和澄杨线交汇处袁家桥段航道改善性维护疏浚，共疏浚土方1.1万立方米。完成锡十一圩线航道年度内4次流量观测工作。组织港航人员上航巡查91天，巡航里程6930公里；现场检查航标49座次，对部分毁损的标志标牌及时更新维护。

党的建设。创新"党建＋业务"模式，通过三会一课、党员冬训、主题党日、大讨论、道德讲堂等形式开展集体学习，组织干部职工集中收看谈锋同志先进事迹，开展"红色沙洲 初心之旅"主题研学活动。开展港航廉政风险排查防控、"5·20"廉政讲堂和重大节日集体约谈等活动，组织全体干部职工参观"清风传家 廉润港城"主题书画展等。全年开展志愿服务活动10次，道德讲堂4次。

（夏惠娟）

南通市港航事业发展中心

【单位概况】南通市港航事业发展中心位于南通市外环西路99号（邮编：（邮编：226006，电话：0513-83549356），为交通运输局所属公益一类事业单位，经费渠道为全额拨款。主要职责：贯彻执行国家和省、市关于港航事业发展的方针、政策、法律、法规，负责港航事业发展的组织落实工作；参与编制航道发展标准规范、建设养护计划；参与有关政策的前期调查、咨询论证和研究评估工作；承担航道船闸基础设施建设；负责航道船闸的养护；负责航道标志标牌的建设和维护；负责船闸运行调度工作，负责全市航道网运行的监测、预警、信息服务和技术支持工作；承担航道赔（补）偿费征收和船舶过闸费征稽等事务性工作；负责航道网络安全、信息化、绿色发展以及行业统计调查工作；承担航道行业科研项目实施管理、科技成果转化、标准化、行业技术交流等工作；承担航道、船闸基础设施的安全管理和应急处置工作；受市交通运输局委托，承担航道行政审批前的符合性技术审查等事务性工作。内设科室10个：办公室、组织人事科、法务科、财务审计科、发展计划科、工程科、养护科、航闸运行科、科技信息科、安全机务科。

下属基层单位12个：南通市港航事业发展中心海安分中心、如皋分中心、如东分中心、海门分中心、启东分中心、通州分中心、市区分中心；南通船闸运行中心、九圩港船闸运行中心、焦港船闸运行中心、海安船闸运行中心、吕四船闸运行中心。

党委书记、主任　　胡　伟

党委副书记、副主任　　金明东

纪委书记、副主任　　吴淑筠

副主任　　邓春洪

党委委员、副主任　　丛拥军（6月任）

党委委员　　杨　波

【航道基本情况】南通市内河航道总里程3522公里，其中三级航道120公里、四级航道60公里、五级航道9公里、六级航道245公里、七级航道387公里，等外级航道2701公里，航道总里程全省第二，密度全省第一。

【年度工作概况】基础设施建设。2022年，全市航道船闸建设完成投资10.02亿元，占年度计划的107%。通海港区-通州湾港区疏港航道双桥枢纽工程、新江海河段航道整治工程施工单位全面进场，双桥枢纽工程完成年度投资11785万元，新江海河段航道工程完成年度投资15982万元。通扬线市区段续建桥梁工程，完成年度投资11894万元，树北中心路桥完成主体工程，亭平路桥推进上部结构施工。通吕运河桥梁工程通灵大桥、天汾大桥、大洋港闸公路桥3座桥梁完成交工验收，续建航道工程完成年度投资60538万元，完成疏浚234万立方米，新建护岸7公里。连申线海安南段完成竣工验收，连申线南通段历时12年画上完美句号。通扬线九圩港船闸及通江连接段航道整治工程马躺路桥交工。

前期规划研究。启动编制支线航道网定级研究，完成中间成果。通吕运河航道用地获批，全面推进通海港区-通州湾港区疏港航道建设前期工作，双桥枢纽、新江海河航道施工图获批，新江海河船闸及3座大桥初步设计通过省发改委审查。通推进扬线市区段剩余段落土地的报批，如皋段用地预审启动招标。针对干线航道建设资金需求大、建设周期长的客观情况，开展内河航道投融资研究,探索内河水运工程投融资改革新路径,与省厅签订《加快推进内河干线航道达标建设的协议》,"先建后补"模式基本达成共识。南通市委、市政府主要领导专题听取南通内河航道规划建设工作,设立前期工作专项周转费用资金池,提前投入开展重大项目研究,资金池首期投入5 000万元,其中内河航道项目已累计周转经费2 000万元。

养护工程。航闸日常养护:全年计划航道日常养护经费1 507.5万元,实际完成1 406万元,养护内容主要包括连申线海安段护岸维护、航标提升维护,如皋水上服务区锚地维护工程,通扬运河南通市区段(通栟河口—通吕运河五岔河口)疏浚保通工程,航道测量、清障扫床、航标例行养护等;实施船闸中修工程4项,完成投资1 248万元,包括南通船闸下游闸门底平车应急更换及维修工程、九圩港船闸下游引航道疏浚工程、吕四船闸下游右侧护岸压顶修复工程、吕四船闸业务用房修缮工程。

养护专项工程:全年南通港航共实施13项省专项养护工程,其中10项已完工验收,3项跨年度实施、2023年初完工,已完工项目优良率100%,资金支付率95%;焦港船闸下游引航道左侧护岸墙前护底应急加固工程为2021年续建项目,对475.5米段护岸墙前护底进行加固,于9月9日完工并验收;吕四船闸机电改造工程改造电气控制系统、广播系统等,于11月3日完工并验收;海安船闸电气改造工程更新船闸电气PLC控制系统、广播系统等,于11月21日完工并验收;南通船闸下游引航道左侧护岸改造工程(一期)为跨年度实施项目,已完成施工图设计审查及报批工作;连申线航道(栟茶运河河口至海安船闸)疏浚工程按三级航道维护性尺度疏浚淤积土方43万立方米,于11月3日完工并验收;江苏省内河航标遥测遥控终端改造工程为2021年续建项目,2022年已完工并初步验收,待与省信息平台对接调试;海安船闸大修完成施工图设计报审工作;推行"地方建设、行业监管、资金拼盘"模式,新建汇吕线三和港四期护岸6公里;实施栟茶运河(连申线交叉口-春风河口段)航道整治工程新建及维修护岸2.5公里,航道疏浚3.7万立方米,已交工。

专项行动。完成全市水路承灾体普查工作,通过省部级审查,形成风险评估报告。船舶碰撞桥梁隐患治理完美收官,完成148座高等级航道桥梁,614座其他等级航道桥梁风险排查和隐患治理。

船闸运行(过闸费征收)。全市5座船闸船舶通过量22 260万吨、货物通过量11 512万吨,征收船舶过闸费7 307万元,占年度目标的104.39%,优惠减免过闸费2 000万元,其中施放集装箱运输船舶3 101艘、96 064标箱、免征集装箱运输船舶过闸费173万元。

管理工作。结合城市空间统筹、产业布局调整以及城市更新行动,研究内河航运高质量发展规划体系,牵头实施中天绿色精品钢项目运输保障方案。实施老通扬运河市区段疏浚工程,提前交工。为电企纾困解忧,在九圩港船闸开辟重点物资运输"绿色通道",及时制定专项运输方案,缓解天生港电厂粉煤灰库存压力。拓展、延伸海安船闸运行方案成果,编制《九圩港船闸运行方案》,已上报省中心;制定出台《船闸运行调度管理办法》等船闸运行制度,所属5座船闸全部通过安全生产标准化一级达标。加强应急管理,开展实战演练、桌面演练9次。落实主要领导带队巡航制,全年累计航道巡航24 420公里,其中船巡11 960公里、车巡12 245公里、无人机巡查215公里。利用多波束进行航道扫床和测量,测量航道1 332.6公里,扫床2 263.8公里,发现障碍物146处,均按照部门职责分类实施处置。全年船闸机电设备一级保养2 370台次,二级保养1 185台次,故障检修107次。清障扫床19公里,水下检查37次,闸门跳动量检测每季度1次,防雷接地检测各1次;5座船闸完成全年水工建筑物沉降位移观测,观测点数累计1 178个;完成引航道护岸季度步查,共计4次,每次19.945公里。疫情防控期间,制定船闸、水上服务区疫情防控要点,配合属地要求做好防疫查验工作,累计出动2 123人次,查验轮队54个、船舶35 684艘、船员73 441人。建成省港航安全警示教育基地,展呈面积1 200平方米,投入资金1 200万元。

智慧港航。先行先试多层面推进船闸远程调度集中控制,开展运调中心体制、机制建设,成立船闸集中控制工程领导小组和工作专班,研究人员、工作职责、后续的运调模式,船闸集中控制系统、航闸运行调度大厅等取得关键进展,九圩港船闸控制系统率先接入运调中心。养护巡查系统,船艇集中管理系统正式上线。推广绿电应用,与龙源风电建立合作协议,开启近零碳服务区新探索,新增8台绿色岸电设施,船员超市、快递代理、船舶中介等项目正式对外运营。结合日常养护开展科技创新,形成5项QC成果,3个小组获评省交通行业优秀质量管理小组,1个小组获评全国交通运输行业优秀质量管理小组。

党的建设。全面从严治党,开展"行风作风建设提升年"活动,开展全系统"深化违规兼职、经商办企业""党员干部、公职人员酒驾醉驾""违规隐形吃喝""小来来"等专项整治,把专项整治活动转化为常态化管控、日常化执行。围绕"五个一"(一个人、一笔支出、一个项目、一个部门、一件事)开展专项监督,结合安全检查、业务检查、防疫检查等常态化开展作风督查72次。探索党风廉政建设新路径,打造"红帆领航　清廉护航"廉洁文化品牌,创建廉洁服务岗、廉洁服务艇、廉洁文化墙、廉洁文化室。实施服务船民阳光工程,让船闸运行的关键节点和关键流程在阳光下运行,为航闸廉政风险精准防控打下基础。开展"三个在一线"党建引领抗疫情突击行动,成立党员突击队10个、青年突击队6个,30余名中心机关党员参与高速公路疫情防控工作。

【海安船闸徐慧铖获评全国交通技术能手】交通运输部公布2021年度全国交通技术能手评审结果,海安船闸运行中心徐慧铖获评"全国交通技术能手"称号,全省交通系统仅10人获此殊荣。

【江苏省港航安全警示教育基地(一期)启用】1月12日,江苏省港航安全警示教育基地(一期)正式启用,主要包括基地入口布设、VR互动蛋形设备、一间宣教室(约60平方米),宣教室一次可容纳30人左右。该项目于2021年12月17日正式开工,12月31日全面建成。项目建成后,引入了更多的VR互动体验、多媒体动画等形式,将虚拟现实、多媒体、移动互联网等现代新兴技术与安全教育有机融合,为港航从业人员打造先进、实用的安全教育培训场所。

【通吕运河项目重力式护岸工程全面启动】5月4日,南通市江海河指挥部通扬线通吕运河段航道整治工程重力式护岸墙身首件工程浇筑成功,标志着通吕运河项目重力式护岸工程全面启动。

【市江海河联运项目建设指挥部获2021年"交通强省"重点工程劳动竞赛优秀集体】南通市江海河联运项目建设指挥部被江苏省交通运输厅授予2021年"交通强省"重点工程劳动竞赛优秀集体称号。江苏通航建设工程有限公司(通扬线通吕运河段航道整治工程航道2标)疏浚施工班组被授予2021年"交通强省"重点工程劳动竞赛优秀班组。

【南通港航与江苏龙源风力发电有限公司签订新能源项目战略合作框架协议】5月26日,南通港航在江苏龙源风力发电有限公司签订新能源项目战略合作框架协议,发挥双方资源优势、区位优势、资金优势、技术优势、产业优势,共同摸索创新港航领域的光伏、风电、储能等新能源场景应用。

航道

【南通港航与江苏航运职业技术学院举行教师工作站揭牌仪式】为探索"产学研用"一体化融合发展新模式，共同探索人才培养模式，促进转型升级，6月10日，江苏航运职业技术学院教师工作站揭牌仪式在南通市港航事业发展中心举行。

【新江海河船闸及3座大桥初步设计通过市级审查】8月1日，通州湾新出海口集疏运航道的出江口门——新江海河船闸和苏州路桥、江心沙大桥、沿江公路桥等3座大桥初步设计通过市级审查。新江海河船闸是整个新出海口疏港航道进入长江的"出江口门"，建设规模为200×23×4.5(米)。

【连申线海安南段航道整治工程通过竣工验收】8月18日，连申线海安南段航道整治工程通过省交通运输厅组织的竣工验收，标志着连申线南通段66.4公里航道全部通过竣工验收。该工程的完工，有效解决连申线南通段航道"瓶颈"，对促进区域经济协调发展具有重要意义。

【通扬线通吕运河段整治工程通州大桥、正场大桥新桥建设拉开序幕】8月19日，通扬线通吕运河段整治工程通州大桥、正场大桥钻孔灌注桩首件开钻，标志着两座大桥新桥建设正式进入实施阶段。

【江苏内河船舶导航系统开展试运行】9月28日，内河船舶导航系统在南通连申线航段进行实船测试，标志着集高精度导航、水上交通预警和综合便捷服务于一体的"水上高德"即将上线。

【南通市港航事业发展中心获两项荣誉】江苏省交通运输厅2022年度"江苏省交通运输行业技能大师工作室"及第三届"江苏交通工匠"名单公布，南通市港航事业发展海安船闸运行中心的"徐慧铖机电工作室"被授予全省交通运输行业技能大师工作室称号，是全省港航系统唯一获此殊荣的工作室。九圩港船闸运行中心蒋民骏获"江苏交通工匠提名奖"称号。

【连申线航道栟茶运河河口至海安船闸段疏浚工程通过竣工验收】11月3日，连申线航道栟茶运河河口至海安船闸段疏浚工程竣工验收会议在南通市港航事业发展中心海安船闸运行中心召开。会议成立竣工验收组，现场听取各参建单位工作报告，查看工程现场，审阅有关档案资料，经认真讨论，一致认为该工程质量优良，通过验收。连申线航道(栟茶运河河口至海安船闸)因长年运行，两侧不断淤积，航宽不足，影响船舶正常航行。为保障连申线航道通航安全，由南通市港航事业发展中心部署，海安分中心与海安船闸联合承办组织实施，对栟茶运河河口至海安船闸下游闸首进行疏浚，里程达9公里，设计疏浚土方约43万立方米，袋装土抛填方量3 226立方米，历时四个月达预期疏浚目标。

【通扬线市区段航道整治工程树北中心路桥箱梁安装圆满完成】11月15日，通扬线南通市区段航道整治工程桥梁项目树北中心路桥箱梁架设任务圆满完成，为全面铺开桥面结构施工打开作业面，同时也为项目实现年底桥面贯通目标创造先决条件。

【新江海河船闸初步设计通过省级审查】11月22日，通海港区-通州湾港区疏港航道新江海河船闸工程(含3座大桥)初步设计通过咨

175

询评估。省、市两级发展改革、交通运输、自然资源、生态环境、水利、公路、港航等单位（部门），南通市江海河建指、海门区政府、苏锡通园区管委会，项目设计、咨询单位的领导、代表出席会议，会议特邀5位专家进行诊脉把关。与会专家、代表认真听取设计单位及咨询单位的汇报，经认真评审讨论，一致同意该项目初步设计通过审查。

【连申线如皋水上服务区锚地新增8台绿色岸电设施】 12月1日，连申线如皋水上服务区锚地新增8台绿色岸电设施，不仅实现锚地用电全覆盖，解决船民"急难愁盼"的问题，而且新岸电采用手机一键式扫码服务，操作使用更快捷，安全系数更稳定，外观设计也更时尚。

【通海港区-通州湾港区疏港航道双桥枢纽工程、新江海河段航道整治工程航道工程第一次工地会议召开】 12月28日，南通市江海河联运项目建设指挥部召开通海港区-通州湾港区疏港航道双桥枢纽工程、新江海河段航道整治工程航道工程第一次工地会议，标志着通海港区-通州湾港区疏港航道两个项目已进入实质性建设阶段，工程的实施对加快建设江海河联运畅通的现代水运网络具有重要意义。会议上，现场指挥部介绍市江海河建指组织机构、人员分工及工程开工准备情况，听取各施工、监理单位针对项目建设期的筹备、临时设施建设、技术准备及项目组织机构设立等情况的介绍，分析项目特点、重点和难点，对下阶段工作计划进行部署。会议强调，各参建单位要紧紧围绕开工，勇于攻坚克难，完善各项准备工作，为工程推进创造良好条件；同时要科学规划、合理组织，保障各项节点任务完成，力争年后全面开展施工。

（李蓓蓓）

南通船闸运行中心

【单位概况】 南通船闸运行中心位于南通市崇川区外环西路399号（邮编：226001，电话：0513-55011199），为南通市交通运输局下属公益一类事业单位，经费渠道为全额拨款，现有在编人员22人。主要职责：负责过闸船舶的组织管理；负责过闸费的征收和解缴；负责船闸的管理、使用、维修保养；负责编报年度计划和中小修工程的预算并组织实施；负责按期准确报送各项统计报表、财务决算和年度总结；负责各项规章制度的建立和执行。内设股室4个：书记室、综合股、建养股、运调股，以及闸口六个一线班组。

主任、党支部书记　袁　平
副主任　石　峰　杨辉军

【船闸基本情况】 南通船闸为单线船闸，按四级船闸标准建设，于1960年建成投入使用，规模为160×12×3.3（米），设计最大过闸船舶500吨级，年设计通过能力为500万吨；船闸上游最高通航水位为3.3米，最低通航水位为0.8米；下游最高通航水位为4.25米，最低通航水位为－1.26米。船闸闸门为横拉门结构，阀门为钢质平板门提升门，启闭机均采用液压直推式启闭机，电气控制采用集散型控制系统。

【年度工作概况】 2022年，共进行一级保养408次、二级保养204次，检修故障32次，组织养护综合检查24次，全年度优良闸次率100％。完成"下游闸门底平车应急更换及维修""给水、雨污水系统改造及道路场地恢复"两项专修工程。完成苏港航通201艇和苏港航通203艇更名、年检维修及主辅机年度保养等工作，船艇设备完好率达99.96％。开展日常航标养护工作，全年航标各项数据均符合要求，整体运行平稳。

船闸运行（过闸费征收）。2022年，船闸通过船舶32 413艘次，船舶通过量3 765万吨，货物通过量2 085万吨。全年共计征收船舶过闸费1 199万元。继续推行"集装箱船舶免费、其他船舶80％的标准"过闸费优惠政策，全年共计优惠减免闸费299万元，真正做到"应免不征"，有力促进水运行业发展和城市绿色发展。

管理工作。以巩固安全标准化成果为抓手，依据自身实际情况，制定《2022年安全管理目标实施计划》，完善《安全责任清单》，签订安全生产责任书，真正做到安全任务分解落实，安全责任层级管理，安全考核绩效挂钩。制定完成年度安全培训计划，引导职工开展全员安全教育、全员查隐患、全员应急演练等。修订完成《南通船闸运行中心安全管理体系》，明确风险管控制度和隐患排查治理制度，划分风险等级。同时，坚持执行"班组每班次检查、值班长每日检查、安全员每周检查、每月大检查"制度。以习近平总书记关于安全生产重要论述为核心，结合防灾减灾日、安全生产月等活动，组织职工观看《减轻灾害风险，守护美好家园》《生命重于泰山》等教育宣传片，通过丰富的活动来教育船闸职工珍视生命，重视安全。全年召开安全宣传会议22次，悬挂安全条幅25幅次，张贴安全标语14张，开展"人员落水"实战演练1场。疫情防控期间，配合交通执法部门做好水上查验点工作，全年共计核查船舶16 783条，检查船员人数36 013人。

党的建设。领导班子主要领导做到党风廉政、作风建设、意识形态重要工作亲自部署，重大问题亲自过问，重点环节亲自协调，班子成员严格落实"一岗双责"。对照2022年全面从严治党工作要点，落实党员领导干部"一岗双责"制度，建立运行中心领导班子、纪委委员、班子成员"两个责任清单"，按每季度的时间、节点，将清单责任完成情况上报市中心。明确支部纪委委员职责，定期分析研判，确保对船闸关键岗位的监察、对工程项目的实施、对各项资金的使用、对不正之风的监督落到实处。以"5·10思廉日""算好廉政账"专题教育活动为载体，通过开展观看廉政教育警示片、参观廉政教育基地、学习党内法规、参加"每日一测"线上答题等活动来系统推进营造船闸廉政氛围。组织党员干部填报《廉政信息档案》，领导班子带头填写《算好"廉政账"个人清单》。制定《行风作风提升年自查自纠问题清单》，签订"拒绝酒驾醉驾、小未来"等承诺书，开展违规吃喝隐形变异问题专项整治等。开展日常行风作风督查，全年对重点岗位开展提醒教育6次，内部督查48次，有效提升船闸管理和服务水平。

文化建设。围绕南通港航"红帆领航"党建服务品牌的建设，以"我为群众办实事"活动为载体，开展"征意见话安全，宣政策送清凉""红帆领航，三走进"等活动，助力沿河企业发展、助推优化通航服务。执行市委组织部"双报到通通在"活动要求，带领党员干部在重大攻坚任务树好形象，发挥先锋模范作用。开展宣传报道工作，全年共报送40篇，省市各级媒体录用100余篇次。

（蔡顶顶）

九圩港船闸运行中心

【单位概况】九圩港船闸管理运行中心位于南通市港闸区城港路844号（邮编：226003，电话：0513-80586801），地处南通市西北郊，是南通市内河航道重要的入江口门。主要职责：负责运行中心的日常管理、维护、运行、调度、安全、过闸费征收事务性工作等。内设股室3个：综合股、建养股、运调股。

主任、党支部书记　丁　冉（正科级）
副主任　黄建春　陆玉慧

【船闸基本情况】九圩港船闸是南通市内河航道重要的入江口门，为双线船闸。一线船闸1993年12月建成投入使用，规模为220×16×3.3(米)，年设计通过能力1700万吨，船闸上、下游设计最高通航水位分别为3.46米、4.01米，设计最低通航水位分别为0.71米、-0.89米。二线船闸工程于2018年12月20日建成通航，规模为220×23×4(米)，年设计通过能力4500万吨；船闸上、下游设计最高通航水位分别为3.62米、4.65米，设计最低通航水位分别为0.71米、-0.89米。船闸闸门为三角门结构，阀门为钢质平板提升门，启闭机均采用液压直推式启闭机，电气控制采用集中控制系统。

【年度工作概况】养护工作。2022年，累计完成一级保养648次，二级保养324次。完成一、二号船闸闸门跳动量测量各4次；安排第三方闸区防雷专业检测1次；设备接地电阻专业检测2次；完成一、二号船闸水下专业检查5次，应急水下探摸清障1次；完成多波束扫测2次5.59

公里,引航道全断面测量 73 个(含桥区 4 个断面),独立靠船墩水下测量 44 个,船舶停靠段护岸墙前水下断面测量 4 次 256 个,船闸主体变形观测 78 节,护岸变形观测 5 节,独立靠船墩变形观测 29 个,水工建筑物巡查 4 次 24.196 公里;完成供配电系统保养 1 次;完成阀门吊检 1 次并在吊检过程中完成阀门相关损坏运转件更换;进行电动大门的维护保养 4 次。完成苏航政 F302 艇、苏航政 F307 艇年检工作,完成苏航政通 307 艇定期保养与更名为"苏港航通 207"、标识更改等工作及苏港航通 202 艇柴油机首保等。开展航标日常管理,执行每日 2 次数据观测记录及每月不少于 1 次到标检查和夜查,并将检查及时记录到航标管理维护台账,5 月对航标灯进行升级更换。

管理工作。修订《安全工作目标责任书》,明确责任分工,按照"一级对一级负责"的原则,层层签订责任书;安全领导小组每月不少于一次进行全运行中心安全生产大检查,全年进行安全大检查、消防专项、管理艇专项检查共计 28 次,查出隐患 19 起,均已全部整改完毕;做好"三类船舶"即大型船舶、钢结构船和危险品船的管控工作,做到下不搁浅、上不碰桥、危险品船舶优先放行。

船闸运行(过闸费征收)。全年开放闸次 21 514 次,船舶通过量 8 114.65 万吨、货物通过量 3 712.62 万吨,征收过闸费 2 572.34 万元,减免过闸费 643.08 万元

党的建设。学习习近平新时代中国特色社会主义思想,坚持"三会一课"制度,召开"行风作风建设提升年"动员大会,签订行风作风专项整治承诺书,开展支部书记上党课,组织"5·10"思廉日廉政知识测试、观看纪录片和警示教育片等形式多样的学习活动,要求党员做到"十聚焦十查摆"自查自纠,履行"六个不准""六个严禁"。

文化建设。与周边社区、机关合作,围绕群众关心的重点、热点、民生问题开展形式多样、内容丰富的志愿活动。落实精准防控政策,为天生港电厂开拓"公转水"新路径进行物资运输;与新闸村结对共建帮扶困难学生;成立江防小分队,开展长江大保护行动。

(吴莉莉)

焦港船闸运行中心

【单位概况】焦港船闸运行中心位于如皋市江安镇朗庙村(邮编:226534,电话:0513-87491833),为公益一类全额拨款事业单位,现有在编人员 20 人。主要职责:船闸的管理和使用、设备设施的维修保养与维护,过闸船舶的组织管理,闸费的征收、解缴和管理。内设股室 3 个:综合股、建养股、运调股。

主任、党支部书记　葛海燕
副主任　苏明俊　陈　建

【船闸基本情况】焦港船闸既是沟通内河与江海的契入口,也是连接连云港、盐城、南通、泰州到苏州、上海等地最主要的水运大动脉,是江苏省东部地区主要通江航道之一。船闸规模 230×23×4(米),设计最大通航船舶为 1 000 吨级,年设计通过能力 3 000 万吨。船闸上游最高通航水位 3.71 米,最低通航水位 0.96 米;下游最高通航水位 4.86 米,最低通航水位－0.46 米。闸门为钢质弧形三角门,阀门为钢质平板门提升门,启闭机采用液压直推式启闭机,电气控制采用集散型控制系统。

【年度工作概况】2022 年,焦港船闸养护支出共计 150.25 万元。全年开展各类安全检查 39 次,查出安全隐患 10 起,完成整改 10 起。实施一级保养 456 台次,二级保养 228 台次,故障检修 9 台次。组织闸阀门等水下设施检查 6 次,阀门吊检 1 次,防雷检测 2 次,沉降位移观测 2 次,水工建筑物巡查 4 次;引航道扫床 2 次,扫床里程 9.49 公里。实施一类小修工程 5 项,市港航中心集采 6 项。小修工程为启闭机油缸维护保养工程、2022 年度排档艇维护保养项目、下游航道障碍物清理工程、电动门更换工程、闸门防撞橡胶护舷更换工程。市港航中心集采项目有水下检查、航闸测量、防雷测量、绿化维护、阀门吊检、船闸日常维护零星维修等,均按计划完成。实施专项工程 1 项,为焦港船闸下游引航道左侧护岸墙前护底应急加固工程,于 6 月 5 日开工建设,9 月 9 日通过竣工验收,完成投资 423 万元。

船闸运行(过闸费征收)。全年开放1.15万闸次,过闸船舶7.41万艘,船舶通过量5 693.84万吨,货物通过量3 015.88万吨;过闸费收入1 688.32万元(便捷过闸等过闸费智能收入1 681.45万元,占99.6%),放行集装箱船舶1 550艘次,计48 065个标箱,减免闸费71.27万元。

管理工作。开展船闸安全标准化建设,成功复评"交通运输船闸安全生产标准化一级达标单位"。优化岸电使用,岸电使用同比增长153.8%。疫情防控期间,成立焦港口门水上联防联控服务点,全年共查验各类船舶31 202艘,服务船员63 313人次。

党的建设。持续巩固党史学习教育成果,落实好三会一课。组织学习习近平总书记系列讲话精神、《习近平谈治国理政第四卷》,学习党的二十大和二十届一中全会精神,制作宣传栏,开展专题党日,进行学习交流。制定"两个责任"清单和意识形态工作清单,签订《全面从严治党责任书》《意识形态责任书》,加强网络意识形态管理,成立二十大维稳领导小组,努力化解各类风险。加强党建文化阵地建设,完成党建活动室的改造。开展"行风作风建设提升年"活动,围绕"十聚焦十查摆"制定问题清单并整改。全年共开展主题党日12次,召开党员大会13次,开展交流研讨5次、专题党课4次,组织生活会1次。联合驻地社区及各涉水行政部门,组成"一河两地六方"党建联盟。

文化建设。开展信用交通宣传、"长江大保护"专题宣传活动,组织"喜迎二十大、环境大整治"行动方案。落实我为群众办实事举措,开展"红帆领航三走进"活动,打通服务企业最后一公里。参与"结对帮扶我来帮"实践活动,节日期间走访慰问困难群众,帮扶慰问金共计3 000元。设立党员先锋岗、青年文明岗,进行党员服务承诺和服务公示。

(邢溢龙)

海安船闸运行中心

【单位概况】海安船闸运行中心位于海安市人民西路112号(邮编:226600,电话:0513-88832585),为公益一类事业单位。主要职责:负责船闸运行调度和过闸秩序管理;负责船闸设备设施正常维修养护和技术改造工作;负责船闸规费的征缴工作;保障船闸安全、畅通、高效运行。内设股室3个:综合股、运调股、建养股。

主任、支部书记　施海冬
副主任　沈贵根　徐刚惠

【船闸基本情况】海安船闸为双线船闸,Ⅲ级通航建筑物,设计最大船型为1 000吨级,规模230×23×4(米),双线船闸年设计通过能力为7 668万吨。船闸上、下游设计最高通航水位分别为3.13米、4.03米,设计最低通航水位分别为0.7米、1.25米。船闸承受双向水头,上、下闸首闸门为三角门,阀门为平板提升门,闸、阀门启闭机均采用液压直推式启闭机;电气控制系统采用集散型控制系统;上下闸首、闸室采用整体刚度大、抗震性能好的钢筋混凝土坞式结构。

【年度工作概况】2022年,配合市港航中心完成栟茶运河河口-海安船闸下游闸首段疏浚工程,里程9公里,疏浚土方43万立方米,袋装土抛填3 226立方米,11月3日通过竣工验收;配合市港航中心完成海安船闸电气改造工程,落实自动控制系统PLC控制柜8套(含水位计及配套控制电缆、光缆等),更新广播系统、闸门油缸限位装置、视频联动系统,机房搬迁等工程量;完成海安船闸2023年大修工程闸况评估、设计及招标等工作。

养护工作。养护实施预算共计109万元,包含日常运行维护、船艇使用及维护、船闸运行调度专项三方面,实际累计支出103.94万元;全年组织机电设备例行巡查保养304次,一级保养540台次、二级保养270台次,设备故障检修累计35台次,水工建筑物例行保养211次,定期保养10次,助航、附属设施定期巡查10次。共完成动力电缆绝缘电阻测量及电机绝缘电阻测量3次、闸门跳动量测量3次,年度闸门浮箱检查1次;完成岸电巡查40次,污染物回收装置巡查40次,航标遥测608次,航标到标检查3次,夜查6次。完成闸阀门水下检查清障4次(包含应急检查1次)、建筑物防雷及电气设备接地检测1次、变形观测1次、墙前水深测量1次、引航道全断面测量1次、护岸巡查3次。

船闸运行(过闸费征收)。全年开放1.157万闸次、船舶通过量3 312万吨、货物通过量

2 031万吨。共计征收船舶过闸费1 471.34万元，免费放行集装箱船舶1 551艘次，累计4.8万标箱，减免优惠过闸费384.6万元。

管理工作。落实二十大安保维稳、安全教育、隐患排查治理等文件精神，层层签订目标责任书，完成海安船闸安全风险分级管控汇编，承办引航道船舶搁浅应急救援演练，全年度共计开展各类安全检查30余次，对发现的3起安全隐患全部整改到位。通过安全生产标准化达标考核。运用信用管理系统，鼓励船民诚信过闸，全年度共对3艘船舶进行加分激励，32艘船舶进行减分处理。

党的建设。学习贯彻党的二十大精神，落实全面从严治党，制定领导班子及成员责任清单，提醒班子成员按照一岗双责要求抓好廉政建设。落实"三重一大"集体决策、"三会一课"等基本组织生活制度。坚持问题导向，围绕"十聚焦十查摆"，组织展开全单位范围内自查自纠。组织党员、在职及退休职工赴中共南通独立支部纪念地、角斜红旗民兵团史绩陈列馆、海军诞生纪念地等红色展馆参观学习，通过正面典型引领，反面事例警示，时刻提醒教育广大干部职工。强化日常监督，紧盯节庆节点发布廉政提醒，督促广大职工端正思想、敬畏纪法、严于律己。

文化建设。建立"勤以为民、廉以养德"廉政文化宣传牌，把廉政元素融入现有的绿化环境内，打造具有航道特色的向上的廉政文化氛围。注重实景教育，坚定干部职工对党忠诚、廉洁奉献的决心。打造工匠型技能人才培育平台，放大"徐慧铖机电工作室"品牌效应，开展人员职称教育、继续教育、专业技能培训、技术交流等活动，机电工作室被授予"全省交通运输行业技能大师工作室"称号。结合女子调度班省级巾帼文明岗品牌创建，开展"冬送温暖、夏送清凉"活动。

(张宝剑)

吕四船闸运行中心

【单位概况】吕四船闸运行中心位于启东市吕四港镇念总村（邮编：226241，电话：0513-83412249），为南通市交通运输局下属事业单位，经费渠道为全额拨款，现有在编人员16人。主要职责：负责贯彻执行《中华人民共和国航道法》《通航建筑物运行管理办法》《江苏省水路交通运输条例》和有关法规；负责过闸船舶的组织管理；负责过闸费的征收和解缴；负责船闸的管理、使用、维修保养；负责编报年度计划和中小修工程的预算并组织实施；负责按期准确报送各项统计报表、财务决算和年度总结；负责各项规章制度的建立和执行。内设股室3个：综合股、建养股、运调股，以及闸口四个一线班组。

主任、党支部书记　张海斌

副主任　袁祖欣

【船闸基本情况】吕四船闸规模为150×12×3.3(米)，最大设计船型300吨级，年设计通过能力931万吨，船闸承受双向水头，工作闸门型式为钢质三角闸门，闸门启闭机型式为滚珠丝杆式，输水系统采用三角门门缝输水的型式。上、下闸首、闸室结构型式为整体坞式结构；主、辅导航墙223.58米，上游引航道护岸277.3米，结构型式均为素砼空腔重力式。船闸上、下游设计最高通航水位分别为2.98米、1.29米，上、下游设计最低通航水位分别为1.93米、0.84米。电气控制系统采用计算机集散控制，施耐德TSX Quantum系列，上、下游各有一套PLC，左右岸之间通过同轴电缆进行通讯，组态软件为WebAccess。

【年度工作概况】2022年，进行电气、闸门、变配电系统等一级保养336台次、二级保养168台次，检修各类故障共20次，组织养护安全专项检查15次，电气设备专业保养12次，对配电屏检查维护6次，启闭机检查维护12次，闸门加油泵补油4次等，现各项设备运行良好。完成4次闸门跳动量检测，符合标准，现闸门运行平稳，无漏水、无异常；做好水下专业检查清障工作，共组织专业水下检查清障6次，上下游4个门库清淤6次，共打捞出淤泥、废旧轮胎、垃圾等水下障碍物约700余立方米。

船闸运行（过闸费征收）。全年开放闸次13 700次，船舶通过量1 118万总吨，同比上升9.3%，货物通过量556万吨，同比增长6.1%；征收过闸费约376万元。

管理工作。开展"安全生产月""安全百日竞赛"等活动，坚持"班组每天自查、安全员每周检查、安全生产领导小组每月大检查、逢安全活动和节假日必查"制度，发现隐患、及时解决、限期完成闭环。

党的建设。落实"三会一课"制度，党支部开展主题党日、微党课、重温入党誓词活动；组织参观党性教育基地、观看廉政教育视频等，教育内容和形式贴近实际。

（秦　飞）

南通市港航事业发展中心海安分中心

【单位概况】南通市港航事业发展中心海安分中心位于海安市平桥村3组（邮编：226600，电话：0513-88832654），为南通市港航事业发展中心内设机构，主要职责：参与编制航道建设、养护计划；参与有关政策的前期调查、咨询论证和研究评估工作；负责辖区航道基础设施建设、养护工作；承担航道的安全管理和应急处置工作；承担航道行政审批前的符合性技术审查等事务性工作。内设股室3个：建养股、设施运行股、综合股。

主任、党支部书记　王国际
副主任　张　彬

【航道基本情况】辖区航道总里程573.62公里。其中，三级航道44.31公里、五级航道44.49公里、六级航道77.78公里、七级航道18.04公里，等外级航道389公里。境内设立航标6座。

【年度工作概况】2022年，完成连申线航道（栟茶运河河口至海安船闸）疏浚工程，按三级航道标准实施疏浚9公里，疏浚土方约43万立方米，总投资约995万元，工程通过竣工验收；完成连申线航道损坏护岸修复工程，修复压顶200米、修复护坡40米、修复二级挡墙40米、回填土方233立方米，总投资40万元；开展连申线航道海安北段标志标牌提升工程，共增设助航标志8座，总投资95万元。完成船舶碰撞桥梁隐患专项治理工作。对辖区46座受影响标志标牌的通视障碍物进行集中清理。有序推进289.86公里航道扫床多波束测量及航道扫床，对辖区连申线、通扬线航道开展典型断面测量2次，其他等级航道典型断面测量1次；落实航道巡查制度，全年巡航里程达5 000公里；维护航标6座，航标正常率达100％。

管理工作。层层签订安全管理目标责任书，明确任务清单，责任细化到岗。开展安全百日竞赛、安全生产月等活动，参与引航道船舶搁浅应急演练，全年共组织各类安全集中学习教育活动12次，开展自查20余次。疫情防控期间，参加S28启扬高速海安西交通防疫卡口的防疫检查。开展以"绿色低碳，节能先行"为主题的节能宣传周活动，在6月15日"全国低碳日"当天，开展能源紧缺体验活动和绿色低碳出行活动。

党的建设。制定全面从严治党责任清单，签订《交通运输局意识形态工作责任书》，执行和改进"三会一课"、组织生活会、民主评议党员等制度，落实党建工作责任制。年内1名预备党员按期转正，1名入党分子被确定为发展对象，1人被中共海安市委市级机关工委评为"优秀共产党员"。贯彻习近平新时代中国特色社会主义思想，参加上级"喜迎二十大，奋进新征程"、"学习达人"挑战赛、"喜迎二十大，喜看新变化"微党课竞赛等活动。开展"机关作风建设提升年"活动，围绕"十聚焦十查摆"，单位、股室、个人形成"三级联查"。开展"5·10"思廉日、算账教育月系列活动，打造廉政文化墙；开展"三算三查"，通过观看警示教育片、开展廉政知识测试、制定个人廉政清单；坚持抓关键环节，重视工程招投标管理、公务接待、公务用车管理等环节的廉政风险防控；用好"批评与自我批评"，做到"咬耳扯袖、红脸出汗"，使党员干部感到监督无处不在、约束无时不有。

（卢忠曦）

南通市港航事业发展中心如皋分中心

【单位概况】南通市港航事业发展中心如皋分中心位于如皋市如城街道福寿西路9号（邮编：226500，电话：0513-87198726），为南通市港航事业发展中心内设机构。主要职责：参与编制辖区航道发展规划、养护计划；负责辖区航道基础设施建设、养护工作；承担航道的安全管理和应急处置工作;承担航道行政审批前的符合性技术审查等事务性工作;承担航道补偿费征稽管理工作。内设股室3个:综合股、建养股、设施运行股。

主任、党支部书记　章宏玉

副主任　石　峰

【航道基本情况】辖区航道总里程455.12公里。其中,三级航道44.72公里、五级航道52.89公里、六级航道72.74公里、七级航道42.76公里、等外级航道242.01公里。

【年度工作概况】2022年,完成连申线邵庄桥至红旗河墙后漏土板桩护岸修复项目,修复护岸1940米,总投资100万元。推动焦港河二期护岸补充工程,新建护岸520米,投资822万元。与水利部门共同推进焦港河国家级河长制"幸福河湖"示范段创建工程,提升连申线如皋段航道两侧绿化景观。在连申线如皋南段北园桥至焦港船闸上游引航道S弯航段增设4块航道标牌。完成航道扫床测量工作,采用多波束完成辖区航道321.63公里养护测量、482.42公里航道扫床工作。

航道赔(补)偿费征收。全年征收赔(补)偿费3.46万元。

管理工作。开展航道养护巡查,全年出动航政艇50艘次,巡航里程5 200公里,车辆、无人机、电子监控巡航20次,巡航里程约1 600公里;通过遥测遥控、到标检查等方式,监测监控塔220次,维护航标30座次,其中夜间到标检查15次;对辖区内80余块标志标牌、5座航标进行通视维护。开展安全生产检查,全年共开展安全大检查30次,服务区日常安全监督检查96次,自查及第三方检查发现隐患问题40起,整改完成40起,整改率100%。疫情防控期间,在334国道如泰界、连申线如皋水上服务区坚守70天,排查登记中高风险地区来如车辆、船舶、人员。

绿色港航。新增连申线如皋水上服务区8座岸电桩,20个系缆柱,解决船民停靠期间岸电及系缆柱不足问题,实现锚地停靠船舶用电全覆盖。建成连申线如皋水上服务区分布式光伏项目,利用服务区综合楼、服务楼斜屋面及露天平台,采用410块阿特斯550瓦光伏组件,3台60千瓦加1台10千瓦阿特斯逆变器,总装机容量225.5千瓦,年发电量约20.3万千瓦时(度),服务区用电自发自用,余电上网。

党的建设。开展违规经商办企业、违规收受礼品礼金礼卡、违规吃喝隐形变异问题专项整治,酒驾醉驾专项整治,党员干部、公职人员"小来来"专项整治等活动,营造风清气正良好环境。开展"作风建设提升年活动",填写自查问题清单,制定具体整改措施。开展"喜迎二十大　再次战黄沙"主题教育活动专题组织生活会,学习习近平总书记重要讲话精神,组织党员谈体会和收获。

文化建设。开展夏季送清凉送健康活动,党员志愿者走上船头,为船民送上夏季防暑降温和疫情防控物品。结合学雷锋志愿活动,与驻地社区党总支联合开展"情暖三月　志愿有我"义诊义剪,为船民免费理发、看诊,获船民称赞。

（薛宇蓉）

南通市港航事业发展中心如东分中心

【单位概况】南通市港航事业发展中心如东分中心位于如东县开发区淮河路96号(邮编:226400,电话:0513-69881793),为南通市港航事业发展中心内设机构。主要职责:贯彻执行国家和省、市关于港航事业发展的方针、政策、法律、法规,负责港航事业发展的组织落实工作;参与编制航道发展标准规范、建设养护计划;参与有关政策的前期调查、咨询论证和研究评估工作;负责航道标志标牌的建设和维护;承担航道赔(补)偿费征收等事务性工作;负责航道网络安全、信息化、绿色发展以及行业统计调查工作;承担航道的安全管理和应急处置工作;承担航道行政审批前的符合性技术审查等事务性工作。内设股室3个：综合股、建养股、设施运行股。

主任、党支部书记　杨　伟

副主任　丁玉兵　李亚军

【航道基本情况】辖区航道总里程778.96公里。其中，五级航道93.84公里、六级航道54.07公里、七级航道52.85公里，等外航道578.2公里。

【年度工作概况】航道养护。2022年，加强航道养护工作标准化，每月确保巡航2次，全年累计巡航28次，巡航里程3 865公里，发现违章5起，均已向相关执法部门通报。加强航道养护测量，全年对辖区通航航道组织测量250公里，扫床441公里，共发现无主沉船17处，发放《航道通航安全隐患告知书》，清除碍航物15处。加强航标管理，到标检查10次，维护保养1次，夜查4次。

航道赔（补）偿费征收。全年征收赔（补）偿费10.39万元。

管理工作。贯彻习近平总书记关于安全生产重要论述和新安全生产法，邀请相关行业专家讲授安全知识，设立安全专题橱窗、张贴安全宣传画、悬挂安全标语，全年安全检查18次，消除事故隐患1起；组织开展"深化提升安全生产专项整治三年行动""安全生产强化年"等活动，对车、艇机驾等关键岗位人员开展专题培训教育。疫情防控期间，严格执行24小时值班制度，采购防护物资，落实全员核酸检测；参加交通卡口防疫检查，全年累计300人次参加执勤。

党的建设。学习党的二十大精神，共组织集体学习3次，研讨1次，实践活动1次；落实"三会一课"制度，开展主题党日活动，组织理论学习8次，支部书记上党课2次，听取专题宣讲1次；签订意识形态责任书，组织意识形态专题学习2次，分析研判本部门意识形态工作4次。签订党风廉政责任书，强化班子成员党风廉政建设责任制主体责任落实；开展"5·10"思廉日，填写廉政档案，"算好廉政账"，开展酒驾醉驾、违规经商办企业、违规吃喝专项整治等专题活动；以"行风作风提升年"为契机，召开作风专题会议6次，开展查摆活动2次。

（刘小青）

南通市港航事业发展中心海门分中心

【单位概况】南通市港航事业发展中心海门分中心位于南通市海门区静海路165号（邮编：226100，电话：0513-82212783），为南通市港航事业发展中心内设机构，编制为10人。主要职责：负责内河航道及航道设施的规划、建设、养护、管理，维护好航产、航权，让航道安全畅通；承担航道的安全管理和应急处置工作；承担航道补偿费征稽工作；承担航道行政审批前的符合性技术审查等事务性工作。内设股室2个：综合股、养护运行股。

主任、党支部书记　黄金洪

副主任　项　敏

【航道基本情况】辖区航道总里程347.99公里。其中：三级航道28.58公里（通吕河），六级航道79.13公里（三余线和通启河），七级航道80.13公里（黄家港线、海门河、青四河），等外级航道160.15公里，航标1座。

【年度工作概况】2022年，完成航闸养护经费35.766万元，占年计划76%，其中包括航道日常维护经费、船艇使用及维护费及其他港航项目经费。航道日常维护共支出27.213万元（航道勘察及观测26.263万元，安全管理0.267万元，应急保障0.683万元），船艇使用及维护共支出7.475万元（维修费6.131万元，物业费1.344万元），其他港航项目支出共1.078万元。

管理工作。开展巡查272次，巡查里程共4 006公里，其中等内航道巡查里程共3 393公里，等外航道巡查里程共613公里，详细记录巡查日志，发现辖区内安全隐患8处并及时整改。开展春运、安全生产月、防汛防台等安全专项活动，召开安全生产会议25次，组织各类安全教育活动14次。实现安全自查共21次，落实安全生产日常巡查责任，开展应急演练2次（消防应急演练和航道护岸局部地段突发坍塌事故桌面应急演练）。

党的建设。开展"三会一课""主题党日"等各类专题活动,全年共召开党员大会12次、上党课4次、开展谈心谈话4次。组织党员集中学习24次。参加区交通运输局组织的"阔步新征程,喜迎二十大"微党课比赛,并获二等奖。开展党员志愿服务"双报到"、"通通在"结对帮扶和"大手牵小手 一起向未来"慈善一日捐等活动。组织开展"5·10思廉日"、"公职人员酒驾醉驾警示教育"、公职人员"小来来"专项整治和"算好廉政账"专题教育月等活动,结合职工岗位职责,梳理廉政风险点,制定防控措施,建立廉政档案。开展"行风作风建设提升年"活动,重点做到"十聚焦十查摆",根据问题清单进行自我剖析。

(李柔娴)

南通市港航事业发展中心启东分中心

【单位概况】南通市港航事业发展中心启东分中心位于启东市汇龙镇银河路8号(邮编:226200,电话:0513-83312751)。主要职责:根据国家有关规定和技术标准,对所辖航道及航道设施实施管理、养护和建设。内设股室2个:综合股、养护运行股。核定编制数10人。

主任、党支部书记　陆　忠
副主任　吴　健

【航道基本情况】辖区航道网规划包括干线航道、支线航道两个层次,最终形成启东市"二纵五横"共计245.6公里,12条航道构成的航道网。辖区航道总里程649.3公里,其中,五级航道53.85公里、六级航道88.15公里、七级航道73.42公里、等外级航道433.88公里;通航船闸1座,航标4座。

【年度工作概况】2022年,航闸养护专项计划52.0万元,实际支出49.43万元。航道日常维护经费,安排计划48.8万元,实际支出47.66万元,其中:清障扫床费12.18万元,航标及标志标牌费1880.0元,航道勘察及观测30.96万元,航道管理设施设备1.99万元,监控及信息化系统维护106.0元,应急保障2.03万元,航道日常管理费3048.9元;船艇使用及维护费,安排计划3.2万元,实际支出1.765万元,其中:办公费1240.0元,委托业务费3500.0元,燃料费5620.5元,维修费7290.0元。

航道赔(补)偿费征收。全年征收航道赔(补)偿费2.8万元。

管理工作。按照安全生产"全覆盖、零容忍、重实效"工作要求,坚持以春运、安全生产月、夏季安全生产百日竞赛、安康杯等专项工作为抓手,严格责任落实,加强日常航道巡查,车艇结合,排查安全隐患,堵塞安全漏洞,降低安全风险,确保辖区航道安全生产平稳态势。

党的建设。加强基层党组织建设,制定启东分中心党支部落实全面从严治党主体责任、主要负责人和领导班子成员履行责任清单,层层签订廉洁从政责任状。开展元旦、春节和五一、中秋、国庆节前提醒教育和谈心谈话。严格落实"三会一课"制度。支部每月召开1次支委会,每季度召开1次党员大会,领导干部坚持带头讲党课,全面提高党员干部的思想素质。开展各类廉政主题教育活动4次;参与志愿服务活动3次和参加义务献血。

(邵施平)

南通市港航事业发展中心通州分中心

【单位概况】南通市港航事业发展中心通州分中心位于南通市通州区金新街道清河路17号(邮编:226300,电话:0513-86512625)。主要职责:根据国家有关规定和技术标准,对所辖航道及航道设施实施管理、养护和建设。内设股室3个:综合股、建养股、设施运行股。核定编制数10人。

党支部书记、主任　奚　健
副主任　顾文军

【航道基本情况】辖区共有航道66条,合计563.48公里,其中等级航道9条,计161.8公里,等外级航道57条,计401.68公里。设立航标5座,其中发光标5座,养护管理艇1艘。

【年度工作概况】基础设施建设。2022年，通海港区至通州湾港区疏港航道枢纽工程、通扬线通吕运河航道整治工程、通扬线南通市区段等重点工程建设项目相继开工，项目建设按序推进。

航道养护。按照年度流量观测计划，全年分4次实施流量观测工作；严格落实航道巡查制度，对主要干线航道、重点航段加密巡查次数，全年合计巡航里程1 674公里；加强航标管理，全年实际维护发光航标5座，标志标牌26座，同时对2座航标进行移位改造，航标维护正常率达100%；使用多波束对航道进行扫测，合计航道里程178.77公里，扫测里程313.32公里；按照相关技术规范要求，确定辖区支线航道维护尺度范围，及时向社会发布航道维护尺度信息。

航道赔（补）偿费征收。全年征收航道赔（补）偿费7.64万元。

管理工作。全面压实压紧安全责任，全年组织安全培训4次，开展应急演练2次，排查整改安全隐患9起；按要求开展"六月安全月""夏季安全百日赛"等专题活动，建立完善24小时值班制度；探索实践巡查艇集中管理工作，通州、海门、启东分中心养护巡查统一由通州分中心进行调度，实现各分中心船艇维护、养护巡查"一盘棋"管理；疫情期间，在江海河双桥闸设置水上疫情防控点，共363人次参加防疫，检查船舶2 612艘，检查船员4 050人，采集核酸样本3 593人次。

党的建设。制定支部、主要负责人和领导班子成员履行责任清单，层层签订党风廉政、作风建设责任书；组织开展党内政治生活大检查，严格落实"三会一课"、党员活动日、民主评议党员等组织生活各项制度；深化融合党建工作，与新江海河闸管理所党支部等7家涉水管理单位基层党组织签约成立"安澜惠民——新江海河闸上下游涉水管理单位"党建联盟，成为南通首个江河交界水域守护党建联盟，签约活动被学习强国、新华日报交汇点新闻等市内外媒体报导；强化作风督查整改，营造风清气正良好环境，相继组织开展"作风建设提升年活动"，违规经商办企业、涉企服务领域违规收受礼品礼金礼卡问题专项治理，酒驾醉驾、隐形吃喝、"小来来"等专项整治。

（顾文军）

南通市港航事业发展中心市区分中心

【单位概况】南通市港航事业发展中心市区分中心位于南通市崇川区青年西路140号（邮编：226001，电话：0513-83516691）。主要职责：根据国家有关规定和技术标准，对所辖航道及航道设施实施管理、养护和建设。内设股室2个：综合股、养护运行股。在职在编10人。

主　任　陈　旭
副主任　蔡勇鹏

【航道基本状况】辖区航道总里程158.21公里。6条等级航道，合计50.64公里，其中三级航道13.65公里，五—七级航道36.99公里；19条等外级航道，总里程107.57公里。通航船闸2座，节制闸标3座。

【年度工作概况】2022年，实施完成南通船闸上、下游节制闸标提升改造工程；落实市政府保障重点物资内河航运暨中天绿色精品钢项目内河运输的要求，承担实施通扬运河南通市区段（通枡河口-通吕运河五岔河口）疏浚保通工程，该工程疏浚土方约6 110立方米，清除块石约485立方米，拆除暗桩12根，新建急弯标志1座、交叉河口方向距离标志1座。完成通扬运河市区段护岸加固施工图设计审查，推进18号裙楼中心招投标室改造项目设计工作，配合市中心完成趸船制造。

航道赔（补）偿费征收。全年征收航道赔（补）偿费3.55万元。

管理工作。全年市区分中心共开展巡查109次，巡查里程1 891.158公里，其中夜航4次，航道通航保证率100%；完成苏F101巡查艇年检维修及船舶更名项目，更新后船名变更为苏港航通301，并报备海事通过船舶年检；辖区内共有7座遥测遥控航标、3座节制闸标、3座鸣笛标，每日定时对5座航标进行遥测、遥控，全年共检查86余座次；全年共组织安全学习15次，安全检查42次，安全培训11次，发现2处安全隐患，已全部整改到位，未发生安全事故；12月中旬配合市中心完成机房改造。

党的建设。落实党风廉政建设"两个责任",制定三大项十二小项的年度清单;以专项检查和主题活动为抓手,狠抓党员干部廉洁从政教育;开展"违规吃喝隐形变异问题专项政治",深化违规经商办企业问题自查;结合"5·10"思廉日活动,通过自己找、同事提问等方式制定个人清单,明确整改措施,并作出公开承诺,形成"清单化""闭环式"风险管控。疫情防控期间,参加南通北、开发区高速卡口防疫检查。

(倪　慧)

连云港市港航事业发展中心

【单位概况】连云港市港航事业发展中心位于连云港市连云区海州湾街道海棠北路209号金港湾国际商务大厦(航运中心)20楼、21楼(邮编:222000,电话:0518-81765159)。主要职责:贯彻执行国家、省、市有关港口、航道的方针政策、法律、法规、规章、规范性文件,参与编制全市港口、航道行业有关发展战略、发展规划、行业政策、法规规章、标准规范;参与编制并负责执行全市港口、航道建设计划,负责编制并监督实施港口、航道养护计划;负责指导全市港口公用基础设施建设、维护和管理工作;承担所属港口公用基础设施建设、维护和管理工作;负责指导全市内河航道、交通船闸、水上服务区的建设、养护、管理工作;承担全市内河干线航道、交通船闸、水上服务区的建设管理工作;承担市区段航道的养护、管理工作;负责全市内河航道标志标牌的设置、维护和管理工作;负责全市内河航道、船闸的运行调度工作;负责全市内河航道网运行的监测、预警、信息服务和技术支持工作;承担全市港口货物港务费、交通船闸船舶过闸费、航道赔(补)偿费的征收工作;承担全市港口、航道绿色发展工作;承担全市港口、航道的网络安全、信息化以及行业统计、信息调查工作;承担全市港口、航道行业技术交流、科技成果转化、科研项目实施管理、标准化等工作;负责全市港口公用基础设施和内河航道、船闸基础设施的安全管理和应急处置工作,参与或组织有关事故调查;承担交通运输行业管理有关行政辅助工作;承办市交通运输局交办的其他工作。内设机构10个:办公室、组织人事科、财务审计科、规划计划科、港口管理科、养护管理科、安全法制科、工程管理科、船闸管理科、科技信息科;下属基层单位3个:善后河船闸管理所、新沂河船闸管理所、盐灌船闸管理所。

主任、党委书记　王　东
副主任　方利鹤　谢　箭　卢廷荣
聂　琴

【航道基本情况】全市现有内河航道82条,总里程1 102.55公里,市域范围内三级航道147.02公里,四级航道75.1公里,五级航道90.95公里,六级航道64.24公里,七级航道135.34公里,等外级航道589.9公里。管辖Ⅲ级船闸5座,水上服务区1座。港航工作船艇共计13艘,其中港航管理船9艘,船闸管理(排挡)船3艘,航标船1艘。共有航标61座,其中发光标42座,34座安装遥测。航标布设设标总里程163.6公里。

【年度工作概况】基础设施建设。2022年,宿连航道(京杭运河至盐河段)整治工程二期工程连云港段前期工作工可报告、初步设计、环评均获批复;施工图设计、水土保持方案已通过审查批复,同步推进用地组卷、洪评报批、施工和监理招标等工作。宿连航道徐圩港区疏港航道完成海河联运线路方案研究,明确以北线方案推动项目工可前期研究工作。

养护工程。全年航闸养护计划安排4 868万元,实际支出4 620.4万元。其中日常养护经费支出2 038.47万元,航闸设施改造专项支出2 581.93万元。日常养护经费支出:投入船闸运行维护经费793.55万元,船闸通航保证率100%;投入航道日常维护经费1 065.39万元,集中开展航道护岸维护、航道疏浚、清障扫床、航标及标志标牌维护、流量观测等多项日常养护工作,航道日常维护完成率100%,航标正常率100%;投入船艇维护与保养费用70.15万元。航闸设施改造专项支出:连云港市部分桥区水域范围航道维护疏浚工程支付600万元;疏港航道灌南段航道疏浚工程支付281万元;善南、云善船闸大修设计项目支付97.2万元;盐灌船闸附属设施修缮工程支付239.8万元;航道设施修复完成工作量236万元。此外,全年航闸设施改造专项支出总额中,含上年需分年支付的航闸设施改造专项3个,共完成支付1 127.93万元。

船闸运行(过闸费征收)。全年3座船闸开放33 127闸次,放行船舶67 084艘,船舶通过量7 280.32万吨,货物通过量4 347.84万吨;实施船舶过闸优惠及集装箱货运船舶免收过闸费政策,征收过闸费2 340.59万元,优惠减免过闸费779.32万元。

管理工作。层层签订年度安全目标责任书,针对党的二十大以及中秋、国庆、防台防汛等特殊时期安全生产工作,落实24小时值班制度,邀请第三方按照"四不两直"要求对全系统安全生产工作进行明察暗访;落实船闸"两保一强"各项举措,守好新冠疫情关卡,确保船舶待闸过闸安全。组织开展船舶碰撞桥梁隐患治理专项行动,完成全部100座桥梁、181项风险隐患治理任务,落实隐患治理资金7 649万元,整改完成率100%,获省领导小组全省考核第一名。针对新沂河泄洪、盐河低水位等特殊水情,加强过闸船舶安全监管,多措并举争通保畅。推进连云港港航系统应急体系建设及连云港市应急保障基地建设研究工作。

绿色港航,科技创新。配合省厅港航中心开展干线航道电子航道图制作、第一批北斗地基增强基站建设及船舶导航系统测试工作。完成市干线航道竣工CAD图数据上报,建设完成云善和盐灌船闸两台北斗基站,开展船舶导航系统第一、二阶段实船测试,同步修订航道普查数据。市善后河枢纽船闸的《降低船闸水位计故障率》获评2022年江苏省交通运输行业优秀质量管理小组,成果已在云善、善南船闸推广应用,故障率从17.5%降至2.5%以下,可为船闸节约维护成本近万元。

党的建设。全面从严治党,召开专题党委会,制定全面从严治党责任清单,将主体责任、第一责任、领导责任、监督责任框入其中,构建起有横有纵、到边到底的全面从严治党责任体系;开展党建引领"转作风、提效能、树形象"活动、"寻标达标创标"活动,持续强化党风廉政教育管理。推进"三不腐",组织开展集体警示教育11次,持续强化"不敢腐"震慑力度。落实"一工程一约谈"制度,全年开展中层以上干部和重点岗位人员提醒谈话55次。学习《习近平谈治国理政》(第四卷),抓实抓牢理想信念教育,组织参观新四军刘老庄连纪念园、灌南县上马台等革命传统教育地。

文化建设。打响连云港港航品牌,完成"321"之船闸品牌创建工程咨询服务招标工作,以及品牌策划方案报告编制。推动盐灌船闸交旅融合项目建设。为传递爱心、传播文明,开展经常性的志愿服务活动,全年共计组织港航职工参与各类别志愿服务活动350人次。结合春节、清明节等传统节日,开展迎新春、文明祭祀宣讲等系列主题活动。

(李 祥)

【**市港航中心召开徐圩港区海河联运线路方案研究初步成果审查会**】8月9日,市港航中心在南京召开徐圩港区海河联运线路方案研究初步成果审查会。省厅港航中心、市交通运输局、徐圩新区建设局等相关部门负责人及特邀行业资深专家参加会议。会议期间,专家组听取报告编制单位关于徐圩港区海河联运线路方案研究初步成果的汇报,对南、北线路方案之间的优缺点及可行性进行讨论,对工程投资、经济效益等进行分析,并就周边水系调整、铁路及桥梁改建、核电安全论证、蒸汽管廊避让迁改、石化基地水环境风险评估等影响因素提出意见和建议。会议要求报告编制单位进一步修改、完善、深化方案研究,会同徐圩新区就各类制约因素进行专题分析,提出应对措施,争取尽快明确线路方案,为徐圩港区疏港航道工可研究奠定基础。

【**善后河枢纽船闸大修工程施工图设计通过审查**】8月23日,善后河枢纽船闸大修工程施工图设计审查会在南京召开,并且工程施工图设计通过审查。善后河船闸所辖云善、善南两座船闸大修计划2023年进行。根据《江苏省船闸大修工程管理办法》,船闸一类大修周期一般为10年或者运行15万闸次以上,云善、善南船闸通航10余年以来,累计通过船舶分别达22.5万艘次和26.3万艘次,过闸吨位分别达1.57亿吨和1.83亿吨。审查会上,设计单位介绍闸况评估、施工图设计情况,评审专家从土建助航、门机电设备、预算管理、创新专利应用等方面进行深入细致的分析。经与会专家认真研究和讨论,确定施工图设计文件基本齐全、说明清晰、图表完整,设计深度和内容符合相关规范要求,经优化后可作为下一步大修工作的依据。

【连云港市内河航道船舶过闸信用管理实施细则通过专家论证】9月21日,《连云港市内河航道船舶过闸信用管理实施细则》专家论证会在市港航中心召开,并且《细则》通过专家论证。会上,专家围绕《细则》编制目的依据、适用范围、职责分工、信用信息记录、异议处理与审核、信用档案建设与管理、激励与约束管理等方面进行认真分析论证,一致通过,并对加强内河航道船舶文明过闸信用管理提出修改意见。

【宿连航道(京杭运河至盐河段)整治工程二期工程连云港段工程可行性研究报告获批复】10月17日,宿连航道(京杭运河至盐河段)整治工程二期工程连云港段工程可行性研究报告获省发改委批复,为项目开工建设提供有利条件。根据批复,宿连航道(京杭运河至盐河段)整治工程二期工程连云港段起于宿迁与连云港交界,止于盐河口,全长22.249公里,整治总里程15.108公里,航道线路总体走向仍按现有航道走向,整治起点位于龙苴大桥下游约1.1公里处,终点位于盐河口。航道按三级标准建设,设计最大船舶吨级为1 000吨级,航道底宽不小于45米,最小通航水深为3.2米,最小弯曲半径为320米。估算总投资约5.02亿元,计划2023年开工,建设工期3年。

【市港航中心召开新沂河船闸航段外场感知及船舶防搁浅预警专项工程施工图设计研讨会】10月25日,市港航中心组织召开新沂河船闸航段外场感知及船舶防搁浅预警专项工程施工图设计研讨会。会上,设计方通过视频形式对工程做详细介绍。参会人员围绕水位计、流速仪安装方案、吃水超限检测与船舶身份识别、AIS基站建立、船舶自动登记与过闸确认、船舶防搁浅检测预警功能等方面提出需完善系统功能的具体要求,重点就船舶身份识别定位、防范船民远距离提前登记等违规行为、船舶搁浅风险预警等方面展开交流讨论,完善项目设计,推进项目实施。

【宿连航道整治工程二期连云港段初步设计通过审查】11月2日,宿连航道(京杭运河至盐河段)整治工程二期连云港段初步设计咨询评估会在南京召开。省发改委、交通运输厅、自然资源厅、生态环境厅、水利厅等相关部门和特邀专家参加会议。会上,建设单位介绍项目概况及前期工作开展情况,设计单位根据航道自然条件、河床演变与运量预测等,对疏浚、护岸、锚地、信息化等工程设计方案进行系统性汇报,咨询单位详细阐述技术审查咨询报告。与会代表和专家对初步设计文件进行认真审查,一致认为,文件内容齐全、资料完整,设计方案总体合理可行,符合交通运输部颁布的《航道工程初步设计文件编制规定》的内容和深度要求。

【宿连航道整治工程二期连云港段施工图设计通过审查】12月12日,宿连航道(京杭运河至盐河段)整治工程二期工程连云港段施工图设计审查会在南京召开,并且施工图设计通过审查。本次设计根据初步设计审查意见进一步优化护岸工程、土方工程、停泊锚地工程等设计方案。与会代表和专家认真听取汇报,审查文件,一致认为施工图设计内容齐全、资料完整,符合相关技术标准和设计规范,达施工图设计文件的深度要求,将作为下一步工程实施的依据。宿连航道整治工程二期连云港段按三级航道标准整治,设计最大船舶等级为1 000吨级,航道里程22.249公里,整治里程15.108公里,航道设计底宽不小于45米,最小通航水深为3.2米,最小弯曲半径为320米。主要建设内容包括护岸工程、土方工程、停泊锚地、标志标牌、航道信息化、绿化与环保工程等。

(赵伟娜)

灌南县交通综合服务中心

【单位概况】灌南县交通综合服务中心位于

灌南县人民东路68号（邮编：222500，电话：0518-83221835），隶属于灌南县交通运输局副科级事业单位，核定编制39人，经费渠道为全额拨款。主要职责：贯彻执行国家和省、市、县有关港口、航道的方针、政策、法律、法规，参与拟定港口、航道行业有关战略、行业政策、规划、标准；参与编制并负责执行港口、航道建设计划，负责编制并实施港口、航道养护计划；承担港口、航道信息化以及行业统计、信息调查工作；参与水上运输的组织协调。承担港航基础设施的应急处置工作；负责指导全县港口公用基础设施建设、维护和管理工作；负责航道标志标牌的设置、维护和管理工作；承担港口、航道绿色发展工作；承担港口、航道行业技术交流、科技成果转化、科研项目实施管理、标准化工作；承担全县航道赔（补）偿费的征收工作；承担水路运输事业发展等工作。内设科室7个：办公室、财务审计科、安全法制科、养护管理科、港口管理科、发展计划科、科技信息科。

主任、党支部书记　王建华

党支部副书记　王　浩

副主任、支部委员　王中军　薛伟　沈海萍

工会主席、支部委员　孟伟刚

【航道基本情况】辖区航道总里程174.54公里，其中，三级航道57.56公里（盐河、灌河）、四级航道23.1公里、五级航道7.91公里、六级航道41.32公里、七级航道16.25公里、等外级航道28.4公里。航标21座（其中发光标16座），助航标志标牌108块。

【年度工作概况】2022年，在资金使用管理上，严格执行财务管理制度，实行预算管理，做到专款专用。2022年列支航道日常养护经费750.29万元，主要用于航道养护、航政艇的日常使用以及航道设施的修复费用，其中实施市级航道养护工程2项，一是盐河航道护岸偏移修复工程，批复文号连港航养〔2022〕53号，批复经费74.1万元，已完成竣工验收；二是盐河航道航标护岸及端头新建工程，批复文号连港航养〔2022〕54号，批复经费67.4万元，已完成竣工验收工作。2022年实施省级航道养护专项工程共2项，一是疏港航道灌南段航道疏浚工程，批复文号交港航养〔2022〕71号，批复经费284万元，于12月28日完成竣工验收，质量等级综合评定为优良；二是连云港市省干线航道（灌南段）桥区水域疏浚工程，批复文号交港航养〔2021〕119号，批复经费97.5万元，于5月12日通过竣工验收，质量等级综合评定为优良。

管理工作。完善应急预案，开展"安全生产专项整治三年行动""安全生产月""安全生产百日攻坚行动""消防安全演练"等专项活动，对航道工程建设及"两车两艇"、办公区、船坞等重点部位实施安全督查，共组织安全检查69次，整改安全隐患31起。按照内河航道清障扫床技术规范，重点清理航道内沉石、断网、倒树等碍航物，全年累计扫床320.68公里，清除渔网鱼箔4处，垃圾1吨，倒树140棵。

航道赔（补）偿费征收。全年征收航道赔（补）偿费19.2396万元。

党的建设。学习贯彻党的二十大精神，落实党风廉政建设责任制，层层签订廉政责任书，全面执行党风廉政和行风作风建设相关制度规定，定期开展廉政教育活动。强化重点工程建设廉政风险防控，对港航重点工程建设项目的资金管理、质量控制、物资采购、安全管理、项目招投标等环节进行监督检查。组织单位职工与乡村振兴重点帮促村灌南县北陈集镇八庄村开展新一轮"城乡结对、文明共建"活动，中心计划分三年共计提供6万元左右的资金用于共建基础设施。落实疫情防控措施，参与县高速卡口疫情防控工作。开展献爱心、救助重病职工等慈善活动，累计捐款1.8万元；组织职工参与无偿献血达7人次。

（陈德中）

灌云县交通综合服务中心

【单位概况】灌云县交通综合服务中心位于灌云县城胜利西路696号（邮编：222200，电话：0518-88812231），为副科级全额拨款事业单位，核定编制23人。主要职责：贯彻执行国家和省、市、县有关道路水路运输，内河航道方针、政策、法律、法规，负责道路水路运输市场培育和经济发展研究工作；参与拟定道路水路运输、交通物流、运输场站、港口码头、内河航道等发展规划、标准规范;负责指导全县港口公用基础设施建设、维护和管理工作;负责全县内河航道标志标牌、航标的设置和管理工作,负责全县内河航道网监测、预警、信息服务、运行调度和技术支持工作;承担航道赔(补)偿费的征收工作;承担内河航道的绿色发展、网络安全、信息化以及行业统计、信息调查工作;承担内河航道行业技术交流、科技成果转化、科研项目实施管理、标准化等工作;承担内河航道公用基础设施的安全管理和应急处置工作;承担道路水路运输、交通物流行业和运输场站、港口码头管理的事务性工作;承担公共汽车、出租汽车、汽车租赁等城市客运行业管理的事务性工作;承担机动车维修、营运车辆综合性能检测、机动车驾驶员培训、道路运输从业人员培训行业管理的事务性工作;协助开展道路水路运输保障、行业统计、信用管理、生态环保、节能减排工作;受县交通运输局委托,承担道路水路运输、内河航道、港口码头有关行政许可、审批前的符合性技术审查工作,并提供必要的保障服务;参与制订并组织实施县交通运输系统大数据战略及规划,承担县交通运输大数据研究、应用和相关信息发布工作,承担交通运输系统信息化资源的整合和数据中心建设管理事务性工作,协助做好跨行业、跨部门信息化统计工作。内设科室6个:办公室(财务科)、安监科(应急指挥中心)、港站科、运输科、驾培维修科、航道科。

党支部书记、主任　王　斌
副主任　徐　剑　许　海
支部委员　柴　模　桑靖春

【航道基本情况】辖区航道总里程 450.74 公里。其中,规划三级航道 79.9 公里,五级航道 73.5 公里,六级航道 52.4 公里,等外航道 244.94 公里。灯塔式示位标 1 座,左右通航标 2 座。

【年度工作概况】2022 年,完成省级航道专项养护工程 2 个,分别为灌云县东门河口灯塔建设项目和连云港市部分桥区水域范围航道维护疏浚工程(灌云段)。市级航道专项养护工程 1 个,为向阳桥水下清障工程。

航道养护。全年航道养护资金 744.81 万元,其中日常养护费用 344.36 万元,航道设施改造专项工程经费 400.45 万元。等级航道上、下半年各扫床 1 次,等外级航道全年扫床 1 次,全年共清障扫床等级航道 491 公里,清除航道内暗桩 15 根,沉物 6 吨。强化辖区航道安全畅通和航产航权完整,完成疏港航道两侧约 13.75 公里范围内的芦苇收割任务;完成疏港航道城区段航道两侧 4 公里护栏维修;完成疏港航道 32 公里绿化巡查及刷白养护工作;利用 6 月低水位期,对疏港航道沿线浆砌块石护岸脱落的皮带缝进行填补、扣缝;完成灌云县内河航道普查补录工作,及时更新完善江苏省内河航道数据库。加强航标日常维护,坚持定期巡查,及时进行故障检修。

管理工作。开展多形式全覆盖的安全生产宣传活动,组织消防应急演练 1 次、应急管理培训 5 次,共计 260 余人参加。对全县境内 240 余公里航道进行隐患排查,并及时配合相关部门共同整改,整改率为 100%。严格公务车辆和船艇的管理,对船艇、公务车、办公区域等进行安全检查。全面落实防汛防旱工作,做好抗灾应急预案,组建抗灾应急救援队,备好相关器材。开展船舶碰撞桥梁隐患治理专项行动,完成县管桥梁的桥涵标、桥名牌、净高标尺和防撞设施等安装及 16 座水中落墩桥梁的标志标牌安装;对南环桥、向阳桥等 6 座桥梁航道维护尺度不足问题进行治理。

绿色港航,科技创新。在疏港航道沿线设置视频监控 21 路,所有桥梁、航道交叉口安装摄像头,可实现航道重点区域全覆盖,24 小时不间断监控。通过车艇巡查结合监控巡查的方式,提高巡查效率和频率,安排专人负责航道监控工作,从而真正实现智能化管理,一定程度上解决疏港航道交通不便、巡查困难的问题,全年巡航里程约 2 000 公里,确保干线航道通航保证率达 95%以上。

党的建设。采用集中学习、个人自学相结合的办法,落实"三会一课"、主题党日、谈心谈话、党员固定学习日等组织生活制度,做到书记带头学,其他党员共同学,把思想政治学习融入日常,抓在经常。贯彻落实党风廉政建设责任制,履行"一岗双责、党政同责",领导带头签订廉政承诺书,并通过座谈会、收看警示片、书记上党课、现场参观等载体开展廉政文化活动,增强党员干部拒腐防变的意识和能力。开展廉政风险防控,对重点岗位、重点领域、重点人员廉政风险点进行摸排、梳理，建立严密的防控措施。

文化建设。贯彻落实全县创建全国文明城市暨乡风文明建设推进会会议精神，对保洁区、家属区值班常态化监督管理。中心主要参与的江苏省农村物流示范县创建工作，通过省级验收。

（张　敏）

东海县交通综合服务中心

【单位概况】东海县交通综合服务中心位于东海县牛山街道徐海中路南侧（邮编：222300，电话：0518-80620100），机构规格相当于副科级，经费渠道为全额拨款，公益一类事业单位，核定事业编制32人。主要职能：负责道路水路运输、交通物流行业和运输场站（枢纽）管理的具体事务性工作；负责城乡公交、出租汽车等城乡客运行业管理的具体事务性工作；负责机动车维修、营运车辆综合性能检测、机动车驾驶培训、道路运输从业人员培训行业管理的具体事务性工作。内设机构8个：办公室、财务科、发展计划科、科技安全科、港口管理科、工程管理科、航空铁路办公室、运输服务科。

主任、党支部副书记　陈　强
党支部书记、副主任　周　琦
党支部副书记　方　磊　徐卫东
副主任　周　康
支部委员　李　文

【航道基本情况】辖区航道总里程152.45公里。其中，四级航道45.06公里（淮沭新河），五级航道37公里（蔷薇河），六级航道25公里（鲁兰河），等外级航道45.39公里（张桥河4.7公里、马河20.7公里、乌龙河19.99公里）。航标1座。

【年度工作概况】航道养护。2022年，航道养护资金371.86万元，其中日常养护经费143.6万元，航道设施改造专项工程经费228.26万元。完成航道扫床工作，全年实施航道扫床2次，清除网簖7处，倒树26棵；完成淮沭新河航道2座拦砂坝的维修工程；完成淮沭新河、蔷薇河高速桥桥区水域安全标志标牌制作。加强航标日常维护，坚持航标日测制度，及时检修功能故障；开展已建护岸损毁情况日常检查；做好船艇、机电等专用设备保养管理工作。

管理工作。严明安全生产责任，签订与绩效奖励、责任追求相挂钩的安全目标责任状，制定全年安全工作计划和航道应急预案措施方案，每月召开安全例会，以"平安交通"示范创建活动为主线，加强日常考核管理。组织开展"安全生产月""安康杯知识竞赛""全民国家安全教育日"等工作，发动全员自查身边隐患，通过活动整改隐患问题5项。

党的建设。紧抓廉政风险防控，突出制度建设和机制监督，落实党风廉政建设责任制，强化作风建设，及时处理群众来信来访。组建党员志愿服务队，开展义工劳动、爱心捐赠养老院活动，组织党员与城乡困难户结对帮扶。

（王晓梅）

盐灌船闸管理所

【单位概况】盐灌船闸管理所位于灌南县新安镇武障河村12组（邮编：222500，电话：0518-83981018），是市交通运输局所属公益二类事业单位。2022年5月，根据连编办〔2022〕22号《关于同意调剂增长连云港引航站事业编制的批复》重新核定连云港市盐灌船闸管理所编制45人，其中设正科级领导职数1名，副科级领导职数3名。盐灌船闸主要负责船闸的管理、运行、养护以及过闸船舶的管理；负责征收船舶过闸费，确保船闸正常运行和安全畅通。船闸内设机构4个：运调科、综合科、工技科、财务科。

党支部书记、所长　董　珽
副所长　樊以利　刘　岗

【船闸基本情况】盐灌船闸位于灌南县境内，处于盐河与灌河的交汇处。盐灌船闸规模230×23×4(米)，通航建筑物等级Ⅲ级，年设计通过能力3 369万吨，最大通航船舶为1 000吨级；上游最高通航水位为4.28米，最低通航水位为1.61米；下游最高通航水位为4.17米，最低通航水位为－1.05米；因盐灌船闸处于灌河潮汐河道，承受双向水头作用,正向设计水头4.5米,反向设计水头2.0米。船闸主体上下闸首为钢筋砼整体式结构、闸室为钢筋砼坞式结构,Ⅱ级水工建筑物;上下游导航墙、靠船墩、护岸为Ⅲ级水工建筑物。上、下闸首闸门采取钢质弧形三角门结构,阀门为钢质平板提升门,闸阀门启闭采用液压直推式启闭机。电气控制采用集散型控制系统。

【年度工作概况】2022年,航闸设施改造专项经费计划249.38万元,已支付使用235.98万元,占额度94.62%,其中,养护专项经费160.65万元(船闸运行维护经费150.45万元,船艇使用与维护费10.2万元)。加强船闸重点设备养护与检查,坚持每天的例行保养、定期保养,及时发现设备隐患及时整改,全年共计开展水下安全检查3次,变形观测2次。累计完成机电设备一级保养36次、二级保养12次、故障修复4次。

船闸运行(过闸费征收)。全年累计过闸船舶达0.47万艘(次),船舶通过量3118.54万吨,货物通过量401.7万吨。全年共计征收过闸费126.12万元,共减免过闸费31.53万元。

管理工作。2022年度,盐灌船闸修订和完善各类安全生产规章制度,全面落实安全生产责任制,签订年度《安全目标责任状》,逐级分解安全生产岗位责任,实现安全生产标准化一级达标。坚持24小时昼夜在岗,利用潮水规律,最大限度保障船闸通航,提高船舶过闸效率。制定详细的安全工作计划、培训计划,落实好各种防范措施,保证船闸年度安全工作平稳有序。

党的建设。学习贯彻党的二十大精神,全面落实从严治党责任清单;船闸党支部对照"双示范"创建标准,加快推进支部工作规范化、标准化建设;全年共组织召开支部委员会12次、党员大会4次、党小组会议12次,年内1名党员按期转正,发展新党员2名。严格公车管理,杜绝公车私用,严控"三公经费"预算和使用,规范办公用房使用和土地房产租赁,无超标配置办公面积和违规租赁用地用房情况。打造"潮河先锋"党建品牌,不断夯实党支部保障船闸运行、服务海河联运高质发展实际能力,"潮河先锋"获评2021年度市级机关"奋进新征程·勇当排头兵"红旗党支部优秀党建品牌。

文化建设。立足"建设和畅智美交通船闸,服务海河联运高质发展"目标定位,坚持"红旗党支部"特色党建品牌、"潮河E站"、"绿色航行灯"等志愿服务品牌创建,深化"模范职工小家""五一巾帼标兵岗"等品牌内涵。契合"AAA景区"创建和交旅融合发展,本年度共投入3万余元提升文化环境。强化船闸职工书屋、职工小家建设,职工书屋拥有300余册读物;全年累计报送新闻宣传稿129篇,各级媒体累计采用110篇。

(赵 欢)

新沂河枢纽船闸管理所

【单位概况】新沂河枢纽船闸管理所位于灌云县东王集镇盐河村(邮编:222204,电话:0518-81885130),为自收自支事业单位,隶属于连云港市港航事业发展中心,正科级规格。主要职责:贯彻执行船闸管理有关法规规章,负责船闸的管理、运行、养护及过闸船舶的管理,确保船闸正常运行和安全通畅,按规定征收相关规费等。内设科室5个:综合科、运调科、运调二科、工程技术科、财务科。

所　长　刘小平
副所长　李栋祥　王向辉　陈志磊

【船闸基本情况】新沂河枢纽基本情况。新沂河枢纽位于连云港市灌南县张店镇、灌云县东王集乡境内,为连云港港疏港航道工程中的一分项工程,是以航运为主,兼顾水利、防洪的一项综合性工程,于2011年5月18日正式开通运行。新沂河枢纽位于盐河东侧250米,南北向起讫点桩号为K56+817～K63+413,总里程6.87公里,中间为切滩挖槽形成长1.787公里航道(航道底宽45米,河道开挖边坡为1∶4)。新沂河枢纽工程包括沂南船闸和沂北船闸2座船闸;连接新沂河南北大堤东西交通的防汛交通桥2座;跨越新沂河南泓道、北泓道的漫水桥2座;跨闸(引航道)桥梁4座;义北引水渠、石剑河倒虹吸涵洞2座;岑池河立交地涵1座;新沂河开挖航道约1.787公里。新沂河堤防级别为1级;疏港航道等级为Ⅲ级;沂南、沂北船闸及岑池河立交地涵级别为Ⅲ级;桥梁设计荷载为公路-Ⅱ级。沂北船闸布置于新沂河北大堤外约750米处,沂南船闸布置于新沂河南大堤外约700米处,两侧通过新筑防洪堤与新沂河大堤连接,新筑防洪堤顶高程为9.85米。

船闸基本情况。沂南、沂北船闸为二级对口船闸,船闸级别为Ⅲ级,建设规模均为230×23×4(米)。沂北船闸上游设计最高通航水位3.4米,设计最低通航水位1.03米;沂北船闸～沂南船闸防洪水位7.35,设计最高通航水位4.22米,设计最低通航水位1.17米;沂南船闸下游设计最高通航水位4.22米,设计最低通航水位1.59米。二座船闸承受双向水头,具备开通闸条件,输水系统采用环形短廊道集中输水结合三角门门缝输水的型式。船闸上、下闸首均采用钢筋混凝土整体式结构,闸门门型采用三角门,闸首边墩采用大门库的空箱结构。沂北、沂南船闸闸门均为钢质弧形三角门,阀门为钢质平板提升门,采用液压直推式启闭机。电气控制采用集散型控制系统。

【年度工作概况】2022年,新沂河枢纽船闸管理所船闸年度专项业务支出实际发生数472.15万元,执行率为94.56%。开展例行机电养护巡查出勤500余人次,年内例行机电巡查保养出勤1 300余人次,一级保养108次,二级保养36次,机电设备故障处理100余次,小修20项,零星维修25项。全年开展3次水下摸排、4次闸门跳动量观测,经检测,均处于正常范围。

船闸运行(过闸费征收)。全年开放闸次11 088次,通过单机船35 622艘,船队1 696支;货物通过量2 358.08万吨,船舶通过闸量3 760.08万吨;集装箱过闸1 492艘次,通过47 744标箱,集装箱船舶共减免过闸费92.38万元。全年共计征收讨闸费1 221.63万元,比上年下降19.3%。

管理工作。落实"党政同责、一岗双责"要求,坚持将安全生产与党建工作、业务工作一体推进。在安全生产一级达标工作的基础上,总结工作经验,不断巩固船闸安全生产标准化一级达标创建成果。全年开展安全专项活动11次,开展安全教育培训13次,先后常态化开展月度安全大检查12次和安全隐患大排查大整改6次,排除安全隐患11处,并全部整改。开展《江苏省内河航道船舶过闸信用管理办法》宣传贯彻活动,组织"红帆船"志愿者30多人次到一线船舶做好宣传讲解。

党的建设。推动党史学习教育常态化,开展《习近平谈治国理政》(第四卷)学习13次。采取领学讲话原文、收看会议直播、座谈研讨、专家解读等方式,集中学习党的二十大精神6次,开展研讨1次,撰写心得体会25篇。落实"三会一课"等制度,围绕年度计划安排,开展集中学习32次,支委会12次,党小组学习54次,固定学习日21期,主题党日活动6次,党课4次。开展"微"领学20次,通勤车"微课堂"活动12场。深化实景教学,结合党的二十大精神和党史学习教育,与中心机关一支部开展"重温来时路 奋进新征程"主题共建,参观红色上马台教育基地,分享学习心得,增进学习质效。

文化建设。依托"红帆船"党建品牌开展志愿活动15次,与灌云县杨圩村开展文明共建活动,累计帮扶资金1万余元。组织150多人次参与灌云县文明交通志愿活动,助力属地灌云县文明城市创建。

(梁宇峰)

善后河枢纽船闸管理所

【单位概况】善后河枢纽船闸管理所位于连云港市海州区板浦镇东北村耿庄五组(邮编:222241,电话:0518-81885260),为自收自支独立法人事业单位,隶属于连云港市港航事业发展中心,正科级规格。主要职责:承担云善、善南两座船闸的具体运行、管理、养护及过闸船舶的规费征收等工作。内设科室4个:综合科、运调科、工技科、财务科。

所　长　杨从亮
副所长　谭　政　张更生　李兰兰

【船闸基本情况】善后河枢纽基本情况。善后河枢纽工程位于连云港市灌云县板浦镇,处于盐河与善后河、善后河与云善河交汇处,是疏港航道盐河段跨越善后河与云善河相接的通航枢纽工程。工程由善南船闸和云善船闸2座船闸及其相关配套工程、2座远调码头及停泊锚地、2座跨引航道交通桥、防洪大堤及连接段航道整治及护岸等工程组成,总投资约4.5亿元。

船闸基本情况。云善船闸处于疏港航道云

善河段与善后河交汇处,位于连云港市海州区板浦镇东北村境内,善南船闸处于疏港航道盐河段与善后河交汇处,位于连云港市灌云县同兴镇三川村境内。二座船闸建设标准和规模一致,船闸级别Ⅲ级,规模为230×23×4(米),最大设计船型为1 000吨级,善南船闸年设计通过能力3 351万吨,云善河船闸年设计通过能力2 620万吨。云善船闸上游最高通航水位为3.08米,最低通航水位为1.03米;下游最高通航水位为3.51米,最低通航水位为1.03米。善南船闸上游最高通航水位为3.51米,最低通航水位为1.03米;下游最高通航水位为3.18米,最低通航水位为1.03米。云善、善南船闸上、下闸首均采用钢筋混凝土实体底板和箱型边墩构成的整体坞式结构;闸门为钢质弧形三角门,阀门为钢质平板提升门,采用液压直推式启闭机;电气控制采用集散型控制系统。

【年度工作概况】2022年,投入航道养护经费224.08万元,集中用于航道、船闸、航标等日常养护工作,重点开展云善船闸附属设施修缮、云善船闸停车棚安装,以及海州闸养护和云善船闸灯塔修缮工程。配合上级单位完成善后河枢纽船闸大修工程施工图设计审查工作。船闸检修:投入船闸运行维护经费165.28万元,开展闸区建筑物防雷接地检测、闸室变形观测、水下摸排等维护工作,全年累计完成机电设备一级保养36次、二级保养12次;闸区内故障修复50次、涉及门机电应急抢修13次。

船闸运行(过闸费征收)。全年过闸船舶达4.18万艘(次),船舶通过量3 118.54万吨,货物通过量1 917.68万吨。征收过闸费992.84万元,共减免过闸费248.21万元,其中免费放行集装箱船舶1 498艘次、47 936个标箱,共减免过闸费101.8万元。共为符合优先过闸条件的499艘(次)集装箱船舶提供优先过闸服务,提供集装箱夜闸服务19次。

管理工作。层层签订年度安全目标责任书、安全生产承诺书。全年累计航道巡查126次,巡查里程1 300余公里,查标53次。开展"疫情防控""春运""既有建筑物安全隐患排查"专项行动,做好"安全生产月""安全生产专项整治百日行动""防汛抗台"等工作,累计开展安全大检查12次,出动检查人数121人次,排查出一般安全隐患12处。利用手机"钉钉"开展"安全隐患随手拍"活动,将"图片+隐患描述"上传至"安全隐患随手拍"平台,累计上报安全隐患7处,已全部整改到位。通过交通运输船闸安全生产标准化一级达标复评工作。推广船舶污染物智能一体化接收设施的应用,与当地环卫部门签订垃圾转运和处置协议,污染物及时实现应收尽收。

科技创新。继续利用"钉钉"掌上平台将船闸安全检查、安全检修、航政巡查、机电设备养护等涉及船闸安全管理的工作转化为掌上信息,实现相关岗位人员对安全管理和日常养护工作的动态掌握和及时处理。"SH²"QC小组凭借《降低船闸水位计故障率》研究成果,获评2022年江苏省交通运输行业优秀质量管理小组,该成果采用的出水式新型雷达水位计数据更精准,故障率从17.5%降至2.5%以下,为船闸节约维护成本近万元。

党的建设。落实全面从严治党工作责任清单,层层签订政风、行风、党风廉政建设责任书,压实管党治党责任。按照"五式同步"组织生活模式开展党员教育活动,全年召开党员大会4次、支委会12次、党小组会33次、上党课4次,固定学习日22次,主题党日活动12次,开展应知应会知识测试活动2次。制定《善后河船闸廉政风险防控手册》,落实"一工程一约谈"要求,将廉政约谈嵌入到工程建设全过程。定期报送纪检监察工作月报,开展集体廉政谈话7次,谈心谈话2次,开展"廉洁教育月"等廉政教育活动5次。继续实施"1+N"融入式党建发展模式,开展星级党支部创建工作。船闸党支部被评为江苏省交通运输现代化示范区建设先锋队暨党建引领"四个在前"标兵党支部。

文化建设。以"321"品牌创建工作为依托,持续推进"善行枢纽"品牌提档升级工作,将"善行枢纽"打造成服务优、效益好、群众满意度高的港航品牌。与驻地村结对,开展文明创建活动20次;通过2019—2021年度江苏省文明单位复评工作。建设女职工康乃馨服务站;职工书屋被评为2022年度连云港市工会"职工书屋"示范点。

(徐书亭)

淮安市港航事业发展中心

【单位概况】淮安市港航事业发展中心位于

淮安市漕运西路96号（邮编：223001，电话：0517-83996881）。主要职责：参与编制港口、航道行业有关发展战略、发展规划；参与编制并负责执行港口、航道建设计划；负责全市内河航道（不含京杭运河）、通航船闸的建设管理、养护工作；负责全市内河航道（不含京杭运河）标志标牌的设置和管理工作；负责全市航道网运行的监测、预警、信息服务和技术支持工作；承担全市船舶过闸费、航道赔（补）偿费的征收工作。承担港口、航道绿色发展工作；承担港口、航道的网络安全、信息化工作；承担港口、航道行业标准化等工作。承担港口公用基础设施和航道、船闸基础设施的安全管理和应急处置工作；承担有关行政审批前的符合性技术审查工作。内设机构13个：办公室、监察室、组织宣传科、财务审计科、法制工作科、发展计划科、科技环保科、安全监督科、船闸管理科、港口管理科、航闸养护科、工程管理科、运行调度科，人员编制66名。下属单位4个：高良涧船闸管理所、杨庄船闸管理所、朱码船闸管理所、市区航道管理站，在编职工227名。

党委书记、主任　罗衍庆

党委副书记、副主任　张继龙

副主任　潘伟明　岳忠文　朱轶群

沈　虹

【**航道基本情况**】淮安位于国家"四纵四横"骨干航道网淮河与京杭运河交汇处，境内航网密集，内河水运条件得天独厚。境内航道73条，通航总里程1 483公里，等级以上航道里程达527公里。通航交通船闸3座，航标140座。根据江苏省干线航道网规划，未来淮安将建成5条高等级骨干航道，分别为淮河出海航道、淮河入海水道、盐河、金宝航线、张福河，总里程达331.32公里。

【**年度工作概况**】2022年，淮安港航圆满完成年度各项目标任务，获全市交通运输工作考核一等奖，特色亮点工作11项。淮安港淮阴港区规划局部调整获交通运输部和江苏省政府批复。盐河航道杨庄、朱码一线船闸扩容改造纳入省"十四五"干线航道前期工作重点项目清单。京杭运河淮海路大桥改建工程和淮安港涟水港区涟水新港作业区二期工程获评2022年度江苏交通优质工程。

基础设施建设。全年完成建设投资12.66亿元，在建工程数量、完成投资数量均创历史新高。京杭运河绿色现代航运综合整治工程完成建设投资2.98亿元，为年计划19%；航道护岸、淮安锚地、淮阴船闸公路桥等4个施工标段全面开工建设。淮河出海航道（红山头-京杭运河段）整治工程通过竣工验收。金宝航线淮安段航道整治工程环评通过专家评审。

船闸运行（过闸费征收）。结合视频登记、便捷过闸系统、智能调度等手段，提高船闸运行效率，缩短船舶待闸时间，实施"到闸即放"，全年开放2.6万闸次，过闸货物量5 962万吨，同比增长6.58%，征收过闸费5 481.39万元，优惠、免征过闸费1 650万元，惠及船舶7.25万艘次。

管理工作。做好春运、党的二十大等重要时段安全保障工作，有效开展安全检查62次，整改问题隐患43项。迎接交通运输部、省市安全生产包保督导检查，工作落实情况得到肯定。深化自然灾害水路承灾体普查，建立综合风险数据库。3座船闸实现安全生产标准化一级达标，其中杨庄、朱码船闸高分通过省中心复查。全面完成船舶碰撞桥梁隐患治理专项行动，治理全市跨等级航道159座桥梁隐患，整改桥区水域航道、水上交通、桥梁安全隐患共248项，整改率100%。

绿色智慧。杨庄船闸光伏发电项目实现全年发电2.9万千瓦时。打造京杭运河绿色现代航运示范区"淮安样板"，在《群众》杂志推介，并获中央环保督导组肯定。

党的建设。推进全面从严治党，强化基层党支部标准化规范化建设，朱码船闸党支部获全省交通运输行业先进基层党组织称号。开展"两保一强"和"两在两同"建新功行动，广大干部职工忠诚履职尽责，杨庄船闸工班二组获全省交通运输行业青年建功标兵团队称号。制定"领航赋能"港航职工大讲堂活动方案，打造学习培训新平台，激发干事创业的内生动力。推进港航"321"品牌创建，朱码船闸被全国总工会确认为"最美工会户外劳动者服务站点"，高良涧船闸获全国交通运输行业"明星船闸入围奖"。

（李梦思）

【**2022·淮安大运河百里画廊项目举行开工仪式**】1月6日，2022·淮安大运河百里画廊项

目开工仪式在中国水工科技馆项目现场举行。大运河百里画廊东起淮安船闸,经里运河、京杭运河至五河口,向南经二河、洪泽湖大堤、蒋坝、马坝、官滩至老子山镇龟山村,沿水域长约125公里。淮安将发挥"1＋1＋N"规划引领作用,完善大运河百里画廊重大项目库,出台《大运河百里画廊建设实施意见》,健全完善督查考核机制,持续打响"运河之都·百里画廊"城市形象品牌。

【省交通运输厅与淮安签署战略合作协议】1月14日,省交通运输厅与淮安市政府签署战略合作协议。省交通运输厅厅长陆永泉,市委书记陈之常,市委副书记、代市长史志军,市委副书记赵正兰,市委常委、常务副市长顾坤等出席签约仪式。根据战略合作协议,省交通运输厅将从打造综合立体交通网络、现代综合运输服务体系、现代绿色交通体系和现代化交通治理体系等方面支持淮安交通运输现代化示范区建设。

【杨庄二号船闸、朱码二号船闸2022年大修工程通过竣工验收】5月13日,杨庄二号船闸、朱码二号船闸2022年大修工程通过省厅港航事业发展中心组织的竣工验收。本次大修解决杨庄二号船闸、朱码二号船闸运行中存在的隐患和缺陷,有效改善和提高两船闸设备设施的技术性能,为船闸的安全、高效运行奠定良好的基础。

【淮河入海水道二期工程可行性研究报告获国家发展改革委批复】淮河入海水道位于淮安、盐城市境内,西起洪泽湖二河闸、东至滨海县扁担港,全长162.3公里。淮河入海水道二期工程是《淮河流域综合规划(2012—2030年)》《淮河流域防洪规划》确定的扩大淮河下游泄洪能力、提高洪泽湖及其下游防洪保护区防洪标准的战略性骨干工程,是国务院确定的进一步治淮38项工程之一,2020年纳入国家加快推进的150项重大水利工程之一,同时也是国家"十四五"规划纲要确定的102项重大工程之一。

【省交通运输厅对淮安市开展航闸安全生产督促指导】9月26日,省交通运输厅副厅长惠先宝带队对淮安市航闸安全生产工作开展督促指导,省厅港航事业发展中心主任陈胜武、市交通运输局局长徐成东、市港航事业发展中心主任罗衍庆、淮阴区交通运输局局长朱洪山等陪同。督查组乘船查看盐河航道、沿线桥梁和杨庄船闸运行管理情况,听取航闸建设养护和船舶碰撞桥梁隐患专项治理行动开展情况汇报,提出指导意见,也对相关工作给予肯定。

【淮安两项水运工程项目获2022年度"江苏交通优质工程"】10月31日,省交通运输厅授予18个工程项目为2022年度"江苏交通优质工程"并颁发"苏畅杯",淮安市京杭运河淮海路大桥改建工程和淮安港涟水港区涟水新港作业区二期工程获表彰。

【淮河出海航道(红山头至京杭运河段)整治工程通过竣工验收】12月15日—16日,江苏省交通运输厅在盱眙县召开淮河出海航道(红山头至京杭运河段)整治工程竣工验收会议。会议成立工程竣工验收现场核查组,对工程实体和内页资料进行检查。会上,核查组观看工程汇报片,听取工程建设情况汇报、工程试运行情况汇报及工程竣工质量鉴定报告。经讨论,核查组认为本工程各参建单位严控质量监督,狠抓安全生产,圆满完成工程建设任务,工程竣工质量鉴定优良,实现既定建设目标,一致同意工程通过竣工验收。省生态环境厅、省档案馆、省厅港航中心、市发改委、市档案馆、市交通运输局、市港航中心及工程建设、设计、施工、监理等单位负责人、代表及特邀专家参加会议。淮河出海航道(红山头至京杭运河段)整治工程于2016年10月开工,整治里程101.637公里,按照三级航道标准建设。整治工程实施后,不仅大大改善淮河出海航道船舶通行条件,全面提升通航能力,新建、改建的跨河桥梁也将有效增强航道两岸之间的互联互通。

(李梦思)

高良涧船闸管理所

【单位概况】 高良涧船闸管理所位于淮安市洪泽区古堰路158号（邮编：223100，电话：0517-87222422），属全额拨款事业单位，正科级规格，核定编制91人，经费渠道为全额拨款。主要职责：负责船闸运行调度和过闸秩序管理；负责船闸设备设施正常维修养护和技术改造工作；负责船闸规费的征缴工作；保障船闸安全、畅通、高效运行。内设股室5个：政秘股、财务征收股、运行调度股、工程养护股、安全管理股。

所　　长　刘　剑
副所长　曹　斌　郭　强　冯晶蛟

【船闸基本情况】 船闸下辖三线船闸，按三级船闸标准建设。一号船闸：规模为 $100×10×2.5$（米），年设计通过能力300万吨；上、下游设计最高通航水位分别为15.5米、11.5米，上、下游设计最低通航水位分别为10.5米、7.5米，最大水级差6米。二号船闸：规模为 $230×23×4$（米），年设计通过能力3780万吨；上、下游设计最高通航水位分别为14.8米、10.6米，上、下游设计最低通航水位分别为10.3米、8.3米，最大水级差6.5米。三号船闸：规模为 $230×23×4$（米），年设计通过能力3780万吨；上、下游设计最高通航水位分别为14.8米、11.6米，上、下游设计最低通航水位分别为10.5米、8.5米，最大水级差6.5米。3座船闸的闸门均为钢质平板人字门，阀门均为钢质平板门提升门，启闭机均采用液压直推式启闭机，电气控制均采用集散型控制系统。

【年度工作概况】 2022年，高良涧船闸养护完成投资447万元，占年计划100%。高良涧船闸上游远调站码头清淤工程，完成投资37.00万元；高良涧二、三号闸闸首沉降地坪改造工程，完成投资14.86万元；高良涧船闸安全物资仓库改造工程，完成投资24.77万元；高良涧下游远调站自来水接通工程，完成投资23.12万元；高良涧船闸上游停泊锚地护岸应急修复工程为跨年度实施工程，2022年完成投资119.86万元。对船闸闸阀门及机电设备一级保养36次，二级保养12次，门头跳动测量6次，闸区沉降位移观测2次，引航道断面测量1次，柴油发电机专业保养1次，阀门吊检1次，水下检查4次，汛前及汛期检查共计26次，对管理所19栋建筑设施进行防雷检测，一、二、三号闸通航保证率均为100%。

船闸运行（过闸费征收）。一号、二号、三号船闸共运行13 248闸次，通过单船51 163条，船队1 497支，全年货物通过量3 765.42万吨，船舶通过量4 167.40万吨，全年征收过闸费3 119.20万元，累计减免船舶过闸费779.80万元，其中集装箱船舶免费过闸1 587艘次，207.89万吨，优惠过闸费164.44万元。

管理工作。开展隐患排查治理工作，建立风险分级管控和隐患排查治理双重预防体系，全年共进行日常检查39次、季度综合检查4次、节假日检查7次、专项检查4次，查出安全隐患16处，已经全部完成整改。疫情防控期间，落实上级有关疫情防控政策，及时调整防控举措。组织应急队伍人员培训，系统学习应急预案，完善应急救援装备配备，完成安全生产标准化一级达标创建工作。助力水路运输信用体系建设，多次开展信用宣传上船头活动，引导船员关心支持信用交通建设，信用扣分船舶22艘，加分船舶4艘。

党的建设。开展"三会一课""每月固定党日""党员政治生日"活动，组织支部学习15次，两个党小组学习24次；持续深化"党课1+3"品牌效应，党课由3~5人分组完成，增强党课的互动合作性，全年上党课11人，参与党员33人。带领党员通篇学习党的二十大报告原文，开展集中专题学习5次，组织学习交流研讨会1次，撰写心得体会43篇。7月支委完成换届选举，增强党建工作力量。完成转正党员2名，吸收预备党员2名。

文化建设。创建"洪泽湖e站"志愿服务点，贴心服务船员，开展春节送福、安全宣传、普法教育等上船头志愿服务；开展助学帮困活动，先后2次走访慰问结对帮扶的学生共计9人次；做好"岗村结对"共建工作，组织"巾帼文明岗"志愿者前往洪泽区三河镇长河村，帮助村民清扫垃圾，向6名留守儿童送去书籍和慰问金；下半年与洪泽区黄集街道墩口社区结对共建，帮助社区建设文化宣传栏。自办道德讲堂3期，以视频形式参加省中心道德讲堂1期。发动职工参与无偿献血13人次。

(王雅卓)

杨庄船闸管理所

【单位概况】杨庄船闸管理所位于淮安市淮阴区王家营街道杨庄社区(邮编:223305,电话:0571-84399893),为全额拨款事业单位,正科级规格,核定编制43名。主要职责:负责船闸运行管理;负责船闸设备设施养护;负责规费的征稽等工作。内设股室5个:政秘股、运行调度股、工程技术股、财务征收股、安全管理股。

所　长　俞　涛
副所长　蔡斌盛　王　军　卢　瑾

【船闸基本情况】船闸下辖二线船闸,按三级船闸标准建设。一号船闸:规模为135×12×2.5(米),年设计通过能力300万吨,上、下游设计最高通航水位分别为14.0米、9.5米,上、下游设计最低通航水位分别为10.5米、7.5米,最大水级差6.5米。二号船闸:规模为230×23×4(米),年设计通过能力1890万吨,上、下游设计最高通航水位分别为13.45米、9.94米,上、下游设计最低通航水位分别为10.18米、7.45米,最大水级差5.01米。二座船闸闸门均为钢质平板人字门,阀门均为钢质平板提升门,启闭机均采用液压直推式启闭机,电气控制均采用集散型控制系统。

【年度工作概况】2022年,加强船闸养护资金使用管理,根据中心年度航闸养护计划安排,共计下达养护资金1310万元,其中船闸养护工程资金49.881万元,船闸运行维护费177万元,船闸养护专项工程304万元(含上年上下游临时停泊区工程184万元),船闸大修工程费用770万元。已按照养护计划安排完成全年养护工作任务,实际使用船闸养护工程经费52.95万元,资金执行率106.15%;船闸运行维护实际使用经费180.83万元,资金实际使用率106.12%;船闸养护专项工程实际使用经费120.53万元,资金执行率100.43%;船闸大修工程实际使用经费770.66万元,资金执行率100.09%。同时,定期做好门机电设备检查、检修及日常养护工作,一、二号闸累计机电设备一级保养45次,二级保养24次,故障检修56台次,水下检查4次,高压用具检测3次,闸门运行观测2次。按规定完成船闸水工建筑物变形观测和航道断面测量等多项设备检测保养工作。

船闸运行(过闸费征收)。全年开放闸次6420次,船舶通过量为1955.46万吨,货物通过量1282.45万吨,其中,使用便捷过闸系统船舶22596艘。征收过闸费1378.84万元,其中,使用便捷过闸系统船舶收费1373.47万元,占全年收费比99.61%。

管理工作。全年累计召开安全生产领导小组会议、安全生产理论学习研讨会、特殊工种会、安全教育及安全例会30余次,开展各项安全检查36次,隐患整改率达100%。推进班组安全教育工作,组织《宣传新安法,筑牢安全线》专题讲座。督查在建工程的安全管理,召开二号闸大修工程安全协调会,开展二号闸大修期间运行管理方案和人员操作培训工作。设置安全监控电子示位图,提出"安全风险分色预警图",探索"图表化"检查模式,多举措保障船舶快速安全过闸。一号闸更新安全标识标牌、疫情防控宣传牌、安全风险控制卡、应急处置卡以及分色预警图共计97处。疫情防控期间,全员签订疫情防控承诺书,制作疫情防控登记卡若干,备足备齐防疫物资。组织开展疫情防控演练活动,提升队伍应急处置能力。修订完善《危险货物待闸过闸管理规定》《载运危险货物船舶调度和通航保障方案》。通过省港航中心安全生产标准化一级达标复评。

党的建设。开展"五微"检查、行风作风检查24次,开展廉政谈话42人次,及时发现整改问题。落实党风廉政"一岗双责",以党风促行风,贯彻落实"三不腐"要求,推动营商环境优化;统筹推进常态化疫情防控,抓细抓实"六稳""六保",保障复工复产;贯彻落实"三重一大"报备制度,累计报备23项。开展党员廉政警示教育,累计学习"清风港航"系列警示文件13期,收看《零容忍》《榜样6》等专题纪录片。推进"两保一强"专项行动,深化党建品牌、"321"服务品牌建设,开展"枢纽先锋•擎旗引航"、"三个表率"模范机关建设、"党建助企建"等工作。在上下游远调站继续设立党员示范岗,党员当好"代购员"、做好"引导员",为船员送去贴心服务,推进为民办实事服务项目。4月，船闸党支部被授予"枢纽先锋·擎旗引航"先进集体称号。

文化建设。更新江苏文明单位在线创建及风采展示网站信息200余篇，累计上报政务信息117篇、刊登报道167篇。与淮阴区渔沟镇兴和村持续开展"城乡结对、文明共建"活动；组织职工参与"博爱在淮安慈善一日捐"活动，参加义务献血活动；助力驻地杨庄社区防疫；组织志愿者上船头开展"福送船头迎新春""雷锋精神我传承·健康你我永随行""粉红丝带在行动"等服务活动；参加"道德讲堂——港航新浪潮"、"我是新时代交通人"交通好故事等视频演讲活动。管理所被评为"江苏省文明单位"，工班二组被评为"全省交通运输行业青年建功标兵团队"，复核认定为"省级青年文明号"；职工中相继涌现出"市三八红旗手"、"市优秀共青团员"、"市五一创新能手"、"最美港航人"、"淮阴好人"、"市重点工作记功、嘉奖等先进个人。

（魏莹莹）

朱码船闸管理所

【单位概况】朱码船闸管理所位于涟水县朱码街道街北（邮编：223402，电话：0517-82339375），属全额拨款事业单位，正科级规格，核定编制43人。主要职责：负责船闸运行调度和过闸秩序管理；负责船闸设备设施正常维修养护和技术改造工作；负责船闸规费的征缴工作；保障船闸安全、畅通、高效运行。内设股室5个：政秘股、运行调度股、工程技术股、财务征收股、安全管理股。

所　长　高　峰
副所长　陈勇涛　夏　宇　江　璐

【船闸基本情况】船闸下辖二线船闸，按三级船闸标准建设。一号船闸规模为135×10×2.5（米），年设计通过能力300万吨；二号船闸规模为230×23×4（米），年设计通过能力1890万吨。船闸上游最高通航水位为8.87米，最低通航水位为7.29米；下游最高通航水位为7.50米，最低通航水位为1.84米。一号船闸和二号船闸闸门均为钢质平板人字门，阀门为钢质平板提升门，启闭机均采用液压直推式启闭机，电气控制采用集散型控制系统。

【年度工作概况】2022年，养护完成投资171.32万元，占年计划101%。朱码一号船闸上下游引航道应急抢通疏浚工程完成投资额34.19万元，档案室升级改造工程完成投资额19.88万元，充电桩安装工程完成投资额11.85万元，职工宿舍及门前道路路灯线路改造工程应急抢修工程完成投资额7.94万元。机电设备共进行一级保养44次，二级保养22次，故障检修32台次，一、二线闸水下检查4次，防雷检测1次，门头跳动测量3次，位移和航道断面测量2次。

船闸运行（过闸费征收）。通过单船19 861条，船队869支，货物通过量908.78万吨，船舶通过量1 356.8万吨，其中，使用便捷过闸系统船舶20 647艘。全年共计征收船舶过闸费983.35万元，其中，使用便捷过闸系统船舶收费979.785万元，占收费比99.6%。

管理工作。落实安全生产责任，推进安全生产标准化达标建设，与各股室签订安全生产综合治理目标责任状。开展安全检查35次，组织全年安全业务知识、特殊工种知识培训4期。开展安全标准化建设培训辅导2次，完善安全台账资料，完成2022年度交通运输船闸安全生产一级达标抽查。走访重点企业3次，为重点企业打造能源材料运输开辟"绿色通道"。管理所全年张贴安全生产海报20张、悬挂安全生产横幅10条、上船头进行安全教育普及3次、解答船员安全问题5个，发放安全宣传单200余张。利用便捷过闸系统、公告屏等宣传渠道，公布水位气象、运行计划、船舶待闸和船闸运行等情况。6月开展安全月宣传活动、7月开展法律法规学习、10月开展安全生产法宣传活动、11月开展消防宣传活动。

党的建设。坚持全面从严治党，严格执行重大事项报告制度，上报"三重一大"事项21件，组织观看警示教育片6次。向党员干部发放《党的二十大报告辅导读本》《二十大党章修正案学习问答》《党的二十大报告学习辅导百问》等辅导读物，通过党的二十大船头微课堂宣讲、党的二十大知识测试、党的二十大学习交流研讨，组织召开"所长讲坛·基层声音响港航"宣讲会，组织党员干部、船员代表观看"党的二十大"开幕会等多种形式的活动，宣传贯彻落实党的二十大精神。

全年中心组开展11次专题学习,组织党风廉政教育3次、支部党员大会3次,"党课大家谈"、主题党日活动、各党小组学习讨论会11次,开展支委上党课3次,主要领导上党课2次,开展廉政谈话12人次,召开行风软环境建设会议2次,中心组集中学习讨论11次,召开党员领导干部讲意识形态党课3次、意识形态工作分析研判会2次,开展专题意识形态党课6次,公开明察暗访11次,党支部走访慰问生活困难职工2名,1人列为入党积极分子。

文化建设。开展冬日关爱残疾儿童送温暖活动、上船头开展文明行为规范及社会主义核心价值观宣传教育月活动,开展新春福到船头、国庆送国旗、端午习俗进船家等各类节日主题活动,组织开展《江苏省交通运输船闸运行调度管理办法》和《信访工作条例》等宣传活动。参加义务献血、组织义务植树,主动对接共建单位,先后援助结对帮扶的涟水县朱码街道万元村图书、垃圾桶、电子屏、音响话筒、体育器材等物资。帮助涟水县朱码街道韩陈村理清该村文明创建脉络,指导文化建设实施。组织助学帮困、环保宣传、交通劝导等系列文明创建活动。加强信息报送,全年共编报政务信息152条,发表宣传稿件202篇,被市交通局微信公众号、淮安日报、淮安交通微博等市级主流媒体采用128余篇;被江苏港航公众号、荔枝网、江苏广电、江苏交通公众号及微博等省级媒体采用68篇;被中国水运网、今日头条等国家级媒体采用6篇。

(张敏琪)

淮安市市区航道管理站

【单位概况】淮安市市区航道管理站位于淮安市清江浦区化工路运河村十组水上服务区(邮编:223002,电话:0517-83506062),全民事业单位,副科级规格,核定编制13人,经费渠道为全额拨款。主要职责:为航道畅通和维护港口安全与经营秩序提供保障;负责航道发展规划、港口规划;负责航道设施建设、航道设施管理;负责航道赔补偿费收取;负责航政管理、行政许可审批;维护航产航权。内设股室3个:综合股、财务股、航政工程股。

站　长　罗　峰
副站长　刘厚昌　颜　汇

【航道基本情况】辖区共有航道2条,航道里程32.21公里。其中,三级航道苏北灌溉总渠(左半幅)25.21公里,等外级航道(右半幅)7公里。

【年度工作概况】2022年,完成年度养护计划投资134.8万元,其中航道日常维修费43.3万元,船艇使用与维护费33.5万元,运行维修费58万元;完成对盐河和淮河航道181公里的水下信息采集的外业多波速扫测工作;开展辖区航道苏北灌溉总渠(运河口-黄集洞)26.21公里航道扫测任务2次;在服务区内设立快递柜;为方便船民出行,设立共享单车水上服务区点;水上服务区设立免费无线网络全覆盖;在新港对岸,设置船民饮用水取水口,对已经安装的京杭运河淮安水上服务区加电点、垃圾回收设施和船舶水污染接收设施进行日常维护保养。

管理工作。签订安全生产责任状,配备专职安全员,组织召开安全工作会议12次,观看安全警示教育片4次,组织安全检查14次,排查安全隐患1起,并及时进行整改。对服务区承租单位进行检查5次,排查隐患1起。坚持每月例行巡航制度,开展航道巡航21次,总渠航道18次,巡航里程360余公里,二河航道巡航3次,巡航里程45余公里。

党的建设。严格"三重一大"集体决策制度,落实领导干部一岗双责,以党建促各项工作同步发展。做好疫情防控,成立党员先锋队,开展"三个在一线"行动。丰富党课的内容和形式,组织普通党员上讲台讲党课。加强党建品牌建设,组织开展"争当服务先锋"行动、创建"三个表率"模范机关工作。

文化建设。不断充实"江苏文明单位在线"内容。对照市委有关文件精神,组织整改,重点整治垃圾清运、绿化不足等问题,增设控烟标志,悬挂横幅标语牌。

(袁安平)

淮阴区港航事业发展中心

【单位概况】淮阴区港航事业发展中心位于

淮安市淮阴区北京东路9号（邮编：223300，电话：0517-84922088），为全额拨款事业单位，副科级规格，核定编制8人。主要职责：参与编制港口、航道行业有关发展战略、发展规划、行业政策；参与编制并负责执行港口、航道建设计划，负责编制并监督实施港口、航道养护计划；负责指导辖区港口公用基础设施建设和维护工作，负责辖区航道的建设管理和养护及标志标牌的设置和管理工作；负责辖区航道网运行的监测、预警、信息服务和技术支持工作；承担航道赔（补）偿费的收取工作；承担港口、航道绿色发展工作；承担港口、航道的网络安全、信息化以及行业统计、信息调查等事务性工作；承担港口、航道行业技术交流、科技成果转化等工作；承担有关行政审批前的符合性技术审查工作。内设科室3个：办公室、航道科、港口科。

  主　任　蔡长水

  副主任　徐　庭　肖　伟

【**航道基本情况**】辖区共有航道9条，航道总里程189.02公里。其中，京杭运河二级航道16公里（淮阴船闸至蒋集），由苏北航务管理处管养；盐河三级航道里程23.89公里（运河口至淮江高速大桥），六级航道里程73.04公里（张福河航道侯儿门至京杭运河口23.29公里、淮沭新河航道运河口至六塘河口35.86公里、北六塘河航道港河至钱集桥13.89公里），等外级航道里程72.92公里（赵公河航道洪泽湖口至南吴集河滩11.93公里、淮沭新河东偏泓航道淮闸村至钱集闸西34.69公里、二河航道二河闸至张福河闸交叉口26.3公里），华能电厂专用航道3.17公里。航标1座。

【**年度工作概况**】2022年，完成投资335万元。部分桥区水域范围航道维护疏浚工程114.35万元、盐河航道部分桥区水域标志标牌工程28.65万元、盐河航道淮阴段边坡水毁应急抢修工程85.61万元、船坞维修改造工程10.16万元，其他日常维护96.23万元。

  管理工作。全年累计巡航1 402公里，完成干支线航道清障扫床2次，清除碍航渔网12处，及时清除盐河航道孙大泓侧面标周围的杂草和树木。全面完成船舶碰撞桥梁隐患治理专项行动，治理辖区跨等级航道50座桥梁隐患（其中高等级航道京杭运河、盐河航道26座，其他等级航道24座），整改桥区水域航道、水上交通、桥梁安全隐患共62项，整改率100％。参与京杭运河淮安段绿色现代航运建设地方矛盾调处工作；联系绿化评估第三方，对工程范围内的苗木进行现场踏勘，为实施苗木补偿评估提供补偿依据；主动协调联系杆管线所属单位与项目施工单位对接，以便施工单位建设杆管线跨过河航道段护岸；协助市整治办对接区自然资源规划局、水利局、住建局等相关职能部门，办理土地使用等相关手续。开展交通运输节能减排宣传活动39次。发布港航信息52条次。全年完成张福河船闸和淮沭河船闸2个交通流量观测点的交通流量统计工作，其中，通过张福河船闸船舶吨位80.17万吨、淮沭河船闸船舶吨位60.33万吨；张福河船闸与上年度80.93万吨相比基本持平，淮沭河船闸与上年度77.11万吨相比下降22％。自3月12日起至12月7日，抽调10名员工，会同公安、城管、卫生和属地镇，先后在205国道宿界徐溜治超站、京沪高速王兴收费站和G1516盐洛高速凌桥收费站设立疫情防控查验点，对返淮入淮车辆、人员进行24小时不间断查验，加强对省外及省内中高风险地区来淮车辆、人员的查控，全面做好"落地检"，以及甄别、登记等工作，确保"不漏一车、不漏一人"，圆满完成疫情防控任务。

  党的建设。贯彻落实习近平新时代中国特色社会主义思想，宣传贯彻党的二十大精神，定期开展"三会一课"活动，加强党员干部党性教育，引导党员干部坚定理想信念、不忘初心使命。落实节日期间党风廉政建设，在节日前对职工开展集体廉政教育，对领导班子成员进行廉政谈话。

  文化建设。以文明单位创建为抓手，开展社会主义核心价值观宣传教育，定期举办《道德讲堂》。参加全国文明城市建设工作，全年更换宣传栏6次，设置灭鼠毒饵站等设施12处，组织全体人员共14人轮流负责市一院周边16座公交站台的小广告清除和文明引导工作；组织港航志愿者6人次参加无偿献血活动，共献血2 200毫升。组织干部职工14人次参加"腾讯99公益"活动。

（陆红梅）

淮安区港航事业发展中心

【单位概况】淮安区港航事业发展中心位于淮安区西门大街51号(邮编:223200,电话:0517-85889370),为全额拨款事业单位,副科级规格,核定编制22人。主要职责:参与编制港口、航道行业有关发展战略、发展规划;参与编制并负责执行港口、航道建设计划,负责编制并监督实施港口、航道养护计划;负责指导辖区港口公用基础设施建设和维护工作,负责辖区内河航道的建设管理和养护及标识标牌的设置和管理工作;负责辖区航道网运行的监测、预警、信息服务和技术支持工作;承担辖区航道赔(补)偿费的收取工作;承担辖区港口、航道绿色发展工作;承担辖区港口、航道的网络安全、信息化等工作;承担港口、航道行业技术交流、标准化等工作;承担辖区港口公用基础设施和航道基础设施的安全预防和应急处置工作;承担有关行政审批前的符合性技术审查工作。内设科室4个:设置办公室、财务科、建养科、安全科。

党支部书记、主任　李海建
党支部副书记、副主任　纪大军
副主任　徐国强　许　鑫

【航道基本情况】辖区航道共30条,总里程502.21公里,其中,三级航道淮河(运河交汇口至张码洞)15.21公里,五级航道苏北灌溉总渠(苏嘴至运河口)34.58公里,七级航道溪河(涧河口至运河口)41.78公里,七级航道浔运西线(运河口至4#标)11.94公里;等外级航道26条,总里程398.7公里。另外,苏北航务管理处管理的二级航道大运河35公里(淮安船闸上游14公里,淮安船闸下游二级航道21公里)和五级航道里运河航道8公里。

【年度工作概况】2022年,实施溪河航道疏浚工程和苏北灌溉总渠航道疏浚工程,使用航闸养护经费422.3万元。

管理工作。完成辖区主要干线航道淮河线、苏北灌溉总渠两次清障扫床99.6公里;全年共开展航道巡查193次,累计3 860公里。安全生产常抓不懈。调整中心安全生产领导小组,中心与各科室签订4份安全生产责任书。组织开展春节、国庆、党的"二十大"等重大节日活动期间的安全生产检查。完成京杭运河航道8座桥梁、淮河出海航道2座桥梁、苏北灌溉总渠5条、溪河航道27座桥梁的隐患排查及治理,以及桥梁标志标牌设置和主动预警设施设置。

航道赔(补)偿费征收。全年收取航道赔(补)偿费24.48万元。

党的建设。成立中国共产党淮安市淮安区港航事业发展中心支部委员会,选举新一届支部委员会委员。以喜迎党的二十大召开与学习贯彻党的二十大精神为主线,开展丰富多彩的特色文化活动与党风党纪廉政建设。开展"学习横沟建党精神·重温入党誓词""国庆向船民赠国旗·畅谈非凡这十年"等主题活动。在石塘卡口执勤一线,中心15名党员面对党旗重温入党誓词,牢记初心使命,守好全区疫情第一道防线。慰问13名在职职工、12名退休职工。全年帮扶慰问资金计4.475万元。

文化建设。开展竹巷街沿街经营户"结对共建文明城"活动,组织人员上门走访宣传,监督、协助做好门前"五包";完成值守保洁等工作任务。开展志愿者服务活动,全年累计60人次参加志愿服务,服务时长100多小时。组织干部职工参观周恩来故居、观看《一月的思念》诗歌朗诵会与电教片《大无大有的周恩来》《周恩来的家风家训》、"船头党校"讲授党课等系列活动。

(邱　锋)

涟水县港航事业发展中心

【单位概况】涟水县港航事业发展中心位于涟水县红日大道28号交通大楼12~13层(邮编:223400,电话:0517-82382448),为全民事业单位,规格相当于副科级,核定编制25人。主要职责:参与编制并负责执行港口、航道建设计划,负责全县港口公用基础设施建设、维护和管理工作;负责全县内河航标的设置和管理工作;负责全县航道网运行的监测、预警、信息服务和技术支持工作;承担航道赔(补)偿费的收取工作;承担港口、航道绿色发展工作。承担港口、航道的网络安全、信息化工作；承担港口、航道行业技术交流、标准化等工作；承担港口公用基础设施和航道基础设施的安全管理和应急处置工作；内设办公室、财务科、安全科、港航管理科、工程科、环保科技科6个科室。

  主　任　童金平
  副主任　贾海波　肖　明　左　峰
  工会主席　陈春燕

【航道基本情况】辖区共有航道9条，航道总里程170.9公里，其中，三级航道51.36公里，六级航道17.45公里，七级航道19.94公里，等外级航道82.15公里。航标12座。

【年度工作概况】2022年，完成投资450.39万元，其中桥梁标志标牌设置、盐河航道涟水段应急抢通工程、部分桥区水域疏浚、航道绿化等项目投资365.67万元，其他日常维护84.9万元。

  航道赔（补）偿费征收。全年收取航道赔（补）偿费7.4万元。

  管理工作。全年巡航里程1 500余公里，280人次，其中船巡940余公里，120余人次，完成辖区清障扫床及日常航道巡查，完成航道水面漂浮水生植物、垃圾及渔民布设的虾笼、渔网清除。清理航道桥梁下以及白色垃圾、秸秆等航道水面漂浮物约4吨，清除两岸生产生活垃圾3吨。

  党的建设。深化"两学一做"，开展党的二十大精神、习近平新时代中国特色社会主义思想和党史的学习。签订党风廉政建设责任状，开展岗位腐败风险防控管理；加强工程建设突出问题、日常公务接待等各方面的风险防控工作。组织党员志愿者开展助学活动。10月，组织党员志愿者前往涟城街道徐集中心小学开展志愿助学活动，中心支出1万余元采购700余套学习用品。

  文化建设。开展文明单位共建活动，投入1万余元帮助共建的张码社区进行卫生管理和环境整治，为建设美丽文明的涟水贡献港航人的力量。年内涟水港航支部被评为江苏省交通运输行业先进基层党组织。

（贾海波）

洪泽区港航事业发展中心

【单位概况】洪泽区港航事业发展中心位于洪泽区洪泽湖大道125号（邮编：223100，电话：0517-80826126），为全额拨款事业单位，副科级规格，核定编制25人。主要职责：负责贯彻执行国家和省、市、区有关港口、航道的方针、政策、法律、法规，参与编制港口、航道行业有关发展战略、发展规划、行业政策；参与编制并负责执行港口、航道建设计划，负责编制并监督实施港口、航道养护计划；负责指导辖区港口公用基础设施建设和维护工作，负责辖区内河航道的建设管理和养护及标志标牌的设置和管理工作；负责辖区航道网运行的监测、预警、信息服务和技术支持工作；承担航道赔（补）偿费的收取工作；承担港口、航道绿色发展工作；承担港口、航道的网络安全、信息化以及行业统计、信息调查工作；承担港口、航道行业技术交流、科技成果转化、科研项目实施管理、标准化等工作；承担有关行政审批前的符合性技术审查工作。内设科室5个：综合办公室、安全法制科、港口科、航道科、规划建设科。

  主　任　陈春玉
  副主任　陶大大　张　锐

【航道基本情况】辖区航道总里程195.33公里。其中，三级航道75.49公里，五级航道42.85公里，七级航道27.95公里，等外级航道49.04公里。

【年度工作概况】2022年协助市中心完成金宝线航道整治工程（淮安段）项目的稳评、工可批复、土地预审等前期工作。全面完成船舶碰撞桥梁隐患治理专项行动工作，洪泽区涉及的桥梁有14座，桥区水域11处（其余3处金湖代管），中心向区政府争取财政资金160万元，完成桥梁标志标识采购及安装，并于10月19日通过项目验收。

  航道赔（补）偿费征收。全年收取航道赔（补）偿费19.1万元。

  管理工作。全年共维护航标26座次，其中夜航2次，正常维护1 175座次，非正常维护1座次,航标正常率100%。开展航道巡航79次,巡航里程达3720公里。对辖区内189.05公里航道进行清障扫床,扫床总里程达301.11公里。为洪泽湖区航标更换38个一体化遥控遥测LED航标灯,对湖区31座固定灯桩及7座防碰撞设施进行除锈打漆工作,并对损坏的14座梯子和12座护栏进行整修,确保航标维护工作的安全。疫情防控期间,全员投入高速卡口值班工作,24小时三班倒,检查所有来洪人员和车辆,确保涉及风险区的来洪人员落实相应管控措施要求。

党的建设。严格执行"三会一课"制度和党员"固定活动日"制度,全年共开展固定党日活动12次,召开党员大会5次、党课4次、专题宣讲12次;举办党员冬训活动并召开2021—2022年度组织生活会,征集到意见表8份,归类整理书面意见和建议46条。与临河社区商贸城小区党支部、蒋坝镇彭城村党支部举行共建仪式,并开展理论宣讲、赠"四史"书籍、学习模范、共览红色事迹等共建活动。

(王松梅)

金湖县港航事业发展中心

【单位概况】金湖县港航事业发展中心位于金湖县建设西路188号(邮编:211600,电话:0517-80900327),为公益一类事业单位,规格为副科级,核定编制23人。主要职责:参与编制并负责执行航道、港口建设和养护计划;负责指导全县港口公用基础设施建设、维护和管理工作;负责全县内河航道标志标牌的设置和管理工作、负责航道网运行的监测、预警、信息服务和技术支持工作;承担航道赔(补)偿费的征收工作;承担全县内河港口、航道的网络安全、信息化工作;承担全县内河港口行业技术交流和绿色发展工作;承担全县内河航道安全、应急管理工作;承担有关行政审批前的符合性技术审查工作。内设股室6个:综合股、财务审计股、航务管理股、工程计划股、法制工作股、安全监督股。

党支部书记、主任　杨锦宏
党支部副书记　李安平
副主任　李　硕　朱能祥　张金波
工会主席　陈秀英

【航道基本情况】辖区航道总里程179.55公里,其中六级航道里程55.03公里,七级航道里程44.07公里,等外级航道里程80.45公里。通航船闸1座,航标43座。

【年度工作概况】2022年,协助淮安市港航中心推进金宝航道整治项目,解决石港船闸改建项目占用石港抽水站国有用地事宜,协调金湖段征地拆迁、建设服务保障和地方矛盾。金宝线金湖段航道整治工作已纳入2023年省重点力争开工项目。

管理工作。全年累计开展巡查98次,巡查里程约4400公里;完成航道清障扫床工作,总里程229.44公里;开展航标检查50次,维护保养航标80多座次,更换损坏航标灯5座次,遥感遥测37次,航标正常率达100%。

赔(补)偿费征收。全年收取航道赔(补)偿费28.5万元。

党的建设。开展"让优秀成为一种习惯,用担当书写忠诚"主题党日活动,全年组织专题学习13次,开展党员冬训4次,购入学习书籍72本,组织"金湖植莲·读书思廉"集中阅读活动2次,以"创先争优"活动为抓手,开展主题教育。深入学习党的二十大精神,推动党的二十大精神在基层末端落地落实落细。开展党风廉政谈话17人次,注重作风建设,发挥党支部的战斗堡垒和党员的先锋模范作用。

文化建设。年内金湖港航中心与金湖县前锋镇中兴村开展城乡结对共建活动;紧盯国家级文明城创建目标,围绕交通路口执勤、社区干线路段巡守、7家无主小区环境卫生整治等方面,累计组织志愿者692人次,志愿服务时长逾2800小时,投入便民设施改造资金4万余元,组织职工参与"义务献血""博爱在金湖人道万人捐"等活动。

(唐　军)

盱眙县港航事业发展中心

【单位概况】盱眙县港航事业发展中心位于盱眙县淮河北路219号(邮编:211700,电话:0517-80912092),属全额拨款副科级公益性质事业单位,核定编制27人。主要职责:承担港航公益服务和事业发展职责;贯彻执行国家和省、市有关港口、航道的方针、政策、法律、法规,参与编制港口、航道行业有关发展战略、发展规划、行业政策;参与编制并负责执行港口、航道建设计划,负责编制并监督实施港口、航道养护计划;负责指导全县港口公用基础设施建设、维护管理工作;负责全县内河航道的建设管理工作;承担全县内河航道的养护工作,负责全县内河航标、标志标牌的设置和管理工作;负责全县航道网运行的监测、预警、信息服务和技术支持工作;承担航道赔(补)偿费的收取工作;承担港口、航道绿色发展工作;承担港口、航道的网络安全、信息化及行业统计、信息调查工作;承担港口、航道行业技术交流、科技成果转化、科研项目实施管理、标准化等工作;承担港口公用基础设施和航道基础设施的安全管理和应急处置工作。内设科室5个:综合办公室、财务科、安全监督科、港航管理科、工程规划建设科。

党支部书记、主任　章明明

党支部副书记　陈兆年

副主任　吴　波　谢凌云　成淑娟

【航道基本情况】辖区共有航道15条,总里程为171.22公里。其中,三级航道35公里,四级航道7.9公里,五级航道31.2公里,六级航道59.6公里,七级航道29公里,等外级航道8.52公里。

【年度工作概况】基础设施建设。2022年,实施清水坝疏浚工程、维桥新河航道疏浚工程和官滩河航道老港口门疏浚工程,疏浚里程约4.8公里,疏浚土方约21万立方米,总投资约418万元;配合市港航中心完成淮河出海航道(红山头至京杭运河段)航道整治工程助航设施建设,投资约485万元。

航道养护。全年累计巡航60余天,车船巡查里程4 800余公里,维护航标900余座次;累计更换34个一体化遥控遥测LED航标灯,完成全年清障扫床工作,共计里程402余公里,累计清除暗桩36余根、网簖15余处、航道废弃物11余吨。通过隐患自查、"一桥一档""两个清单"在线填报、桥区水域功能模块报送、跨高等级航道桥梁自查和综合评估报告上传等一系列工作,完成跨高等级航道3座桥梁(新扬高速淮河大桥、淮河大桥、淮河三桥)集中整治阶段工作,同步制定跨其他等级航道桥梁专项治理实施方案,累计投入265万元完成夹河大桥、东风大桥的标识标牌、防撞设施的建设安装。疫情防控期间,先后负责S49新扬高速盱眙出口、S331省道交通卡口以及盱眙北出口疫情防控工作。

航道赔(补)偿费征收。全年收取航道赔(补)偿费38万元。

党的建设。开展"亮灯工程"晚间学习20余次,党员"固定学习日"学习10余次、党员冬训专题学习培训10余次,购入学习书籍80余册,打造职工阅读空间,高质量建设书香港航。组织党员干部学习《中国共产党章程》《中国共产党纪律处分条例》等法律法规条例,签订党风廉政责任状,开展警示教育、作风检查、谈心谈话活动,教育和引导党员干部时刻保持政治上的坚定和清醒。

(周　宇)

盐城市港航事业发展中心

【单位概况】盐城市港航事业发展中心位于盐城市亭湖区青年中路8号(邮编:224005,电话0515-88883605)。主要职责:贯彻执行国家和省、市有关港口、航道发展的方针政策、法律法规,参与编制港口、航道行业有关发展战略、发展规划、行业政策、法规规章、标准规范;参与编制并执行全市港口、航道建设计划,编制并实施航道、船闸养护计划;参与全市管辖范围内港口公用基础设施建设和维护工作,参与管辖范围内港口锚地调度有关工作;负责全市管辖范围内航道整治、所属船闸扩容改造、水上服务区等建设工程的组织实施;负责所属船闸的日常养护工作和运行调度以及船舶过闸费、管辖范围内航道(赔)补偿费的事务性工作;负责航道、船闸公务艇的更新改造、维护工作;负责辖区等级航道的日常养护工作,负责所属水上服务区的运行、维护及日常管理工作;负责管辖范围内航道标志标牌依法设置和维护工作;负责全市航道网运行的监测、预警、信息服务及其技术支持工作;承担系统内的网络安全、信息化工作;负责行业统计、信息调查工作；协助做好全市管辖范围内港口、航道绿色发展工作；承担港口、航道行业技术交流、科技成果转化、科研项目实施、标准化等工作；承担全市等级航道、所属船闸、水上服务区等基础设施安全管理和应急处置工作，参与全市管辖范围内港口公用基础设施安全管理和应急处置工作。内设科室9个：办公室、组织人事科、财务审计科、工程养护科、综合计划科、安全科、科技信息科、港口发展科、市区航道养护中心。下属基层单位12个：盐城市港航事业发展中心东台中心、盐城市港航事业发展中心大丰中心、盐城市港航事业发展中心射阳中心、盐城市港航事业发展中心建湖中心、盐城市港航事业发展中心阜宁中心、盐城市港航事业发展中心滨海中心、盐城市港航事业发展中心响水中心、射阳港船闸管理所（2012年关停）、刘庄船闸管理所、阜宁船闸管理所、滨海船闸管理所、运盐河船闸管理所。

主　任　徐　军
副 主 任　花　全　姜　华
纪委书记　刘山林（1—10月）　蒋卫民（10月任）

【**航道基本情况**】盐城市境内航道总里程4 512.79公里（增长22.1公里）。内河通航里程共计4 368.34公里（增长22.1公里），其中三级航道283.05公里，四级航道208.97公里，五级航道360.87公里（增长38.72公里），六级302.47公里（下降16.62公里），七级航道465.60公里，等外级2 747.38公里，为全省内河航道里程最长的地级市。航标85座（下降2座）。全市通航船闸12座，其中纳入交通管理的船闸4座，分别为刘庄船闸、阜宁船闸、滨海船闸、运盐河船闸。

【**年度工作概况**】基础设施建设。2022年，全市内河航道基础设施建设累计完成投资5 000万元。连申线灌河至黄响河段航道整治工程，完成响水船闸下游引航道西侧靠船墩项目施工，推进船闸主体大临工程，累计完成投资超8 000万元。

前期研究工作。淮河入海水道通榆河以东段叠加实施航道工程规划研究取得初步成果，并按二级航道标准列入《盐城市支线航道等级论证研究》；连申线黄响河至淮河入海水道段航道整治工程完成工可方案厅内审查，以及用地预审、环评、水工程规划许可等前期工作；淮河入海水道二期配套通航工程完成稳评备案和第一次环评网上公示，配合推进水工程规划许可和用地预审工作；射阳港区疏港航道整治工程启动工可研究；强化与国土空间规划的衔接，开展全市干线航道和港口项目纳规研究并全部纳入省级国土空间规划；《盐城市内河港口总体规划》编制完成并上报市政府审批；《盐城市支线航道等级论证研究》有序开展。

航道养护。全市内河航道养护经费投入7 897.25万元。例行养护经费3 926.3万元，包括航道养护2 043.3万元，航标养护185万元，船闸养护1 200万元，水上服务区及污染物接收设施运转经费138万元，船艇使用与维修费140万元，信息化设施维护费220万元；专项养护经费3 970.95万元，包括航道专项养护2 989.95万元，船闸专项养护570万元，航道设施修复费166万元，航闸信息化设施维护工程费150万元，管理装备改造费95万元。航闸设施改造专项工程刘大线航道浅段二期疏浚工程、连申线东台段永新大桥至安丰港池南侧一期疏浚工程、连申线航道大丰白驹大桥段护岸工程，全部通过厅港航中心组织的交（竣）工验收。做好航道巡查，辖区等级以上航道多波束扫床全覆盖，清除废弃沉船42艘，其他沉物11处。根据厅港航中心关于全省内河干线航道水下地形扫测的方案部署，对连申线、灌河、泰东线、盐邵线、盐宝线、刘大线、射阳港区疏港航道、滨海港区疏港航道共515公里，采用多波束设备采集数据形成水下三维地形图，准确判断水下障碍物和河床淤积情况，同时结合巡航、沉降位移观测等成果，开展预防性航闸养护工作，新建、维修护岸5.3公里，疏浚土方5万余立方米。完成三级及以上航道3座通航建筑物、283.2公里航道基本数据普查以及数据整改，完成市级及各县（市、区）水路承灾体风险普查质量检查报告。对2018年以前设立的62座航标进行遥测遥控终端全面更新改造。组织全市港航系统航标维护职业技能竞赛，全系统管理维护一体化智能航标86座，航标正常率99％以上。

船闸运行（过闸费征收）。全年开放4 754闸次，过闸船舶3.75万艘，船舶通过闸量2 932.58万吨，货物通过量1 813.65万吨，累计征收船舶过闸费1 618万元。

管理工作。采用多波速扫测技术开展航道扫床累计5 970公里；运用无人机开展航道巡查，提高巡航效率和航道数字化管理水平。组织开展安全法律法规、危化品船舶过闸管理、航闸养护工程安全监管、船舶安全标准化达标、航闸安全生产事故应急处置等专题培训（讲座）150场、2 100人次；组织"防灾减灾宣传周""安全生产月""安全生产进社区"等宣传178次，发放宣传材料6 000余份，接受咨询850人次；通过LED屏、可变情报板滚动播放《安全生产十五条硬措施》、公益宣传片等视频，发送安全提示提醒微信3 500余条，制作展板70块，悬挂宣传横幅145条；开展船闸安全标准化达标创建和航道本质安全示范点建设，刘庄船闸、滨海船闸通过一级达标复查验收；围绕航道通航条件、船闸运行、重要作业、重要设备、重点场所五个方面，开展"重大节日安全保畅""极端恶劣天气安全保畅""燃气消防隐患排查整治""在建项目专项检查""既有建筑物隐患排查"等安全生产督查检查1 222次、4 525人，发现并整改在建工程临时用电、消防设施管理、劳保用品使用、作业环境缺陷等隐患110项（处）；组建港航专业抢险突击队，签备1个应急施工企业，配备应急物资储备库及相关设备；修订出台《盐城市港航事业发展中心防汛防台风应急预案》《船闸安全生产事故综合应急预案 专项应急预案 现场处置方案》，举办船闸控制系统故障处置、人员落水施救、溺水触电急救、消防灭火、航标失常抢修、内河航道突发事件边坡坍塌应急疏浚等演练16次。开展船舶碰撞桥梁隐患专项治理工作：全市列入专项治理范围的589座（其中101座一跨过河，488座水中设墩）跨等级以上航道桥梁隐患整改全部销号，累计投入专项治理资金3.66亿元，共排查出隐患1 187项，涉及桥梁472座，整改率100%。疫情防控期间落实防疫消杀、健康码行程卡查验等制度，配合地方政府及卫健等相关部门开展水路卡口管控工作。

绿色航道。开展干线航道、船闸、水上服务区环境综合整治，新增航道绿化面积7.2万平方米，全市干线航道沿线可绿化区域绿化率保持在95%以上，建成景观航道近百公里。

科技创新。推进江苏内河船舶手机导航系统建设，建成阜宁船闸水上ETC便捷过闸系统。实施干线航道交通量监测系统建设工程，实现船舶流量数据的自动采集及准确获取，构建多维感知、融合处理、统计分析一体化航道交通量监测系统平台。依托连申线灌河至黄响河段航道整治工程，开展"智慧工地"建设，通过建设"一个平台、两类应用、五大业务"，实现施工现场的人、机、料、法、环五要素各类资源的统一调配和管理。

党的建设。强化意识形态引领，突出学习宣传贯彻习近平新时代中国特色社会主义思想以及党的十九届历次全会和二十大精神，用党的创新理论武装头脑、指导实践、推动工作。落实"一岗双责"，层层签订《全面从严治党目标责任书》，传导压力、分解责任。紧盯"四风"隐形变异，巩固作风建设突出问题专项整治成果，汇编17项、95条的《全市港航系统权力和服务事项运行防控机制》，列出"问题清单"，逐条研究，精准施策；《约谈提醒工作制度》得到派驻纪检组的肯定并在全市交通系统推广，全年全系统共约谈提醒1 190人次；厚植"以教培廉、以景说廉、以防督廉、以德润廉"的廉政文化理念，"清廉港航"道德讲堂作为样板在全市交通运输系统展示。制定《2022年基层党建工作计划》，围绕基层党建"五聚焦五落实"深化提升行动，配齐配优基层领导班子，加强青年干部培养，提拔7名机关科室及基层单位正职、7名机关科室及基层单位副职，轮岗交流2名中层副职。为构建港航中心党建与业务"双融双促"工作机制，开创党建品牌"航韵港湾"。

文化建设。开展党史学习教育、"喜迎二十大、强国复兴有我"主题宣传教育、"喜迎二十大、奋进新征程"读书征文、"学习党史故事、致敬党史人物"演讲比赛、"书香港航、阅读分享"读书会、"道德讲堂、港航新浪潮"风采展、"端午送安康、平安护港航"主题党日志愿服务、"丹青书发展、笔墨颂党恩"书画展评、"爱我中华、情满中秋"道德讲堂、"赓续红色血脉、传承红色基因"红色基地参观等系列活动，8部作品参加省厅港航中心"港航新浪潮"微视频展评，7部作品入围。"航韵港湾"品牌成为部、省有影响力的品牌，市港航中心继续保持全国交通运输文化建设卓越单位称号；刘庄船闸被中华全国总工会、应急管理部、国家卫健委联合表彰为全国"安康杯"竞赛活动"优胜班组"，被交通运输部表彰为全国交通运输行业文明示范窗口单位。

（管 荣）

【《淮河入海水道通榆河以东段叠加实施航道规划研究》通过评审】7月22日,盐城市港航事业发展中心在南京组织召开《淮河入海水道通榆河以东段叠加实施航道规划研究》(简称《规划研究》)专家评审会。会议听取《规划研究》编制单位的汇报,对《规划研究》给予高度评价,并一致同意通过评审。本次《规划研究》在调研现状和梳理宏观形势的基础上,论证航道建设必要性,预测中远期航道货运需求,并结合建设条件对航道线路布置方案进行比选论证,提出保障措施及建议。淮河入海水道通榆河以东段叠加实施航道,对于进一步推动淮河生态经济带、江苏沿海开发等国家战略高质量实施,助力江苏交通运输现代化示范区建设等具有重要作用。

(王 骏)

【盐城率先开建智慧船舶流量监测系统】针对盐城市船舶流量监测采取人工监测方式为主,存在需要投入大量人力劳动、获取到的船舶交通量数据准确度较低等问题,在全省率先推进干线航道智慧船舶流量监测系统建设工程。该工程利用信息化技术、人工智能计算机视觉分析技术、激光雷达三维扫描技术、物联网、大数据等新兴技术,通过基于AIS、视频监控和激光雷达等多种类监测终端,实现船舶流量数据的自动采集及准确获取,构建多维感知、融合处理、统计分析一体化的航道交通量监测系统平台。该工程计划投资399.07万元,拟分三期进行,经过前期设计及财审,正在实施第一期工程,计划投资160万元,在灌河大桥、建军路立交桥、振东大桥等地布设6个交通量观测点。项目将于2024年全部建成,盐城船舶流量监测将实现间隙观测向全天候连续观测的根本性转变,实现观测数据量、质同时实现突破性提高。

(陆茵茵)

盐城市港航事业发展中心东台中心

【单位概况】盐城市港航事业发展中心东台中心位于东台市东台镇三灶村文明路连申线东台水上服务区(邮编:224200,电话:0515-85212835),为公益一类全额拨款事业单位,相当副科级规格。主要职责:负责港口、航道科学发展、绿色发展、安全发展;参与编制辖区港航发展规划,负责辖区内等级以上航道建设与养护、航道巡查、航道扫床、航道助航标志的设置与维护;负责航道赔(补)偿费征收;配合做好辖区港口、公用基础设施建设维护相关工作。内设科室4个:综合科、工程养护科、财务科、安全科。

主　任　郭永峰

党支部书记　许同明

副主任　刘珊珊　薛　军(1月任)

【航道基本情况】辖区航道总里程558.08公里。其中,三级航道69.49公里,七级航道139.65公里,等外级航道348.94公里。航标17座。

【年度工作概况】航道养护工程。2022年,累计投入经费381万元,实施连申线航道永新大桥至安丰港池段一期疏浚工程,投资300万元,疏浚航道3.55公里,疏浚土方12.08万立方米;连申线航道富安段生态护岸修复四期工程项目,投资65万元,修复护岸300米;连申线信息化外场光缆修复工程,投资8万元;连申线东台水上服务区围墙改建工程,投资8万元。在项目管理中,落细落实厅中心航闸养护标准化系列要求,养护项目经厅中心组织验收评定为优良工程,代表市中心接受厅中心的年中考核检查,获较好评价。

航道赔(补)偿费征收。全年征收航道赔(补)偿费12.7192万元。

管理工作。全年累计巡航8 000余公里,出动车艇180余次,办理航评11件;检查维护航标52座次、夜查航标5次,干线航道通航保证率达99%以上,航标维护正常率达100%;采用多波束等科技手段累计完成辖区内航道扫床422.59公里。先后投入4 000余万元于2022年完成船舶碰撞桥梁隐患治理三年专项行动:辖区内等级以上航道共有桥梁159座,其中国省干线跨航道桥梁20座,高速公路跨航道桥梁3座,铁路跨航道桥梁6座,需自查130桥梁,实际自查桥梁136座(增长:S352公路桥5座、S610通榆河大桥)。全年共召开安全会议24次,排查各类安全隐患52处,整改落实52处,排查的安全隐患均在江苏省安全生产问题处置监管平台和盐城交安APP（盐城交通安全检查业务系统）平台进行申报，实行闭环；制作宣传板牌12块，悬挂标语20条幅，发放宣传材料2 000余份，投入安全经费59万余元；开展航标失常应急演练、航道边坡坍塌应急演练各1次；聘请专业人士开展安全消防培训1次，组织消防安全演练1次；刘珊珊同志《"栏"住危险，守护安全》作品获第八届盐城市职工"安全隐患随手拍"案例一等奖。

科技创新。QC成果《降低生态护岸成本操作法》被评为2022年盐城市职工十大先进操作法，王小会被盐城市总工会授予盐城市五一劳动奖章。

党的建设。学习习近平总书记系列重要讲话精神，贯彻全国"两会"和省市"两会"精神；严格执行每月20日的"党员活动日"制度，坚持"三会一课"，召开支部组织生活会和开展民主评议党员工作，开展批评和自我批评。上一堂《在新时代、新征程上，留下无悔的奋斗足迹》主题党课；开展党旗飘扬在"疫"线活动，党员干部冲锋在疫情防控第一线；开展"5·10"警示教育月活动，组织职工观看微党课《胸怀桑梓仁怀中》，上一堂廉政专题党课《用制度保障风清气正》。签订党员廉政承诺书，党员结合廉政教育和法纪教育活动，撰写教育心得体会共计12篇，组织党员干部集中学习10次；开展集中约谈活动7次、个别约谈8人次。开展"我为群众办实事"活动，连申线东台水上服务区在现有岸电充电桩的基础上增设6台新充电桩；出租办公楼及店面已按照东台市国创实业有限公司的要求分别减免承租单位2～3个月的房租，帮助租户度过眼前困难。

（周　健）

盐城市港航事业发展中心大丰中心

【单位概况】盐城市港航事业发展中心大丰中心位于大丰区大中街道德丰村七组160号（邮编：224100，电话：0515-69869088），为公益一类全额拨款事业单位，相当副科级规格。主要职责：参与编制辖区港航发展规划；负责辖区内等级以上航道建设与养护；航道巡查、航道扫床、航道助航标志的设置与维护；航道赔（补）偿费征收；配合做好辖区港口、公用基础设施建设维护相关工作。内设科室4个：综合科、安全科、财务科、工程养护科。

主任、党支部书记　柏红卫
副主任　刘广鹏　陈　霏

【航道基本情况】辖区通航里程728.47公里，其中，三级航道62.98公里，四级航道55.69公里，五级航道25.75公里，六级航道27.33公里，七级航道43.99公里，等外级航道512.73公里（下降22.83公里），航标16座。

【年度工作概况】航道养护工程。2022年，配合市中心实施连申线航道大丰白驹大桥段护岸工程，大丰区白驹大桥两侧共建设重力式护岸5公里。实施刘大线航道二期浅段疏浚工程，投资约300万元，疏浚长度约9.8公里，疏浚土方约12.2万立方米（不含超深超宽方）。完成通榆河航道刘庄段护岸维修项目，维修长度约3 200米，投资约220万元。开展日常巡河工作，全年开展巡河20次，发现问题10项。

航道赔（补）偿费征收。全年征收航道赔（补）偿费140万元。

绿色航道。组织实施刘大线航道服务业集聚区段绿化工程，在刘大线服务业集聚区段（18K+941~21K+162）约2.3公里内共计播撒草籽约1万平方米，夹竹桃约1.7万株，高杆女贞约1 500棵，投入经费48万元。

管理工作。联合水利部门共同巡航，全年累计巡航8 120公里，共计发现问题9处，均在第一时间通报相关部门及时采取相应措施。做好航标日常遥测、巡查工作。完成11座航标的升级工作，升级后可实现航标24小时"云监控"，为航道通行提供有力保障。组织扫床及典型断面测量，利用侧扫声呐新技术对境内11条等级航道325公里进行扫床，发现水下及两岸沉船合计94条，障碍物3处，并在第一时间告知执法部门处理。完成船舶碰撞桥梁隐患治理三年专项行动目标，共计设置标志标识124套；加装防撞墩桥梁21座、设置橡胶护舷桥梁76座、设置钢覆复合消能护舷桥梁6座；拆除危旧老桥1座。制定《盐城市大丰区航道桥梁长效管理机制实施办法》《盐城市大丰区桥区航道养护制度》《盐城市大丰区桥区水域通航安全管理规定》等制度规定。依法依规开展航道通航条件影响评价工作，全年累计办理航评审查4件，及时组织评审。以"安全生产月"、全国安全宣传咨询日、"安全隐患随手拍"、全国消防宣传日等一系列专题活动为载体，制定专项活动方案并召开专题会议动员部署全站职工参与，日常宣传中通过服务区LED显示屏、张拉安全宣传标语横幅等和向服务区过往船民、养护工程现场人员发送传单等多种方式宣传安全法规和安全知识。建立健全应急管理制度，完善应急物资储备和应急预案实施，提高应急处置能力。加强大中水上服务区规范化管理，安排专人负责船污收集工作，累计完成船舶垃圾转运处置84次，共0.1722吨，含油污水完成转运处置10次，共0.862立方米。

党的建设。严格执行"三重一大"重大事项决策、民主集中制、廉政谈话等制度，开展岗位廉政风险点排查，制定有效防控措施，对发现的问题及时督促整改。防控疫情期间，深化"三个在一线"突击行动，成立党员突击队，做好刘大线水上服务区疫情防控工作，向停靠服务区码头船民发送防控宣传单，为船民测量体温，为船舶进行防疫消毒灭菌。

文化建设。编印《道德模范先进事迹汇编》和《盐城港航大丰中心文化手册》，创建"丰帆驿站"品牌，强化传播社会正能量和绿色低碳环保的发展理念。开展扶贫帮困，向慈善总会捐赠1.2万元，用于帮助6名贫困大学生完成学业；捐赠8000元资助大丰区人民路小学8名经济困难学生。开展春节送对联、端午送粽子、中秋送月饼"三送"活动，两年期间累计慰问53人次。

（顾　娴）

盐城市港航事业发展中心建湖中心

【单位概况】盐城市港航事业发展中心建湖中心位于建湖县汇文东路312号（邮编：224700，电话：0515-80622830），为公益一类全额拨款事业单位，相当副科级规格。主要职责：参与编制辖区港航发展规划，负责辖区内等级以上航道建设与养护、航道巡查、航道扫床、航道助航标志的设置与维护，航道赔（补）偿费收取，配合做好辖区港口、公用基础设施建设维护相关工作。内设科室4个：综合科、财务科、工程养护科、安全科。

主任、党支部书记　严正春（8月任）
副主任　朱广栋　张学梅（1月任）

【航道基本情况】辖区通航里程502.87公里，其中，三级航道17.38公里，四级航道3.48公里，五级航道22.52公里，六级航道51.6公里，七级航道131.52公里，等外级航道276.37公里。共设航标12座。

【年度工作概况】航道养护工程。2022年，累计投入经费228万元，组织实施通榆河9号标综合提升工程，建设护岸230米；完成8条航道合计162.42公里扫床工作，清除40余处沉船及障碍物；开展四到六级航道典型断面及建筑物沉降位移测量工作；对6座柱型航标及2块标牌进行维修、出新，干线航道通航保证率、航标维护正常率均达100%。

管理工作。全年共组织安全生产学习24次，机驾人员安全知识培训2次，组织专项安全检查15次，消除安全隐患2处。组织开展"安全生产月"活动，召开专题会议动员部署干部职工参与；结合"安康杯"竞赛，开展"安全隐患随手拍"活动；利用重大节日和各项主题活动向社会和航道沿线的群众发放环境保护、航道法律法规等宣传材料1300余份，接受群众咨询170余人次。全年累计巡航124航次，参加巡航人员428人次，巡航里程9558公里，公务车航道巡查2657公里。

智慧航道。探索创新航道航标巡查方式，尝试应用无人机进行日常巡航、工作艇巡航为补充的巡航工作模式。

党的建设。以"学习强国"、"党员活动日"和"三会一课"为载体，深化学习党的二十大精神，以《喜迎二十大　奋进新征程》和《永远跟党走　奋进新征程》为主题讲授专题党课；开展党旗飘扬在"疫"线活动，组织党员第一时间深入一线协助开展疫情防控工作。常态化开展"我为群众办实事"活动。对辖区内门面房减免3个月租金，帮助租户度过疫情时期困难；以"5·10"警示教育为契机，举办"清廉港航、清正家风"为主题廉政讲堂;以《筑牢思想防线 严守纪律底线》为专题开展廉政党课;组织中心党员干部前往建湖县九龙口廉政教育基地,开展廉政实境教育;组织开展党纪法规知识测试。对2017年以来的"三公两费"情况及时回头看,并纠正问题。节假日前,重申纪律禁令,开展集中约谈,共约谈24人次。利用"春节"等传统节日,组织开展道德讲堂、经典诗文朗诵等主题活动。

文化建设。组织开展象棋、乒乓球比赛、经典诗文朗诵等文体活动。开展"牵手·圆梦"关爱未成年人送温暖活动,为2名结对帮扶的孩子送去学生用品和帮扶资金4 000元。做好创建文明城市工作,每周六组织职工到包干社区开展环境整治和创文知识宣传活动。王真同志参加江苏港航新浪潮道德讲堂活动获优秀作品奖;中心连续多年保持江苏省文明单位和盐城市文明单位称号。

(高 婕)

盐城市港航事业发展中心 射阳中心

【单位概况】盐城市港航事业发展中心射阳中心位于射阳县合德镇沿河西路223号(邮编:224300,电话:0515-82322608),为公益一类全额拨款事业单位,相当副科级规格。主要职责:参与编制辖区港航发展规划,负责辖区内等级以上航道建设与养护、航道巡查、航道扫床、航道助航标志的设置与维护,航道赔(补)偿费征收,配合做好辖区港口、公用基础设施建设维护相关工作。内设科室4个:综合科、安全科、财务科、工程养护科。

党支部书记、主任 陆文革(8月任)
副主任 陈洪华 庄根生(1月任)

【航道基本情况】辖区航道总里程850.52公里。其中,四级航道45.76公里,五级航道122.9公里,六级航道45.76公里,七级航道18.23公里;等外级航道617.87公里。现有太阳能发光航标9座。

【年度工作概况】航道养护工程。2022年,完成航道清障扫床463.9公里,扫测航道边坡、河底沉船、水下暗桩及渔网等障碍物,设置警示标志。完成对辖区内黄沙港、射阳河等等级航道典型断面测量,通过历年测量数据对河床演变规律进行分析。完成冈合线交通量观测点每季度一次的流量观测和数据分析汇总工作,及时准确更新航道基础数据。

科技创新。完成辖区7座航标智能物联改造工作,及时掌握航标运行情况。做好北斗地基增强系统建设工作,实现近米级水平定位精度。

航道赔(补)偿费征收。全年征收航道赔(补)偿费0.7万元。

管理工作。召开各类生产及安全会议28次,成立检查组1个,累计检查26次(含部分航道巡航及安全检查),排除整改各类安全隐患16起,隐患整改率达100%。悬挂大型宣传横幅2幅,张贴各类宣传通知及标语29份、挂图12幅,制作安全月展版1块,制作电子滚动宣传栏19期,发放安全法规及防范新冠疫情宣传材料计400余份。

党的建设。落实党风廉政建设"两个责任",主要负责人履行"第一责任",其他班子成员履行"一岗双责",层层签订全面从严治党责任书,明确各自党风廉政建设责任和违纪追究内容,修订完善《权力与服务事项运行机制》《岗位廉政风险点及防控措施》等制度,控制公务接待,在重要节日提前进行廉政约谈。开展"提高政治认识,提升工作作风"主题教育活动,以党的政治建设为统领,落实党建主体责任。贯彻党的二十大精神,组织开展党的二十大精神学习会、座谈会、支部书记上专题党课、"筑牢党建堡垒 勇当沿海高质量发展排头兵"、"七一主题党日"等党建活动,提升党员干部凝聚力。

文化建设。学习贯彻习近平总书记关于精神文明建设的重要思想,以"社会主义核心价值观主题实践教育月""民法典宣传月"等活动为载体,开展学雷锋、疫情防控、创文志愿服务等,提升中心精神文明建设水平。参加"开路先锋 奋斗有'她'"征文、"百名党员讲党史喜迎党的二十大"、读书征文、慈善一日捐等活动,陈凯南参加省厅港航中心举办的"道德讲堂——港航新浪潮"活动,获评全省港航系统优秀作品。

(陈凯南)

盐城市港航事业发展中心阜宁中心

【单位概况】盐城市港航事业发展中心阜宁中心位于盐城市阜宁县射河南路119号（邮编：224400，电话：0515-87213142），为公益一类全额拨款事业单位，相当副科级规格。主要职责：参与编制辖区港航发展规划，负责辖区内等级以上航道建设与养护、航道巡查、航道扫床、航道助航标志的设置与维护，航道赔（补）偿费征收，配合做好辖区港口、公用基础设施建设维护相关工作。内设机构4个：综合科、安全科、财务科、工程养护科。

主任、党支部书记　朱义林
副主任　张　明　赵俊龙

【航道基本情况】辖区通航里程529.65公里。其中，三级航道28.68公里、四级航道17.35公里、五级航道64.05公里、六级航道38.32公里、七级航道5.79公里、等外级航道375.46公里。航标7座。

【年度工作概况】航道养护工程。2022年，完成连申线阜宁开发区段航道整治项目，实施重力式挡墙结构护岸800米，投资325万元。完成年度航道扫床和等级航道典型性断面测量工作，对射阳河、小中河等10条航道计226.83公里进行全面扫床，开展26个典型断面测绘和小中河航道护岸30个观测点沉降位移观测，完成阜宁大桥流量观测点观测任务；配合做好支线航道等级论证研究工作；完成四通河节制闸、临沂至盐城高速公路等项目航道通航影响评价工作。

航道赔（补）偿费征收。全年征收航道赔（补）偿费9.37万元。

管理工作。落实安全生产责任制，层层签订安全生产责任书，开展"安全生产大检查""安全生产月"等活动，开展安全大检查124次，排查整改安全隐患3起。将等级航道桥梁上35座桥梁划分为4个标段，同步推进设置防碰撞设施，在辖区航道桥区段新设桥区水域标志牌96块，同时结合实际在重点航段新设警示牌和宣传牌10块，保障航道通航安全。强化航道巡查，累计上航巡查111天，里程8 728公里，坚持航标每日遥测制度，组织航标、桥涵标等助航设施夜查行动59次，航标正常率100%，清理各类碍航物2处。疫情防控期间，党员志愿者加入阜溧高速阜宁出口、高铁阜宁东站、南站等关键卡口的防控工作，组织"志愿有我·疫情防控到船头"活动，联合水上执法中队深入港区、码头和服务区宣传防疫动态，并根据政府要求设立水上查验点，全面织牢水上疫情防控网。

党的建设。学习习近平新时代中国特色社会主义思想、十九届历次全会和二十大精神等，结合"喜迎二十大、勇当排头兵""强国复兴有我"等主题宣传教育，开展"赓续红色血脉，传承红色基因"等党性教育，集中瞻仰中共中央华中局第一次扩大会议旧址；打造"清廉港航"廉政文化品牌，发放"廉洁工地提醒卡"的做法被省交通运输厅《"廉洁交通"建设专刊》宣传推广，11月又被表彰为全市交通运输系统"廉政文化建设基地"；组织"送'福'到船头""夏送清凉"等关爱活动，系列做法被《盐城新闻网》等媒体广泛报道；参加省中心"道德讲堂——港航新青年"港航强成就青年强活动，《乐业奉献谋发展，乘势而上立潮头》获评第四期优秀作品。

（秦安全）

盐城市港航事业发展中心滨海中心

【单位概况】盐城市港航事业发展中心滨海中心位于滨海县永宁路21号（邮编：224500，电话：0515-87020098），为公益一类全额拨款事业单位，相当副科级规格。主要职责：承担航道科学发展、绿色发展、安全发展工作，参与编制辖区港航发展规划；负责辖区内等级航道建设与养护、航道巡查、航道扫床、航道助航标志的设置与维护，航道赔（补）费征收；配合做好辖区港口、公用基础设施建设维护相关工作。内设科室4个：综合科、财务科、工程养护科、安全科。

党支部书记　孙国华
副主任　王丽萍　李建军（1月任）

【航道基本情况】辖区航道通航里程430.23公里(增长22.1公里),其中,三级航道21.9公里,五级航道90.77公里(增长38.72公里),六级航道131.53公里(下降16.62),七级航道37.02公里,等外级航道149.01公里。航标4座。

【年度工作概况】2022年,完成航道清障扫床320公里,完成通榆河航道流量观测及干线航道典型断面测量工作。

管理工作。加强航道管理,全年航道巡航人员共上航145天,巡航7 458公里;对辖区内4座航标实施遥控遥测管理,确保正常率99%以上,对标体进行清洁维护26座次;协助县交通运输局做好违法码头专项整治行动,协助拆除坎岗河违法码头3座,清除碍航物2处,打捞水面漂浮物1.5吨。协助县交通运输局做好桥梁防碰撞及桥涵标设置工作,协助县水利局、交通执法大队等部门做好干线航道环境整治工作。开展安全生产专项整治行动,全年共召开安全会议14次、参会112人次,开展安全检查12次,整改隐患3处,悬挂安全宣传横幅9条,张贴安全标语20余份;完成船艇年检与维护保养工作,参与县局组织的"安全生产宣传日"活动;组织开展反恐、"扫黑除恶"专项行动。

党的建设。落实党建工作规范化建设清单,强化"三会一课"、主题党日等党内组织制度,加强"学习强国"平台内容学习,组织学习党的二十大会议精神,全年组织学习14次。紧抓廉政风险防控,组建"一把手"负总责、分管领导具体抓落实、班子成员按分工各司其责的工作机制,开展提醒式教育谈心谈话、"5·10"警示教育活动。

文化建设。组织全休职工参加省级文明城市创建活动,每周六轮流参与文明志愿服务。开展春节"送温暖"活动,对困难生病职工进行走访慰问。

(李建军)

盐城市港航事业发展中心响水中心

【单位概况】盐城市港航事业发展中心响水中心位于响水县长江中路379号(邮编:224600,电话:0515-86882404),为公益一类全额拨款事业单位,相当副科级规格。主要职责:参与编制辖区港航发展规划;负责辖区内等级以上航道建设与养护,航道巡查、航道扫床、航道助航标志的设置与维护,航道赔补偿费征收;配合做好辖区港口、公用基础设施建设维护相关工作。内设科室4个:综合科、财务科、工程养护科、安全科。

主　任　李广军

副主任　薛　飞(1月任)

【航道基本情况】辖区通航总里程197.48公里。其中,三级航道46.12公里,四级航道23.95公里,六级航道7.93公里,等外级航道119.48公里。航标4座。

【年度工作概况】航道养护工程。2022年,完成榆河航道响水县城段停泊区疏浚工程、响水干线航道桥区水域设置标志牌工程、灌河县城段浮标小修工程,投资106万元。配合做好连申线灌河至黄响河段整治工程沟通协调服务,及时准确报送交通量观测资料。承担船舶碰撞桥梁隐患治理综合组工作,牵头落实辖区支线航道等级研究,参与完成航道影响评价3件。年内航道巡查(车艇)72次,计5 128.44公里;航标维护55座次,及时抢修航标7座次。配合市港航中心完成143.44公里高等级航道多波束扫测任务,并及时将扫床中发现的灌河航道一帆河至燕尾港段航道上20个障碍物(疑似沉船),函告连云港海事局灌河海事处、响水县交通综合执法大队、灌南县交通综合执法大队,以策航行安全。

管理工作。认真学习贯彻习近平总书记关于安全生产论述,着力从建立健全双重预防机制入手,落实领导班子安全生产工作清单,全员签订安全目标责任书,先后召开会议30次、组织人员学习培训18次;按要求对办公区、出租房、车艇、航标、物资库等各部位安全检查90次。

党的建设。以喜迎党的二十大召开和宣传党的二十大精神为主线,以贯彻落实交通主管部门党风廉政建设暨作风建设部署和要求为契机,全年共召开支委会15次,组织廉政教育12次,上报"三重一大"监督事项13件;严格控制公务接待,遵守财经纪律,在节假日及时提出纪律要求,开展集中约谈,纠治"节日病"。开展扫黑除恶、"正风肃纪看机关"等活动,利用LED屏,张贴宣传画报、宣传标语进行广泛宣传。

文化建设。开展"喜迎二十大，建功新时代"和"三个在一线"、"两保一强"等活动，每周六组织党员志愿者到创建挂钩社区进行卫生打扫，每周一至周五安排"文明交通岗"在人流最高峰期"文明出行劝导"2小时，连续被市文明委表彰为文明单位。

（熊洪亮）

刘庄船闸管理所

【单位概况】刘庄船闸管理所位于盐城市大丰区刘庄镇新桥村（邮编：224100，电话：0515-83630618），为自收自支事业单位，副科级建制。主要职责：为航运畅通提供航务管理保障；承担船闸日常运行管理、维护，船舶过闸调度，待闸锚地管理，过闸费收缴等工作。内设科室3个：综合管理科、运行调度科、工程养护科，并设有2个操作工班和1个机电班。

副所长、党支部书记　周　华（主持工作）
副所长　冯　强　杨永忠（借调参与大市区内环快速路建设）

【船闸基本情况】刘庄船闸是刘大线航道整治工程的配套工程，位于通榆河（连申线）东约1100米处，由1座船闸和1座口门宽18米的通航孔组成。船闸布置在左岸，通航孔布置在右岸，中轴线相距23米，通航孔具有挡水功能。船闸规模120×18×4（米），设计通航500吨级船舶，年设计通过能力1820万吨。船闸承受单向水头，上游最高通航水位2.68米，最低通航水位0.7米，最大水位差1.18米。船闸采用门下输水型式，闸门均采用横梁式钢质提升卧倒平板门型，启闭机均采用双吊点卷扬式启闭机，电气控制采用集散型控制系统。

【年度工作概况】2022年，完成船闸上下游待泊区绿化工程、上游北岸引航道二级坡整治工程，经费116万元。配合大丰区供电公司完成船闸岸电设施建设项目，配合江苏交科能源科技发展有限公司完成船闸污染物接收设施建设项目。水工建筑物例行保养每天1次，水工建筑物、助航设施和附属设施定期保养12次，水工建筑物沉降位移观测2次，引航道典型断面测绘1次，船闸建筑物水下探摸1次；闸门和启闭机例行保养每天1次，一级保养24次，二级保养12次，专业保养4次；电气设备例行保养每天1次，一级保养24次，二级保养12次，专业保养4次，主要设备完好率100%。推行无现金（非接触）业务办理模式，使用新版水上ETC和"云支付"办理船舶过闸手续，下降上岸避免人流密集；探索5G智能技术在船闸的应用，创新推出"信易航"应用场景建设，提高过闸效率。

船闸运行（过闸费征收）。全年开放1493闸次，过闸船舶3.05万艘，船队465支，船舶通过量2881万吨，货物通过量1896万吨，征收过闸费1153.24万元，累计减免311.98万元（其中船舶优惠288.31万元，集装箱免征33.67万元）。

管理工作。层层签订安全生产目标责任状，建立起纵向到底、横向到边的安全生产责任制；按照"安全生产标准化"工作要求，组织冬季特殊天气桌面演练、消防应急演练、防汛抢险演练、疫情防控应急预案桌面演练；组织开展安全教育培训、"安全隐患随手拍"等活动，在闸区及上下游售票处电子显示屏滚动宣传标语，全年共组织安全教育培训学习18次，上报"安全隐患随手拍"作品6幅，"盐城交安"APP同步组织日常巡查393次，月度安全检查13次，节日检查9次，发现隐患4次，已整改4次，全部实现闭环管理。建立常态化疫情防控制度，全员接种疫苗，在便民服务中心设置疫情防控留观室，对重点场所进行日常消杀清理。

科技创新。刘庄船闸"腾飞"QC小组通过《升卧式平板闸门锁定位置传感器的研制》课题，创新性地研制一种机械式传感器，改变之前读取滚筒转动量来判断闸门运行位置的方式，直接检测闸门运行的高度位置，达到闸门实际位置与位置信号精准对应的目的，解决船闸闸门锁定装置不能正常锁定与解锁的问题。被评为省交通行业优秀质量管理小组。

党的建设。学习习近平新时代中国特色社会主义思想，增强"四个意识"、坚定"四个自信"，做到"两个维护"，全年共组织集中学习14次，专题研讨1次，集中观看专题片12次。落实组织生活和"三会一课"、民主评议党员等党内生活制度，发展1名入党积极分子。紧扣节假日等重要时间节点,及时印发廉洁过节的通知,开展约谈提醒,重申纪律规矩,全年共约谈提醒41人次。

文化建设。结合精神文明建设工作重点,建设"航韵港湾"志愿者服务站,常态化开展便民服务,解决船民快递包裹"最后一公里"、开展快递驿站服务,24小时供给生活用水,船舶污染物、生活垃圾分类接收等;利用节庆、节日等时间节点开展集中服务,如"腊八节送温暖""春节送春联、送国旗""端午送粽子、送安康""闸船一家亲,温情在中秋"等志愿活动。同时建设船闸工会户外劳动者服务驿站,展示志愿者服务站共建的优势和成果。先后发起"美丽船闸"创建倡议,"爱国卫生"活动倡议,开展"文明交通、绿色出行""文明礼仪伴我行"等活动。年内先后被表彰为全国交通运输行业精神文明建设示范窗口、全国交通运输文化建设优秀单位、全国"安康杯"竞赛活动先进集体、江苏省文明单位、江苏省省级青年文明号、盐城市文明单位、盐城市五一劳动奖状、盐城市十佳模范职工之家、市直交通运输系统先进党支部。

(陈珂璇)

阜宁船闸管理所

【单位概况】阜宁船闸管理所位于阜宁县陈集镇闸东村(邮编:224413,电话:0515-87178001),为市港航事业发展中心下属公益二类事业单位,规格相当于副科级,经费类型为全额拨款。主要职责:承担船闸日常运行管理、维护、调度、安全、过闸费收缴等工作。内设科室3个:综合管理科、运行调度科、工程养护科。

副所长、党支部书记　祖海东(主持工作)
副所长　王　兵　张园园(1月任)

【船闸基本情况】阜宁船闸位于苏北灌溉总渠三级航道1公里,小中河四级航道1公里处。规模为180×23×4(米),最大设计通航船舶1000吨级,年设计通过能力1700万吨,船闸上游最高通航水位7.32米,最低通航水位3.82米;下游最高通航水位2.32米,最低通航水位0.22米。闸门为钢质平板人字门,阀门为钢质平板提升门,启闭机均采用液压直推式启闭机,电气控制采用集散型控制系统。

【年度工作概况】船闸养护工程。2022年,投入资金290.51万元,其中,水电站防汛除险应急工程经费246.05万元,《阜宁水电站退出工作实施方案》编制费17.3万元,小中河洞涵维修养护费4万元,电站设备年度预防性试验费1.59万元,船闸工程沉降、位移监测费2.02万元,电站及防洪水坝沉降、位移监测费1.95万元,35KV陈水线铁塔维修费3万元,土建及房屋维修费3.3万元,闸区绿化养护经费4.98万元,其他维修养护费6.32万元。

船闸检修。全年船闸共进行一级保养36次、二级保养12次,工程变形监测2次,防雷检测1次,工程水下检查4次,电力设施设备预防性试验1次。

船闸运行(过闸费征收)。全年通过单船8219条,船队驳船1321艘,轮船头182艘,货物通过量535.29万吨,船舶通过量703.69万吨,征收船舶过闸费455.09万元。

管理工作。采用电子大屏、微信群、宣传手册等形式传达文件要求,学习宣传消防安全知识,组织职工观看安全教育警示片,举行安全消防应急演练;修订完善《船舶安全过闸应急预案》《防汛防洪应急预案》等,加强应急物资储备,落实24小时值班制度和领导带班制度。坚持日常巡查、定期检查、重大节日专项检查,排查安全隐患,立行立改,规范台账建设。

党的建设。以习近平新时代中国特色社会主义思想为指导,学习党的二十大会议精神,开展党史学习教育活动,坚持"三会一课"制度,强化廉政风险排查,对重点部门热点岗位加强监控管理,管好"三上"问题,严防"四风"反弹;签订责任状,落实党风廉政建设责任,开展"5·10"警示教育活动,多层面完善廉政风险防控。加强行风作风建设,公开服务承诺,运行调度人员签订行风承诺书,主动接受船民监督。

(李向龙)

滨海船闸管理所

【单位概况】盐城滨海船闸管理所位于江苏

省滨海县坎北街道长法村(邮编:224500,电话:0515-87120890),是盐城市港航事业发展中心下属公益二类事业单位,规格相当副科级,核定编制为41人,经费渠道为自收自支。主要职责:参与编制船闸有关发展战略、发展规划;参与编制并负责执行船闸养护计划;承担船闸管辖范围内航道基础设施,承担过闸船舶的组织管理,船舶过闸费的征收、解缴工作;承担船闸信息化以及行业统计调查工作;承担管辖范围内船闸基础设施的安全管理和应急处置工作。内设科室3个:综合管理科、运行调度科、工程养护科。

所　　长　刘鹏程(8月任)
副所长　姜　雅(1月任)

【船闸基本情况】滨海船闸为滨海港区疏港航道的节点工程,位于废黄河地涵南侧的大套一站排水闸以东,利用长法村与废黄河之间的地带布置船闸闸位,采用平地开河新建而成,按照Ⅳ级船闸标准设计,规模为180×18×4(米),年设计通过能力2 200万吨。上下游导航调顺段均为120米,主导航墙直线投影长度为60米,辅导航墙投影长度分别为50米和30米。船闸承受双向水头,正向最大设计水头1.74米,反向最大设计水头3.84米,输水系统采用闸首短廊道集中输水的形式。上、下闸首工作闸门均采用三角闸门,阀门为平板提升门,闸、阀门启闭机均采用液压直推式启闭机。

【年度工作概况】船闸养护工程。2022年,投入经费82万元,组织实施滨海船闸景观改造三期工程、闸区道路修复工程及船闸生活污水处理设备维修及接收排放智能化升级工程。

船闸检修。全年共进行一级保养36次、二级保养12次,专业变形沉降观测2次;年度船闸防雷检测1次;水下安全检查4次;下游引航道靠船墩预防性养护工程测绘项目18次;电力设施设备专业检测2次。

船闸运行(过闸费征收)。全年共开放579闸次,船舶通过量17.23万吨,征收过闸费93 235元。

管理工作。强化职工安全意识,全年共组织学习培训28次,参加业务培训300余人次。开展习近平总书记关于安全生产重要论述集中学习3次,组织集中观看学习"生命重于泰山"电视专题片及安全警示教育片3次,组织安全知识测验4次。修订完善应急预案,加强应急物资储备,落实24小时值班制度和领导带班制度。全年在常态化例行检查基础上开展安全大检查13次,发现问题或隐患21起,落实整改隐患5起,整改率100%。完成上下游引航道护坡的环境整治,鼓励过闸船舶使用废水回收系统,减少船舶污染物的排放,倡导船户对生活用水、生活垃圾集中上岸处理。

智慧船闸建设。配合市中心完成对滨海船闸—运盐河船闸一体化远程联动及智能化控制系统的运行调试;自主对原有视频监控及智能操作系统进行软硬件升级,实现智能操作设备高质量稳定运行。

党的建设。贯彻学习党的二十大精神,全年专题学习12次;签订《党风廉政建设责任书》,从单位、部门、个人三个层次完善廉政风险防控;开展"学雷锋日"、"5·10"警示教育,观看警示教育视频,签订家庭助廉承诺书,把"正能量"与"反面力"作比较,筑牢拒腐防变的思想。参与市总工会、市处工会举办的征文活动、演讲比赛、书法比赛、志愿者活动。

(王书泽)

运盐河船闸管理所

【单位概况】盐城运盐河船闸管理所位于滨海县沿海工业园区头罾社区(邮编:224500,电话:0515-87120932),为盐城市港航事业发展中心下属公益二类事业单位,副科级规格,经费渠道为自收自支。主要职责:为航运畅通提供航务管理保障;承担船舶过闸调度,待闸锚地管理,船闸运行与维护管理等工作。内设科室3个:运行调度科、综合管理科、工程养护科。

副所长　王国洪(主持工作)
副所长　唐梅梅(1月任)

【船闸基本情况】运盐河船闸为滨海港区疏港航道的节点工程,位于滨海县沿海工业园区头罾社区的中山河与运盐河交汇处,船闸主体布置在头罾社区与黄海路桥之间。船闸按Ⅳ级船闸设计,最大设计通航船舶吨位为500吨级。船闸规模为180×18×4（米），年设计通过能力2 143万吨。运盐河船闸承受单向水头，设计水位差为2.55米，最大校核水头为2.7米，输水系统采用闸首短廊道集中输水的型式。上、下闸首工作闸门均采用人字钢闸门，阀门为平板提升门，闸、阀门启闭机均采用液压直推式启闭机，电气控制采用集散型控制系统。

【年度工作概况】船闸养护工程。2022年，投入经费124万元。完成绿化提升三期工程、闸区路灯更换及安装项目、闸区不锈钢安全防护栏焊接项目、生活用水水箱更换等项目。

船闸检修。全开展防雷检测1次，水下项目检查1次，沉降、水平变形观测2次。闸阀门、启闭机、电气设备等例行保养80次，一级保养36次，二级保养12次，主要设备完好率100%。

船闸运行（过闸费征收）。因盐城港滨海港区内港池海河联运码头尚在建设过程中，暂无船舶通过，暂未征收船舶过闸费。

管理工作。落实安全生产责任制，增强全员安全意识，获评2022年度交通运输安全生产标准化一级达标单位；开展"安康杯"竞赛活动，参加盐城市"安全隐患随手拍"，1名职工获优秀奖；重视安全教育工作，开展安全教育培训14次，安全知识测试2次，制作安全横幅8条、安全展板5面、安全海报3张；全年组织所级安全检查17次，日常安全检查110余次，各科室每月安全检查1次，全年查改隐患16处，隐患整改率100%；组织1次防溺水应急演练；加大安全资金投入，用于购置应急物资、灭火器更换药粉及安全宣传等。疫情防控期间，制定防控方案，落实24小时值班制度，做好防疫物资储备工作，采购医用口罩、75%酒精消毒液、新冠检测抗原等。

党的建设。学习贯彻党的二十大精神，严格执行"三会一课"、组织生活会、民主评议党员等制度，组织开展"两保一强"、"5·10"警示教育等活动，巩固"不忘初心、牢记使命"主题教育成果。开展主题党日活动，组织党员赴宋公堤接受实境教育。执行"三重一大"制度，举办廉政教育大讲堂，层层签订全面从严治党责任书，进行分层级约谈提醒压实责任、细化监督。

文化建设。开展"春节送温暖"、"话说端午"诗词故事会等活动。参加上级举办的征文、书法等活动，在参加省港航中心举办的2022年"道德讲堂——港航新青年"活动中，《党性心中生　追逐惟笃行》被省港航中心评选为"道德讲堂——港航新青年"优秀作品。

（桑爱波）

扬州市港航事业发展中心

【单位概况】扬州市港航事业发展中心位于扬州市江都路596号（邮编：225003，电话：0514-87222373），为公益一类全额拨款事业单位，机构规格相当于副处级，核定编制321名。主要职责：贯彻执行国家、省、市有关港口、航道发展的方针、政策、法律、法规，参与编制港口、航道行业有关发展战略、发展规划、行业政策、法规规章、标准规范；参与编制并执行全市港口、航道建设计划，编制并实施航闸养护计划；指导全市管辖范围内港口公用基础设施建设、维护和管理工作；负责全市管辖范围内航道整治、所属船闸扩容改造、水上服务区等建设工程的组织实施；负责全市所属船闸的养护和管理工作；负责全市管辖范围内航道标志标牌的设置和管理工作；负责全市所属船闸运行调度、管辖范围内港口锚地调度相关工作，负责全市航道网运行的监测、预警、信息服务和技术支撑工作；承担全市所属船闸船舶过闸费、管辖范围内航道赔（补）偿费的征收工作；承担全市管辖范围内港口、航道绿色发展工作；承担全市管辖范围内港口、航道的网络安全、信息化及行业统计、信息调查工作；承担全市管辖范围内港口、航道行业科研项目实施、科技成果转化、标准化、技术交流工作；承担全市管辖范围内航道、所属船闸基础设施安全管理和应急处置工作，指导全市管辖范围内港口公用基础设施安全管理和应急处置工作；承担全市水路运输事业发展工作。内设科室11个：办公室、组织宣传科、法制工作科、发展计划科、财务审计科、科技信息科、安全管理科、港口管理科、工程养护科、锚泊调度科、纪律检查室。下设分中心6个：扬州市港航事业发展中心宝应分中心、扬州市港航事业发展中心高邮分中心、扬州市港航事业发展中心江都分中心、扬州市港航事业发展中心仪征分中心、扬州市港航事业发展中心邗江分中心、扬州市港航事业发展中心城区分中心。下设船闸运行中心6个：扬州市港航事业发展中心宝应船闸运行中心、扬州市港航事业发展中心运东船闸运行中心、扬州市港航事业发展中心运西船闸运行中心、扬州市港航事业发展中心樊川船闸运行中心、扬州市港航事业发展中心盐邵船闸运行中心、扬州市港航事业发展中心芒稻船闸运行中心。下设航闸运行调度中心1个：扬州市港航事业发展中心航闸运行调度中心。下设船闸应急保障中心1个：扬州船闸应急保障中心。

  党委书记、主任 李 强
  副主任 刘曙明 袁兴安 李 邮 陆凤定 高 新
  党委副书记、纪委书记、工会主席 吉军晓

【**航道基本情况**】扬州水系丰富，长江横贯境域东西，京杭运河纵穿南北。扬州境内的长江和淮河两大水系，既是江淮生态大走廊，又是南水北调东线源头。境内水域面积占全市国土面积的26.32%，全市有航道186条。航道总里程2 296.82公里（京杭运河二级航道127.5公里，占总里程5.5%），管辖三级航道50.06公里，占总里程2.2%；四级航道17.45公里，占总里程0.8%；五级航道44.53公里，占总里程1.9%；六级航道220.29公里，占总里程9.6%；七级航道54.61公里，占总里程2.4%；等外级航道1 782.38公里，占总里程77.6%。中心直属通航船闸共有6座。通扬线、盐宝线、芒稻河、盐邵河等干线航道，沟通大运河与长江，连接苏中平原与里下河地区，穿越江淮分水岭与高宝湖区相连。

【**年度工作概况**】基础设施建设。2022年，通扬线高邮段航道整治工程项目中的武安大桥等6座桥梁建成通车，完成水上服务区房建、绿化主体工程，全年完成投资2.8亿元，累计完成投资19.43亿元，形成工程验收标准2项，省级工艺工法1项。京杭运河施桥船闸至长江口门段整治工程于2020年2月开工建设，2021年11月30日航道工程交工验收，2022年所有附属标段交工验收，建成以灯塔公园、六圩轮渡公园、靠船墩诗词长廊为主线的大运河文化主题公园，全年完成投资1.5亿元，累计完成投资12.8亿元。"江河交汇党旗红"品牌获全省交通运输行业优秀党建品牌，《BI米技术在京杭运河施桥船闸至长江口门段航道整治工程施工阶段中的综合应用》获中国公路学会"交通BI米工程创新奖"特等奖，已取得软件著作权登记3项，发明专利1项，实用新型专利13项，获批企业工法2项，已申报部级工法。京杭运河扬州段绿色现代航运综合整治工程，高邮先导段2022年全线开工，累计完成投资1.52亿元；宝应段指挥部加大地方矛盾调处，工程进展顺利；江都、扬州城区段先后完成招投标，开工建设；综合应急指挥艇建造项目于11月正式开工建造，茱萸湾灯塔维修改造工程完成交工验收。施桥三线船闸扩容工程获"国家优质工程奖"，创省内水运工程"大满贯奖"；运东船闸扩容工程被中国水运建设行业协会评为2022—2023年度第一批水运交通优质工程；《BI米技术在京杭运河施桥船闸至长江口门段航道整治工程施工阶段中的综合应用》获中国公路学会"交通BI米工程创新奖"特等奖；通扬线《装配式护岸结构设计方案》获国家实用新型专利授权。

  航道船闸养护。全年航闸养护计划执行率100%，资金执行率达98%，完成养护投资5 484.9万元。新制订船闸管养制度7项，实施航道日常维护35项、船闸中修7项，维护航标、标志标牌82座、巡航船艇26艘。实施养护巡航3.3万公里，维护航道总里程2 169.32公里，其中管养省干线航道里程159.77公里，支线航道里程2 009.55公里，辖区内干线航道通航保证率、船闸通航时间保证率、航标养护正常率均为100%。完成年度航闸专项养护工程9项，其中航道专项养护项目2个，船闸专项养护项目3个，船闸大修准备项目1个，管理改造项目3个。芒稻船闸引航道护岸改造工程在省内首次使用浮式系船柱，解决因潮汐影响造成的船舶带缆绳脱落和吊艄的安全隐患；运西船闸上游引航道护岸加固改造工程创新打造运河文化标识；芒稻船闸"苏港航扬288"艇已完成主体建造；宝应船闸完成大修闸况评估、施工图设计与预算编制上报等前期工作；扬州船闸应急保障中心完成省厅港航中心下达的全省内河干线航道水下地形扫测项目，高质量通过交（竣）工验收。取得基于多传感器的船闸水位检测、闸口船舶入侵预警系统研究、芒稻船闸横拉门门头运行轨迹检测以及运转件优化设计等多项微创新成果，一种免维护的横拉闸门底台车滚轮装置等获实用新型专利2项。

船闸运行(过闸费征收)。全年6座船闸累计开放2.95万闸次,放行船舶7.1万艘,船舶通过量5 273万吨,货物通过量3 769万吨;实施船舶过闸优惠及集装箱货运船舶免收过闸费政策,征收过闸费2 220万元,优惠减免过闸费550万元。

管理工作。印发《扬州市港航事业发展中心安全管理体系汇编》,制定内河航道、内河交通运输船闸突发事件、危化品船舶过闸安全管控应急预案,编制"1+6"船闸运行方案,形成全省区域性船闸群运行方案扬州样本。3家船闸高质量完成安全生产标准化抽查复评,运东船闸、盐邵船闸接受省中心组织的达标创建考核,全市6家船闸已全部达标。在春运、汛期、国庆等重要时段,对航闸基础设施、助导航设施、工程施工现场等重点部位开展隐患排查整治,共发现安全隐患和薄弱环节32项,已立行立改全部销号。承办全交通系统"网安2022"网络安全应急演练活动,取得圆满成功;盐邵船闸联合航闸运行调度中心、江都区水上执法大队、苏北处邵伯航道管理站、江都水利工程管理处邵仙闸等涉水单位开展江都内河船舶碰撞应急处置综合演练,联勤处置能力得到进一步检验。完成船舶碰撞桥梁隐患治理专项行动工作,涉及的92座桥梁、196项隐患全部销号,其中完成桥区水域航道安全风险隐患治理21项、水上交通安全风险隐患治理45项、桥梁自身安全风险隐患治理130项,落实整治费用6 100余万元。完成通扬线高邮水上服务区房建主体工程、运西船闸上游护岸改造和芒稻船闸下游护岸改造等3个重点民生项目。开展《习近平法治思想》《民法典》《信访工作条例》《国家安全法》等集中学习研讨活动8次;在全系统开展"学宪法学党章靠法律"活动,259名党员和干部职工参与答题;组织各中心、分中心开展"宪法宣传周"、"贯彻安全生产法,喜迎党的二十大"、信用交通宣传月等主题宣贯活动13次,采取上船头、进企业、走工地等方式,发放相关的法律法规读本、安全宣传手册700余份。疫情防控期间,168名志愿者先后参加9个月17轮启扬高速扬州西收费站防疫专班,完成卡口防疫信息后台录入工作;各基层党员干部全力出动,在交通卡口、水上疫情防控查验点、录入专班、结对社区等执行防疫任务296次;机关支部结对友谊社区,开展"微网格+机关党员干部志愿者"联建共创,40多名党员干部主动向社区报到,协助开展"扫街行动""敲门行动"。

科技创新。完成省厅《基于新基建的区域船闸群远程控制与协同调度关键技术研究及应用》项目研究;开展船闸控制核心设备PLC国产化可行性、区域船闸群协同统一调度关键技术多系统融合、船闸现场层面的控制系统水位计可靠性、扬州市智慧航闸建设样板示范工程等项目研究并形成研究成果;通扬线高邮段航道整治工程在建成全省水运工程首个"智慧工地"平台的基础上,形成具有完全知识产权的智慧工地操作系统;京杭运河施桥船闸至长江口门段航道整治工程综合利用人工智能、数字孪生、5G通信、北斗定位、BIM等技术,以可视化编程和实景模型快速创建航道施工大场景模型,实现BIM技术与施工管控的深度融合,项目"铁军"、"青山绿水"和中交天航3个QC小组被评为省交通企业协会优秀QC小组。

党的建设。印发2022年中心党委"主体责任"清单、"第一责任人责任"清单和领导班子"一岗双责"清单,新制定《扬州市港航事业发展中心纪律检查委员会工作规定》《2022年中心党委党风廉政建设工作要点》《扬州市港航事业发展中心兼职纪检检察员制度》以及财务报支、招标采购管理等一系列规章制度,压实全面从严治党责任,明确一岗双责清单和廉政建设工作任务,延伸纪律检查触角,实现全系统14家基层部门和重点建设项目兼职纪检监督员全覆盖。印发《2022年中心党委理论学习中心组专题学习计划》,组织中心组学习12次,交流研讨6次;编发《港航清涟》月刊,对新提任的21名干部开展廉政谈话。开展"5·10""12·9"党风廉政教育日活动,多次集中组织观看警示教育片,定期开展廉政和反"四风"专项检查,通过四不两直、现场检查等方式,对基层加强党风廉政建设专项督查;对全系统值班值守、服务窗口、疫情防控措施和安全工作落实等重点环节开展专项检查12次。

文化建设。组织开展"品味书香,筑梦远航"主题读书周、"港航新浪潮·礼赞二十大"主题宣讲、"清风廉韵润港航,同心喜迎二十大"廉政征文、《江苏省历代贤吏故事》分享会、2022年度"我是党课主讲人"等一系列活动。京杭运河施桥船闸至长江口门段航道整治工程建成以灯塔公园、轮渡公园、诗词长廊为主线的大运河文化主题公园,成为江河交汇口"网红打卡新地标"。组织开展扬州港航"321"品牌创建工作,以"筑梦港航·运泽江淮"党建总品牌为统领,构建"1+N"品牌体系建设,择优推荐扬州新港物流港口"古道新港·运通四海"、芒稻船闸"江淮锁钥"和运东船闸"秦邮驿站"3个港航服务子品牌参加全省港航品牌创建评选并在初评中获全省前十名次。参加省港航中心"道德讲堂——港航新浪潮"线上活动,《江河交汇党旗红,筑梦港航建新功》等3个作品获评优秀作品。在市局举办的"礼赞新时代 追梦复兴路""我是党课主讲人"集中赛课宣讲活动中获二等奖。全年向省厅、省港航中心投稿390余篇,省厅门户网站、省厅微博、江苏港航公众号采稿270余篇,被学习强国、中国交通报、中国水运报、中国水运网、央广网等平台录用70余篇。《持续高温,运西船闸架设岸边电桩改善水上运输工作条件》在2022年8月16日央视2套播出,引起行业广泛关注。

(顾 开)

【交通运输部来扬督察京杭运河绿色现代航运示范区建设情况】 7月4日,交通运输部综合督察检查组一行来扬督察京杭运河绿色现代航运示范区建设情况。督查组首先参观邵伯船闸历史陈列馆,全面了解邵伯船闸发展历程,随后乘船调研京杭运河邵伯船闸至茱萸湾段绿色现代航运示范区建设,听取扬州段绿色现代航运示范区建设、扬州航道基础设施建设、船闸日常养护、航道环境整治等工作情况汇报。督察组对扬州交通部门大力推进绿色现代航运示范区建设和航道建设管理工作取得的成效给予肯定,并指示要深入贯彻习近平总书记"传承好、保护好、利用好"大运河重要指示精神和大运河文化带建设战略要求,高质量推进京杭运河绿色现代航运整治工程建设。

【扬州市港航事业发展中心远程集中控制系统软件与硬件设备采购集成项目通过交工验收】 7月19日,扬州市港航事业发展中心远程集中控制系统软件与硬件设备采购集成项目通过交工验收。项目建设包括远程集中控制系统软硬件、区域统一调度软件系统所需的硬件设施、视频监控系统、广播通讯系统、网络通信系统、6座船闸控制系统接入改造、运行调度中心环境改造等方面的设计、设备采购、施工、集成、安装调试及技术服务,实现扬州区域6座船闸远程集中控制,为区域调度系统提供数据支撑。项目的建成在江苏省首次实现区域船闸群远程集中控制和统一调度。经7个月试运行,系统界面友好、运行稳定,满足远程集中控制的要求,提升区域船闸统一调度能力和运行效率。

【通扬线高邮段航道整治工程两项团体标准通过验收】 8月23日,由扬州市通扬线高邮段航道整治工程项目管理办公室牵头申报的《内河航道工程箱式装配护岸质量检验标准》《内河航道工程空心方桩护岸质量检验标准》通过江苏省综合交通运输学会组织的团体标准技术审查。近年来,随着工厂化、装配化设计概念的提出,新型护岸型式凭借其生态、美观、抗变形能力强、抗震性能好的特点,很好的适应现阶段国家水运发展理念。但《水运工程质量检验标准》缺少新型结构护岸相关标准,《内河航道工程箱式装配护岸质量检验标准》对箱体预制、现浇混凝土基础、箱式护岸、附属构件的施工质量,提出相关的检查项目、技术要求、检查频次和检查方法。《内河航道工程空心方桩护岸质量检验标准》对方桩预制、沉桩、方桩护岸的施工质量,提出相关的检验项目、技术要求、检验频次、检验方法。标准的制定将为新型护岸的推广建设提供技术支撑,对加强和规范航道工程建设质量管理、提升护岸质量控制水平具有重要意义。

【交通运输部检查组来扬开展航道管养工作检查】 8月24日,交通运输部安全生产包保指导和水运建设市场秩序与服务质量检查航道养护组马跃一行来扬开展航道管养工作检查。24日—25日检查组一行听取扬州港航中心航道管养工作汇报并查阅相关资料,实地查看扬州航闸运调中心、芒稻船闸及下游引航道右侧护岸加固改造工程现场,参观六圩灯塔公园,听取京杭运河扬州段绿色现代航运示范区建设情况。检查组对扬州航道工作取得的成效总体给予肯定。

【芒稻船闸下游右侧护岸加固改造工程通过竣工验收】 8月30日,芒稻船闸下游右侧护岸加固工程通过竣工验收,省内首例采用浮式系船柱船闸引航道护岸投入使用。该工程总投资 2 300 万元，改造岸线 245 米，分别为芒稻河段 198 米、圆弧段 11.8 米及金湾河段 36 米，其中芒稻河段作为船舶待闸使用。芒稻船闸下游引航道地处芒稻河与金湾河的交叉口，西侧有南水北调东线的引水口，东北有芒稻节制闸，且受长江潮汐影响，水文条件复杂。为确保各类过闸船舶在复杂水情下的待闸安全，该工程大规模采用浮式系船柱，这在省内同类船闸引航道护岸工程中尚属首例。该工程投入使用后，将极大地改善芒稻船闸下游船舶待闸区在长江潮汐、南水北调输水、泄洪排涝期间的过闸靠泊条件，为打造"船舶待闸安全港湾"，为做好"两保一强"工作提供硬件保障。

【中外媒体齐聚长江口门段灯塔公园开展 Show Jiangsu 摄影采风活动】 9 月 2 日，省政府新闻办、新华社新闻中心江苏中心组织法新社、欧新社、新华社等中外媒体一行 10 余人来到京杭运河施桥船闸至长江口门段航道整治工程灯塔公园开展"Show Jiangsu"摄影采风活动。活动中，中外摄影师和记者们先后听取京杭运河施桥船闸至长江口门段航道整治工程及灯塔公园项目的介绍，并对长江口门段生态护岸、灯塔公园等节点进行现场拍摄和采风。采风过程中，摄影师和记者们被江河交汇、灯塔入云、岸清水绿的大美生态画卷所深深折服，纷纷表示，将通过生动的图片和深入的报道，将扬州运河文化带向世界，促进交流互鉴，共同讲好扬州运河故事，让国际社会和更多朋友了解、熟悉和喜爱扬州，喜爱运河。灯塔公园位于长江与京杭大运河交汇处，是大运河文化公园的重要节点。在工程建设过程中，项目紧扣时代特点，在提升航运综合效能的同时，挖掘文化元素，利用江河交汇地理位置的特点，打造"南北兼容、东西并蓄"、具有交通特色的运河文化主题公园。

【全省内河干线航道水下地形扫测工程（区域一）通过竣工验收】 9 月 14 日，全省内河干线航道水下地形扫测工程（区域一）通过竣工验收，工程评定为优良等级。本次内河干线航道水下地形扫测覆盖全省 3 057 公里五级及以上航道，是江苏省首次全面扫测内河干线航道，开创全国先河。本次扫测通过一体化测量和分析，建立以新技术、新设备相融合的综合测绘手段，形成干线航道水下地形图、航道断面尺度达标情况、扫床障碍物分布情况等成果，系统清晰地"看清"全省内河干线航道水下地形，为智慧航道、电子航道图建设和编制航道养护计划提供基础数据支撑。扬州船闸应急保障中心承担南京、苏州、无锡、常州、镇江、泰州和扬州（区域一）1371 公里内河干线航道水下地形扫测任务。

【运西船闸上游引航道右侧（岸）护岸加固改造工程通过交（竣）工验收】 12 月 9 日，运西船闸上游引航道右侧（岸）护岸加固改造工程通过交（竣）工验收。该工程是 2022 年江苏省交通运输厅港航事业发展中心批准立项实施的省养护专项工程，也是扬州交通为民实事项目。工程总投资 2 103 万元，6 月 15 日开工，11 月 30 日竣工，工程内容包括新建连排灌注桩靠船设施 383 米（含 18 座靠船墩）、水下疏浚、护坡恢复及配套景观提升等。工程的实施使得运西船闸待闸环境得到历史性改善，有效解决过闸船员待闸停靠难的问题，真正让服务船员工作落到实处，让船员过闸更安全、更舒心。同时配套景观提升工程的实施，运西船闸上游引航道周边区域绿化品质提升、景观节点增多、文化味更足，实现颜值与气质

的双提升，推进大运河绿色航运文化和旅游融合发展，真正将运西船闸、镇国寺、平津堰、明清运河故道、杨家坞和万家塘等历史文化资源串珠成链，成为高邮运河西堤风光带新亮点，吸引市民游客打卡游玩。

【省人大常委会副主任马秋林调研京杭运河绿色现代航运示范区建设情况】11月12日，省人大常委会副主任马秋林带队调研京杭运河绿色现代航运示范区建设情况。调研组一行从京杭之心登船，水上调研京杭运河广陵段、邗江段、江都邵伯段绿色现代航运示范区建设情况，市交通局汇报示范区建设成效和综合整治工程建设进展。调研组对扬州交通部门在推进绿色现代航运示范区建设，实施航运效能提升、运河文化展示、绿色生态廊道、南水北调船舶污染防治等工作给予高度评价，并强调要坚持生态优先、绿色发展，更大力度推进运河流域生态环境治理保护，把大运河文化遗产保护同生态环境保护提升、沿线名城名镇保护修复、文化旅游融合发展、运河航运转型提升统一起来，谱写"千年运河"现代化新篇章。

(顾　开)

扬州市港航事业发展中心宝应分中心

【单位概况】扬州市港航事业发展中心宝应分中心位于宝应县苏中南路129号（邮编：225800，电话：0514-88222665），隶属扬州市港航事业发展中心，机构规格相当于副科级，核定编制12名。主要职责：参与编制航道发展规划；组织实施航道建设、养护计划；负责航政许可审批审查工作；负责航道赔（补）偿费征收；负责发布内河航道通告；负责对本辖区从事航道疏浚打捞的社会工程船舶的管理；依法实施航道行政处罚工作。内设股室3个：综合股、港航股、养护股。

党支部书记、主任　　焦建林
副主任　　邱金尧　贺玉坚　张　力

【航道基本情况】辖区航道45条，航道总里程553.35公里。其中五级航道4.58公里，六级航道37.57公里，等外级航道511.2公里。通航船闸1座，航标4座。

【年度工作概况】2022年，完成干线航道扫床136.99公里，清除网簖22处、断树暗桩13处、航道边坡垃圾40吨、水上漂浮物50立方米，测量断面72个，桥区疏浚7.4万立方米，更换侧面标电池1组、灯器1组，更换浮标模块芯片1组，实现干线航道通航保证率达100%。

航道赔（补）偿费征收。全年征收航道赔（补）偿费3.6万元。

管理工作。签订安全责任书20份，组织安全宣传3次，开展安全教育培训6次、安全大检查8次、排查整改安全隐患5处，同时实行常态化联动联管，与船闸、海事、水警等6家涉水单位建立应对低水位通航保障联运机制，做好航道水位变化的预警预报与信息共享，开展联合巡航；航政人员上航上线180人次，车、艇累计巡航里程11 200公里，检查维护航标4座，参与维护人员85人次；对盐宝线风车段1 600米航道边坡进行环境整治，补植草坪8 940平方米，补植树木536棵；完成桥梁防碰撞隐患治理工作，配合县交通运输局推进各项防范措施的落实，盐宝线14座不达标桥梁桥区水域航道按五级航道标准进行拓宽、浚深，疏浚土方约7.4万立方米；对3条省干线航道（大运河、盐宝线、金宝线）上共计27座桥梁开展安全风险隐患排查，完成宝应县境内其他等级航道桥梁隐患排查上报工作；开展内河船舶导航实船测试工作，从11月起每天安排专人专艇在京杭运河、盐宝线、金宝线等干线航道对内河船舶水上导航系统进行实船测试，对系统定位精度、网络环境、信息播报、航线规划、离线导航等进行测试，及时反馈问题；配合第三方做好扬州市干线航道水尺布设项期工作，对境内盐宝线、金宝线、阜宝线、大三王河等规划六级以上航道的布设点进行研究分析；继续做好盐宝线、金宝线航道综合整治工程前期工作，配合第三方开展项目社会稳定风险评估、土地预审、规划选址等工作；利用水下多波束测深系统对盐宝线、金宝线等省级干线航道进行扫测，航道管养方式实现从二维到三维、从单一数据成果到多元数据成果的转变。

党的建设。学习习近平新时代中国特色社会主义思想和党的二十大精神，深刻领会、准确把握新思想、新论断、新要求。以"三会一课"为基本制度，开展支部"统一活动日"、学党史、学党规、学党章活动，组织全体党员参观县内红色教育基地，发展预备党员2名。与各股室签订党风廉政建设目标责任书，做到任务明确，责任到人。

文化建设。开展"城乡结对、文明共建"活动，与宝应县射阳湖镇桥南村和安宜镇刘沟社区组织开展一系列帮扶慈善活动；开展志愿服务活动，参加县交通运输局组织的"平安与你同在""送法律法规进乡镇"等"七五"普法活动。防疫期间，成立党员突击队，开展"落实防控措施 守住健康底线"新冠疫情防控活动。

（徐 敏）

扬州市港航事业发展中心高邮分中心

【单位概况】扬州市港航事业发展中心高邮分中心位于高邮市秦邮路87号（邮编：225600，电话：0514-84645803），机构规格相当于副科级，核定编制12名。主要职责：参与编制航道发展规划；组织实施航道建设、养护计划；负责航政许可审批审查工作；负责航道赔（补）偿费征收；负责发布内河航道通告；负责对本辖区从事航道疏浚打捞的社会工程船舶的管理；依法实施航道行政处罚工作。内设股室3个：综合股、港航股、养护股。

党支部书记、主任　徐晓平
副主任　王　鹏（1—5月）　徐敬松（5月任）　徐春景（5月任）

【航道基本情况】辖区航道43条，航道总里程589.75公里。其中三级航道（通扬线高邮段）37.65公里，六级航道39.07公里，七级航道36.12公里，等外级航道476.91公里。通航船闸2座，航标13座，其中高邮湖区航道发光示位标1座，运东船闸发光示位标1座，发光横流标1座，杆型侧面标9座；通扬线（北澄子河）与三阳河航道交叉处发光横流标1座。

【年度工作概况】2022年，完成干、支线航道疏浚及清障扫床684.83公里，扫除石块、砼块、水泥船残骸等碍航物30余吨，实施航道清淤约70立方米；车船巡航共计8 200公里，技术巡航308小时，查标、护标13座228次，更换5座航标物联网遥测设备，增设安全警示标识9处，宣传牌3处，对13处老旧宣传牌进行出新，参与办理行政确认符合性技术审查4起。协调通扬线航道整治工程项目与有关行业的矛盾，有序推进水上服务区、航道项目尾留工程施工。做好一沟大桥、捍海大桥、武安大桥施工期的通航维护工作。

航道赔（补）偿费征收。全年征收航道赔（补）偿费20.33万元。

管理工作。开展专项清障行动，配合拆除老河口桥附近2座非法侵占航道的临时码头残留物，拔除桥梁周边水泥桩8根、钢管桩5根。全年组织安全专题学习12次，节前安全隐患排查8次、安全大检查2次；开展年度安全月、安全生产百日攻坚行动，对接地方交通执法、公安等部门联合开展航产航权保护"亮剑"行动。主动协调、配合地方交通主管部门开展船舶碰撞桥梁隐患治理专项行动，对38座桥梁桥属单位进行业务指导。委托第三方对高邮湖、高东线、三阳河、天菱河的固定断面进行测量，完成多波束扫测断面821个，典型断面66个，运西船闸加测断面10个，同时对布设的17个水准点基点及150个变形监测点进行变形监测，并形成相应的断面对比图和沉降观测对比表。成立应急抢险突击队，开展入汛前消防水泵使用培训及实操演练；完成苏港航扬101艇、苏港航扬307艇上滩进厂维修保养工作。疫情期间，组织10名员工轮班参与高速口疫情防控专班、点位长和下沉社区志愿服务工作，连续作战60多天。

党的建设。围绕习近平新时代中国特色社会主义思想、党的二十大报告精神等，开展主题党日活动，以党史学习教育为主线抓好党员集中学习，抓住"5·10""七一""12·9"等重要节点，组织干部员工观看廉政微电影、廉政教育警示片、江苏历代先贤故事专题片等，撰写心得体会，开展集中廉政谈话提醒。全员参与"学习强国"平台政治理论学习，组织青年参加江苏历代贤吏故事分享活动、"港航新浪潮，礼赞二十大"主题宣讲暨2022年度我是党课主讲人活动。

文化建设。全员常态化投入文明典范城市创建相关工作；开展"5·19"慈善一日捐活动。与高邮镇关工委对接，走进2名困难学生家中，为社区特困家庭送上慰问物资。

(李文静)

扬州市港航事业发展中心江都分中心

【单位概况】扬州市港航事业发展中心江都分中心位于江都区仙女镇明珠路91号(邮编：225200,电话:0514-86853874),机构规格相当于副科级,核定编制12名。主要职责:参与编制航道发展规划;组织实施航道建设、养护计划;负责航政许可审批审查工作;负责航道赔(补)偿费征收;负责发布内河航道通告;负责对本辖区从事航道疏浚打捞的社会工程船舶的管理;依法实施航道行政处罚工作。内设股室3个:综合股、港航股、养护股。

党支部书记、主任　何　俊

副主任　沙夕斌

【航道基本情况】辖区航道50条,航道总里程632.79公里。其中四级航道17.45公里,五级航道18.02公里,六级航道94.71公里,七级航道18.49公里,等外级航道484.12公里。通航船闸3座,航标25座。

【年度工作概况】2022年,完成航道巡查里程8 256公里,清障扫床里程353.85公里;维护航标25座1 200次。

管理工作。着重对涉航桥梁施工水域航道维护尺度,盐邵线航道沿线驳岸、航标、船艇靠泊码头安全设施进行大检查,排除安全隐患2处,落实盐邵线历史遗留3处道班设施拆除、移交。与市交通运输综合行政执法四大队联合开展常态化航道巡航检查4次,全年共配合检查涉航企业5家,装卸点3处,现场制止违章建筑1处。开展安全生产月主题活动,走进企业1家,签名活动1次。配合开展船舶碰撞桥梁隐患治理专项整治行动,完成干线航道芒稻河12座桥梁及盐邵线航道7座桥梁的桥区航道疏浚,共计疏浚8 655立方米。完成三阳河口西水段65米应急抢险护岸的观测,全年观测12次。完成六级以上航道扫床353公里,累计清理出2米以上断枝13根,水泥沉船1艘,破损船用护舷5个,渔民弃置渔网、地笼等若干,总清理量约10吨。全年维护航标25座1 200次。疫情防控期间,出动18人次参与疫情防控检查,抽调2名员工参与对外开放港口疫情防控监督检查专班。

党的建设。以十九大、二十大精神为主要内容,全年组织政治学习共计28次。开展党风廉政教育日活动2次,召开廉洁警示教育大会3次,发出廉洁倡议书14份,观看廉政警示教育视频6部。常态化坚持"三会一课"、主题党日活动。全年召开支委会12次,开展专题党课4次,开展主题党日活动1次,与扬州中远海运重工工场部联合开展"学史领航、喜迎二十大"党建联盟结对共建活动主题党日活动。发展入党积极分子1名。

文化建设。参加"机关青年'我是党课主讲人'"、"道德讲堂——港航新浪潮"演讲、《江苏历代贤吏故事》征集分享、"百万党员学宪法学党章考法律"等活动,获征文比赛三等奖、故事分享活动三等奖。开展青年大讲堂活动1次。完善"畅享龙川行"品牌创建。开展捐款献爱心活动,参与文明志愿服务50余人次,慰问困难党员群众10人次。

(管　磊)

扬州市港航事业发展中心仪征分中心

【单位概况】扬州市港航事业发展中心仪征分中心位于仪征市新河路17号(邮编:211400,电话:0514-83453382),机构规格相当于副科级,核定编制8名。主要职责:参与编制航道发展规划;组织实施航道建设、养护计划;负责航政许可审批审查工作;负责航道赔(补)偿费征收;负责发布内河航道通告;负责对本辖区从事航道疏浚打捞的社会工程船舶的管理;依法实施航道行政处罚工作。内设股室3个:综合股、港航股、养护股。

党支部书记、主任　何公春

副主任　宗　莹

【航道基本情况】辖区航道14条,航道总里程107.86公里。其中六级航道15.95公里，等外级航道91.91公里。示位标2座（滁河示位标、仪扬河泗源沟示位标）。

【年度工作概况】2022年，完成仪扬河及梅家沟交汇处河道疏浚工程，投资24万元；全年组织第三方重点扫床1次20.63公里，全面扫床1次123.39公里；对辖区17.53公里航道护坡进行综合巡查，清理网簖6处；新增航道宣传牌6块，累计投入9.8万元；完成航道断面测量和沉降测量点检测工作，投资8万元；完成苏航政扬204艇、苏港航扬306艇上滩进厂维修保养工作；完成泗源沟口门段全年流量观测工作。

航道赔（补）偿费征收。全年征收航道赔（补）偿费20.33万元。

管理工作。全年累计组织上航巡查150天3 429公里，船舶流量观测4次60天。定期对辖区航道、站办公区、船艇停靠码头等管理范围内的环境问题开展全方位排查，全年累计清除生活垃圾8立方米、水上漂浮物8立方米；对滁河、仪扬河重点航道，每月排查4次。推进分中心领导"党政同责"、"一岗双责制"、"问责制"和"安全生产一票否决制"，层层签订安全生产目标责任书，全年组织安全生产检查、危险源点检查24次，发现并整改隐患12起；组织安全知识、操作技能知识测试1次，竖戗牌2块、安全展牌1块，挂安全宣传贴画3张、安全宣传横幅11条，参与广场咨询1次，散发安全宣传资料150余份。完成所用车、艇（2艘）维修保养，累计投资12.07万元；更换欠压灭火器34个、蓄电池2组；新增黄沙箱3个、铁锹2把及部分船用救生绳、缆绳等安全设备。完成朴席纵一路工程仪扬河大桥航道通航条件影响评价审查；上门推广"江苏省内河船舶导航APP"6次，同时上航测试APP中路线规划、语音播报及文字提示等数据参数是否准确，发现存在问题5处，并已整理上报；累计提供上门技术业务咨询、上门宣传法律法规、上门办理行政许可、上门解决实际问题等服务30余人次。疫情防控期间，累计投入500人次巡查社会面35家沿街商铺，敲门排查2 300余户社区居民，完成"嘉禾3"点位仪征区域、全民核酸采集工作60余次，累计采集样本10万余份。

党的建设。落实"三会一课"制度，全年召开支委会12次、党员大会12次，组织生活会1次，集中上党课4次，其中支部书记上党课1次，开展"谈心谈话"活动1次；组织党员干部理论学习16次，开展党章党史、爱国教育等知识竞赛2次；组织党员干部观看《运河春晓》《烈士纪念日向人民英雄进献花篮仪式》《朝华》《守住第一次》教育视频4次；通过党支部微信群统一布置并组织党员网上学习，交流学习心得。加强廉政建设，签订廉政承诺书7份，开展专题学习会、专题讲座各1次，组织法律法规测试2次，更新单位内廉政宣传戗牌2块、廉政条幅2条、廉政宣传展牌1块；开展"5·10""12·9"反腐倡廉活动2次，组织集中观看廉政教育视频《守住第一次》和警示案例2次。

文化建设。成立9人志愿服务队，累计服务20人次，计60小时；组织9名员工定点帮扶仪征嘉禾社区，做好疫情防控、文明创建、文明宣传和问卷调查等工作。撰写各类信息、宣传报道24篇，其中被省、市级以上媒体录用32篇。

（涂家纬）

扬州市港航事业发展中心邗江分中心

【单位概况】扬州市港航事业发展中心邗江分中心位于扬州市区泰州路13号（邮编：225001，电话：0514-87233985），机构规格相当于副科级，核定编制8名。主要职责：参与编制航道发展规划；组织实施航道建设、养护计划；负责航政许可审批审查工作；负责航道赔（补）偿费征收；负责发布内河航道通告；负责对本辖区从事航道疏浚打捞的社会工程船舶的管理；依法实施航道行政处罚工作。内设股室3个：综合股、港航股、养护股。

党支部书记、主任　王佳国
副主任　施　元　刘　斌（5月任）

【航道基本情况】辖区航道16条，航道总里程129.06公里。其中六级航道22.14公里，等外级航道106.92公里。

【年度工作概况】2022年，航道养护经费107.2万元，其中，航道养护专项经费60万元，具体内容为辖区内六级以上航道扫床,航道疏浚,航道已建护岸观测,水下断面测量分析,苏航政007防汛指挥艇和苏航政K101、K202航政艇使用及维修保养。

管理工作。全年开展航道巡查、隐患排查40天,车船巡查里程1600余公里,出动相关人员300人次。江苏航政007艇、202艇服务接待调研、考察9次300余人。完成船舶碰撞桥梁隐患治理专项行动任务,对涉航桥梁按照"一桥一档"要求建立辖区桥梁档案;完成服务润扬大桥北接线仪扬河大桥桥梁防碰撞设施安装工程,增设桥梁防撞墩,完善桥涵标、倒水尺、桥铭牌和灯具等相关设施;强化桥区水域监控,在春江路大桥、高旻寺钢便桥、吉安路大桥安装高清监控探头,对监控航段通航环境24小时实时监测。完成扬州港航事业发展中心27米航政指挥艇大修工程。

党的建设。落实"三会一课"、组织生活会、民主评议党员等制度,开展专题组织生活会和民主评议党员工作。制定党支部"两学一做"学习教育计划,采取集中学习和个人自学的方式。完成分中心支部改选,落实"一岗双责",签订党风廉政建设责任状,做到一级抓一级,层层抓落实,加强党风廉政建设。

文化建设。通过制作宣传戗牌、悬挂横幅、船艇巡航、发放宣传单等方式开展安全生产宣传教育,组织开展安全知识竞赛、安全警示教育。开展"喜迎二十大,迈向新征程"为主题的党建实践活动,组织党员赴仪征月塘新四军月塘地下交通站、盛氏兄弟故居、枣林湾清风枣园处参观学习。开展"四史"宣传教育活动,组织职工参加"5·19"慈善一日捐活动。

(丁 凯)

扬州市港航事业发展中心城区分中心

【单位概况】扬州市港航事业发展中心城区分中心位于扬州市邗江区史可法东路56-1号(邮编:225000,电话:0514-87930510),机构规格相当于副科级。主要职责:参与编制航道发展规划;组织实施航道建设、养护计划;负责航政许可审批审查工作;负责航道赔(补)偿费征收;负责发布内河航道通告;负责对本辖区从事航道疏浚打捞的社会工程船舶的管理;依法实施航道行政处罚工作。内设股室3个:综合股、港航股、养护股。

党支部书记、主任　王爱民
副主任　张俊男

【航道基本情况】辖区航道17条,航道总里程156.51公里。其中三级航道12.41公里,五级航道21.93公里,六级航道10.85公里,等外级航道111.32公里,共有标志标牌6块。

【年度工作概况】2022年,航道日常养护批复计划59.2万元,主要实施完成古运河航道干线扫床21.7公里,支线航道145.66公里;古运河河面漂浮物打捞、垃圾清理57吨;完成辖区六级以上航道护岸观测和水下控制断面扫测分析;完成监控及网络系统维修;完成江苏港航扬309♯使用与维修保养。实施完成古运河三湾大桥桥梁避碰警示系统;壁虎河增设助航标志航道助航标牌;船艇专用码头维护;古运河航标环境提升;跃进桥和328国道桥提示牌(红膜)等更换。

管理工作。组织巡航干线航道和等外级航道,及时发现航道的损坏状况并进行整治,清理古运河宣传牌、管线标周围的遮挡树木,维修船艇码头停靠橡胶护舷,更换五台山桥涵标倒水尺;开展航道测量和扫床,根据测量结果,对比分析航道尺度变化。开展"安全月""遵守安全生产法,当好第一责任人"等活动,通过摆放展板戗牌、船艇悬挂横幅标语,宣传普及安全知识及航道法等内容。持续做好常态化疫情防控工作及安全培训教育,完善安全管理资料台账,落实风险排查和隐患整改,明确安全责任。

党的建设。组织干部职工收看党的二十大开幕会,学习领会习近平总书记重要讲话精神,要求党员干部保持清醒头脑,严守纪律防线;加强党风廉政建设,传承廉洁基因,涵养廉洁品格,共同营造风清气正的发展环境;开展"党旗飘在一线、党员冲在一线"突击行动,多位党员干部参加高速公路扬州西卡口疫情防控、港口码头疫情防控监督和交通局疫情信息录入专班。

文化建设。落实省交通运输厅"两强一保"专项行动要求,参加文明城市责任路段志愿服务工作。参加"牵手希望·共圆梦想""5·19慈善一日捐"捐款等活动,募集善款1100元。组织侵华日军万福桥大屠杀遇难同胞纪念碑前悼念活动,开展"保护七湖八岛　我们在行动"志愿服务活动。

(彭永利)

扬州市港航事业发展中心宝应船闸运行中心

【单位概况】扬州市港航事业发展中心宝应船闸运行中心位于宝应县安宜镇苏中南路闸北西路14号（邮编：225800，电话：0514-88222638），机构规格相当于副科级。主要职责：负责船闸基础设施管理工作；负责船舶过闸费征收、解缴工作；参与待闸锚地的建设，负责待闸锚地的管理；负责船闸大、中小修和日常养护工程实施；负责船闸现场运行管理；配合船舶过闸调度管理等工作。内设股室3个：综合股、运行股、养护股。班组4个：排挡组、保养组、登记组、安全巡视组。

　　支部书记、主任　　肖红高
　　副主任　　张春林
　　副主任、工会主席　　潘　慧

【船闸基本情况】宝应船闸按四级标准建设,规模为180×23×4(米),年设计通过能力3611万吨;船闸闸门为钢质平板人字门,阀门为钢质平板提升门,启闭机均采用液压直推式启闭机,电气控制采用集中控制系统。

【年度工作概况】船闸养护。2022年,一类养护计划经费91万元,实施一类养护项目54项,实际使用经费90.99万元,主要用于闸阀门启闭机保养、电气设备维修、排档艇燃润料的使用、锚地维护管理、附属设施修理、宣传标牌制作、小型机具购置、网络维护以及闸区环境整治等。闸阀门机电严格按照定级保养周期表实施,坚持做到"勤查勤养、随坏随修"。全年2次进行引航道断面测量、助导航设施检测,并根据测量数据作情况分析。闸区设施设备55个测点均进行专业防雷检测。各岗位负责对监控、通讯、广播等设备的使用及监测,全年共排查、解决故障12次。按计划完成配发电设施改造及2023年大修准备项目两项专项工程,其中配发电设施改造工程总投资147万元,完成新建配电房1间、更新变压器、配备全新适配国标配电柜、布置相关配套设施等;宝应船闸2023年大修准备项目,批复经费50万元,项目包括闸况评估、大修设计招标工作。落实设备养护,全年共进行一级保养360台次,二级保养120台次,故障检修25台次。

船闸运行（过闸费征收）。全年开放4608闸次,放行船舶6418艘,船舶通过量539.87万吨,货物通过量168.41万吨,其中危化品、粮食、电煤等物资23.54万吨。征收过闸费175.47万元,优惠过闸费43.87万元。

管理工作。自主完成闸区引水管道和排涝设施技改,提升消防和汛期排涝能力。在远调站、引航道等重点部位安装隔离网100余米,清理渔具、鱼簖10余次,收缴鱼簖20余条、300余米;在闸区13个重点部位安装"闸区智能门禁系统";全年组织安全检查11次,排查出安全隐患7处,并及时完成整改。做好疫情防控,对外来访客落实"五必"要求,参与社区入户排查、交通卡口执勤、核酸检测秩序维护等防疫志愿活动260余次、720余人次;联同地方海事部门等单位组成水上查验点,航政艇驻守锚地及码头100余天。

党的建设。学习贯彻党的二十大精神,组织学习《习近平新时代中国特色社会主义思想》《习近平谈治国理政（第四卷）》,观看先进榜样教育视频,全年召开支部委员会11次、支部大会11次、党课4次、党小组会11次。完成党支部换届选举,如期转正预备党员1名。加强廉政纪律建设,严格执行中央八项规定,定期学习《画说党的六大纪律》及党规党纪相关法律法规,全年召开党风廉政专题会2次,组织观看警示教育案件专题片4部。

文化建设。持续深化"荷乡港湾"服务品牌建设,完善便民服务设施,推行开闸等船、电话回访、电话微信登记、远程云支付等服务,落实"不见面过闸"。开展道德讲堂系列活动,开展警示教育、学习先进榜样、传承传统美德、传播文明风尚。

(唐　康)

扬州市港航事业发展中心 运东船闸运行中心

【单位概况】扬州市港航事业发展中心运东船闸运行中心位于高邮市文游南路五里坝南(邮编:225600,电话:0514-84613807),机构规格相当于副科级。主要职责:负责船闸基础设施管理工作;负责船舶过闸费征收、解缴工作;参与待闸锚地的建设,负责待闸锚地的管理;负责船闸大、中小修,日常养护工程实施;负责船闸现场运行管理;配合船舶过闸调度管理等工作。内设股室3个:综合股、运行股、养护股。班组5个:3个巡查工班、1个排挡班、1个综合班。

党支部书记、主任　冯玉凯

副主任　姚凤良　夏永兵

【船闸基本情况】高邮运东船闸按三级标准建设,规模为230×23×4(米),为Ⅲ级通航建筑物,最大设计通航船舶1 000吨级,年设计通过能力4 000万吨。船闸为京杭运河高邮段大堤防洪圈重要组成部分,其上闸首(含闸门)为1级建筑物,下闸首、闸室为2级建筑物。上、下游引航道平面布置采用不对称式,船舶进出闸方式上、下游均为"曲线进闸,直线出闸"。船闸上游最高通航水位为8.33米,最低通航水位为5.83米;下游最高通航水位为2.92米,最低通航水位为0.7米,船闸上下游正常水头差5.5~7.0米,最大水头差7.13米,输水系统采用全分散输水系统。上、下闸首、闸室采用整体刚度大、抗震性能好的钢筋混凝土坞式结构;上、下闸首、闸门均采用人字闸门,阀门为平板提升门,闸、阀门启闭机均采用液压直推式启闭机;电气控制系统采用集散型控制系统,主要设备采用PLC和工控机。

【年度工作概况】2022年,船闸运行维护经费138万元,实际使用投资138万元,占年计划100%。其中,用于建筑物、门机电和绿化维护方面的维护经费为116.7万元,用于科研创新方面的维护经费为21.3万元。船闸检修:11月9日—10日开展阀门出水检修,主要更换下游左侧阀门顶止水橡皮、主滚轮摩擦片,检查并禁锢所有阀门滚轮螺栓,更换上游左侧阀门主滚轮4个、摩擦片3个。

船闸运行(过闸费征收)。全年共开放6 413闸次,通过船舶24 348艘,船舶通过量1 867万吨,货物通过量1 357万吨,征收过闸费779.1万元,为船舶运输企业、船舶个体户减免过闸费194.78万元。

管理工作。全年签订安全责任书40份,召开安全例会12次,开展安全教育培训12次、安全专项活动4次、安全演练2次、安全检查13次,发现并整改安全隐患9处。提升安全基础设施水平,完善更新百余个标志标牌标识。开展突发事件应急演练,高效处置船闸运行中出现的紧急情况。开展省船闸安全生产标准化达标创建工作,通过省中心考核。修编内设安全管理制度,共完成23项安全管理制度、40项部门和岗位职责及安全职责、10项安全操作规程、11项现场应急处置方案的修编修订等。推广内河"水上导航"系统,配合运调中心做好船舶秩序及进出闸安全管理。加强现地与集中运调沟通,船舶白天平均待闸时间缩减至3小时以内。组织工作人员驾驶排挡艇清洗浮式系船柱、水尺和闸门,并捞取水草、白色垃圾等水面漂浮物一整箱;开展爱绿护绿志愿宣传,种植水杉树100棵。承担水上疫情防控查验点任务,累计查验各类船舶7 989艘次;抽调292人次参加交通卡口防疫工作,其中149人次参加高邮高速口、界首高速口、扬州西高速口防控专班。

科技创新。开展基于视觉的闸门警戒区预警系统课题研究,应用于船闸不同工况下闸口、闸首划定识别区内船舶及水面漂浮大物件的入侵预警,有效提升船闸的安全智能监测水平,通航安全得到进一步保障。

党的建设。全年开展党员专题学习14次,选举产生新一届支部委员会,吸收预备党员1名,选拔任用3名年轻人担任股长、副股长。组织青年团员参加"港航新浪潮、礼赞二十大"主题宣讲活动。强化党风廉政建设,开展个人廉洁谈话21人次、会议廉政警示教育9次,签订行风责任状37份,全年报送廉政征文9篇,组织2名同志参加市港航中心江苏廉吏故事分享活动。利用"5·10""12·9"开展廉洁教育,进一步筑牢廉洁防线。

文化建设。开展"321"品牌创建活动,不断拓展船闸的影响力和服务水平。携手高邮市汤庄镇缦阳村开展城乡结对、文明共建活动；抽调1366人次参与地方文明城市创建工作。通扬线运东船闸扩容工程经中国水运建设行业协会评定，获"2022—2023年度第一批水运交通优质工程奖"。

（刘　静）

扬州市港航事业发展中心运西船闸运行中心

【**单位概况**】扬州市港航事业发展中心运西船闸运行中心位于高邮市大运河西镇国寺南（邮编：225600，电话：0514-84582131），机构规格相当于副科级。主要职责：负责船闸基础设施管理工作；负责船舶过闸费征收、解缴工作；参与待闸锚地的建设，负责待闸锚地的管理；负责船闸大、中小修，日常养护工程实施；负责船闸现场运行管理；配合船舶过闸调度管理等工作。内设部门3个：综合股、运行股、养护股。班组2个，运行组、保养组。

党支部书记、主任　朱建华
副主任　孙来定

【**船闸基本情况**】运西船闸规模为100×16×2.5（米），年设计通过能力350万吨。船闸上游最高通航水位为8.2米，最低通航水位为5.5米；下游最高通航水位为8.5米，最低通航水位为5.0米。船闸闸门采用三角门，滚珠丝杆启闭方式，电气采用PLC程序控制方式，阀门为钢质平板门。

【**年度工作概况**】基础设施建设。2022年，完成运西船闸上游引航道右侧（岸）护岸加固改造工程，工程总投资2103万元，6月15日开工，12月9日通过交（竣）工验收，工程主要内容包括新建连排灌注桩靠船设施382米（含18座靠船墩）、水下疏浚、护坡恢复及配套景观提升等。

船闸养护。全年例行养护计划经费共计105万元，实际使用经费104.54万元，资金使用率达99.53%。其中中修工程——运西船闸供配电设施改造工程经费29.9万元，于5月11日开工，10月31日通过竣工验收，解决原先电缆井渗漏、高低压电缆混设等问题。实施小修项目29余项，主要用于机电设备养护、土建设施维修、标志标牌制作、排档艇保养、闸区绿化管护、动力照明检修、网络维护等。实施一级保养468台次，二级保养120台次，水下检查5次，故障检修2台次。

船闸运行（过闸费征收）。全年共开放7091闸次，放行各类船舶8365艘，船舶通过量545.13万吨，货物通过量315.1万吨，过闸费征收169万元，优惠过闸费42.3万元。

持续加强危化品船舶过闸管理，提前与船员签订安全承诺书，发放安全告知书，指定专用区域停泊，优先单独放行，并通过人工巡查、高频宣传、视频监控等手段加强全过程监管，保障危化品船舶待闸、进闸、在闸、出闸作业全过程安全。应对水情变化影响，针对"汛期反枯"罕见水情，开展通航安全专项整治行动，从安全宣传、源头管控等方面采取强有力措施，严格过闸监管，强化现场核查，提高船舶安全防控能力和水平。

管理工作。持续开展安全生产标准化建设，通过省交通运输船闸安全生产标准化一级达标复评。开展通航安全专项整治，应对"汛期反枯"罕见水情，及时发布水位信息；加强危化品船舶过闸管理，提前与船员签订安全承诺书，发放安全告知书，指定专用区域停泊，优先单独放行，并通过人工巡查、高频宣传、视频监控等手段加强全过程监管。开展学习培训、消防演练、宣传咨询、"送法进工地"等活动，营造浓厚安全生产氛围；加强防洪门维护保养，更换老化电缆、钢丝绳。强化疫情防控措施落实，联合交通执法、卫健等部门设置水路交通疫情查验点，线上远程核查过闸船舶在船人员的苏康码、行程卡等信息，帮助无法上岸船员解决核酸检测难题。

党的建设。学习贯彻习近平新时代中国特色社会主义思想和党的二十大精神，落实"三会一课"制度，组织开展"5·10""12·9"党风廉政教育活动，参加全市交通运输系统"礼赞新时代　追梦复兴路""我是党课主讲人"集中赛课宣讲活动。完成支部换届选举工作。

文化建设。打造"邮乡水驿"服务品牌，创新便民利民举措，依托"邮乡水驿"微信服务群、甚高频、热线电话等方式，每日推送实时水位等过闸信息。夏季极端高温期间，推广绿色智能岸电设备，降低船舶待闸期间用电成本，被CCTV2财经频道《第一时间》栏目报道。常态化开展志愿服务活动,春节前夕上船头慰问船员、进社区慰问贫困学童,学雷锋月组织生态环保志愿服务活动,世界献血日开展无偿献血活动,组织慈善一日捐、高温送清凉、迎国庆赠国旗、送法上船头等活动,坚持让服务文化推动服务提升,建设船闸特色文化。

(刘 勇)

扬州市港航事业发展中心樊川船闸运行中心

【**单位概况**】扬州市港航事业发展中心樊川船闸运行中心位于江都区樊川镇樊东路1号(邮编:225251,电话:0514-86691537),机构规格相当于副科级。主要职责:负责船闸基础设施管理工作;负责船舶过闸费征收、解缴工作;参与待闸锚地的建设,负责待闸锚地的管理;负责船闸大、中小修,日常养护工程实施;负责船闸现场运行管理;配合船舶过闸调度管理等工作。内设股室3个:综合股、运行股、养护股。班组1个:运行组。

党支部书记、主任　韩春阳
副主任　戴金忠

【**船闸基本情况**】樊川船闸规模为160×12×2.5(米),最大设计通航船舶300吨级,年设计通过能力400万吨。船闸上、下游最高通航水位均为2.8米,最低通航水位均为0.7米;上、下闸门均为三角闸门,阀门为钢质平板门,闸阀门启闭采用滚珠丝杆启闭方式,电气控制采用PLC程序控制系统。

【**年度工作概况**】2022年,养护工程运行维护经费89.66万元(中修工程40万元、一类运行维护经费47万元、专项养护经费2.66万元)。一类运行维护实际使用经费47万元,主要用于构筑物、门机电设备、信息化系统维护,以及绿化及环境整治、安全管理和应急保障、小型机具及备品备件购置等方面。中修工程经费完成38.89万元,专项养护支出2.66万元(2020年排档艇更新项目剩余款项)。全年进行水下检查4次,断面测量及沉降观测2次,4月完成建筑物、电气及启闭机设备专业防雷检测。

船闸运行(过闸费征收)。全年通过船舶608艘,船舶通过量31.11万吨,货物通过量12.91万吨,征收船舶过闸费8.7万元,减免过闸费2.18万元。

管理工作。实施区域性船闸统一调度和远程集控运行模式。开展安全生产专项整治、百日攻坚、安全生产月、公共建筑安全排查等专项行动,强化危险品运输船舶过闸安全监管及恶劣天气、汛期、低水位时期运行管理,控制过闸船舶宽度及重载船舶吃水深度。组织防汛应急桌面推演及"119"消防实战演练。持续开展"两保一强"专项行动,"扬帆川行"志愿者们在做好船闸现场安全巡查和防疫保畅通工作的同时,帮助指导老年船员安装使用手机便捷过闸APP,为过往船舶免费提供生活用水以及常用防疫物品。加强运行现场安全巡查和水路疫情防控,确保船闸远程集控和现地控制安全可靠,防疫形势稳定。

党的建设。组织全体党员干部专题培训,学习贯彻党的第二十次全国代表大会、省十四次党代会和市第八次党代会精神,常态化推广使用"学习强国"平台,巩固拓展党史学习教育成果,全年组织党员集中学习12次。开展"我是党课主讲人""书记讲党课""道德讲堂"等活动,举办道德讲堂4次。参加扬州市交通运输局"双拥创示范　共建好地方"主题宣讲活动,王健《军民一家亲　谢谢你的守护》稿件获二等奖;参与以"学习二十大　港航新浪潮"为主题的"我是党课主讲人"活动,袁翔《樊川船闸这十年》获优秀奖。开展党风廉政建设,贯彻落实领导干部廉洁自律各项制度,严格执行公务用车、公务接待等方面规定;对登记、售票、操作等重点岗位的工作人员,组织不定期轮岗,消除廉政风险隐患。

文化建设。持续开展"两保一强"活动和"扬帆川行"志愿服务,常年为过闸船舶提供免费自来水、岸电接用、船员快递收件等服务;开展慈善一日捐、全员义务植树等主题活动,提升"扬帆川行"品牌形象;与樊川镇永安社区、同丰村开展"城乡结对、文明共建",促进城市与农村的精神文明创建活动优势互补、共同提升。

(袁 翔)

扬州市港航事业展中心盐邵船闸运行中心

【单位概况】扬州市港航事业发展中心盐邵船闸运行中心位于江都区邵伯镇淮江路200号（邮编：225261，电话：0514-86581245），地处京杭运河与盐邵河交汇口河，机构规格相当于副科级。主要职责：负责船舶过闸费征收、解缴工作；参与待闸锚地的建设，负责待闸锚地的管理；负责船闸大、中小修，日常养护工程实施；负责船闸现场运行管理；配合船舶过闸调度管理等工作。内设股室3个：综合股、运行股、养护股。班组2个：运行工班组、保养组。

党支部书记、主任　郝明华
副主任　　　　　　杨德群

【船闸基本情况】盐邵船闸规模为160×16×3(米)，最大设计通过船舶300吨级。船闸上游最高通航水位为9.0米，最低通航水位为5.0米；下游最高通航水位为3.5米，最低通航水位为1.0米。上、下闸首均为钢质横梁式人字闸门，闸阀门启闭形式为液压式，电气控制采用PLC控制系统。

【年度工作概况】2022年，养护工程计划经费共计98万元（中修工程52万元，一类养护经费46万元），一类养护经费共实施项目10余项，主要用于机电设备养护、土建设施维修、标志标牌制作、排档艇保养、闸区绿化管护、动力照明检修、网络维护等。两项中修工程分别为配发电房修缮工程和低压配电柜改造。

船闸运行（过闸费征收）。全年安全运行1 429闸次，放行各类船舶1 061艘，累计船舶通过量53万吨，货物通过量18万吨，过闸费征收17万元，优惠过闸费4.25万元。

管理工作。创建成为全省交通运输船闸安全标准化一级达标运行单位。6月24日，联合其他5家涉水单位，在船闸上游闸口引航道内开展江都内河船舶碰撞应急处置综合演练。以"一场报告会、一次安全演讲、一场安全知识竞答、一个千天倒计时揭牌仪式、一次安全条幅集中签名"五个一，开展第九个安全生产千天竞赛活动，实现连续运行8 000天无安全责任事故。完成闸区范围内51个灭火器瓶药剂更换；完成建筑物、配电柜、电气设备共计61个点位的防雷检测。全年共实施一级保养504台次，二级保养132台次，水下检查4次，故障检修25台次。按照养护标准化要求，定期运用无人机、远程监控、船艇巡航等手段对靠船墩、护岸、锚地等进行常规养护检查。

党的建设。开展"三会一课""主题党日"等生活，签订党风廉政建设承诺书，利用电子显示屏、画廊、过道墙壁、大厅展板等设施和场地，设置廉政格言、廉政警语；结合"5·10"党风廉政教育日活动，组织党员骨干观看警示教育片《河口》，筑牢拒腐防变的思想堡垒；开展廉政风险防控的自查自检，对养护工程、公务接待、公车使用等廉政风险源点完善内控制度，做到常敲警钟。参加区交通局、市港航中心举办的"书香飘万家，喜迎二十大"、"我是党课主讲人""礼赞二十大、港航新浪潮"等活动；在市港航中心纪委组织开展的"见贤思齐砥砺奋进"江苏历代贤吏故事分享评选活动中，童晓获一等奖。

文化建设。通过"龙韵川情"微信服务群实现服务"零距离"，每天为过闸船民提供气象、水情、通航等信息服务，同时畅通信息交流渠道，接受船员咨询、求助等；开展慰问船民、无偿献血、慈善一日捐、学雷锋志愿服务，结对帮扶邵伯镇中心小学贫困学童等活动，进一步延伸服务内涵，打造满意船闸。

（张　章）

扬州市港航事业发展中心芒稻船闸运行中心

【单位概况】扬州市港航事业发展中心芒稻船闸运行中心位于江都区仙女镇芒稻河西岸路1号（邮编：225200，电话：0514-86543018），机构规格相当于副科级。主要职责：负责船闸基础设施管理工作；负责船舶过闸费征收、解缴工作；参与待闸锚地的建设，负责待闸锚地的管理；负责船闸大、中小修，日常养护工程实施；负责船闸现场运行管理；配合船舶过闸调度管理等工作。内设股室3个:综合股、运行股、养护股。班组5个:2个运行工班、2个排档组、1个保养组。

支部书记、主任　张建生

副主任　马东明

【航道基本情况】芒稻船闸位于扬州市江都区境内芒稻河,是连通苏北京杭运河和长江的水路交通咽喉。芒稻船闸按Ⅲ级标准设计,设计最大通航船舶1 000吨级,船闸规模为180×23×4(米),年设计通过能力4 720万吨。船闸上游最高通航水位8.33米,下游最高通航水位6.39米;上游最低通航水位4.94米,下游最低通航水位-0.17米。船闸上、下闸首水工建筑物级别为2级,闸门型式为钢质横拉门,阀门型式为钢质平板阀门,闸门启闭机为齿轮齿条机械式启闭机,阀门启闭机为液压直推式启闭机,电气控制采用PLC集散型控制系统。船闸运行由航闸运行调度中心远程集中控制,船舶过闸由航闸运行调度中心统一调度。

【年度工作概况】2022年,完成芒稻船闸下游右侧护岸加固改造工程,工程于2021年9月开工建设、2022年8月30日竣工验收,总投资2 300万元(2022年完成投资1 350万元),改造下游引航道岸线245米。为适应潮汐河流的特点,系缆设施全部采用浮式系船柱。完成17米智能排档船建造,项目总投资600万元(2022年完成投资350万元),于2022年11月23日竣工验收,可实现有人操控、无人驾驶及自主巡航。完成船闸养护工程运行维护投资188万元,主要用于船闸建筑物维护、门机电设备维护、信息化系统维护、安全管理和船闸绿化及环境维护等,其中食堂改建中修工程46万元。全年共进行一级保养300台次,二级保养150台次,进行综合检查10次,下发隐患整改通知书16份,整改缺陷16项;主要包括:热继电器维修、上下游闸门底台车更换、清除下游引航道倒锚7个、照明灯具更换、闸首塌陷维修、闸室清淤、智能垃圾柜维修和水下清障等。

船闸运行(过闸费征收)。全年共开放9 167闸次,通过船舶30 507艘,船舶通过量2 325.5万吨,货物通过量达1 925.6万吨,累计征收过闸费1 071万元,优惠过闸费267.8万元。

管理工作。落实南水北调东线源头生态环境保护措施,利用水上垃圾回收船和"船舶污染物智能一体化接收柜",回收船舶垃圾污水。通过交通运输部航道养护检查"大考"及2022年度全省交通运输船闸安全生产标准化一级达标复评。针对江都水利枢纽常态化大流量调水致引航道流量大流速快、下游引航道水位罕见的"汛期反枯"、上下游水位长时间保持8米的水位差等复杂水情,启动与地方交通行政综合执法,水利、水上公安等部门协调联动工作机制。疫情防控期间,13人次参加芒稻河和扬州西高速入口疫情防控志愿服务专班。

党的建设。学习贯彻党的十九届历次全会和党的二十大会议精神,坚持以习近平新时代中国特色社会主义思想为指导,提升为水运企业和广大船员服务的满意度。开展"5·10"和"12·9"党风廉政教育日活动,组织参观平山堂廉政教育基地、"汪曾祺纪念馆"、"抗日战争最后一役纪念馆"等,通过大屏、横幅、戗牌营造学习教育氛围,筑牢党员干部的思想道德防线。强化作风、行风监督,反腐倡廉和行风、作风建设工作落到股室、班组和每位职工。

文化建设。打造"江淮锁钥"服务品牌,成立"江淮锁钥"志愿服务队伍,组织志愿服务队开展上船头"送清凉、送安全、送法律""送国旗、迎国庆"等志愿服务活动。践行社会主义核心价值观和"船员在我心中,船闸在我心中"的服务理念,参与文明城市创建责任路段值勤,配合地方疾控中心开展船员吸血虫防治志愿服务等。

(窦　磊)

扬州市港航事业发展中心航闸运行调度中心

【单位概况】扬州市港航事业发展中心航闸运行调度中心位于江都区仙女镇芒稻河西岸路1号芒稻船闸院内(邮编:225200,电话:0514-86260925),2021年12月29日正式揭牌成立,机构规格相当于正科级,在职干部职工34名。主要职责:负责中心航道网运行监测、预警、信息服务工作;负责航闸运行调度体系建设工作;负责中心船闸远程调度和集中控制系统建设、运行、管理工作;负责船闸运行调度数据及动态信息的统计和分析工作;负责全市内河水上服务区的管理等工作。内设科室3个:综合科、运调科、技术科。运调大厅设4个班组,每班组6人,实行四班四六制,24小时运行。

支部书记、主任　强　斌

副主任　赵德懿

【年度工作概况】2022年,完成扬州港航所辖6座船闸运行方案的编制、评审等工作;开展过闸船舶信用管理,全年合计信用加分72 052艘次,减分338艘次,对13艘次船舶进行直降处理。

管理工作。开展安全管理,针对台风、大雾、南水北调大流量送水等特殊情况,与各现地船闸、水上执法、水利等涉水单位启动联动机制;开展安全"四项教育",签订安全目标责任书;组织召开3次安全分析会;联合江都区5家涉水单位开展2022江都内河船舶碰撞应急处置综合演练;开展操作人员业务培训活动,组织运调人员赴现地船闸学习,邀请各船闸经验丰富的老师傅来运调中心现场教学,12名操作人员参加全省航闸技术工种为期10天的线上培训,一线操作人员岗前参培率100%。开展"两服务、两满意"活动,赴现地船闸,走上船头征求意见,邀请扬大教授进行文明服务礼仪培训。抽调3名党员分4个批次参加扬州西高速口疫情防控专班。

船闸运行(过闸费征收)。全年累计开放2.95万闸次,放行各类船舶7.1万艘,船舶通过量达5 273万吨,货物通过量3 769万吨,征收过闸费2 220万元,优惠过闸费550万元。

党的建设。完成第一届支部委员会的选举。组织党员集中观看二十大开幕会盛况,邀请江都区委党校教授宣讲二十大精神。开展"5·10"和"12·9"党风廉政教育日活动,组织参观平山堂廉政教育基地、扬州市警示教育基地,观看廉政警示教育片。赵鸿卿、刘星彦两名年轻党员在市港航中心举办的《江苏历代贤吏故事》读书征文和故事分享活动中分别获一、二等奖;姚畅在市港航中心党委举办的党课主讲人活动中获二等奖。

文化建设。探索"党建+服务"等文明创建新模式,深化文明单位、文明职工及青年文明号等创建活动。开展"5·19慈善一日捐""希望工程微捐""99公益日"活动,1年来共筹集善款5 200多元。

(豆维勇)

扬州船闸应急保障中心

【单位概况】扬州船闸应急保障中心位于扬州市广陵区运河南路105号(邮编:225003,电话:0514-82955575),机构规格相当于副科级,在职在编职工20名。主要职责:负责建立健全全市航道、船闸应急保障组织网络、管理制度和应急保障行动预案;承担航道、船闸测量,船闸水下巡检、门机电设备应急抢修;负责应急保障重要设施设备、备品备件的计划编制、采购、管理及维护;负责应急保障队伍建设,组织应急保障和养护人员技术培训;参与航道、船闸养护管理服务等工作。内设股室4个:综合股、潜水股、测量股和机电股。

党支部书记、主任　魏马扬

副主任　刘永玉　尹思宏

【年度工作概况】2022年,完成航闸养护专项经费508万元、日常运行维护经费95万元,完成率均达100%。

管理工作。首次开展全省内河干线航道水下地形扫测,完成苏州、无锡、常州、镇江、南京、泰州和扬州7市1371公里31条省级干线航道水下地形扫测任务,取得全省内河干线航道水下地形图、航道断面尺度达标情况、扫床障碍物分布情况等成果;完成扬州市港航系统航道养护技术核查工作。坚持应急值班值守制度,全年抢修船闸运行故障9次;完成扬州市港航事业发展中心6座船闸、泰州市港航事业发展中心2座船闸以及南京航道中心4座船闸的水下检查,水下巡检累计39闸次,出动检查人员310余人次;完成宝应、运东和运西3座船闸共5扇阀门门出水检修工作;实施宝应船闸上游左闸首平台沉降观测工作,累计跟踪观测9点次;实施一、二、四季度船闸闸门转动高差检查工作15闸次(宝应船闸、运东船闸、运西船闸、樊川船闸、盐邵船闸),共计216点;按年度进行船闸建筑物的变形观测6个闸次,共计观测坐标及高程1 596点。

党的建设。学习贯彻二十大会议精神,开展

支部书记专题党课和民主评议党员等活动;加强业务理论学习,调研省内各市干线航道和船闸技术状况;做好信访维稳,以主题党日为载体与职工谈心谈话。

文化建设。持续深化"蛙人"工作室品牌建设,挖掘工作室品牌内涵,创新服务理念。参加区交通局、市港航中心举办的"书香飘万家,喜迎二十大","我是党课主讲人""港航新浪潮 礼赞二十大"等活动;在市港航中心组织开展的"港航新浪潮 礼赞二十大"读书征文评选活动中,获一等奖。生技股获"2022年全省交通运输行业青年建功标兵团队"称号和"2020—2021年度全省交通运输行业省级青年文明号"称号。

(郭芷昕)

镇江市港航事业发展中心

【单位概况】镇江市港航事业发展中心位于镇江市梦溪路98号(邮编:212001,电话:0511-88808007),为镇江市交通运输局所属公益一类事业单位,规格相当于副处级,核定编制136人,经费渠道为全额拨款。主要职责:贯彻执行国家和省关于港口、航道的方针政策、法律法规,参与编制港口、航道行业有关发展战略、发展规划、行业政策、标准规范;负责执行港口、航道建设实施计划,负责编制并监督实施港口、航道养护计划;负责全市港口公用基础设施建设、维护和管理工作;负责全市辖区航道(不含长江)、市交通运输部门所属通航船闸的建设、管理和养护工作;承担所属船闸过闸费、航道赔(补)偿费的征收等事务性工作;负责沿江港口锚地调度、航道船闸运行调度工作;承担港口公用基础设施、航闸基础设施的安全管理和应急处置工作;负责全市辖区(不含长江)航道标志标牌的设置和管理工作,承担全市辖区水上服务区日常管理、维护和提升工作;负责全市航道网运行的监测、预警、信息服务和技术支持工作;承担港口、航道的网络安全、信息化以及行业统计、信息调查工作;承担港口、航道绿色发展工作。内设机构13个:办公室、组织人事科、宣传教育科、纪检监察室、规划计划科、财务科、科技信息科、安全环保科、港口科、工程养护科、锚泊调度科、港航应急保障中心、京杭运河镇江服务中心。下属事业单位1个:江苏省谏壁船闸管理所。

党委书记、主任　李　俊
党委委员、副主任　左文生　吴和祥
　　　　　　　　马　林　张　涛
党委委员　杨　彬　徐　璟

【航闸基本情况】镇江市内河航道计有70条,航道总里程597.19公里。等级航道10条,合计里程183.89公里。其中主要通航航道:三级航道(京杭运河镇江段、丹金溧漕河丹阳段)里程61.1公里、六级航道(九曲河)里程27.85公里、七级航道(香草河)里程22.35公里。通航交通船闸1座,航标55座。其中发光航标29座(遥测航标11座,鸣笛标2座,信号标8座,界限标8座)。

【年度工作概况】基础设施建设。2022年,完成京杭运河江苏段绿色现代航运综合整治工程(江南段)镇江段航道施工项目、综合提升及航运文化标识项目的招标;开工建设水上服务区、镇江大泊锚地提升工程,实施护岸提升工程、船闸综合提升工程。完成江苏段绿色现代航运综合整治工程(江南段)镇江段智慧运河工程航道外场感知设施项目建设,共建成5G站点159个、交通监控摄像机50台、北斗系统2套、AIS基站4台及气象仪、交通量观测系统等配套通信系统及设施设备。丹金溧漕河丹阳段航道整治工程完成丹金溧漕河桥(左幅)、航道绿化景观工程、尾留段珥陵船厂段航道工程,开工建设丹金溧漕河桥(右幅)。长江口门船舶待闸停泊区浮筒系泊工程完成交工验收并投入使用。

养护工程。全年安排航道日常维护费、船闸运行维护经费和船艇使用与维护费等合计1 078万元,其中,航道日常维护费339万元,船艇使用与维护费67万元。船闸养护工程:全年船闸运行维护经费381.4万元。完成水下检查、船闸建筑物位移稳定观测、设备防雷检测和柴油发电机组维保等日常养护工作;完成专项"排水系统改造工程项目""谏壁船闸办公用楼修缮工程项目""谏壁船闸人行桥改建工程项目"。航道养护工程:全年航道日常维护费339万元。按养护管理标准维护测量4次、航道巡查4次,并对观测后的整治建筑物进行综合评价;全年累计巡航查航标12次,其中夜查2次。实施数字云河工程和软式扫床创新两项行动。

船闸运行(过闸费征收)。全年船舶通过量达1.995亿吨,货物通过量1.181亿吨,过闸费征收7 514.9万元,共减免船舶过闸费1 918.23万元。

管理工作。完成干线航道扫床两次,清理沉石1.2吨,清理水生植物、垃圾约12.2吨,水下疏浚土方7 000立方米。完成船舶碰撞桥梁治理专项整治,共排查桥梁182座、航道200余公里;其中通航桥梁92座,共排查出隐患治理隐患274个,投入资金约1.17亿元。围绕"两争三保三提升"行动方案确定的目标,明确港航5类30项安全重点工作任务,强化主体责任落实,签订安全目标责任书,全年共检查治理安全隐患43处。完善港航安全责任体系,建立和完善危化品船舶过闸管理保障方案,开展航道应急清障桌面推演,在谏壁船闸开展初起火灾消防演练、PLC控制系统突发故障应急操作培训和实战演练。

绿色航道。京杭运河镇江水上服务区是苏南运河镇江段三级航道整治提升工程配套工程,位于京口工业园区,谏壁船闸下游约1公里处,苏南运河西岸,是船舶从长江进入苏南运河的第一座内河服务区,全年共建设22套低压岸电桩,岸电用量5 266度;建设3套船舶生活垃圾、油污水智能一体化接收柜,4套船舶生活污水智能固定接收装置,污水处理站1座,共接收船舶送交的生活垃圾360吨,生活污水124吨;2台智能供水设备正式投入使用。2022年被中国生态文明研究与促进会授予第一批"绿色交通"实践创新基地称号。

科技创新。组织开展京杭运河长江口门船闸船舶待闸停泊区提升示范工程视频监控及网络通讯建设项目建设,项目已进入试运行状态。实现京杭大运河镇江段航道5G全覆盖,共建成5G站点159个、交通监控摄像机50台、北斗系统2套、AIS基站4台及气象仪、交通量观测系统等配套通信系统及设施设备。申报《基于智能视觉的航运场景全景技术研究与应用》和《基于自主可控PLC控制技术在船闸控制中的研究与应用》2个科研项目。完成《下降疫情管控下船民的上岸次数》QC课题申报。

党的建设。开启"党旗'镇'红、一线建功"工程,打造"江河汇·党旗红"党建品牌,探索建立港口发展共同体以及船民流动党支部,促进党建与业务融合发展。开展"喜迎二十大 建功新港航"党建系列活动,以"书香港航"品牌、"周五学习"制度、"学习强国"平台为载体,组织开展集中学习,开启"红心向党故事汇"系列微党课。依托主题党日活动,开展迎新春送祝福、"共享书香、传递爱心"、迎中秋惠船民活动等。扩大党史学习教育覆盖面,镇江港航"运河青年学习社"开设电子书屋,将各种党史故事制作成音频,扫描二维码即可收听,方便船民利用碎片时间学习。开展"疫线先锋 交通有我"志愿服务活动,63名在职党员日夜坚守G4011扬溧高速镇江南交通查验点。

文化建设。在京杭运河镇江服务区组织开展"共享书香 传递爱心"公益捐书活动,共捐出书籍200余本。为进一步提升大运河文化在绿色现代航运综合整治工程中的引领作用,组织开展一场运河文化沙龙;组织青年职工开展"唐诗宋词中的运河记忆"学习交流会。为引领港航青年坚定理想信念、牢记初心使命,以"喜迎二十大,青年话港航"为主题组织开展青年干部座谈会。每月撰写《交通之星》内刊,在各类媒体发布稿件600余篇。

(汤照辉)

【**市领导调研京杭运河镇江段绿色现代航运综合整治工程**】8月10日,副市长黄春年率队专题调研京杭运河镇江段绿色现代航运综合整治工程建设情况。调研组一行乘船由京杭运河镇江水上服务区行至丹阳,实地查看运河两岸现状,现场了解工程建设相关节点概况。京杭运河镇江段绿色现代航运综合整治工程包括通航基础设施改造、景观绿化和少量房建,采取分别设计、分段招标、滚动施工的方式推进,2022年预计完成年度投资4 500万元。

【**丹金溧漕河桥(左幅)等项目通过交工验收**】9月16日,省交通运输综合行政执法监督局来镇江对丹金溧漕河丹阳段航道整治工程丹金溧漕河桥(左幅)、绿化工程项目、珥陵船厂段航道工程项目开展交工验收。验收组察看工程现场,审阅有关资料,听取参建单位工作报告,根据工程交工质量核验意见,一致认为工程质量等级合格,具备交工条件,可投入试运行。本次交工验收的3个项目于2022年8月底基本建成。特别是丹金溧漕河桥（左幅）的建成交工，是确保2023年丹金溧漕河丹阳段航道整治工程完成竣工验收的关键保障节点之一。

【**国内首艘120标箱纯电动内河集装箱船在镇江成功试航**】9月19日，国内首艘120标箱纯电动内河集装箱船"江远百合"轮在镇江成功试航。该船长79.9米，宽12.7米，是符合苏南运河三级航道最大通航标准的集装箱定制船型。全船动力采用3组集装箱式"即插即用"电源供电，换电时间仅需20分钟，主电机功率660千瓦，最大续航里程220公里，真正实现"零排放、零污染"。"江远百合"是江苏省交通运输部门落实"碳达峰、碳中和"目标的生动实践，在苏南运河同尺度船型中采用最优设计，采用3舱分舱布置，实现装载120个标准集装箱的最大空间布置。对船舶最大高度的控制提高受限桥区的通过性。投入运营后，每年可替代燃油约500吨，下降碳排放1520吨。

【**镇江港航开展江苏省船舶导航系统第二阶段测试**】为助力江苏省内河船舶导航系统的建设，进一步优化电子航道图及船舶导航系统功能，确保系统功能稳定可靠，镇江市港航事业发展中心、谏壁船闸管理所响应上级部门要求，于2022年10月至11月向船员开展江苏内河船舶导航系统宣传推广活动及试运行工作。本阶段测试主要就活动意义及江苏省内河船舶导航APP的安装，功能及使用等向船员进行讲解与示范。期间，船员们安装APP后分别就登录、定位、目的地查询、路径规划、离线地图、语音播报、文字提示等功能进行试用。

【**京杭运河镇江段在全省率先实现移动5G网络全覆盖**】11月11日，京杭运河绿色现代航运综合整治工程镇江段工程建设指挥部组织召开"智慧运河"航道外场感知设施项目初步验收会，省厅港航事业发展中心、设计单位、监理单位、实施单位的代表及特邀专家参加会议。会议听取设计、监理、实施、建设单位施工完成情况的汇报。经过认真讨论，验收组认为项目完成合同规定的各项工作内容，建设单位严格控制项目变更，设计、施工、监理单位认真履约、相互配合，资料齐全，一致同意本项目通过初步验收交付使用。验收通过后，该项目正式进入试运行。外场感知项目共建成交通监控摄像机50台、全景摄像机6套、气象仪1套、能见度仪3套、交通量观测系统3套、流速流向仪2套、北斗系统2套及AIS基站4台、5G站点159个，京杭运河镇江段在全省率先实现移动5G网络全覆盖。

【**京杭运河镇江服务区智能免费供水设备投用**】11月28日，京杭运河镇江服务区2台智能供水设备正式投入使用，为过往船民免费提供自来水，解决船民取水难用水难的问题。智能供水设备使用后，船民只需用手机注册"船佳宝"APP，扫描智能供水箱设备上的加水二维码，按流程操作，就能通过智能供水设备进行智能加水，且24小时免费快速供水，省心省力省时。

（锁诗洁）

江苏省谏壁船闸管理所

【**单位概况**】江苏省谏壁船闸管理所位于镇江市京口区谏壁镇越河街29号（邮编：212000，电话：0511-85582626），为公益一类事业单位（全额拨款），隶属镇江市港航事业发展中心，单位规格相当于正科级，主要职责：参与编制船闸有关发展战略、发展规划、行业标准；参与编制并负责执行船闸养护计划；承担船闸管辖范围内航道基础设施、标志标牌的维护和管理工作；承担过闸船舶的组织管理，船舶过闸费的征收、解缴工作；承担管辖范围内航道赔（补）偿费征收；承担船闸信息化以及行业统计调查工作；承担船闸绿色发展科研、标准化等工作；承担管辖范围内船闸基础设施的安全管理和应急处置工作。内设股室3个：综合股、工机股、运行股。

所　　长　江　挺
副所长　章昆仑　杨　宁　宫万海

【**船闸基本情况**】谏壁船闸地处长江和京杭大运河这两道黄金水道"十字"交汇口，是沟通南、北两段京杭运河最便捷和最安全的水运主通道，也是苏南运河唯一直达通江的口门船闸。谏壁船闸下辖二线船闸，一号船闸于1976年2月开工,1980 年 7 月 11 日建成试通航,规模 230×20×4(米),年设计通过能力 2 100 万吨。二号船闸于 1999 年 6 月开工,2001 年 12 月 29 日建成试通航,2003 年 3 月通过竣工验收,规模为 230×23×4(米),年设计通过能力 2 333 万吨。船闸上游(长江侧)最高通航水位为 8.0 米,最低通航水位为 1.4 米;下游(内河侧)最高通航水位为 7.0 米,最低通航水位为 2.3 米(吴淞高程)。上游东侧引航道 960 米,西侧引航道 750 米,与长江交汇;下游东侧引航道 690 米,西侧引航道 630 米,设有锚泊区。闸门为钢质弧形三角门,阀门为钢质平板门,启闭机采用液压直推式启闭机,电气控制采用集散型控制系统。

【年度工作概况】2022 年,完成船闸专项工程共 3 个:排水系统改造工程项目、谏壁船闸办公用楼修缮工程项目、谏壁船闸人行桥改建工程项目。

船闸运行(过闸费征收)。全年谏壁船闸船舶通过量 1.995 亿吨,货物通过量 1.181 亿吨。全年过闸费征收 7 514.9 万元,共减免船舶过闸费 1 918.23 万元。

管理工作。完成船闸安全生产标准化一级达标创建工作。完成《谏壁船闸运行方案》编制;重新修订《船闸运行安全双重预防机制建设操作指南》和《谏壁船闸管理所安全生产风险评估报告》等风险辨识、评估与控制制度。重新调整应急队伍,建立应急保障网络,先后编制 3 套应急救援预案和 8 套现场应急处置方案。

党的建设。党支部以学贯"二十大精神"、习近平新时代中国特色社会主义思想、党史学习教育为主线,严格按照局党委部署、中心党委要求抓好各项工作。坚持"民主集中制""三会一课""民主评议党员""组织生活会"等工作制度,认真抓好每一个环节、每一个步骤的工作落实;结合船闸工作实际,开展行之有效的主题党日活动和集中学习;认真做好发展党员工作,持续开展党员公开承诺、先锋亮绩、积分管理,抓好党员队伍建设。船闸党支部连续 6 年获评"镇江市'五星'先进党支部"。

文化建设。在中国交通报组织开展的"喜迎二十大·交通运输行业明星船闸推选宣传活动"中,获"交通运输行业十佳明星船闸"。持续深化"水上雷锋服务台""刘海荣工作室"为民服务品牌。"水上雷锋服务台"获评江苏省交通运输志愿者标准化站点。

(范胜澜)

丹阳市港航事业发展中心

【单位概况】丹阳市港航事业发展中心位于丹阳市云阳街道运河西路 88 号(邮编:212300,电话:0511-86570083),是公益一类事业单位,副科级规格。主要职责:贯彻执行国家、省、市有关港口、航道的方针、政策、法律、法规;参与编制港口、航道年度投资计划并负责执行;参与全市港口岸线、陆域、水域管理工作;负责指导全市港口公用基础设施建设、维护和管理工作;负责航道标志标牌的设置和管理工作;负责拟订内河港口锚地集中调度的管理办法、使用规则;承担内河港口锚地锚泊使用申请计划、审核平衡调度工作;承担内河港口锚泊调度信息系统建设、维护和管理等工作;承担港航基础设施的应急处置工作;参与水上运输的组织协调工作;承担绿色航道及智慧航道建设;承担港口、航道信息化以及行业统计、信息调查工作;开展港口、航道行业技术交流,组织重大科研项目攻关工作。内设科室 5 个:办公室(财务科)、养护科、安全法制科(装备科)、港口服务科、水运服务科。

党支部书记、主任　董辉平
党支部副书记、副主任　夏志辉
副主任　胡忠华　朱　为
工会主席　步云祥

【航道基本情况】辖区航道 42 条,总里程 355.38 公里。其中三级航道 47.69 公里(苏南运河丹阳段 29.33 公里、丹金溧漕河丹阳段 18.36 公里),六级航道 54.07 公里(九曲河 27.85 公里、香草河 22.35 公里、新增新孟河 3.87 公里),七级航道 21.65 公里(常金北线 21.65 公里),等外级航道 235.84 公里。通航船闸 1 座(由丹阳市九曲河枢纽管理处建设管理养护)。

【年度工作概况】2022 年,京杭大运河全年船舶流量 223 076 万艘次,货物运输通过量 18 697.50 万吨;丹金溧漕河船舶流量 86 675 万艘次，货物运输通过量6 867.41万吨。

航道养护工程。完成苏南运河吕城段、香草河航道疏浚工程。苏南运河丹阳吕城段航道疏浚工程施工工段总长3 600米，按三级航道标准设计，疏浚总土方量20.75万立方米。香草河航道疏浚工程疏浚总土方量为0.7万立方米。

绿色航道。推进丹金溧漕河丹阳段绿化景观工程，全线共计17.7公里的岸坡，绿化总面积31万平方米，在珥陵集镇段以及桥位段等地，还打造景观节点；大运河航道服务中心大泊锚地全年船舶岸电用电量达4.5万多千瓦时，船舶800多艘次，降低燃油发电产生的污染物排放和噪音污染，为建设绿色航道发挥作用。

管理工作。制定年度安全生产工作要点，层层签订"三不伤害"安全公约、安全生产目标管理责任书，全面落实安全生产责任制；开展港航"大起底、大排查、大整治"行动，全力防范安全生产事故发生；重点开展元旦、春节、五一、国庆节期间安全检查及落实汛期各项安全防范措施，确保全市港航领域安全生产形势持续平稳。

党的建设。以习近平新时代中国特色社会主义思想为指导，推进基层党支部标准化建设，落实"三会一课"等组织生活制度，加强党内政治生活纪实管理；贯彻落实党的二十大会议精神，落实为民办实事项目，做好舆情处置和对外宣传工作。完善廉政风险防控网，签订年度党风廉政建设责任书、廉政承诺书；落实廉政约谈制度，对关键岗位、重要人员进行廉政谈话，开展节前廉政约谈提醒活动，层层传导压实责任；深化机关作风转变，主动作为加强与企业、业务单位党建共联，共同抗疫。

文明创建。大力打造"服务领航"航道服务品牌。依托大运河锚地服务中心，打造"运河驿站"服务品牌，发挥"民情值班室"、"党员先锋岗"、党员"船帮带"志愿者服务队作用，长期为过往船民提供船舶停靠、岸电接入、法制安全宣传、送医送药送健康等各类便民服务措施。特别是疫情期间，为船民送去蔬菜和大米，集中采买生活物资，安排核酸检测，解决各种困难，全力做好服务船民的"店小二"，赢得船民的一致好评。

（刘珠花）

句容市港航事业发展中心

【单位概况】 句容市港航事业发展中心位于句容市文昌东路句容市交通运输局办公楼三楼（邮编：212400，电话：0511-87300092），为市交通运输局所属单位，机构规格为副科级，经费渠道为全额拨款，核定编制10名。主要职责：参与编制港口、航道行业有关发展战略、发展规划；执行港口、航道建设实施计划，编制并监督实施港口、航道养护计划；负责全市内河港口、航道、通航船闸公用基础设施建设、维护和管理工作；承担船闸过闸费、航道赔（补）偿费的征收等事务性工作；负责内河航道标志标牌的设置和管理工作；负责航道网运行的监测、预警、信息服务工作；负责内河港口、航道绿色发展工作。内设科室3个：综合科、工程计划管理科、安全法制科。

主　任　王爱云

副主任　徐名冲

【航道基本情况】 辖区航道76.63公里，其中六级航道（句容河航道东门电站-赤山友谊桥）19.16公里，等外级航道57.47公里（秦淮中河航道后白农场-赤山湖10.58公里、秦淮南河航道李家桥-赤山湖10.35公里、赤山湖航道赤山闸-北河口-中河口-赤山湖口14.34公里、便民河航道桂花庄-长江江口5.2公里、大道河航道栏江桥-长江江口17公里）。

【年度工作概况】 2022年，完成大道河航道扫床和土方疏浚的航道日常养护工程，年度投资18万元。

管理工作。实施航道清障扫床4.8公里。学习贯彻习近平总书记关于安全生产重要讲话，制定安全专项整治活动实施方案，全年巡航12次，巡航里程480公里。完成桥梁通航安全风险隐患专项整治，安装桥梁助航标志，增设桥墩防撞设施。

党的建设。认真开展党史学习教育，继续巩固"不忘初心、牢记使命"主题教育成果，学习贯彻习近平新时代中国特色社会主义思想和党的二十大精神，继续推进党员"先锋亮绩、积分管理"考核,党员干部参与交通运输疫情防控查验工作。支部组织"学亚夫、做亚夫"、"书记讲党课""党史学习教育感悟体会说"、"参观句容农村第一党支部大支里支部"、文明城市建设支部与社区结对志愿服务、学雷锋、慈善捐赠和义务献血等多项活动。结合实际,明确廉政建设工作计划,签订党员责任书,下发党风廉政主体责任清单,加强党风廉政主体责任落实,进一步完善内部管理制度。

文明创建。加强干部职工的文明意识,认真做好文明城市责任路段志愿服务工作,开展结对帮扶,每季度走访茅山长城村困难群众家庭。

(马钰栋)

丹徒区港航事业发展中心

【单位概况】镇江市丹徒区港航事业发展中心位于镇江市京口区谏壁街道越河街44号(邮编:212006,电话:0511-83364929),是区交通运输局所属全额拨款事业单位,规格相当于副科级建制,核定编制14人。主要职责:参与编制港口、航道行业有关发展战略、发展规划;负责执行港口、航道建设实施计划,负责编制并监督实施港口、航道养护计划;负责全区港口、航道公用基础设施建设、维护和管理工作;承担航道赔(补)偿费的征收等事务性工作;负责全区辖区(不含长江)航道标志标牌的设置和管理工作;负责全区航道网运行的监测、预警、信息服务工作;承担港口、航道绿色发展工作。内设股室4个:综合科、规划养护科、安全环保科、港口航道科。

主　任　郑军林

党支部书记　殷国良

副主任　孟连杰　张建明

工会主席　汤昌兵

【航道基本情况】辖区航道总里程45.98公里。其中,三级航道(苏南运河丹徒段)10.26公里,七级航道18.53公里,等外级航道17.19公里。

【年度工作概况】2022年,完成高资河、通济河船舶碰撞桥梁隐患消除工作;开展自建房等既有建筑安全隐患排查整治工作,对存在安全隐患的自建房进行拆除,并对内侧围墙进行加固。疫情防控期间,坚守在苏南运河辛丰集镇段,阻止违规上岸的船民600多人次,上党镇疫情爆发后,组织开展上党镇4个进出口的查验工作,共检查车辆、行人约3 200余次。

航道赔(补)偿费征收。全年收取航道赔(补)偿费6.8万元。

管理工作。全年组织召开安全工作会议14次,组织各类安全检查50次,查出各类安全隐患9处,整改9处,整改率100%。

党的建设。学习党的二十大精神,开展"喜迎二十大,红心永向党"主题党日活动,在醒目位置设置宣传牌、悬挂横幅等进行宣传。开展"共建生态运河,共享绿色航道"党员志愿清理垃圾活动,共计清理边坡垃圾30立方米。疫情防控期间,党员干部以身作则,坚守在疫情防控一线,确保24小时在岗在位。推进主题党日活动、党员固定学习日、统一活动日、"先锋亮绩,积分管理"等制度,组织召开民主生活会、组织生活会和民主评议党员工作。落实发展党员五项制度,2人转为中共正式党员,并上报2023年入党积极分子1名。

(孙　涛)

泰州市港航事业发展中心

【单位概况】泰州市港航事业发展中心位于泰州市海陵区鼓楼南路301号(邮编:225300,电话:0523-86056300),为泰州市交通运输局所属公益一类全额拨款事业单位,规格相当于副处级。主要职责:参与编制港口、航道发展战略、发展规划、行业标准;负责港口、航道建设计划,组织实施航闸养护计划;负责指导和实施全市港口公用基础设施建设、航道船闸基础设施建设、维护和管理工作;负责航道赔(补)偿费征收和船舶过闸费征稽等工作;承担港口、航道的网络安全、信息化、绿色发展等工作;承担港口、航道行业技术交流、标准化等工作;承担港口、航道和船闸基础设施的安全管理和应急处置工作。内设科室11个:综合科、政工科、财务审计科、发展计划科、港口科、工程科、养护科、船闸运行科、科技信息科、安全机务科、锚泊调度科。下设分支机构5个：市区分中心、靖江分中心、泰兴分中心、兴化分中心、姜堰分中心。下属基层单位2个：江苏省周山河船闸管理所、江苏省口岸船闸管理所。

主　任　朱怀荣

副主任　杨亚东　王　晞　曹勤方

【**航道基本情况**】辖区航道总里程2 550.23公里，其中，三级航道178.16公里，四级航道9.42公里，五级航道25公里，六级航道203.3公里，七级航道458.31公里，等外级航道1 676.04公里。通航船闸2座。

【**年度工作概况**】基础设施建设。2022年，通扬线航道整治工程红旗大桥、京泰大桥、徐庄桥3座桥梁工程建成并通过交工验收，完成投资2 907万元，超年计划45.3%。

航道养护。实施通扬线兴化陈堡段护岸续建工程、建口线七号标改造提升工程、口岸船闸西侧导航墙加固工程、周山河船闸上游驳岸改造工程、船闸声学定向设备安装工程、泰州市港航中心指挥艇项目、泰州市部分桥区水域范围航道维护疏浚工程、南官河护岸加固工程（跨年）等8项航闸养护专项工程，完成投资5 142万元，投资同比增长19.7%。

船闸运行（过闸费征收）。两座船闸全年开放26 361闸次，货物通过量1 540万吨，过闸费收入1 276.8万元，减免过闸费319.2万元。

管理工作。全年累计开展隐患排查19次，查找问题330处，全部闭环整改；完成航道养护巡查1.86万公里、扫床2 705公里；制定《船闸安全运行操作规程口袋书》，明确船闸运行等11项安全操作规程，周山河、口岸船闸均完成一级达标创建任务；完成船舶碰撞桥梁隐患治理专项任务，牵头开展隐患治理综合协调工作，联合市效能办检查督查各地工作进度26次，印发《工作简报》《交办单》《提醒函》《工作督办单》等28份；完成桥梁隐患整改任务，累计完成纳入整治的398座桥梁的桥区隐患整改1 464项，投入治理资金1.35亿元；落实交通疫情防控管控责任，先后出动612人次，多线参与交通船闸、港口码头、火车站、高速公路、水路工地等防疫卡口一线，制定船闸防疫《工作指南》《应急方案》，累计核查10.7万过闸船舶轨迹，检查人数20万人次；实施等级以上航道里程碑百米桩建设，建成里程碑546块，百米桩4 855个。

绿色智慧航道。牵头制定全省"美丽船闸"评定标准，上争省级600万元建设资金，在周山河船闸试点建设江苏省首个美丽船闸。推进通扬线智慧航道示范项目建设，完成南官河28公里三维电子航道图及16座航标数字化改造等；184座桥梁安装主动预警装置，占全省整治桥梁的36%，节省资金1 800余万元；船闸阀门启闭机智慧监测系统技术攻关获国家发明专利。

党的建设。围绕"一支部一品牌"定位，打造"一室一屋一廊一馆"课堂阵地，建成周山河船闸党建集成示范点，探索顾野村城乡共建、南官河项目"红色先锋队"和"1+1互助小组"等党建新联盟；建设移动党建阵地，开展"船民共建一家亲"活动；制定《廉政风险手册》，签订廉政承诺书，层层传导廉政责任压力；用好"绿、黄、橙"三色支部巡查评定机制，周山河船闸管理所党支部被评定为绿色党支部，1名党员被评为全省交通运输行业青年建功标兵个人，4名党员被评为泰州市文明职工、优秀党务工作者及"我最喜爱的共产党员"，周山河船闸管理所党支部被授予"全省交通运输行业先进基层党组织"称号；实施"321品牌"创建工程，创建"泰美港航"文化品牌链。

（李爱荣　张　丛）

【**周山河船闸获1项国家实用新型专利**】6月10日，周山河船闸管理所"船闸丝杆启闭机闸门智慧监测系统"发明专利成功获国家知识产权局授权，并取得发明专利证书。周山河船闸闸阀门启闭机为滚珠丝杆类型，承受冲击力较差，易损坏；船闸多次发生因限位开关故障及水下障碍物使得阀门无法自动停机，导致阀门丝杆出现脱轨、损坏等问题。为提高船闸电气控制系统稳定性，2020年开始研发阀门进行异常动作的多重保护方案，并新增激光开度仪（具有行程及限位检测装置）、振动检测传感器及信息采集PLC控制箱，辅助摄像机等。经过一年多的实践检验，该工程通过交工验收。

【**"1号水路"建口线千垛段驳岸工程方案设计完成审查**】6月21日，兴化"1号水路"建口线千垛段驳岸工程方案设计完成审查。"1号水路"

建口线千垛段航道规划五级,项目规划设计驳岸位于下官河大桥绵延向北约15公里,设计驳岸总长约20公里。该项目将力争进入省专项库作为储备项目,通过省、地合作建设,建成后将大幅提升沿线航道旅游品质,打造出一条基于生态航道的水上精品游览线路。

【泰好通服务暖民心】江苏省周山河船闸始终坚持把服务船民放在首位,创新服务手段,提高服务水平,打造独具特色的"泰好通"服务品牌,让船闸区域成为船民的"暖心家"。在船闸售票大厅增设党员服务驿站,成立周山河船闸"泰好通"志愿服务队,为船民提供救援、设备急修、应急生活救助、订购车票、收发传真等服务,并联合物流平台为船民无偿联系配载业务,为困难船民免费修理小家电。截至2022年底,服务队累计为船员提供各项服务76次,其中维修小家电10次,船用甚高频调试、维修12套,手机软件安装、调试、密码重置等服务54次,得到船民的一致好评。

【通扬线泰州综合服务区工程可行性研究报告通过审查】10月13日,泰州市港航事业发展中心在泰州组织召开通扬线泰州综合服务区工程可行性研究报告专家审查会。泰州市发展改革委、泰州市自然资源和规划局、泰州市生态环境局、泰州市住房和城乡建设局、泰州市交通运输局、泰州市港航事业发展中心、泰州市海陵区人民政府、泰州市海陵区生态环境局、华设设计集团股份有限公司等单位代表及特邀专家参加会议。经与会人员及专家代表认真讨论研究,一致认为《通扬线泰州综合服务区工程可行性研究报告》文件基本完整,内容和深度达规范要求,可作为初步设计的依据。

【泰州首条"数字航道"项目设计方案通过省中心审查】11月23日,通扬线(泰州段)航道整治工程信息化工程施工图设计通过省中心审查。通扬线(泰州段)航道整治工程整治航道41公里,工程概算总投资21亿元,其中信息化工程建设概算金额791万元。信息化工程设计项目包含航道外场感知设备建设、供电及网络传输系统、机房和网络安全、指挥中心、配套软件等;同时,针对其他高等级航道信息化工程进行同期设计,包括泰州周山河、口岸船闸区域集中控制和联合调度等方案。通扬线(泰州段)将建成为泰州首条"数字航道",在此基础上,泰州港航将进一步完善干线航道智能感知体系建设,结合电子航道图管理系统,构建基于"一张网"的感知管理新格局,为全省干线航道网运行调度与监测服务体系提供可靠的数字支撑。

【泰州港航3个专项养护工程通过竣工验收】11月23日,泰州市港航事业发展中心组织召开南官河航道护岸加固工程、建口线7号标改造提升工程、周山河船闸上游护岸改造工程3个养护专项工程的竣工验收会议。在养护专项工

程中，泰州港航中心加强养护专项工程组织领导，一手抓防疫，一手抓养护工程推进，规范建设程序，强化施工管理，推广使用新材料新结构，如南官河航道护岸加固工程采用绿色生态草框结构，建口线7号标采用铝合金组合结构，施工快捷、环保，与周边环境协调友好。这些项目的建成，对打造泰州生态港航、美丽港航，助推泰州港航事业高质量发展发挥重要作用。

【**泰州市自然灾害综合风险水路承灾体普查项目风险分析及普查总结报告通过验收**】11月30日，泰州市港航事业发展中心以视频会议形式组织召开泰州市自然灾害综合风险水路承灾体普查项目风险分析及普查总结报告验收会。省交通运输厅港航事业发展中心、泰州市交通运输局、泰州市应急管理局、泰州市交通运输综合行政执法支队等单位的代表及特邀专家参加会议。与会专家及代表一致认为，泰州市自然灾害综合风险水路承灾体普查工作推进力度强，开展速度快，成果质量高，为全省后续的普查工作提供很好的经验，泰州市率开展航道、港口进行水路承灾体普查项目风险分析评估工作走在全省前列。

【**泰州港航在全省率先完成支线航道里程碑百米桩布设工程通过竣工验收**】12月13日，泰州市支线航道里程碑百米桩布设工程通过竣工验收。2021年完成省干线盐邵线、泰东线、连申线及市干线南官河等总长为118.31公里航道的里程碑百米桩建设试点，2022年投入166万元对419.61公里的支线航道全面布设。全年共建成里程碑546块，百米桩4 855个。同时在里程碑上配贴专属二维码，船民扫描二维码，就会显示航道名称、航道维护尺度等相关信息。当船舶发生突发情况时，船民根据里程碑、百米桩的位置信息即可第一时间获准确定位。里程碑、百米桩的建设完成，将提升泰州港航的综合服务能力，进一步规范完善绿色、安全、智慧治理体系，有力推动泰州港航精细化养护水平。

（李爱荣　张丛）

口岸船闸管理所

【**单位概况**】江苏省口岸船闸管理所位于泰州市医药高新区（高港区）通江路93号（邮编：225321，电话：0523-82103504），是泰州市交通运输局所属自收自支事业单位，副科级，原核定编制为56人，实际核定编制为55人，2022年在编人员33人，劳务派遣人员11人。主要职责：贯彻执行国家和省、市有关船闸的方针、政策，参与编制船闸有关发展战略、发展规划、行业标准；参与编制并负责执行船闸养护计划；承担船闸管辖范围内航道基础设施、标志标牌的维护和管理工作；承担过闸船舶的组织管理，船舶过闸费的征收、解缴工作；承担管辖范围内船闸基础设施的安全管理和应急处置工作。内设股室4个：办公室、政工股、财征股和运行养护股。设4个工班、航政艇以及保养组。

党支部书记、所长　袁学忠

副所长　侔　亮　唐复生

【**船闸基本情况**】口岸船闸位于泰州市高港区口岸街道西南，是南官河入江口门通航建筑物，Ⅴ级船闸标准，船闸规模140×16×3.0(米)，年设计通过能力为2 300万吨。上游设计最高通航水位4.9米，最低通航水位1.2米；下游设计最高通航水位5.95米，最低通航水位±0米，设计水头3米。闸门采用钢质三角门，阀门采用垂直升降钢质平板门，启闭机械使用液压直推式启闭，电气控制为有触点控制系统并设置集中手动控制。

【**年度工作概况**】基础设施建设。2022年，完成口岸船闸下游引航道西侧导航墙加固工程，工程于9月18日开工建设，12月29日竣工。通过监测发现，靠近船闸下闸首的西侧两节导航墙，产生向引航道内的水平位移(倾覆)现象，第三节导航墙有轻微位移的现象。口岸船闸下游引航道西侧导航墙加固工程，对倾斜的30.03米前三节导航墙采取加固处理措施，整体拆除第一、二节导航墙，对承载力不足的地基处理，新建导航墙；而对第三节导航墙，为减小其变形，拆除部分胸墙，新建重量更轻的胸墙。

船闸养护。全年计划经费195万元，其中一类经费71.5万元，二类经费123.5万元。水工建筑物例行保养每天1次，水工建筑物、助航设施和附属设施定期保养每月1次，水工建筑物沉降位移观测约每季度1次，引航道典型断面测绘每年2次。闸门、启闭机和电气设备例行保养每天1次，一级保养每月2次，二级保养每月1次，专业保养全年各1次；阀门例行保养每天1次。共完成二类小修10余项；沉降观测及水下固定断面测量项目、配电房自流坪楼地面等零星工程、船闸泵站更换新液压油、业务用房窗台板及内墙面涂料等零星工程、上游东侧阀门轨道清障、下游东侧阀门主侧滚轮更换等。船闸中修工程：完成安全生产一级达标门机电等外业部分、苏港航泰202阀门主侧滚轮及总成加工、靠船墩钢护面维修。

船闸运行(过闸费征收)。全年共开放15 670闸次，通过船舶38 390艘，总通过量为1 708万吨，其中货物通过量838万吨。征收过闸费585万元，减免船舶过闸费146万元。

管理工作。完成船闸单位安全生产标准化一级达标创建任务，全年共整改一般安全隐患8处，闭环处理12345政风热线转来投诉举报14起。设立口岸船闸"泰好通"品牌服务一站式服务点。完善安全生产制体系，开展"百日攻坚""安全生产大检查""船闸安全生产强化年""专项整治三年行动巩固提升""安全生产月"等专项活动，组织学习新《安全生产法》《江苏省水路交通运输条例》，每月按时召开安全领导小组会议和全体职工安全会议，全年开展安全教育培训12次；在9月、10月分别开展"船舶搁浅应急演练"和"防台专项应急预案桌面演练"；在重要时间节点，通过悬挂宣传横幅、张贴海报、发放宣传单和党员上船头讲解安全小知识等方式，提升过往船民的安全意识；在隐患排查治理工作中，通过日常排查、定期排查、专项排查等排查方式，共排查出一般安全隐患8处，排查整改率为100%。疫情防控期间，成立口岸船闸水上疫情防控核酸检测点，通过互加微信，发送双码的方式对船舶进行过闸登记检查，检查船舶20 175艘，核酸检测共8 447人。

党的建设。贯彻学习党的二十大报告精神和习近平新时代中国特色社会主义思想，开展"重温初心、强化宗旨、提升安全保障能力、促进文明服务"党日主题活动，全年进行党课教育3次；组织召开"习语共鸣"沙龙、"我分享"等活动；组织党史教育专题讲座、廉政教育讲座等6次，组织参观靖江渡江第一帆红色基地1次。落实从严治党主体责任，强化"一把手"责任担当，主体责任包含领导班子的集体责任、支部书记的第一责任、班子成员的"一岗双责"，年初支部与全体党员签订党风廉政建设责任清单，全年召开道德讲堂、"廉政廉洁"为主题的清风讲堂活动3次；落实交通运输局党组巡查提出的意见，整改完成15大类48小项。打造"主题党日+互联网"新阵地，实现线上线下相结合，提高党员参与率。开展关爱慰问送温暖系列活动,组织"学雷锋 志愿者在行动"为主题的志愿者服务活动。

(曹网林)

周山河船闸管理所

【单位概况】江苏省周山河船闸管理所位于泰州市医药高新区永定西路综合保税区南侧100米(邮编:225300,电话:0523-86842686),是公益类事业单位,副科级规格,核定编制48人,经费渠道为自收自支。主要职责:负责船闸的各项业务管理和维修保养工作;负责编报船闸年度计划;负责船闸修理工程的检查验收;负责船舶过闸的组织管理和过闸管理费的征收、解缴工作;负责定期检查、观测船闸技术状况和机电设备的运转情况。内设股室4个:办公室、运行养护股、政工股、财征股。

所　长　蒋　平
党支部书记　于　兴
副所长　王　忠　施　飚

【船闸基本情况】周山河船闸是在周山河水利套闸的基础上重新建造的,坐落于连接南官河与引江河的周山河上,上游距口岸船闸约19公里,下游距引江河船闸约12公里。船闸为Ⅴ级船闸,建设规模为160×18×3.5(米),设计通航船舶为300吨级(兼顾500吨级),年设计通过能力1713.7万吨。上游设计最高通航水位4.32米,最低通航水位1.22米;下游设计最高通航水位2.82米,最低通航水位0.52米,设计水头3.8米。闸室为钢筋混凝土整体结构,上下闸首为钢筋混凝土坞式结构,采用环形短廊道集中输水结合三角门门缝输水形式。闸门为钢质弧形三角门,阀门为钢质平板提升门,闸、阀门启闭机均采用滚珠丝杆启闭机。电气控制采用集中和分散控制系统。

【年度工作概况】船闸养护。2022年,完成船闸上游驳岸改造工程,9月24日开工,11月23日交工,养护专项工程经费185万元。全年完成运行维护经费投入195万元,其中中修工程经费投入110万元,共5项:船闸操作楼外立面改造工程,苏港航泰203艇中修,阀门主侧滚轮更换工程,船闸仓库改造工程,船闸电气设备整改工程。船闸运行维护费85万元:主要用于船闸动力照明,船闸整体位移沉降观测及引航道固定断面测量,船闸安全生产标准化一级达标,业务用房屋面防水重做,闸阀门、机械维修,办公楼空调维修。

船闸检修。全年完成一级保养36次,二级保养12次,水下检查3次,防雷检测1次,门库清淤1次,机电设备维修5次。

船闸运行(过闸费征收)。全年共开放10 691闸次,货物通过量702万吨,过闸费收入691.8万元。

管理工作。完成船闸安全生产批准化一级达标工作,全年组织安全检查15次,召开安全列会12次,排除安全隐患12处,春运期间发布气象信息9条,出动全员铲除积雪1次,进行人员落水应急演练1次。全年共开展安全教育培训学习9次。船闸下游右岸安装船舶垃圾污水废油收集装置。

党的建设。学习党风建设和反腐倡廉各项规定,开展党风廉政教育活动;坚持"江河通畅、船民至上"理念,紧紧围绕"抓党建促业务,抓业务强党建"工作思路,一手抓航闸基础设施建设、一手优化船闸管理。全力推进"把党员培养成业务带头人,把业务带头人培养成党员,把党员业务带头人培养成基层党组织带头人"的"三培养"工作。采取"走出去,请进来"的办法,对支部委员、政工干事、党员干部定期进行培训,选派2名党员赴市港航中心跟班学习,15名党员参加市级开展的各类党员干部培训。

文化建设。打造独具特色的"泰好通"服务品牌,让船闸区域成为船民的"暖心家"。提升服务驿站服务项目,不断完善便民利民措施,为过往船民提供便利服务。在11月被列为全省交通运输志愿服务标准化站点培育单位。

(许奕骏)

泰州市港航事业发展中心市区分中心

【单位概况】泰州市港航事业发展中心市区分中心位于泰州市海陵区青年南路459号(邮编:225300,电话:0523-86200366),是泰州市港航事业发展中心所属公益一类事业单位,规格相当于副科级,核定编制47人,经费渠道为自收自支。主要职责:贯彻执行国家和省、市有关航道的方针政策和法律法规;负责管辖范围内航道基础设施建设、养护和管理工作;负责管辖范围内航道标志标牌的设置和管理工作;承担管辖范围内航道赔(补)偿费征收工作;负责管辖范围航道信息化以及行业统计调查工作;承担管辖范围航道基础设施的安全管理和应急处置工作;承担管辖范围内航道安全评估前期工作。内设股室4个:综合股、安机股、养护股、科技信息股。

主　任　俞　佳

副书记　祁　晔　高志锋

【航道基本情况】辖区航道里程205.99公里,其中省干线泰东线(长江口门-采林桥)34.75公里、通扬线(姜堰徐庄-兴化祁沟)30.55公里、市干线南官河22.26公里、新通扬(引江河口-江都界)4.76公里、支线航道32条113.67公里,航标20座。

【年度工作概况】基础设施建设。2022年,推进南官河航道护岸加固工程项目管理工作,制定《南官河护岸加固工程管理办法》,配合施工单位协调解决与住建、水利、街道、村镇等单位的问题,按计划完成绿化工程施工。完成南官河寺巷工程组房屋维修工程项目的招投标工作,落实施工单位,并根据签报程序落实监理单位。

航道养护。利用多波束进行三级以上航道扫床1次。坚持勤上航、勤巡航,重大活动期间加大巡航密度和频率,全年累计巡航120天,共计4820公里。对辖区内16座航标每天安排专人进行遥测,发现问题及时维护,每月安排1次夜航查标,确保航标正常率达100%。航道通航条件影响评价符合性技术审查现场勘验4件。

航道赔(补)偿费征收。全年航道赔(补)偿费征收73.228万元。

管理工作。制定《港航事业发展中心市区分中心2022年度安全教育计划》,共召开安全教育、学习会议6次,制作安全宣传标语6幅,展板2块,完成苏港航泰101、301船艇的船舶检验证书年度更换工作、寺巷工程组水电项目和房屋安全检测前期工程、江苏省干线航道网基础设施安全状况调研工作、南官河寺巷工程组房屋维修工程项目1#～5#及配电房屋顶及门窗更换、进场道路铺设的安全工作、古马干河标牌群工程的开工报审程序。

党的建设。将党建引领作为推动港航事业发展的"红色引擎",实施"党建+"模式,聚力疫情防控、工程建设、航道养护、安全生产等重点工作,以高质量党建引领分中心港航事业"加速跑"。全面贯彻落实"三会一课"和固定学习日制度,组织学习二十大报告解读:《奋斗新的伟业》系列节目和《习近平在上海》《习近平在福州》《习近平经济思想学习纲要》《习近平谈治国理政》等系列文章。

(郭璟昱)

泰州市港航事业发展中心靖江分中心

【单位概况】泰州市港航事业发展中心靖江分中心位于靖江市航道路106号(邮编:214500,电话:0523-84832682),为全额拨款事业单位。主要职责:负责参与编制港口、航道建设计划;负责管辖范围内的港口、航道等基础设施的建设和养护工作。内设科室4个:综合股、科技信息股、安机股、工程养护股。

党支部书记、副主任　郑宇新

副主任　叶旭东

【航道基本情况】辖区航道共36条、310.92公里,等级航道8条共计122.27公里,其中三级航道1条5.56公里(焦港河),六级航道2条(规划四级航道)43.11公里(十圩港23.38公里、夏仕港19.73公里),七级航道5条73.6公里(新横港26公里、罗家桥港7.6公里、上六圩港16公里、下六圩港17公里、夹港7.0公里),等外级航道28条共计188.65公里。

【年度工作概况】航道养护。2022年,完成新横港(夹港-上六圩港段)疏浚工作,工程量9248立方米。对境内干线航道扫床2次,支线航道扫床1次,共计扫床285.63公里,辖区等级航道安全畅通。完成辖区内航道里程桩布设工作,以及夏仕港、焦港、十圩港的标志标牌设置工作,做好桥梁防碰撞专项整治工作,纳入隐患治理的84座通航跨航道桥梁悉数完成整改。

航道赔（补）偿费征收。全年航道赔（补）偿费征收20万元。

管理工作。加强航道巡查，全年累计巡航2 000余公里；加强对航标的实地巡查，每月航标实地巡查不低于2次，确保焦港示位标使用完好率100%。强化安全责任意识，把"1+3"安全监控工作体系纳入到年度安全生产目标考核工作中。坚持每月召开安全工作例会，开展"每月一课"活动，进行安全管理大讨论，组织安全知识测试；开展安全警示教育活动，组织职工观看安全主题宣教片4次；强化安全监督管理，开展航道工程建设和船艇设备等安全督查活动，完成泰港航103、303两艇的维修保养，开展常规性和突击性检查20次。落实疫情防控措施，组织购买消毒液等防疫物资，定期消杀，有2名党员参与泰州火车站疫情防控专班，2名党员支援社区疫情防控工作。

党的建设。强化政治理论学习，每月组织全体党员和职工开展一次集中学习活动和一次主题党日活动，并做到每月进行一次学习交流；组织党员运用"学习强国""先锋泰州"等学习平台，学习贯彻习近平新时代中国特色社会主义思想和党的二十大会议精神；严格落实三会一课制度，确保每季度举办1次支部书记讲党课活动。组织党员参观郑板桥纪念馆，东线第一帆渡江战役纪念馆。分中心与各股室签订党风廉政建设责任状，完善廉政风险防控措施和个人承诺。召开"党建+营商环境"专题讨论会，查摆存在的问题。每季度召开1次廉政会议，组织职工学习《廉政准则》《中国共产党纪律处分条例》，观看廉政视频。组织开展年度读书交流活动，要求全体职工读好1本书，完成1篇读书心得。开展"为爱西行·书香致远"图书捐赠活动，共向中西部地区捐赠书籍22本。开展"泰有爱·慈善一日捐"活动，共计捐款3 500元。

（刘璐莹）

泰州市港航事业发展中心泰兴分中心

【单位概况】泰州市港航事业发展中心泰兴分中心位于泰兴市南三环路99号（邮编：225400，电话：0523-87631082）。主要职责：承担辖区内航道养护、航道标志标牌设置等公益服务和事业发展的具体事务性工作，配合做好航道赔补偿费征收等工作。内设股室4个：综合股、安机股、养护股、科技信息股

主　任　徐曙辉

【航道基本情况】辖区航道总里程558.79公里。其中，六级航道75.21公里，七级航道218.02公里，等外级航道265.56公里。

【年度工作概况】航道养护。2022年，实施两泰官河与如泰运河交叉口疏浚项目，完成投资39.53万元；实施姜十线标志标牌项目，完成投资24.6万元；实施公务码头建设项目，完成投资57.2万元；实施两泰官河宣堡段2公里航道的应急疏浚项目，完成投资29.8万元。

航道赔（补）偿费征收。全年完成航道赔（补）偿费征收8.03万元。

管理工作。对辖区内航道进行清障扫床，全年扫床总里程449.47公里，对扫床发现的碍航物及时记录，有效地保证航道的安全畅通。对如泰运河、姜十线、古马干河等重点航道进行巡查，全年共计养护巡查6 230公里，其中包括扫床和河长办巡河里程。按照疫情防控要求，动员组织全体人员及时接种新冠疫苗，多次抽调人员参加泰州火车站的疫情防控。做好春运、汛前安全检查、"二十大"维稳、恶劣天气应对工作、"安全生产百日攻坚行动"等，管理好新型船艇，确保全年安全无事故。

党的建设。贯彻落实党的方针政策及习近平系列讲话精神，落实"三会一课"制度，围绕"唯实唯勤唯新　建新功当先锋"主题，开展"固定+特色"主题党日活动，加强廉政警示教育，强化规矩意识。

（曾永乐）

泰州市港航事业发展中心兴化分中心

【单位概况】泰州市港航事业发展中心兴化分中心位于兴化市昭阳街道板桥路215号（邮

编：225700，电话：0523-83213222），为下设分支机构，机构规格相当于副科级。主要职责：编制航道发展规划，组织实施建设养护计划；审批与通航有关的拦河、跨河、过河、临河建筑物的通航标准和技术要求；负责对辖区航道航标的设置、维护、管理；负责协商处理水资源综合利用中与航道有关的事宜；负责对辖区从事航道疏浚的社会工程船舶的施工监督；负责航道及航道设施的保护；负责损坏航道、占用航道赔（补）偿费的收取。内设股室4个：综合股、科技信息股、安全机务股、工程股。

主　任　姚俊祥

副主任　景安杰　姜于阒

【航道基本情况】辖区航道总里程959.99公里。其中，三级航道106.2公里，五级航道线31.42公里，六级航道87.34公里，七级航道246.23公里，等外级航道488.8公里。

【年度工作概况】基础设施建设。2022年，完成通扬线兴化陈堡段部分护岸工程，新建护岸长度2 000米，土方开挖29 938立方米、土方填筑23 867立方米、4米小木桩1 946根、6米钢筋混凝土方桩290根、8米钢筋混凝土方桩2 438根、仿木桩620根、混凝土（底板、墙身、压顶）6 922.44立方米等，投资1 156.731 2万元。完成建口线7号航标改建提升工程，主要包括：PHC400B钢筋混凝土管桩156米，16米塔形示位标1座，4 980×2 100米标志标牌1座，钢筋混凝土方桩400根，砼（底板、墙身、压顶）3 491立方米等，投资478.170 1万元。完成兴化市盐邵线航道疏浚工程，按三级航道标准进行疏浚，疏浚总长为120米，土方量为10 562.44立方米。

航道赔（补）偿费征收。全年完成航道赔（补）偿费征收5.16万元。

管理工作。完成全区六级以下航道的扫床工作，共计扫床里程991.61公里；完成建口线兴化周庄间隙式流量观测点3月、6月、8月、11月的交通流量调查统计工作。构建安全长效机制，每月按时召开安全例会；结合"安全生产月"，开展《安全生产法》等宣传活动；强化隐患排查力度，对站办公区域、码头、门面房、配电房、车船等进行全面检查，做到沉底盖边，不留死角。

党的建设。落实"三会一课"制度，组织党史学习教育，开展四史知识竞赛活动；开展固定党日主题活动，以《从党的百年历史中赓续共产党人的精神血脉》为题上好党课；学习《中国共产党章程》和《习近平谈治国理政》、泰州市"十条禁令"等，不定期开展党员学习交流大讨论。疫情防控期间，组织党员参加社区、高速卡口和泰州火车站防控检查；组织开展"慈善一日捐""喜迎二十大，我为货车司机献爱心"捐款活动。

(丁玉霞)

泰州市港航事业发展中心姜堰分中心

【单位概况】泰州市港航事业发展中心姜堰分中心位于姜堰区上海路9号（邮编：225500，电话：0523-88815039），机构规格相当于副科级。主要职责：承担辖区内航道养护、航道标志标牌设置等公益服务和事业发展的具体事务性工作，配合做好航道赔偿补偿费征收等工作。内设股室4个：综合股、工程养护股、安全机务股、科技信息股。

党支部书记、副主任　黄晓祥（主持工作）

副主任　罗文林

【航道基本情况】辖区航道总里程507.24公里。其中，三级航道41.24公里，四级航道22.75公里，六级航道49.34公里，七级航道77.81公里，等外级航道316.1公里。

【年度工作概况】航道养护。2022年，协助完成泰东河专项工程测量和工程设计相关工作，为后期的工程项目提供数据资料。完成年度航道扫床工作，共计扫床里程567.98公里。

管理工作。推进通扬线（姜堰点）、泰东河（溱潼点）的流量观测，统计分析数据，按时上报相关资料。做到安全工作常态化，全年来先后召开安全例会14次，组织安全学习14次、安全谈话12次，制作安全宣传标语（条幅）3幅、标牌6块。组织开展"安全生产月"、"夏季安全百日赛"、春运安全、防汛安全等安全专项活动，全年组织安全检查16次，隐患排查8次，隐患整改4处，隐患整改率100%。结合夏季防汛、冬季防寒工作的要求,对库存的防汛防寒物资进行补充供给。

党的建设。坚持"三会一课"制度,以学习二十大精神为主题,强化党员政治意识,用"微宣讲""互问答""比笔记"的形式深化学习方式。立足于每月25日的固定党员学习日,结合每月实际,专门定制学习方案,谋划特色主题,3月以"雷锋精神在我身边"为主题,4月以"缅怀先烈、铭记党史、坚定初心"为主题,7月以"党旗面前践承诺"为主题,10月以"祖国我想对你说"为主题,探索党员学习的新途径、新载体,让固定日学习有特色。

(孙 琛)

宿迁市港航事业发展中心

【单位概况】宿迁市港航事业发展中心位于宿迁市宿城区洪泽湖路151号(邮编:223800,电话:0527-84355064),是宿迁市交通运输局所属公益一类事业单位,规格相当于副处级,核定编制55人,经费渠道为全额拨款。主要职责:参与编制港口、航道行业有关发展战略、发展规划、行业标准;参与编制并负责执行港口、航道建设、养护计划;负责指导和实施全市港口公用基础设施建设、维护和管理工作;负责全市航道(不含京杭运河)、市交通运输部门所属通航船闸的建设管理、养护工作;负责航道标志标牌的设置和管理工作;负责全省航道网(宿迁部分)运行的监测、预警、信息服务和技术支持工作;承担全市交通运输部门所属船闸船舶过闸费、航道赔(补)偿费的征收工作;承担港口、航道绿色发展工作;承担港口、航道的网络安全、信息化以及行业统计、信息调查工作;承担港口公用基础设施和航道、船闸基础设施的安全管理和应急处置工作;承担市区航道及其设施的运行及维护管理工作,承担水上船舶服务区的管理工作;承担有关行政审批前的符合性技术审查工作。内设科室10个:综合科、政工科、发展计划科、科技信息科、财务审计科、安全运行科、港口业务科、航道养护科、工程建设科、船闸事务科,均为副科级。下属基层单位6个,分别是成子河船闸、古泊河船闸、大柳巷船闸、沭阳县港航事业中心、泗阳县港航事业发展中心、泗洪县港航事业发展中心。

主　任　贾　锋

副主任　侍孝通　马成刚(10月任)　王东英　徐　雷(1—9月)　傅　饶

【航道基本情况】宿迁市共有航道35条(不含京杭运河),航道总里程869.51公里,其中,三级航道1段,总里程32.79公里;五级航道5段,总里程139.8公里;六级航道6段,总里程245.19公里;七级航道9段,总里程197.63公里;等外级航道17段,总里程254.1公里。配布航标79座,其中,侧面标59座,示位标11座,左右通航标5座,横流标4座。配置工作船艇11艘,其中指挥艇1艘,航标艇3艘,航政艇6艘,排挡艇1艘。主要航道有京杭运河、淮沭新河、徐洪河、洪泽湖西南线、洪泽湖西线、洪泽湖北线等。

【年度工作概况】基础设施建设。2022年,高效推进宿连航道工程建设,全年完成投资9.571亿元,完成陆运河船闸交工验收、军屯河枢纽船闸及闸站工程主体、沭新河南船闸工程船闸主体等。推进京杭运河(宿迁段)绿色现代航运综合整治工程,完成投资4 152万元,航道疏浚项目、刘老涧船闸公路桥改造工程、宿迁城镇段生态提升工程按照计划有序推进,3个标段施工监理单位均已进场,完成驻地建设。

航道船闸养护。续建南圩河航道整治工程(三期)、洪泽湖西线泗洪城区段航道整治工程(三期)完成全部工程量。全年对34条航道开展2次清障扫床及水下地形扫测工作,扫床里程达1 260公里。开展船舶碰撞桥梁隐患治理专项治理,全面完成桥区水域维护、通航秩序管理、桥梁隐患整治,全市七级以上航道80座跨航桥梁桥梁防碰撞预警装置安装到位。

船闸运行(过闸费征收)。全年3座船闸开放7 047闸次,放行船舶15 279艘,船舶通过量1 715.91万吨,货物通过量699.69万吨,征收过闸费536.4万元。

管理工作。各船闸践行服务承诺制,不断优化提升船舶ETC便捷过闸系统,实现船舶远程不见面登记缴纳、提前预约过闸、全天候智能放闸。开展"四个年"、"两保一强"、"我为群众办实事"和船闸优质服务品牌创建等活动,进一步提升服务质量和水平。结合"安全生产强化年"、"安全生产大检查"、"百日攻坚",以及"防汛防台"等专项行动,开展春节等节前专项安全督查,排查安全隐患。全年共计排查整改隐患问题371个,保障安全形势的持续稳定。

智慧发展。推进智慧航道项目建设,建成宿连航道"智慧工地"指挥中心,实现对"人机料"等全方位实时监控。推进航道智慧化管理,采取现代科技含量的多波束声呐测量船进行航道清障扫床工作,全市869公里范围内航道已实现全覆盖,更新全市航标遥感遥测平台,采取物联网技术对全市75座遥控遥测航标进行日常监测。投资150万元,开展船舶北斗电子导航系统建设和推广使用,覆盖到全市281公里航道,实现洪泽湖湖区航道全覆盖。

党的建设。围绕中国共产党成立100周年、中华人民共和国成立73周年等重大历史节点,组织系列庆祝和纪念活动;聚焦"十四五"期间港航发展规划、"永远跟党走"主题、建团"100周年"、"强国复兴有我"等群众性主题宣传教育活动,精心组织系列主题宣传。

文化建设。开展"321"品牌创建工程,以船闸为创建对象,开展"一支部一品牌"活动,打造服务优、效益好、群众满意度高的港航服务品牌。打造"西楚红帆·水运先锋"总品牌,宿连航道打造"红色宿连 匠心航道"党建品牌,成子河船闸深化"五心船闸"品牌创建,大柳巷船闸深化"心服务 船万家"品牌创建,古泊河船闸打造"永葆初'星''虞'你同航"品牌,机关党支部深化"红帆传承 书润港航"品牌创建,通过打造核心品牌实现港航文化建设,树立港航的整体形象。建设"园林式船闸",开展京杭运河现代绿色航运建设,向人民群众展现绿色智慧的水运通道,努力打造出自然景观和工作环境相融合的和谐美景。

(庄行远 臧昊 贺炳元)

【宿连航道"智慧工地"投入使用】4月26日,宿连航道"智慧工地"指挥中心展示厅通过验收,"智慧工地"正式投入使用。"智慧工地"综合运用移动应用、物联网、云计算和大数据等技术,围绕人员、机械、物料、环境等关键要素,建立信息智能采集、管理高效协同、数据科学分析、过程智慧预测的施工现场立体化信息模型,打通从一线操作到远程监管的数据链条,降低施工现场管理成本,逐步实现绿色建造、生态建造和智慧建造。"智慧工地"指挥中心展示厅包括"党建展板""智慧工地""科技示范""平安工地""品质工程"等功能板块,展厅系统具备一屏连线工作组、一点连线施工场地功能,对完善宿连航道信息化体系,助力宿连航道智慧化发展有着重要意义,为宿连航道智慧工地建设提供可靠直观的保障。

(马翔宇)

【宿迁完成支线航道论证初步研究工作】根据省厅《关于组织开展支线航道定级论证研究工作的指导意见》的通知要求和工作部署,5月,宿迁开展《宿迁市支线航道定级论证研究》征求意见工作,江苏省交通运输厅港航事业发展中心、宿迁市县(区)交通运输局、宿迁市县(区)港航事业发展中心和报告编制单位华设设计集团股份有限公司参加论证研究,并形成中期成果。

(刘亚斌)

【宿连航道(京杭运河-盐河段)二期工程宿迁段航道整治工程可行性研究报告通过审查】2022年6月22日,省发展改革委、省交通运输厅组织召开宿连航道(京杭运河-盐河段)二期工程宿迁段航道整治工程可行性研究报告审查会。与会专家、代表听取工程可行性研究单位的汇报,经认真评审讨论,一致同意该项目工程可行性研究报告通过审查。宿连航道(京杭运河-盐河段)二期工程宿迁段是江苏省干线航道网络规划的干线航道。项目位于宿迁市沭阳县,整治航道里程约42.3公里,规划等级为三级,共改建桥梁7座。

(胡学辉)

【宿连航道二期宿迁段取得项目用地预审和选址意见书】6月30日,宿连航道(京杭运河-盐河段)二期工程宿迁段航道整治取得项目用地预审和选址意见书,是继该工程可行性研究报告通过审查的又一重大利好消息,为年内开工建设奠定坚实的基础。

(刘亚斌)

【宿连航道二期宿迁段航道整治工程可行性研究报告获批】7月29日,宿连航道(京杭运河-盐河段)二期工程宿迁段航道整治工程可行性研究报告获省发改委批复。根据《江苏省干线航道网规划（2017—2035年）》，同意宿连航道（京杭运河-盐河段）二期工程宿迁段按三级标准建设，项目投资估算为41.5亿元。航道全长124.1公里，按三级标准建设，是苏北腹地连接连云港港口，实现海河联运的重要水运通道。该项目分二期实施，其中一期工程已于2020年6月开工建设，至今已累计完成投资22.18亿元，占总投资的34.46%；二期工程6月相继获自然资源部用地预审、省发改省厅工可审查和取得项目用地预审和选址意见书，7月29日获工可批复。

（庄行远）

【宿连航道二期暨京杭运河宿迁段综合整治工程开工动员会召开】10月9日，江苏省交通运输和宿迁市人民政府在宿迁联合召开宿连航道二期暨京杭运河宿迁段综合整治工程开工动员会议。江苏省交通运输厅党组书记、厅长、省铁路办主任吴永宏，宿迁市委副书记、市长陈忠伟等出席开工动员会议并讲话。宿连航道二期工程，是国家、省、市水运发展规划中的重大基础设施项目，是全省干线航道网"两纵五横"布局中"最北一横"的重要组成部分。项目起自沭新河南船闸下游，沿淮沭新河向北，向东接入古泊河，止于古泊河宿迁和连云港市界，整治里程42.3公里，总投资41.5亿元，计划2025年建成通航。同步开工建设的京杭运河宿迁段综合整治工程全长110.16公里，总投资5.25亿元，重点实施护岸生态化提升工程、护坡生态修复工程、航标和桥梁提升工程等，计划2024年全面完工。

（庄行远）

【宿迁市船舶碰撞桥梁隐患治理专项行动完成隐患清零】宿迁各县区船舶碰撞桥梁隐患治理专项领导小组及市船舶碰撞桥梁隐患专项治理各专项工作组已对各自辖区航道内桥梁开展航道安全风险隐患排查。截至10月7日，按清单化销号管理要求，全面完成隐患清零。列入治理范围的航道共涉及航段38段，总里程约827.67公里（包括京杭运河宿迁段），跨河桥梁共有108座。

（王宝泉）

【宿迁市陆运河船闸工程通过交工验收】12月16日，交工验收委员会在察看工程现场，听取工程建设、设计、施工和监理单位的工作报告、工程档案、堤防工程的验收意见以及工程质量的核验意见，并审阅有关资料后，一致认为宿迁市陆运河船闸工程各项指标符合设计及规范要求，质量等级评定为合格，同意通过交工验收。工程项目总投资为48 550万元。项目建成后，对于宿迁市借道出海，构建运输网络，发挥京杭运河水运资源优势，有效利用岸线资源，构建生态示范区等方面作用重大、效益明显。

（乔 星）

成子河船闸管理处

【单位概况】成子河船闸管理处位于泗阳县众兴镇（邮编：223700，电话：0527-85188107），成立于2015年。主要职责：加强对船闸的管理和养护，确保船闸安全、畅通，发挥船闸的作用，更好地为过闸船舶和水运事业服务；负责船舶过闸组织调度，待闸锚地管理，船闸运行与维护管理和过闸管理费的征收工作。内设股室4个：政秘股、财务股、运调股、养护股，运调股下设2个工班。船闸现有33人，其中事业编制24人。

主任、党支部书记　乔　星（1—11月）
翟　东（12月任）
副主任　朱文华
党支部副书记　秦思军

【船闸基本情况】成子河船闸按Ⅴ级标准设计，船闸规模180×18×4（米），设计最大通航船舶为500吨级，年设计通过能力823万吨。上游设计最高通航水位16.83米，最低通航水位14.83米；下游设计最高通航水位14.33米，最低通航水位11.33米，最大水级差5.5米。闸首、闸室为整体坞式结构，闸门为钢质人字门，阀门为钢质平板门提升门，启闭机均采用液压直推式启闭机，电气控制为有触点控制系统，并设置步进式程序控制、集中手动控制和各机房分散点动控制三种方式。

【年度工作概况】养护工作。2022年，制定《成子河船闸设施设备维修管理制度》，规范开展船闸液压启闭机等设备维修养护工作，解决船闸上游右侧闸门发生无法正常入库以及无线模块接收装置运行不正常的问题。

船闸运行(过闸费征收)。全年共开放5 834个闸次,放行船舶7 920艘次,船舶通过量1 618万吨,货物通过量643.21万吨。征收过闸费500.17万元。

管理工作。全年召开安全会议13次,安全教育培训5次,悬挂安全宣传横幅18条,宣传栏4个,印刷安全标语3条,制作警示标牌16块;开展过闸船舶安全隐患检查70余次,纠正船舶不当过闸行为20余起;开展"安全生产月""安全隐患大排查""冬季安全生产专项治理活动""百日攻坚行动""安全生产强化年"等专项活动,利用横幅、电子屏以及宣传画册等方式宣传安全知识;修订应急预案,针对火灾、落水、船舶漏水搁浅等特有险情开展针对性演练,储备充足应急物资;常态化、经常性开展安全检查,对检查中发现的问题立即下发整改通知书,限期整改。疫情防控期间,对需进入船闸管辖区域的外来人员测量体温,检查健康码、防疫行程卡等有关信息并做好记录,公共区域和办公场所做好消毒通风、卫生清洁等防疫措施,主动联系当地疫情防控人员上门采样。

党的建设。召开廉政、意识形态等党员学习教育19次,主题党日活动12次,支部党员大会5次,支部书记讲党课3次,总支委员上党课1次,党小组学习12次;围绕"廉洁交通"建设开展廉洁文化"六上六进"活动,在办公场所、办公桌面、闸室等设置廉洁文化展板及台签20余个。全年共开展廉洁警示教育5次、廉文学习4次,批评教育4人次;组织开展"作风整顿月"活动以及纪律作风集中专项整顿活动,不断夯实作风建设工作;持续深化"五心船闸"服务品牌建设,"爱心驿站"获第二批全省交通运输志愿服务标准化站点。

(刘 威)

大柳巷船闸管理处

【单位概况】大柳巷船闸管理处位于苏皖交界处的泗洪县双沟镇境内(邮编:223900,电话:0527-86752259),成立于2012年5月,主要职责:加强对船闸的管理和养护,确保船闸安全、畅通;负责船舶过闸组织调度,待闸锚地管理,船闸运行与维护管理;负责过闸管理费的征收工作。内设股室4个:政秘股、财务股、运调股、养护股,运调股下设3个工班、1个机电班。在编人员16人。

主任、党支部书记　施道银
副主任　冯翰宇
副书记　宋开蹒

【船闸基本情况】大柳巷船闸按Ⅴ级船闸标准设计,船闸规模130×18×4(米),年设计通过能力1 253万吨;上游设计最高通航水位16米,最低通航水位11.5米;下游设计最高通航水位15.5米,最低通航水位11.5米,正向最大水位差1.5米,反向最大水位差为1米;闸门为钢质三角门,采用门缝输水系统,启闭机均采用滚珠丝杆式启闭机,电气控制为有触点控制系统,并设置步进式程序控制、集中手动控制和各机房分散点动控制三种方式。

【年度工作概况】2022年,邀请专业机构对船闸开展专业检测保养及维护,船闸电气改造QC小组获2022年度省交通企业协会优秀质量管理小组称号。

船闸运行(过闸费征收)。全年共开放716个闸次,放行船舶843艘,船舶通过量71万吨,货物通过量43万吨,征收过闸费24.37万元。

管理工作。全年共组织安全月度例行检查12次,节假日安全检查6次,开展专项检查8次。安全培训12次,悬挂安全宣传横幅40条,散发宣传单页800余份。采取定期检查和不定期检查相结合、例行检查和专项检查相结合等方式,加强船闸的安全检查,共检查出一般安全隐患1处,已经整改到位。完成"安全生产大检查""冬春火灾防控""春运及疫情防控""安全生产月"等专项活动,"安全生产月"活动期间开展"突发火灾应急演练";邀请泗洪"蓝盾救援队"培训船闸应急救援队伍;通过省中心安全生产标准化一级达标抽查;推进智慧船闸建设,承担内河船舶助导航系统推广工作,全年共安装124艘船舶;编制船闸运行调度方案,规范船闸运行调度管理。疫情防控期间,严格执行24小时值班和领导带班制度,与属地疫情防控卡口开展联防联控,安排人员参加宿迁市交通运输疫情检疫站点值班。

党的建设。落实"三会一课"制度,全年召开党员大会4次,支委会13次,党小组会12次,上党课5次。开展"四个年"活动,确定每周固定学习日,加强党员思想教育;开展江苏港航"321"品牌创建工程;承办市局"传承红色基因 赓续红色血脉"道德讲堂活动,提升自身素质和行业文明形象;举办"船闸开放日"活动,展现船闸风采;实施"书记项目",增强过往船民的幸福感、获得感;春节、国庆等关键时间节点开展廉政教育,做好廉洁文化"六上六进"工作,强化廉政意识。

(陈 凯)

古泊河船闸管理处

【单位概况】古泊河船闸管理处位于沭阳县桑墟镇境内(邮编:223600,电话:0527-87872733),为副科级事业单位,核定编制人员25名,经费来源为全额拨款。主要职责:负责船舶过闸组织调度,待闸锚地管理,船闸运行与维护管理和过闸管理费的征收工作。内设机构4个:财务股、政秘股、运行调度股、工程养护股。现有职工23人(在编人员18人、合同制人员3人、劳务派遣2人)。

主　任　徐　磊
党支部书记、副主任　季东兴(1—8月)
党支部书记　翟　润(9月任)
副主任　高　辉

【船闸基本情况】古泊河船闸按Ⅴ级标准设计,船闸规模180×23×4(米),年设计通过能力为3 464万吨,设计通航最大船舶为300吨级(兼顾500吨级)。上下游靠船段均为180米,船闸承受单向水头,最大设计水头6.69米,输水系统采用闸首短廊道集中输水的形式。上下闸首工作闸门均采用人字闸门,阀门为平板提升门,闸阀门启闭机均采用液压直推式启闭机。

【年度工作概况】2022年,共开展船闸机电设备日常巡检330余次、专项养护检查36次、一级养护36次、二级养护12次、定期养护12次、电气专业养护4次、闸阀门水下检查1次、水工建筑物防雷检测1次。2022年古泊河船闸先后完成船闸液压油更换、绿化维护提升等专项养护项目,解决船闸液压启闭机密封圈老化渗油、加油机压力表老化损坏等问题。

船闸运行(过闸费征收)。全年船闸共开放497闸次,过闸船舶455艘,过闸货物量12.91万吨,共征收过闸费11.85万元。

管理工作。层层签订安全生产责任书,全年共召开月度安全会议12次、安全隐患巡查18次、组织安全培训7次、应急演练2次(防汛堵漏实战演练1次、人员落水桌面推演1次)。对接第三方专业机构,开展《宿迁市古泊河船闸管理处运行方案编制》《宿迁市古泊河船闸管理处应急预案修编》《人字门错位识别系统》等项目。落实"二十大"期间船闸安全生产工作等系列专项治理工作。制定《宿迁市古泊河船闸管理处职工绩效考核办法》。

党的建设。通过开展廉政警示教育片、廉政文件学习,重点岗位人员谈心谈话,有效地保障船闸党风廉政工作落到实处,全年共召开党小组会议12次、支委会会议12次、党员大会9次,开展党员活动日12次、支部书记上党课4次。明确党支部委员分工,确定入党分子1人次,接收预备党员1人次。执行民主集中制,落实"三重一大"集体决策、规范办事程序,凡重大事项一律经支部班子集体讨论决定。

(陶 然)

泗洪县港航事业发展中心

【单位概况】泗洪县港航事业发展中心位于泗洪县长江东路5号(邮编:223900,电话:0527-80821212),机构规格相当于副科级,性质为自收自支事业单位。主要职责:贯彻执行国家和省、市有关港口、航道的方针、政策、法律、法规,参与编制并承担执行港口、航道建设计划,承担编制并监督实施港口、航道养护计划;承担所属通航船闸的养护工作;承担航道标志标牌的设置和维护工作;承担港口、航道绿色发展工作;承担港口、航道的网络安全、信息化以及行业统计、信息调查工作;承担港口公用基础设施和航道、船闸基础设施的安全和应急处置工作;承担水路运输事业发展工作;承担有关行政审批前的符合性技术审查工作。内设科室4个：办公室、信息保障科、港口调度科、工程养护科。现有在编人员23人。

党支部书记、副主任　杨毕军（主持工作）
党支部委员　石　磊　陈宜举　陆玉超

【航道基本情况】辖区航道总里程439.98公里，其中，三级航道8.49公里，五级航道130.95公里，六级航道77.73公里，七级航道114.71公里，等外级航道108.1公里，通航船闸3座（大柳巷船闸、泗洪船闸、濉河船闸），航标48座。

【年度工作概况】养护工程。2022年，洪泽湖西线泗洪城区段航道整治工程完成疏浚里程6.7公里，疏浚土方25.7万立方米，投资810万元。南圩河航道整治工程完成疏浚里程2.927公里，疏浚土方23.7万立方米，投资800万元。洪泽湖西南线航道湖区段航标维修加固工程于6月25日开工，7月25日完工。洪泽湖北线10座浮标除锈打漆及标体变形修复工程于10月19日开工，12月7日完工。

管理工作。全年对徐洪河航道、洪泽湖西线航道、洪泽湖北线航道、洪泽湖西南线航道、柳巷河航道、怀洪新河航道等进行巡航检查，巡查里程7 200余公里。完成徐洪河、洪泽湖北线、洪泽湖西南线、洪泽湖西线等航道的断面测量；做好航道流量观测，在洪泽湖农场观测点，采取间隙式观测方式，对船舶流量情况进行观测并做好相关记录，及时将数据录入计算机数据库。完成48座航标设备更换为航标遥测物联网卡和新的遥测设备的升级改造项目；定期对辖区内航标进行上航检查维护，航标巡航12天，巡航里程2 448公里，更换航标灯器5个，对洪泽湖北线1、3、4、5号4座移位浮标进行复位。完成船舶碰撞桥梁隐患治理专项整治工作，共新安装7座桥梁防船舶碰撞主动预警装置。疫情防控期间，组织人员在高速梅花出口，与卫健和公安部门设立疫情防控联合查验点，经过9个月的连续奋战，完成疫情防控工作。

航道赔（补）偿费征收。全年征收航道赔（补）偿费20.6万元。

党的建设。开展党支部标准化建设；开展"四个年"活动（项目建设攻坚年、改革创新突破年、执法服务规范年、党建融合强基年）；规范党内组织生活。一年来，推进支部党的政治理论知识学习教育制度化、常态化。坚持周五政治理论学习，集中学习《习近平治国理政（第四卷）》、党的二十大精神等；规范组织生活制度，严格执行党的组织生活各项制度，严明政治纪律和组织纪律，落实三会一课制度，支部党员大会、支委会、党小组会按时召开，上党课4次，开展党员活动日暨主题党日11次。组织"我家学堂"宣讲活动、"强国复兴有我"群众性主题宣传教育等活动。发挥党员先锋模范作用，支部13名在职党员全部到居住小区报到并参加"创建文明小区党员承诺先行"活动。

（陈利利）

泗阳县港航事业发展中心

【单位概况】泗阳县港航事业发展中心位于泗阳县长春西路8号（邮编：223700，电话：0527-80628911），是泗阳县交通运输局所属公益一类事业单位，机构规格相当于副科级，主要职责：贯彻执行国家、省、市有关航道、港口建设、养护、管理的法律法规、方针政策和通航技术标准；负责对所辖航道及航道设施养护和建设以及港口码头经营许可等行业管理；编制航道发展规划，拟订航道技术等级，组织实施建设、养护计划；按航道等级、权限等负责与通航有关的临、跨、过河设施许可审批审查工作；负责航道赔（补）偿费征收；负责发布内河航道通告；负责对本辖区从事航道疏浚打捞的社会工程船舶的管理；依法实施航道行政处罚工作。内设机构3个：综合科、港口业务科、航道养护科（工程建设科），事业编制16名。

主　任　刘治国
副主任　张延昆　朱　江

【航道基本情况】辖区航道总里程122.03公里（不包括47.5公里京杭运河），其中，三级航道21.82公里，六级航道12.15公里，七级航道28.36公里，等外级航道59.7公里。航标13座，通航船闸1座。

【年度工作概况】基础设施建设。2022年，完成泗阳县成子河航道桥区水域疏浚工程,疏浚范围为成子河航道 330 省道桥、迎湖桥、宿淮盐高速桥、二里桥、意杨大道桥上游 340 米和下游 170 米,疏浚土方共 58 195.94 立方米,疏浚标准为Ⅲ级航道标准,航道底宽 45.0 米、设计水深 3.2 米、底标高 8.13 米,项目费用约 300 万元,工程于 1 月开始,3 月完工。推进泗阳县洪泽湖北线湖区段航道疏浚三期工程,疏浚范围全长约 2 公里,疏浚土方约 10 万立方米,疏浚标准为Ⅲ级航道标准,航道底宽 45.0 米、设计水深 3.20 米、底标高 8.13 米,设计边坡为 1∶3,项目费用约 400 万元,工程于 2022 年 11 月开工。

管理工作。根据年初制定的航标巡查维护计划,对洪泽湖北线、淮沭新河、高松河 3 条航道航标进行巡查维护,确保辖区航标处于良好的运行状态,全年累计维护智能一体化航标灯 3 盏、遥控遥测设施 4 套、清洁标体承台 10 座。编报航道扫床报告,开展辖区洪泽湖北线北段、淮沭新河等 5 条航道的清障扫床工作,全年开展航道清障扫床 2 次,扫床里程 184.36 公里。开展"安全生产月""安全生产专项整治"等活动,全年开展安全培训 4 次,开展航标应急抢险演练 1 次,重点抓好船舶碰撞桥梁隐患整治专项行动,完成境内等级航道上 13 座跨航桥梁通航安全风险及抗撞性能综合风险评估工作、干线航道桥区水域疏浚工程,分期实施跨航桥梁主动预警装置项目。

党的建设。开展机关作风建设,严格执行请销假、年休假等制度,规范公务用车、公务接待、公务采购等相关措施,确保机关作风建设落到实处。开展文明志愿者服务和结对共建小区活动,做好文明单位和文明行业创建活动。

(王刘敏)

沭阳县港航事业发展中心

【单位概况】沭阳县港航事业发展中心位于沭阳县康平路 2 号建设大厦 10 楼(邮编:223600,电话:0527-83902513),机构级别为副科级,核定事业编制 24 名。主要职责:贯彻执行国家和省、市有关港口、航道的方针、政策、法律、法规,参与编制并承担执行港口、航道建设计划,承担编制并监督实施港口、航道养护计划;承担航道标志标牌的设置和维护工作;承担港口、航道绿色发展工作;承担港口、航道的网络安全、信息化以及行业统计、信息调查工作;承担港口公用基础设施和航道基础设施的安全和应急处置工作;承担水路运输事业发展工作;承担有关行政审批前的符合性技术审查工作;负责全县航道赔(补)偿费的征收等工作。内设科室 6 个:办公室(法制工作科)、发展计划科(科技信息科)、安全运行科(运输事务科)、港口管理科、航道养护科、工程管理科。

主　任　张　军
党支部书记　丁学刚
副主任　袁孝堂　姜海涛　朱　江

【航道基本情况】辖区航道总里程 215.6 公里,其中,六级航道 114 公里,七级航道 54.6 公里,等外级航道 47 公里,航标 9 座。

【年度工作概况】航道养护。2022 年,开展航道清障扫床 2 次,扫床里程 374 公里,维护航标 432 座次,9 座航标正常率均达 99% 以上。完成淮沭新河沭阳辖区王庄弯段侧面标、港口示位标、沭阳闸处侧面标共 3 座航标的航标遥测遥控终端改造工作,将老旧灯器更换为具有遥测遥控功能的一体化物联网航标灯器,实行全天候 24 小时实时监控。完成船舶碰撞桥梁隐患专项整治工作,全年共完成境内 31 座桥梁防碰撞主动预警装置安装工程。

航道赔(补)偿费征收。全年航道赔(补)偿费征收 20 万元。

党的建设。组织各项党支部活动,组织党员干部持续深入学习习近平新时代中国特色社会主义思想,开展二十大会议精神学习宣传。全年党支部共开展"主题党日"12 次,党员志愿服务活动 9 次,支部党员大会 4 次,专题党课 4 次,党风廉政教育 5 次。

(司丹璐)

荣誉

一、国家、省、部级先进集体和个人名录

2022年度国家、省、部级先进集体和个人汇总表

获奖时间	称号	授奖单位	获奖单位(个人)
2022.04	"五一"劳动奖	江苏省总工会	宜兴市交通建设集团有限公司(通扬线高邮段航道整治工程参建单位)
2022.04	"五一"劳动奖	江苏省总工会	南京市航道事业发展中心
2022.04	"五一"劳动奖	江苏省总工会	曹定维
2022.04	"工人先锋号"	江苏省总工会	秦淮河航道整治工程现场
2022.01	2019—2021年度江苏省文明单位	江苏省精神文明建设指导委员会	江苏省港航事业发展中心
2022.01	2019—2021年度江苏省文明单位	江苏省精神文明建设指导委员会	苏北航务管理处、扬州航务中心、淮安航务中心、宿迁航务中心、徐州航务中心、京杭运河江苏省船闸应急保障中心
2022.11	2020—2022年度全国交通运输行业精神文明建设先进集体	江苏省精神文明建设指导委员会	南京市航道事业发展中心
2022.01	2019—2021年度江苏省文明单位	江苏省精神文明建设指导委员会	无锡市港航事业发展中心
2022.01	2019—2021年度江苏省文明单位	江苏省精神文明建设指导委员会	徐州市港航事业发展中心
2022.01	2019—2021年度江苏省文明单位	江苏省精神文明建设指导委员会	常州市港航事业发展中心
2022.01	2019—2021年度江苏省文明单位	江苏省精神文明建设指导委员会	苏州市港航事业发展中心
2022.01	2019—2021年度江苏省文明单位	江苏省精神文明建设指导委员会	南通市港航事业发展中心
2022.01	2019—2021年度江苏省文明单位	江苏省精神文明建设指导委员会	连云港市港航事业发展中心、连云港市善后河枢纽船闸管理所、连云港市盐灌船闸管理所、连云港市新沂河枢纽船闸管理所
2022.01	2019—2021年度江苏省文明单位	江苏省精神文明建设指导委员会	盐城市港航事业发展中心、盐城市港航事业发展中心大丰中心、盐城市港航事业发展中心建湖中心、盐城市港航事业发展中心刘庄船闸管理所

科技进步奖、优质工程奖等获奖

获奖时间	项目	称号	授奖单位	获奖单位
2022.12	自主运行少人值守智能化船闸关键技术研究与应用	2022年度"中国水运建设行业协会科学技术奖"一等奖	中国水运建设行业协会	南京市航道事业发展中心
2022.08	大跨径系杆拱桥整体顶升关键技术	科学技术奖三等奖	中国公路学会	常州市港航事业发展中心
2022.07	芜申线(高溧段)航道整治工程桥梁施工项目河定大桥(WSXGL-SG-QL6标段)	第十五届"中国钢结构金奖"	中国建筑金属结构协会	常州市港航事业发展中心
2022.12	杨林塘杨林船闸工程	2022—2023年度第一批水运交通优质工程奖	中国水运建设行业协会	苏州市水运工程建设指挥部
2022.01	通扬线运东船闸扩容工程通航安全关键技术研究与应用	科技技术奖三等奖	中国水运建设行业协会	扬州市航道管理处

(续表)

获奖时间	项目	称号	授奖单位	获奖单位
2022.09	BIM技术在京杭运河施桥船闸至长江口门段航道整治工程施工阶段中的综合应用	"交通BIM工程创新奖"特等奖	中国公路学会	京杭运河施桥船闸至长江口门段航道整治工程项目管理办公室
2022.12	航道建设工程智慧工地示范应用研究	2022年度"中国水运建设行业协会科学技术奖"二等奖	中国水运建设行业协会	扬州市港航事业发展中心、扬州市通扬线高邮段航道整治工程项目管理办公室
2022.12	内河航道整体装配式挡墙应用研究	2022年度"中国水运建设行业协会科学技术奖"三等奖	中国水运建设行业协会	扬州市通扬线高邮段航道整治工程项目管理办公室
2022.12	通扬线运东船闸扩容工程	2022—2023年度第一批水运交通优质工程奖	中国水运建设行业协会	扬州市港航事业发展中心
2022.04	京杭运河苏北段养护管理现代化关键技术研究	科技进步二等奖	中国水运建设行业协会	苏北航务管理处

品牌、宣传活动等其他获奖

获奖时间	项目	称号	授奖单位	获奖单位
2022.11		网站信息工作先进单位	中国航海学会船闸专业委员会	苏北航务管理处
2022.12	"运河卫士"服务品牌	第四届交通运输优秀文化品牌推选活动"成长力文化品牌"	中国交通报社、中国交通报刊协会	苏北航务管理处徐州航务中心
2022.12	喜迎二十大交通运输行业明星船闸推选宣传活动	优秀组织奖	中国交通报社和中国交通报刊协会	苏北航务管理处
2022.12	水下卫士保障先锋——让党旗高高飘扬在航闸应急保障阵地上	交通运输行业基层党建创新案例——行政事业类十佳案例	中国交通报社	京杭运河江苏省船闸应急保障中心第二党支部
2022.12	金坛智航QC小组、"武进航标灯"QC小组	优秀质量管理小组	中国交通企业管理协会	常州市金坛区港航事业发展中心、常州市武进区港航事业发展中心
2022.07	2020—2021年度全国"安康杯"竞赛	先进集体—优胜班组	中华全国总工会、应急管理部、国家卫生健康委员会	江苏省刘庄船闸管理所
2022.12		2020—2021年度全国交通运输行业文明单位文明示范窗口	交通运输部	江苏省刘庄船闸管理所
2022.12		2022年度全国交通运输文化建设优秀单位	中国交通企业管理协会	江苏省刘庄船闸管理所
2022.12		2022年度全国交通运输文化建设卓越单位	中国交通企业管理协会	盐城市港航事业发展中心
2022.12	第四届交通运输"成长力文化品牌"		中国交通报社、中国交通报刊协会	盐城市港航事业发展中心"航韵港湾"文化品牌
2022.12		2022年度全国交通运输文化建设卓越单位	中国交通企业管理协会	扬州航务中心
2022.12		全国"交通运输行业十佳明星船闸"	中国交通报社和中国交通报刊协会	扬州航务中心邵伯船闸、淮安航务中心淮阴船闸
2022.12		"交通运输行业明星船闸入围"	中国交通报社和中国交通报刊协会	扬州航务中心施桥船闸

(续表)

获奖时间	项目	称号	授奖单位	获奖单位
2022.12		"绿色船闸""文化船闸"	中国交通报社和中国交通报刊协会	扬州航务中心邵伯船闸
2022.12		全国"交通运输行业十佳明星船闸"	中国交通报社和中国交通报刊协会	江苏省谏壁船闸管理所
2022.12		优秀质量管理小组	中国交通企业管理协会	宿连航道
2022.12		2022年江苏省优秀质量管理小组	江苏省质量管理协会	宿连航道

二、厅、市级先进集体和个人名录

2022年度厅、市级先进集体汇总表

获奖时间	称号	授奖单位	获奖单位
2022.05	全省交通运输行业青年建功标兵团队—厅港航事业发展中心港航先锋队	江苏省交通运输行业党委	江苏省交通运输厅港航事业发展中心办公室
2022.01	2021年度全省交通运输现代化示范区建设先锋队暨党建引领"四个在前"标兵党支部	江苏省交通运输行业党委	江苏省交通运输厅港航事业发展中心第一党支部
2022.04	2022年苏州市工人先锋号	苏州市总工会	苏州市港航事业发展中心
2022.04	2022年苏州市工人先锋号	苏州市总工会	苏州市水运工程建设指挥部项目办
2022.05	全省交通运输行业青年建功标兵团队	江苏省交通运输行业党委	苏州市水运工程建设指挥部
2022.01	盐城市五一劳动奖状	盐城市总工会	盐城市港航事业发展中心
2022.05	全省交通运输行业青年建功标兵团队	江苏省交通运输行业党委	苏北航务管理处京杭运河绿色现代航运综合整治工程（江北段）工作组、扬州航务中心施桥船闸"引航桥"志愿者服务站、徐州航务中心徐州航道管理站徐州航政管理大队、船闸应急保障中心航道检测部
2022.05	2022年度交通运输现代化示范区建设先锋队重点培育对象	江苏省交通运输行业党委	苏北航务管理处机关第四党支部、船闸应急保障中心第二党支部
2022.05	"争当表率、争做示范、走在前列"三大光荣使命先进集体	中共南京市委	南京市航道事业发展中心
2022.06	全省交通运输行业先进基层党组织	江苏省交通运输行业党委	无锡市港航事业发展中心党总支
2022.06	全省交通运输行业先进基层党组织	江苏省交通运输行业党委	徐州市蔺家坝船闸管理所党支部
2022.08	2020—2021年度全省交通运输行业省级青年文明号	江苏省交通运输厅、共青团江苏省委	徐州航道管理站
2022.06	全省交通运输行业先进基层党组织	江苏省交通运输行业党委	常州市金坛区港航事业发展中心党支部
2022.06	全省交通运输行业先进基层党组织	江苏省交通运输行业党委	南通市港航事业发展中心
2022.08	2020—2021年度全省交通运输行业省级青年文明号	江苏省交通运输厅、共青团江苏省委	焦港船闸"E通航"服务组
2022.01	2021年度全省交通运输现代化示范区建设先锋队暨党建引领"四个在前"标兵党支部	江苏省交通运输行业党委	连云港市善后河枢纽船闸管理所党支部

(续表)

获奖时间	称号	授奖单位	获奖单位
2022.01	2021年度全省交通运输现代化示范区建设先锋队暨党建引领"四个在前"标兵党支部	江苏省交通运输行业党委	连云港市善后河枢纽船闸管理所党支部
2022.08	2020—2021年度全省交通运输行业省级青年文明号	江苏省交通运输厅、共青团江苏省委	连云港市善后河枢纽船闸管理所机电养护小组
2022.08	2020—2021年度全省交通运输行业省级青年文明号	江苏省交通运输厅、共青团江苏省委	连云港市善后河枢纽船闸管理所机电养护小组
2022.06	全省交通运输行业先进基层党组织	江苏省交通运输行业党委	淮安航务中心第三党支部
2022.01	全省交通运输志愿服务标准化站点	江苏省交通运输厅	江苏省刘庄船闸管理所
2022.06	全省交通运输行业先进基层党组织	江苏省交通运输行业党委	盐城市港航事业发展中心机关第二党支部
2022.08	2020—2021年度全省交通运输行业省级青年文明号	江苏省交通运输厅、共青团江苏省委	江苏省刘庄船闸管理所（360E捷通服务班组）
2022.01	2021年度江苏交通巾帼文明岗	江苏省交通运输厅、省妇联	扬州航务中心邵伯船闸上游远调站女子工班
2022.01	2021年度全省交通运输现代化示范区建设先锋队暨党建引领"四个在前"标兵党支部	江苏省交通运输行业党委	扬州航务中心第三党支部（邵伯船闸管理所党支部）、宿迁航务中心第三党支部（刘老涧船闸管理所党支部）
2022.01	全省交通运输现代化示范区建设先锋队暨党建引领"四个在前"标兵党支部	江苏省交通运输行业党委	扬州市京杭运河施桥船闸至长江口门段航道整治工程项目临时党支部
2022.05	全省交通运输行业青年建功标兵团队	江苏省交通运输行业学党委	扬州船闸应急保障中心生技股
2022.06	全省交通运输行业先进基层党支部	江苏省交通运输行业党委	宝应船闸运行中心党支部
2022.08	2020—2021年度全省交通运输行业省级青年文明号	江苏省交通运输厅、共青团江苏省委	扬州船闸应急保障中心生技股
2022.05	全省交通运输行业青年建功标兵团队	江苏省交通运输行业党委	镇江市港航事业发展中心
2022.08	2020—2021年度全省交通运输行业省级青年文明号	江苏省交通运输厅、共青团江苏省委	江苏省谏壁船闸管理所
2022.01	全省交通运输现代化示范区建设先锋队暨党建引领"四个在前"标兵党支部	江苏省交通运输行业党委	成子河党支部
2022.04	省级机关五四红旗团支部	共青团江苏省省级机关工作委员会	宿迁航务中心宿迁船闸团支部
2022.07	2020—2021年度全省交通运输行业省级青年文明号	江苏省交通运输厅、共青团江苏省委	宿迁航务中心刘老涧船闸总调室、宿迁船闸总调室、徐州航务中心徐州航道管理站徐州航政管理大队
2022.06	全省交通运输行业先进基层党组织	江苏省交通运输行业党委	宿迁市港航事业发展中心机关党支部
2022.08	2020—2021年度全省交通运输行业省级青年文明号	江苏省交通运输厅、共青团江苏省委	宿迁市成子河船闸管理处运调工班

2022年度厅、市级先进个人汇总表

获奖时间	称号	授奖单位	先进个人
2022.06	2022年度江苏交通巾帼建功标兵	江苏省交通运输厅	董万红

(续表)

获奖时间	称号	授奖单位	先进个人
2022.05	全省交通运输行业青年建功标兵个人	江苏省交通运输行业党委	陈列
2022.06	全省交通运输行业优秀党务工作者	江苏省交通运输行业党委	田玲
2022.08	2020—2021年度江苏省青年岗位能手	江苏省交通运输厅、共青团江苏省委	陈泉潮、黄彬彬
2022.08	2022年度江苏省交通运输行业"高层次领军人才培养计划"第二层次培养对象	江苏省交通运输厅	聂琴
2022.08	2020—2021年度江苏省青年岗位能手	江苏省交通运输厅、共青团江苏省委	王江
2022.08	2022年度江苏省交通运输行业"高层次领军人才培养计划"第二层次培养对象	江苏省交通运输厅	赵冲
2022.01	第三届"江苏交通工匠"	江苏省交通运输厅	颜廷雪
2022.11	2022年度"江苏省交通技术能手"	江苏省交通运输厅	蒋俊
2022.11	2022年度"江苏省交通技术能手"	江苏省交通运输厅	陈小五
2022.02	江苏省交通运输厅2021年度政务信息工作先进个人	江苏省交通运输厅	朱康甜
2022.01	2021年度全省交通运输现代化示范区建设擎旗手暨党建引领"四个在前"标兵个人	江苏省交通运输行业党委	刘开宝、瞿丽明
2022.01	全省交通运输现代化示范区建设擎旗手暨党建引领"四个在前"标兵个人	江苏省交通运输行业党委	金明东
2022.01	第三届"江苏交通工匠"	江苏省交通运输厅	王淮
2022.01	2021年度全省交通运输现代化示范区建设擎旗手暨党建引领"四个在前"标兵个人	江苏省交通运输行业党委	赵冲、徐渲
2022.04	2020—2021年度全省交通运输行业优秀工会工作者	江苏省交通运输厅工会	张士权
2022.05	全省交通运输行业青年建功标兵个人	江苏省交通运输行业党委	茅竞、胡晓雯、许晓婧
2022.05	2022年度"交通运输现代化示范区建设擎旗手"培育对象	江苏省交通运输行业党委	计卫华、张波
2022.05	2022年度"交通运输现代化示范区建设擎旗手"培育对象	江苏省交通运输行业党委	李栋祥
2022.05	全国普法与依法治理创新案例	中共江苏省委、江苏省人民政府	焦明慧
2022.06	全省交通运输行业优秀党务工作者	江苏省交通运输行业党委	陈学军
2022.06	全省交通运输行业优秀党务工作者	江苏省交通运输行业党委	丁冉
2022.06	全省交通运输行业优秀党务工作者	江苏省交通运输行业党委	徐龙辉
2022.06	全省交通运输行业优秀党务工作者	江苏省交通运输行业党委	孙海燕
2022.06	全省交通运输行业优秀党务工作者	江苏省交通运输行业党委	吴呈盛
2022.06	全省交通运输行业优秀共产党员	江苏省交通运输行业党委	徐业庄
2022.05	全省交通运输行业青年建功标兵个人	江苏省交通运输行业党委	史丹
2022	"我为群众办实事"先进个人、党史学习教育信息宣传先进个人	江苏省交通运输厅党组、江苏省交通运输厅	李琼
2022.04	优秀共青团员	共青团江苏省省级机关工作委员会	张谦
2022.12	江苏省打好污染防治攻坚战先进个人	江苏省生态环境厅、江苏省人力资源和社会保障厅	陈航
2022.12	江苏省打好污染防治攻坚战先进个人	江苏省生态环境厅、江苏省人力资源和社会保障厅	李小敏
2022.02	2020—2021年度苏州市"五一巾帼标兵"	苏州市总工会	黄海鸥

(续表)

获奖时间	称号	授奖单位	先进个人
2022.02	"争当表率、争做示范、走在前列"排头兵先进个人	中共南通市委	陈旭
2022.03	第八届扬州市职工十大先进操作法	扬州市总工会、扬州市科学技术局、扬州市工业和信息化局、扬州市人力资源和社会保障局	王鹏
2022.06	扬州市产业科创名城建设先进个人	中共扬州市委、扬州市人民政府	李强

科技进步奖、优质工程奖等获奖

获奖时间	项目	称号	授奖单位	获奖单位
2022.03	锡澄运河新夏港船闸工程	江苏省优质工程奖"扬子杯"	江苏省住房和城乡建设厅	无锡市锡澄运三级航道整治工程建设指挥部办公室
2022.01	魏村枢纽扩容改建工程	2021年度江苏省公路水运工程平安工地建设省级"示范工程"	江苏省交通运输厅	常州市三级航道网整治工程建设指挥部办公室
2022.12	魏村枢纽扩容改建工程	2022年度江苏省公路水运工程平安工地建设省级"示范工程"	江苏省交通运输厅	常州市三级航道网整治工程建设指挥部办公室
2022.12	芜申线溧阳城区航道整治工程			常州市三级航道网整治工程建设指挥部办公室
2022.01	通扬线通吕运河段航道整治工程	2021年度江苏省公路水运平安工地建设省级"示范工程"	江苏省交通运输厅	南通市江海河联运项目建设指挥部
2022.12	申张线青阳港段航道整治工程	2022年度江苏省公路水运平安工地建设省级"示范工程"	江苏省交通运输厅	昆山市水运工程建设指挥部办公室
2022.12	南通市通扬线航道整治一期工程	2022年度江苏省公路水运平安工地建设省级"示范工程"	江苏省交通运输厅	南通市江海河联运项目建设指挥部
2022.12	南通港通州湾港区三港池1#~3#码头工程			南通港集团建设投资有限公司
2022.01	京杭运河施桥船闸至长江口门段航道整治工程	2021年度全省公路水运工程平安工地建设省级"示范工程"	江苏省交通运输厅	京杭运河施桥船闸至长江口门段航道整治工程项目管理办公室
2022.01	通扬线高邮段航道整治工程(航道项目)			扬州市通扬线高邮段航道整治工程项目管理办公室
2022.01	宿连航道(京杭运河至盐河段)整治工程一期工程			宿连航道整治工程一期工程建设指挥部
2022.01	连云港港30万吨级航道二期工程徐圩航道疏浚工程			连云港港30万吨级航道建设指挥

品牌、宣传活动等其他获奖

获奖时间	称号	授奖单位	获奖单位
2022.12	2022年江苏省港口叉车司机职业技能竞赛突出贡献奖	江苏省交通运输厅、江苏省总工会	江苏省交通运输厅港航事业发展中心
2022.12	《以党建引领苏北运河航运转型提升》被表彰为"优秀党建案例三等奖"	江苏省交通运输厅	苏北航务管理处机关第四党支部

(续表)

获奖时间	称号	授奖单位	获奖单位
2022.12	《开展京杭运河通航水域船舶信用一体化项目》《以党建引领　激发船闸大修新活力》《强化党建聚合力　"两保一强"创佳绩》《把党建优势转化为发展动力》被表彰为"优秀党建案例优秀奖"	江苏省交通运输厅	苏北航务管理处党委、徐州航务中心党委淮安航务中心党委宿迁航务中心第三党支部
2022.04	优秀质量管理小组	江苏省交通企业协会	玉带船闸QC小组
2022.08	2021年南京市职工宣传思想文化创新项目	南京市总工会	秦淮河船闸(水运学堂)
2022.11	2021年度南京市优秀职工阅读组织	南京市总工会	下坝船闸
2022.05	徐州市模范职工之家	徐州市总工会	徐州市港航事业发展中心工会委员会
2022.11	"职工书屋示范点"	江苏省总工会、江苏省全民阅读活动领导小组办公室	徐州航务中心
2022.04	优秀质量管理小组	江苏省交通企业协会	太仓杨林船闸管理处
2022.04	优秀质量管理小组	江苏省交通企业协会	江苏省虞山船闸管理处
2022.04	优秀质量管理小组	江苏省交通企业协会	昆山市港航事业发展中心
2022.04	优秀质量管理小组	江苏省交通企业协会	苏州市港航事业发展中心
2022.05	"交通强省"重点工程劳动竞赛优秀组织单位	江苏省交通运输厅	苏州市港航事业发展中心
2022.01	江苏省交通运输行业技能大师工作室	江苏省交通运输厅	海安船闸运行中心徐慧铖机电工作室
2022.04	优秀质量管理小组	江苏省交通企业协会	南通船闸、九圩港船闸、海安船闸
2022.05	"交通强省"重点工程劳动竞赛优秀集体	江苏省交通运输厅	南通市江海河联运项目建设指挥部
2022.04	优秀质量管理小组	江苏省交通企业协会	连云港市善后河枢纽船闸管理所
2022.04	优秀质量管理小组	江苏省交通企业协会	连云港市善后河枢纽船闸管理所
2022.12	《"五强四融合"工作法》被表彰为"省交通运输厅党支部先进工作法二等奖"	江苏省交通运输厅机关党委	淮安航务中心第三党支部
2022.12	《"4+"工作法》被表彰为"省交通运输厅党支部先进工作法三等奖"	江苏省交通运输厅机关党委	扬州航务中心第三党支部
2022.01	盐城市十佳模范职工之家	盐城市总工会	盐城市港航事业发展中心
2022.03	2020—2021年度全省交通运输行业模范职工之家	江苏省交通运输厅	盐城市港航事业发展中心阜宁中心工会委员会
2022.03	"引航桥"青年志愿服务站"点亮运河"大运河保护志愿服务项目被表彰为第六届江苏志愿服务展示交流会"优秀项目"	中共江苏省委宣传部、江苏省文明办、江苏省民政厅、共青团江苏省委	扬州航务中心施桥船闸
2022.03	2021年度全省交通运输行业优秀党建品牌——"江河交汇党旗红"品牌	江苏省交通运输厅	扬州市京杭运河施桥口门段航道整治工程临时党支部
2022.03	2020—2021年度全省交通运输行业模范职工小家	江苏省交通运输厅	扬州市江都区航道管理站分工会委员会

(续表)

获奖时间	称号	授奖单位	获奖单位
2022.04	优秀质量管理小组	江苏省交通企业协会	京杭运河施桥船闸至长江口门段航道整治工程"铁军"QC小组、京杭运河施桥船闸至长江口门段航道整治工程"青山绿水"QC小组、京杭运河施桥船闸至长江口门段航道整治工程中交天航QC小组
2022.12	"绿色船闸""文化船闸"2个单项奖	中国交通报社和中国交通报刊协会	扬州航务中心邵伯船闸(工程)
2022.12	《党建引领聚合力,奋楫扬帆争先锋》被表彰为"省交通运输厅优秀党建案例二等奖"	江苏省交通运输厅	扬州航务中心第二党支部
2022.03	2021年度全省交通运输行业优秀党建品牌	江苏省交通运输厅	成子河党支部
2022.03	2020—2021年度全省交通运输行业模范职工小家	江苏省交通运输厅	成子河船闸管理处工会委员会
2022.04	优秀质量管理小组	江苏省交通企业协会	宿连航道、大柳巷、成子河
2022.05	"交通强省"重点工程劳动竞赛优秀组织单位、江苏省工人先锋号	江苏省交通运输厅	宿连航道
2022.04	优秀质量管理小组	江苏省交通企业协会	宿连航道
2022.08	全省港航系统优秀QC成果推广项目	江苏省交通运输厅港航事业发展中心	常州市港航事业发展中心"管桩水上沉淀定位导向架的研制"

重要文件选编

【交通运输部文件】

1. 交通运输部,交规划发〔2022〕99号,水运"十四五"发展规划,2022年1月;

2. 交通运输部,交规划发〔2022〕110号,交通运输部 国家发展改革委关于印发《长江干线港口布局及港口岸线保护利用规划》的通知,2022年11月;

3. 交通运输部,交规划发〔2021〕104号,交通运输部关于印发《绿色交通"十四五"发展规划》的通知,2022年1月;

4. 交通运输部,交科技发〔2022〕11号,交通运输部 科学技术部关于印发《交通领域科技创新中长期发展规划纲要（2021—2035年）》的通知,2022年3月;

5. 交通运输部,公告第82号,交通运输部关于发布《自动化集装箱码头设计规范》(JTS/T 174—2019)等4项现行水运工程建设行业标准英文版的公告,2022年1月;

6. 交通运输部,公告第1号,交通运输部关于发布《内河航道信息交换标准》的公告,2022年1月;

7. 交通运输部,公告第3号,交通运输部关于发布《内河数字航道建设工程质量检验标准》的公告;

8. 交通运输部,公告第2号,交通运输部关于发布《内河数字航道工程建设技术规范》的公告,2022年1月;

9. 交通运输部,2022第13号,交通运输部关于发布《港口干散货封闭式料仓工艺设计规范》的公告,2022年2月;

10. 交通运输部,2021年第81号,交通运输部关于发布《水运工程生态保护修复与景观设计指南》的公告,2022年2月;

11. 交通运输部,2022第30号,交通运输部关于发布《船厂水工工程施工规范》的公告,2022年5月;

12. 交通运输部,2022第31号,交通运输部关于发布《水运工程大体积混凝土温度裂缝控制技术规范》的公告,2022年5月;

13. 交通运输部,2022第29号,交通运输部关于发布《水运工程机制砂混凝土应用技术规范》的公告,2022年5月;

14. 交通运输部,2022第28号,交通运输部关于发布《港口作业机械能耗监测技术规范》的公告,2022年6月;

15. 交通运输部,2022第41号,交通运输部关于发布《内河航道公共服务信息发布指南》的公告,2022年8月;

16. 交通运输部,2022第48号,交通运输部关于发布《港口与航道水文规范》局部修订的公告,2022年9月;

17. 交通运输部,交办科技〔2022〕52号,交通运输部办公厅关于印发《综合交通运输标准体系(2022年)》的通知,2022年9月;

18. 交通运输部,2022第51号,交通运输部关于发布《水运工程建设行业标准管理规程》的公告,2022年9月;

19. 交通运输部,交科技发〔2022〕97号,交通运输部 国家标准化管理委员会关于印发《交通运输智慧物流标准体系建设指南》的通知,2022年10月;

20. 交通运输部,公告2022第60号,交通运输部关于发布《港口与航道工程设计风险评估指南》的公告,2022年11月;

21. 交通运输部,2022第65号,交通运输部关于发布《水运工程桩基设计规范》的公告,2022年12月;

22. 交通运输部,交办科技〔2022〕82号,交通运输部办公厅关于印发《交通运输安全应急标准体系(2022年)》的通知,2022年12月。

【江苏省政府文件】

1. 江苏省人民政府,苏政发〔2022〕8号,省政府关于加快建立健全绿色低碳循环发展经济体系的实施意见,2022年1月;

2. 江苏省人民政府,苏政发〔2022〕38号,省政府印发关于推进江苏自贸试验区贸易投资便利化改革创新若干措施的通知,2022年3月;

3. 江苏省人民政府办公厅,苏政办函〔2022〕14号,省政府办公厅关于印发江苏省港口危化品事故应急预案和江苏省处置城市轨道交通运营突发事件应急预案的通知,2022年3月。

4. 江苏省人民政府办公厅,苏政办发〔2022〕49号,省政府办公厅关于印发江苏省推进多式联运发展优化调整运输结构行动计划(2022—2025年)的通知,2022年6月;

5. 江苏省人民政府办公厅,苏政办发〔2022〕40号,省政府办公厅印发关于促进内外贸一体化

发展若干措施的通知,2022年6月;

6. 江苏省人民政府办公厅,苏政办发〔2022〕53号,省政府办公厅印发关于进一步提升全省船舶与海工装备产业竞争力若干政策措施的通知,2022年7月;

7. 江苏省人民政府办公厅,苏政办发〔2022〕55号,省政府办公厅印发关于推动外贸保稳提质若干措施的通知,2022年7月;

8. 江苏省人民政府办公厅,苏政办发〔2022〕69号,省政府办公厅关于印发江苏省推进数字贸易加快发展若干措施的通知,2022年9月。

【江苏省交通运输厅文件】

1. 江苏省交通运输厅,苏交计〔2022〕29号,江苏省交通运输厅2022年推进交通强国建设试点工作的指导意见,2022年3月;

2. 江苏省交通运输厅,苏交港航〔2022〕9号,省交通运输厅关于印发《江苏省航道赔(补)偿标准》(2022年修订版)的通知,2022年4月;

3. 江苏省交通运输厅,苏交技〔2022〕7号,省交通运输厅关于印发《江苏数字交通发展三年行动计划(2022—2024年)》的通知,2022年5月;

4. 江苏省交通运输厅,苏交办〔2022〕23号,江苏省交通建设项目档案监督指导管理办法(试行),2022年7月;

5. 江苏省交通运输厅,苏交港〔2022〕5号,省交通运输厅关于印发《江苏省智慧港口建设行动方案(2022—2025年)》的通知,2022年7月;

6. 江苏省交通运输厅,苏交建〔2022〕2号,江苏交通优质工程(优秀设计)评审规则,2022年8月;

7. 江苏省交通运输厅,苏环办〔2022〕258号,省交通运输厅《江苏省港口与船舶大气污染防治工作方案》,2022年8月;

8. 江苏省交通运输厅,苏港管委〔2022〕2号,省港口管理委员会印发《关于进一步推动港口岸线资源集约高效利用的指导意见》的通知,2022年9月;

9. 江苏省交通运输厅,苏交技〔2022〕10号,省交通运输厅 省市场监督管理局关于加强交通运输标准化工作的意见,2022年9月;

10. 江苏省交通运输厅,苏交计〔2022〕102号《关于加强沿海和内河港口航道规划建设进一步规范和强化资源要素保障的通知的实施方案》2022年9月。

附录

江苏省航道赔(补)偿标准

一、本省行政区域内除长江以外的内河航道驳岸、护岸、通航水域和其他航道设施造成损坏或占用的,设置跨(过)河设施、专设标志的,由县级以上地方人民政府交通运输主管部门所属港航事业发展机构、苏北航务管理处(以下统称赔(补)偿费收取单位)按照本《标准》,向赔(补)偿义务人收取赔(补)偿费。相关交通运输综合执法机构在执法过程中发现损坏航道设施、占用航道和设置跨(过)河设施的,要及时通报相应的赔(补)偿费收取单位。

二、本《标准》赔(补)偿范围包括损坏航道设施、占用航道和设置跨(过)河设施、专设标志。其中,损坏航道设施是指造成航道设施使用功能完全丧失或者基本丧失。按恢复重置实际费用计的项目,需要同时承担设施损坏至功能恢复期间临时设施设置的相关费用;部分损坏航道设施的赔(补)偿标准,由赔(补)偿费收取单位根据损坏程度界定。赔(补)偿费收取单位接受委托设置专设标志的,按照本《标准》收取设置专设标志费用。

三、损坏航道设施、占用航道和设置跨(过)河设施、专设标志的,赔(补)偿费收取单位应当按照国家和省相关法律、法规规定,及时取证,听取赔(补)偿义务人意见,明确告知赔(补)偿内容并作出处理决定。收取赔(补)偿费,应当出具江苏省非税收入统一票据。

四、赔(补)偿义务人对结果有异议的,可以依法向具有资质的第三方机构申请鉴定,赔(补)偿费收取单位应当按照鉴定结论收取赔(补)偿费。

五、各级交通运输主管部门办理相关涉航行政许可(确认)时,涉及损坏航道设施、占用航道和设置跨(过)河设施的,应当及时告知行政相对人按规定缴纳航道赔(补)偿费。

六、赔(补)偿费收取单位接受委托代为维护管理专设标志的,费用由双方协商确定。对专设标志有特殊要求或者设置条件特殊的,由双方协商确定;专设标志收费标准中除浮标仅指材料费以外,其余项目均包含设计、安装以及材料费等。

七、航道赔(补)偿收入管理的其他事项按照省交通运输厅 省财政厅《关于进一步规范赔(补)偿收入管理的通知》(苏交财〔2017〕88号)执行。

八、本标准自印发之日起执行。

特此通知。

附件:江苏省航道赔(补)偿标准

项目		单位	赔(补)偿标准(元)	备注
一、通航水域	1. 倾倒泥土、垃圾,排放泥浆	立方米	80	
	2. 倾倒块石、建筑垃圾	立方米	175	
	3. 采挖砂石、泥土	立方米	50	
	4. 占用通航水域			
	码头或其它合法经营性船舶	平方米·月	8	按占用岸线长度与占用通航水域宽度之积作为计费基准
	构筑堤坝、围堰、护桩、沉箱、墩台等	平方米·月	8	按占用水域面积作为计费基准
	5. 设置跨(过)河管线	米·根		按杆塔或管道计量根数
	依附桥梁设置跨河管线	米·根	160	
	不依附桥梁设置跨河管线	米·根	400	
	设置过河管线	米·根	400	

(续表)

项目		单位	赔(补)偿标准(元)	备注
二、航道边坡（护岸设施）	1. 占用航道用地	平方米·月	8	
	2. 占用航道岸线	米·月	36	
	3. 损坏护岸			
	混凝土压顶、角石	立方米	600	
	浆砌块石墙身	立方米	400	
	混凝土墙身	立方米	600	
	4. 损坏栏杆			
	混凝土预制型	米	135	
	实腹式砖砌型	米	180	
	花岗岩型	米	2 000	
	铸铁型	米	225	
	5. 损坏航道专用通信设施		按恢复重置实际费用计	
	6. 护岸滑坡倾倒、变形、沉陷	米	2 000	
	7. 取土	立方米	35	
	8. 拆除航道护岸			
	斜坡式护岸	米	1 500	
	直立式或组合式护岸	米	1 500	
三、航道绿化	1. 乔木			
	胸径4厘米以下（含4厘米）	株	30	胸径指距地面1米处树干直径
	胸径4~8厘米（含8厘米）	株	100	
	胸径8~12厘米（含12厘米）	株	400	
	胸径12厘米以上	株	每增长1厘米加收130元	
	2. 灌木	株		
	高度1米以下（含1米）	株	20	
	高度1米以上	株	60	
	3. 花卉	株	10	
	4. 草皮	平方米	40	
	5. 特殊植被、名贵树木花卉		按恢复重置实际费用计	
四、航标	1. 岸标基础		按恢复重置实际费用计	
	2. 水中灯桩基础		按恢复重置实际费用计	
	3. 标体		按恢复重置实际费用计	
	4. 电池箱			
	玻璃钢电池箱	只	300	
	不锈钢电池箱	只	800	
	5. 太阳能电板	瓦	100	
	6. 灯器			

(续表)

项目		单位	赔(补)偿标准(元)	备注
四、航标	普通航标灯器	套	1 500	
	一体化式LED航标灯器	套	5 000	
	7. 碱电池	安时·伏特	4	
	8. 锂电池	安时·伏特	6	
五、标志标牌	1. 陆上界桩	根	375	
	2. 水中界桩	根	2 000	
	3. 里程牌	块	900	
	4. 标志标牌			
	(1) 基础	个	1 900	
	(2) 立柱	根	4 000	
	(3) 面板	平方米	2 000	
	5. 测量标志(坐标点)	(处)个	5 000	
六、船闸及附属设施	1. 闸门钢结构		按恢复重置实际费用计	
	2. 水工结构			
	(1) 钢筋砼墙/底板	立方米	810	
	(2) 钢护面	吨	6 480	
	(3) 砌石墙身	立方米	360	
	(4) 靠船墩	立方米	495	
	3. 附属设施			
	(1) 系船柱	个	按恢复重置实际费用计	
	(2) 系船钩	个	按恢复重置实际费用计	
	(3) 铁爬梯	米	按恢复重置实际费用计	
七、设置专设标志	1. 桥涵标			
	(1) 桥孔灯	盏	10 000	
	(2) 桥柱灯	盏	10 000	
	2. 桥名牌	平方米	3 200	
	3. 提示牌	平方米	3 200	
	4. 桥梁倒水尺	平方米	1 250	
	5. 管线标			
	(1) 边长2米	块	12 000	
	(2) 边长3米	块	20 000	
	(3) LED灯器	套	12 000	
	6. 浮标			
	(1) φ1.2浮鼓	套	10 000	浮标费用仅指材料费用
	(2) φ1.8浮鼓	套	40 000	
	(3) φ2.4浮鼓	套	70 000	
	(4) φ3.0浮鼓	套	80 000	

(续表)

项目		单位	赔(补)偿标准(元)	备注
七、设置专设标志	7. 遥测装置			
	(1) 定位	套	6 500	
	(2) 不定位	套	3 500	
八、其它未列项目				根据恢复重置或设置费用按双方协商或鉴定结论计收

江苏省智慧港口建设行动方案(2022—2025年)

为深入贯彻全省数字经济发展推进会议精神,全面落实《数字交通发展规划纲要》(交规划发〔2019〕89号)、《关于建设世界一流港口的指导意见》(交水发〔2019〕141号)、《交通运输部关于推动交通运输领域新型基础设施建设的指导意见》(交规划发〔2020〕75号)、《江苏省"十四五"数字经济发展规划》(苏政办发〔2021〕44号),以及《江苏省"十四五"智慧交通发展规划》(苏交技〔2021〕25号)等文件要求,大力推动全省港口数字化转型,实现更高质量发展,结合江苏港口发展实际,制定本方案。

一、指导思想

以习近平新时代中国特色社会主义思想为指导,深入学习贯彻习近平总书记关于发展数字经济的重要论述,完整准确全面贯彻新发展理念,加快服务构建新发展格局,紧紧围绕省委、省政府关于建设网络强省、数字江苏、智慧江苏,打造全国数字经济创新发展新高地的工作部署,坚持科技引领、创新驱动,以数字化、网络化、智能化为主线,以数字化转型推动全省港口智慧化发展、高质量发展,为构建一流设施、一流技术、一流管理、一流服务的长三角世界级港口群注入强劲动能,为交通强省和交通运输现代化示范区建设提供坚强支撑。

二、基本原则

统筹规划,分类推进。立足全省港口发展现状水平,准确把握智慧港口发展趋势,统筹沿江沿海和内河港口,统筹集装箱、散杂货、危化品等货种,聚焦港口生产管理、物流服务、口岸通关等重点领域,有步骤、有计划分类推进全省港口智慧发展。

创新驱动,数字赋能。瞄准国内外港口发展科技前沿,全面推广应用普惠性、共性技术,加强关键核心和卡脖子技术攻关。深化数字信息技术与港口各类场景的深度融合创新,推动港口发展模式、发展动能、发展业态等数字化转型,提升综合竞争力。

协同共享,优化服务。统筹"商流、物流、信息流、资金流",畅通港口上下游生产要素信息资源,链接海关、边检、铁路等部门和物流企业,打通商务、调度、物流运营平台,实现数据共享、业务协同、部门协调,促进服务无缝衔接、物流降本增效。

政府引导,市场主体。发挥政府统筹引导、供需对接、政策保障、标准制订等作用,营造智慧港口发展良好环境。发挥港口码头经营人的主体作用,加强同产学研用合作以及同类型港口平台对接,实现市场对技术要素资源配置的决定性作用。

三、工作目标

围绕全省港口发展更高效、更安全、更绿色、更智慧的目标,到2025年,全省拥有万吨级以上泊位的港口重点生产作业环节实现自动化、智能化技术全覆盖;全省危险货物码头安全生产实现100%数字化管理;全省对外开放港口疫情防控实现100%数字化管控;全省港口绿色低碳发展实现100%数字化治理;全省对外贸易港口基本实现物流服务一体化。到2025年,全省智慧港口整体发展水平位于全国前列,基本实现"生产智能化、管理数字化、服务一体化、技术先进化"。

四、主要任务

(一)加快实现生产智能化

1. 加快推进集装箱码头智能化建设

利用5G、物联网、大数据、云计算等技术,搭建满足港口系统安全稳定运行要求的信息基础设施,全面推进万吨级以上新建集装箱码头开展自动化码头、自动化堆场、生产作业系统(TOS)、智能闸口系统等建设。2022年底,苏州港太仓港区集装箱四期、南通港吕四港区等新建集装箱自动化码头基本建成并投入试运行。推进拥有万吨级以上泊位的港口开展既有集装箱码头轨道吊、轮胎吊等堆场作业设备电气化、自动化改造,实现堆场装卸作业自动化、无人化,推进智慧岸桥建设,提高生产作业效率。开工一批以连云港连云港区、徐州港顺堤河作业区等为示范的集装箱码头自动化改造工程。支持太仓港区集装箱四期、南通港通海港区等港口开展无人驾驶集卡示范应用,实现无人高效的水平运输。全面推广集装箱码头生产作业系统(TOS),优化集装箱码头全过程业务流程。推动智能闸口系统应用全覆盖,实现集卡进出电子化。

2. 推进散杂货码头智能化建设

利用增强型高精度北斗定位系统、工业物联网、5G等技术,推进散杂货码头生产作业数据智能化感知和自动化采集,装卸船机、门座式起重系统、斗轮堆取料机系统、皮带运输系统、装车楼系统、清舱系统等相关的全流程作业线实现远程全自动化智能控制。2022年底,南京港新生圩港区完成散货码头装卸作业自动化工程建设。全面推广散杂货生产系统,覆盖散杂货调度、商务、理货、收费等业务生产全流程,实现散杂货生产、服务、决策联动管理。推广应用智能无人称重系统,实现智能过衡、精确计费、闸口安全防超载智能化,2022年底,全省规模以上散杂货码头基本实现全覆盖。推进全省拥有万吨级以上泊位的港口散杂货数字料场智能化建设,实现自动化盘堆、精准测量全覆盖。沿江沿海港口推广应用设备设施管理系统,提升设施设备全生命周期智能管控能力。开工建设一批以镇江港大港港区、宿迁港中心港区等为示范的智慧化散杂货码头工程。

3. 全面推进危险货物码头智能化建设

全省危险货物码头智慧管控平台100%建成,对接至安全监管平台。全面实现港口作业全过程数字化、控制智能化、特种设备安全分级分类信息化、特种作业线上审批留痕,提升高水平数字化管控能力。完善港口危险货物储罐日常管控和运维保养等全生命周期智能化管理、关键设施设备安全风险实时监测、智能感知和风险预警,提升重大危险源监测预警、风险管控、隐患排查、应急处置等管控能力。危险货物码头高风险作业场所和重大危险源视频监控实现全覆盖,紧急切断阀的自动联动关闭全覆盖。通过智能化防爆终端的应用,自动生成隐患排查巡查任务,实现危险货物码头和罐区智能巡检。探索从数据收集到数据应用,从行为分析到自动风险预警提示的管理提升过渡。2022年底,完成港口企业大型油品储罐紧急切断阀等系统改造提升,基本建成企业安全风险智能化管控平台。

(二)推进管理数字化转型

4. 加强港口智慧安全防控体系建设

推进全省港口安全防控管理系统应用全覆盖。搭建平安港口的数字孪生,建立企业安全生产标准化全要素"电子病历",落实风险动态监测,绘制企业安全风险和防控要点网格图,实现动态分级管控。优化算法、自动科学制定隐患排查治理清单和排查频次,做到隐患排查全覆盖,实现隐患排查治理线上线下双重闭环。建设港口设备设施安全智能监管平台,实现关键设施设备安全风险实时监测、智能感知和风险预警预控。深化AI人工智能技术应用,提升风险分级管控、隐患排查治理双重管控预警能力。通过智能识别、物联网技术实现线上防火巡检,建设密闭空间热成像扫描实时监测与喷淋智能联动控制系统。2022年底,全省重大危险源企业实现港口安全防控管理系统全覆盖。

5. 加快港口防疫数字化管控能力建设

全省港口企业常态化科技防疫系统建设100%全覆盖,形成水路口岸"全链条、全闭环、全监管"的常态化科技抗疫新格局。依托智能识别终端装备,融合多部门大数据应用,实时采集健康状态,智能识别健康码、行程码,自动查验核酸报告。实施访客在线预约数据采集,动态实现高风险区域比对和无接触式人员管理,实时记录人、车、货、船疫情重点要素消杀、医废转运、专班人员隔离情况等,实现防疫物资的动态储备线上管理。接入码头前沿、梯口、室外三区,专班人员宿舍重点防控区域视频,设置电子围栏监控,实现船岸互动的定制化智慧管控。推动建设普惠性科技防疫平台。2022年底,全省对外开放港口全部配备使用智能精准管控服务系统。

6. 加强港口绿色低碳数字化治理能力建设

全面执行船舶污染物接收电子联单制度,2022年底全省港口企业实现全覆盖。建设环境监测系统,实现空气质量、危化品码头挥发性有机物VOCs、堆场扬尘、生产生活废水、噪声等环保要素的实时在线监测,提升港口绿色要素管理和环境风险预测预警水平。推广应用喷淋抑尘智能联动控制系统、中水回用智能化改造等智慧化设施。开展带式输送设备新型清扫器改造关键技术研究,下降物料运输环节产生的粉尘污染。建设智能岸电系统，进一步提高岸电设施使用效率和岸电使用率。推广光伏＋储能、风电＋储能等清洁能源组合应用，探索智能微网管理系统、能耗监测系统、能源智能调度系统应用，助力港口节能降碳。

（三）深化服务一体化建设

7. 协同推进口岸智慧化建设

支持依托全省口岸综合管理系统，推动省商务厅、南京海关、江苏海事等港口口岸相关部门单位信息化、无纸化、智能化业务办理协同，推进报关单证全要素电子化、全流程线上办理，实现更高水平的通关一体化、便利化，推进省域、长三角区域港口口岸一体化通关管理。支持在满足海关监管条件下，利用港口信息系统研究推进电子化监管，促进内外贸码头、堆场等口岸资源共享。支持依托国际贸易"单一窗口"建设，推动港口打通与航空、铁路、公路、邮政等各类口岸通关物流节点，实现多种交通工具相互衔接、高效联运，全省口岸业务联动，各类主体之间信息互通和协同作业，为企业提供全程"一站式"物流信息。

8. 加快构建多元化现代智慧物流体系

推进港口 EDI（电子数据交换）建设，完善"一单制"服务规范，推进多式联运单证标准化，实现"一次托运、一张单证、一次结算、一单到底"的"一单制"多式联运全程运输。推动省港口集团、连云港港口集团等重点港口企业构建标准化、高性能、可扩展、跨平台的电商服务平台，提供在线服务和优质产品。培育第三方航运交易与服务电子商务平台，为航运企业和客户提供线上交易、在线缴费、航运保险、航运金融等高端航运服务。鼓励构建基于区块链技术的航运物流平台，覆盖港口、货主、货代、船公司等相关参与方，并通过跨链机制连接海关、企业及金融机构，实现全流程交易信息实时记录、链上信息安全互信共享。2022年底，省港口集团加入全球航运业务区块链网络（GSBN）试点，南通港通海港区完成智能理货系统建设。

（四）深化高新技术应用

9. 加强高新技术与港口行业深度融合创新

利用5G技术构建大带宽、低时延的通信平台，重点开展基于5G现场多路视频的回传及港口作业机械的远程控制，实现码头堆场桥吊、轮吊、集卡等流程机械车载无线终端的生产作业指令数据实时传输、自动作业，以苏州港太仓港区集装箱四期工程项目等为试点，开展封闭港口自动驾驶、无人机安防巡检、智能岸桥场桥远程操作等示范应用。推动北斗技术在港口自动化作业中的应用，为港口作业车辆、设备提供实时高精度位置信息。推动大数据在物流数字化发展中的应用，推动多式联运信息化建设，促进多种运输方式间数据交换共享。加强人工智能技术在港口生产智能化中的应用，在均衡集装箱堆场设备负载、优化集装箱堆存位置、风险智能预警等方面研究智能算法，进一步提升港口智能化水平。2022年底，大型港口企业基本实现5G、北斗、大数据等新技术应用全覆盖。

10. 完善技术应用规范和创新体系

依托南通港吕四作业区、苏州港太仓港区集装箱四期工程、苏州内河港白洋湾作业区等智慧港口示范工程，深入研究总结相关技术，制定江苏省智慧港口建设系列技术指南，指导江苏省智慧港口建设。构建科技信息技术保障体系，鼓励省内大型港口企业研究制定港口企业信息系统数据标准、电子数据交换标准和港口网络与信息安全规范。构建科技信息技术创新体系，鼓励新技术研发应用，提高先进数字技术在港口领域的成果转化率，实现智慧港口可持续创新发展。

五、保障措施

（一）强化组织实施

省厅统筹推进全省智慧港口建设工作，加强督促指导，完善落实和考核工作机制。各设区市交通运输主管部门作为智慧港口建设实施的监管主体，进一步细化完善任务措施，狠抓工作落实，协调解决企业难题。各港口企业作为智慧港口的建设主体，要主动落实主体责任，强化资金保障。省港口集团等大型港口企业负责推进旗下港口码头的智慧化建设，省交通运输主管部门会同相关单位和企业共同研究推进中小微港口的基础性支撑性共性信息基础设施建设。

（二）争取政策支持

争取国家、省、市重点专项对智慧港口建设支持。研究建立全省智慧港口建设激励机制，每年对建设成效明显、示范引领效应强的智慧港口示范项目进行推选，并给予一定奖励。

（三）强化技术攻关

鼓励跨行业跨领域产学研用合作，共同开展智慧港口关键共性技术和前沿引领技术研究，着力提升关键"卡脖子"技术攻关和原始创新能力。促进科技成果转化和普惠性应用，提升全行业科技水平。复制推广自贸试验区等开放平台的先进技术和创新应用场景。

（四）优化发展环境

及时总结推广智慧港口建设的新经验新做法，适时组织召开全省智慧港口建设现场观摩会或推进会。鼓励有条件的港口企业加快开展世界一流港口对标及评价指标体系研究。坚持开放合作，推动长三角区域共建智慧港口、共享发展成果。

江苏省港口与船舶大气污染防治工作方案

为落实《中共中央 国务院关于深入打好污染防治攻坚战的意见》《中共江苏省委 江苏省人民政府关于深入打好污染防治攻坚战的实施意见》要求，深入打好蓝天保卫战，持续改善环境空气质量，制定本方案。

一、指导思想

以习近平新时代中国特色社会主义思想为指导，深入贯彻落实习近平生态文明思想和习近平总书记对江苏工作重要指示精神，完整、准确、全面贯彻新发展理念，按照省第十四次党代会部署要求，以实现减污降碳协同增效为总抓手，以精准治污、科学治污、依法治污为工作方针，保持力度、延伸深度、拓宽广度，以更高标准打好蓝天保卫战，推动港口与航运绿色低碳发展，推进环境空气质量持续改善，以高水平保护推动高质量发展、创造高品质生活。

二、工作目标

强化源头治理，聚焦重点领域和关键环节，加强港口码头、船舶运输大气污染防治设施建设、运行管理和监督管理工作，全面形成与资源环境承载力相匹配、与生产生活生态相协调的港口与航运发展格局。通过2~3年的努力，全省港口与船舶污染防治水平再上新台阶，非现场监管能力大幅提升，环境友好程度明显提高，为全省环境空气质量持续改善作出贡献。

港口粉尘治理推进。在确保安全的前提下，全省规模以上干散货港口适宜建设的，2023年底前力争实现封闭式料仓和封闭式皮带廊道运输系统全覆盖。

强化油气码头污染控制。2023年底前，原油成品油码头油气回收设施配备率力争达80%。加强船舶尾气污染控制，2025年全省营运船舶NO_x排放总量较2020年下降7%。

推进岸电设施建设使用。2023年底前，完成干散货码头岸电设施建设和改造工作。2025年主要港口和排放控制区内靠港船舶的岸电使用电量在2020年基础上翻一番。

碳排放强度稳步下降。推进"绿色屋顶"建设，2025年规模以上港口生产单位吞吐量CO_2排放强度比2020年下降5%以上。

非现场监管能力大幅提升。2022年底前，从事易起尘货种装卸的港口码头粉尘在线监测覆盖率100%。2023年底前，从事原油成品油装卸作业的港口码头已建油气回收设施在线监测覆盖率力争达100%。

绿色治理能力显著增强。建设绿色交通基础设施，港口与船舶绿色发展评估、激励机制基本健全，监管能力明显提升。

三、工作要求

(一) 加强粉尘污染防治

干散货港口码头应采取综合抑尘措施。在确保安全的前提下，全省规模以上干散货港口适宜建设的，2023年底前力争实现封闭式料仓和封闭式皮带廊道运输系统全覆盖。

装卸作业要求：装卸船机、带斗门机、堆场堆取料设备、翻车机、装车机等应根据物流特性采用适宜的除尘抑尘方式。装船机、卸船机皮带头部设置密闭罩，装船机尾车、臂架皮带机两侧及装船机行走段皮带机、卸船机行走段皮带机设置挡风板。

输送作业要求：带式输送机除需要与装卸设备配套的部分外采用廊道等予以封闭，同时应考虑安全要求。建设有转接站的应在转接落料、抑尘点处设置封闭式导料槽、密闭罩、防尘帘等密闭设施，并优先采用干雾抑尘、静电除尘、布袋除尘等方式。强化转运作业扬尘污染防治，外出车辆冲洗干净后方可驶离港区。

堆存要求：按照交通运输部发布的《港口干散货封闭式料仓工艺设计规范》(JTS/T 186—2022)要求，推进建设筒仓、穹顶圆型料仓、条型仓、平房仓等封闭式料仓。煤炭封闭式料仓可选用筒仓、穹顶圆型料仓、条型仓等；矿石封闭式料仓可选用条型仓等；粮食封闭式料仓可选用筒仓、平房仓等；化肥封闭式料仓可采用平房仓等；水泥封闭式料仓可采用筒仓等。尚未进入封闭式料仓的物料,应根据需要对堆场设置防风抑尘网、围墙等防尘屏障。除不宜洒水降尘的货种外,鼓励规模以上港口配备固定式喷枪洒水(或高杆喷雾)抑尘系统,其他可采用移动式洒水等设施。

(二) 强化 VOCs 物料装卸污染防治

1. 推进船舶油气回收系统建设

运输油品的船舶应当按照《油品运输大气污染物排放标准》(GB 20951—2020)等要求对 VOCs 排放进行控制,油气密封点泄漏检测值不应超过 500 $\mu mol/mol$。按照《国内航行海船法定检验技术规则》《船舶油气回收安全技术要求》等要求,督促新建 150 总吨以上油船按要求开展油气回收设施建设。推动现有油船逐步配备油气回收系统,在装卸作业过程中使用油气回收设施。推进相关船舶对油舱清洗、压舱过程产生的废气进行收集治理。

2. 加强原油成品油码头油气回收设施建设

原油成品油码头应依法安装油气回收设施。物料装卸过程中应开启船舶与码头油气回收设施,装卸废气经收集处理后达标排放。按照相关规定,定期开展油气回收设施性能检测。2023 年底前,原油成品油码头油气回收设施配备率力争达 80%。

(三) 推动 VOCs 物料储存污染防治

推进实施港口码头泄漏检测与修复(LDAR)管理制度。按照《挥发性有机物无组织排放控制标准》(GB 37822—2019)、《设备泄漏挥发性有机物排放控制技术规范》(DB32/T 310007—2021)和《工业企业挥发性有机物泄漏检测与修复技术指南》(HJ 1230—2021)等要求,细化检测方法、检测频率、泄漏浓度限值、修复要求等关键要素,对管道法兰连接处、设备动静密封点等易泄漏环节制定整治措施,有效控制和减少 VOCs 泄漏排放。强化挥发性有机液体储罐治理减排,存储汽油、航空煤油、石脑油及苯、甲苯、二甲苯的内浮顶罐罐顶气未收集治理的,宜配备高效浮盘与配件,选用"全接液高效浮盘+二次密封"等结构。

(四) 实施船舶尾气排放污染防治

严格落实船舶大气污染物排放控制区要求,稳妥推进"限硫令"。船舶使用燃油应选择具有相应资质的船舶燃油供给单位,监督内河和江海直达船舶严格按照要求使用硫含量不大于 10 毫克/千克的柴油。加大燃油硫含量快速检测设备配备和使用力度,提高船用燃油抽检率,鼓励开展船舶尾气处理等减污降碳技术研发与应用。船舶使用尾气后处理装置的,应保持装置运行良好。2025 年全省营运船舶 NO_x 排放总量较 2020 年下降 7%。

(五) 强化岸电设施建设使用

1. 推进码头岸电设施建设

新、改、扩建码头工程应严格执行《港口和船舶岸电管理办法》《码头岸电设施建设技术规范》等相关要求,确保码头岸电设施供电能力与靠泊船舶的用电需求相适应。港口企业应按照相关规范对岸电进行更新或升级改造,并定期组织开展岸电检测情况监督检查。2022 年底前,完成沿海、沿江煤炭干散货码头、长江干线商品车滚装码头、长江干线集装箱码头岸电设施建设和改造工作。2023 年底前,完成全省干散货码头岸电设施建设和改造工作。2025 年底前,推动长江港口非危码头岸电覆盖率 100%。

2. 强化船舶受电设施建设改造

推进滚装船、600 总吨及以上干散货船和多用途船等船舶岸电系统受电设施改造。2023 年底前,基本完成内河滚装船、1 200 总吨及以上内河干散货船和多用途船、海进江船受电设施改造;2025 年底前,基本完成 600 总吨及以上内河干散货船和多用途船改造工作。鼓励其他类型运输船舶(散装液体危险货物运输船舶除外)实施改造。

3. 提高岸电设施使用率

推进船舶靠港使用岸电常态化。2023 年,靠港 2 小时及以上且无等效替代措施情况下,长江干线集装箱船靠港岸电使用率比 2020 年提升 80%。2025 年,靠港 2 小时及以上且无等效替代措施情况下,1 200 总吨及以上的内河干散货船靠港岸电使用率比 2020 年提升 90%;主要港口和排放控制区内靠港船舶的岸电使用电量在 2020 年基础上翻一番,具备岸电供电条件的码头、水上服务区岸电应用尽用。

(六) 推进减污降碳协同增效

开展绿色交通基础设施提质工程,全面提升港口基础设施、装备和运输组织的绿色环保水平,着力构建清洁低碳的港口能源消费体系。提升港口基础设施碳汇能力,在港区种植适宜的高碳汇绿化植物,鼓励因地制宜种植浆果类植物。开展船舶碳排放总量测算,严格执行《营运船舶燃料消耗限值及验证方法》、《营运船舶 CO_2 排放限值及验证方法》燃料限值和 CO_2 排放限值标准。建立健全绿色港口创建标准体系，支持低碳港口示范项目创建。到2025年，全省绿色港口数量较2020年翻一番，营运货船单位运输周转量 CO_2 排放强度、规模以上港口生产单位吞吐量 CO_2 排放强度比 2020 年分别下降 3%、5% 以上。

（七）开展清洁能源替代

推进"绿色屋顶"建设，有条件的港口码头配备配套光伏、风力发电设备。开展风光储一体化、智能微电网等节能新工艺、新技术的研发与集成应用。依托省级绿色港口创建，引导港口企业推进装卸、运输等车辆电动化发展。依规淘汰不满足第三阶段非道路移动机械用柴油机排气污染物排放限值（即发动机为非道路移动机械国Ⅰ、国Ⅱ排放标准）的港作燃油机械。鼓励新增和更换的岸吊、场吊、装载机、叉车等作业机械使用新能源或清洁能源。推进船舶清洁化发展，全面提升船舶营运能效水平，鼓励购置低能耗、低排放运输装备，加强新能源、清洁能源续航保障及绿色能源供给能力。依法强制报废超过使用年限和达不到环保标准要求的航运船舶，鼓励淘汰使用20年以上的内河航运船舶。到2025年，全省规模以上港口生产综合能源单耗较2020年下降5%以上，全省港口生产新能源清洁能源消费占比75%以上。

（八）提高监测监控能力

加快智慧港口建设，2022年底前，从事易起尘货种装卸的港口码头粉尘在线监测覆盖率100%。2023年底前，从事原油成品油装卸作业的港口码头已建油气回收设施在线监测覆盖率力争达100%。新建港口码头需依法安装相应的污染物排放在线监测设备。强化非现场监管能力，推进在线监测数据互联共享、分析应用。探索船舶尾气遥感遥测系统建设和船舶尾气排放在线监测设备试点。

四、保障措施

（一）强化责任落实。各地生态环境、交通运输部门和海事管理机构应建立协同工作机制，细化管理要求和措施，在依法依规和确保安全的前提下，全面落实港口粉尘、VOCs治理和船舶尾气排放控制等大气污染防治工作，推进污染防治设施规范化运行和常态化管理。2022年底前，交通运输、生态环境部门推进全省规模以上干散货港口开展综合评估，确定适宜改造的港口码头清单并推动建立"一港一方案"，实行清单式管理、项目化推进。对责任落实不到位、港口与船舶大气污染问题突出、监测数据弄虚作假等地区，组织开展专项督察。

（二）强化源头控制。强化环境准入，严格落实水运项目环境影响评价和环境保护"三同时"、排污许可要求，依法依规整治取缔违法违规的港口码头。发挥公益诉讼督促协同作用，推动船舶污染源头控制。对港口码头污染防治情况进行分类评估，推动将评估结果纳入信用管理体系，探索建立信用评价与绿色港口评价等挂钩制度，激励企业落实治污主体责任，巩固整治成果。

（三）强化监督检查。各地要组织开展港口与船舶大气污染防治工作督查，对工作推进不力、污染问题突出的港口码头和负面典型案例进行通报。强化在线监测设备规范化运维与数据应用，推进提升非现场检查、非现场执法、非现场管理等非现场监管能力。推进实行电子巡查，及时发现问题线索，实施精准监管、靶向治理。开展专项执法行动，对发现问题及时梳理、汇总交办、限期整改。针对存在问题和薄弱环节，健全完善港口与船舶大气污染防治长效管理机制。

（四）强化激励引导。加大对港口码头粉尘和VOCs污染防治、船舶尾气污染防治、岸电设施建设和改造等激励引导力度。一是对港口码头、船舶污染防治项目加大资金支持力度，规范有序引导社会资金参与项目建设和运营。二是鼓励在靠港船舶使用岸电等领域开展合同能源管理模式应用。2025年底前对实行两部制电价的港口岸电运营商用电免收需量（容量）电费，对使用岸电船舶实施优先靠泊、优先过闸等激励措施。三是争取绿色信贷、绿色债券、绿色保险、绿色基金等支持，拓宽绿色融资渠道，鼓励为港口封闭式料仓等建设提供低息或限期免息贷款。四是推行差别化政策，对治理水平领先的港口、航运企业，实施重污染天气应急管控豁免；对治理水平较低的，按规定实行更严格的监管；对治理不达标的，依规不予行业评优评先。五是鼓励有条件的地区推广生态环境导向的开发（EOD）模式，探索将港口污染治理设施建设与周边生态产品经营开发权益等挂钩，融合推动环境治理与产业项目，实现生态环境高水平保护和经济高质量发展协同并进。

省港口管理委员会印发《关于进一步推动港口岸线资源集约高效利用的指导意见》

港口岸线是支撑区域经济社会发展的战略性、稀缺性资源。经过多年建设，江苏省港口岸线资源尤其是沿江港口岸线资源开发强度总体较高，但部分地区资源利用效率和岸线集约化水平还有待进一步提升。为深入贯彻《国务院办公厅关于进一步盘活存量资产扩大有效投资的意见》（国办发〔2022〕19号），全面落实《交通运输部关于加强港口岸线管理工作的通知》（交规划发〔2021〕132号）、《交通运输部办公厅 国家发展改革委办公厅关于严格管控长江干线港口岸线资源利用的通知》（交办规划〔2019〕62号）要求，进一步盘活存量港口岸线资源，提升集约化利用水平，更好服务全省经济社会高质量发展，提出以下意见。

一、总体要求

以习近平新时代中国特色社会主义思想为指导，完整准确全面贯彻新发展理念，加快构建新发展格局，坚持以高质量发展为引领，坚持生态优先、绿色发展，加强港口岸线资源整合，"腾笼换凤"，推动港口岸线资源高效整合、集约利用，更好服务经济社会高质量发展，为扛起"争当表率、争做示范、走在前列"光荣使命，谱写"强富美高"新江苏现代化建设新篇章提供有力支撑。

二、加快港口岸线资源整合

（一）整合效益低下的港口岸线。坚持集约高效利用的导向，以单位岸线吞吐量、税收，以及碳排放、开发强度、社会效益等为重点，修订完善港口公共码头岸线、产业项目岸线利用监管指标。综合运用行政、经济、法律等手段，对达不到所在区域岸线利用监管指标且限期整改不达标的港口岸线利用项目，采取易地搬迁、资产重组、进场交易、协议转让、资产置换等方式进行整合。对于产业链、供应链或地方发展有特殊作用或贡献的项目可按"一事一议"原则单独研究。鼓励自身货源不足的产业项目配套码头向社会开放服务。

（二）整合开发方式粗放的港口岸线。加强对规模小、分布散、深水浅用、多占少用、优线劣用的港口岸线进行整合，推动同货类公用港口岸线集中布局。坚持从严控制、整合功能的原则，合理布置非生产性码头港口岸线，归并零散的各类公务码头。

（三）规范完备码头相关手续。严格按照港口工程基本建设程序，以及应急管理、生态环境、自然资源、水利等有关法律法规要求，梳理已建码头相关手续办理情况。对于手续不完备、不合规，且限期无法整改到位的码头，依法依规推动其占用的港口岸线整合或退出。

（四）盘活闲置废弃的港口岸线。深入落实全省化工钢铁煤电行业转型升级、优化布局要求，按照建设先进制造业基地目标要求，对于长期占而不用的港口岸线，特别是已停产或濒临倒闭的船厂、取缔或关停的化工企业、搬迁转移的临港产业等所占用的港口岸线，限期制定港口岸线清理整顿清单和盘活工作计划。对存量盘活项目，实行分类管理，因地制宜落实盘活条件，鼓励探索制定合理解决方案。

三、提升港口岸线资源利用效能

（五）优选项目，释放盘活资源潜能。加强盘活港口岸线和相邻岸线、水陆域的统筹规划，科学合理布局，集中连片利用。推进盘活的港口岸线"腾笼换凤"，优先引进创新链、产业链、供应链补链固链强链项目。支持运营能力强、规范诚信的港口市场主体通过兼并重组、股权投资等市场化方式对盘活的港口岸线再开发。采取转让、入股、联营等方式，鼓励原岸线使用主体参与盘活存量岸线资源。鼓励盘活存量和改扩建有机结合，发挥已利用港口岸线资源利用效能。

（六）完善结构，提高岸线利用效率。发挥长江12.5米深水航道效益，加快提升泊位等级偏低、不适应船舶大型化发展趋势的码头等级。挖潜改造低效港口岸线,优化码头布置方案,提高港口岸线整体利用效率。结合区域实际,制定绿色港口、智慧港口发展目标和建设标准,提升岸线利用绿色化、智慧化水平。

(七)强化供给,助力产业转型升级。围绕全省产业结构升级调整要求,优先保障高端航运物流业、高端装备制造业、新材料新能源等战略性新兴产业使用港口岸线资源,实现港口业态与产业链的重构再塑。进一步提升沿海港口岸线服务保障能力,引导产业向沿海地区转移,支撑沿海石化基地、精品钢基地等建设,推进港产互动协调发展。

(八)把握重点,服务区域高质量发展。加强港口岸线相关规划与国土空间规划、江河流域规划、防洪规划、海洋功能区划等衔接协调。沿海重点港区岸线利用可适度超前,其他港区根据需求适度发展,精准有效抓好要素保障,加快沿海港口深水化、规模化发展。沿江港口岸线利用要坚持严控新增、动态平衡的原则,合理控制开发强度。内河港口岸线利用注重提高集约化、专业化水平,提升保障重大项目落户能力,其中京杭运河港口岸线向集装箱作业区、港产园联动型作业区倾斜。港口岸线优先用于专业化公用码头建设。强化港口用地、用海要素保障,为港口岸线预留足够水陆域纵深,同时加强用途管控,严禁违规占用港口水陆域。临港产业陆域沿纵深方向布置,严禁贴岸布置,实现"小岸线大码头"。

四、严格港口岸线资源监督管理

(九)加强港口岸线利用全过程监管。严格执行港口岸线使用审批程序,严把准入关,坚决防止港口重复建设和岸线资源浪费。加强港口岸线使用事中事后监管,建立岸线利用巡查、检查制度,常态化监督检查港口岸线开发、使用及管理活动,严肃查处违法违规行为。建立港口岸线使用定期评估和信用管理制度,定期评估港口岸线使用效率效益,其结果与地方年度统计数据挂钩。推进港口岸线资源利用全过程数字化管理。

(十)鼓励港口岸线利用机制创新。探索港口岸线开发利用新模式,选择运营能力强、规范诚信的港口市场主体,统一开发港口岸线及后方陆域,建成后租赁经营,其租金用于港口岸线资源滚动开发。在符合国家有关规定前提下,拓宽港口岸线盘活资金来源,鼓励基础设施领域投资基金参与,提升港口岸线利用水平。

五、加强组织保障

(十一)建立健全组织协调机制。各地要建立政府分管领导牵头,发展改革、工信、财政、自然资源、交通运输、水利、生态环境、应急管理、海事等部门共同参与的协调机制,完善港口岸线准入、退出等相关机制和政策措施,加快落地见效。对盘活港口岸线资源、提升港口岸线利用效率、符合政策规划的项目,在办理相关手续时开辟绿色通道;对于长期闲置、盘活工作不力的港口岸线使用主体,采取约谈等方式,督促其尽快整改到位。

(十二)实施台账动态化管理。全面梳理港口岸线使用情况,对照港口岸线利用监管指标筛选一批符合盘活、整合条件的港口岸线项目,建立盘活工作台账,落实责任单位和责任人,定期开展盘活工作调度,调动民间投资参与性,及时解决存在问题,实施动态管理。

(十三)有序开展试点探索。在全省范围内选取有吸引力、代表性强的地区,在港产城融合发展、引导社会资本参与、提升岸线集约利用水平等方面,开展试点探索,尽快形成可复制、可推广的经验做法。

江苏省交通运输厅制定《关于加强沿海和内河港口航道规划建设进一步规范和强化资源要素保障的通知的实施方案》

各设区市交通运输、发展改革、自然资源、生态环境、林业主管部门：

为贯彻落实《交通运输部国家发展改革委自然资源部生态环境部国家林业和草原局关于加强沿海和内河港口航道规划建设进一步规范和强化资源要素保障的通知》（交规划发〔2022〕79号）要求，根据江苏省实际，提出如下实施方案。

一、工作要求

以习近平新时代中国特色社会主义思想为指导，深入贯彻习近平总书记关于水运发展的系列重要讲话精神，严格落实党中央、国务院关于扩大有效投资的决策部署和中央财经委员会第十一次会议要求，发挥水运比较优势，紧紧围绕构建国内国际双循环发展新格局，按照建设"强富美高"新江苏总要求，以推动水运高质量发展为目标，以供给侧结构性改革为主线，聚焦水运项期工作关键环节，强化用地、用海等资源要素保障，加快沿海和内河港口航道规划建设，为江苏高质量发展走在全国前列和交通运输现代化示范区建设提供重要支撑。

二、具体任务

（一）进一步规范和加快港口规划编制和环境影响评价工作

1. 做好与上位规划衔接。港口规划编制要做好与《全国港口与航道布局规划》《江苏省沿江沿海港口布局规划（2015—2030年）》《江苏省内河港口布局规划（2017—2035年）》的衔接，合理确定各港口功能布局和发展目标。

2. 做好与国土空间规划衔接。在国土空间规划"一张图"上前瞻性协调布局空间资源，推动重点水运项目纳入省级和所在地国土空间总体规划，对远景发展所需空间实施战略留白，保障江苏港口中长期发展空间，服务重大生产力布局和国家重大战略，确保规划方案指导基础设施适度超前建设。

3. 做好与"三区三线"和生态环境分区衔接。统筹发展和安全，坚决贯彻"生态优先、绿色发展"理念，坚持高质量发展，严格落实"三区三线"和生态环境分区管控要求，合理规划港口水陆域边界，严禁对规划区域产生重大生态环境影响。

4. 规范港口规划修订（调整）。港口规划修订或调整应以港口、港区、作业区为单位进行，避免"化整为零"，不得采取多次零散调整。总体规划批准后，除特殊情况外，5年内港口规划修订原则上不得超过3次。港口规划调整原则上每次调整仅限1个港区，合计不超过3种情形；每个港口每3年内开展规划调整不得超过2次；已超过规划水平年的港口总体规划应及时开展规划修编和规划环评。

5. 进一步聚焦港口规划环评审查重点。港口规划环境影响评价审查要以习近平生态文明思想为指导，贯彻落实中央关于基础设施适度超前布局的要求；在严守生态环境保护底线的基础上，针对规划修订或调整的规划环评，重点审查港口规划修订调整范围内的方案。港口总体规划调整环境影响评价工作要严格落实《交通运输部生态环境部关于进一步明确港口总体规划调整适用情形和相应环境影响评价工作要求的通知》（交规划发〔2021〕129号）要求，根据规划调整情形选择相应的评价方式。对于港口规划调整超过5次的，应组织开展港口总体规划环境影响跟踪评价。

（二）进一步加强重大水运项目用海要素保障

6. 规范确定涉及围填海的国家重大水运项目。省有关部门建立常态化工作机制，严格遵循《国家发展改革委关于明确涉及围填海的国家重大项目范围的通知》（发改投资〔2020〕740号）要求，定期协商确定国家重大水运项目清单，列入清单内的项目优先安排推进前期工作。

7. 加强围填海项目海域使用论证。坚持生态优先、集约节约,加强项期海域使用论证等工作,落实围填海管控的地方政府主体责任,并依法依规支持相关港口规划和项目用海。

8. 稳妥处理港口围填海历史遗留问题。省有关部门加强对涉及港口的围填海历史遗留问题区域具体处理方案备案材料组卷工作的指导。南通、盐城、连云港辖区范围内的围填海历史遗留问题,可采取整体报备方式。地方交通运输部门要主动配合做好相关工作。

(三)进一步加强内河高等级航道建设资源要素保障

9. 加强内河高等级航道用地保障。国家级规划内明确的高等级航道基础设施建设项目(含航运枢纽)允许纳入占用永久基本农田的重大建设项目用地预审受理范围。各级交通运输部门要指导项目单位严格开展省干线航道建设项目占用、补划永久基本农田论证,各级自然资源部门要支持做好用地预审和监管相关工作。

10. 做好与自然保护地衔接。航道工程项目单位在前期工作中要主动避让各级各类自然保护地。确实无法避让的,应当依法科学论证,优化工程方案,强化生态保护与补偿措施,最大限度降低工程实施对生态环境的影响,并征求林业部门意见,其他相关部门据此依法办理环评、用地、可研审批等手续。

(四)做好重大水运项期工作

11. 加快推进水运项期工作。各地担负起水运项目建设主体责任,根据规划统筹推进项期研究工作,加快稳定工程建设方案,做好项目储备。按照《自然资源部办公厅交通运输部办公厅关于加快推进公路水运类规划建设项目纳入国土空间规划"一张图"的通知》(自然资办发〔2022〕25号)要求,大力推进项目带精准位置上图,精心做好用地、用海、环评等要件办理,落实项目建设资金,优化审批服务,加快工程建设,扩大有效投资。

12. 强化水运项目资源要素保障。各地交通运输部门要坚守生态环境底线思维,加强资源集约节约利用,全面提升沿海和内河港口航道高质量发展水平。各级发展改革、自然资源、生态环境和林业部门要加强业务指导,支持港口规划编制、重大水运项目认定和环境影响评价等工作,并做好用地、用海等资源要素保障。

三、保障措施

(一)加强组织领导

发挥好"先锋绿源通"等党建平台的作用,省交通运输厅会同省发展改革委、自然资源厅、生态环境厅、省林业局等部门建立协同工作机制,定期协商解决重大水运项期工作难题。各地相关部门要建立完善协调联动工作机制,通力合作,协同推进落实沿海和内河港口航道规划建设资源要素保障。

(二)强化责任落实

各地交通运输部门结合具体项目情况制定推进计划,明确协调重点事项和责任分工,落实责任主体、任务分解和保障措施,协调推进各项任务落细落实。

(三)加大政策宣贯

加大对国家、省关于要素保障相关政策的学习和宣传力度,深入理解并全面掌握政策,抢抓机遇,用足用好政策,结合各地实际采取有效措施,加快推进港口规划审批和水运项期工作,创造条件加大力度支持推动水运发展。

统计资料

一、全省港口泊位情况统计表

指标名称	计算单位	数量	2022年净增
一、全省港口泊位情况			
1. 生产用码头泊位数	个	6 406	497
沿海港口	个	210	10
沿江港口	个	1 191	21
内河港口	个	5 005	466
2. 万吨级以上泊位数	个	560	31
沿海港口	个	125	18
沿江港口	个	435	13
3. 5万吨级以上泊位数	个	215	24
沿海港口	个	74	17
沿江港口	个	141	7
4. 泊位年综合通过能力	万吨	262 256	24 254.55
沿海港口	万吨	38 503	5 267.1
沿江港口	万吨	124 441	5 866.4
内河港口	万吨	99 312	13 121.05
5. 集装箱年通过能力	万标箱	1 897.8	364.77
沿海港口	万标箱	494.7	138
沿江港口	万标箱	1 278.1	199.97
内河港口	万标箱	125	26.8

二、全省港口泊位情况(分市)

	全社会生产用码头泊位		综合通过能力合计			
	码头泊位数（个）	码头总延长（米）	（万吨）	散、杂货（万吨）	集装箱（万标准箱）	滚装汽车（万辆）
合计	6 406	551 802	262 256	246 876	1 898	100
南京市	214	26 108	19 866	18 258	183	72
无锡市	866	79 774	25 330	25 058	34	0
徐州市	223	15 266	7 357	7 357	0	0
常州市	576	38 288	17 170	16 906	33	0
苏州市	1 504	113 886	62 235	56 191	754	8
南通市	723	70 766	24 108	22 417	211	0
连云港市	151	24 578	20 577	17 809	346	0
淮安市	367	22 799	10 726	10 438	36	0
盐城市	599	52 704	23 278	22 909	41	20
扬州市	113	13 578	10 064	9 840	28	0
镇江市	325	30 967	16 239	14 827	177	0
泰州市	668	56 926	22 282	21 898	48	0
宿迁市	77	6 162	3 024	2 968	7	0

三、沿江、沿海港口泊位情况统计表

	生产用码头泊位		综合通过能力合计			
	泊位数（个）	总延长（米）	（万吨）	散、件杂货（万吨）	集装箱（万标准箱）	滚装汽车（万辆）
一、沿海港口						
连云港市	99	21 372	19 487	16 719	346	0
盐城市	82	12 015	12 414	12 304	8.7	20
南通市	29	7 237	6 603	5 483	140	0
二、沿江港口						
南京市	188	24 606	19 301	17 693	183	72
无锡市	118	17 711	10 807	10 623	23	0
常州市	27	3 746	3 158	2 974	23.0	0
苏州市	301	47 070	38 125	32 141	746.0	7.7
南通市	125	21 508	12 886	12 316	71.3	0
扬州市	53	10 228	8 644	8 420	28.0	0
镇江市	220	24 523	15 226	13 814	176.5	0
泰州市	159	22 767	16 294	16 075	27.3	0

四、内河港口泊位情况统计表

	内河生产用码头泊位		综合通过能力合计			
	码头泊位数（个）	码头总延长（米）	（万吨）	散、杂货（万吨）	集装箱（万标准箱）	滚装汽车（万辆）
合计	5 005	339 018	99 312	98 314	125	0
南京市	26	1 502	565	565	0	0
无锡市	748	62 063	14 523	14 435	11	0
徐州市	223	15 266	7 357	7 357	0	0
常州市	549	34 542	14 012	13 932	10	0
苏州市	1 203	66 816	24 111	24 050	8	0
南通市	569	42 021	4 619	4 619	0	0
连云港市	52	3 206	1 090	1 090	0	0
淮安市	367	22 799	10 726	10 438	36	0
盐城市	517	40 689	10 865	10 605	33	0
扬州市	60	3 350	1 420	1 420	0	0
镇江市	105	6 444	1 013	1 013	0	0
泰州市	509	34 158	5 988	5 823	21	0
宿迁市	77	6 162	3 024	2 968	7	0

五、全省港口生产情况统计表

全省港口生产指标	计算单位	数量	同比增长
1. 全省港口货物吞吐量	万吨	324 327.3	1.1%
沿海港口	万吨	45 655.3	14.2%
沿江港口	万吨	220 303.0	−0.1%
内河港口	万吨	58 369.0	−3.2%

(续表)

全省港口生产指标	计算单位	数量	同比增长
2. 全省港口外贸吞吐量	万吨	55 600.6	−6.6%
沿海港口	万吨	16 971.0	−6.4%
沿江港口	万吨	38 512.5	−6.6%
内河港口	万吨	117.0	11.3%
3. 全省港口集装箱吞吐量	万标箱	2 393.7	9.8%
沿海港口	万标箱	611.1	12.9%
沿江港口	万标箱	1 662.2	6.7%
内河港口	万标箱	120.4	48.7%
4. 全省港口旅客吞吐量	万人	0.00	
沿海港口	万人	0.00	
5. 全省分主要货类吞吐量			
(1) 煤炭及制品	万吨	70 373.3	2.4%
(2) 金属矿石	万吨	70 727.8	4.6%
(3) 油气及制品	万吨	10 584.0	2.7%
原油	万吨	2 069.2	42.2%
成品油	万吨	4 487.0	−4.8%
液化气、天然气	万吨	1 257.0	−2.7%
(4) 集装箱	万标箱	2 393.7	9.8%
重量	万吨	27 258.2	5.4%
货重	万吨	22 462.9	4.5%
(5) 滚装汽车吞吐量	万辆	40.2	38.5%
重量	万吨	104.6	−65.5%
6. 分市港口吞吐量			
合计	万吨	324 327.3	1.1%
南京	万吨	27 380.9	1.0%
镇江	万吨	23 337.7	−5.4%
苏州	万吨	72 817.8	−1.9%
南通	万吨	31 419.3	−7.9%
连云港	万吨	30 614.7	11.5%
常州	万吨	12 832.8	−10.0%
无锡	万吨	42 513.2	3.5%
扬州	万吨	11 217.3	6.1%
泰州	万吨	38 755.1	3.0%
徐州	万吨	5 015.1	7.3%
淮安	万吨	7 543.9	2.3%
宿迁	万吨	2 435.5	30.9%
盐城	万吨	18 444.1	16.6%

六、全省分区域港口主要货类吞吐量统计表

货类	合计(万吨)	沿海港口(万吨)	沿江港口(万吨)	内河港口(万吨)
1. 煤炭及制品	70 373.27	6 571.80	55 792.76	8 008.71

(续表)

货类	合计(万吨)	沿海港口(万吨)	沿江港口(万吨)	内河港口(万吨)
2. 石油、天然气及制品	10 583.97	1 957.54	8 128.45	497.97
原油	2 069.22	488.46	1 416.88	163.88
成品油	4 487.04	255.94	3 912.83	318.27
液化气、天然气	1 257.01	1 039.85	217.16	0.00
3. 金属矿石	70 727.78	14 662.78	53 231.88	2 833.12
铁矿石	60 902.53	12 214.39	46 347.92	2 340.21
4. 钢铁	16 243.71	788.19	9 394.52	6 061.01
5. 矿物性建筑材料	77 937.51	6 838.04	44 020.89	27 078.59
6. 水泥	9 302.75	52.38	4 335.89	4 914.47
7. 木材	3 498.46	738.06	2 522.79	237.62
8. 非金属矿石	6 918.43	1 137.28	2 791.30	2 989.85
9. 化学肥料及农药	1 803.40	114.96	1 299.67	388.77
10. 粮食	9 505.80	1 072.32	7 060.73	1 372.76
大豆	3 339.05	280.33	2 957.00	101.72
11. 机械、设备、电器	3 266.68	1 856.50	1 377.96	32.22
12. 化工原料及制品	10 681.00	1 209.31	7 908.45	1 563.25
13. 滚装汽车	104.63	69.75	34.88	0.00

七、全省分港口吞吐量统计表

港口	货物吞吐量(万吨) 全年累计	同比增长	外贸吞吐量(万吨) 全年累计	同比增长	集装箱吞吐量(万标准箱) 全年累计	同比增长
全省总计	324 327.35	1.1%	55 600.6	−6.6%	2 393.67	9.8%
沿江沿海总计	265 958.38	2.1%	55 483.57	−6.6%	2 273.25	8.3%
一、沿海合计	45 655.33	14.2%	16 971.04	−6.4%	611.09	12.9%
连云港	30 110.82	11.9%	13 558.51	−2.6%	556.82	10.6%
盐城	13 542.86	20.8%	2 351.32	−22.4%	52.65	40.2%
南通	2 001.65	8.4%	1 061.22	−10.7%	1.62	
二、沿江合计	220 303.04	−0.1%	38 512.53	−6.6%	1 662.16	6.7%
南京	27 154.98	1.1%	2 959.23	−7.8%	320.02	2.9%
镇江	22 541.68	−4.9%	4 054.41	−17.1%	37.85	−13.1%
苏州	57 276.31	1.2%	17 318.20	1.3%	907.99	11.9%
其中:张家港	24 370.50	−5.3%	6 427.68	−2.5%	84.54	−2.7%
常熟	6 351.86	−2.8%	1 153.68	−11.1%	20.86	0.0%
太仓	26 553.95	9.2%	9 736.85	5.7%	802.59	14.0%
南通	26 506.05	−8.6%	2 975.95	−29.0%	222.39	9.7%
常州	4 672.26	−10.2%	1 149.14	−4.7%	31.23	−12.1%
无锡(江阴)	35 061.82	3.9%	6 364.05	−4.4%	53.00	−12.4%
扬州	10 646.38	5.0%	1 327.61	4.6%	56.99	−6.9%
泰州	36 443.55	3.3%	2 363.92	−13.3%	32.69	2.1%
三、内河合计	58 368.97	−3.2%	117.03	11.3%	120.42	48.7%
徐州港	5 015.08	7.3%	1.663 2		20.23	78.8%

(续表)

港口	货物吞吐量(万吨) 全年累计	同比增长	外贸吞吐量(万吨) 全年累计	同比增长	集装箱吞吐量(万标准箱) 全年累计	同比增长
无锡港	7 451.36	2.0%	50.55	21.3%	6.31	22.2%
淮安港	7 543.93	2.3%	17.001		47.29	52.2%
宿迁港	2 435.52	30.9%	1.188	80.0%	17.56	27.0%
扬州内河港	570.88	33.4%			2.00	4.4%
连云港内河港	503.88	−6.0%				
盐城内河港	4 901.24	6.3%			4.23	73.7%
南京内河港	225.87	−8.4%				
镇江内河港	796.00	−16.9%				
南通内河港	2 911.58	−10.8%			2.17	17.2%
苏州内河港	15 541.53	−12.0%	46.63	−24.6%	14.15	35.6%
常州内河港	8 160.51	−9.9%			2.63	—
泰州内河港	2311.59	−1.0%			3.84	29.0%

八、全省港口集团集装箱分航线港口吞吐量统计表

	箱数(万标箱)	重量(万吨)	国际航线(万标箱)	内支线(万标箱)	国内航线(万标箱)
总计	2 393.67	27 258.21	472.36	617.42	1 303.89
一、沿海合计	611.09	5 799.95	264.59	38.33	308.16
连云港港	556.82	5 541.85	263.35	24.61	268.86
盐城港	52.65	254.53	1.18	13.73	37.74
南通港	1.62	3.56	0.06	0.00	1.56
二、沿江合计	1 662.16	19 396.46	207.78	567.08	887.30
南京港	320.02	3 105.62	21.10	110.80	188.12
镇江港	37.85	599.97	0.00	15.17	22.68
苏州港	907.99	10 682.53	184.18	365.31	358.49
其中:张家港	84.54	1 030.36	10.92	45.09	28.53
常熟	20.86	215.71	0.00	13.63	7.23
太仓	802.59	9 436.46	173.26	306.59	322.73
南通港	222.39	2 937.30	1.12	30.85	190.41
常州港	31.23	410.30	1.37	10.89	18.96
江阴港	53.00	869.87	0.00	2.68	50.32
扬州港	56.99	461.31	0.00	16.24	40.75
泰州港	32.69	329.54	0.00	15.13	17.57
三、内河合计	120.42	2 061.80	0.00	12.00	108.42
徐州港	20.23	413.64	0.00	0.06	20.17
无锡港	6.31	78.75	0.00	4.40	1.91
淮安港	47.29	874.02	0.00	0.57	46.72
宿迁港	17.56	312.69	0.00	0.07	17.49
扬州内河港	2.00	26.68	0.00	0.00	2.00
镇江内河港	0.00	0.00	0.00	0.00	0.00
苏州内河港	14.15	157.44	0.00	6.90	7.25

(续表)

	箱数(万标箱)	重量(万吨)	国际航线(万标箱)	内支线(万标箱)	国内航线(万标箱)
常州内河港	2.63	50.38	0.00	0.00	2.63
连云港内河港	0.00	0.00	0.00	0.00	0.00
盐城内河	4.23	46.55	0.00	0.00	4.23
泰州内河	3.84	61.38	0.00	0.00	3.84
南通内河	2.17	40.25	0.00	0.00	2.17
南京内河	0.00	0.00	0.00	0.00	0.00

九、全省内河航道技术状况统计表

项目\单位	里程(公里)	达到等级航道里程(公里) 1级	2级	3级	4级	5级	6级	7级	等外级	跨河桥梁(座) 共计	其中碍航	备注
甲	乙	1	2	3	4	5	6	7	8	9	10	11
合计	24 670.44	369.90	514.45	1 652.80	744.33	1 032.30	2 002.44	2 474.35	15 879.87	18 184	11 151	
长江航道	369.90	369.90										
南京市	644.00			62.30	62.15	29.26	108.90	74.92	306.47	439	180	
镇江市	597.19			61.10			27.85	22.35	485.89	655	496	
常州市	1 155.69			148.14	0.95	13.61	91.56	130.78	770.65	1 148	620	
无锡市	1 687.16			103.68	61.44	95.79	90.57	129.61	1 206.07	2 057	1 223	拆除6,重建1,新建2座管道桥
苏州市	2 786.31			210.20	65.53	152.07	234.55	180.69	1 943.27	2 880	1 192	
南通市	3 521.60			119.89	60.11	8.77	244.52	386.98	2 701.33	2 948	1 880	
泰州市	2 550.23			178.16	9.42	25.00	203.30	458.31	1 676.04	2 506	2 022	
扬州市	2 177.36			50.06	17.45	44.53	220.29	54.61	1 790.42	1 436	867	
盐城市	4 430.45		25.08	283.05	208.97	335.79	279.64	465.60	2 832.32	2 535	1 766	
淮安市	1 402.41			191.05	28.39	31.90	95.59	106.44	949.04	466	371	
宿迁市	869.51			32.79	147.87	115.63	190.36	225.67	157.19	234	95	
徐州市	934.08	0.00	85.37	51.86	6.95	89.00	133.17	103.05	464.68	415	286	
连云港市	1 102.55			147.02	75.10	90.95	64.24	135.34	589.90	313	143	新增10座桥梁
苏北处	442.00		404.00	13.50		17.90			6.60	152	10	

十、航道与船闸年报

计算单位	长江航道	南京	镇江	常州	无锡	苏州	南通	泰州	扬州	盐城	淮安	宿迁	徐州	连云港	苏北处	合计
乙	1	2	3	4	5	6	7	8	9	10	11	12	13	14	15	16
公里	369.9	644	597.19	1 079.76	1 577.97	2 786.31	3 521.6	2 550.23	2 169.32	4 368.34	1 402.41	869.51	909.23	1 102.55	442	24 390.32
公里	369.9	402.56	191.27	850.87	1 081.43	2 222.14	2 251.42	843.26	1 425.33	3 269.07	952	869.51	705.18	918.29	442	16 794.23
公里	369.9	571.58	437.49	1 050.37	1 440.05	2 701.5	3 260.21	1 211.11	1 994.03	4 165.95	1 356.1	869.51	792.55	1 092.65	442	21 765
公里		644	597.19	1 079.76	1 577.97	2 786.31	3 521.6	2 550.23	2 169.32	4 368.34	1 402.41	869.51	909.23	1 102.55	442	24 020.42
座		28	22	11	79	121	62	49	55	113	29	17	37	79	10	712
座		20	21	8	52	56	35	32	20	75	11	7	25	64	0	426
座		18	3		35	9	6	1	19	5			18	3	0	117
座		8	1	3	9	8	14	6	7	12	11	9	10	5	10	113
座		0			18	57	13	11	28	26	7	1	2	10		173
座		8	1	3	9	8	14	6	7	12	11	9	10	5	10	113
座		5	1	1	1	3	5	2	6	4	3	3	4	5	10	53
座		0				1					2		0	0	3	6
公里		332.7	95.35	784.19	349.79	822.59	836.1	374.21	198.08	745.8	338.77	322.74	573.5	217.6	442	6 433.42
座		164	55	39	102	181	44	54	44	85	194	79	49	61	462	1 613
座		147	29	39	97	181	41	49	44	85	150	79	49	54	430	1 474
万元						4 181.4	7 307.469		2 220.57	1 961.242	5 481.388	500.1769	1 820.99	2 340.584	61 232.18	
万元		3 585.59	7 513.17	5 713.27	6 450.83	2 443										101 263

295

十一、全省船闸使用情况表

	单位	江苏省交通运输厅港航事业发展中心					
		合计		上航		下航	
		1		2		3	
开放闸次	次	716 558		358 328		358 230	
1. 过闸轮队数量	拖	76 857		38 457		38 400	
	驳	519 853		260 850		259 003	
	吨	709 430 963		350 840 783		358 590 180	
2. 过闸挂机船数	吨/艘	2 868 616 745	2 307 260	1 418 206 296	1 143 373	1 450 410 449	1 163 887
3. 过闸人力数量	吨/艘	0	0	0	0	0	0
4. 过闸客船数量	吨/艘	0	0	0	0	0	0
5. 过闸排筏量	吨/立方米	0	0	0	0	0	0
6. 过闸货物量	吨	2 374 124 124		959 238 338.4		1 414 885 785	
7. 过闸船舶吨位	吨	3 577 526 984		1 769 047 089		1 808 479 895	
8. 船闸使用时间	日	26 506.35					
9. 船闸事故航修时间	日	0		0		0	
10. 船闸修理时间	日	217.91		0		0	
11. 其他停航时间	日	1 182.74		0		0	
12. 开放闸次总数中：优级	次	651 448					
良级	次	426		0		0	
次级	次	0		0		0	
差级	次	0		0		0	
过闸费收入	元	1 128 722 162					

十二、全省航道船闸基本建设工程投资完成情况表

单位名称	项目名称	计划总投资	本年计划投资	本年累计完成投资（1—12月）	自开建累计完成投资
南京市交通局	秦淮河溧水石臼湖至江宁彭福段航道整治工程	309 773	0	4 074	291 801
	芜申线高溧段（丹农砖瓦厂—下坝船闸段）航道整治工程	142 081	0	184	121 017
镇江市交通局	丹金溧漕河丹阳段航道整治工程	91 048	1 500	1 610	88 932
常州市交通局	芜申线溧阳城区段航道整治工程	181 879	37 000	38 000	113 000
	魏村枢纽扩容改建工程	210 069	33 000	33 200	143 210
无锡市交通局	申张线张澄段航道整治工程（无锡段）	136 672	2 000	2 900	77 816
	锡溧漕河无锡段航道整治工程	144 256	8 000	8 000	89 505
苏州市交通局	申张线（张澄段）航道整治工程（苏州段）	137 605	13 000	13 585	116 015
	苏申外港线航道整治工程	146 346	4 000	2 016	127 373
	苏申内港线（瓜泾口至青阳港段）航道整治工程	158 096	7 000	7 122	97 373
	长湖申线（苏浙省界—京杭运河段）航道整治工程	81 524	20 000	22 867	42 916
	申张线青阳港段航道整治工程	248 307	20 000	15 907	171 910

(续表)

单位名称	项目名称	计划总投资	本年计划投资	本年累计完成投资（1—12月）	自开建累计完成投资
南通市交通局	通海港区至通州湾港区疏港航道新江海河段航道整治工程	156 122	15 000	15 982	15 982
	通扬线南通市区段（通耖线至幸福竖河段）航道整治工程	73 880	10 000	10 394	57 518
	通扬线通吕运河段航道整治工程	272 362	57 100	57 538	80 438
	通海港区至通州湾港区疏港航道双桥枢纽工程	62 965	11 500	11 785	11 785
扬州市交通局	京杭运河施桥船闸下游至长江口门段航道整治工程	133 005	15 000	15 003	128 190
	通扬线高邮段航道整治工程	228 789	28 280	28 567	194 282
泰州市交通局	通扬线兴化至海陵段航道整治工程	80 358	4 500	2 907	77 448
盐城市交通局	连申线灌河至黄响河段航道整治工程	113 823		2 700	2 700
宿迁市交通局	宿连航道整治工程一期工程航道工程	523 800	79 710	79 710	151 010
	宿连航道整治工程一期工程军屯河枢纽和沭新河南船闸工程	119 686	16 000	16 000	81 700
厅港航中心	京杭运河江苏段绿色现代航运综合整治工程（江南段）	94 576	19 000	19 867	19 867
厅港航中心	京杭运河江苏段绿色现代航运综合整治工程（江北段）	264 003	40 000	40 000	42 130

十三、全省航道养护工程量完成情况统计表

工程项目名称	计量单位	实际完成工程量	
		自年初累计	
甲	乙	丙	
一、改善工程			
1. 疏浚	立方米	5 864 469.28	
其中：水下机械方	立方米	6 295 353.28	
干线航道水下机械方	立方米	5 058 575.88	
2. 沉石暗礁	吨	462.45	
3. 暗桩	根	116.00	
4. 沉船	吨/艘	3 775.00	63.00
5. 航道扫床	公里	20 371.10	
6. 航道测量	公里	7 125.21	
二、维护工程			
1. 护坡	立方米/米	10 379.50	4 172.00
其中：新建	立方米/米	10 350.50	4 112.00
维修	立方米/米	29.00	60.00
2. 驳岸	立方米/米	53 324.78	21 192.90
其中：新建	立方米/米	40 660.08	11 897.50

(续表)

工程项目名称	计量单位	实际完成工程量	
		自年初累计	
维修	立方米/米	12 664.62	9 295.40
3. 碍航桥	座/米	9.00	40.00
其中:拆除	座/米	8.00	
改建	座/米	1.00	40.00
4. 纤道桥	座/米		
三、航标维护工程小计	座/公里	1 535.00	6 884.13
1. 发光标	座/公里	1 396.00	6 578.22
2. 不发光标	座/公里	139.00	305.91
3. 其他标	座/公里		

十四、全省航道船闸养护投资完成情况统计表

项目	计划总投资数（万元）	本年计划数（万元）	本年完成情况（万元）	完成年度计划（%）	地方投入资金（万元）
总计	85 369.75	44 545.85	45 294.48	101.68	0.00
省审定专项工程合计	70 359.77	32 309.95	33 326.38	103.15	0.00
大修工程合计	9 796.00	7 021.92	6 998.59	99.67	
中修工程合计	5 213.98	5 213.98	4 969.51	95.31	
南京	2 503.00	2 503.00	2 512.20	100.37	
一、省审定专项工程合计	1 860.00	1 860.00	1 870.50	101	
1. 南京市部分桥区水域范围航道维护疏浚工程	1 600.00	1 600.00	1 610.50	101	疏浚土方正方 32.38 万立方米
2. 秦淮河船闸闸区环境提升工程	30.00	30.00	30.00	100	
3. 杨家湾船闸、下坝船闸高清视频监控系统改造工程	80.00	80.00	80.00	100	
4. 六合区港航事业发展中心航标艇	150.00	150.00	150.00	100	22米航标艇1艘
二、大修工程合计					
三、中修工程合计	643.00	643.00	641.70	99.8	
无锡	4 334.00	4 334.00	4 334.00	100	
一、航闸养护专项	1 692.00	1 692.00	1 692.00	100.00	
二、航闸设施改造专项	2 642.00	2 642.00	2 642.00	100.00	
1. 航道船闸养护费	2 105.00	2 105.00	2 105.00	100.00	
(1) 苏南运河无锡城区段航道疏浚工程（二期）	480.00	480.00	480.00	100.00	
(2) 苏南运河无锡城区段航道疏浚工程（三期）	440.00	440.00	440.00	100.00	
(3) 芜申线与杭湖锡线连接段航标工程（二期）	160.00	160.00	160.00	100.00	
(4) 宜张线新衡街道蒲墅段护岸工程	150.00	150.00	150.00	100.00	

(续表)

项目	计划总投资数（万元）	本年计划数（万元）	本年完成情况（万元）	完成年度计划（%）	地方投入资金（万元）
（5）苏南运河无锡惠山段航道疏浚工程(二期)	400.00	400.00	400.00	100.00	
（6）苏南运河无锡惠山段航道疏浚工程(三期)	250.00	250.00	250.00	100.00	
（7）无锡市部分桥区水域范围航道维护疏浚工程	100.00	100.00	100.00	100.00	
（8）江阴船闸引航道疏浚工程	125.00	125.00	125.00	100.00	
2. 航道设施修复费	467.00	467.00	467.00	100.00	
3. 航闸信息化设施建设费	70.00	70.00	70.00	100.00	
4. 管理装备改造费(航标船)					
三、大修工程小计					
四、中修工程小计					
徐州	2 687.00	2 782.92	2 705.34	97.21	
一、省审定专项工程小计	1 547.00	1 342.00	1 271.98	94.78	
1. 湖西航道大屯丰乐处浮标工程	70.00	70.00	70.00	100.00	
2. 京杭运河湖西航道三段桥桥区水域维护疏浚工程	350.00	350.00	312.12	89.18	
3. 睢宁港航中心船艇停靠设施工程	110.00	0.00	0.00	0.00	
4. 睢宁港航中心航标艇	90.00	90.00	85.00	94.44	
5. 船闸养护管理平台建设工程及一期推广项目	57.00	57.00	42.40	74.39	
6. 船闸养护管理平台建设升级及深化推广工程	100.00	100.00	100.00	100.00	
7. 刘集船闸上游引航道护岸加固改造工程	600.00	505.00	494.96	98.01	
8. 刘集船闸业务用房修缮及闸管区整治工程	170.00	170.00	167.50	98.53	
二、大修工程小计	1 140.00	1 440.92	1 433.36	99.48	
蔺家坝一号船闸大修准备	1 140.00	1 440.92	1 433.36	99.48	
中修工程小计					
常州	4 910.00	2 053.00	2 053.00	100.00	
一、省审定专项工程小计	4 910.00	2 053.00	2 053.00	100.00	
1. 常宜线坊前桥北侧驳岸抢修工程	560.00	280.00	280.00	100.00	
2. 苏南运河常州段西口门-武宜运河段航道疏浚工程	2 000.00	700.00	700.00	100.00	
3. 芜申线溧西桥至溧阳改线段航道疏浚工程	1 050.00	448.00	448.00	100.00	
4. 丹金溧漕河金坛段高速公路大桥下游驳岸工程一期	500.00	250.00	250.00	100.00	

(续表)

项目	计划总投资数（万元）	本年计划数（万元）	本年完成情况（万元）	完成年度计划（％）	地方投入资金（万元）
5. 芜申线落蓬湾航道应急养护基地工程	450.00	225.00	225.00	100.00	
6. 丹金船闸大修准备	50.00	50.00	50.00	100.00	
7. 测量工作保障艇	300.00	100.00	100.00	100.00	
二、大修工程小计					
三、中修工程小计					
苏州	3 292.00	3 292.00	3 194.42	97	
一、省审定专项工程小计	2 751	2 751	2 653.42	96	
1. 航道船闸专项养护费	2 751	2 751	2 653.42	96	
（1）苏南运河与苏申外港线交叉口疏浚工程	225.00	225.00	225.00	100	
（2）苏虞线相城区段航道整治工程(第七期)	350.00	350.00	350.00	100	
（3）苏虞线航道疏浚工程（2021年计划项目）	−350.00	−350.00	−350.00	100	
（4）苏虞线航道疏浚工程	300.00	300.00	300.00	100	
（5）苏南运河吴中水上服务区锚地疏浚工程	153.00	153.00	121.17	79	
（6）苏州市部分桥区水域范围航道维护疏浚工程	580.00	580.00	580.00	100	
（7）申张线(巴城湖～七浦塘)航道养护工程	300.00	300.00	300.00	100	
（8）苏虞线(唐家宅基～界泾河)航道整治工程	100.00	100.00	100.00	100	
（9）虞山船闸闸区电缆沟维修改造及办公区电缆更换工程	30.00	30.00	30.00	100	
（10）杨林船闸上游引航道南岸护岸整治工程	328.00	328.00	321.64	98	
（11）张家港船闸上游引航道西侧护岸维修工程(一期)	130.00	130.00	130.00	100	
（12）虞山二号船闸机电改造工程	125.00	125.00	120.26	96	
（13）张家港船闸船舶临时停泊区工程	180.00	180.00	180.00	100	
（14）杨林船闸附属设施维修工程	200.00	200.00	150.00	75	
（15）工作保障艇	100.00	100.00	95.35	95	
2. 航道设施修复费					
二、大修工程小计	541	541	541	100	
（1）张家港二号船闸大修工程	21.00	21.00	21.00	100	
（2）虞山二号船闸大修工程	520.00	520.00	520.00	100	
三、中修工程小计	0	0	0	—	

(续表)

项目	计划总投资数（万元）	本年计划数（万元）	本年完成情况（万元）	完成年度计划（％）	地方投入资金（万元）
南通	5 566.50	2 241.50	3 321.50	148.18	
一、省审定专项工程小计	5 190.00	1 865.00	2 955.00	158.45	
1. 连申线航道（栟茶运河河口至海安船闸）疏浚工程	995.00	440.00	995.00	226.14	
2. 内河航标遥测遥控终端改造工程（二期）	270.00	200.00	200.00	100.00	
3. 焦港船闸下游引航道护岸墙前护底应急加固工程	425.00	200.00	460.00	230.00	
4. 吕四机电改造工程	200.00	100.00	200.00	200.00	
5. 海安电气改造工程	350.00	175.00	350.00	200.00	
6. 南通船闸下游引航道左侧护岸改造工程（一期）	50.00	50.00	50.00	100.00	
7. 汇吕线三和港四期护岸工程	600.00	600.00	600.00	100.00	
8. 栟茶运河（连申线交叉口—春风河口段）航道整治工程	2 300.00	100.00	100.00	100.00	
二、大修工程小计	100.00	100.00	90.00	90.00	
海安船闸大修	100.00	100.00	90.00	90.00	
三、中修工程小计	276.50	276.50	276.50	100.00	
连云港	2 008.90	1 408.90	1 385.19	99.38	
一、省审定专项工程小计	1 724.00	1 124.00	1 116.80	99.36	
1. 疏港航道灌南段航道疏浚工程	284.00	284.00	281.00	98.94	
2. 连云港市部分桥区水域范围航道维护疏浚工程	960.00	600.00	600.00	100.00	
3. 盐灌船闸附属设施修缮工程	480.00	240.00	235.8	98.25	
二、大修工程小计	100.00	100.00	97.20	97.20	
善南、云善船闸大修准备	100.00	100.00	97.20	97.20	
三、中修工程小计	184.90	184.90	171.19	92.59	
淮安	6 054.20	3 953.20	3 953.20	100.00	
一、省审定专项工程小计	3 200.00	1 924.00	1 924.00	100.00	
1. 淮河出海航道洪泽湖湖区段航道疏浚工程	1 440.00	750.00	750.00	100	
2. 淮安市部分桥区水域范围航道维护疏浚工程	560.00	560.00	560.00	100	
3. 盱眙清水坝河疏浚工程	300.00	150.00	150.00	100	
4. 杨庄船闸上、下游临时停泊区工程	334.00	184.00	184.00	100	
5. 朱码船闸上游引航道及锚地消防通道工程	326.00	160.00	160.00	100	
6. 杨庄船闸上游引航道北侧护岸改造工程	240.00	120.00	120.00	100	

(续表)

项目	计划总投资数（万元）	本年计划数（万元）	本年完成情况（万元）	完成年度计划（%）	地方投入资金（万元）
二、大修工程小计	2 485.00	1 660.00	1 660.00	100.00	
1. 杨庄二号船闸大修	1 167.00	770.00	770.00	100	
2. 朱码二号船闸大修	1 318.00	890.00	890.00	100	
三、中修工程小计	369.20	369.20	369.20	100	
盐城	2 710	1 007.95	1 007.95	100.00	
一、省审定专项工程小计	2 710.00	1 007.95	1 007.95	100.00	
1. 连申线航道大丰白驹大桥段护岸工程	1 960.00	557.95	557.95	100.00	
2. 中心机房智能升级改造工程	150.00	150.00	150.00	100.00	
3. 连申线东台段永新大桥至安丰港池南侧一期疏浚工程	300.00	150.00	150.00	100.00	
4. 刘大线航道浅段二期疏浚工程	300.00	150.00	150.00	100.00	
二、大修工程小计					
三、中修工程小计					
扬州	2 865.00	2 865.00	2 865.00	100.00	
一、省审定专项工程小计	2 815.00	2 815.00	2 815.00	100.00	
1. 扬州市部分桥区水域范围航道维护疏浚工程	400.00	400.00	400.00	100.00	
2. 全省内河干线航道水下地形扫测（区域一）	200.00	200.00	200.00	100.00	
3. 高邮湖航标改造工程（二期）	175.00	175.00	175.00	100.00	
4. 仪扬河入江口门段航道疏浚工程	90.00	90.00	90.00	100.00	
5. 盐宝线东阳路大桥补贴	100.00	100.00	100.00	100.00	
6. 宝应船闸配发电设施改造工程	100.00	100.00	100.00	100.00	
7. 运西船闸上游引航道右岸护岸加固改造	400.00	400.00	400.00	100.00	
8. 芒稻船闸下游右侧护岸加固改造工程	1 350.00	1 350.00	1 350.00	100.00	
9. 运西船闸下游引航道护坡改造及疏浚工程	150.00	150.00	150.00	100.00	
二、大修工程小计	50.00	50.00	50.00	100.00	
三、中修工程小计					
镇江	6 636.00	3 659.00	3 659.00	100.00	
一、省审定专项工程小计	6 551.00	3 574.00	3 574.00		
1. 苏南运河丹阳陵口段29K+000～35K+000航道疏浚工程	1 084.00	479.00	479.00	100	

(续表)

项目	计划总投资数（万元）	本年计划数（万元）	本年完成情况（万元）	完成年度计划（％）	地方投入资金（万元）
2. 苏南运河镇江水上服务区、焦湾锚地和辛丰锚地疏浚工程	400.00	105.00	105.00	100	
3. 航道养护管理平台建设工程	300.00	175.00	175.00	100	
4. 谏壁船闸人行桥改建工程	562.00	362.00	362.00	100	
5. 谏壁船闸排水系统改造工程	150.00	75.00	75.00	100	
6. 谏壁一号船闸2021年抢修工程	437.00	205.00	205.00	100	
7. 谏壁船闸办公用房修缮工程	280.00	140.00	140.00	100	
8. 35米工作保障船	560.00	280.00	280.00	100	
9. 京杭运河长江口门船闸船舶待闸停泊区提升示范工程	1 200.00	600.00	600.00	100	
10. 部分桥区水域范围航道维护疏浚工程	170.00	170.00	170.00	100	
11. 苏南运河入江口边坡坍塌处理及二号标维修工程	400.00	263.00	263.00	100	
12. 苏南运河丹阳吕城段航道疏浚工程一期	660.00	520.00	520.00	100	
13. 航道养护管理平台升级及一期推广工程	148.00	100.00	100.00	100	
14. 17米排档艇	200.00	100.00	100.00	100	
二、大修工程小计					
三、中修工程小计	85.00	85.00	85.00	100	
1. 上游引航道靠船墩钢护面及护岸护角钢板加固工程	45.00	45.00	45.00	100	
2. 一号闸钢管桩导航墙油漆出新	20.00	20.00	20.00	100	
3. 通信广播系统改造工程	20.00	20.00	20.00	100	
泰州	3 125.00	3 125.00	3 078.93	98.53	
一、省审定专项工程合计	3 125.00	3 125.00	3 078.93	98.53	
1. 通扬线兴化陈堡段部分护岸工程	265.00	265.00	251.18	94.78	
2. 泰州市部分桥区水域范围航道维护疏浚工程	300.00	300.00	292.42	97.47	
3. 通扬线兴化陈堡段护岸续建工程	413.00	413.00	412.68	99.92	
4. 建口线7号标改造提升工程	100.00	100.00	95.47	95.47	

(续表)

项目	计划总投资数（万元）	本年计划数（万元）	本年完成情况（万元）	完成年度计划（％）	地方投入资金（万元）
5. 船闸声学定向设备安装工程	90.00	90.00	90.00	100.00	
6. 养护装备新增改造工程费	300.00	300.00	300.00	100.00	
7. 南官河航道护岸加固工程	800.00	800.00	800.00	100.00	
8. 口岸船闸启闭机改造工程	140.00	140.00	139.18	99.41	
9. 周山河船闸新建下游驳岸工程（二期）	317.00	317.00	298.00	94.01	
10. 周山河船闸上游驳岸工程	100.00	100.00	100.00	100.00	
11. 口岸船闸下游右侧导航墙加固工程	300.00	300.00	300.00	100.00	
二、大修工程合计					
三、中修工程合计					
宿迁	3 710.00	2 090.00	2 077.83	99.42	
一、省审定专项工程小计	3 660.00	2 040.00	2 030.80	99.55	
1. 南圩河航道整治工程（二期）	800.00	400.00	400.00	100.00	
2. 洪泽湖西线泗洪城区段航道整治工程（二期）	800.00	400.00	400.00	100.00	
3. 洪泽湖西南线航道船舶助导航工程	150.00	75.00	65.80	87.73	
4. 成子河桥区水域疏浚工程	300.00	300.00	300.00	100.00	
5. 南圩河航道整治工程（三期）	800.00	435.00	435.00	100.00	
6. 洪泽湖西线泗洪城区段航道整治工程（三期）	810.00	430.00	430.00	100.00	
二、大修工程小计	50.00	50.00	47.03	94.05	
大柳巷船闸大修准备	50.00	50.00	47.03	94.05	2022年完成闸况检测评估、大修施工图设计
三、中修工程小计					
苏北处	34 968.15	9 230.38	9 146.92	99.10	
一、省审定专项工程合计	25 982.77	2 495	2 641.00	105.85	
1. 苏北运河绿色航运示范区建设工程（四期）	22 442.77	600.00	600.00	100.00	
2. 苏北6市航道水下地形图测量	250.00	250.00	250.00	100.00	
3. 邵伯一号船闸智能泵站改造及电气系统完善工程	270.00	135.00	135.00	100.00	
4. 宿迁三号船闸智能泵站及配套电气改造工程	270.00	135.00	135.00	100.00	

(续表)

项目	计划总投资数（万元）	本年计划数（万元）	本年完成情况（万元）	完成年度计划（%）	地方投入资金（万元）
5. 施桥三号船闸下游导航墙及靠船墩钢板桩维修加固工程	670.00	395.00	395.00	100.00	
6. 淮阴二号船闸上游靠船墩改造工程	726.00	376.00	376.00	100.00	
7. 刘山一号船闸上游靠船墩接长和老墩加固工程	854.00	354.00	500.00	141.24	
8. 苏北航务管理处业务用房维修改造工程	500.00	250.00	250.00	100.00	
二、大修工程	5 330.00	3 080.00	3 080.00	100.00	
1. 刘山一号船闸大修工程	1 780.00	280.00	280.00	100.00	
2. 施桥三号船闸大修工程	1 050.00	800.00	800.00	100.00	
3. 解台二号船闸大修工程	900.00	650.00	650.00	100.00	
4. 刘老涧二号船闸大修工程	900.00	650.00	650.00	100.00	
5. 淮阴二号船闸大修准备	200.00	200.00	200.00	100.00	
6. 施桥二号船闸大修准备	250.00	250.00	250.00	100.00	
7. 邵伯二号船闸大修准备	250.00	250.00	250.00	100.00	
三、中修工程（包含航道设施修复工程）	3 655.38	3 655.38	3 425.92	93.72	